KB069425

매혹과
잔혹의
커피사

UNCOMMON GROUNDS

당신이 커피에 관해 알고 싶었던 거의 모든 것의 역사

매혹과
잔혹의
커피사

마크 펜더그라스트 지음 | 정미나 옮김

❀ 을유문화사

**매혹과
잔혹의
커피사**

발행일
2013년 11월 30일 초판 1쇄
2019년   9월 25일   2판 1쇄
2021년   5월 25일   3판 1쇄
2023년   6월 30일   3판 4쇄

지은이 | 마크 펜더그라스트
옮긴이 | 정미나
펴낸이 | 정무영, 정상준
펴낸곳 | (주)을유문화사

창립일 | 1945년 12월 1일
주   소 | 서울시 마포구 서교동 469-48
전   화 | 02-733-8153
팩   스 | 02-732-9154
홈페이지 | www.eulyoo.co.kr
ISBN 978-89-324-7443-4 03900

커피에 관한 한 누구보다 깐깐했던 알프레드 피트(1920~2007)와
에스프레소의 대가 에르네스토 일리(1925~2008)를 기리며

1716년에 『행복의 나라 아라비아로의 여행*Voyage de l'Arabie Heureuse*』에 실린 이 판화는,
이국적 식물이던 커피를 묘사한 최초의 정밀화였다.

부두교 사제와 그가 쓰는 온갖 가루들을 무색하게 만들었던 에스프레소, 카푸치노, 모카는 세계의 모든 종교를 합한 것보다 강력하며, 어쩌면 인간의 영혼 자체보다 더 강력할지도 모른다.

– 마크 헬프린 Mark Helprin, 『개미 방지 상자 속의 회고록 *Memoir from Antproof Case*』(1995)

로스팅 커피의 향기가, 향신료에서 냄새가 피어오르듯 은은하게 풍겨 왔다. (…) 군침과 눈물을 동시에 자극하는 듯한 감동적인 향이었고, 송진 타는 냄새처럼 짙었다. 그 강렬하고 짙으면서 매혹적인 향이 목 안쪽으로 퍼지며 콧구멍과 뇌 속까지 가득 채웠다. 아편만큼이나 빠르게 사람을 중독시킬 만한 그런 향이었다.

– 앤서니 카펠라 Anthony Capella, 『다양한 커피의 풍미 *The Various Flavors of Coffee*』(2008)

일러두기

1. 인명, 지명 등은 국립국어원의 외래어표기법을 따랐습니다. 단, 일부 굳어진 명칭은 일반적
   으로 통용되는 표기를 사용했습니다.
2. 원주는 번호로 표시하고, 옮긴이 주는 ＊로 표시하여 구분했습니다.
3. 원서의 이탤릭체는 고딕체로, 대문자로 된 단어나 문장은 굵은 글씨로 표기했습니다.
4. 그림이나 사진의 이해를 돕기 위해 그 안에 포함된 문구를 번역한 경우 †로 표기했습니다.
5. 저자가 독자의 이해를 돕기 위해 인용문에 단어나 문장을 넣은 경우 [ ]로 표기했습니다.

차례

제1부 정복의 씨앗

제1장 커피의 세계 정복 _47

제2장 커피 왕국, 브라질 _86

제3장 미국인의 음료 _129

프롤로그
오리플라마 농장의 수확기

이곳은 과테말라 산마르코스^{San Marcos} 지역. 커피 열매(익을수록 붉은색을 띠는 열매라 체리라고도 불림)를 처음 따 보는 나는 가파른 언덕 비탈에서 중심을 잡느라 쩔쩔매고 있다. 허리에는 카나스타^{canasta}라는 바구니까지 끈으로 묶어 매단 채, 내 카포랄^{caporal}(감독)인 허먼^{Herman}의 당부대로 빨갛게 익은 열매만 따려고 나름 애써 보지만 이따금 녹색 열매를 실수로 툭 쳐서 떨어뜨리고 만다. 별수 없지, 나중에 골라내는 수밖에.

잘 익은 커피 열매를 입안에 넣고 외피를 탁 터뜨리자 달콤한 점액이 입안을 채운다. 혀를 이리저리 굴리며 좀 낑낑대고 나서야 생두*를 둘러싸고 있는 단단하고도 질긴 내과피^{parchment}에 닿는다. 땅콩처럼 커피 생두도 보통 한 쌍이 서로 마주 보면서 자란다. 내과피를 뱉어 내자 드디어 아주 얇은 은피^{silver skin}에 감싸인 두 개의 생두가 나온다. 경우에 따라 토양에 붕소가 부족하면 생두가 한 개만 나오기도 하는데, 피베리^{peaberry}라고 불리는 이런 생두는 더 진한 맛이 난다는 평가를 받기도 한다. 나는 씨(생두)를 씹어 보려다 너무 딱딱해서 그냥 뱉어 버렸다.

---

* 볶지 않은 상태의 커피 씨앗을 '생두'로, 볶은 상태의 커피 씨앗을 '원두'로 구별하여 표현함

다른 수확 일꾼들의 떠드는 소리가 왁자하게 들려온다. 모두 가족을 전부 데리고 나와 일하면서 스페인어로 수다를 떨고 노래를 부르며 들떠 있다. 하긴, 신이 날 만도 하겠지. 일 년 내내 가지를 쳐 주고 비료를 주고 잡초를 뽑고 이런저런 신경을 써 주는 것은 물론이요, 망가진 길과 수로를 복원하면서 고된 수고를 한 끝에 마침내 커피 열매가 영글었으니 어련할까. 나는 스페인어로 노래 몇 소절을 부른다. "mi amor, mi corazón(나의 사랑, 나의 심장)."*

노래를 멈추자 킥킥거리는 웃음소리와 박수 소리가 들린다. 뜻하지 않게 아이들의 흥미를 끈 모양이다. 어느새 아이들은 이리저리 흩어져 다시 커피 열매를 따기도 하고 부모들을 성가시게 굴기도 한다. 이곳 아이들은 일고여덟 살부터 수확 일을 돕기 시작한다. 캄페시노campesino (농장 노동자) 대다수가 여러 가지 이유로 종종 아이들을 학교에 결석시키곤 하는데, 과테말라의 방학이 커피 수확기와 일치하는 것도 그저 우연의 일치는 아니다.

해발 약 1,371미터에 위치한 이 커피 농장(핀카finca), 오리플라마Oriflama는 베티 한슈타인 아담스Betty Hannstein Adams의 소유다. 베티의 할아버지 베른하르트 한슈타인Bernhard Hannstein(돈 베르나르도Don Bernardo)은 백 년도 더 전에 과테말라에 들어와 수많은 독일인 이주민들과 함께 과테말라의 커피 산업을 개척했다. 현재 오리플라마 농장은 4백 에이커(약 1.6제곱킬로미터)가 넘지만 원래 라파스La Paz라고 불리던 그 당시엔 면적이 그 두 배에 이르렀다.

커피나무는 대부분 카투라caturra나 카투아이catuai라는 잡

---

* 'corazón'은 '심장'이라는 뜻도 되고 '님'이라는 뜻도 됨

종으로, 고유 품종인 버번bourbon보다 작고 조밀하게 자라서 수확하기가 쉬운 편이다. 나무가 작다고는 해도 어떤 가지들은 높이 뻗어 있어서 아래로 당겨 가며 구부려서 커피 열매를 따야 한다. 그렇게 30여 분 작업을 하자 카나스타가 반쯤 채워져 5킬로그램 정도 분량의 커피 열매가 모였다. 과육, 점액, 내과피 제거의 과정을 거치고 나면 커피 생두 약 0.9킬로그램을 얻을 만한 분량이다. 이 생두를 로스팅하면 무게가 무려 20퍼센트 이상 줄어들겠지만, 그래도 이 정도면 맛 좋은 커피 몇 포트pot는 만들 만큼의 양이다. 그렇게 생각하니 꽤 뿌듯해진다. 키가 152센티미터를 간신히 넘는 데다 몸무게는 45킬로그램이 조금 넘는 허먼이 카나스타를 가득 채운 것을 내보이며 내 느려 터진 속도에 은근한 핀잔을 주기 전까지는. 허먼 앞에서 나는 괜히 기가 죽고 만다.

주위를 빙 둘러보니 농장의 아름다운 정경이 하나하나 눈에 들어온다. 반질반질한 초록색 잎으로 덮인 커피나무, (토양의 침식을 막기 위해 심어진) 길가의 고풍스러운 목생木生 양치류와 스패니시 대거Spanish dagger,* 완만하게 이어진 언덕, 보이진 않지만 저쪽 어딘가에서 들려오는 수확 일꾼들의 우렁찬 목소리, 아이들의 웃음소리, 짹짹거리는 새소리, 아름드리나무의 그늘이 언덕 비탈에 드리워 놓은 얼룩무늬, 졸졸 흐르는 샘물과 시냇물.

이번에는 멀리 시선을 돌려 산타마리아Santa María 화산을 바라본다. 비교적 작은 산티아고Santiago 분화구에서 연기가 피어오르고 있다. 1902년에 바로 저 분화구 측면부에서 폭발이 일어나 오리플라마에 30센티미터 높이의 화산재가 뒤덮

---

* 미국 남동부산의 백합과 유카속의 식물

이고, 고운 소리로 지저귀던 새들이 전부 몰살되었다니. "차마 눈 뜨고 보기 힘든 끔찍한 모습이었다. 어디를 봐도 사방이 푸르죽죽한 잿빛의 죽음뿐이었고, 거대한 묘지를 보는 것 같았다." 화산 폭발 직후에 베티의 할머니 이다 한슈타인^{Ida Hannstein}이 적은 글이다.

지금으로서는 그때의 광경을 상상하기가 어렵다. 질소고정 작용*을 하는 잉가^{inga}, 포로^{poro} 등의 비료목을 비롯해 작은 숲을 이루는 사이프러스와 오크, 마카다미아** 같은 나무들이 다양하게 자라며 철새들에게 요긴한 서식지가 되어 주고 있다. 오늘 아침 식사도 오리플라마 농장에서 직접 생산된 멜론, 크림, 꿀이었다. 검은콩과 밥 그리고 당연히 커피와 함께 곁들여서.

오후 4시 무렵, 일이 끝날 시간이 되자 모두 무게를 달기 위해 커피 열매로 불룩하게 채워진 자루를 가지고 가공 처리 공장(베네피시오^{beneficio})으로 온다. 과테말라의 다른 지역에서는 수확 일꾼들이 대부분 마야 인디언들이지만, 여기에는 인디언과 스페인계 백인 사이의 혼혈인 라디노^{ladino}들이 많다. 라디노들은 선조들의 고질적 영양 부족 탓인지 몰라도 하나같이 키가 작다. 옷차림도 미국에서 건너온 헌 티셔츠를 걸친 이들이 허다한데, 죄다 이곳과는 어울리지도 않는 티셔츠들이다. 심지어 어떤 라디노는 케네디우주센터의 티셔츠를 입고 있을 지경이니까.

왜소한 여인네들이 36킬로그램쯤 되는 자기들 몸무게보다 갑절은 될 법한 무거운 자루를 끌고 온다. 그것만도 대단하다 싶은데 슬링(포대기)으로 아기를 앞으로 안아 맨 여자들

---

* 지구 대기에 존재하는 질소 가스를 생물학적으로 유용한 형태로 사용할 수 있게 암모니아의 형태로 전환하는 작용

** 오스트레일리아산의 상록수

까지 드문드문 보인다. 어른의 경우 수확 성적이 좋은 사람은 커피 열매를 90킬로그램 이상 따서 하루에 8달러를 벌기도 한다. 이는 과테말라 최저 일급의 두 배가 넘는 돈이다.

과테말라는 빈부 격차가 현격하다. 토지 분배는 편중되어 있고 가장 힘든 일에 종사하는 이들이 정작 그 이익을 가져가지 못한다. 하지만 이런 불평등을 조속히 바로잡을 해결책은 경제 제도에 마련되어 있지 않고, 이 경사진 지대에서 커피를 대체해서 기를 만한 작물도 없다. 그럼에도 노동자들은 여러모로 미국의 노동자들보다 더 만족스럽고 흡족하게 살고 있으며 전통과 가정에 대한 애착이 강하다.

수확물을 가지고 오는 일꾼들을 보고 있자니 문득 아이러니하다는 생각이 든다. 이렇게 수확된 생두가 가공을 거친 뒤에 수천 킬로미터를 건너서 이곳 과테말라의 노동자들은 상상도 못할 라이프스타일을 누리는 이들에게 즐거움을 선사해 주고 있다니. 그렇다고 이 드라마에서 한쪽을 '악인'으로, 또 다른 쪽을 '희생자'로 분류한다면 그건 불공평하지 않을까. 사실 이 같은 이야기에 얽힌 모든 것이 그렇게 간단히 다룰 수 있는 문제는 아니니 말이다.

나는 얼마 안 되는 내 수확물을 한 아이에게 그냥 줘 버리고 저 멀리 보이는 골짜기와 화산을 다시 한번 돌아본다. 미국에 있을 때부터 이미 글을 쓰기 위해 자료 수집을 시작한 터라, 커피의 역사를 책으로 엮으려 집에 마련한 내 작은 작업실은 넘치는 조사 자료로 빈틈이 없을 정도다. 하지만 직접 현장에서 체험하고 있는 지금, 나는 이 경험이, 그리고 이 책이 내 편견을 일깨우는 자극제가 되어 줄 것이라 단언한다. 또한 희망한다. 독자들의 편견에도 그런 자극제가 되어 주기를.

머리말
흙탕물인가, 만병통치약인가?

오, 커피여! 그대는 모든 근심을 쫓아 주고, 학자들은 그대를 탐하여 마지않
는도다. 그대는 신과 벗하는 이들의 음료이니.
-「커피 찬미」, 아라비아의 시(1511)

[왜 남자들은] 시커멓고 탁하고 맛도 고약하고 쓴 데다 냄새도 불쾌한 흙탕물
같은 그런 걸 끓이느라 시간을 낭비하고 돈을 허비한단 말인가?
- 커피를 반대하는 여성들의 탄원(1674)

이것은 양면형* 씨앗을 감싸고 있는 열매일 뿐이다. 원래
커피나무는 에티오피아 고원의 산기슭, 열대 우림 속에서 자
라던 관목이었다(물론 사람마다 각자의 관점이나 신장에 따라 작
은 나무라고 부를 수도 있겠지만). 늘 푸른 상록수 잎은 반들반
들한 타원형 모양이며, 씨와 마찬가지로 카페인을 함유하고
있다.

하지만 커피는 세계에서 가장 귀한 농산물로 꼽히는 거
대 사업으로서, 세계에서 가장 점유율 높은 향정신성 마약의
최대 원천이다. 아프리카 원산지에서부터 전파된 커피는 전
지구를 빙 두르며 북회귀선과 남회귀선 사이의 모든 평원과
산악을 점령해 왔다. 이 커피 열매의 씨를 볶아서 가루로 갈
아 뜨겁게 달인 액체는 그 달콤 쌉쌀한 향기, 정신을 번쩍 나

---

* 조리풍처럼 가운데에 선이 들어간 모양을 가리킴

게 해 주는 각성 효과, 사회적 결속 효과로 사람들의 애호를 받고 있다. 시대에 따라 최음제, 관장제, 신경 강장제, 수명 연장제로 처방되기도 했다.

커피는 약 1억 명에 이르는 사람들에게 (소위) 밥줄이 되어 주고 있다. 또한 상당히 노동 집약적인 작물이어서, 손바닥에 못이 박힌 손으로 씨를 뿌려 주는 것에서부터 시작해, 묘목을 그늘막 아래에서 돌보다 산기슭으로 옮겨심기, 가지치기와 비료 주기, 살충제 뿌려 주기, 물 대 주기, 수확하기, 커피 열매를 90킬로그램들이 자루에 담아 질질 끌어 나르기 등 갖가지 수고로운 과정이 필요하다. 그 이후에도 일꾼들은 과육과 점액질을 제거해 귀한 커피콩을 꺼내는 까다로운 작업을 수행해야 한다. 이렇게 꺼낸 커피콩은 건조를 위해 며칠 동안 쫙 펼쳐 놓은 후에(혹은 드럼통 속에 넣어 열처리를 거친 후에), 내과피와 은피를 제거하는 과정까지 거쳐야만 그제야 자루에 담겨 로스팅(생두 볶기), 그라인딩(분쇄), 브루잉(추출)을 위해 전 세계로 선적된다.

이렇게 손이 많이 가는 농장 일을 하는 노동자들 대다수는 아름다운 경치 속에서 일한다지만, 하루 평균 수입은 고작 3달러다. 대부분이 수도나 전기 시설이 없는 곳에서 살며, 의료 혜택도 못 받고, 영양이 변변찮은 음식을 먹으며 빈곤한 삶을 이어 가고 있다. 이들의 수고로 마련된 커피는 미국, 유럽, 일본 같은 선진국들의 아침 식탁에 오르거나 사무실 그리고 호화로운 커피 전문점에서 음용되며, 이런 국가의 도회적인 소비자들은 카푸치노 한 잔에 제3국의 하루 수입에 해당하는 돈을 지불하는 것이 흔한 일상이다.

커피로 돈을 버는 사람들이 꼭 커피 생산국에만 있는 것은 아니다. 수출업자, 수입업자, 로스팅업자들도 커피로 돈을 벌어들인다. 그런가 하면 커피 거래소에서는 무역상들이 그 열매가 원래 어떻게 생겼는지조차 본 적도 없는 상품을 놓고 가격을 흥정하느라 흥분해서 손짓을 해 대고 소리를 지르기도 한다. (와인 시음가에 상응하는) 전문 커퍼cupper들도 있다. 다시 말해 온종일 커피를 후루룩 마셨다가 맛을 보고 뱉어 내는 것이 일인 사람들 말이다. 그 외에도 소매상, 자판기업자, 판매상, 광고 카피라이터, 사업 컨설턴트 역시 커피로 돈을 번다.

커피의 품질은 가장 먼저 커피나무 품종, 토양 조건, 재배지 고도에 따라서 좌우된다. 또한 커피 생산 공정 중의 어느 단계에서든 커피의 품질이 손상될 수 있다. 가령 커피콩은 냄새와 풍미를 게걸스레 흡수하는 속성이 있고, 수분이 너무 많으면 곰팡이가 생긴다. 또 로스팅이 너무 약하면 깊이 없이 쓴 커피가 되는 반면, 너무 강하면 커피가 숯처럼 변해 버린다. 로스팅 후의 원두는 대략 일주일 이내에 사용하지 않으면 금방 산패*된다. 핫플레이트에 올려서 끓이거나 보온하면 제아무리 최상급 브루잉의 커피라도 금세 변질해 시커먼 탕약같이 되어 버리기도 한다.

커피의 품질은 어떻게 판단할까? 커피 전문가들은 완벽한 커피의 4대 기본 요소로 아로마, 바디, 산도, 풍미를 꼽는다. **아로마**aroma란 익히 들어 봐서 잘 알 테지만, 대개 맛이 전해 주는 것 이상의 기쁨을 약속해 주는 향기를 뜻한다. **바디**body는 입안에 커피를 머금었을 때의 질감 혹은 '무게감'을 일컫는 말로, 혀 위를 구르는 느낌과 목으로 넘어갈 때 목의 충만감이라고 생각하면 된다. **산도**acidity는 생기와 산뜻함을 주는 요소로서, 기분 좋은 자극을 더하는 짜릿한 맛을 가리킨

---

* 시간이 지남에 따라 산화되어 맛과 향이 변질하는 것

다. 마지막으로 **풍미**flavor는 입안에서 순간적으로 확 퍼졌다가 미각의 기억으로 남게 되는 미묘한 맛이다. 커피 전문가들은 이런 요소들을 묘사할 때면 지극히 시적이 된다. 이를테면 커피 애호가 케빈 녹스Kevin Knox는 술라웨시Sulawesi 커피에 대해 "버터 캐러멜의 달콤함에 풀과 비옥한 흙 내음이 묻어나는 맛"이라고 썼다.

하지만 시적인 그 맛이 무색하게도, 커피의 역사는 논란과 정략으로 점철되어 있다. 그러한 예로서, 커피는 아라비아 국가들과 유럽에서 혁명적 선동의 원흉으로 여겨져 금지되던 적이 있다. 지상 최대의 건강 파괴범으로 비난받았는가 하면 인류에게 베풀어진 혜택으로 찬사되기도 했다. 커피는 과테말라에서는 인디언 원주민들을 여전히 예속 상태에서 벗어나지 못하게 만드는 핵심인가 하면, 코스타리카에 민주주의 전통이 싹트거나 미국 서부가 온순하게 길들게 된 핵심이기도 하다. 우간다에서는 독재자 이디 아민Idi Amin이 국민들을 살상할 당시에 커피가 사실상 그의 전적인 자금줄이 되어 주었고, 니카라과에서는 산디니스타*들이 소모사Somoza의 커피 농장을 탈취함으로써 혁명이 시작되었다.

처음에 엘리트층의 약용 음료였던 커피는 차츰 블루칼라 노동자들이 쉬는 시간에 마시는 활력 충전 음료로서, 중산층 주방에서 마시는 수다 촉진 음료로서, 구애 중인 커플들에게 로맨틱한 분위기를 연출해 주는 음료로서, 길 잃은 영혼에게 단 하나의 쓸쓸한 동무로서 애호되었다. 커피하우스들은 사람들이 혁명을 구상하고 시를 쓰고 사업을 하고 친구를 만날 수 있도록 요긴한 공간이 되어 주었다. 한편 커피 음용은 서구

---

* 1979년에 소모사 정권을 무너뜨린 니카라과의 민족 해방 전선의 일원

문화의 본질적인 부분으로 자리 잡으면서 여러 대중가요 속으로 스며들기도 했다. "그대는 내 커피 속의 크림", "커피 한 잔 더 해요, 파이 한 조각 더 먹어요", "커피가 너무 좋아, 홍차가 너무 좋아, 난 자바 자이브*를 사랑하고 자바 자이브도 날 사랑하지", "블랙커피를 마시죠, 사랑은 먹다 남은 커피."

  자본주의의 황금기이던 19세기 말의 미국에서는 현대의 커피 산업이 본격적으로 시동을 걸었다. 남북전쟁이 끝날 무렵에, 자베즈 번스Jabez Burns가 최초의 실용적 커피 로스터기를 발명했다. 이제 철도, 전신, 증기선 덕분에 배급과 통신에 혁명이 일어나고 신문, 잡지, 석판 인쇄 덕분에 대대적인 광고 캠페인도 가능해졌다. 한편 재계 거물들이 커피 시장을 매점매석하려고 했는가 하면, 브라질 사람들은 수백만 평에 이르는 땅에 커피나무를 광적으로 심으면서 가격 하락이라는 비극을 맛보고 말았다. 그리고 이때를 기점으로 세계적 붐-버스트boom-bust(거품의 형성과 붕괴)의 사이클이 시작되었다.

  20세기 초에 들어서자 커피는 주요 소비 상품으로 떠오르며 전국에 걸쳐 널리 광고되었다. 1920년대와 1930년대에 스탠더드브랜즈Standard Brands나 제너럴푸즈General Foods 같은 미국 내 기업들은 유명 브랜드들을 마구 인수하면서 라디오 프로그램을 통한 적극적인 광고전을 펼쳤다. 그렇게 1950년대에 이르자, 커피는 미국 중산층의 기호음료로 자리매김했다.

  커피가 걸어온 현대의 무용담 속으로 깊이 파고 들어가 보면, 더 폭넓은 주제를 마주하게 된다. 즉 광고의 중요성, 조립라인이 구축된 대량 생산 체제의 개발, 도시화, 여성 관련 쟁점, 국내 시장의 인수 합병, 대형 마트의 출현, 자동차, 라디오, 텔

---

* 카페 이름

레비전, '인스턴트(순간)'의 만족, 기술 혁신, 다국적 거대 기업, 시장 세분화, 상품 통제 정책, 즉시재고관리* 등이 새롭게 등장하게 된다. 또한 커피콩의 역사에는 극적인 순간들도 많았다. 가령 커피 산업 전반이 초점을 잃었을 때 오히려 혜성처럼 등장한 영세 로스터들에게 그 순간은 품질과 수익 구조를 개혁할 기회가 되어 주었고, 그 뒤에 거대 기업들이 영세 기업들을 게걸스레 집어삼키며 또 한 차례 인수 합병이 이루어졌을 때도 그와 똑같은 개혁의 사이클이 다시 한번 재현되었다.

커피 산업은 전 국가들의 경제, 정치, 사회구조의 형성을 좌지우지해 왔다. 어떤 면에서 보면, 단종 재배로 인해 원주민들에 대한 탄압과 토지 강탈이 일어났고, 수출 작물에 치중하느라 자급 농업을 포기함으로써 외국 시장에 과잉 의존하게 되었다. 또 다른 면에서 보면, 커피는 생활고에 버둥거리는 가족농들에게 중요한 환금 작물이었을 뿐만 아니라 국가의 산업화와 현대화의 근간이 되어 주었고, 유기농 상품, 공정 무역, 철새들의 귀중한 서식지에 대한 모델이 되어 주었다.

커피의 무용담 속에는 문화의 충돌과 융합, 산업 노동자들의 저렴한 활력제, 전국구 브랜드의 출현, 가격 인하에 따른 품질의 포기, 제2차 세계대전 이후의 고급 상품의 상업화 등을 비롯해 서사시와 같은 이야기들이 쭉 전개된다. 또한 비범한 인물들이 등장하여, 이 황금의 콩에 대한 남다른 열정을 펼쳐 나가기도 한다. 한편 커피에는 수많은 커피맨을 (그리고 이들의 대열 속으로 진출하며 점점 그 수를 늘려 온 여성들까지도) 독선적이고 논쟁을 일삼는 외골수로 만드는 뭔가가 있는 듯하

---

* 재고를 적게 보유하고 정확한 계획을 하기 위해 정확한 제품 수량을 공급자가 제공하도록 요구하는 시스템

다. 최고의 커피가 에티오피아의 하라Harrar라느니 과테말라의 안티구아Antigua라느니 하는 등의 논쟁에서부터 시작해, 최고의 로스팅법에 대해서, 또 프레스포트press pot와 드립 필터drip filter 중 무엇이 최상의 커피 추출법이냐에 대해서까지 거의 모든 것에 대해 저마다 의견이 분분하니 하는 얘기다.

현재 커피는 전 세계적으로 부흥기를 맞고 있다. 즉 영세 로스팅업자들이 커피 블렌딩의 정교한 기술을 되살림으로써, 고객들은 세계 최상급의 생두를 원료로 써서 갓 로스팅하고 갓 갈아서 갓 내린 커피와 에스프레소의 즐거움을 재발견하고 있다. 또한 세계의 커피 경제에 고질병으로 자리 잡은 불공정 관행을 바로잡기 위한 시도로서, 점점 많은 사람이 공정 무역 인증 원두를 구매하고 있다.

전 세계적으로 현재의 커피 문화는 가히 열풍에 가깝다. 인터넷상에는 커피를 주제로 하는 블로그와 뉴스그룹*은 물론이요 헤아릴 수 없이 많은 웹사이트가 있고, 스타벅스 매장들이 다른 커피하우스나 체인점들과 자리 경쟁을 벌이며 모든 길거리 모퉁이마다 들어서 있는 지경이다.

아무튼 이 모든 이야기는 단지 에티오피아산 관목의 열매를 둘러싼 이야기다.

그럼 이제부터 커피, 그 수많은 컵에 얽힌 복잡한 역사를 즐겨 보시길.

---

* 인터넷상에서 특정 주제별로 정보를 교환하고 토의하는 그룹

개정판
머리말

1999년에 이 책 『매혹과 잔혹의 커피사』초판이 출간된 이후로도 나의 커피 여행은 계속 이어져 독일, 이탈리아, 한국, 태국, 일본, 페루, 브라질, 콜롬비아, 코스타리카 등지를 탐방했다. 그 외에도 미국스페셜티커피협회Specialty Coffee Association of America, SCAA (현재는 세계적 규모의 협회로 발돋움했다) 연례 회의에 참석했고 미국 전역을 돌며 강연도 했다. 스페셜티 커피Specialty coffee* 로스팅 시설을 견학하고 (커피 감정가들의 모임인) 버몬트주의 캠프 커피Camp Coffee에도 다녀왔으며, 스페셜티 커피 개척자인 조지 하웰George Howell이 자신의 커피 생두를 저장해 둔 매사추세츠의 대형 냉동 창고에도 가봤다. 프리랜서 기고 활동도 계속 이어 가며 『차와 커피 트레이드 저널Tea & Coffee Trade Journal』, 『프레시 컵Fresh Cup』, 『바리스타Barista』 같은 커피 전문지에 글을 올렸을 뿐만 아니라 『와인 스펙테이터Wine Spectator』에도 드문드문 커피 칼럼을 게재했다.

그동안 커피 재배자들을 만나 생두에 얽힌 그들만의 이야기와 애정에 대해서만이 아니라, 나름의 좌절과 불안에 대해서도 들어 봤다. 세계 최상급의 커피를 공급하는 동시에,

---

* 높은 품질의 맛있는 커피

자사 상품의 생산 농부들이 생활임금*과 양호한 의료 서비스의 혜택을 보장받을 수 있도록 힘쓰는 열정적인 로스팅업자들과 소매업자들도 만나 봤다. 이들은 생물의 다양성을 촉구하는 그늘 재배 커피, 수질 오염 예방을 위한 적절한 커피 가공법, 유기농 비료의 활용 같은 환경 문제에도 관심을 기울이고 있다.

초판의 검토에서 수정이 필요한 부분은 별로 없었지만 한 대목은 삭제해야 했다. 커피가 "지구상의 합법적 수출품 가운데 (석유에 이어) 두 번째로 가장 가치 있는 상품"이라는 대목이다. 그동안 커피업계에서는 이러한 얘기가 사실인 것처럼 회자되어 왔으나, 알고 보니 잘못된 통념이었다. 실제로는 구리, 알루미늄, 석유는 말할 것도 없고 밀, 밀가루, 설탕, 콩이 이 순위에서 커피 생두를 제치고 있다고 한다. 그렇긴 해도 어쨌든 유엔 식량농업기구에 따르면 커피는 네 번째로 귀한 농산물이다.

수정이 필요한 대목이 또 있다. 비영리 단체 테크노서브 TechnoServe에서 활동한 적이 있고 엔베리타스Enveritas 인증 프로그램의 창시자인 스티브 브라운Steve Brown의 설득력 있는 주장에 의거하면 전 세계의 커피 재배농은 (자주 언급되지만 틀린 주장에 따른 수치인 2천5백만 명의 절반 수준에 불과해) '겨우' 1천250만 명이다. 커피를 밥줄로 의존하는 인구는 여전히 많아서 커피 재배자와 더불어 바리스타와 소상인들에 이르기까지 그 수가 1억 명이 넘을 것으로 추산된다.

잘못된 통념의 얘기가 나와서 말이지만 초판에 통념으로 전해져 온 일화 몇 편이 실렸으나, 이번 개정판에서도 그대로

---

* 노동자의 최저 생활의 보장을 전제로 하는 기본임금

살려 두었다. 칼디Kaldi와 춤추는 염소들이 주인공인 유쾌한 이야기도 그중 하나다. 이 이야기 역시 어디까지나 하나의 설이지만 혹시 아는가? 정말로 그런 일이 있었을지. 그 외에 게오르크 프란츠 콜시츠키Georg Franz Kolschitzky가 오스트리아 빈에 처음으로 커피하우스 블루보틀Blue Bottle을 설립한 이야기(최초가 아닐 가능성이 있음), 가브리엘 마티외 드 클리외Gabriel Mathieu de Clieu가 프랑스령 마르티니크로 커피나무를 처음 들여왔고 그 나무가 아메리카 대륙의 대다수 커피나무의 조상이 된 이야기(물론 네덜란드와 프랑스 사람들이 이미 라틴아메리카의 다른 지역에 커피를 들여오긴 했지만), 브라질인인 프란시스쿠 데 멜루 팔레타Francisco de Melo Palheta가 총독의 아내를 꾀어 브라질에 최초로 커피를 들여온 이야기(그 최초성에 대해서는 논란의 여지가 있음) 역시 그대로 두었다.

『매혹과 잔혹의 커피사』가 계기가 된 듯, 그동안 커피와 연관된 책과 다큐멘터리들이 쏟아져 나오는 한편 커피의 사회적·환경적·경제적 영향에 대해서도 관심이 높아졌다. 이제는 커피를 주제로 다룬 책들이 워낙 많아서 일일이 소개할 수 없을 정도이지만 이 책의 끝에 수록한 '참고 문헌'의 목록에 그중 몇 권을 새로 추가해 넣었는데, 그중 특히 주목할 만한 저서로는 마이클 와이즈먼Michaele Weissman의 『컵 속의 신 God in a Cup』(2008), 대니얼 재피Daniel Jaffe의 『커피의 정치학 Brewing Justice』(2007), 앤터니 와일드Antony Wild의 『암흑의 역사 A Dark History』(2004), 존 탤벗John Talbot의 『합의의 근거Grounds for Agreement』(2004), 베넷 앨런 웨인버그Bennett Alan Weinberg와 보니 K. 빌러Bonnie K. Bealer 공저의 『카페인의 세계The World of Caffeine』(2001), 제임스 호프만James Hoffmann의 『커피 아틀라스 The World Atlas of Coffee』(2018), 마이카 버하트Majka Burhardt와 트래비스 혼Travis Horn 공저의 『커피 이야기: 에티오피아*Coffee Story: Ethiopia*』(2018), 그리고 내가 쓴 『공정 무역을 넘어서 *Beyond Fair Trade*』(2015) 등이 있다.

한편 다수의 대학에서 커피 관련 강좌가 학생들을 여러 학문 분야에 걸친 연계 학습에 참여시키는 훌륭한 방편으로 인식되면서 이 책을 비롯한 몇몇 책이 교재로 지정되었다. 이런 대학 강좌에서는 커피에 대해 다룬 몇 편의 다큐멘터리를 보여 주기도 하는데, 특히 두 편이 가장 주목할 만하다. 그중 하나는 이레네 안젤리코Irene Angelico의 〈블랙 커피Black Coffee〉(2005)로, 세 시간 분량의 이 캐나다 다큐멘터리는 커피에 대해 가장 포괄적이고 균형 잡힌 시각을 제시해 주고 있다. 물론 이 다큐멘터리에 내가 출연하는 만큼 다소 내 편견이 들어간 의견일 수도 있음을 미리 밝혀 둔다. 제목이 비슷해서 혼동하기 쉬운 다큐멘터리 〈블랙 골드Black Gold〉(2006) 역시 또 한 편의 수작이다. 닉 프랜시스Nick Francis와 마크 프랜시스Marc Francis가 감독한 이 영국의 다큐멘터리에서는 여러 가지 중요한 쟁점을 제기하고 있지만 악덕 로스터업자들 대 불쌍한 농부들에 대한 부분에서는 흑백논리적 묘사가 담겨 있다.

책의 내용이 장황해지지 않도록 검토하는 과정에서, 이번 판에 불필요하다고 여겨지는 부분은 분별 있게 몇몇 부분 삭제했다. 이 부분들이 삭제된 내용으로도 커피에 대한 흥미진진한 이야기가 모두 전해지리라 자신한다.

20세기가 저물어 갈 무렵 이후 커피업계에는 많은 일이 있었다. 커피 재배업자들을 더 가난하게 만든 커피 위기(1999~2004), 공정 무역 커피에 대한 판매 및 인식의 향상, 일종의 '커피 올림픽'인 컵오브엑셀런스Cup of Excellence의 개최, 커피품질연구소Coffee Quality Institute의 창설, 커피 감별 전문가 큐그레이더Q grader의 출현, 가정용 커피머신의 대중화, 커피 재배업자들에게 미치는 지구 온난화의 영향, 최고의 생두를 찾아 전 세계를 헤매는 커피쟁이들의 '제3의 물결', 휴대전화와 인터넷에 힘입어 평평해지기 시작한 커피 경쟁의 장, 극적이고 파란만장한 역사를 거쳐 여전히 진행되고 있는 커피의 대장정 중에 생겨난 여러 문제점에 대한 대중의 인식 증가 등이 그 몇몇 사례다.

기분 좋은 소식들도 있다. 커피를 전문으로 다루는 무수한 블로그, 웹사이트, 소셜미디어, 앱, 지면 덕분에 이제는 커피에 대한 대중의 인식이 그 어느 때보다 높아졌다. 세계 커피 경제에 고착화된 불공정의 관행을 다루기 위한 시도들이 더 많아졌다는 점 역시 반가운 소식이다. 한편 이러한 심한 불균형 문제가 여전히 남아 있고 앞으로도 무기한 남아 있으리라는 점만큼은 암울한 소식이다. 커피 위기에 대해서도 안타깝다. 사실 커피 위기는 이 책의 초판을 읽어 본 독자라면 누구나 예상했을 법한 위기였다. 이러한 인류적 재앙은 19세기 말부터 시작된 붐-버스트 사이클의 연장선에 불과했고 앞으로도 얼마든 반복될 재앙이다.

세계 인구는 70억 명을 돌파했고 2050년에는 98억 명으로 증가할 것으로 전망된다. 이런 인구 증가는 (다른 어떤 원인보다도) 물 문제에 대한 심각한 우려의 원인으로 작용하고 있다. 따라서 이제는 커피 가공에 사용되는 물의 양을 줄이려는 노력과 더불어, 물만이 아닌 커피의 과육과 가루, 커피 포장 용기까지 재활용하려는 노력 또한 아주 중요해졌다. 과육은 커피 농장의 비료로 재활용하거나 생분해해서 메탄가스를 생산하는 용도로 활용할 수 있다. 가루는 퇴비로 쓰거나, 버섯 재배 배양토, 플라스틱 등의 재료로 활용 가능하다. 여전히 로스팅업자들이 재활용 가능한 원웨이 밸브^{one-way valve}* 원두 봉투와 커피 캡슐을 생산할 채산성 있는 방법을 찾으려 노력 중이지만 그래도 재활용 가능한 커피 컵과 부속품의 양이 많이 늘었다.

아시아의 상당수 지역에서 커피 문화가 폭발적으로 성장하면서 커피 소비계도 변화 중이다. 한국은 커피 열풍에 빠져 우수 스페셜티 커피 매장과 로스팅업자들이 등장하고 있으며 현재 중국은 커피 문화가 폭발적으로 확장되면서 약 6퍼센트의 연간 성장률을 기록하고 있어 1퍼센트 정도밖에 안 되는 개발도상국 시장과 대조를 이룬다. 심지어 중국은 산이 많은 윈난성에서 자체적으로 커피를 재배하기 시작했다. 인도에서도 커피 매장이 우후죽순 생겨나고 있다.

한편 브라질과 에티오피아 같은 전통적인 커피 재배국에서는 수출하기보다 자체적으로 소비하는 커피의 비율이 높아지면서 이제는 '소비국'과 '생산국'의 경계가 차츰 흐릿해지고 있다. 세계적으로 중산층이나 상류층으로 올라서는 인구가 늘어나고 전체 인구수 역시 증가하면서 커피 소비는 갈수록 늘고 있다. 점점 늘어나는 커피 수요와 더불어 기후 변화에 따른 재배자들의 여러 고충으로 인해 로부스타에 대한 수요 증가 추세가 더욱 가속화될 것으로 추산된다. 로부스타는 생명력 강한 품종이라 질병에 덜 취약하지만 로부스타종 커피는 대체로 품질이 떨어진다.

그렇다면 수요가 생산을 능가하면서 19세기 말부터 시

---

* 원웨이 밸브는 공기가 한 방향으로만 이동할 수 있다는 의미에서 붙은 명칭임. 아로마 밸브라고도 부르며 생긴 모양 때문에 '배꼽'이라는 별칭도 있다. 대부분 이 밸브를 커피의 향을 맡는 용도로 사용하는데 원래는 커피의 신선도를 지키기 위해 제작되었다.

작된 붐-버스트 사이클이 이제는 과거의 일로 사라질까? 일부 커피 전문가는 그럴 것으로 내다봤지만 이 글을 쓰고 있는 2018년 말 현재 커피 가격은 또다시 1파운드(453그램)당 1달러로 떨어져 커피 생산자들에게 큰 타격을 입히고 있다. 브라질은 2018년에 풍년을 맞았지만 이는 다시 말해 2019년에는 수확량이 줄고 그에 따라 가격이 다시 오를 가능성이 있다는 얘기다. 하지만 가격 하락은 선물 시장에서의 투기 탓도 있어서 본질적으로는 커피의 수요와 공급과 무관한 원인도 어느 정도 작용하며, 다른 상품들 역시 커피 가격에 영향을 미친다. 가격이 떨어지면 콜롬비아의 재배자들이 다시 커피 농사를 접고 코카 재배로 뛰어든다거나, 이미 커피 재배국의 도시로 떼 지어 몰려 들어온 젊은 세대가 농가를 지탱하지 못할 지경에 내몰리거나 심하면 미국 같은 다른 나라로 불법 이주할 소지가 있다.

커피계에 일어난 또 다른 변화들로는 뭐가 있을까? 기후 변화의 영향이 거의 확실한 원인으로 꼽히는 커피 잎 녹병이 2012년부터 대확산되면서 남미 전역을 휩쓸며 과테말라, 엘살바도르, 콜롬비아에 특히 심각한 타격을 입히고 있다. 기온의 상승으로 아라비카종 커피의 농경지가 더 높은 산악 지대로 이동하거나 적도에서 점점 멀어질 수밖에 없게 되었다. 현재 캘리포니아에서 처음으로 커피가 재배되고 있지만 재배 가능한 농경지가 점점 부족해지면서 전 세계의 아라비카 커피 생산량은 갈수록 줄어들 가능성이 높다. 과연 붐-버스트 사이클이 종식될까? 나는 아니라고 본다.

커피의 로스팅과 소매 시장에서는 짧은 몇 년 사이에 대대적 합병이 일어나 독일 민간 기업 JAB홀딩컴퍼니JAB Holding Company가 큐리그그린마운틴Keurig Green Mountain을 낚아채고 피츠Peet's, 카리부Caribou, 야콥스다우어에흐버르츠Jacobs Douwe

Egberts 외 여러 업체의 대주주가 되었는가 하면 네슬레 역시 (네스카페, 네스프레소를 소유하고 있으면서 스타벅스와 전 세계 배급 계약을 체결하며) JAB홀딩컴퍼니 못지않게 몸집을 불렸다. 이 두 기업이 전 세계 커피 시장의 절반가량을 거의 비슷하게 나눠서 점유하고 있다. 게다가 2018년에는 코카콜라가 영국의 코스타커피Costa Coffee 체인을 인수하기도 했다. 합병을 통해 몸집을 불린 이런 거대 기업들은 재배업자, 수출업자, 수입업자들에게 가격 인하 압력을 가할 힘을 가지고 있는 만큼 원재료 공급자와 로스팅업체 간의 관행화된 수익 배분 격차가 더욱 악화될지도 모른다. 현재 재배업자들이 가져가는 수익 배분은 고작 10퍼센트 정도다.

반면 미국과 유럽에서는 소규모 로스팅업자들이 폭발적으로 늘어나 특별한 스페셜티 커피 재배지뿐만 아니라 협동조합과 영세농과의 직거래를 추진하고 있으며, 그 직거래 대상 중엔 특별한 산비탈에서 특별한 종류의 커피를 아주 소량 재배해 특별한 방식으로 가공 처리하는 영세농들도 있다. 이러한 모험적 시도는 여러 성패 사례를 거치며 효율성이 향상되는 조정 기간이 불가피하겠지만 커피업계에서의 합병 바람에 균형추 역할을 해 주는 고무적인 추세다.

스페셜티 커피 업계 인프라 내에서는 또 다른 형태의 합병이 일어나기도 했다. 유럽과 미국을 비롯한 여러 지역의 스페셜티 커피 단체가 2016년에 서로 합세해 스페셜티커피협회Special Coffee Association, SCA로 거듭난 일이다. 미국스페셜티커피협회SCAA의 설립자 일부가 극렬한 반대 입장을 나타내고 있지만 지금까진 합병이 성공적인 것으로 보인다.

또 2010년 이후로 커피 대회가 빠르게 확산되면서 바리스타, 라테 아티스트, 드립 커피 전문가, 로스터, 디자이너, 시음가들이 국제적 상을 수상하기 위해 자신들의 기술을 십분 발휘하고 있다. 최고의 커피 '칵테일'을 가리는 '커피인굿스피릿Coffee in Good Spirits상'이 있는가 하면, 지속 가능성에 대한 공로를 표창하는 상뿐만 아니라 최고의 커피 관련 신상품을 뽑는 상도 마련되었다. 컵오브엑셀런스 외에도 다수의 전국 단위 대회가 출범했고, 2016년에는 첫 연례 에르네스토 일리 국제 커피시상식Ernesto Illy International Coffee Award이 열려 9개국의 최고 커피 재배자들이 뉴욕시로 초빙되어 최고 중의 최고를 가리기 위한 커핑cupping* 대회에 참가했다.

또 한 가지 반가운 소식을 전하자면 커피에 대한 대대적인 역학 연구를 통해 적당한 (또는 심지어 아주 과도한 양의) 커피 섭취가 간암의 발생률이나 자살 시도율을 낮추는 등 건강에 좋은 영향을 미칠 수 있다는 증거가 계속 제시되고 있다. 제프리 색스Jeffrey Sachs 교수가 집계하는 '행복 지수'에서 북유럽 국가들은 대체로 높은 순위를 차지한다. 이들 국가가 1인당 커피 섭취량에서도 높은 순위를 차지하는 사실이 그저 단순한 우연의 일치일까?

소비자들이 사회적 문제를 점점 의식하면서 자신들이 마시는 커피가 윤리적이고 지속 가능한 방법으로 재배되는지에 관심을 기울이고 있다. 공정 무역 인증(현재 공정 무역 인증과 관련해서는 페어트레이드USAFair Trade USA와 국제공정무역인증기구의 그 외 국가 간에 철학적 견해 차이가 존재하는 상태다)뿐만 아니라 열대우림동맹Rainforest Alliance,** CCCCCommon Codes for the Coffee Community** 인증, 스타벅스 윤리 구매 프로그램인 C.A.F.E.

---

* 커피를 맛보고 변별하는 것

** 열대 우림을 보호하는 환경 보호의 의미를 담은 인증

** 커피 생산, 수익성 개선, 품질 향상을 도모하는 국제 협회

프랙티스 같은 기업의 자체적 인증이 꼭 만능 해결책은 아니라는 사실에 대해서도 인식이 높아지고 있다. 대체로 심사원들에게 상당한 비용이 지불된다는 점에서나, 대다수가 인증 자격을 모든 재배농이 아닌 조합에 가입한 회원들로 한정하는 지침을 두고 있다는 점에서 보면 정말로 문제가 있다.

문제는 이것이 다가 아니다. 멕시코 치아파스 등지의 여러 지역에서 조사관들이 일부 인증 농장에서의 미성년 노동자 동원 사실을 밝혀냈다. 알고 보니 그동안 심사원들이 미리 심사 통보를 해 주며 재배자들에게 상황 정리 시간을 벌어 주어서 발각되지 않았던 것이었다. 2018년에는 새로운 형태의 인증인 엔베리타스가 몇몇 대규모 로스팅업체들의 후원하에 출범했다. 엔베리타스는 인증보다는 '보증'이라는 명칭을 내세우며 로스팅업체에 심사 비용을 청구하고 심사는 불시 방문으로 이루어진다. 한편 엔베리타스는 커피 원두에 대한 특정 가격을 보장하지는 않는다는 면에서 최저 가격을 보장하는 공정 무역 인증 판매 원두와는 기본 원칙이 다르다.

하지만 스페셜티 커피 로스팅업자 다수가 프리미엄 커피를 지속 가능한 방식으로 공급할 확실한 방법은 높은 품질 뿐이라고 주장하면서 모든 인증의 바람직함을 놓고 끊임없이 논쟁이 불거지고 있다. 당연한 얘기지만 문제는 모든 커피가 스페셜티 등급이 아니라는 점과, 모든 로부스타 재배자가 비스페셜티 등급 부문에 속한다는 점이다.

당신이 마시는 커피의 생산에 동원되는 노동력의 거의 절반은 여성이다. 세계 어디서든 불량 생두를 골라내는 지루한 작업에 종사하는 이들은 여성이며, 여전히 커피업계에서는 여성이 저임금에 시달리고 교육도 제대로 받지 못하는 것이 대체적인 현실이다. 그래도 농장을 소유하고, 커피를 가공하고, 커피 매장을 운영하는 여성의 수가 날로 늘어나면서 변화가 일어나는 중이다. 이탈리아의 1위 에스프레소 생산 전문 커피 브랜드, 일리카페illycaffè에서는 의식 증진을 위한 노력의 일환으로 2018년에 말 그대로 세로로 반을 싹둑 잘라 낸 듯한 이상한 모양의 컵에 에스프레소 커피를 담아 판매하며 커피업계에 여성이 없으면 어떻게 되는지를 환기하려는 시도를 펼치기도 했다. 현재 세계여성커피연맹International Women's Coffee Alliance을 비롯한 여러 단체에서 커피계의 유리 천장을 깨기 위한 적극적 활동을 펼치고 있다.

미투MeToo 운동으로 성 착취에 대한 고발이 전 세계로 확산하면서 커피업계에도 영향이 미쳤지만 대중의 주목을 끈 사례는 극소수에 불과했다. 2017년에 커피업계의 베테랑 몰리 쇠더Molly Soeder가 업계의 성 착취 문제를 밝히기 위해 커피투coffeetoo를 시작했다. 쇠더는 그로부터 얼마 전의 어느 커피 회담에서 성 착취를 목격했을 뿐만 아니라 직접 경험했다고 주장하며 "안타깝게도 그런 일은 놀랄 일도 아니었다"고 털어놓았다.

샌프란시스코의 포배럴커피Four Barrel Coffee 창업자 제러미 투커Jeremy Tooker는 2018년 초에, 성폭행을 저지르고 "유해 직장 문화"를 조성했다며 여덟 명의 여성 직원에게 고발당한 이후 자리에서 쫓겨났다. 포배럴 커피에서는 머그잔에 욕설을 암시하는 'F___ it'과 빨리 발음하면 'dick inside her'처럼 들려 성적 뉘앙스가 담긴 'Dickens Cider'를 로고 문구로 찍어 넣기도 했었다. 투커가 고상한 커피계에서 보기 드물 만큼 상스러운 인간이라 해도 그의 사례는 커피업계에서 성적 문제가 실존함을 보여 준 것이었다. 커피 재배지에서도 마초 기질이 있는 남미나 성차별주의가 있는 아프리카 및 아시아에서 이와 유사한 문제들이 없을 리가 없다.

이쯤에서 좋은 소식을 전하자면, 기술이 지속적인 영향을 미치고 있다는 사실이다. 인터넷과 휴대전화를 통해 아주 외진 지역의 재배자들까지 새로운 정보를 접하고 의식이 일깨워지면서 미투 운동만이 아니라 커피 가격과 상품에 대한 뉴스가 널리 알려지고 있다. 또한 요리용 레인지의 혁신적 설계에 힘입어 시골 지역에서 거름과 목재로 인한 오염이 줄어들었다.

소비자 사이에서도 특이한 동향이 나타나, 비교적 고품질의 커피를 맛보게 해 주는 케이컵K-Cup과 네스프레소 캡슐 등의 캡슐 커피가 인기를 끌고 있다. 이런 동향으로 미루어 볼 때 사람들은 그것으로 인해 더 많은 플라스틱 쓰레기가 발생함에도 불구하고 가정에서나 사무실에서나 두루두루 편리함을 누리기 위해 기꺼이 큰돈을 쓸 용의가 있는 듯하다.

차가운 콜드브루*에 액체 질소를 주입해 풍부한 거품을 내는 니트로 콜드브루도 또 하나의 인기 트렌드로 떠올랐다. 쿠베커피Cuvee Coffee에서 개척한 이 니트로 콜드브루는 기네스 맥주와 만드는 방식이 유사하다. 스텀프타운Stumptown이 이 분야를 선도하다 결국 피츠에 인수되었고, 피츠는 스타벅스와 함께 콜드브루를 자체적으로 생산하기 시작했지만 사실 두 기업 모두 이전엔 그럴 의향이 없음을 밝힌 바 있다.

2009년에 스타벅스의 비아Via 출시로 인스턴트커피가 스페셜티 커피 대열에 합류하면서 꽤 괜찮은 품질의 타 먹는 커피가 등장했다. 2016년부터는 다른 기업 몇 곳(서든커피Sudden Coffee, 브왈라Voila, 스위프트컵Swift Cup)에서 단일 원산지의

---

* 분쇄한 원두를 상온이나 차가운 물에 장시간 우려낸 커피

싱글오리진 인스턴트커피를 개당 3달러대까지의 가격으로
출시했다. 이 제품들이 살아남을 만큼 시장 규모가 충분히 큰
지는 아직 두고 볼 일이다.

이전에도 언급한 바 있지만 학계에서의 커피 연구가 폭
발적으로 증가해 왔다. 캘리포니아대학 데이비스 캠퍼스에는
현재 커피 연구소가 설치되어 있으며 이는 텍사스A&M대학,
취리히응용과학대학, 노팅엄대학 등지도 마찬가지다. 이런
맥락에서 통설로 자리 잡은 한 견해를 주목해 볼 만하다. 캘
리포니아대학 데이비스 캠퍼스에서의 양조학 교육을 계기로
현재 미국의 크래프트 맥주* 붐에 불이 당겨졌다는 견해인데,
커피 분야에서도 똑같은 일이 일어날 가능성은 없을까? 그렇
지 않을 가능성이 더 높지만 학계의 관심을 통해 커피에 대한
인식과 소비가 증진되리라는 점 또한 확실하다.

스타벅스는 여전히 화제성을 끌었지만 때때로 원치 않
는 방향으로 화제를 끌기도 했다. 한 예로 2018년에 두 명의
아프리카계 미국인 남성이 필라델피아의 한 스타벅스 매장에
앉아 있다가 수갑이 채워져 체포된 사건이 있었다. 두 사람은
사업 회의를 하기 위해 기다리는 중이었지만 아직 아무것도
주문하지 않았고 이를 보고 있던 매니저가 경찰을 부른 것이
었다. 결국 이 사건의 여파로 스타벅스는 인종 차별 예방 교
육을 개시했다.

같은 해에 스타벅스는 밀라노에 매장을 열면서 마침내
이탈리아에 진출했다. 이곳 밀라노는 오랜 기간 스타벅스의
회장을 지낸 하워드 슐츠Howard Schultz가 30년 전에 에스프레
소 베이스의 음료에 대한 영감을 받았던 의미 깊은 곳이다.

---

* 대기업이 아닌 개인이나 소규모 양조장이 자체 개발한 제조법에 따라 만
든 맥주. '수제 맥주'로도 불린다.

하지만 미국과 이탈리아는 스타일이 크게 다르다. 나이가 있는 이탈리아인들은 스타벅스의 자국 진출에 콧방귀를 뀌지만 그래도 젊은 세대 소비자들은 이탈리아의 전통적 스타일에 따라 서서 마시는 에스프레소 바에 다니기보다 앉아서 느긋하게 커피를 즐길 만한 곳을 환영할 가능성이 있다.

그리고 수많은 커피 애호가들은 도널드 트럼프^{Donald Trump}나 그 외의 미국 대통령보다 하워드 슐츠를 더 좋아할 것이다. 슐츠가 2018년에 은퇴를 발표했을 때 그가 선거에 출마할 것이라는 추측이 파다했다. 한 기자와 가진 인터뷰에서의 발언은 확실히 정치적으로 들리긴 했다. "그동안 양당 모두 책임감이 부족했어요. 우리가 뽑은 사람들이 이념을 밖에 놔두고 들어와 일하면서 정치인의 할 일이 미국 국민의 입장을 대변하는 것이라는 점을 인식한다면 이런 문제를 해결할 수 있을 겁니다." 슐츠는 특히 국가 채무에 우려를 나타냈는데 혹시 모를 일이다. 사람들이 커피를 더 많이 마시도록 만들면 국가 채무가 줄어들지도.

장차 커피업계 출신 대통령이 탄생할지의 여부와는 별개로, 커피의 역사는 여전히 흥미로운 주제이며 당연한 얘기지만 지금도 우리는 그런 흥미로운 역사를 계속 써 나가고 있다. 미래를 예측하기는 힘들다. 혹시라도 커피계에 '제4의 물결'이 밀려와 스페셜티 커피 제조의 기술을 점점 더 정교하게 갈고 닦기 위해 끊임없이 노력하는 소규모 로스팅업자들이 등장할 수도 있겠지만 현재의 합병 추세를 보면 그 반대 방향으로 흐르는 듯하다. 붐-버스트 사이클의 상승과 하락 패턴이 더 급격해질 소지도 있지만 고품질 커피가 점점 귀해지는 이 상황에서 부디 가격이 상승세를 타길 기대한다.

마지막으로 일부 독자들이 이 책의 부제와 관련해서 제

기했던 의문점을 짚고 넘어가려 한다. '커피가 세계의 변화에 어떠한 영향을 미쳤는가?'의 문제다.* 본문에서는 이런 영향에 대해 구체적으로 요약해 놓지는 않았지만 사실 그 답은 책 속에 모두 담겨 있다. 가령 커피는 열대 지방의 산기슭들을 침범하여 자연을 변모시켜 놓으면서, 때로는 환경의 황폐화를 몰고 왔다. 또한 원주민과 아프리카인들의 노예화와 학대를 조장했다. 커피하우스들은 혁명뿐만 아니라 새로운 예술적·사업적 모험을 낳는 사회적 장의 역할을 했을 뿐만 아니라 술에 절어 있던 유럽 노동자들의 정신을 번쩍 깨게 해 주기도 했다. 그런가 하면 커피는 다른 상품들과 더불어 국제 무역과 선물 거래의 파생에 이바지했다. 라틴아메리카에서는 커피로 인해 극심한 빈부 격차가 나타나면서, 억압적인 군부 독재, 반란, 대학살이 일어났다. 이 머리말에서도 잘 나타나 있듯 커피는 현재도 계속해서 세계를 변화시키고 있다.

---

* 이 책 원서의 부제는 "커피의 역사 그리고 커피가 세계를 변화시킨 방식(The History of Coffee and How It Transformed Our World)"이다.

커피의 이주

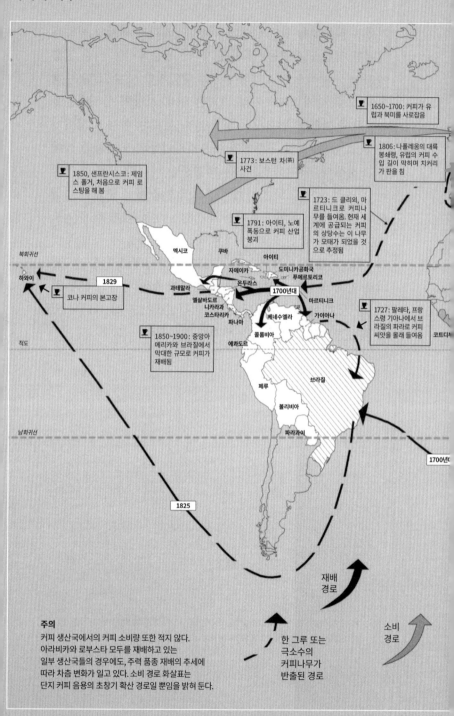

1650~1700: 커피가 유럽과 북미를 사로잡음

1806: 나폴레옹의 대륙 봉쇄령, 유럽의 커피 수입 길이 막히며 치커리가 판을 침

1773: 보스턴 차(茶) 사건

1850, 샌프란시스코: 제임스 폴거, 처음으로 커피 로스팅을 해 봄

1723: 드 클리외, 마르티니크로 커피나무를 들여옴. 현재 세계에 공급되는 커피의 상당수는 이 나무가 모태가 되었을 것으로 추정됨

1791: 아이티, 노예 폭동으로 커피 산업 붕괴

멕시코   쿠바   아이티

북회귀선

하와이   1829   코나 커피의 본고장

자메이카   도미니카공화국 푸에르토리코

과테말라   온두라스   1700년대

엘살바도르   마르티니크   1727: 팔레타, 프랑스령 기아나에서 브라질의 파라로 커피 씨앗을 몰래 들여옴

니카라과   코스타리카   베네수엘라   가이아나

파나마   코트디부

적도   콜롬비아

1850~1900: 중앙아메리카와 브라질에서 막대한 규모로 커피가 재배됨   에콰도르

페루   브라질

볼리비아

남회귀선   파라과이

1700년대

1825

재배 경로

소비 경로

주의

커피 생산국에서의 커피 소비량 또한 적지 않다. 아라비카와 로부스타 모두를 재배하고 있는 일부 생산국들의 경우에도, 주력 품종 재배의 추세에 따라 차츰 변화가 일고 있다. 소비 경로 화살표는 단지 커피 음용의 초창기 확산 경로일 뿐임을 밝혀 둔다.

한 그루 또는 극소수의 커피나무가 반출된 경로

소비 경로

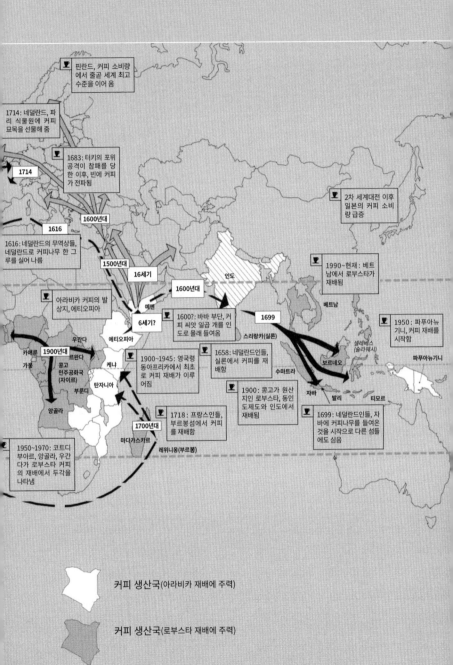

핀란드, 커피 소비량에서 줄곧 세계 최고 수준을 이어 옴

1714: 네덜란드, 파리 식물원에 커피 묘목을 선물해 줌

1683: 터키의 포위 공격이 참패를 당한 이후, 빈에 커피가 전파됨

1714

1600년대

1616

1616: 네덜란드의 무역상들, 네덜란드로 커피나무 한 그루를 실어 나름

1500년대

16세기

6세기?

아라비카 커피의 발상지, 에티오피아

예멘

1600년대

인도

1600?: 바바 부단, 커피 씨앗 일곱 개를 인도로 몰래 들여옴

1699

스리랑카(실론)

베트남

2차 세계대전 이후 일본의 커피 소비량 급증

1990~현재: 베트남에서 로부스타가 재배됨

1950: 파푸아뉴기니, 커피 재배를 시작함

셀레베스(술라웨시)

파푸아뉴기니

우간다

1900년대

카메룬

가봉

르완다

콩고민주공화국(자이르)

부룬디

에티오피아

케냐

탄자니아

앙골라

1900~1945: 영국령 동아프리카에서 최초로 커피 재배가 이루어짐

1658: 네덜란드인들, 실론에서 커피를 재배함

1900: 콩고가 원산지인 로부스타, 동인도제도와 인도에서 재배됨

보르네오

수마트라

자바

발리

티모르

1699: 네덜란드인들, 자바에 커피나무를 들여온 것을 시작으로 다른 섬들에도 심음

1700년대

1718: 프랑스인들, 부르봉섬에서 커피를 재배함

마다가스카르

레위니옹(부르봉)

1950~1970: 코트디부아르, 앙골라, 우간다가 로부스타 커피의 재배에서 두각을 나타냄

커피 생산국(아라비카 재배에 주력)

커피 생산국(로부스타 재배에 주력)

커피 생산국(아라비카와 로부스타 모두 재배)

전해 오는 전설에 따르면 에티오피아의 칼디라는 염소치기가 염소들이 커피 열매를 먹고 신이 나서 춤을 추는 것을 보고 커피의 즐거움을 발견했다고 한다. 칼디는 어느새 자기도 염소들을 따라 춤을 추었다고 한다.

제1장
커피의 세계 정복

커피는 우리를 진지하고 엄숙하고 철학적으로 만들어 준다.
- **조너선 스위프트**Jonathan Swift, 1722년

[커피는] 뇌를 과도한 흥분 상태로 이끌어, 말이 아주 많아지게 만드는가 하면 종종 아이디어의 영감을 촉진하기도 한다. 이것은 커피하우스의 정치가들만 봐도 알 수 있는데, 실제로 그들은 커피를 연거푸 마시고 또 마시면서 (…) 이 세상의 온갖 사건에 대한 심오한 지혜를 착상해 내고 있다.
- **루이스 르윈**Lewis Lewin, 『**판타스티카: 마약과 각성제**Phantastica: Narcotic and Stimulating Drugs』(1931)

어디까지나 하나의 설이지만, 인류의 요람인 고대 아비시니아Abyssinia 땅, 즉 현재의 에티오피아가 커피의 발상지로 추정된다. 사실 정확히 언제, 누구에 의해 커피가 발견되었는지는 확실하지 않으며 여러 가지 설이 전해지고 있을 뿐인데 그중 특히 흥미로운 유래설은 춤추는 염소의 이야기다. 옛날 에티오피아에 칼디Kaldi라는 이름의 염소치기가 살았다고 한다. 원래 시인의 기질이 있던 소년은 먹을 것을 찾아 산기슭을 구석구석 누비는 염소들을 따라 이리저리 돌아다니는 그 일이 너무 좋았다. 염소를 치는 일은 별로 신경 쓸 것도 없어서 자유롭게 노래를 지으며 피리를 불었고, 그러다 오후 느지막이 소년이 피리로 어떤 곡을 쩌렁쩌렁하게 불면 숲속에서 풀을 뜯어 먹던 염소들이 그를 따라 집으로 돌아가기 위해 그

가 있는 곳으로 돌아왔다.

　그러던 어느 날 오후였다. 칼디가 피리를 불어도 염소들이 돌아올 생각을 하지 않았다. 그가 있는 힘껏 다시 피리를 불어 봤지만 이번에도 깜깜무소식인 염소들. 얼떨떨해진 소년은 더 높이 올라가 염소 소리를 찾아 귀를 쫑긋 세웠다. 마침내 저 멀리서 매애, 매애 염소들의 울음소리가 들렸다.

　후다닥 달려서 좁은 오솔길 귀퉁이를 돌아서는 순간, 칼디의 눈앞에 불쑥 염소들의 모습이 나타났다. 빽빽하게 덮인 열대 우림 사이를 뚫고 새어 든 햇살이 밝은 빛의 반점을 드리우고 있는 그곳에서, 염소들이 흥분해서 이리저리 뛰고 서로 머리를 부딪쳐 대면서 뒷다리로 서서 춤을 추며 매애, 매애 울고 있는 게 아닌가. 소년은 입을 딱 벌린 채로 서서 쳐다봤다. 염소들이 마법에라도 걸렸나 보다, 생각하면서.

　소년이 그렇게 쳐다보고 있을 때 염소들이 하나둘씩 어떤 나무에서 반질반질한 녹색 잎과 빨간 열매를 뜯어먹었다. 소년이 처음 보는 나무였다. '염소들이 저 나무 때문에 저렇게 미쳐 날뛰는 게 틀림없어. 저거 혹시 독이 든 나무 아닐까? 저러다 염소들이 다 죽는 거 아니야? 수사님이 날 가만히 안 두실 텐데 어쩌지!'

　염소들은 몇 시간이 지나서야 소년을 따라 집으로 돌아왔지만 죽지는 않았다. 그리고 그다음 날, 곧장 그 숲으로 다시 달려가서는 전날과 똑같이 춤판을 벌였다. 칼디는 이번엔 안심해도 되겠다 싶어서 자기도 따라서 먹어 봤다. 먼저 잎사귀 몇 개를 따서 씹어 봤다. 맛이 쌉싸름했다. 그런데 씹다 보니 서서히 입안에 알싸함이 돌면서 그 알싸함이 혀에서부터 뱃속까지 타고 내려가 온몸으로 퍼졌다. 칼디는 이제 열매도 먹어 봤다. 살짝 단맛이 느껴지는가 싶더니, 걸쭉

하고 맛 좋은 점액으로 감싸인 씨가 톡 튀어나왔다. 마지막으로 씨를 씹어 봤더니 입안에서 또 하나의 열매가 튀어나왔다.

전해 오는 이야기에 따르면, 얼마 지나지 않아 칼디도 염소들과 같이 신이 나서 뛰어 댔다. 노래 구절이 줄줄 입밖으로 흘러나왔다. 다시는 피곤하지도, 시무룩하지도 않을 것 같은 기분이었다. 칼디는 수도원의 수사에게 그 신비한 나무에 대해 얘기했고, 입에서 입으로 소문이 퍼지면서 커피는 이내 에티오피아 문화에 없어서는 안 될 요소로 자리 잡았다.

당시 커피나무의 명칭은 분bunn이었는데, 전설로 내려오는 이야기처럼 이 분의 생두와 잎사귀는 처음엔 단순히 씹어서 먹었던 듯하다. 하지만 창의성이 풍부한 에티오피아인들은 오래지 않아 더 맛 좋게 카페인을 섭취하는 방법들을 발전시켰다. 가령 잎과 열매를 약한 차처럼 뜨거운 물에 끓여 먹는다든지, 생두를 갈아 동물 기름과 섞어서 간단한 에너지 스낵처럼 즐겼다. 과육을 발효시켜 술을 만들기도 했다. 커피 열매의 껍질을 살짝 볶아서 퀴스르qishr라는 달콤한 음료를 만들어 마시기도 했는데, 현재는 이 음료를 키셔kisher라고 부르고 있다.

10세기에 페르시아의 의사, 라제스Rhazes(865~925)가 지면상에 처음으로 커피를 언급했을 무렵, 커피나무는 이미 수백 년 전부터 인공 재배되었을 것으로 추정된다. 라제스는 지금은 분실되어 소재를 알 수 없는 한 의학서에서 분과 분참buncham이라는 음료에 대해 언급했다. 서기 1000년경에 또 한 명의 아라비아인 의사, 아비센나Avicenna도 분참에 대해 썼는데, 그는 이 음료가 뿌리로 만든 것이라고 믿고 있었

커피 열매와 커피 생두(green bean)

다.[1] "이것은 손발에 활력을 주고 피부를 정화하고 피부 안쪽의 습기를 말려 주며 온몸에서 아주 좋은 냄새가 나게 해 준다." 아비센나가 기록한 글이다. 라제스와 아비센나의 글에 등장한 음료는 일종의 커피에 해당하는 듯하지만, 현재 우리가 마시는 방식의 그런 커피는 아니었다. 누군가가 생두를 볶고 갈아서 끓여 마시게 된 것은, 15세기의 어느 시기쯤이었을 것으로 추정된다. 아무튼 바로 이 10세기 무렵에 우리가 아는 그 커피가 (혹은 우리가 아는 그 커피의 일종이) 마침내 세상에 등장하게 되었다.

에티오피아인들은 현재도 여전히 정교한 의식에 따라 커피를 끓여 마시고 있으며, 이 의식은 종종 한 시간 가까이 걸리기도 한다. 먼저 특별한 토기 화로 안에 숯을 넣어 데우고 그사이에 손님들은 세발 스툴 의자에 앉아 담소를 나눈다. 주인이 손님들과 이야기하는 동안 안주인이 조심스레 커피 생두를 씻어서 은피를 벗긴다. 이 생두는 미리 그 집 주인의 나무에서 따서 햇볕에 말렸다가 손으로 직접 껍질을 까 놓은 것이며, 은피를 벗기고 나면 안주인이 숯에 유향을 살짝 뿌려 그 향기로 분위기를 돋운다. 그런 후 숯 위로, 직경 30센티미터가 좀 못 되는 원반 모양의 납작한 철판을 얹는다. 이 철판에 생두를 올려놓고 갈고리 모양의 철제 도구로 살살 젓는다. 이렇게 몇 분을 저어 주다 보면 생두는 적갈색으로 변하면서 고전적 커피 로스팅 특유의 '탁탁 터지는 소리'를 낸다. 생두가 황금빛 도는 갈색으로 변하면 이제 안주인이 불에서 내려

---

[1] 라제스의 본명은 아부 바크르 무함마드 이븐 자카리야 엘 라지(Abu Bakr Muhammad ibn Zakariya El Razi)이고, 아비센나의 본명은 아부 알리 알 후세인 이븐 아브드 알라 이븐 시나(Abu Ali al-Husayn ibn Abd Allah ibn Sina)이다.

작은 절구에 집어넣는다. 그리고 절굿공이로 아주 곱게 갈아 이 가루를 숯불 위에 올린 토기 주전자에 물을 넣고 타서 끓인다. 이때 커피 가루와 함께 소두구*와 계피를 살짝 넣기도 한다.

이 순간에 풍기는 냄새는 그야말로 이국적이고 매혹적이다. 안주인은 손잡이가 없는 약 85그램 용량의 작은 컵에 첫 번째 끓인 커피를 따르며 설탕 한 숟가락을 함께 타서 대접한다. 그러면 모두 홀짝홀짝 마시며 두런두런 시음평들을 내놓는다. 이 첫 번째 잔의 커피는 맛이 진하고 약간의 가루가 둥둥 떠 있다. 하지만 다 마시고 보면 대부분의 찌꺼기는 잔 바닥으로 가라앉아 있다.

안주인은 주전자에 물을 더 부어서 끓이길 두 번 더 반복하면서 커피를 두 잔씩 더 대접해 준다. 그렇게 세 번째 잔을 다 마시고 나면 이제 손님들은 작별 인사를 하고 자리를 뜬다.

커피, 아라비아로 건너가다

에티오피아에서 커피가 발견된 이후, 이제 이 음료가 교역을 통해 좁은 폭의 홍해를 사이에 둔 아라비아까지 퍼져 나가는 것은 단지 시간문제였다. 6세기에 에티오피아가 예멘을 침략해 50여 년 동안 지배했던 당시에, 에티오피아인들이 그곳에 의도적으로 커피 농장을 세웠을 가능성도 있다. 아무튼 아라비아인들은 기운을 돋워 주는 이 음료에 빠져들었다(전설에 따르면, 이슬람교의 예언자 마호메트는 기운 넘치게 해 주는 커피를 마시면 "마흔 명의 남자를 말에서 떨어뜨리고 마흔 명의 여자와 동

---

* 열대 아시아산 생강과의 향료 식물

침할 수도 있을 것"이라고 호언장담했다고 한다). 아라비아인들은 산악 지대 인근에서 관개용 수로까지 갖추어 놓고 커피나무를 재배하기 시작하면서 커피를 카와qahwa라고 불렀는데, 아라비아어로 술을 뜻하는 이 단어에서 커피라는 말이 유래되었다. '커피'라는 명칭의 어원으로 주장되는 단어는 그 외에도 여러 가지가 있는데, 에티오피아의 카파Kaffa라는 지역명, 아라비아어의 쿠와quwwa(힘)라는 단어, 카트khat라는 식물로 만든 음료명인 카프타kafta 등이 그것이다.

커피는 처음엔 아라비아의 수피교 수도승들이 졸지 않고 밤새워 기도하기 위한 용도로 마셨다. 이렇듯 초반엔 치료제나 종교적 보조 수단으로 여겨졌지만 얼마 지나지 않아 슬금슬금 일상생활 속으로 파고들었다. 부유한 사람들은 의식을 갖추어 제대로 마시기 위해 집에 전용 커피방을 따로 두기까지 했다. 그럴 만한 여유가 안 되는 사람들을 겨냥해서, 일명 카베 카네스kaveh kanes라는 커피하우스들이 하나둘 생겨나기도 했다. 한편 15세기 말에 이르러, 커피가 이슬람교 순례자들을 통해 페르시아, 이집트, 터키, 북아프리카 같은 이슬람 세계 전역에 소개되면서, 커피는 꽤 짭짤한 교역 품목으로 떠올랐다.

커피는 16세기 내내 인기를 끌었으나, 또 다른 한편으론 말썽의 주범으로 낙인찍히기도 했다. 사람들이 커피하우스에서 너무 빈둥거린다고 못마땅해한 통치자들이 한둘이 아니었는가 하면, 랠프 해톡스Ralph Hattox는 아라비아의 커피하우스에 대한 역사를 다룬 저서에서 다음과 같이 언급하기도 했다. "커피하우스에 드나드는 사람들은 여러 가지 부적절한 오락에 빠져들었다. 도박에 탐닉하는가 하면 난잡하고 이단적인 이성 교제에 휘말리기도 했다."

커피가 에티오피아에서 예멘으로 전파된 이후, 아랍인들은 커피를 삶의 일상으로 받아들였다. 이 삽화는 18세기 초의 판화로, 바닥에 책상다리를 하고 앉은 아랍인이 그림 오른쪽 하단에 있는 이브릭(ibrik)으로 끓인 커피를 따라서 마시고 있는 모습이다.

이스탄불의 커피하우스(19세기)

메카Mecca의 젊은 통치자, 카이르 베그Khair-Beg는 자신을 조롱하는 풍자시들의 근원지가 커피하우스임을 알게 되자 커피도 술처럼 코란에 불법으로 규정해 놓아야겠다고 마음먹고는 자신의 종교, 법률, 의학 고문들을 설득하여 동의를 얻어냈다. 결국 1511년에 메카의 커피하우스들은 강제 폐업을 당하고 말았다.

이 커피 금지령은 커피를 즐겨 마시던 카이로의 술탄이 그 얘기를 듣고 금지령을 뒤집고 나서야 해제되었다. 하지만 1500년대가 흐르는 동안 아라비아의 통치자들과 종교 지도자들의 커피 비난은 그 뒤에도 계속 이어졌다. 일례로 콘스탄티노플(현재의 이스탄불)의 수상Grand Vizier, 쿠프릴리Kuprili는 전쟁 중에 반정부 선동을 두려워하여 도시의 커피하우스들을 폐업시켰다. 누구든 커피를 마시다 걸리면 호된 몽둥이형에 처해졌다. 한 번 걸려 놓고도 또다시 커피를 마시다 적발될 경우엔 가죽 부대 안에 넣고 바늘로 꿰매서 보스포루스 해협Bosporus*에 던져지는 벌을 받았다. 이렇게까지 했음에도 여전히 많은 이가 몰래몰래 커피를 마시자 마침내 금지령이 철회되었다.

예전의 아라비아 사회 사람들은 왜 탄압에도 아랑곳하지 않고 커피를 마셨을까? 물론 카페인의 중독성이 그 하나의 답이긴 하지만, 그것 때문만은 아니었다. 커피는 지성을 자극하는 각성제요, 뚜렷한 부작용 없이도 기운을 북돋는 한 방법이었다. 커피하우스들은 사람들이 함께 모여 대화하고 즐기고 사업을 하는 장이자, 합의와 시상詩想과 불경한 사상을 고무시켜 주는 장이었다. 터키에서는 커피가 아주 중요한 위상

---

* 터키의 서부, 마르마라해와 흑해를 연결하는 해협

팔레스타인의 커피하우스(1900)

을 차지하게 되어, 심지어 커피를 충분히 못 먹여 주는 것이 이혼을 원하는 여성에게 이혼의 빌미가 될 정도였다.

밀반출자, 새로운 재배지 그리고 서구 세계로의 전파

1536년에 오스만제국의 터키인들이 예멘을 점령한 직후, 커피콩이 터키 제국 전역에서 중요한 수출품으로 부상했다. 커피가 그 수출항의 이름을 따서 모카Mocha로 불리게 될 만큼, 이 지역의 커피는 통상적으로 예멘의 모카항을 통해 수출되었다. 모카항에서 커피를 뱃길로 수에즈Suez*로 보내 그곳에서 낙타에 실어 알렉산드리아 Alexandria**의 창고로 운반하면, 바로 이 창고에서 프랑스와 베네치아의 상인들이 물건을 사 갔다. 커피 교역이 주된 수입원으로 떠오르자 터키인들은 예멘 이외의 지역에서 커피나무가 재배되지 못하도록 철저히 단속했다. 그에 따라 커피 열매는 끓는 물에 달인 상태이거나 싹을 틔울 수 없도록 어느 정도 볶은 상태여야만 예멘에서의 반출이 허용되었다.

세상사가 늘 그렇듯, 이런 경계망을 요리조리 피해 가는 시도들이 이어졌다. 1600년대 어느 무렵, 바바 부단Baba Budan이라는 무슬림 (이슬람교도) 순례자가 씨앗 일곱 개를 자신의 배에 끈으로 동여맨 후 몰래 가지고 나가서 인도 남부 지방인 마이소르 Mysore의 산악 지대에서 경작하는 데 성공했다. 1616년에는 당시 세계의 해상 무역을 장악하고 있던 네덜란드인들이 예멘의 아덴Aden에서 네덜란드로 커피나무 한 그루를 용케 실어 날랐다. 네덜란드인들은 그 나무의 후손으로 1658년부터 실론Ceylon(지

---

* 이집트 북동부의 항구 도시
** 이집트 북부의 항구 도시

금의 스리랑카)에서 커피 재배를 시작했다. 또 1699년에는 한 네덜란드인이 인도의 말라바르Malabar에서 자바Java로 커피나무를 가져가 심으면서 수마트라Sumatra, 셀레베스Celebes, 티모르Timor, 발리Bali 등 동인도제도의 섬 지역에서도 커피 재배가 이어졌다. 그 뒤로 수년에 걸쳐 네덜란드령 동인도의 생산량에 따라 세계 시장의 커피 가격이 좌지우지되었다.

1700년대에는 자바와 모카가 가장 유명하면서도 가장 인기 있는 커피로 떠올랐고, 이 두 단어는 지금도 여전히 커피의 동의어로 여겨진다. 하지만 현재 자바에서는 고품질의 커피가 거의 생산되지 않고 있으며 모카는 1869년에 수에즈 운하가 완공되면서 항구로서의 기능을 잃었다.

처음에 유럽인들은 이 낯설고 새로운 음료를 어떻게 받아들여야 할지 갈피를 잡지 못했다. 1610년에 여행길에 올랐던 영국의 시인 조지 샌디스 경Sir George Sandys은 터키인들이 앉아서 커피를 마시며 "거의 온종일 잡담을 나누고 있다"고 주목하며 커피를 "숯처럼 시커멓고 맛도 숯과 별다르지 않다"고 설명했다. 하지만 "그들의 말마따나, 소화를 돕고 활력을 돋워 준다"고 덧붙이기도 했다.

하지만 유럽인들도 결국엔 커피에 푹 빠져들게 되었다. 일설에 따르면, 1605년에 사망한 교황 클레멘트 8세Pope Clement VIII는 커피를 금지해 달라는 사제들의 끈질긴 간청에 못 이겨 이 무슬림 음료를 맛보았다가 감탄을 터뜨렸다고 한다. "아니, 이렇게 맛 좋은 사탄의 음료를 이교도들만 마시게 놔두다니, 그건 유감스러운 일이 될 것이오. 여기에 세례를 베풀어 정식 기독교 음료로 만들어서 사탄을 우롱합시다."

17세기 전반기까지만 해도, 커피는 여전히 이국의 음료였고 설탕, 코코아, 차 같은 다른 귀한 것들과 마찬가지로 처음엔

네덜란드령 동인도(지금의 인도네시아)에서 커피를 분류 중인 농민 노동자들

주로 상류층에서 값비싼 치료제로 이용되었다. 하지만 그 뒤로 50년이 흐르는 사이에 유럽인들은 이 아라비아 음료의 의학적 가치만이 아니라 사교적인 가치에도 눈뜨게 되었다. 1650년대 무렵, 이탈리아의 거리에서는 아콰체드라타요^{aquacedratajo}, 즉 레모네이드를 파는 노점상들이 초콜릿, 술과 함께 커피도 팔았다. 1683년에는 베네치아에 최초의 커피하우스가 문을 열었다. 판매하는 음료의 이름을 따서 카페^{caffe}(유럽의 다른 지역에서는 'café'라는 철자로 쓰임)로 불리던 이곳은 오래지 않아 느긋한 만남, 활기 넘치는 대화, 맛 좋은 음식의 동의어가 되었다.

그 후에 일어난 커피 열풍을 감안하면 의외지만, 프랑스에 커피하우스가 도입된 시기는 이탈리아나 영국보다 늦다. 1669년에 터키의 신임 대사, 솔리만 아가$^{Soliman Aga}$는 파리에서 연거푸 호사스러운 파티를 열어 그 자리에서 커피를 소개하며 터키와 관련된 모든 것에 대한 열광을 불러일으켰다. 치렁치렁 긴 실내복을 즐겨 입은 남자 손님들은 사치스럽게 꾸며진 실내에서 의자 없이 바닥에 편하게 앉아 이국적이고 생소한 음료를 마시는 것에 익숙해졌다. 하지만 이 음료는 여전히 진기한 물건이었다.

1679년에 프랑스의 의사들은 커피에 치유 효과가 있다는 주장들에 위기감을 느껴 마르세유^{Marseille}를 기점으로 반격에 나섰다. "우리가 살펴본바 경악스럽게도 이 음료는 (…) 사람들에게 와인의 즐거움을 멀리하게 만드는 속성을 지니고 있다." 급기야 사이비 과학까지 불쑥 고개를 들면서, 한 젊은 의사는 커피에 대해 힐난조의 주장을 펼치길, 커피가 "뇌척수액과 뇌회腦回*를 바싹 말려 버려서 (…) 결국엔 전신 피로, 마비, 성 불

---

* 대뇌 표면의 주름

능에 이르게 한다"고 했다. 하지만 그로부터 6년 후, 필리프 실베스트르 뒤푸르Philippe Sylvestre Dufour라는 또 다른 프랑스 의사가 커피를 강력히 옹호하는 책을 써냈는가 하면, 1696년 경에는 파리의 한 의사가 커피를 하부 창자를 "부드럽게 해 주고" 안색을 맑게 해 주는 관장제로 처방해 주고 있었다.

그러던 1689년, 이탈리아계 이주자 프랑수아 프로코프François Procope가 프랑스 국립극장 코메디프랑세즈Comédie Française 바로 맞은편에 그 유명한 카페드프로코프Café de Procope를 열게 된다. 개점하기가 무섭게 프랑스의 배우, 작가, 극작가, 음악가들이 커피를 마시며 문학적 대화를 나누기 위해 모여들었다. 다음 세기로 넘어갈 무렵에는 볼테르Voltaire, 루소Rousseau, 디드로Diderot를 비롯해 프랑스를 방문한 벤저민 프랭클린Benjamin Franklin 같은 유명인들을 끌어모으기도 했다. 커피는 점쟁이들에게 생계 수단이 되어 주기도 했는데, 그들이 커피 가루를 보고 점을 칠 수 있다는 얘기로 호객을 하고 다녔기 때문이다.

프랑스의 역사가 미슐레Michelet는 커피의 출현을 놓고, "시대에 걸맞게 때마침 등장한 혁명이며, 새로운 관습을 만들어 낸 인간의 기질까지 개조한 위대한 사건"이라고 평했다. 틀린 말도 아니다. 실제로 커피의 등장으로 알코올 섭취량이 줄었고, 궁극적으로 프랑스혁명을 낳은 경이로운 지적 동요가 카페에서 일어났으니 말이다. 한편 유럽 대륙의 커피하우스들은 평등주의적인 만남의 장이었다. 말하자면 음식 전문 작가 마거릿 비서Margaret Visser의 지적대로, "남녀가 떳떳이 교제할 수 있는 곳이었다. 예전까지만 해도 어림없던 일이었으나, 이제는 남자와 여자가 공공장소에서 만나 거리낌 없이 이야기를 나눌 수 있었다."

이렇게 교제하는 남녀들은, 점점 터키인들이 만들어 마시는 것처럼 독한 맛과는 거리가 먼 커피를 더 즐기게 되었다. 1710년에 프랑스인들은 커피를 물에 끓여 마시기보단 우려내는 방식을 처음으로 개발했다. 가루로 만든 커피를 헝겊 자루에 집어넣어서 매달아 놓고 그 위로 뜨거운 물을 붓는 식이었다. 프랑스인들은 곧이어 맛 좋은 '밀크 커피'의 기쁨을 발견하기도 했다. 세비녜 부인Marquise de Sévigné은 이런 식의 커피를 "지상 최고의 맛"이라고 단언했는가 하면, 많은 프랑스 시민이 카페오레café au lait에 맛을 들이게 되어 특히 아침 식사 자리에서 즐겨 마셨다.

그러나 프랑스의 작가 오노레 드 발자크Honoré de Balzac는 이런 밀크 커피를 즐기지 않았다. 볶은 커피를 곱게 분쇄하여 물도 거의 타지 않은 채로 빈속에 마셨고, 그 결과는 굉장했다. "정신이 확 깨어난다. 아이디어가 즉각 행군을 개시한다. 마치 군 대대가 전설적인 전투장으로 행진하면서 전의가 충천하는 듯하다. 그 옛날의 기억이 떠밀려 오며 선명한 깃발이 높이 세워지고 은유의 기병대가 장엄한 속력으로 배치된다." 마침내 이렇게 창의적 에너지가 흐르게 되면 발자크는 글을 쓸 수 있었다. "형상과 모양, 인물이 불쑥불쑥 솟아나면서 종이가 잉크로 뒤덮인다. 밤의 작업은 이 까만 물의 분출로 시작되고 끝이 난다. 전투가 까만 가루로 개시되고 종료되는 것처럼."

콜시츠키와 낙타 사료

오스트리아 빈은 프랑스보다도 커피의 도입이 조금 더뎠다. 1683년 7월, 터키군이 유럽을 침략하기 위해 위협하며 빈 외곽을 에워싸면서 장기간의 포위 공격에 들어갔다. 빈의 군대를 지휘하던 백작은 터키군의 전열을 뚫고 나가 인접국인 폴란드군에게 지원을 요청할 전령이 절실히 필요했다. 이때 수년간 아라비아권에서 살아 봤던 게오르크 프란츠 콜시츠키 Georg Franz Kolschitzky가 터키군의 군복으로 위장하여 그 임무를 수행했다. 임무는 성공적이었고 결국 9월 12일의 결전에서 터키군은 대패하여 달아났다.

터키군은 달아나기에 바빠 막사, 황소, 낙타, 양, 꿀, 쌀, 곡물, 황금 따위를 그대로 내버려 두고 떠났는데, 그중에는 생소한 모양의 콩들로 채워진 큼지막한 포대 5백 개도 있었다. 빈 사람들은 그것이 낙타 사료려니 생각했고, 그들로서는 낙타가 필요 없던 터라 그 포대를 태워 버리려 했다. 그런데 그때 콜시츠키가 그 포대에서 풍기는 친숙한 향을 알아채고는 외쳤다. "안 돼요! 당신들이 지금 태우려고 하는 건 커피라고요! 커피가 뭔지 모르면 내가 가져다가 잘 쓸 테니 나한테 줘요." 예전에 터키인의 풍습을 지켜봤던지라 로스팅, 그라인딩, 브루잉의 기본을 알고 있던 그는 곧바로 블루보틀Blue Bottle을 열었다. 블루보틀은 빈에 생긴 최초의 카페 중 한 곳이었다. 그는 터키인들처럼 커피에 설탕을 잔뜩 넣었지만, 가루를 걸러내고 우유를 듬뿍 섞기도 했다.[2]

몇십 년 사이에 커피가 사실상 빈의 지적 생활에 활기를 불어넣었다고 해도 과언이 아니었다. "빈의 중심지는 커피하우

2 터키인들이 1665년에 빈에 대사관을 세웠던 사실로 미루어 확신하건대, 빈에는 콜시츠키가 공적을 세우기 이전부터 이미 커피에 친숙한 이들도 있었을 것이다. 또한 요하네스 디오다토(Johannes Diodato)가 빈에 커피하우스 개점 허가를 얻은 시기도 1685년이었는데, 이는 확실히 콜시츠키보다 앞선 시기였다.

스들로 넘쳐나고, 소설가들이나 신문 읽기에 푹 빠진 사람들이 이런 커피하우스를 즐겨 찾고 있다." 1700년대 초에 빈을 찾은 한 방문객의 글이다. 소란스러운 맥주홀과는 달리 카페는 활기 찬 대화와 정신 집중에 유익한 장소가 되었다.

커피 역사가 이안 베르스텐Ian Bersten의 견해에 따르면, 블랙커피를 마시는 아랍인들의 기호와, 우유를 타서 마시는 유럽인의 기호 (곧 미국인의 기호) 차이에는 어느 정도 유전적 특징이 연관되어 있다. 앵글로색슨족은 우유에 내성이 있지 만 지중해 연안의 민족들, 즉 아라비아, 그리스 키프로스섬, 이탈리아 남부의 사람들은 대체로 유당분해효소가 결핍되어 있다. 그런 이유로 지중해 연안 사람들은 아무것도 섞지 않은 스트레이트straight 커피를 마시면서 가끔 설탕만 듬뿍 넣는 정 도에 그쳤다는 것이 베르스텐의 주장이었다. 베르스텐은 다 음과 같이 썼다. "유럽의 양 끝단에서 마침내 이 새로운 상품 의 두 가지 전혀 다른 추출 방식이 개발되었다. 북유럽의 여 과 추출법과 남유럽의 에스프레소 스타일이다. 이탈리아의 카푸치노에 우유가 더 적게 들어가게 된 것은, 우유에 대한 불내성不耐性 때문일지 모른다. 우유의 양이 적을수록 우유 불 내성 문제가 최소화되었을 테니까."

천 번의 키스보다 더 감미로운

독일은 커피와 커피하우스가 1670년대에 전파되었다. 1721년 무렵엔 독일의 거의 모든 대도시에 커피하우스가 생겨났다. 하지만 꽤 오랜 시간 동안 커피 탐닉은 상류층의 전유물이었 다. 수많은 의사가 커피가 불임과 사산을 유발한다고 경고하 기도 했다. 그러던 1732년, 커피 음용이 논란거리로까지 떠오르게 되면서 (물론 그와 동시에 인기를 끌기도 했지만) 요한 제바스티안 바흐Johann Sebastian Bach의 그 익살스러운「커피 칸타타 Coffee Cantata」가 탄생하기에 이르렀다. 이 칸타타 속에서는 딸이 엄격한 아버지에게 커피를 마시게 해 달라며 다음과 같이 조른다.

> 아버지, 너무 그러지 마세요! 하루에 커피를 세 잔씩 마시지 못하면 전 구운 염소 고기처럼 바짝 쪼그라들 거예요! 커피 맛이 얼마나 좋은데요! 천 번의 키스보다 더 감미롭고 머스캣 와인보다 더 달콤하다고요! 전 커피 없인 못 살아요. 누구든 커피로 저를 유혹한다면, 저는 그냥 마음이 넘어가 버릴 거예요!³

같은 세기의 후반기에 커피에 푹 빠진 루트비히 판 베토벤Ludwig van Beethoven은 정확히 60개의 커피콩을 갈아서 커피 한 잔을 추출해 마셨다.

1777년에 이르러, 뜨겁게 마시는 이 커피의 인기가 너무 치솟자 보다 못한 프리드리히 대왕은 성명까지 발표하며 독일에서 커피보다 전통 깊은 음료의 편을 들어 주었다. "짐의 백성들이 커피를 마시는 양이 점점 더 늘고 있다니, 또한 그로 인해 이 나라에서 점점 더 많은 돈이 빠져나가고 있다니, 참으로 기가 막힐 노릇이다. 짐의 백성들은 맥주를 마셔야 마땅하다. 짐은 맥주를 마시며 컸고 짐의 선조들도 그러하였다." 4년 후, 급기야 프리드리히 대왕은 공식적인 정부 시설을 제외하고는 일체의 커피 로스팅을 금지했고, 어쩔 수 없

---

3 현대의 한 오페라 대본 작가는 이 대목을 좀 다르게 번역하기도 했다. "아빠, 좀 그만하세요. 하루에 세 잔씩 커피를 안 마시면 못 살겠는데 어떻게 해요!"

이 빈민들은 볶은 치커리 뿌리, 말린 무화과, 보리, 밀, 옥수수 따위의 커피 대용품에 의존해야 했다. 진짜 커피콩을 어렵사리 손에 넣어 몰래 볶아 파는 이들도 있었지만 정부의 첩자들이, 속칭 커피 냄새 맡는 개코라는 경멸적인 이름까지 들어가며 이런 밀매업자들을 잡아냈다. 하지만 커피는 결국 독일의 온갖 탄압 시도를 견디어 냈다. 특히 부인들이 카페클라치 Kaffeeklatch, 즉 커피를 마시면서 잡담하는 모임을 아주 즐기게 되었는데, 커피에 여성적 이미지가 강해진 데는 이러한 내력이 얽혀 있다.

그 밖의 유럽 국가들도 비슷한 시기에 커피라는 신세계를 접하게 되었다. 네덜란드의 경우엔 네덜란드 교역상들을 통해 생두가 들어왔다. 스칸디나비아 (북유럽) 국가들은 커피의 도입이 비교적 더딘 편이었지만 현재는 세계에서 가장 높은 1인당 소비량을 과시하고 있다. 그러나 다른 어느 곳보다 더 역동적이고 직접적으로 커피의 영향을 받은 곳은 바로 영국이었다.

영국의 커피 침공

검은 급류처럼 영국을 휩쓴 커피 광풍은 1650년에 옥스퍼드 대학교를 기점으로 시작되었다. 당시에 레바논계 유대인 야콥스Jacobs가 "이색적인 것을 즐기는 이들"을 겨냥하여 이곳에 최초의 커피하우스를 열었다. 그리고 2년 후에는 런던에서 그리스인 파스쿠아 로세Pasqua Rosée가 커피하우스를 개점하며 최초의 커피 전단을 인쇄하여, 다음과 같이 "커피의 장점"을 선전했다.

단순하고 무해한 성분의 이 음료는 오븐에서 건조하고 가루로 간 뒤 샘물로 끓여 한 잔 마시면 한 시간 동안 그 효과가 지속되며, 견디어 낼 수 있을 만큼 한껏 뜨겁게 마실 수 있습니다.

파스쿠아 로세는 얼토당토않은 의학적 주장까지 폈다. 1652년도 광고에서 커피가 소화를 촉진하고, 두통, 기침, 폐결핵, 부종, 통풍, 괴혈병을 낫게 하며 유산을 예방한다면서 말이다. 비교적 사실적인 선전 문구도 썼다. "커피는 졸음을 예방하여 **밤샘**을 해야 할 경우에 유익합니다. 그러니 잠을 안 잘 생각이 아니라면 **저녁**을 먹은 후에는 이 커피를 마시지 마시길. 서너 시간 동안 잠을 못 자고 뒤척일지 모르니까요."

추정에 따르면, 1700년 무렵 런던에 문을 연 커피하우스는 그 수가 2천 개를 넘어서면서 부동산 점유율과 임대료 지불 부문에서 그 어떤 업종보다도 우위를 차지하고 있었다. 이 커피하우스들은 페니 대학penny universities으로 불리기도 했는데, 이는 커피 한 잔 값인 1페니만 내면 몇 시간이고 죽치고 앉아 그곳에서 오가는 비범한 대화를 경청할 수 있다는 (혹은 1657의 신문 광고 문구처럼 "대중적 교류"를 나눌 수 있다는) 이유에서 붙은 별칭이었다. 커피하우스는 저마다 특화된 고객층을 확보하고 있었다. 가령 어떤 곳은 의사들이 자주 드나들었는가 하면, 또 어떤 곳들은 개신교도, 청교도, 가톨릭교도, 유대교도, 지식인, 무역상, 장사꾼, 멋쟁이, 휘그당원, 토리당원, 군 장교, 배우, 변호사, 성직자, 재담꾼 등 저마다 주된 고객층이 천차만별이었다. 커피하우스들이 영국 최초의 평등주의적 회합의 장이 되면서, 이곳에서는 서로 아는 사이든 모르는 사이든 동석한 사람과 거리낌 없이 이야기를 나누는 것이 자연스러운 일이었다.

특히 에드워드 로이드Edward Lloyd가 운영하던 커피하우스는 남다른 내력을 가진 곳이었다. 이 커피하우스는 뱃사람과 무역상들이 주요 고객이어서 그는 보험 가입을 권유하러 드나드는 보험업자들을 위해 정기적으로 '선박 리스트'를 작성해 두었는데 이것이 바로 그 유명한 보험업자협회, 런던로이즈Lloyd's of London의 발단이었다. 이 외에도 주식거래소, 은행어음교환소, 『태틀러The Tattler』, 『스펙테이터The Spectator』 같은 언론지를 태동시킨 내력의 커피하우스들도 있었다.

커피의 출현 전까지 영국인들은 술을 즐겨 마셨다. 술주정꾼 폴스타프*처럼 마셔 대는 사람들이 적지 않아서 탈일 정도였다. 1624년에 영국의 한 논평가는 이렇게 개탄했다. "어딜 가나 무절제한 음주가 판친다! 술집으로 몰려드는 사람들을 보면 가관이다! [이곳에서 그들은] 제정신을 익사시키며 머리를 술에 절게 만든다." 그로부터 50년 후 또 다른 논평가는 이렇게 말했다. "커피가 국민들 사이에 절주의 열풍을 일으키고 있다. 이전까지만 해도 견습생과 점원들이 끼리끼리 어울려 아침이면 맥주나 와인으로 목을 채우는 일이 빈번했다. 심지어 그런 음주로 정신이 해롱해롱해서 일도 제대로 못하는 경우도 비일비재했다. 그런데 이제는 잠을 깨워 주는 이 점잖은 음료 덕분에 착실하게들 굴고 있다."

그렇다고 해서 대다수 커피하우스가 전반적으로 정신을 깨워 주는 그런 분위기였던 것은 아니다. 오히려 난잡하고 냄새나고 시끌벅적하고 자본주의적인 편이었다. "여길 가나 저

---

* 셰익스피어 작, 『헨리 4세』, 『윈저의 명랑한 아낙네들』에 등장하는 인물

런던의 커피하우스(17세기)

길 가나 어중이떠중이 몰려 있어서, 파산 지경의 치즈 가게에 몰려든 쥐 떼들을 보는 것 같다. 안으로 들어오는 사람과 나가는 사람, 글을 끼적이는 사람과 떠들어 대는 사람, 음료를 마시는 사람과 담배를 피우는 사람, 열띤 논쟁 중인 사람 등등 별의별 사람들로 정신이 없고, 가게 전체가 바지선의 객실처럼 고약한 담배 냄새로 찌들어 있다." 그 당시의 누군가가 남긴 관찰담이다.

런던의 커피하우스에 대해 가장 격렬히 비난하고 나선 이들은 여성들이었다. 대륙의 유럽 여성들과는 달리 이들은 전적으로 남성 중심적인 커피하우스 문화로부터 배제되어 있었다(예외라면, 여성이 커피하우스의 운영자일 경우뿐이었다). 여성들은 1674년에 '커피를 반대하는 여성들의 탄원 The Women's Petition Against Coffee'을 발표했다. "우리는 요즈음 진정한 **옛 영국의 정기가 퇴화**하고 있음을 절실히 느끼고 있다. (…) 남자들은 이제 **고상한 브리치스***를 입지 않고, 기개도 예전만 못하다. 이러한 상태를 이끈 모든 원흉은, 요즘 유행하는 그 커피라는 것이다. 그 가증스러운 이교도의 음료를 너무 많이 마셔서 문제가 되고 있다. **커피는** (…) 우리의 남편들을 완전히 **거세시켜 용맹함을 꺾어** 놓고 무력하게 만들고 있다. 남자들이 커피를 마셔 봐야 얻는 것이라곤 그 천한 코만 **축축해지고**, 관절만 **뻣뻣해지고**, 귀만 **발딱 일어날** 뿐이다."

이 탄원서에서 폭로한 바에 따르면, 아침부터 술집으로 몰려가서 "모두가 고주망태가 되도록 퍼마시다가 다시 커피하우스로 가서 커피로 술을 깨는"것이 남자들의 통상적인 하루였다. 그런 후에 또 술집에 갔다가 "비틀거리며 다

---

* 여유 있고 풍성하게 만든 중세의 남성용 하의

시 돌아와서 커피로 술을 깼다." 남자들은 여성들의 탄원서에 질세라, 커피를 옹호하고 나섰다. 커피가 자신들을 무기력하게 만들기는커녕 "더 정력적으로 발기시켜 주고, 사정도 더 왕성하게 해 주며, 정자에 기백을 더 넣어 준다"고 항변했다.

1675년 12월 29일, 찰스 2세의 명에 따라 '커피하우스 제재 성명서A Proclamation for the Suppression of Coffee Houses'가 발표되었다. 내용인즉슨 1676년 1월 10일을 기해 커피하우스의 영업을 금지한다는 얘기였는데 "나태한 불평분자들이 커피에 대한 의존도가 지나쳐서" 상인들이 일을 게을리하는 지경이라는 것이 영업 금지의 이유였다. 하지만 가장 심각한 폐해로 지적된 이유는 따로 있었으니, 그런 커피하우스들에서 "온갖 악의적이고 불미스러운 거짓 소문들이 만들어지고 확산하면서 짐의 정부를 비방하고 왕국의 평화와 안정을 교란하고 있다"는 것이었다.

성명서 발표 직후 런던 곳곳에서 불평의 소리가 터져 나왔다. 급기야 일주일도 안 되어 분위기가 심상치 않게 흐르며 군주제가 다시 전복되기라도 할 듯한 지경에 이르렀다. 그것도 단지 커피 때문에……. 성명서의 발효 시점을 이틀 앞둔 1월 8일, 찰스 2세는 이 금지령을 철회하고 말았다.

그런데 아이러니하게도 18세기가 흐르는 사이에 영국은 점차 커피 대신 차를 마시기 시작했다. 1730년 무렵 대다수 커피하우스가 남성들의 프라이빗 클럽private club*이나 간이음식점으로 변한 반면, 새로 문을 연 엄청난 수의 찻집들이 남성과 여성, 어린아이들 모두의 입맛을 끌었다. 커피와는 달리

---

* 회원제로 운영되는 클럽으로, 회원과 회원들의 손님에게만 개방함

THE

WOMENS

PETITION

AGAINST

COFFEE

REPRESENTING
TO
PUBLICK CONSIDERATION
THE
Grand INCONVENIENCIES accruing
to their SEX from the Excefsive
Ufe of that Drying, Enfeebling
LIQUOR.
Prefented to the Right Honorable the
Keepers of the Liberty of *VENUS*.

By a Well-willer——

London, Printed 1674.

THE

Mens Anfwer

TO THE

Womens Petition

AGAINST

COFFEE:

VINDICATING
Their own Performances, and the Vertues of
their Liquor, from the Undeferved
Afperfions lately Caft upon
them, in their
SCANDALOUS PAMPHLET

LONDON, Printed in the Year 1674.

1674년, 런던에서 커피하우스 열풍이 크게 일자 (이러한 문화에서 배제되어 있던) 여성들이 위의 팸플릿(왼쪽)을 통해 커피가 남자들을 성 불능으로 만들고 있다고 주장하며 항의하고 나섰다. 이에 질세라 남성들은 커피를 마시면 "더 정력적으로 발기시켜" 준다는 말로 커피를 옹호했다(오른쪽).

차는 우려내기가 간단한 데다 로스팅이나 그라인딩의 과정도, 신선함 유지도 필요하지 않았다(또한 수익을 크게 부풀리기 위해 품질을 떨어뜨리기도 더 쉬웠다). 게다가 시기적으로 영국이 인도 지배를 시작한 때라서, 당시에는 커피 재배보다 차 재배에 더 치중하던 터였다. 영국 동인도 회사가 중국에서 차의 수입권을 독점하면서 차 공급이 원활했고 밀수업자들로 인해 찻값은 더 싸졌다. 물론 그렇다고 해서 이 검은 음료가 완전히 자취를 감춘 것은 아니었으나, 최근까지도 영국에서의 음용은 꾸준히 감소 추세를 탔다.

보스턴 차 사건의 유산

북아메리카 식민지 개척자들이 영국의 충성스러운 신민답게, 모국의 커피 붐을 그대로 따르면서 1689년에 보스턴에서 미국 최초의 커피하우스가 문을 열었다. 식민지들에서는 술집과 커피하우스 사이에 그다지 확연한 차이가 없었다. 가령 1697년부터 1832년까지 커피하우스 겸 술집이었던 보스턴의 그린드래곤Green Dragon에서도 맥주, 커피, 차를 같이 팔았다. 바로 이곳에서 존 애덤스John Adams, 제임스 오티스 James Otis, 폴 리비어Paul Revere가 만나 커피 잔을 무수히 기울이며 혁명을 선동하면서, 정치가 대니얼 웹스터Daniel Webster 의 말마따나 그린드래곤은 '혁명의 본부'라는 호칭을 얻기도 했다.

18세기 말엽, 앞에서도 이미 언급했듯 영국에서는 차에 대한 선호도가 더 높아졌고, 영국 동인도 회사에서는 미국 식민지들에 대한 독점적인 차 수출권을 부여받았다. 하지만 차뿐만 아니라 다른 수출품들을 통해서도 돈을 끌어 모으고 싶어 하던 조지 왕King George은 1765년에 인지조례Stamp Act*를 실시하려 했고, 이는 "대표 없는 곳에 과세 없다"**는 그 유명한 항의를 촉발했다. 그 뒤에 영국 의회는 모든 세금을 폐지했으나, 차에 대한 조세는 예외로 두었다. 미국인들은 세금 납부를 거부했고, 영국 동인도 회사 대신에 네덜란드로부터 밀수입된 차를 샀다. 영국 동인도 회사가 이에 대한 대응으로 보스턴, 뉴욕, 필라델피아, 찰스턴에 어마어마한 양의 차를 실어 보내자, 보스턴의 주민 대표단이 차를 바다로 던져 버리며 반란을 일으키기에 이르렀는데, 이것이 바로 그 유명한 1773년의 '보스턴 차 사건'이다.

그 이후로 차를 마시지 않는 것이 애국심 강한 미국인의 애국적 의무가 되었고, 그에 따라 커피하우스들이 반사이익을 누렸다. 벤저민 우즈 라바리Benjamin Woods Labaree가 『보스턴 차 사건The Boston Tea Party』에서 지적했다시피 '차 반대anti-tea 히스테리'가 일어나 식민지 전역을 휩쓸었다. 대륙회의**에서도 차 음용에 반대하는 결의안을 통과시켰다. 다음은 1774년에 존 애덤스가 아내에게 써 보낸 글이다. "차를 완전히 끊어야 해서 나도 이제는 차를 입에서 떼야 하는데, 그 시기가 빠르면 빠를수록 좋을 것 같소." 식민지에서의 커피 평균 소비량은 1772년에 1인당 80그램이던 수치가 1799년에는 1인당 6백 그램으로 껑충 뛰었다. 자그마치 일곱 배가 증가한 것이었다.

---

* 영국 의회가 아메리카 식민지에 부과한 최초의 직접세

** 시민혁명 이념으로서 절대왕정 아래에서의 일방적이고 자의적인 세금 징수에 대항하여 시민 계급이 내건 요구 사항. 정부가 국민의 대표 기관인 의회에서 승인을 얻지 않고서는 과세를 할 수 없다는 원칙

** 미국독립혁명 당시 미국 열세 개 식민지의 대표자 회의
*

물론 실용적인 북미 사람들은, 커피의 경우 재배지가 차보다 지리적으로 훨씬 더 가까이에 있는 만큼 가격이 더 저렴하다는 사실을 인식하기도 했지만, 이들 양키들은 커피 가격을 더 낮추어 주는 노예 무역을 통한 이익도 누리고 있었다. 또한 19세기가 흘러가는 동안 자국 위치의 정남쪽에서 재배되는 커피에 점점 더 의존하게 된다.

커피, 라틴아메리카에 입성하다

1714년에 네덜란드인들이 프랑스 정부에 건강한 커피나무 한 그루를 건네주었는데 그로부터 몇 년 후 프랑스의 집요한 해군 장교, 가브리엘 마티외 드 클리외Gabriel Mathieu de Clieu가 프랑스의 식민지 마르티니크Martinique*에 커피 재배를 도입시켰다. 그는 궁정에서 공들여 술책을 부린 덕에 파리 식물원Jardin des Plantes으로부터 네덜란드 묘목의 후손 나무 하나를 손에 넣은 후, 대서양을 횡단하는 험난한 항해길 동안 나무를 애지중지 지켰다. 훗날 "이 섬세한 나무를 돌보느라 무한한 정성을 기울여야 했다"고 회고했을 정도다. 실제로 드 클리외가 탄배는 해적에게 붙잡힐 뻔했는가 하면 폭풍우를 겨우겨우 이겨냈고, 이런 시련으로도 모자라 한 달이 넘도록 바람이 불지 않는 적도 무풍대에 갇혀 꼼짝도 못했다. 드 클리외는 그 소중한 나무를 시샘 어린 동승 승객들로부터 지켜 냈을 뿐만 아니라, 먹을 물도 제한되어 있던 와중에 자신이 마실 물을 아껴 가며 나무에게 주었다. 이런 우여곡절 끝에 마르티니크에 뿌리를 내린 이 나무는 쑥쑥 잘 자라났다. 현재 전 세계에

---

* 서인도제도 남동부의 섬

공급되는 커피의 상당수가 바로 이 한 그루의 나무로부터 유래되었을 것으로 추정된다.[4]

그 후 1727년, 브라질에 커피가 도입되는 운명적 사건을 이끈 미니 드라마가 펼쳐졌다. 당시에 프랑스령 기아나Guiana와 네덜란드령 기아나의 총독들이 국경 분쟁을 해결하기 위해 중립적 입장이던 포르투갈령 브라질의 장교 프란시스쿠 데 멜루 팔레타Francisco de Melo Palheta에게 중재를 요청했다. 팔레타는 덮어놓고 얼씨구나 응했다. 양쪽 총독이 씨앗의 수출을 금하고 있던 터라 어떻게든 커피 씨앗을 몰래 빼 올 수 있으리라는 기대 때문이었다. 그는 절충적인 국경 해결책을 성공적으로 중재해 내는 한편, 몰래 프랑스 총독의 아내와 잠자리를 가졌다. 팔레타가 떠날 때 그녀는 그에게 꽃다발을 선물했다. 꽃다발 안쪽에 잘 익은 커피 열매들을 숨겨서. 그는 그것을 자국 영토인 파라Para에 심었고, 이곳을 기점으로 커피가 점점 남쪽으로 퍼져 나갔다.

커피와 산업혁명

커피의 인기가 높아지면서 1700년대에 영국에서 시작되어 1800년대 초에 다른 유럽 국가와 북미로 번진 산업혁명의 속

---

4 드 클리외가 들여온 나무의 조상이었던 네덜란드의 묘목은 티피카(typica)라는 품종이었다. 그의 나무가 종자 나무로 활용된 것은 사실이지만, 그렇다고 드 클리외가 카리브해에 커피를 들여온 최초의 인물은 아니었다. 그 이전에 이미 네덜란드인들이 남미의 식민지인 네덜란드령 기니(Guinea)에 커피를 처음 들여왔고, 프랑스령 기니에서도 프랑스인들이 커피나무를 재배했다. 프랑스인들은 또 하나의 중요한 커피 품종에도 크게 기여했다. 즉 1718년에 부르봉(Bourbon) — 인도양에 있는 섬으로, 현재의 레위니옹섬(Réunion) — 에 예멘의 씨앗을 뿌려 성공적으로 재배함으로써 버본이라는 품종을 탄생시켰다.

1723년에 프랑스의 해군 장교 가브리엘 마티외 드 클리외가 커피나무 묘목을, 자신이 마시기에도 모자란 배급 식수까지 나눠 주며 애지중지 돌본 끝에 마르티니크로 들여왔다. 현재 우리가 마시는 커피의 상당수가 바로 이 한 그루의 묘목으로부터 유래되었다고 해도 무방할지 모른다.

도도 빨라졌다. 마침 그 당시는 공장 제도가 발전하면서 삶과 사고방식, 식습관에 변화가 몰려오던 때였다. 그 이전까지만 해도 대다수 사람들은 집이나 시골의 수공업 작업장에서 일을 했다. 일과 여가의 구분도 그다지 엄격하게 이루어지지 않았고 대다수가 자영업자나 다름없었다. 식사도 아침의 수프에서 시작해서 보통 하루에 다섯 끼를 먹었다.

그러다 직물 공장과 제철 공장이 출현하면서 노동자들이 도시로 이주해 왔고, 이곳 도시에서 노동자들은 악조건의 생활 환경 속에서 살아갔다. 여자와 아이들까지 공장의 노동 전선에 뛰어들면서 가정마다 살림을 돌보고 요리할 시간이 부족했다. 여전히 집에서 생계 활동을 이어 가려는 이들의 경우엔 상대적으로 벌이도 더 적고 일거리도 더 적었다. 이런 사정 탓에 19세기 초에 유럽의 레이스 제조공들은 거의 커피와 빵으로만 연명하다시피 했다. 커피가 기운을 돋워 주고 따뜻해서, 커피를 마시면 영양분을 섭취하는 듯한 착각을 주었기 때문이다.

한 역사가의 다음의 글이 당시 상황을 잘 묘사해 준다. "[노동자들은] 근근이 목숨을 이어 가기 위한 돈 몇 푼을 벌기 위해 베틀 앞에 앉아 쉴 틈도 없이 일했다. 점심이나 저녁 식사의 준비에 시간을 낸다는 것은 사치였다. 그래서 허해진 속을 다독이기 위한 최후의 수단으로 약한 커피를 마셨는데, 그러면 적어도 잠시나마 허기로 쓰린 속이 달래졌다." 귀족의 전유물이던 이 음료가 서민들에게 없어서는 안 될 마약이 되었던 셈이었고, 이제 아침 식탁에는 맥주수프 대신에 모닝커피가 올라왔다.

"Coffee An Aid to Factory Efficiency"

1921년의 이 광고 속 장면처럼 예전부터 커피는 근로자들에게 하루를 잘 넘기도록 기운을 차리게 해 주는 활력소였다. 그것도 혹평가들의 표현대로라면 휴식 대신 마약을 제공하는 활력소

설탕, 커피 그리고 노예

1750년 무렵에 커피나무는 다섯 대륙에서 재배되고 있었다. 커피는 하층민들에게 기운을 북돋워 주고 휴식의 순간을 제공해 주었지만 더 영양가 높은 음식물을 밀어내고 그 자리를 꿰찼다. 이 점을 빼면 커피는 비교적 좋은 영향을 미친 편이었다(물론 몇몇 경우엔 더러 논쟁의 여지가 있겠지만). 아무튼 커피는 술독에 빠져 있던 유럽의 정신을 깨우는 데 지대한 공헌을 했으며, 사회적·지적 자극제가 되기도 했다. 커피의 고전인 『올 어바웃 커피*All About Coffee*』(1935)에서 윌리엄 유커스 William Ukers가 썼듯, "커피는 전파되는 곳마다 혁명을 일으켰다. 언제나 사람들을 생각하게 만들었던 그 역할 면에서 보면, 커피는 세계에서 가장 급진적인 음료였다. 또한 사람들이 생각하기 시작하면 독재자들에게는 위협이 되었다."

맞는 말인지도 모른다. 하지만 점점 유럽의 열강들이 자신들의 식민지에 커피 재배를 도입시키면서 커피의 재배, 수확, 가공에 막대한 노동력이 필요해졌고 이 인력은 수입 노예로 충당되었다. 드 클리외 대령은 자신이 들여온 커피나무를 사랑했을 테지만, 그 나무의 무수한 후손들을 자신의 손으로 직접 수확하지는 않았다. 그 일은 아프리카에서 온 노예들의 몫이었다.

노예들은 처음엔 카리브해 연안으로 끌려가 사탕수수를 수확했고, 사실 설탕의 역사는 커피의 역사와도 밀접하게 결부되어 있다. 이 값싼 감미료는 씁쓸하게 우려진 커피를 수많은 소비자의 입맛에 맞춰 주었을 뿐만 아니라, 카페인의 각성 효과에 더해 즉각적인 에너지 상승 효과까지 보태 주었다. 커피처럼 설탕도 아랍인들에 의해 대중화되었고 17세기 후반기 동안 차, 커피와 더불어 그 인기가 높아졌다. 따라서 프랑스

식민지 이주자들이 1734년에 산도밍고San Domingo(현재의 아이티)에서 처음 커피를 재배했을 당시, 당연히 농장에서 일할 아프리카 노예들이 더 필요해졌을 것이다.

놀랍게도 1788년 무렵 산도밍고는 전 세계 커피의 **절반**을 공급하고 있었다. 말하자면 프랑스의 계몽사상가 볼테르와 디드로를 분발하게 했던 커피는 강제 노동이라는 가장 비인간적인 형태의 노동에 의해 생산된 셈이었다. 산도밍고에서의 노예들의 생활 환경은 그야말로 참혹했다. 그들은 창도 없는 오두막에 살며 영양 부족과 과로에 시달렸다. "커피와 설탕이 유럽의 행복에 정말로 필수적인지 어떤지는 잘 모르겠지만 이것만은 확실하다. 바로 이 두 상품이 세계의 두 거대 대륙의 불행에 책임이 있다는 것. [카리브해 연안의] 아메리카 대륙은 두 작물을 심기 위한 땅의 확보를 위해 인구가 격감되었고, 아프리카 대륙은 두 작물을 재배하기 위한 인력의 확보를 위해 인구가 격감되었으니 말이다." 18세기 말에 프랑스의 한 여행가가 쓴 글이다. 그로부터 수년 후, 노예 출신의 한 사람은 프랑스인 주인 밑에서 당한 취급을 이렇게 회고했다. "그자들을 떠올리면 치가 떨린다. 사람을 거꾸로 매달아 놓고, 자루에 넣어 물에 빠뜨리고, 널빤지 십자가에 못 박고, 산 채로 매장하고, 회반죽 속에 파묻으며 온갖 잔인한 짓을 벌였던 자들이 아닌가?"

이런 사정이었으니 그리 놀랄 일도 아닐 테지만, 1791년에 급기야 노예들이 폭동을 일으켜 자유를 위한 투쟁을 벌였다. 12년 동안 이어진 이 폭동은, 역사상 대성공을 거둔 유일한 노예 폭동이었다. 폭동의 와중에 대다수의 농장이 잿더미로 변했고 농장주들은 학살되었다. 그로 인해 1801년 무렵 아이티의 흑인 지도자 투생 루베르튀르Toussaint Louverture가 커피 수출을 회복시키려 했을 당시, 커피 수확은 1789년의 수준에 비해 45퍼센트 감소해 있었다. 루베르튀르는 소작 (페르마주 fermage) 제도를 실시했는데, 이는 공노비로 일하는 것이나 다름없었다. 중세의 농노처럼 국유 농장에 예속되어 낮은 임금을 받으며 장시간 일을 하지 않으면 안 되었기 때문이다. 하지만 이제는 적어도, 걸핏하면 고문에 시달리지 않아도 되었고 의료 혜택도 어느 정도 받았다. 그러나 커피나무들을 포기할 수밖에 없는 상황이 또다시 닥치고 말았다. 1801년부터 1803년까지 나폴레옹이 아이티 재탈환을 위해 군대를 보냈던 것이다. 이 재탈환 시도는 결국 실패로 끝났는데, 1803년 말에 군대의 최후 패배 소식을 들은 나폴레옹은 이렇게 역정을 터뜨렸다. "망할 놈의 커피! 망할 놈의 식민지!" 아이티의 커피는 수년의 세월이 지나서야 한 번 더 국제 시장에 영향력을 미치게 되었으나, 끝내 주도적 지위를 되찾지는 못했다.

네덜란드인들은 부족해진 커피 공급량을 자바의 커피콩으로 발 빠르게 채웠다. 그들은 농장의 노동자들을 겁탈하거나 고문하는 것을 일상으로 삼지는 않았지만 노예로 부리기는 했다. 커피 역사가 하인리히 에두아르트 야코프Heinrich Eduard Jacob에 따르면, 자바인들이 푹푹 찌는 열대의 더위 속에서 나무의 가지를 치고 커피 열매를 수확하는 동안 "섬의 백인 주인들은 매일같이 서너 시간씩만 빼고 꼼짝도 하지 않았다."

1800년대 초까지도 상황은 거의 변하지 않았고, 당시에 자바에서 관리로 근무하고 있던 네덜란드인 에두아르트 다우어스 데커르Eduard Douwes Dekker는 보다 못해 항의의 뜻으로 사직하며 물타툴리Multatuli*라는 필명으로 소설 『막스 하벨

---

* '고통받을 만큼 받았다'라는 뜻임

라르*Max Havelaar*』를 썼다. 다음은 데커르의 글이다.

서양에서 온 이방인들이 원주민 땅의 주인 노릇을 하고 그들을
헐값으로 부리면서 강제로 커피를 재배하게 했다. 게다가 그들
은 어이없게도 **굶주림**에 시달리고 있다. 풍요롭고 비옥하고 축
복받은 자바에서 **굶주림**이라니? 독자들도 믿어지진 않겠지만,
사실이다. 불과 몇 년 전에 동네 사람들 전체가 굶어 죽었다면
알 만할 것이다. 어머니들이 먹을 것을 얻기 위해 자식을 내다
팔기까지 했다. 심지어 자기 자식을 먹는 어머니들도 있었다.

데커르가 특히 호되게 비난했던 한 네덜란드인 땅 주인은
"자기 밭을 열심히 가꾸고 있던 노동자를 끌고 와 그 노동자의
땀으로 자신의 밭을 기름지게 만들었다. 그러면서도 그 노동
자에게 임금도 주지 않고 빈민들이 먹을 양식으로 자신의 배
를 채우며, 남들의 빈곤에 기대어 자신의 부를 축적했다."
커피 산업의 전 역사를 아울러, 위의 얘기와 같은 일들이
너무도 비일비재했다. 하지만 고지대에서 작은 커피 밭을 일
구는 에티오피아인처럼 커피로 생계를 꾸리는 영세농과 가족
들도 없진 않았으며, 지금껏 농장의 모든 커피 노동자가 착취
당해 왔던 것은 아니다. 따라서 잘못된 것은 커피나무나 커피
의 재배 방식이 아니라, 커피를 기르고 수확하기 위해 힘쓰는
이들이 받는 대우다.

나폴레옹의 정책: 현대성의 길을 닦다

영국과의 전쟁이 끝나고 몇 년 후인 1806년, 나폴레옹은 일명
대륙봉쇄령Continental System이라는 정책을 제정했다. 유럽과 영

국의 교역을 차단함으로써 영국에 보복하려는 정책이었다. "이전에는 부자가 되고 싶으면 식민지를 건설하여 인도, 앤틸리스제도Antilles,* 중앙아메리카, 산도밍고에 정착해야 했다. 하지만 그런 시대는 지나갔다. 이제는 제조의 시대다." 그는 이렇게 설파하며 다음과 같이 선언하기도 했다. "Tout cela, nous le faisons nous-mêmes!(우리는 모든 것을 우리 스스로 만들어야 한다!)" 대륙봉쇄 정책은 산업적으로나 농업적으로 중요한 혁신을 많이 이끌어 냈다. 일례로 나폴레옹의 연구원들이 유럽의 사탕무에서 감미료를 추출해 사탕수수 설탕의 수요를 대체시켰던 것이 그러한 사례였다.

그러나 유럽인들은 커피는 만들어 내지 못해서 치커리를 그 대용품으로 삼았다. (엔다이브endive의 일종인) 이 유럽산 허브는 볶아서 갈면 **보기에는** 어느 정도 커피와 비슷한 모양새가 된다. 이것을 뜨거운 물에 우리면, 커피가 지닌 아로마, 풍미, 바디, 카페인 자극은 없지만 쓴맛의 시커먼 음료가 만들어진다. 그래서 나폴레옹의 시대에 프랑스인들은 치커리에 입맛을 들이게 되어 1814년에 대륙봉쇄령이 해제된 이후에도 여전히 이 허브의 뿌리를 커피에 섞어 마셨다. 뉴올리언스New Orleans**의 프랑스계 크리올**들도 이내 똑같은 기호를 갖게 되었다(치커리를 커피에 섞어 마셨던 역사는 더 오래전인 1688년까지 거슬러 올라가지만 프랑스인이 이런 기호에 맛 들이게 된 것은 나폴레옹 시대다).

네덜란드 암스테르담이 다시 한번 커피 교역의 중심지로

---

* 서인도제도에서 바하마제도를 제외한 모든 섬으로 이루어진 제도

** 미국 루이지애나주 남동부의 무역항

** 미국의 프랑스계 이민자와 흑인 사이에서 태어난 혼혈

도약하게 되었던 1814년부터 1817년까지 커피의 거래 가격은 1파운드(453그램)당 미화 16센트에서 20센트 사이를 오르내렸다. 1812년의 1파운드당 1달러 8센트와 비교하면 엄청 싼 가격이었다. 하지만 유럽과 미국 전역에서 소비자 수요가 증가하면서 자바산의 가격이 다시 30센트 이상까지 뛰었다. 그 결과 커피 농장주들은 새로운 커피나무를 더 심었고 브라질 같은 지역에서는 우림 지대에 아예 새로운 커피 농장을 일구기까지 했다.

몇 년 후인 1823년, 그러니까 새로 일궈진 농장들이 첫 상품 생산을 코앞에 두고 있던 그 무렵, 프랑스와 스페인 사이에 전운이 감돌았다. 유럽 전역의 커피 수입상들이 해상로가 봉쇄될 것을 우려해 부랴부랴 커피를 사들이면서 생두의 가격이 치솟았다. 하지만 전쟁은 일어나지 않았다. 적어도 당장은. 역사가 하인리히 야코프가 썼듯, "전쟁 대신에 다른 일이 터졌다. 바로 커피 공습이었다! 정말로 사방에서 커피가 밀려 들어왔다." 브라질에서 첫 수확 상품이 대거 쏟아져 나오면서 가격은 곤두박질쳤고, 런던, 파리, 프랑크푸르트, 베를린, 상트페테르부르크에서 파산이 속출했다. 갑부들이 하룻밤 사이에 빈털터리로 전락했고 자살자가 수백 명에 이르렀다.

그 후 커피의 가격은 투기, 정치, 날씨, 전쟁의 위기에 따라 크게 요동쳤다. 또한 커피는 이후의 19세기 내내 라틴아메리카의 경제, 생태 환경, 정치를 완전히 바꾸어 놓는 국제 상품이 된다.

제2장
커피 왕국, 브라질

신사들이여, 그대들은 이렇게 믿을지 모른다. 커피와 설탕의 생산이 서인
도제도의 자연스러운 운명이라고. 그러나 2세기 전에 자연은 상업에는 무심
하여서, 그곳에 사탕수수도 커피나무도 심어 놓지 않았었다.

- **카를 마르크스**Karl Marx, 1848년

마르크스가 위와 같이 말했을 당시, 서인도제도에서의
커피 재배는 쇠퇴기에 있었다. 하지만 브라질, 베네수엘라 그
리고 중앙아메리카의 대다수 지역은 그 이후 반세기 사이에,
즉 1900년 전까지 외래종인 커피에 정복당하고 만다(이런 사
정은 인도, 실론, 자바, 콜롬비아의 상당 지역 역시 마찬가지였다). 이
후로 커피콩은 법과 정부의 틀을 갖추는 데 도움을 주었을 뿐
아니라 노예제 폐지를 지연시키고 사회 불평등을 심화시키고
자연환경을 해치고 성장의 엔진을 마련해 주었으며, 특히 브
라질은 이 시기에 커피업계에서 지배적인 영향력을 갖추게
되었다. 커피 역사가 스티븐 토픽Steven Topik이 논평했다시피,
"브라질은 단순히 세계적 수요에 응한 것이 아니라, 북미와
유럽 노동 계층의 사람들이 감당할 수 있을 만큼 싼 가격으로
커피를 충분히 생산함으로써 세계적 수요의 창출에 공헌하기
도 했다."

그러나 커피가 브라질이나 중앙아메리카에 막대한 영
향을 미치게 된 것은 식민지들이 스페인과 포르투갈의 지

배에서 벗어난 1821년과 1822년부터였다. 그 이전인 1807년 11월, 나폴레옹의 군대가 리스본Lisbon(포르투갈의 수도)을 점령하며 포르투갈 왕실 일가를 말 그대로 바다 끝으로 내몰았다. 영국의 배에 몸을 실은 왕실 일가는 식민지인 브라질의 리우데자네이루Rio de Janeiro로 향했고, 포르투갈의 왕 동 주앙 6세Dom João VI는 그곳을 정착지로 삼았다. 브라질을 왕국으로 선포한 동 주앙 6세는 커피라는 새로운 품종으로 농사를 짓도록 장려하며 리우데자네이루의 왕립 식물원에서 실험 재배한 뒤에 그 묘목을 농장주들에게 배포했다. 그러다 1820년에 포르투갈에서 혁명이 일어나자 동 주앙 6세는 다시 유럽으로 돌아가면서 아들 동 페드루Dom Pedro를 섭정으로 남겨 놓았다.

그로부터 얼마 후, 식민 지배에 넌더리가 나 있던 대다수의 라틴아메리카 국가들이 독립을 성취했다. 이러한 독립의 물결이 베네수엘라, 콜롬비아, 멕시코를 필두로 일어나 중앙아메리카까지 번지자, 급기야 1822년에 브라질의 동 페드루가 포르투갈로부터의 독립을 선언하며 스스로 황제 페드루 1세로 등극했다. 페드루 1세는 1831년에 대중 영합주의자들의 압박에 못 이겨 겨우 다섯 살이던 아들 페드루에게 황제직을 양위했다.* 그 뒤 반란과 정국의 혼란 속에서 섭정 통치 시대가 이어지다 9년 뒤에, 대중의 요구에 따라 페드루 2세가 열네 살의 나이로 즉위했다. 그리고 오랫동안 이어진 그의 통치하에서 커피는 브라질의 왕이 되었다.

---

* 주요직에 대다수의 포르투갈인을 등용하는 등 불평등한 인재 등용으로 브라질인들의 커다란 반감을 불러일으키면서 빚은 결과였다.

브라질의 농장

브라질에서 일어났던 상황은, 하나의 작물에 지나치게 의존하는 것의 이익과 위험이 무엇인지를 보여 주는 좋은 예다. 커피는 브라질의 현대화를 이끌었으나 그 대가로 인간적으로나 환경적으로 막대한 희생을 치르게 했다.

국토 면적이 780만 제곱킬로미터가 넘는 브라질은 세계에서 다섯 번째로 땅이 넓은 나라로, 적도의 바로 아래쪽부터 시작해서 남아메리카의 거의 절반을 차지하고 있다. 브라질을 발견한 후 그 땅을 착취하고 지배했던 포르투갈인들은 처음에 브라질의 모습에 넋을 빼앗겼다. 1560년에 한 예수회 수사는 이렇게 쓰기도 했다. "지상에 천국이 있다면 그곳은 바로 브라질일 것이다."

불행하게도 포르투갈인들은 그 천국을 크게 파괴해 나갔다. 17세기와 18세기의 설탕 농장은 엘리트층이 소유주인 대규모 농장(파젠다fazenda)의 형태로 운영되었고, 이곳에서 노예들은 믿기 어려울 만큼 참혹한 환경 속에서 일하며 평균 7년을 못 넘기고 사망했다. 농장주들은 부리고 있는 일꾼들의 건강 관리에 신경 쓰느니 새로운 노예를 들여오는 편이 비용 면에서 더 저렴하다는 것을 잘 알았다. 게다가 사탕수수 재배로 인해 결국 북동쪽의 많은 지역이 불모의 사바나*로 바뀌어 버렸다.

1820년대에 설탕 가격이 약세로 돌아서자 자본과 노동력은 남동쪽 지역으로 옮겨 갔다. 그 지역 파라이바밸리Paraiba Valley에서 커피 재배가 팽창됨에 따른 현상이었다. 프란시스쿠 데 멜루 팔레타가 씨앗을 가져다 심은 곳은 북부 열대 지역인 파라였지만, 커피는 더 온건한 기후대인 리우데자네이

---

* 나무가 없는 평야

루 인근 산악 지대에서 훨씬 잘 자랐다. 1774년에 벨기에의 수사가 성당에 처음 커피나무를 심었던 것이 첫 재배 사례였던 이곳 리우데자네이루는, 그 유명한 테라록사terra roxa(적색토)로 이루어진 지역이었으나, 황금과 다이아몬드 채굴의 붐 덕분에 18세기 동안엔 경작의 손길을 탄 적이 없었다. 그러다 이제 그 귀한 광물 자원이 고갈되어 버리자, 한때 황금을 나르던 노새들은 이미 잘 다져진 운반로로 커피콩을 실어 나르게 되었고 살아남은 채굴 노예들은 커피 수확 일손으로 전환되었다. 커피 재배의 확산과 더불어 노예 수입 규모도 증가해 1825년에는 2만 6,254명이었던 숫자가 1828년에는 4만 3,555명으로 늘었다. 이 무렵 브라질에서 일하는 노예의 수는 1백만 명을 훌쩍 넘어서서, 전체 인구의 3분의 1에 육박했다.

　브라질은 당시에 노예 무역을 불법화한 영국인들의 노여움을 진정시키기 위한 방편으로, 1831년에 노예의 수입을 불법으로 제정하긴 했으나 이 법률은 실제로 시행되지 않았다. 그러나 노예제의 시대는 확실히 그 수명이 다해 가는 추세여서, 노예 매매업자들이 수입 노예의 수를 늘렸고 그에 따라 1848년에는 연 노예 수입 규모가 6만 명에 달했다.

　영국의 전함들이 노예선을 나포하기 시작하자 브라질의 입법부는 1850년에 시늉이 아닌 진지한 태도로 노예 수입을 금지했다. 그러나 브라질에는 이미 노예의 신분으로 예속당해 있는 이들이 약 2백만 명에 달했다. 이른바 라티푼디아latifundia라는 대농장의 시스템하에서, 남북전쟁 이전 미국 남부의 노예 농장을 연상시키는 열악한 작업 환경이 조성되었고 커피 재배업자들은 브라질에서 최고의 갑부로 올라서게 되었다.

　파라이바밸리를 찾은 한 여행자는 노예의 전형적인 일과

를 다음과 같이 묘사했다.

흑인들은 삼엄한 감시를 받았고 작업 일과는 기계처럼 엄격히
통제되었다. 새벽 4시면 모든 일꾼이 밖으로 불려 나와 기도를
읊은 후에 줄을 지어 일터로 갔다. (…) [오후] 7시가 되면 일꾼
들이 줄줄이 지친 몸을 이끌고 집으로 발걸음을 옮겼다. (…) 그
후엔 제각기 흩어져 9시까지 이런저런 가사도 돌보고 밀가루도
빻았고, 그러고 나서야 남자와 여자들이 각자 다른 숙소에 감금
되어 일곱 시간의 취침을 취할 수 있었다. 쉴 틈도 거의 없이 열
일곱 시간을 내리 일해야 하는 그다음 날의 노동을 각오하면서.

노예들을 관대히 다루는 농장 주인들도 없진 않았으나,
노예들을 아예 개인의 가학적 광기의 대상으로 삼는 이들도
있었다. 노예를 때리거나 죽여도 공개 조사를 받지도 않고 넘
어갔다. 농장주가 노예의 자식들을 팔아 부모의 품에서 떨어
뜨려 놓는 일들도 비일비재했다. 이렇다 보니 농장주들은 혹
시 모를 노예의 보복에 대비해 경계를 빈틈없이 했다. 즉 노
예가 부츠 속에 전갈을 넣는다든지 옥수숫가루에 유리 가루
를 넣을까 봐 조심하는가 하면, 항상 무기를 지니고 다녔다.
아무튼 그 당시에 노예들은 인간 이하의 대접을 받았다. 한
노예 소유자가 자기 아들에게 들려주었던 얘기를 그대로 옮
기자면 노예들은 "생물 사슬에서 우리 인간들과 여러 종의 짐
승 사이에 있는 생물"이었다.

브라질은 서반구의 국가들 가운데 노예제가 가장 늦게
폐지되었다. 1871년에, 그 자신은 30년도 더 전에 소유 노예
들을 자유의 몸으로 풀어 주었던 페드루 2세는 '태아자유법
law of the free womb'을 선포했다. 앞으로 태어나는 노예들의 자

피에다지(상파울루주의 도시)의 농장. 커피 농장주의 집은 18세기에 만들어진 것이다.

브라질의 커피 산업은 아프리카에서 수입된 노예들의 고된 노동을 기반으로 세워졌다.

식은 누구든 자유의 신분이 될 것이라는 취지의 법이었다. 이로써 페드루 2세가 노예제의 점진적 폐지를 보장했음에도, 커피 재배자들과 정치인들은 노예제 폐지에 반발했다. "브라질은 곧 커피이고, 커피는 곧 흑인이다." 브라질의 한 의회 의원이 1880년에 이렇게 공표했을 정도였다.

땅과의 전쟁

생태학 역사가 워런 딘Warren Dean은 자신의 저서 『도끼와 화염으로: 브라질 대서양림의 파괴With Broadax and Firebrand: The Destruction of the Brazilian Atlantic Forest』에서 커피가 브라질의 환경에 미친 파괴적인 영향을 상세히 기록해 놓았다. 당시 브라질에서는 겨울철인 5월, 6월, 7월에 노동자들이 무리를 지어 언덕 기슭에서부터 위로 올라가며 도끼로 나무들을 팼는데, 이때 나무를 완전히 베지는 않고 넘어지지 않고 버틸 만큼씩 남겨 두었다. "이 일이 다 끝나면 이제는 십장이 나서서 어떤 나무를 우두머리 나무로 고를지 판단했다. 말하자면 완전히 베어 넘겼을 때 다른 나무들을 함께 쓸고 내려갈 만한 그런 덩치 큰 나무를 찾아내는 일이었으며, 십장의 판단이 잘 들어맞을 경우 어마어마한 폭음과 함께 언덕 비탈 전체가 한바탕 아수라장이 되면서 파편이 구름처럼 피어오르고 앵무새, 큰부리새 [그리고] 명금鳴禽들이 우르르 날아올랐다." 이렇게 베인 큰 나무들은 몇 주간 건조한 후에 불에 태웠고, 그런 탓에 건기의 막바지 철이면 항상 누리끼리한 연기가 대기를 뒤덮으며 햇빛을 뿌옇게 흐려 놓았다. 딘은 그 광경을 이렇게 묘사했다. "그 일대가 어쩐지 현대의 전투지와 비슷해 보였다. 연기 자욱한 어둡고 황량한 그 모습이라니."

이렇게 큰불을 지르고 나면 그 재를 미개간지 위에 뿌렸다. 손으로 과육을 제거하여 빼낸 씨앗들을 그늘진 묘목장에 심어서 키워 낸 1년생 묘목들이 잘 자라도록 재를 임시변통의 비료로 이용한 것이었다. 커피는 그늘 재배*가 아닌, 햇빛에 노출시키는 방식으로 재배되어 토양의 부식질**을 고갈시켜 갔다. 게다가 언덕의 위아래로 줄지어 나무를 심음으로써 토양 침식을 촉진하는 동시에 비료도 거의 주지 않았던 탓에 수확량의 변동 기복이 심할 수밖에 없었다. 게다가 원래 커피나무는 풍작 후에는 반드시 그해에 휴경기를 가져야 하는데, 브라질의 당시 관행이 상황을 더욱 악화시켰다. 브라질 농부의 말마따나 땅이 "기력이 쇠하면" 그 땅을 내팽개치고 새로운 구획의 숲을 개간하면 그만이라고 여겼기 때문이다. 그것도 교목喬木** 숲을 이루는 북부 지역과는 달리, 한번 파괴되면 소생에 몇 세기가 걸리게 마련인 이 열대 우림에서 말이다.

브라질 커피의 재배와 수확 방법

브라질의 농경법은 최대한 노력을 기울이지 않으려는 방식이었고 질보다는 양에 치중했다. 브라질인들이 커피를 재배하

---

* 커피나무 사이에 크고 잎이 넓은 다른 나무를 함께 심어 커피나무에 그늘을 만들어 주는 것. 그늘 재배는 커피나무의 일조 시간을 줄여 생두의 밀도를 높인다. 또한 그늘나무들에서 떨어진 낙엽은 커피나무에 자연적인 비료가 되어 풍부한 영양을 공급해 주는 한편, 그 낙엽이 덮개층을 형성하여 잡초의 번식이나 병충해의 생성을 막아 주기도 한다.

** 흙 속에서 식물이 썩으면서 만들어지는 유기물의 혼합물

** 줄기가 곧고 굵으며 높이가 8미터를 넘는 나무
*

는 통상적인 방법은 현재까지도 바뀐 것이 별로 없다.[1]

커피가 가장 잘 자라는 토양은 부엽토가 섞인 화산암질 토양인데, 브라질의 적색토 테라록사가 바로 이런 토양이다. 커피나무는 제대로 된 작물이 열리려면 나무를 심은 후 4, 5년 정도 기다려야 한다. (다른 재배 지역에서는 개화기가 한두 차례만으로 그치는 데 비해) 브라질에서는 나무마다 흰색의 고운 꽃이 일 년에 세 번, 더러는 네 번까지도 핀다. 폭우가 내린 직후면 이 흰색 꽃이 봉오리를 톡 터뜨리는데, 정말로 멋지고 향기롭지만 짧은 순간밖에 볼 수 없다. 커피나무는 대다수가 자화수분自花受粉*을 해서, 근처에 꿀벌을 끌어들이는 다른 식물들이 없어도 단종單種 재배가 가능하다.

개화기에 뒤이어 작은 열매가 열리기 시작하는 만큼, 개화기는 커피 재배농들에게 매우 중요한 시기다. 폭우나 우박이라도 내리면 작물 전체를 망칠 수도 있다. (19세기 말까지 유일하게 알려져 있던 종이던) 아라비카종 커피의 최적 재배 환경은, 해발 3천~6천 피트(914~1,828미터)의 지대에 연평균 온도가 대략 21도인 기후대다. 그것도 영하로 내려간다거나 26도를 훌쩍 넘는 날이 없어야 한다. 또한 고지대에서 재배된 커피콩은 발육이 서서히 진행되어 저지대에서 재배되는 커피콩보다 더 진하고 풍미가 깊은 편이다.

---

1 아직도 대다수 브라질 커피는 잘 익은 열매만을 골라 따는 선별 수확이 아니라 한 번에 모든 열매를 손으로 훑어 따는 스트립 피킹(strip picking)으로 수확한 뒤에, '건조' 처리를 한다. 하지만 몇 가지 바뀐 것들도 있다. 이제 브라질은 평지 농장에서의 기계 수확이 가능해졌고, 여러 종의 나무들이 재배되고 있으며, 경쟁에서 거대 농장들이 소규모 영세 농장들에 밀리는 경우도 많다. 또한 스페셜티 커피 산업이 형성되면서 말 그대로 고급 생두를 생산해 내는 곳이 있기도 하다.

* 양성화에서 자기 꽃의 꽃가루가 암술머리에 붙는 현상

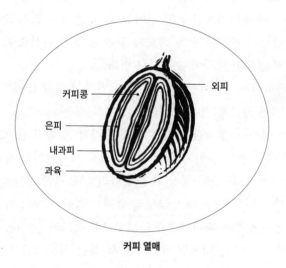

커피콩 ——————— 외피

은피 ———

내과피 ———

과육 ———

커피 열매

자연은 붉은색의 외피, 달콤한 점액질, 끈적거리고 종이 같은 내과피, 얇은 은피로 커피 씨앗에 겹겹이 보호막을 씌워 주었다. '습식' 가공에서는 점액질이 쉽게 씻겨 떨어지도록 발효통에서 점액질을 발효시킨다.

브라질은 국토의 95퍼센트가 3천 피트 이하의 지대여서, 브라질의 생두는 줄곧 산도와 바디가 부족한 경향을 띠었다. 더군다나 브라질은 간헐적으로 서리와 가뭄의 피해를 겪고 있는데, 보호 작용을 해 주는 지피식물*이 파괴되면서 그 피해의 강도와 주기가 점점 심해지는 추세다. 커피는 혹한에 약한 데다, 높은 연간 강우량(연간 177.8센티미터)이 필요한 작물이다. 브라질의 수확기는 우기가 끝난 직후에 시작되어, 통상적으로 5월부터 6개월 동안 이어진다. 한편 그늘 없이 재배되는 브라질의 커피는 발육 속도가 훨씬 빨라 인위적으로 비료를 주지 않으면 토양이 고갈되고 만다.

커피나무가 열매를 생산해 내는 기간이 대략 15년이지만 더러 20년 혹은 심지어 30년까지 열매를 맺는 나무들도 있다. 나무가 더 이상 열매를 잘 맺지 못하면 바짝 "밑동만 남기고 베어 낸" 후에 제일 강한 새싹만 살아남도록 가지치기를 해 주기도 한다. 나무의 종과 생장 환경에 따라 다르지만 평균적으로 나무 한 그루당 약 2.3킬로그램의 열매가 생산되는데, 이는 건조 가공된 생두로 따지자면 0.45킬로그램 정도의 양이다.

커피 열매는 익으면 초록색에서 짙은 적색으로 (특이한 종의 경우에는 노란빛으로) 변한다. 모양은 크랜베리나 체리와 다소 비슷하게 생겼지만 좀 더 타원형이다. 재배농들은 엄지와 검지로 꽉 쥐어짜는 식으로 커피 열매가 잘 익었는지 확인한다. 씨앗이 쉽게 쏙 빠지면 익은 것이다. 이때 씨앗이 빠져나가고 손안에 남은 것, 즉 붉은색 껍질과 약간의 속살이 커피 열매의 과육pulp에 해당된다. 과육 부분 말고 쏙 빠져나간

---

* 숲에 있는 입목 이외의 모든 식물로서 조릿대류, 잔디류, 클로버 따위의 초본이나 이끼류가 있다.

부분의 구조를 자세히 보자면, 끈적끈적한 점액층에 내과피가 붙어 있고, 바로 그 안쪽에 아주 얇은 은피에 감싸인 두 개의 씨앗이 들어 있다.

대다수 브라질 커피의 가공에서는 아직도 커피콩을 분리해 낼 때 일명 건식법dry method이라는 전통적인 방식을 선호하고 있다. 이 건식법의 순서는 다음과 같다. 먼저, 익었건 안익었건 모든 열매를 싹이나 잎과 함께 가지에서 전부 훑으면서 따서 나무 밑에 펼쳐 놓은 큼지막한 방수포 위로 떨어뜨린다. 그다음엔 그 방수포를 넓은 마당에 펼쳐 놓아 건조시킨다. 이때 하루에 몇 번씩 열매를 뒤섞어 주고 밤마다 방수포를 오므려 이슬을 맞지 않도록 덮어 주었다가 다시 펼쳐서 건조시켜야 한다. 열매들을 얇게 잘 펼쳐 주지 않으면 과피 안에서 발효가 일어나 불쾌하거나 '상한' 맛으로 변한다. 과피가 쭈글쭈글해지면서 딱딱하고 검은빛이 돌면 두들겨 주는 방식으로 그껍질을 벗긴다. 초창기까지만 해도 수출용 커피는 대개 내과피를 벗기지 않고 그대로 놔두었지만, 19세기 말부터는 기계로 껍질과 내과피를 제거하는 것은 물론이요, 크기별로 커피콩을 분류하고 심지어 광택 처리까지 하게 되었다.

건식법은 안타까운 결과를 낳기 쉽고, 리우데자네이루 지역은 그럴 가능성이 특히 더 농후하다. 우선 익었든 덜 익었든 모든 열매를 다 따는 만큼 커피의 맛은 처음부터 손상되기 마련이다. 게다가 커피콩을 그렇게 오랫동안 땅바닥에 깔아 놓으면 곰팡이가 피거나 불쾌한 흙내를 흡수할 수도 있는데, 이런 특유의 풍미를 리오이Rioy(요오드와 비슷한 강하고 고약한 냄새)라고 부른다.[2] 그러나 리우데자네이루 커피 중에도 손

---

2 하지만 리오이 풍미에 익숙해져서 오히려 높게 평가하는 소비자들도 있다.

으로 따서 세심히 선별한 뒤에 조심스럽게 과육을 제거하는 커피도 일부 있었다. 이런 커피는 일명 골든 리오로 불렸으며 그 수요가 높았다.

노예에서 해외 이주민으로

19세기 말엽에 이르면서 리우데자네이루의 커피 땅은 죽어 갔다. 에두아르도 갈레아노Eduardo Galeano가 『라틴아메리카의 절개된 혈맥Open Veins of Latin America』에서 썼다시피, 리우데자네이루 지역은 "어떤 식물로 인해 급속하게 망가지고 있었다. 그 식물의 파괴적인 재배 방식 때문에 숲이 파괴되고 천연자원이 고갈되면서 총체적인 쇠퇴가 일어나고 있었다." 이로 인해 주요 커피 재배지가 남쪽과 서쪽으로 옮겨지면서 이제 상파울루São Paulo의 고원 지대가 브라질의 커피 및 산업의 이익을 낳는 성장 엔진으로 떠오르게 되었다.

1860년대와 1870년대에는 가격이 계속 오르면서 커피 단종 재배야말로 부를 쌓는 확실한 방법처럼 보였다.[3] 1867년에 산투스Santos*에서 커피 재배지까지 이어지는 최초의 철도가 완공되었다. 1870년대에는 새롭게 커피업계에 뛰어든 파울리스타Paulista(상파울루 시민)들이 주로 커피 판매 촉진을 위해 기술적 변화와 혁신을 강력히 추진했다. 그에 따라 1874년에는 해저 케이블이 깔려 유럽과의 통신이 용이해졌고, 그다음 해에는 브라질의 항구에 들어오는 선박의 29퍼센트가 돛이 아닌

---

[3] 엄밀히 말하자면 커피는 수출 작물 측면에서의 '단종 재배 작물'이었고, 실제로 해외 이주민〔콜로노(colono)〕들은 커피나무 사이사이에 자급용 작물도 키웠다.

* 브라질 남부의 항구 도시

증기를 동력으로 이용하는 배들이었다.

1874년에 1,287킬로미터 정도에 불과하던 철로는 1889년에 9,656킬로미터까지 확장되었다. 다만 철로의 경로는 대개가 커피 재배지에서 산투스나 리우데자네이루의 항구까지 직행으로 이어지는 노선이었다. 말하자면 철로가 전국의 지역들을 하나로 이어 주는 역할을 한 것이 아니라, 대외 무역에 대한 의존도를 심화시켜 놓았다.

노예 수입이 금지됨에 따라 1850년 이후부터 커피 재배업자들은 노동력 충원을 위한 대안들을 시도했고, 첫 번째 시도가 유럽인 이민자들의 유인이었다. 농장주들은 이들 유럽인 이민자들에게 이주 교통비를 대신 치러 주고 살 집을 제공하고 재배·수확·가공할 커피나무의 수를 구체적으로 할당했을 뿐만 아니라, 먹을 식량을 키울 수 있게 작은 땅까지 내주었다. 한편 소작인들은 이주 교통비로 진 빚 외에 그 밖의 가불금을 갚아야 했다. 이민자들이 빚을 모두 갚기 전에 농장을 떠나는 것은 불법이었기 때문에(빚을 갚는 데는 통상 수년이 걸렸다), 이런 시스템은 채무 노예나 다름없었다. 다시 말해 또 다른 형태의 노예제였다. 따라서 당연한 일이었겠지만, 1856년에 급기야 스위스와 독일의 노동자들이 폭동을 일으키기에 이르렀다.

1884년에 파울리스타 농장주들이 마침내 정부를 움직일 만한 정치적 영향력을 쟁취하면서, 새로운 노동자들이 미리부터 채무의 짐을 떠안은 채 브라질 땅을 밟지 않도록 이민자들의 이주 교통비를 브라질 정부가 대신 내주게 되었다. 대부분이 가난한 이탈리아인들이었던 이들 해외 이주민들이 상파울루의 농장으로 물밀듯이 몰려왔다. 1884년부터 1914년 사이에 커피 농장에서 일하기 위해 들어온 이민자의 수는 1백만 명이 넘었다. 이 중에는 더러 고생 끝에 자신의 땅을 획득하는 이들도 있었다.[4] 그 외의 사람들은 고국으로 돌아갈 돈만 겨우 모았다. 열악한 작업 환경과 생활 환경 탓에 대다수 농장에서는 무장 경호원인 카팡가capanga를 두기도 했다. 실제로 엄청난 증오의 대상이던 프란시스쿠 아우구스투 아우메이다 프라두Francisco Augusto Almeida Prado는 경호도 없이 자기 소유의 들판을 거닐다가 해외 이주민들에게 토막토막 난도질당하는 참변을 당했다.

브라질 커피의 유산

해외 이주민 시스템이 노예제보다 더 값싼 비용의 커피 생산 제도라는 결론에 이르게 되자, 브라질의 커피 농장주들은 노예제 폐지에 발 벗고 나섰다. 어느덧 동 페드루 2세가 노인이 되어 브라질을 떠난 때였다. 마침내 1888년 5월 13일, 페드루 2세의 딸, 섭정 공주 이자베우Isabel가 '황금법Golden Law'에 서명하면서 남아 있던 1백만 명의 노예 가운데 4분의 3이 해방되었다. 1년 후, 농장주들은 공화국을 지지하며 페드루의 축출에 일조했는데, 이렇게 수립된 공화국은 수년에 걸쳐 상파울루와 그 인근 지역인 미나스제라이스Minas Gerais*의 커피 농장주들에 의해 좌지우지되었다.

　　노예의 해방은 흑인 노동자들의 운명을 개선하는 데 별 도움이 되지 못했다. 농장주들은 유럽 이민자들을 더 선호했다. 유전학적으로 유럽인들이 아프리카 출신자들보다 우수하

---

4 실제로 1880년대의 독일 이민자인 프란시스코 슈미트(Francisco Schmidt)는 훗날 대단지 농장 20개를 소유하며 1천6백만 그루에 달하는 커피나무의 주인이 되어, 개인 철로 및 전화망까지 따로 두고 수천 명의 해외 이주민을 부렸다.

* 브라질 리우데자네이루 북서쪽에 있는 주

다고 여겼던 까닭이었는데, 그 바람에 아프리카 출신자들은 이전보다도 더 천대당하는 처지로 내몰렸다.

해외 이주민 시스템하에서의 그 후 몇 년 동안 커피 생산은 폭발적으로 증가하여 1890년의 550만 자루^{bag}(한 자루=60킬로 그램)이던 생산량이 1901년에는 1630만 자루로 뛰었다. 노예 제 폐지 후 10년 사이에 심은 커피나무의 수가 두 배로 늘면서 20세기의 전환기 무렵엔 상파울루주에 심긴 커피나무가 5억 그루를 넘어섰다. 브라질은 전 세계로 커피를 넘치도록 쏟아 냈다. 이처럼 한 작물에 지나치게 의존하면서, 동시대의 한 작가가 다음과 같이 논평했듯 대다수 브라질인의 생활에 직접적인 영향이 미치기도 했다. "[브라질] 사람들의 먹거리이 자, 현지에서도 쉽게 재배할 수 있는 여러 종류의 일상 식품 이 상당 부분 수입되는 현상이 지속되고 있는데, 밀가루의 경 우가 특히 심하다. (…) 현재 브라질은 과도하게 커피 재배에 치중하며 국민에게 필요한 식품의 재배는 등한시해 온 탓에 심각한 손실을 입고 있다."

과테말라와 인접국들: 강제 노동, 피의 커피

브라질이 커피 붐을 주도하던 바로 그 시기, 중앙아메리카 역 시 똑같은 나무에 치중하면서 비슷한 결과에 처하게 됐다. 커피 가 비교적 평등주의적 정신과 결부되었던 코스타리카를 제외 하면, 이 새로운 작물은 원주민들에게는 재앙을 초래하고 신흥 커피 독과점자들의 배만 불려 주었다. 특히 과테말라의 역사는 중앙아메리카 전 지역의 역사를 대표할 만한 사례였다.

토지 자원이 풍부한 브라질과는 대조적으로 과테말라는 면적이 미국의 테네시주보다도 조금 더 작다. 또한 1841년에 한 관광객이 쓴 다음의 글이 말해 주듯, '영원한 봄의 땅'이라는 별칭답게 지구상에서 가장 아름다운 곳으로 꼽힌다.

> 아과 화산Volcano de Agua의 기슭, 화산이 드리우는 그 그림자 밑에서 바라본 그곳의 정경은 황홀하도록 아름다웠다. 사시사철 푸른 산들에 둘러싸여 있던 그 경치. 부드럽고 향기로우면서도 맑고 신선했던 아침 공기 (…) 나는 그보다 아름다운 곳은 본 적이 없다. 인간이라면 지상에서 허락받은 시간을 바로 그런 곳에서 보내고 싶어지리라.

아름답지만 불안한 곳이다. 중앙아메리카 전역의 지하에서는 텍토닉 플레이트tectonic plate*들이 서로 밀어내면서 종종 용암이 분출되거나 땅이 흔들거린다. 하지만 인간이 만들어 낸 문제들 또한 산재해 있는데, 그중 상당수가 19세기 말 이 지역 커피 경제의 발달 양상으로부터 기인한 것이다.

중앙아메리카의 국가들은 1821년에 스페인으로부터 독립을 선언한 이후 거북한 동맹을 이어 왔으나, 1838년에 과테말라에서 라파엘 카레라Rafael Carrera가 이끈 반란을 계기로 중앙아메리카연방이 완전히 해체되고 말았다.

원주민 혼혈이던 카레라는 마야 인디언 농부들의 카리스마 넘치는 지도자였는데, 당시에 마야 인디언들은 '자유당'인 마리아노 갈베스Mariano Gálvez 정부로부터 가혹한 대우를 받아 왔다.[5] 중앙아메리카에서 보수당원들은 전반적으로 가톨릭교

---

* 널빤지 모양을 이루어 움직이는 지각의 표층

5 마야 인디언들은 (현재도 마찬가지지만) 과거에 동족 집단이 아니었다. 키시족, 칵시켈족, 케크치족, 익실족, 맘족 등 대략 28개의 종족으로 이루어져 있는 마야 인디언들은 과테말라 곳곳에 흩어져 살지만 대다수는 서부 고지대에 거주하고 있다.

와 극우파 스페인 후손들을 지지하는 한편 원주민들을 온정주의적으로 보호했다. 반면에 자유당원들은 신흥 중산층을 지지하고 교회의 권력에 도전했으며 인디언들을 '문명화'하려 했다.

갈베스 정권하에서 원주민 마을의 공동 소유이던 땅들이 하나둘씩 몰수당했고 원주민들은 강제로 소작인이 되거나 빚을 갚기 위해 노예 신세로 전락했다. 많은 원주민 아이들이 부모의 품에서 떨어져 '보호자'에게 맡겨졌는데 이 보호자라는 이들은 툭하면 아이들을 계약직 하인 다루듯 했다. 이런 정책을 참다못해, 마야인들은 산악과 알티플라노altiplano(고원)처럼 척박한 땅의 고지대로 도망갔다.

카레라는 보수당원들과 같은 노선을 취하며 1839년부터 그가 사망하던 1865년까지 권력을 장악했다. 그는 사적으로 재산을 축적하던 독재자였음에도 원주민들에게 상당히 인기가 높았다. 그만큼 원주민 문화를 존중하면서, 원주민들을 최대한 보호하고 자신의 정부 일원으로 들이기도 했기 때문이다.

1840년대에 과테말라의 수출 경제는 코치닐cochineal을 근간으로 삼고 있었다. 코치닐은 선인장을 먹고 사는 작은 벌레에서 채취하는 염료로, 이 벌레를 건조시켜서 얻은 진홍색의 색소는 유럽에서 수요가 아주 높았다. 과테말라의 자급자족 경제 체제에 관심을 가졌던 카레라는 농업의 다양화를 장려했다. 그러던 1856년에 유럽에서 합성 아닐린 염료가 발명되면서 코치닐의 시대가 저물고 있음이 확실해지자, 카레라는 커피의 재배를 허가했으나 목화와 설탕의 재배도 장려했다(중앙아메리카에서는 커피가 수출 작물로 개발된 시기가 비교적 늦은 편이었다. 당시에 이용되던 가로돛식 배가 바람이 부는 방향으로의 항해에만 용이했기 때문이다. 배가 대서양의 무역풍을 타면 서쪽으로 나가 중앙아메리카 해안에 닿을 수는 있었지만 다시 순조롭게 동쪽으로 되돌아올 방법이 없었다. 바람을 거슬러 항해할 수 있는 쾌속선이 등장하고, 또 뒤이어 증기선이 출현한 이후에야 커피 수출의 실현성이 높아졌다).

카레라가 사망하던 무렵부터 비센테 세르나Vicente Cerna (1865~1871)가 통치하던 그 뒤의 몇 년 동안, 커피로 벌어들이는 수익이 계속 높아졌다. 그런데 알고 보니 과테말라 화산의 비탈면, 특히 태평양을 마주하는 비탈면이 커피 재배지로 최적지였다. 커피가 가장 잘 자라는 이 가파른 비탈들은 이전까지만 해도 쓸모없는 땅으로 치부되어 왔고 대다수의 경우, 원주민들의 거주지였다. 라디노⁶ 커피 재배업자들은 이 땅을 빼앗고, 싸고 안정적인 노동력을 확보하고 싶은 욕심에, 그 탐욕을 가능케 해 줄 정부를 원했다.

그러던 1871년에 자유당원들이 세르나 정권을 끌어내렸고, 2년 후에는 과테말라 서부에서 커피 재배로 많은 돈을 벌어들이던 후스토 루피노 바리오스Justo Rufino Barrios 장군이 권력을 잡았다. 바리오스 정권하에서 일련의 '자유주의 개혁'이 실시되며 커피의 재배와 수출이 더 용이해졌다. 과테말라에서 수출되는 커피의 양은 꾸준히 늘어나, 1873년에 14만 9천 퀸틀quintal(1퀸틀=1백 킬로그램)이던 것이 1895년 무렵엔 69만 1천 퀸틀에 달했다가 1909년에는 1백만 퀸틀을 넘어섰다. 다만 안타까운 점이라면 이러한 '개혁'이 원주민들과 그들의 땅을 희생 제물 삼아 행해졌다는 것이다.

---

6 과테말라에서 라디노는 유럽인과 원주민의 혼혈, 즉 메스티소(mestizo, 혼혈아)를 통틀어 지칭한다. 하지만 순수 혈통의 원주민들도 서구식 복장이나 라이프스타일을 받아들이면 라디노가 될 수 있었다.

1875년의 이 사진 속에서는 맨가슴을 드러낸 마야인 커피 노동자들이 골난 표정을 그대로 드러낸 채로 강제 노동에 따르고 있다.

이 시기에는 중앙아메리카와 멕시코 전역에 걸쳐 자유주의자들이 권력을 잡았고 모두 본질적으로 같은 정책을 취했다. 즉 어느 곳이든 예외 없이 원주민들을 희생 제물로 삼으며 미국과 유럽식의 '진보'를 촉구했다. 조지프 콘래드Joseph Conrad는 라틴아메리카를 무대로 삼은 자신의 소설 『노스트로모Nostromo』(1904)에서 이렇게 부르짖었다. "자유주의자들이여! 이 나라에서는 누구나 익히 아는 그 단어들에 악몽 같은 의미가 배어 있다는 걸 아는가. 자유, 민주주의, 애국심, 정부, 이런 단어들에 어리석음과 살인의 의미가 배어 있다는 것을."

과테말라 — 유형 식민지?

마야인들은 사유 재산에 대한 개념이 거의 없이 농지의 공유를 선호했지만 대대로 살아오던 땅에서 쫓겨나는 것에는 분개했다. 바리오스 정부는 일련의 법과 노골적인 강압을 통해 마야 원주민들에게서 최적의 커피 재배지를 빼앗기 시작했다. 그 과정에서 회유책이랍시고 마야인들에게 다른 변두리 땅을 내주기도 했다.

이 자유당 정부는 농업 개발 촉진의 일환으로, 커피나 설탕, 카카오, 목초가 심어지지 않은 모든 '유휴지tierras baldías'의 경계를 분명히 정한 후 국유지로 점유했다. 그로써 1873년에 과테말라 서부의 산록 지대 중 20만 에이커(약 809제곱킬로미터)에 가까운 토지가 최대 550에이커(약 2.2제곱킬로미터)에 이르는 구획들로 분할되어 헐값에 매각되었다. 물론 헐값이라고는 해도, 영세 농민들로선 소유 자격에서 자동으로 배제되는 기준이었지만.

브라질인들처럼 과테말라인들 역시 이민 노동자를 끌어

들이려 했으나 이러한 시도는 대부분 실패로 끝났다.[7] 과테말라인들은 어쩔 수 없이 원주민들에게 의존해야 했는데, 원주민들은 일하려는 열의가 별로 없었다. 자유주의자들로서는 '북아메리카식 해결책', 다시 말해 '열등한' 인종을 제거해 버리는 방식을 실행하고픈 마음이 굴뚝같았을 테지만, 그렇게 할 입장이 못 되었다. 노예나 다름없는 노동자로 부리기 위해 그 원주민들이 아쉬운 형편이었기 때문이다. 그러나 자급자족적 마을에서 살았던 대다수 마야인은 푼돈을 벌기 위해 잠깐이라면 모를까 장시간 일하는 것을 꺼렸다.

자유당 정부가 이 문제의 해결을 위해 내세운 것은 강제노동(만다미엔토mandamiento)과 채무 노예였다. 이제 농장으로 (혹은 군대나 도로 건설 인부로) 끌려가거나, 아니면 커피 농장주에게 빚을 져야 하는 원주민에게 유일한 대안은 도망뿐이었다.

실제로 수많은 원주민이 도망을 쳐서, 어떤 이들은 멕시코로 또 어떤 이들은 산악으로 피했다. 자유당원들은 질서 유지를 위해 대규모의 상비군과 민병대를 조직했다. 제프리 페이지Jeffrey Paige가 『커피와 권력Coffee and Power』에서 논평했다시피, "과테말라는 군인들이 하도 많아서 유형流刑 식민지*와 다름없었다. 실제로 강제 노동에 기반을 둔, 일종의 유형 식민지였으니 말이다." 그렇다 보니 커피 머니coffee money를 자금줄로

---

7 1890년부터 1892년까지 태평양의 길버트제도(Gilbert Islands)에서는 블랙버더(blackbirder), 즉 노예상에게 붙잡혀 과테말라 커피 농장의 일꾼으로 끌려온 노예가 1천2백 명에 이르렀다. 이 가운데 노예선 안에서 생존한 인원은 8백 명에도 못 미쳤고, 그나마 이들 중 3분의 1도 끌려온 뒤에 첫해를 못 넘기고 목숨을 잃었다. 마지막까지 목숨을 부지한 이들도 1908년에야 길버트제도로 돌아갔다.

* 죄수를 일반인과 분리하여 유배하던 식민지

삼았던 압제 정권 아래서 원주민들의 분노는 사무쳐 갔다. 참다못해 때때로 반란도 일으켰지만 그러한 시도는 원주민 대학살이라는 결과만 낳고 말았다. 그들은 그러는 사이 압제 제도를 타도할 다른 방법을 터득해 냈다. 가능한 한 적게 일하기, 여러 농장주에게 동시에 봉급을 선불로 받아 내기, 도망치기 등이었다.

원주민들은 종종 주지사(헤페 폴리티코 jefe político)들에게 도움을 요청하는 청원서를 냈다. 그 호소가 어찌나 애처롭던지, 수백 년의 세월이 흐른 지금 봐도 가슴이 미어질 지경이다. 한 노동자는 이렇게 하소연했다. "제 실제 고용주와 형제지간인 돈 마누엘 Don Manuel은 저를 이유도 없이 팹니다. (…) 저에게만 그런 것이 아닙니다. 제 아내와 아기에게까지 그렇게 폭행하다가 끝내 죽게 했습니다." 80세가 넘은 어떤 노인은 "제 주인은 제가 한창 젊을 때는 저를 실컷 이용해 먹더니" 이제는 병들고 불구의 몸이 되자 자유롭게 풀어 주어 "나이들어 쓸모없어진 동물처럼 들판에서 서서히 죽어 가게 될 처지"에 놓이게 했다며 한탄했다.

커피 수확을 위해 원주민들을 알티플라노에서 아래쪽 지대로 강제 이주시켰다가 독감과 콜레라 같은 병에 걸리자 원래의 마을로 되돌려 보내, 온 마을에 그 치명적인 전염병이 번지게 만든 일도 있었다.

한편 재배자의 입장에서도 안정적인 노동력을 확보하기가 어려웠다. 원주민들이 도망을 치질 않나, 다른 농장주들이 자신들의 일꾼을 몰래 빼내 가질 않나, 여간 불안한 게 아니었다. 결론적으로 말해, 인접국인 엘살바도르, 멕시코, 니카라과뿐만 아니라 과테말라의 커피 경제는 모든 이에게 이런저런 식의 절망을 안겼다. 그러나 무엇보다도 가장 큰 절망은, 이들 국가의 커피 경제가 강제 노동과 원주민들의 고통에 의존했다는 점이다. 이러한 불행한 토대하에서는 불평등과 폭력이라는 미래가 거의 불 보듯 뻔한 것이었다.

독일의 침략

이러한 와중에 또 다른 무리의 이민자가 섞여 들어왔다. 그것도 열정과 자신감, 열심히 일하려는 의지로 가득한 새로운 차원의 이민자였다. 1877년에 자유당원들은 외국인들에게 토지 획득을 용이하게 해 주는 한편 10년간의 세금 면제와 6년간의 공구 및 기계에 대한 수입 관세 면제 혜택을 주는 법을 통과시켰다. 또한 바리오스 정부는 외국 기업들과 대대적인 건설 및 식민지화 프로젝트의 계약을 체결했다. 이 1800년대 막바지의 20년 동안 진취적인 독일인들 상당수가 비스마르크의 군국주의를 피해 과테말라로 몰려들었다(물론 중앙아메리카의 다른 국가로 떠난 이들도 있었다). 1890년대 말 무렵, 이들은 과테말라에서 40개도 더 되는 커피 농장(핀카finca)을 소유하게 되었고, 다른 농장 여러 곳에도 눈독을 들이고 있었다. 그로부터 얼마 지나지 않아, 과테말라 알타베라파스Alta Verapaz 지역의 독일인 커피 재배업자들이 한데 힘을 모아 바다까지 이어지는 철로의 건설을 위해 독일의 민간 자본을 유치했다. 이를 시작으로 독일인들이 과테말라의 커피 산업에 자본을 끌어들여 현대화를 일으키는 추세가 계속 이어졌다.

　　자유당원들이 정권을 잡은 지 20년이 지난 1890년 무렵, (1백 개가 넘어선) 과테말라의 대단지 농장들은 수적인 면에서는 과테말라 전체 커피 농장수의 3.5퍼센트에 불과했으나 총 생산량 면에서는 절반을 넘게 차지했다. 대단지 농장들은 상당수가 외국인 소유였으나 여전히 최초 정복자들인 스페인계의 후손이 소유한 농장들도 있었다.

이러한 대단지 농장들은 보통 자체적인 가공 기계를 갖추고 먹을 식량도 직접 길렀다. 몇 에이커(1에이커=약 4,046제곱미터)에 불과한 작은 면적인 데다 변두리에 자리 잡은 커피 농장들은 대부분이 가난하고 일자무식인 농부들이 운영했는데 이들은 가공 처리를 큰 농장들에 의존해야 했다. 심지어는 종종 자식들과 함께 큰 농장에서 강제 노동을 해야만 했다. 어떤 경우에는 유력한 농장들이 고의로 이웃 영세 농장들의 농작을 방해하기까지 했다. 농장의 앞잡이들이 이웃 농장의 밀파milpa(흔히 콩을 키우는, 자급자족용의 작은 밭)에 불을 질러서 커피 관목을 못 쓰게 망쳐 놓는 식이었다.

커피 농장주에게는 대출을 얻는 일이 언제나 중요한 문제였다. 통상적으로 유럽이나 북미의 은행들은 커피 수입상들에게 6퍼센트대의 이자로 대출해 주었다. 그러면 수입상들은 수출상들에게 8퍼센트대로 돈을 빌려 주었고, 또 수출상들은 대규모 커피 재배업자나 커피 가공 처리 공장(베네피시오beneficio)들에게 12퍼센트대로 돈을 빌려 주었다. 영세 농장주들은 지각된 위험perceived risk*의 정도에 따라 커피 가공 처리 공장에 14~20퍼센트의 이자를 지불해야 했다. 농장을 새로 시작하는 대다수의 사업가는 4년 후 첫 번째 작물이 영글기 전까지 큰 빚더미를 짊어지게 마련이었다. 그런 면에서 독일인들은 유리한 편이었다. 과테말라에 들어오면서부터 대개 사업 밑천을 싸 들고 오는 데다 비교적 저리로 대출해 주는 독일의 중개 회사와 관계를 계속 이어 갔으니 말이

---

* 객관적·확률적인 위험과 구별되는 것으로, 선택 상황에서 주관적으로 지각하는 위험

다. 게다가 외교적 간섭이라는 뒷배를 업고 있었던 데다 외국인이 관리하는 수출 회사나 수입 회사들과도 긴밀한 관계를 맺었다.

과테말라에서 커피로 떼돈을 벌었던 독일인들 중 상당수는 처음 이 나라에 들어올 때만 해도 부자가 아니었다. 1869년에 프로이센Preussen*에서 태어난 베른하르트 한슈타인Bernhard Hannstein은 "독일인의 군대적 습성에서 벗어나고, [내] 괴팍한 아버지의 포악함으로부터 도망쳐, 자유로워지기 위해" 독일을 떠나왔다. 1892년, 한슈타인은 전 대통령 리산드로 바리야스Lisandro Barillas 소유의 대단지 커피 농장 중 하나이던 라리베르타드La Libertad에서 일자리를 얻어, 무료 숙식 제공 외에 1백 달러의 월급을 받았다. 이것은 원주민들이 받던 것보다 몇 배나 많은 수준이었다.

노예나 다름없이 살던 원주민들의 처지가, 이 독일인에게는 그다지 괴로운 문제가 아니었던 듯하다. 그 어떤 비판적 감정도 없이 채무 노예 제도에 대해 서술해 놓은 다음의 글로 미루어 보면 말이다. "원주민에게 일을 시키려면 돈을 미리 주는 방법밖에는 없다. 그래야 억지로라도 일을 한다. 원주민들은 걸핏하면 도망쳤다가 붙잡혀서 호된 벌을 받기도 했다."

베른하르트 한슈타인은 노력한 끝에 점점 출세하여 문도 누에보Mundo Nuevo를 비롯한 여러 개의 농장을 소유하게 되었다.

알타베라파스의 북쪽에서는 또 한 사람의 독일인, 에르빈 파울 디젤도르프Erwin Paul Dieseldorff가 그 지역에서 커피 농장을 하나둘 늘려 가며 개인 소유자 가운데 최대 규모의 농장 소유자로 올라서고 있었다. 그는 초반엔 원주민들과 어울려

---

* 독일 북부의 주

과거부터 줄곧 그래 왔듯 전 가족이 다 나와서 커피 수확을 하는 모습. 사진은 1915년에
과테말라에서 찍은 것이다.

살며 그들의 음식을 먹고 그들의 언어와 문화를 배웠다. 나중엔 마야족의 유물, 민속, 약초에 통달하게 되었을 정도였다. 원주민 노동자들이 자신의 말에 고분고분하다면, 디젤도르프는 아버지처럼 자상하게 대해 주었다. 하지만 그 역시 원주민들을 쥐꼬리만 한 돈으로 부리면서 채무 노예라는 봉건적 제도에 옭아매 놓았다. 다음의 짧은 글만 봐도 그 자신을 비롯한 독일인들의 철학이 고스란히 느껴진다. "알타베라파스의 원주민들은 애 다루듯 다루는 것이 최선이다."

과테말라의 커피 재배와 수확 방식

몇 번의 시행착오 끝에 관습으로 정착된 방식이긴 하지만, 중앙아메리카에서는 전통적으로 여러 가지 나무를 이용한 그늘 재배로 커피를 길러 왔다. 햇빛을 가려 주고 낙엽을 통한 자동적인 멀칭mulching*을 유도함으로써, 커피나무의 열매가 과잉 생산되지 않도록, 또 커피나무와 토양이 고갈되지 않도록 막아 주기 위한 것이었다. 그늘나무들은 보통 적당한 양의 햇빛이 통과하도록 해마다 가지치기를 해 주며, 이 가지치기에서 나온 목재는 나중에 땔감으로 사용하기도 했다.

브라질과는 달리, 중앙아메리카에서는 서인도제도에서 창안되고 실론섬과 코스타리카에서 일반화된, '습식'법을 이용해 수확한다. 대다수 커피 전문가의 의견에 따르면, 습식법을 이용하면 결점이 더 적은 상질의 커피콩을 얻을 수 있어서 산도가 높고 향이 풍부하며 깔끔한 풍미의 커피 맛을 낼 수 있다. 한편 훨

---

* 농작물이 자라고 있는 땅을 짚이나 비닐 따위로 덮는 일. 농작물의 뿌리를 보호하고 땅의 온도를 유지하며, 흙의 건조·병충해·잡초 따위를 막을 수 있다.

씬 더 노동 집약적이라, 더 정교한 기계와 기반 시설이 요구되며, 가공 시 가공 처리 시설에서 흐르는 수돗물이 상당량 필요하다. 과테말라의 산비탈은 물의 공급이 충분한 편인데, 이는 독일의 농장주들이 기술적인 노하우를 많이 들여온 덕분이었다.

19세기 말에 커피 산업이 발전하면서 수입업자들은 커피를 두 가지 명칭으로 나누어 부르기 시작했다. 바로 브라질 커피와 마일드 커피였다. 브라질 커피는 하급의 품질로 평가받았는데, 항상 그런 건 아니었지만 대개가 받아 마땅한 평가였다. 그 외의 커피는 대다수가 더 세심한 가공 과정을 거친 아라비카 커피였으며, 브라질 커피처럼 음료의 맛이 거칠지 않아서 일명 마일드 커피로 통했다.

브라질 노동자들은 그냥 속 편하게 스트립 피킹으로 수확해도 되지만 과테말라의 수확 일꾼들은 익은 열매만을 일일이 골라서 따야 한다. 이렇게 수확된 열매는 기계로 과육 제거를 한 다음 물이 채워진 발효 탱크 안에 최대 48시간 동안 담가 놓는다. 이때 점액질이 용해되며 찐득찐득하게 붙어 있던 내과피에서 떨어져 나오는데, 이 과정에서 그 안의 커피콩에 미묘한 풍미가 더해진다. 발효 탱크에서 나온 커피콩은 기다란 관으로 떨어뜨리는데, 이 관을 통과하는 동안 떨어져 나간 점액질은 폐수와 함께 씻겨 나간다. 여전히 내과피가 붙어 있는 커피콩은 이제 쫙 펼쳐서 햇볕에 건조시키거나, 커다란 로스팅 실린더에 넣은 다음 인공 건조시킨다. 그리고 로스팅 실린더 가동 시에는 이전 작업분에서 나온 건조된 내과피를 석탄이나 석유, 또는 그늘나무의 가지치기에서 나온 목재와 함께 가열 연료로 사용한다. 이런 건조 과정이 끝나면 여자들과 아이들이 손으로 일일이 건조된 커피콩을 분류하여 깨지거나 검게 변하거나 곰팡이가 피거나 너무 발효된 결점두들을 골라낸다.

　실제 커피콩은 열매의 무게 중 겨우 20퍼센트에 불과하기 때문에 이런 전 과정 중에 엄청난 양의 폐기물이 나온다. 커피 가공 처리 시설이 농장에 딸린 경우라면 수북수북 쌓이는 축축한 과육 무더기는 악취를 풍기기는 해도 대개 비료로 재활용된다지만, 점액질은 하류로 흘려보내는 것이 허용된 실정이라 심각한 공해 문제를 유발하고 있다.

여성과 아동의 노동

과테말라나 그 밖의 다른 지역에서 여자들은 (그리고 과거엔 아이들 역시도) 어김없이 지루한 분류 작업을 도맡아 했다. 전통적으로 성인 남자들에 비해 임금이 훨씬 낮았던 것이 그 주된 이유였다. 개간, 나무 심기, 가지치기, 관개용 수로 파기 같이 육체적으로 힘든 일은 대부분 남자가 도맡았던 반면, 지루한 수확 일은 대체로 여자들과 아이들의 몫이었다.

　작업 환경이 좋은 농장에서는 수확기가 느긋하고 즐거운 한때다. 임금은 별로 높지 못해도, 1년 중 그 어느 때보다 기분 좋은 시기이고 아무도 아이들에게 빨리빨리 하라고 다그치지 않는다. 하지만 19세기 말에는 여자들과 아이들이 다른 모든 일꾼과 함께 들판에서 장시간 고되게 일해야 하는 경우가 빈번했다. 1899년에 수확 일꾼들의 모습을 지켜봤던 누군가의 표현을 빌리자면, "아빠, 엄마, 그리고 옷도 제대로 다 갖춰 입지 못한 아이들까지 다 함께 몰려나왔다." "이 누더기 차림 일꾼들은" 커피를 따러 가서 다음과 같이 일했다고 한다.

　아빠와 엄마들이 대대로 교육받아 몸에 밴 복종적인 태도로 인사를 한다. 그 후 얼마쯤 뒤, 덤불 안쪽마다 다 같이 노래를 부르는 소리가 들려온다. 여자들의 합창 소리다. 가난한 여인들은 남자들과는 달리, 어떻게든 행복해하는 법을 잘 알고 있다. 어린아이들은 그 작은 손으로 일손을 도우려, 열매가 낮게 열린 나무들 주위로 모인다. [땅거미가 지면] 졸리고 지친 아이들이 비틀비틀 걷는다. 이제 지쳐 버린 그 어린 영혼에서 삶의 생기는 모두 빠져나가고 없다. 다른 짐까지 이것저것 들고서 잠이 든 아이를 들쳐 멘 엄마들의 모습이 여기저기서 보인다.

하지만 과테말라의 여자들은 빈곤 속에서도 "행복"해하는 법을 이따금 잊어버린 채, "대대로 훈련받아 몸에 밴 복종"을 어떤 식으로든 극복해 내곤 했다. 다음이 바로 그러한 사례였다. 당시에 남자들은 때때로 임금을 선불로 받은 뒤에 사실상 아내나 자식들의 노동력을 팔아 그 값을 치렀는데, 1909년에 후아나 도밍고Juana Domingo라는 여인이 감옥에서 우에우에테낭고Huehuetenango의 헤페 폴리티코(주지사)에게 편지를 보내 "우리 종족들 사이에서 흔히 있는 일이지만, 아버지에게 팔린" 후에 일하기를 거절했다가 그렇게 갇히게 되었다며 하소연했다. 여자들은 감독관들로부터 툭하면 성적 착취를 당하기도 했는데, 이런 불만 제기가 종종 긁어 부스럼을 만드는 격이 되기도 했다. 한 여인이 농장의 관리자에게 강간범 체포 비용을 전가받아 빚만 더 늘었던 경우처럼.[8]

---

[8] 물론 모든 농장 소유주가 자신이 부리는 일꾼들을 학대했던 것은 아니다. 브라질, 과테말라 외의 지역들에서는 소유주가 생각이 깨어 있어서 일꾼들을 최대한 인도적으로 대하고 평균 임금보다 더 높은 임금을 주며 어느 정도 의료 혜택도 제공해 주는 농장들이 많았다. 그러나 그런 경우라 해도, 원주민들은 여전히 신분 상승의 희망이 희박한 가난한 날품팔이 노동자 신세였고 농장주들은 비교적 부유한 삶을 살았다.

결과적으로 과테말라에서 커피는 변덕스러운 외국 시장에 대한 의존성을 촉발했을 뿐만 아니라, 고압적인 경찰국가, 심각한 사회적·경제적 불평등, 원주민들의 사실상의 노예화 현상을 유발했다. 패턴은 판에 박은 듯 똑같았다. 대단지 농장의 소유자인 라디노나 독일인을 비롯한 외국인들이 호시절을 틈타 돈을 왕창 벌어들였지만, 실제로 그 농장이 굴러가도록 땀방울을 흘리는 이들은 인근 고지대에서 억지로 이주해 온 노동자들이었다. 이런 상황이 몇 년에 걸쳐 이어지자 폭동, 불만, 유혈 참사가 거듭되었다. 한 라틴아메리카 역사가가 썼던 글처럼, "과테말라에서 정부의 정책을 짧게 요약해서 말하자면 언론 검열, 반항자들에 대한 국외 추방과 수감, 경찰의 엄격한 통제, 쇠약하고 비굴한 국가 관료, 대단지 커피 재배 가문과 유착 관계인 이들의 수중에 맡겨진 재정과 재무 문제, 외국계 회사에 대한 관대한 대우가 다였다."

멕시코, 엘살바도르, 니카라과의 토지 강탈

과테말라에서 고착되어 있던 패턴은 이웃 국가들에서도 그대로 되풀이되었다. 단지 커피 농장의 규모가 통상적으로 더 작았던 것이 차이라면 차이였을 뿐이다. 과테말라 북쪽의 멕시코에서는 자신의 '자유주의' 정권(1877~1880, 1884~1911)에 미국의 자본을 끌어들였던 포르피리오 디아스Porfirio Díaz의 정권 하에서 설탕, 고무, 헤네켄henequen(밧줄을 만드는 데 쓰이는 식물), 담배, 커피 농장의 노동자들이 노예나 다름없이 살고 있었다. 일명 엥간차도르enganchador(함정꾼)라는 노동자 첩자가 거짓말이나 미끼를 쓰거나, 대놓고 납치하는 식으로 자칫 방심한 이들을 노동자들로 공급해 주곤 했다. 유카탄Yucatan주헤네켄 농장이나 악명 높은 바예나시오날Valle Nacional 지역의 담배 농장들의 노동자 사망률은 참혹한 지경이었다. 그나마 멕시코 남부인 치아파스Chiapas주 산악 지역의 커피 농장들은 어느 정도 상황이 나은 편이었다. 이주 노동자가 해마다 다시 일하러 오지 않을 수 없을 정도로 조건이 괜찮았기 때문이다.

작지만 인구 밀집도가 높은 태평양 연안 국가로서 과테말라 남쪽에 있는 엘살바도르에서는, 원주민들의 권리 박탈이 더욱더 가혹했다. 과테말라에서는 원주민인 마야인들이 주로 커피 재배지 위쪽 지대에 살았던 반면, 엘살바도르에서는 대다수가 커피 재배지로 적합한 지역에 살고 있었다. 그에 따라 1879년부터 토지 수용土地收用*이 시작되면서 1881년과 1882년에는 법령을 통해 공유 토지와 공유 집단이라는 토착 체제가 설 자리를 잃게 되었다. 원주민들은 커피 숲과 가공 처리 공장에 불을 지르며 1880년대 내내 반란을 일으켰다. 이에 대응해 정부에서는 커피 재배 구역 순찰과 반란 진압을 위해 기마 경찰대를 창설했다. 시간이 흐르면서 메넨데스Menéndez, 레갈라도Regalado, 데 솔라de Sola, 일Hill 등의 성姓을 가진 열네 개의 유명한 가문이 엘살바도르의 커피 농장 대부분을 소유하게 되었고 잘 훈련된 민병대를 통해 거북한 평화를 유지했는데, 그나마 이 평화도 여러 차례의 쿠데타로 또 다른 새로운 군사 독재 정권이 들어설 때마다 수차례 중단되었다.

엘살바도르와 온두라스의 남쪽에 있는 니카라과에서는, 커피 재배가 일찌감치 시작되었지만 과테말라나 엘살바도르처럼 경제를 지배하는 정도는 아니었고 니카라과에서의 원주

---

* 특정한 공익사업을 위하여 법률이 정하는 바에 따라 국가나 지방자치단체 또는 공공단체가 강제적으로 토지 소유권 등을 취득하는 일

민 저항은 그렇게 쉽게 꺾이지도 않았다. 니카라과의 커피 재배는 1860년대에 남부 지역의 고지대에서 본격적으로 시작되었고, 커피로의 작물 변경은 비교적 원만하게 이루어졌다. 하지만 최적의 커피 재배지가 북중부 고지대인 것으로 밝혀졌는데 이 고지대 토지의 대부분이 원주민들의 소유였던 터라, 권리 박탈이라는 당시의 그 흔하디흔한 일이 일어나고 말았

호세 산토스 셀라야

다. 급기야 1881년에 수천 명의 원주민이 주요 커피 재배지의 심장부인 마타갈파^{Matagalpa}주 소재의 정부 청사로 쳐들어가 강제 노동의 근절을 요구하고 나섰다. 결국 군대가 동원되어 이들의 반란을 진압하면서 1천 명이 넘는 원주민들을 죽였다. 그럼에도 불구하고 농민 저항의 기세는 여전히 거셌다. 커피 농장주의 아들인 자유주의 장군 호세 산토스 셀라야^{José Santos Zelaya}가 1893년에 정권을 잡은 이후에도 마찬가지였다. 그는 1909년까지 니카라과를 통치하며 막강한 군대를 만들고 커피 재배를 성공리에 촉진했으나, 국내 최대의 커피 재배업자가 암살되는 등 민심의 동요는 계속되었다.

코스타리카에서의 커피: 민주적 영향력?

커피로 풍요로운 라틴아메리카 국가들은 판에 박힌 듯 혁명, 압제, 유혈 사태에 시달려 왔다. 다만 전반적으로 이러한 규칙에서 딱 한 곳 희망적인 예외가 있긴 했는데, 바로 코스타리카였다. 시사하는 바가 많은 1994년도의 저서 『국가

와 사회 진화: 커피와 중앙아메리카의 중앙 정부 출현*States and Social Evolution: Coffee and the Rise of National Governments in Central America*』에서 로버트 윌리엄스Robert Williams가 주장한 바에 따르면, 19세기 말의 커피 재배지와 노동자의 진화 양상은 중앙아메리카 정부의 형태를 결정짓는 데 한몫하면서 오늘날까지 지속되는 패턴을 정착시켜 놓았다. 그는 다음과 같이 덧붙이기도 했다.

> 커피의 팽창과 더불어 교역망, 국제적인 자본 연계, 이민과 투자 패턴, 국제적 정치 관계에도 변화가 나타났지만, 커피는 항구 도시, 수도首都, 내국의 상업 중심지, 농촌 지방의 일상생활 구조에도 그 손길을 뻗치며 무역상, 대금업자, 토지 소유자, 소매상, 전문직 종사자, 관료, 도시 빈민, 농부들의 활동을 변모시켰다. (…) 이 상품 하나만 유심히 들여다봐도 중앙아메리카 국가들의 구조를 살펴볼 수 있다.

한편 코스타리카에서는 커피에 대한 의존성이 민주주의, 평등주의적 관계, 소규모 단위의 농장과 더불어 느리고 꾸준한 성장으로 이어졌다. 똑같은 나무를 재배했는데 왜 이렇게 다른 결과가 나타났을까? 준비된 노동력의 부족이 그 주원인이 아닐까 싶다. 코스타리카의 원주민들은 스페인 초기 정착자들에게 죽임을 당하거나 질병에 걸려 목숨을 잃는 바람에 단 한 번도 인구수가 많았던 적이 없었다. 그 결과, 코스타리카인들이 1830년대에 본격적으로 커피를 재배하기 시작할 무렵엔 훗날의 브라질과 과테말라의 경우처럼 대농장 라티푼디아를 세울 만한 여건이 못 되었다. 즉 소규모 가족농이 보편적이었다.[9] 결과적으로 코스타리카의 커피 산업은 점진적으로 발전하게 되었다. 탄압적인 정부가 개입할 필요조차 없었다.

더군다나 코스타리카의 커피 생산은 산호세San José 인근에 위치한 센트럴밸리Central Valley의 비옥한 고지대에서부터 시작되어 그 주변으로 퍼져나갔다. 그 후 수년 동안 새로운 변경 지대*가 계속 팽창하면서 커피 사업에 뛰어들려는 이들은 미개간지에 농장을 세울 수 있었다. 이런 기회 덕분에 땅을 놓고 벌어지는 투쟁도 그만큼 더 적었다. 수확기가 되면 농장주 가족들끼리 돌아가며 상부상조했고, 농장주들이 직접 힘든 육체노동을 하며 땅을 가까이 느꼈다. 따라서 비교적 평등주의적인 국민 정서가 발달했다.

코스타리카 내에서의 갈등은 소규모 커피 재배업자와 커피를 가공 처리하는 공장의 소유주들 사이에서 생겨났다. 농장의 규모가 전반적으로 아주 작았기 때문에 농장주들은 습식 가공 처리 공장을 소유할 만한 형편이 못 되었다. 이렇다 보니 막강한 힘을 쥐고 있던 커피 가공 처리 공장 소유주들은 커피콩 매입 가격을 억지스러울 만큼 낮게 책정하여 수익의 대부분을 독식했다. 이러한 불평등으로 인해 긴장 관계가 유발되었으나 코스타리카의 정부는 전반적으로 이 긴장을 평화롭게 처리했다. 이 작은 중앙아메리카 국가 역시 수년에 걸쳐 나름의 혁명과 유혈 사태를 치렀지만 이웃 국가들에 비하면 아무것도 아닌 수준이었다. 코스타리카가 이웃 국가들과 달랐던 이유는 뭘까? 커피 산업의 발달 양상이 그 직접적인 원

---

9 코스타리카는 식민지 시대에 스페인인들이 허용하지 않았던 탓에 염색 산업(인디고나 코치닐)이 전무했다. 따라서 그것이 계기가 되어 과테말라보다 앞서서 커피 재배를 시도하게 되면서, 새로운 재배 및 가공 기술을 개척해내기도 했다. 그러나 코스타리카에서도 오로시(Orosi) 같은 원주민 잔존 지역에서는 원주민들이 과테말라와 마찬가지로 땅을 빼앗겼다.

* 개척 시대의 개척지와 미개척지의 경계 지방

인이었는지도 모른다.

초반엔 영국이 코스타리카와의 무역을 지배했지만, 독일인들 역시 발 빠르게 끼어들면서 20세기 초에는 코스타리카에 상당수의 커피 가공 처리 공장과 대단지 커피 농장을 소유하기에 이르렀다. 하지만 과테말라와는 달리 코스타리카에서는 열심히 일하는 원주민 빈민들도 커피계의 유력자가 될 수 있는 기회가 있었다. 그 한 사례가 훌리오 산체스 레피스Julio Sanches Lepiz였다. 그는 작은 농장 하나로 시작해 점차 여러 커피 농장에 대한 투자를 늘림으로써 코스타리카 내에서 최대의 커피 수출업자로 올라섰다. 그의 성공은 드문 사례였지만, 코스타리카에서는 비교적 가난하게 출발했다가 엄청난 부를 쌓아 올린 농장주들이 그 외에도 더 있었다.

인도네시아인, 쿨리 등의 커피 노동자들

다른 수많은 커피 재배 지역들과 마찬가지로, 자바와 수마트라 역시 빼어난 자연 경관을 간직한 곳이다. 그러나 프랜시스 서버Francis Thurber가 1881년 작 『커피: 농장에서 한 잔의 음료가 되기까지Coffee: From Plantation to Cup』에서 논평했듯, 이러한 경관과는 너무나 대조적으로 "원주민들에 대한 멸시와 천대"가 자행되고 있었다. 원주민들은 네덜란드 정부를 위해 가정마다 650그루의 커피나무를 키우고 돌보는 것은 물론이요, 수확과 가공 일까지 해야 했다. "원주민들이 정부로부터 받는 가격은 정부에 막대한 이윤을 남겨 줄 정도로 낮게 책정"되었다고 서버는 지적했다. 그로써 네덜란드인들은 "가련한 피지배자들에게 아주 가혹한 폭정을 이어 가며, 강제로 빚을 지우거나 아니면 하루하루 먹고사는 이들에게서 약탈을 자행"했다.

인도의 사정도 나을 것이 없었다. 이곳에 커피 농장 몇 개를 소유하고 있던 에드윈 레스터 아널드Edwin Lester Arnold는 1886년에 자신의 저서 『커피: 그 경작과 이윤Coffee: Its Cultivation and Profit』에서 노동력 확보 요령을 서술해 놓았다. 농장주가 인도의 저지대를 찾아가 마이스트리에maistrie, 즉 십장들을 고용하면, 그 십장들은 선불금을 미끼로 쿨리(농민 노동자)*들을 꾀어 들였다고 한다. 그런 후에 십장들이 "각자 일단의 쿨리를 이끌고" 정글로 들어왔는데 이들 쿨리들은 "오지 '물동이'나 냄비, 원주민 전통 솥, 말린 생선이나 카레 따위의 식량 등을 잔뜩 짊어지고 와서 유럽인들에게 '이마에 손바닥을 대고 절'을 했다." 그러고 난 후 쿨리들은 오두막집을 짓고 나서 선불금을 갚기 위해 일을 시작했다. 서버의 논평에 따르면, 그들을 너무 혹사하지 않는 것이 최선이었다. "그들이 도망갈지도 모르기 때문"이었다.

서버의 설명에 의하면, 쿨리들의 노동은 새벽 5시에 시작되었다. 남자들에게는 새로운 길을 내는 일을 시키기 위해 도끼와 쇠지레를 들려 보내 나무를 베어 나르게 했고, 여자들과 아이들에게는 커피나무 주위의 잡초 제거 일을 시켰다. "그들은 정착지를 개간하고 나서 정글의 좁은 길을 따라 들어가며 일을 시작하기가 무섭게 갖은 수를 다 쓰며 도망칠 궁리를 한다." 남자들의 하루 일당은 5아나**라는 아주 적은 액수였지만 그나마 여자들은 겨우 3아나였다. "어린아이들조차 그 빡빡 민 작은 머리를 꾸벅 숙여 높으신 백인 나리에게 우스꽝스레 경의를 표하며 다가와 그 작은 갈색 손을 내민다.

---

* 옛 인도와 중국의 하급 노동자

** 인도·파키스탄의 옛 화폐 단위

하루에 1페니꼴의 일당을 받기 위해 말이다."

한편 아널드는 만족스러운 어조로 이렇게 서술했다. "건강한 커피나무에서 얻는 이윤은 아주 큰 편이라, 농장주의 악전고투를 훼방 놓고 농장주의 갖은 노력을 무의미하게 만드는 수많은 적만 없다면 이 직업이야말로 세상에서 가장 수지맞는 일로 꼽힐 것이다." 아널드는 뒤이어 커피에 유해한 여러 짐승을 열거해 놓았다. 코끼리, 들소, 사슴에서부터 자칼, 원숭이, 커피쥐coffee rat 등등(다행히 커피쥐는 쿨리들이 야자유에 튀겨 별미로 여기며 즐겨 먹었다)이었다. 한마디 부연하자면 농장주들은 땅벌레, 깍지벌레, 나무좀, 바구미 같은 해충과도 싸워야 했다.

"하지만 농장주의 성공에 걸림돌이 되는 이 모든 방해물도 너무 작아서 감지하기도 힘든 곰팡이에 비하면 아무것도 아니다." 아널드가 말하는 이것은 헤밀레이아 바스타트릭스hemileia vastatrix라는 무서운 커피 잎 녹병균으로, 1869년에 실론에 처음 나타나 몇 년 사이에 동인도제도의 커피 산업을 초토화하다시피 했다. 그것도 아이러니하게도 라틴아메리카가 시장에 커피콩을 쏟아 내고 있던 바로 그 시기에.

바스타트릭스의 습격

헤밀레이아 바스타트릭스는 일명 녹병균rust으로 불린다. 처음엔 커피 잎 밑면에 녹이 슨 것처럼 누르스름한 갈색 얼룩이 생겼다가 나중엔 검게 변하면서 옅은 오렌지색 가루의 포자를 번식시키며 전염되어 퍼지기 때문이다. 이 얼룩이 점차 커져서 잎 전체를 덮으면 잎은 가지에서 떨어진다. 그런 식으로 마침내 잎이 다 떨어지며 나무가 죽고 만다. 이 녹병은 처음 출현했던 해에, 실론에 막대한 피해를 입혔지만 이후에 진정 국면에 들어서는 듯 보이면서 풍작과 흉작 사이를 오락가락했다. 전 세계의 과학자들은 시름에 잠긴 커피 재배업자들에게 이런저런 조언을 해 주었다. 농장주들은 화학 약품을 써 보기도 하고 병에 걸린 잎들을 떼어 버리기도 해 봤다. 하지만 그 무엇도 소용이 없었다.

이 녹병의 원인에 대해서는 통상적으로 이용되는 그늘나무 (다답dadap) 때문이라거나, 지나친 습기 때문이라는 둥 여러 가지 이론이 무성했다. 사실 이 곰팡이는 습한 환경에서 왕성하게 번식하는 듯 보이기도 한다. 하지만 진범은 따로 있었으니, 바로 단종 재배였다. 인간이 개입하여 특정 식물을 인위적으로 번성시킬 때마다 자연은 기어코 이 풍부한 먹잇감의 약점을 찾아낸다. 사실 이런 일이 없다면 커피나무는 강한 편이다. 카페인이나 코카인 같은 향정신성 알칼로이드 함유 식물들은 거의 전부가 열대 지방에서 자란다. 실제로 열대 우림에서 독특한 마약 성분 함유 식물이 그렇게 많이 나타나는 이유는, 생존을 위한 투쟁에서 휴식 기간을 제공해 줄 겨울이 없는 탓에 생존 경쟁이 아주 치열하기 때문이기도 하다. 즉 식물들이 보호 메커니즘으로서 그런 마약 성분을 발전시켰던 것이다. 커피의 카페인도 해충을 막기 위한 천연 살충제로서 진화된 것으로 여겨진다. 하지만 아무리 그렇다 해도, 커피나무 재배지 면적이 방대해짐에 따라 어떤 심술궂은 작은 벌레나 균류가 그 풍부한 금맥을 집중적으로 공략하게 되리라는 것은 불가피한 일이었다.

"커피가 실론에서처럼 자바에서도 대실패작이 되는 것은 이제 시간문제인 듯하다. 곳곳의 커피나무들이 겉보기엔 가지에 열매가 주렁주렁 열려 있고 그 열매들이 여전히 신선해 보이고 푸릇푸릇한 것 같겠지만, 검게 변하고 바닥으로 떨어져 버린 열매들이 드문드문 눈에 띄고 있다." 1886년에 에드윈 아널드가 쓴 글인데, 그의 상황 지적은 제대로 들어맞았다. 실제로 전통적 커피의 보루였던 이곳이 그로부터 얼마 뒤에 주요 작물을 차로 바꾸었으니 말이다.

커피 녹병이 유행하자, 당시에 널리 경작되던 아라비카 품종보다 내성이 강한 커피 품종을 찾기 위한 광풍이 일어났다. 아프리카의 라이베리아가 원산지인 코페아 리베리카^{Coffea liberica}가 처음엔 가망이 있어 보였으나 이 품종 역시 녹병을 이기지 못하고 코페아 아라비카보다 생산량이 더 적자, 커피의 맛이 만족스러웠음에도 인기를 얻지 못했다. 그러다 우간다 원주민들이 즐겨 씹던 코페아 카네포라^{Coffea canephora}가 벨기에령 콩고의 백인들에 의해 '발견'되었다. 한 초창기 홍보자가 로부스타^{robusta}*라고 이름 붙인 이 품종은 재배해 보니 내성이 있는 데다 열매를 많이 맺었고, 고도가 낮은 지대의 습도가 높고 기온이 더 따뜻한 조건에서도 잘 자랐다. 다만 안타깝게도 이 강인한 품종은 커피의 맛이 거칠고 아라비카보다 카페인 함량이 두 배 높다. 그럼에도 불구하고 그 이후로 중요한 역할을 하게 된다.

미국인들의 갈증

헤밀레이아 바스타트릭스가 끼친 치명적인 타격에도 아랑곳없이 세계의 커피 공급량은 계속 늘어났는데, 그 주된 자극원은 미국인들의 채워도 채워도 끝이 없는 듯한 커피 잔이었다. 영국인들은 차를 홀짝인 반면 영국의 반항적인 식민지들은

---

* 'robust'에서 따온 말로 '튼튼한', '강건한'의 뜻을 지니고 있음

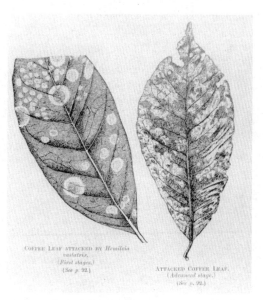

COFFEE LEAF ATTACKED BY *Hemileia*
vastatrix.
(*First stages.*)
(*See p. 92.*)

ATTACKED COFFEE LEAF.
(*Advanced stage.*)
(*See p. 92.*)

1869년에 공포의 커피 잎 녹병, 헤밀레이아 바스타트릭스가 실론에 출현하여 몇 년 사이에 동인도제도의 커피 산업을 초토화하다시피 했고, 1백 년 후에는 라틴아메리카를 덮쳤다.

더 강한 맛의 검은 음료를 들이켰고, 이 음료는 장차 미국인의
남다른 기업가 정신을 활활 타오르게 만들기도 했다. 19세기
말에 이르자 미국은 전 세계 커피의 절반에 가까운 양을 소비
하게 되었다.

제3장
미국인의 음료

우리는 옛 버지니아주에서 수차례 진군에 합세했다. 그곳에서의 낮은 길고 뜨거웠고 진군의 피로를 견뎌 내고 대열을 이탈하지 않으려 애쓰느라 지친 병사들은 길가에서 커피 한 잔을 우려먹을 기회를 얻을 때면 기운이 불끈 솟곤 했다.

– R. K. 비첨Beecham 대위, 『게티즈버그: 남북전쟁의 결전장Gettysburg: The Pivotal Battle of the Civil War 』

미국인들이 커피에 목말라하는 단계에 이르기까지는 그 속도가 더뎠다. 이렇게 된 배경에는 술을 더 좋아했던 이 거친 신생국 시민들의 기호가 자리하고 있었다. 『미국인의 음주 Drinking in America』에서 저자들이 서술해 놓았듯, "대다수 식민지에서는 음주가 실리적인 경향을 띠면서, 알코올 도수가 높은 술의 소비가 개인이나 단체의 일상적인 음주 습관이었다. 식민지의 가정에서는 맥주나 사과주가 으레 식탁에 올라오는 음료였다. (…) 아이들조차 저녁 시간에는 맥주를 같이 마셨다." 식민지 이주자들은 커피와 차가 독한 술을 대체하기엔 약하다고 여겼다. 그래서 1775년에 대륙회의에서 창설된 대륙군의 초기 배급품 목록에는 커피는 빠진 채 일일 단위별 가문비나무술과 사과주만 포함되었다.

그럼에도 커피는 인기를 끌었다. 1777년에 골이 난 보스턴 여인들이 1백 명 넘게 식품 창고로 쳐들어가는 일이 터질 정도였다. 독립전쟁이 계속되던 당시에, 판매업자들은 부족한 공급량을 이용해 커피콩을 사재기하여 가격을 올려놓았다. 애비게일 애덤스^{Abigail Adams}는 남편 존 애덤스에게 보낸 편지에서 이렇게 썼다. "설탕과 커피의 물자가 너무 부족해요. 이 나라의 여성들에게 이 두 가지는 도저히 포기하고 싶지 않은 것들이에요. 그것도 물자가 그렇게 달리는 원인이 많은 양을 몰래 숨겨 놓은 상인들 때문이라고 의심되는 마당이라, 더더욱 포기할 수가 없어요." 그녀는 이어서 여자들이 창고를 급습한 일을 설명했는데, 그때 "수많은 남자들이 놀라서 아무 말도 못한 채 잠자코 구경만 하고 서 있었다"고 한다.

1800년대 전반기 동안 미국에서는 커피 애호가가 늘어났다. 1812년 전쟁*이 발발한 이후, 일시적으로 차의 유입 경로가 차단되는 동시에 마침 커피 음용을 비롯한 프랑스풍의 모든 것이 유행하면서부터 특히 더 애호가가 늘어났다. 어쨌든 그 무렵 미국으로선 브라질의 커피가 교역 거리상으로나 저렴한 면에서나 더 유리하기도 했다. 사실 당시의 미국인들에게는 좋아하는 카페인 함유 음료의 선택 문제에서 정치적 이데올로기나 스타일 과시보다는 가격이 훨씬 더 중요한 기준이 되지 않았을까? 미국인의 1인당 커피 소비량은 점점 늘더니 1830년에는 연간 약 1.3킬로그램, 1850년에는 약 2.5킬로그램, 1859년에는 약 3.6킬로그램이 되었다. 도시에 커피하우스들이 문을 열었지만 대다수 미국인은 집에서 커피를 마시거나 서부로 향하는 길에 모닥불을 피워 놓고 우려 마셨다. 그 시대를 산 한 관찰자의 표현을 빌리자면, 1849년 무렵에 커피는 "대초원 지대의 필수 메뉴"로 자리 잡았다. "[변경 개척

---

* 프랑스혁명 뒤 영국-프랑스 항쟁에 휘말린 미국과 영국의 전쟁

자들은] 커피와 담배를 주면 그 어떤 궁핍과 고난도 견뎌 내곤 하지만 숲에서의 이 두 가지 필수품이 없으면 흐리멍덩하게 굴며 투덜거릴" 정도였다고 한다.

아메리카 원주민들 역시 이 검은 음료를 받아들였다. 특히 수족Sioux은 이 음료를 카주타 사파kazuta sapa, 즉 '검은 약 black medicine'이라고 불렀다. 심지어 원주민들은 커피를 얻기 위해 마차 수송대를 수차례 공격하기까지 했다. 물론 커피 외에 설탕, 담배, 위스키도 함께 노린 것이었지만. 한편 백인 상인들은 이런 원주민들의 약점을 노리고 커피 한 잔을 들소 가죽 무릎 덮개와 교환하기도 했다.

가정 내 로스팅, 브루잉과 파산

19세기 중반, 주로 미국의 시골에서는 사람들이 (주로 서인도 제도나 동인도제도산의) 생두를 인근 잡화점에서 벌크 제품*으로 사와 집에서 직접 볶고 갈았다. 장작 난로에 프라이팬을 올려 원두를 볶으려면 20분 동안 계속 저어 주며 불 앞에 붙어 있어야 했고, 그렇게 해도 불균등한 로스팅이 되는 경우가 많았다. 부자들의 경우엔 크랭크를 돌리거나 증기를 이용해 작동시키는 여러 종류의 가정용 로스터기를 갖추고 있었지만 아주 만족스럽게 작동하는 제품은 하나도 없었다. 원두를 가루로 갈 때는 커피 분쇄기를 이용하거나 절구와 절굿공이로 찧었다.

가정주부들은 간단하게 물에 가루를 넣어 끓이는 식으로 커피를 우리는 것이 보통이었다. 커피를 맑게 만들기 위

---

* 포장 없이 대량 납품용으로 유통되는 제품으로, 소매상에서 소비자에게 원하는 만큼 덜어서 파는 형태임

해, 즉 바닥에 가루를 '가라앉히기' 위해 계란, 생선, 뱀장어 껍질 등등의 이런저런 의심쩍은 첨가물을 섞기도 했다. 다음은 당시에 인기를 끌던 한 요리책에 수록된 조리법이다. "커피를 만들기 위해서는 물 1파인트 (약 0.55리터) 기준으로 커피 가루 두 스푼을 듬뿍 넣고 나서 여기에 계란의 흰자, 노른자, 껍질을 섞은 다음, 팔팔 끓지 않는 정도의 뜨거운 물을 부어 끓이면 되는데, 이때 시간이 10분을 넘어선 안 된다." 계란을 구할 수 없을 땐 창의적으로 생선 대구를 이용하는 이들도 있었다. 이렇게 만든 커피에서는 비린내가 풍겼을 것이 뻔하다. 그럼에도 커피는 여전히 해를 거듭할수록 인기를 더해 갔고 커피 '전문가들'은 비슷한 조언을 되풀이했다.[1]

19세기 전반기 동안 유럽에서는 커피 조제 특허는 물론, 뜨거운 물과 가루 커피를 섞어 주는 기발한 기구들이 말 그대로 폭발적으로 쏟아졌다. 그중 하나가 바로 프랑스혁명기 무렵에 파리의 대주교 장 바티스트 드 벨루아Jean Baptiste de Belloy 가 발명한 2단 구조의 드립식 커피포트였다.

1809년에는 재기가 뛰어나고 괴짜인 미국인 망명자 벤저민 톰프슨Benjamin Thompson(그 자신은 럼퍼드 백작Count Rumford 으로 불리길 더 좋아했음)이 벨루아의 커피포트를 개조해 자신만의 독특한 드립 포트를 만들어 냈다. 럼퍼드는 올바른 브루잉에 대한 의견을 내놓기도 했다. 커피를 우릴 때는 깨끗한

---

[1] 그렇지만 적어도 미국의 초창기 커피는 갓 볶아 만든 것이었다. "기막힌 맛을 내려면 만들기 직전에 볶아야 한다. 양도 당장 먹고 싶은 양만 볶는 게 좋다." 엘리자 레슬리(Eliza Leslie)가 1837년에 출간한 요리책에서 쓴 대목이다. 1845년에 또 다른 작가는 이런 조언도 했다. "팔팔 끓여서는 안 된다." 하지만 그녀의 이 말은 '황야에서 외치는 자의 소리'(「마태복음」 3장 3절, 「마가복음」 1장 3절의 구절로, 세상에서 받아 주지 않는 사람의 외침을 의미함)였음에 유의해야 한다.

물을 끓어오르기 직전의 온도로 맞춰서 준비하되, 커피와 물을 함께 끓여서는 안 되며 우린 커피는 재가열해서도 안 된다고. 하지만 미국인 소비자들에게는 애석하게도 럼퍼드의 포트와 견해는 대서양을 건너오지 못했다. 이는 부분 진공 포트에 의존해 커피 가루 사이로 뜨거운 물을 통과시키던, 프랑스와 영국의 수많은 브루어들 역시 마찬가지였다.

남북전쟁 이전의 커피 산업

1823년의 커피 위기와 공급 과잉 사태[2] 이후, 커피 가격이 폭락하면서 1821년에 1파운드당 최고 21센트이던 수준에서 1825년에는 11센트 선으로 떨어졌다. 그 후 30년간 가격은 (통상적으로 10센트 이하대에 머물며) 약세를 벗어나지 못했다. 생산량의 증가가 급증하는 소비량을 넘어서면서 나타난 현상이었다. 자바와 실론은 점점 더 많은 커피를 펌프질하듯 쏟아냈고, 그것은 브라질도 마찬가지였다. 게다가 코스타리카 역시 수출 대열에 뛰어든 터였다. 한편 18세기 말까지 아주 중요한 위치를 차지했던 서인도제도의 커피 수확은 낮은 가격과 정치 소요, 노동력 부족 탓에 점점 줄었다. 수많은 커피 농장이 방치되어 잡초가 무성해진 반면, 저지대는 이제 돈벌이에 훨씬 유리해진 사탕수수로 점령되어 갔다.

커피 가격의 하락으로 커피 재배자들은 타격을 입었지만 낮은 가격은 더 낮은 계층 사이에서 커피의 인기가 높아지는 데 기여했고, 이는 특히 유럽 대륙과 미국에서 두드러졌다. 1833년에는 제임스 와일드James Wilde가 최초의 상업적 커

2 1823년의 커피 위기에 관해서는 제1장의 마지막 부분 참조

피 로스터기를 영국에서 뉴욕으로 수입해 들여왔다. 1840년대 중반에 이르자, 적어도 도시 지역에서는 커피 로스팅 산업이 성장세를 탔다. 독일, 영국, 미국에서는 대형 로스터기들에 대한 복수 특허 획득이 이어졌다. 이 중 미국에서 가장 인기를 끌었던 로스터기는 카터 풀아웃Carter Pull-Out으로, 1846년에 보스턴의 제임스 W. 카터James W. Carter가 발명한 것이었는데 벽돌 화덕 안에서 회전하는, 구멍 뚫린 커다란 실린더가 주된 특징이었다. 이 로스터기는, 커피의 로스팅이 완료되면 노동자들이 연기가 숨 막히도록 피어오르는 그 거대한 실린더를 수평 방향으로 끌어당겨 밖으로 꺼내서 얕은 목재 상자 안에 원두를 쏟은 다음 삽으로 섞어 주어야 했다. 1845년 무렵 뉴욕시 주변에는, 당시 영국 전체에서 소비되던 양에 맞먹는 분량의 커피를 로스팅할 만큼의 시설이 들어섰다.

연합이여(그리고 커피여), 영원하라

남북전쟁(1861~1865)은 미국에서의 커피 소비를 감소시켰다. 연방 정부가 수입 생두에 대해 4센트 관세를 부과하고 남부 지역 항구를 봉쇄하여 반란군 (남부군) 병사들이 커피를 공급받지 못하도록 막으면서 나타난 영향이었다. 전쟁 전까지만 해도 수년간 이어진 낮은 가격의 타격으로 생산량이 점점 줄어들었던 반면, 소비 수요는 점차 늘고 있었다. 그런데 이제 전쟁으로 인해 가격이 폭등하자 이에 고무되어 생산업자들은 다시 분발하게 되었다. 1861년에 브라질산 커피의 가격은 1파운드당 14센트로 올라갔다. 전쟁이 계속되던 그다음 해에는 23센트에 이어 32센트까지 치솟더니 1파운드당 42센트로 정점을 찍은 후, 전쟁이 끝나면서 다시 18센트로 떨어졌다. 미

(1846년에 발명된) 카터 풀아웃들이 일렬로 설치된 공장에서 연기, 스트레스, 뜨거운 커피콩을 견디며 땀 흘려 일하는 모습이 흡사 단테의 지옥 중에서도 아래쪽 지옥을 방불케 한다.

군이 최대 구매자였던 만큼 연방군(북군)의 승전 때마다 거래가 호황을 누리며 가격이 상승했다. 1864년에 정부에서 구매한 생두의 양은 4천만 파운드(1만 8,143톤)에 이르렀다.

남북전쟁은 군인들을 평생 커피에 맛 들이게 했다. 연방군 군인들의 1인당 일일 배급품에는 0.1파운드의 생두가 포함되어 있었는데, 이 정도면 연간 소비량으로 환산했을 때 1인당 무려 36파운드(약 16킬로그램)에 달하는 양인 셈이었다. 한 역사가의 글을 그대로 옮기자면, "커피는 배급품 중에서도 가장 귀한 품목에 들었다. 커피가 연방군의 승리를 도왔다고까지는 할 수 없겠지만, 적어도 참전 연방군 군인들이 더 잘 견딜 수 있도록 해주긴 했다." 매사추세츠주 포병 출신인 존 빌링스^{John Billings}가 1887년에 쓴 『건빵과 커피^{Hardtack and Coffee}』라는 저서에서도, 커피 배급이 얼마나 중요했는지 잘 묘사해 놓았다.

작은 모닥불들이 순식간에 수백 개로 늘어나 언덕과 벌판을 따라 피어오르면 마치 마법처럼 그 넓은 지대가 모닥불 불꽃으로 반짝이곤 했다. 곧이어 모닥불 주위로 군인들이 모여들어 거의 불변의 법칙처럼 커피부터 만들고 나면, 낮 동안의 고역에 지칠 대로 지친 수많은 이들이 건빵과 커피로 저녁을 때운 후 담요로 몸을 감싸며 잠을 청했다. 한밤중에 행군 명령이 떨어지면 기습 공격이 예정된 경우가 아닌 한, 어김없이 커피부터 마셨다. (…) 커피는 매 식사 때는 물론, 식사 사이사이마다 마시기도 했으며, 불침번을 서러 나가거나 불침번을 마치고 돌아오는 군인들의 경우엔 커피를 밤 내내 수시로 마셨다.

커피가 워낙에 중요한 보급 품목이어서, (가루로 갈기 위해 커피를 다 같이 모았다가) 공평하게 나누는 절차는 대단한 의식처럼 여겨지기도 했다. 다음은 남북전쟁을 소재로 한 스티븐 크레인Stephen Crane*의 단편 소설 속 대목이다. "중위의 고무판이 땅바닥에 깔리자 중위가 그 위로 중대가 보급받은 커피를 쏟아부었다. (…) 중위가 검을 들어 커피 더미에 여러 개의 금을 긋자 고무판 위의 갈색 커피가 네모 모양으로 칸칸이, 그것도 놀라울 만큼 똑같은 크기로 나뉘었다." 그다음의 배분 과정도 공평함을 기해 이루어졌다. 커피 분할을 맡은 장교가 등을 돌리며 돌아서면, 군인 중 한 명이 "이쪽 더미는 누구의 몫입니까?"라고 외쳤고 장교는 명단을 보고 한 사람의 이름을 지명하는 식이었다.

커피 가루는 금방 산패되었기 때문에 군인들은 통생두를 그대로 가지고 다니며 필요할 때 갈아 쓰는 편을 선호했다. 각 중대의 취사병은 휴대용 그라인더(분쇄기)를 가지고 다녔다. 취사병이 항상 그라인더를 가지고 다닐 수 있도록 카빈총 몇 자루는 커피 그라인더를 총의 개머리판에 매달 수 있게 특별히 설계되기도 했다.

셔먼Sherman 지역의 한 참전 군인은 커피에 대해 일컫길, "강철쐐기를 떠오르게 할 만큼 강하고, 우유 같은 것과 섞여 순수성을 잃지도 않는다"고 했다. 커피는 단순한 각성제를 넘어서서, 다른 식으로도 유용하게 쓰였다. 가령 건빵 상자마다 붙은 라벨에는 이런 귀띔이 적혀 있기도 했다. 끓인 커피에 건빵을 잘게 부숴 넣어서 바구미**를 걷어내라는.

한편 남부군은 도토리, 민들레 뿌리, 오크라,** 치커리

로 만든 커피 대용 음료를 마셔야 했다. 전쟁으로 피폐해진 남부에서는 진짜 커피가 너무 귀해서 버지니아주 리치먼드 Richmond에서 1파운드당 가격이 5달러에 이르렀고, 애틀랜타 Atlanta의 한 보석상은 다이아몬드 대신에 커피콩을 브로치로 가슴에 차고 다닐 정도였다.

발명가, 자베즈 번스

남북전쟁 기간에 신흥 커피 산업에 혁명을 일으킨 두 가지 발명품이 나왔는데, 둘 다 전시 경제를 틈타 개발된 제품이었다. 첫 번째 발명품은 1862년에 원래 땅콩용으로 발명된 것으로, 저렴하고 가벼우며 질긴 종이봉투였다. 종이봉투는 당시로서는 처음 보는 신기한 물건이었다. 두 번째 발명품은 1864년에 자베즈 번스Jabez Burns가 발명한 자동 비움식self-emptying 로스터기였다. 번스는 십 대 때 영국에서 미국으로 건너온 이민자였다. 그의 이름은 영국의 유명한 침례교 목사인 삼촌의 이름을 딴 것이었는데, 그는 복음 전도인 삼촌의 기호를 그대로 물려받아 독주, 무한한 자만, 독선을 혐오하고 절제의 음료인 커피를 애호했다.

근면한 청년 자베즈 번스는 여러 가지 발명품을 잇달아 만들어 냈다. 그는 전시 중에 기회를 포착하고는 커피 공장의 부기 계원 일을 그만두고 개량형 로스터기를 연구했고, 이 무렵 스스로 발명가 자베즈 번스라고 소개했다. 기발한 이중 스크루* 구조를 사용한 번스의 로스터기는 실린더가 회전하면

---

* 회전축 끝에 나선면을 이룬 금속 날개가 달려 있어서 회전을 하면 무엇을 밀어 내는 힘이 생기는 장치

그라인더

오리지널 번스 로스터(1864)

서 그 안의 생두를 위아래로 균일하게 밀어 주는 방식이었다. 게다가 무엇보다도 작동자가 로스터기의 문을 열면 원두가 냉각통으로 깔끔하게 굴러떨어졌다.

그 뒤로 15년 동안 번스는 이 로스터기를 수백 대 팔았고, 그사이에 미국은 편리한 대량 생산품에 의존하는 소비 사회를 향해 괄목할 만한 속도로 성장했다. 또한 대도시와 중소 도시를 막론하고 도시마다 그 도시 특유의 로스터기를 가지면서 로스팅에 균일성이라는 기준이 도입되었는데, 이러한 균일성은 앞으로의 추세를 암시하는 신호탄이었다. 실제로 오래 지나지 않아 존 아버클John Arbuckle이라는 피츠버그의 식료품 상인이 표준화, 브랜딩branding, 마케팅이 저렴한 상품의 판매 촉진에 어떠한 역할을 하는지 증명함으로써 신흥 커피 산업에 혁신을 몰고 왔다.

아버클의 아리오사: 국민 커피

1860년에 젊은 두 형제, 존 아버클과 찰스 아버클Charles Arbuckle은 (외삼촌인) 던컨 맥도널드Duncan McDonald, 그리고 친구인 윌리엄 로즈버그William Roseburg와 합세하여 맥도널드&아버클McDonald & Arbuckle이라는 이름으로 피츠버그에 도매 식품점을 열었다. 이들은 대다수의 식품을 취급했지만 21세의 존 아버클은 커피에 주력하기로 했다. 커피가 미래성 있는 상품이라는 정확한 판단에 따른 것이었다. 4년 후, 자베즈 번스가 로스터기를 발명하자 아버클은 자신의 피츠버그 식품점에 한 대를 사들였고, 이곳에서 미리 로스팅된 커피를 1파운드 팩으로 팔기 시작했다. 동종 업계의 다른 이들은 처음엔 커피를 '땅콩처럼 작은 종이봉투에 담아' 파는 것을 두고 그를 비웃었지만, 아버클의 상품은 이내 성공적인 반응을 거두었다.[3] 그는 여직원 50명을 채용해 포장과 라벨 작업을 시키다가 나중엔 5백 명이 할 포장 작업의 분량을 뚝딱 처리해 내는 자동포장 기계에 대한 권리를 획득했다. 아버클은 로스팅한 원두의 변질을 막고 커피의 빛깔을 '맑게' 해 주기 위한 목적으로 계란과 설탕으로 만든 글레이즈(광택제)를 활용하기도 했다.

존 아버클은 마케팅의 귀재였다. 편리하게 미리 로스팅된 커피를 출시하는 혁신적 착상을 내놓는 것에서 그치지 않고, 판매 전략에서 가장 중요한 것이 차별화된 브랜드명과 라벨이 될 것임도 간파했다. 그는 아버클스Arbuckles, 프라거Fragar, 콤포노Compono 등 여러 가지 브랜드명을 시도해 보다가 아리오사Ariosa로 대박을 치자 이 아리오사를 주력 브랜드로 삼았다(미루어 짐작건대 'A'는 아버클Arbuckle을, 'Rio'는 리우데자네이루Rio de Janeiro산 커피를, 'Sa'는 브라질의 또 다른 항구 도시인 산투스Santos나 남아메리카South America, 또는 브라질어로 '주식회사'에 해당하는 단어인 소시에다지 아노니마Sociedade Anonima를 상징했던 듯하다). 참고로 (현재도 여전하지만) 당시에 리우데자네이루의 커피는 대다수가 곰팡내 나는 특유의 맛으로 유명해서, 나름의 마니아층도 있긴 했으나 거래 시 가장 선호도가 낮은 상품이었다. 오히려 산투스의 커피가 더 좋은 명성을 얻었다.

아버클은 경쟁자들과 격한 마찰을 빚는 재주도 남달랐다. 그는 커피 사업을 시작하기가 무섭게 딜워스 브라더스Dilworth Brothers의 커피상을 빗댄 목판 삽화의 광고지를 발행했

---

[3] 사실 처음으로 커피를 팩에 담아 판매한 사람은 뉴욕의 로스팅업자 루이스 오즈번(Lewis Osborn)이었다. 1860년에 오즈번은 '즉석 명품 자바 커피(Celebrated Prepared Java Coffee)'를 출시했지만 당시의 전시 경제에 발목이 잡혀 빛을 발하지 못하고 3년 후에 사라졌다.

다. 그것도 커피통에서 여러 벌레와 오물이 나오는 것을 보고 한 남자가 "그동안 내가 몸이 아팠던 것도 당연해. 우리 아이들이 어쩌다 죽게 되었는지 이제야 알겠어."라고 말하고 있고 그 옆에서 한 여인이 눈물을 흘리는 내용의 삽화였다.

1871년, 피츠버그에서의 판매가 폭발적으로 증가하자 존 아버클은 동생 찰스를 남겨 두고 뉴욕으로 가서 공장을 열었다. 남북전쟁이 발발하기 전까지만 해도 뉴올리언스가 미국에서 커피 무역의 대표적인 관문이었으나, 전시의 봉쇄로 인해 이 무역항이 폐쇄되면서 뉴욕이 미국 커피 무역의 중심지로 올라서 있었다. 이 무렵, 아버클 형제의 삼촌은 사업에서 손을 뗀 터였고 형제는 회사명을 아버클브라더스(이후부터 '아버클사'로 표기함)로 개명했다.

그다음 해에 존 아버클은 밝은색으로 인쇄된 다음과 같은 광고지를 찍어 냈다. 머리가 헝클어진 주부가 장작 난로 앞에서 "이를 어째, 또 커피를 태워 먹었네."라고 푸념하자 잘 차려입고 앉아 있던 손님이 하는 말. "저처럼 아버클브라더스의 로스팅 커피를 사세요. 그럼 그렇게 속상해할 일도 없을 거예요." 광고지에서는 "원두 알 하나하나가 다 고르게 로스팅되어" 있다는 선전 문구가 이어지며 "개인이 직접 볶으면 적당한 로스팅을 할 수 없다"고 단호한 투로 못 박았다.

아버클과 아리오사라는 이름은 이내 동해안 지역과 변경 지대 전역에서 누구나 아는 이름이 되었고 존과 찰스 아버클은 갑부가 되었다. 전부터 다각적 사업에 진출하고픈 바람을 내보였던 아버클 형제는 라벨을 직접 찍기 위해 인쇄기를 구입하여 다른 업자들의 인쇄물 제작 일까지 의뢰받아 했다.

1880년대에 존 아버클은 캔자스시티^{Kansas City}와 시카고^{Chicago}에 지점을 내며 전국적으로 1백 개가 넘는 저장 창고를 더 거느리게 되었다. 또한 브라질까지 진출하여 브라질의 3대 무역항인 리우데자네이루, 산투스, 비토리아Vitória에 생두 수출 사무소를 열었을 뿐만 아니라 멕시코에 지점을 여러 개 냈다. 심지어 자체적인 수송 선단까지 두었다. 브루클린Brooklyn 해안에 터를 잡은 아버클사의 공장은 12구획에 이르는 블록을 점유하면서 마구간에 2백 마리의 짐수레용 말을 키우기도 했다. 아버클사는 설탕 사업으로 사업 영역을 넓힌 이후에 자체적인 통 제작 공장도 세웠다. 통의 목재로는 아버클사가 소유한 버지니아와 노스캐롤라이나주의 입목立木이 사용되었다. 한편 브루클린 공장 내에는 직원들을 위한 자체적인 병원과 식당까지 갖추어져 있었다. 이렇듯 아버클은 '수직 통합vertical integration(생산 단계를 일관화시키는 사업 경영)'이 유행어로 떠오르기 전인 그 당시부터 이미 그러한 개념을 터득하고 있었다.

미국의 서부에서는 진한 보일드 커피*인 아리오사가 카우보이들의 입맛을 끌었다. 마초 카우보이는 곧잘 이렇게 내뱉곤 했다. "이봐 예쁜이, 커피라고 하는 그 진한 거 한 잔 줘. 그게 내 입맛에 딱 맞아. 꾸미지 않은 짙은 [블랙] 커피 말이야. 시내 카페에서 주는 그런 밍밍한 맛은 영 아니야."

스코틀랜드계 이민자의 아들답게, 아버클은 실용적인 퉁명함을 지녔지만 부드러운 측면도 있었다. 완강하고 자주적이었던 그는 옳고 그름에 대한 생각이 언제나 확고했다. 자신이 옳다고 생각하면 반대를 용납하지 않았다. 이런 그는 몇 년 후에 커피 산업의 지배를 놓고 벌어진 거대하고 지루한 전투에 휘말리기도 한다.

한편 그는 인생의 후반기에 박애주의적 사업에 많은 돈

---

* 커피 원두를 물에 넣어 끓여 마시는 것

피츠버그의 식료품상 존 아버클은 브랜딩과 마케팅이 저렴한 상품의 판매에 어떤 효과를 가져다주는지 증명해 보임으로써 초기 커피 산업에 혁명을 일으켰다. 통명하지만 인정이 많았던 아버클은 '물 위의 호텔' 같은 자선 사업도 펼쳤다.

을 쏟아부었다. 이를테면 세척의 배를 마련하여 '빈민의 요트poor man's yachts' 같은 사업을 벌여, 빈곤에 빠진 뉴요커들에게 바다에서 하룻밤을 보낼 수 있는 기회를 제공해주었다. 그는 언젠가 말하길, 바다 여행이 자신의 "삶에 구세주와 같은" 존재였다고 했다. "나는 시원하고 소금기 머금은 바다 공기가, 북적거리는 도시에 살며 더위에 지치고 과로에 시달리는 사람들에게 얼마나 큰 은총인지를 느꼈다." 그는 또 한 척의 배를 '장애 아동을 위한 강변 집'으로 개조했는가 하면, 뉴욕의 뉴팔츠New Paltz에 3.2제곱킬로미터 규모의 농장을 세워 도시 아이들이 신선한 공기 속에서 잠깐이나마 쉬어 갈 수 있도록 했다. 나중에는 양로원을 후원하기도 했다.

미스터 체이스, 미스터 샌본을 만나다

피츠버그에서 북쪽으로 한참 떨어진 보스턴에서는, 또 한 사람이 커피업계의 거물로 올라서고 있었다. 케이프코드Cape Cod*에서 자란 칼렙 체이스Caleb Chase는 아버지의 식품점에서

---

* 매사추세츠주의 반도

일하다가 스물네 살에 보스턴으로 건너와 업계 선두인 곡물점에 취직했다. 그러다 서른두 살때인 1864년에 두 명의 동업자와 함께 커피 로스팅 사업을 시작했다. 1867년에는 체이스보다 네 살 어린 제임스 샌본James Sanborn이 고향인 메인주를 떠나 보스턴으로 왔다. 기계 공장 조립공과 정원용 씨앗 장수로 직업을 전전하던 그는 이번에는 커피와 향신료 장사를 시작했다. 그러던 1878년, 이 두 남자는 힘을 합쳐 체이스&샌본Chase & Sanborn이라는 이름으로 커피와 차 전문점을 차린다.

그들은 고품질인 스탠더드 자바Standard Java 브랜드로 명성을 얻었는데 이 제품은 그들이 자체 제작한 주석 캔에 담겨 수송되었다. 1880년에 체이스&샌본은 시카고까지 사업망을 넓혔고 2년 후에는 몬트리올에 캐나다 지점도 열었다. 1882년 무렵, 보스턴의 브로드스트리트Broad Street 소재의 7층짜리 공장의 월 판매고가 4만 5천 킬로그램 이상이 되기에 이르렀다. 두 사람은 미국 남부와 서부, 캐나다의 거의 모든 도시에서 약 2만 5천 명의 현지 판매 대리인을 모집해 해당 지역에 대한 독점 판매권을 주기도 했다. 이러한 적극적인 사업 확장 덕분에 수익이 빠른 속도로 늘면서 1880년 이후로는 연간 수익이 1백만 달러 아래로 떨어진 적이 없었다.

체이스, 샌본 그리고 주니어 파트너* 찰스 시아스Charles Sias는 노련한 커피 사업가였을 뿐만 아니라 마케팅에도 일가견이 있었다. 이들은 산소로 인해 신선도가 떨어지지 않도록 (또한 그 안의 공기가 빠져나가지 못하도록) 막기 위해 캔 밀봉 용기를 사용한 최초의 시도가 별 호응을 못 얻자 체이스 가문의 문장(네 개의 십자가를 배경으로, 뒷발로 일어선 사자의 모습)과 함

---

* 지분이 적은 동업자

께 라틴어 문구 'Ne cede malis'(대략 '역경에 굴복하지 말라'는 뜻)를 붙여서 트레이드마크로 삼음으로써 그 밀봉 제품 브랜드인 자바&모카Java & Mocha의 가치가 돋보이게 했다.

하지만 그들은 어느 정도 굴복하기도 했다. 오랫동안 근무했던 직원 한 명이 그로부터 몇 년 후에 회사의 비밀을 폭로하고 나섰는데, 알고 보니 그들의 자바&모카 브랜드 커피에는 자바나 모카산의 커피가 거의 쓰이지 않았다. 결국 스위프트&컴퍼니Swift & Company가 '천연 리프 라드Pure Leaf Lard'*라는 용어를 부적절하게 사용한 것으로 고소를 당했다가 소송에서 패하게 된 사례 이후, 이들 보스턴의 커피 로스팅 사업자들은 자사의 커피명에 지명을 표기하는 것을 단념하고 그냥 체이스&샌본이라는 브랜드를 사용했다. 그와 동시에, 2등급과 3등급 커피 여러 종을 산리카Sanrika, 크루세이드Crusade, 에스플러네이드Esplanade, 골든 글로Golden Glow, 굿 펠로Good Fellow, 버팔로 브랜드Buffalo Brand, 보니타Bonita, 다이닝 카 스페셜Dining Car Special 등과 같이 뜻은 모호하지만 귀에 감기는 이름을 붙여 출시하기도 했다.

체이스&샌본은 커피 마케팅에 판촉 상품을 활용한 최초의 회사에 속한다. 해마다 광고에 2만 달러를 썼는데, 그중 상당액은 「성조기의 역사The History of American Flag」, 「북아메리카의 새들North American Birds」, 「필그림 파더스** 이야기The Story of the Pilgrim Fathers」 같은 컬러판 교육용 팸플릿에 쓰였다. 그

---

* 리프 라드는 돼지의 신장을 둘러싸고 있는 지방 조직에서 짜낸 것으로 중성 라드(돼지의 신장과 등 부분에서 짜낸 최고급품 지방) 다음가는 고품질의 지방을 말함

** 1620년 신앙의 자유를 찾아 메이플라워호로 신대륙 뉴잉글랜드에 당도하여 플리머스(Plymouth) 식민지를 개척한 102명의 초기 이민자를 필그림 파더스라고 부르며, 그들은 미국 역사의 선조로 추앙받고 있다.

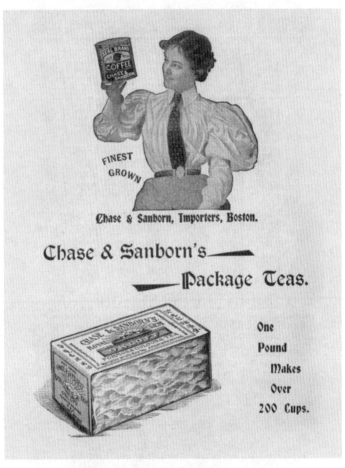

체이스&샌본의 커피와 차 광고(1897)

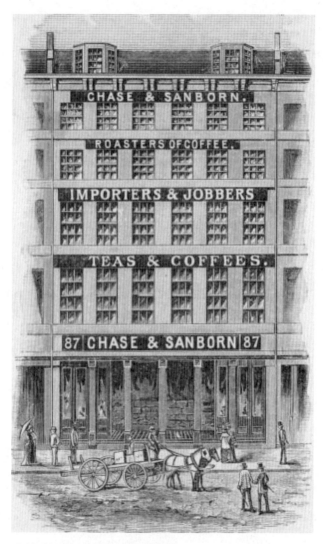

매사추세츠주 보스턴의 체이스&샌본 빌딩

밖에 압지*나 독특한 엽서 같은 것도 판촉물로 활용했다. 한 번은 말이 끄는 마차로 물건을 배달하는 50명의 배달팀에게, 그 주둥이에 김이 모락모락 나오는 모양까지 만들어 놓은 커다란 커피포트 탈을 뒤집어쓰게 하기도 했다.

한편 회사 소유주들은 거래처와의 친밀한 관계 구축의 중요성을 간파하여 거래처와 '친분'을 가진 이들을 세일즈맨으로 고용했다. 거래처 고객이 어디 아프기라도 하면 체이스&샌본의 직원이 직접 문병을 가기도 했다. 또 1927년의 버몬트주 홍수 같은 어려운 시기에는 거래처의 자사에 대한 모든 부채를 탕감해 주었다. 자금난에 허덕이는 남부의 경우엔 종종 면을 대금으로 받아 주기도 했다. 그뿐만 아니라 모든 거래처에 한 번도 빠짐없이 꼬박꼬박 크리스마스카드를 보냈다.

다음은 체이스&샌본의 1892년도 광고 사례다. 사랑스러운 할머니가 커피 잔의 바닥을 들여다보고 있고 딸과 손녀가 할머니의 어깨 너머로 흘끗 쳐다보는 삽화 속에 이런 대화 문구가 달렸다.

"어머니, 컵 안에서 어떤 점괘가 보이세요?"

"전 세계 사람들이 체이스&샌본의 커피와 차를 마시고 있는 모습이란다."

제품 동봉 카드에는 잔 바닥의 커피나 차 가루로 점을 보는 요령을 설명해 넣기도 했다. 체이스&샌본은 같은 해에 유명 인사의 추천이 담긴 「금괴Chunks of Gold」라는 대형 팸플릿을 발행하면서 다음과 같은 선전 문구를 함께 넣었다. 이 인물들이 "자사의 차와 커피만을 구매하는 이유는 **최고로 입증**

---

* 잉크나 먹물 따위로 쓴 것이 번지거나 묻어나지 않도록 위에서 눌러 물기를 빨아들이는 종이

된 품질 때문"이라고.

이런 식의 과대광고는 1882년에 이 회사에 합세한 더 젊고 대담한 동업자, 찰스 시아스의 머리에서 나온 착상일 것이다. 칼렙 체이스와 제임스 샌본은 전통적인 미국 북부 상류층의 표본으로, 품위 있는 실용주의와 천연덕스레 툭툭 농담을 잘 던지는 유머 감각을 지니고 있었다. 체이스는 날이면 날마다 빠짐없이 동료에게 사업이 어떻게 돌아가는지를 묻기도 했다. 그래야 점심으로 스테이크를 시킬지 콩을 시킬지 정할 수 있다면서 말이다. 샌본은 사람을 다루는 수완이 뛰어났는데, 어느 날 어떤 여인이 커피를 만드는 최상의 방법에 대해 조언을 청했을 때도 그 수완을 유감없이 발휘했다. 그 여인에게 커피를 어떻게 우리느냐고 묻고 나서, 이렇게 대답했던 것. "어쩌죠, 부인, 저는 그보다 더 좋은 방법은 모르겠는데요."

이처럼 이 두 사람의 선배 동업자는 고객의 입맛을 존중했지만, 자신들의 커피에 대해서는 정말 잘 알고 있었다. 또한 자신들이 지불하는 가격에 걸맞은 최상의 커피를 사기 위해 노력을 기울였다. 언제나 직접 샘플을 로스팅한 후, 곱게 갈아 신중하게 무게를 검토하고 커피를 만들고 나서 이른바 "완벽한 만족"을 준다는 평판 높은 다른 커피와 비교해 봤다. 차 구매 담당자들은 수년 전부터 이런 식의 '샘플 시음' 과정을 거쳤지만 커피업계에서는 체이스&샌본이 1880년 초에 최초로 시도했다. 하지만 "이 과정을 거치는 이들은 비교적 소수"라는 그들 자신의 지적에서 넌지시 드러나듯, 소수지만 다른 업자들도 이런 시음 관행을 채택하기는 했다. 두 사람은 이런 말도 남겼다. "커피 전문가로 성공하려면 수년에 걸쳐 철저한 근면성과 폭넓은 적응력을 키워야 한다"고.

짐 폴거와 골드러시 커피

한편 제임스 폴거James Folger가 설립한 또 하나의 커피 왕국이 샌프란시스코에서 기지개를 켰는데, 이 커피 왕국의 뿌리는 낸터킷Nantucket*이라는 머나먼 섬으로 거슬러 올라간다. 폴거가는 이곳 낸터킷에서 고래잡이를 업으로 삼았으며, 멜빌 Melville의 『백경Moby-Dick』에 보면 "길게 늘어선 폴거가 사람들과 포경 포수들"이라는 대목도 있다. 하지만 1842년 무렵 향유고래가 그동안의 사냥으로 인해 거의 멸종 상태에 이르렀다. 그러던 1849년, 캘리포니아에서 금광이 발견되었다는 소문이 낸터킷까지 흘러들면서 희망에 부푼 청년들을 실은 배 열네 척이 고래기름이 아닌 반짝이는 금속을 찾아 항해 길에 올랐다. 이 청년들 사이에는 폴거가의 아들들인 스무 살의 에드워드Edward, 열여섯 살의 헨리Henry, 열네 살의 제임스가 파나마행 배에 몸을 싣고 있었다.

삼 형제는 고된 여정 끝에, 1850년 5월에 샌프란시스코라는 북적이는 신흥 도시에 당도했다. 2년 전만 해도 인구가 8백 명에 불과하던 이 도시는 이제 백만장자를 꿈꾸는 4만 명이 중심가로 통하는 이류泥流**를 터벅터벅 걸어 몰려들면서 인산인해를 이루었다. 샌프란시스코에는 어느새 술집, 도박업소 그리고 남자들이 사금 자루로 여자들의 호감을 사던 매음굴이 판을 쳤다. 형들은 위험을 무릅쓰고 채광 지역으로 들어갔지만 어린 짐(제임스의 애칭)은 파이오니어스팀커피앤드스파이스밀즈Pioneer Steam Coffee and Spice Mills(당시엔 아직 이렇다 할 스팀 엔진을 들여놓지 않았으므로, 다소 희망 섞인 명칭이었음)에

---

* 미국 매사추세츠주 앞바다에 있는 섬
** 산사태 때 걷잡을 수 없이 흘러내리는 진흙 더미

서 스물일곱 살의 윌리엄 보비William Bovee를 도와 일했다. 이 가게의 로스터기는 손으로 돌려야 하는 방식이었고, 아마 이 일이 열네 살이던 짐 폴거의 몫이었으리라.

이곳에서 산 커피는 우려 마셨을 때쯤엔 이미 신선도가 떨어졌을 것이 뻔하지만 그럼에도 광부들 사이에서 즉각적인 인기를 끌었다. 광부들로선 금을 찾는 데 혈안이 되어 있어, 모닥불을 피워 놓고 생두를 저어 대느라 낭비할 시간도 없었을 테니 말이다. 1851년에 보비는 스팀 엔진을 사들여 더 넓은 곳으로 가게를 옮겼다. 한편 짐 폴거의 형들은 채광 모험에서 그다지 큰 성과를 거두지 못한 채 돌아왔다. 둘째인 헨리는 동부로 돌아갈 선박 표를 예약했지만 에드워드는 동생의 커피 로스팅 가게 옆에서 고래기름 장사를 시작했다.

이제 열여덟 살이 된 짐 폴거는 한동안 그곳을 떠나 일명 '양키 짐Yankee Jim'*이라는 곳에 가게를 열고 황금 채굴꾼들에게 장사를 했다. 그 지역에 있던 한 광부는 1852년의 일기에서, "낸터킷 출신의 청년, 짐 폴거는 아주 대담한 친구다. 어린 나이인데도 우리 중 웬만한 사람보다 더 분별력이 있다"고 쓰기도 했다. 하지만 얼마 지나지 않아 짐은 그 가게를 팔고 다시 보비에게 합세하여, 이번엔 점원 겸 외판원으로 일한다. 같은 광부가 쓴 1858년의 일기에도 이런 글이 나온다. 짐이 "샌프란시스코에서 혼자 힘으로 장사를 하면서 캘리포니아의 금광이란 금광은 다 휩쓸며 커피를 팔았다"고.

짐 폴거는 스물네 살 무렵, 결혼도 하고 보비에게 회사를 인수한 이라 마든Ira Marden과 동등한 파트너도 되었다. 사업

---

* 이곳에서 우연히 황금을 발견하게 된 말 도둑의 이름에서 유래된 명칭. 양키 짐은 캘리포니아 골드러시 당시 한때 플레이서카운티(Placer County)에서 최대의 채굴 캠프였다.

은 한동안 승승장구했으나 남북전쟁 이후 총체적 경제 붕괴가 닥치면서 비틀거렸다. 결국 회사는 1865년에 파산했고 짐 폴거는 파트너로부터 회사를 인수하며 사업을 다시 일으켜 빚을 상환해 나가자고 마음먹었고, 이 목표를 이루기까지 10여 년의 시간이 걸렸다. "이렇게 빚을 받게 될 줄은 기대도 못 했는데 고결한 상인 정신을 가진 분과 영광스러운 거래를 하게 되어 감사할 따름입니다." 한 채권자가 1872년에 짐 폴거에게 써 준 상환 영수증에 썼던 감사의 글이다. 이런 성실성으로 부유한 독일인 파트너, 오토 쇠만Otto Schoemann과도 인연을 맺었고, 결국 오토 쇠만은 10만 달러를 출자하며 파트너가 되었다.

J.A.폴거&컴퍼니J. A. Folger & Co.로 사명을 바꾼 회사는 1870년대 내내 사업이 번창했다. 1875년에 신용평가 기관 R.G.던R. G. Dun의 보고에서는, 짐 폴거가 당시까지 채무의 절반을 변제한 상태이며 나머지도 갚을 계획에 있다며 이렇게 평가했다. "회사가 경영을 잘하면서 줄곧 이득을 보고 있다." 1877년에는 당시 나이 스물일곱 살로, 사무원으로 회사에 몸담아 왔던 오거스트 실링August Schilling이 쇠만의 지분을 매입했는데, 그는 훗날 따로 나가 독자적인 커피 기업체를 설립했다. 아무튼 10년의 시간 끝에, 짐 폴거는 몬태나, 오리건, 워싱턴 같은 먼 지역까지 세일즈맨을 파견할 만큼 회사를 성장시켰다.

1870년대 말 무렵 미국 대부분의 대도시에서는 이와 유사한 성공 사례들이 속출했고 그것은 유럽 전역의 경우도 마찬가지였다. 말하자면 대다수의 로스팅업체들은 식품 도매업을 하다가 통찰력 있는 소유주가 커피 사업이 돈이 될 것임을 꿰뚫어 본 덕분에 그러한 성장을 거두었다. 또한 이제는 이 성장 산업에 대해 조언을 해 주고, 흥미를 돋우며, 설교와 지도를 해 주는 업계 전문지가 등장할 만큼 시기가 무르익었다.

편집장, 자베즈 번스: 커피와 여성들의 제자리를 지켜 주다

1878년에 자베즈 번스는 『스파이스 밀*Spice Mill*』이라는 간행물을 처음으로 펴냈다. 『스파이스 밀』은 (내용 대부분이 커피에 할애되기는 했지만) 커피, 차, 향신료를 다루는 이 업계 최초의 전문지였다. 그리고 편집장의 의견에 전적으로 맡기는 별난 간행물이기도 했다. 자베즈 번스가 창간호에서 밝혔다시피, "잡지의 제목을 '스파이스 밀'이라고 정한 이유는, 역동적인 제조업 활동의 흥취spice를 알싸하게 다루려는 기획 의도에 따른 것"이었다. 그는 이런 바람도 덧붙였다. 사실과 수치만을 다루는 것이 아니라 "**경향**과 **책략**을 (그리고 기만까지) 가루로 빻듯" 분쇄해 보고 싶다고.

자베즈 번스는 로스팅의 예술을 사랑했다. "커피, 그대는 기술과 판단력에 의해 애벌레에서 나비로 변신한다. 그렇게 감추어진 보물을 밖으로 꺼내어 놓는도다." 그는 육안으로만 판단하지 말고 소량의 생두를 샘플로 로스팅해 보고 나서 구매하도록 추천했다(당시로선 이런 구매 방식은 새로운 혁신이었다). 또한 천천히 굽는 것보다 고온에서의 신속한 로스팅을 권하며 "시중에 파는 최상의 커피도 적절한 로스팅이 따라 주지 않으면 맛없는 쓰레기로 전락할 수 있다"고 경고했다. 커피는 로스팅을 하고 나면 크기가 두 배로 붙지만 수분이 빠져나가면서 무게는 15~20퍼센트쯤 줄어든다. 수많은 로스팅업자들이 이 무게 손실을 줄이기 위해 아주 살짝만 볶는 술수를 썼고, 이런 로스팅 커피는 더 쓰고 맛에 깊이도 없었다.

번스는 "물의 남용과 온갖 광택제 사용"에 대해서도 비난했다. 원두를 쏟아 내 냉각시키는 과정에서, 대다수의 로스팅업자들은 원두를 빨리 '식히기' 위해 물을 뿌렸다(이는 아직도 흔한 관행이다). 사실 이런 일이 문제 될 것은 없다. 적어도 물을 얼른 휙 뿌려 주어 로스팅 과정을 중단시키고 그 물이 쉭쉭 수증기로 증발하는 한은. 그런데 (그때나 지금이나) 일부 로스팅업자들이 물을 과도하게 뿌려 무게를 늘리면서 원두를 물에 흠뻑 적셔서 탈이다. 그런가 하면 신선도를 지키기 위해서라는 명목으로 계란, 설탕, 버터 등의 기타 물질들로 만든 광택제를 일부러 바르는 이들도 있었다. 물론 정말로 그런 이유로 광택제를 바르는 경우도 있었겠지만, 단지 무게를 늘리거나 원두의 결함을 안 보이게 감추느라 이런 관행을 남용하는 이들도 있다는 게 문제였다.

자베즈 번스는 커피의 주제에서 벗어날 때는 호소력이 떨어지는 일면을 드러내며, 『스파이스 밀』에 인종 차별적 농담과 비방을 양념으로 넣었다. 때론 여권 운동에 불만을 표하기도 했다. 그는 애석한 어조로 쓰길, "현재 운동을 선동하는 여성들"로 인해 사업가들이 여성 채용을 꺼리게 된다며, 그런 채용 기피 이유가 "여자가 본분을 벗어나는 것을 보기가 괴롭기" 때문이라고 했다. 그러면서 번스는 이렇게 역설했다. 자신은 "낯모르는 거친 청년의 무례, 부도덕한 고용주의 간사함, 공장이든 상점이든 어딜 가든 꼭 있게 마련인 못된 남자들의 추행"으로부터 여성들을 지키고 싶은 것뿐이라고.

다시 말해 커피 **맨**은 괜찮지만 커피 **우먼**은 안 된다는 얘기였다. 번스의 이런 태도는 유별난 것도 아니었다. 실제로 당시 뉴욕 커피 생두 수입업자들의 요새인 프론트스트리트^{Front Street}는 수년에 걸쳐 남자들만의 영토였다. 커피업계에 들어오는 여성들은 업계의 편견 속에서 이를 악물고 헤쳐 나가야 했다.

그러나 또 다른 업계의 쟁점과 관련해서, 번스는 커피에 다른 성분을 섞는 것을 비난하던 이들과 의견을 달리했다. 번스 자신도 커피를 치커리와 섞어 먹길 좋아했다. "조제 커피 중에는 조제 과정에서 충분히 이해할 만한 것을 섞어 넣어 그 맛으로나, 원두 자체의 모양에서나 정말로 뛰어난 것들도 많다." 대중이 그것이 백 퍼센트 순수한 커피가 아님을 알면서 구매하고, 순수 커피가 아니어서 가격이 더 저렴할 수밖에 없음을 아는 한, 그는 아무런 문제점이 없다고 봤다. 또한 "이 시대의 경쟁 정신이" 품질을 확실히 보증해 줄 것이라고 여겼다. "모든 식료품점 업주가 자신이 파는 상품이 이웃 식료품점의 상품과 비교되고 있음을 인식하기" 때문이라는 것이 그 근거였다.

안타깝게도 이런 경쟁 정신이 늘 대중에게 이롭게 작용했던 것은 아니다. 미국의 일부 제조업자들은 호밀 가루, 물엿, 물로 만든 가짜 커피콩을 만들었다. 당시 『사이언티픽 아메리칸Scientific American』의 기사에 따르면, "간혹 속아 넘어가는 소매상인도 있었지만 그중 열에 아홉은 섞음질을 하던 이들이다. 가짜 커피 가루의 경우엔 적당한 색을 내어 만들기가 아주 쉬운 편이고 향도 진하게 달인 커피 농축액을 이용해 만들어" 넣었다고 한다. 커피 농축액 자체도 속여서 파는 일이 비일비재해서, 대개가 당밀糖蜜*과 치커리, 그리고 어쩌면 여기에 소량의 진짜 커피 추출액을 넣기도 했다.

1872년에 한 소비자는 이런 불평을 터뜨렸다. "커피의 섞음질이 너무 판쳐서 진짜 커피는 마시기가 정말 어렵다. 가정에서도 가장이 그 귀한 진짜 커피의 조제에 직접 관여하지 않는 한은 정말로 힘들다."[4] 급기야 3년 후, 「뉴욕 타임스」에 불만 섞인 투고 글이 실렸다. "이 도시에는, 참다운 커피가 거의 멸종했

---

* 사탕무나 사탕수수에서 사탕을 뽑아내고 남은 검은빛의 즙액

4 커피의 섞음질은 유럽에서도 만연해 있었다. 마크 트웨인(Mark Twain)은 1878년에 유럽 대륙을 여행하던 중 유럽의 커피에 대해 반감을 갖기도 했다. "위선이 고결함을 닮은 것처럼 진짜처럼 닮은" 커피라면서.

다"는 내용이었다. 프랜시스 서버도 이 분야의 고전서로 꼽히는 저서 『커피: 농장에서 한 잔의 음료가 되기까지』에서, "커피의 섞음질과 그 방대하게 만연한 관행은, 이제 누구나 아는 사실이다."라고 설파했다. 또한 그런 이유를 들어, 각 가정에서 직접 원두를 갈아 마실 것을 권하기까지 했다. 번스와는 달리, 치커리를 혐오했던 서버는 어느 커피 애호가의 이야기를 맛깔스럽게 옮겨 놓기도 했다. 이야기는 그 커피 애호가가 레스토랑에서 "혹시 치커리 있나요?"라고 묻는 것으로 시작된다.

"예, 있습니다."
"그럼 좀 가져다줘요."
웨이터가 작은 치커리 캔을 가져다주자 손님은 또 물었다.
"이게 답니까?"
"조금 더 있습니다."
"나머지도 가져다줘요."
웨이터가 치커리 캔을 또 가지고 왔다.
"이것 말고는 또 없나요?"
"예, 손님."
"잘됐군요. 그럼 이제 커피를 가져다줘요."

커피에 섞어 넣던 것은 치커리만이 아니었다. 당시 커피에 섞어 넣던 것들을 하나하나 살펴보다 보면 놀랄 노 자다. 아몬드, 벗풀, 아스파라거스 씨와 줄기, 구운 말의 간horse liver, 바베리, 보리, 너도밤나무 열매, 근대 뿌리, 회양목 씨앗, 고사리, 겨, 빵 껍질, 양조 부산물, 벽돌 가루, 태운 넝마 조각, 나무줄기의 돌기, 캐럽 열매, 당근, 병아리콩, 국화 씨, 석탄재, 코코아 껍질, 컴프리 뿌리, 크랜베리, 건포도, 달리아 줄기, 민들레 뿌리, 대추야자 씨, 흙, 개 먹이용 비스킷, 엘더베리, 무화과, 게르킨, 구스베리 (서양까치밥나무) 열매, 산사나무 열매, 들장미 열매, 호랑가시나무 열매, 마로니에 열매, 예루살렘 아티초크(돼지감자), 향나무 열매, 뽕나무 열매, 파스닙, 완두콩 깍지, 호박씨, 퀘이커그래스 뿌리, 쌀, 마가목 열매, 루타바가, 모래, 사사프라스, 톱밥, 슬로 열매, 해바라기 씨, 순무, 야생 완두, 밀, 유장, 나뭇조각 등등 다 열거할 수도 없다. 심지어 한 번 우려냈던 커피 가루까지 재활용하여 섞어 넣었을 지경이다.

이 무수한 섞음질 성분 가운데는 적어도 누군가의 목숨에 해가 될 만한 것은 하나도 없었다. 하지만 커피콩에 착색제로 발랐던 몇몇 성분은 아니었다. 서버도 이 점을 지적해 놓았다. "커피콩에 색을 내기 위해 위험하기 그지없는 가루나 혼합물을 사용하는 관행이 퍼져 있다. 그것도 밝은 황색이나 검은색, 또는 올리브그린 색의 커피콩을 선호하는 특정 부류 소비자들의 편견을 만족시키기 위해서 말이다." 「뉴욕 타임스」는 1884년도에 "커피 잔마다 독이"라는 헤드라인을 싣기도 했다. 조사 결과, 과테말라와 베네수엘라산 커피가 "브루클린의 두 공장으로 옮겨져 착색 작업을 거쳐 가번먼트 자바Government Java처럼 보이게 위장되고 있다. 이런 기만 행위는 수년 전부터 행해지고" 있었다고 한다. 착색제 가운데는 비소와 납도 있었다. "철저히 분석해 보니, 착색된 커피콩이 자바 상표를 달고 시장에 버젓이 출시되고 있는데 이런 착색 커피콩으로 만들어진 커피는 잔당 치명적 독성 물질인 아비산* 60분의 1알이 녹아 있다." 리우데자네이루 커피 역시 칙칙한 회색보다는 번드르르한 녹색을 띠도록 광택과 착색

---

* 황비철광을 구워 만드는 백색 분말. 상당히 유독하여 사람의 치사량은 0.06그램이다.

처리가 되고 있었다. 화학자들은 "비소를 중화시키려면 백열(1,500~1,600℃)에 가까운 온도를 가해야 하지만, 그렇더라도 납 성분은 여전히 남아 있게 된다"고 역설하고 나섰다.

존 아버클은 경쟁자의 약점을 이용할 이런 좋은 기회를 그대로 놓칠 인물이 아니어서, 아리오사 광고 인쇄물에 이런 문구를 집어넣었다. "현재 유독성 커피가 어마어마하게 팔려 나가고 있습니다. 이런 유독성 커피를 시장에서 퇴출할 수 있도록 저희를 도와주십시오. 지난해 동안만도 **비소**, **코발트블루 색소**, **크롬 황색 색소** 등의 성분이 함유된 착색제로 가공된 커피가 1,360톤에 이르고 있습니다."

브라질 커피의 급부상과 결부해 생각해 보면, 유독성 착색제가 인기를 끈 이유도 이해된다. 기후와 토양의 조건 탓에 브라질 커피는 전통적인 자바산이나 모카산보다 원두의 품질이 떨어져서 상당히 낮은 가격에 팔렸다. 그렇다 보니 수많은 소매상이 브라질을 비롯한 라틴아메리카 국가의 원두를 예멘산이나 인도네시아산, 특히 올드 가번먼트 자바Old Government Java로 속여 팔았다. 올드 가번먼트 자바란 네덜란드 정부 인증 상품으로서, 7년 이상 고다운go-down, 즉 창고에 보관되어 있던 커피를 가리키던 명칭이었는데, 이 과정 동안 커피콩이 숙성되고 익으면서 빛깔이 갈색으로 변한다. 이런 커피는 고급 올드 와인처럼 좋은 값을 받을 수 있어서 가짜를 만들고 싶게끔 구미를 끌어당겼다.[5]

---

5 숙성 생두가 맛이 더 좋다, 아니다를 놓고 논란이 분분하다. 대체로 숙성을 하면 커피로 우릴 때 산도나 투명도가 떨어진다. 따라서 숙성은 중앙아메리카나 고지에서 재배된 강한 향의 커피나 풍미가 떨어지는 편인 브라질의 커피에는 부적당하지만, 수마트라산이나 마이소르산의 경우엔 묵직한 바디를 강화시켜 준다는 것이 통념이다.

"현재 유독성 커피가 어마어마하게 팔려 나가고 있습니다. 이런 유독성 커피를 시장에서 퇴출할 수 있도록 저희를 도와주십시오." 아버클사는 이런 광고 문구를 넣으며 그 밑에, 다른 커피에는 유독성 색소가 흔하게 사용된다고 흠잡았다.

† 0.25파운드 무료 증정 상품이라는 광고 문구와 함께
"비소를 먹으면 얼굴이 창백해져요"라는 대사가 말풍선 안에 들어 있다.

끊을 수 없는 유혹

로버트 휴잇 주니어Robert Hewitt Jr.에 따르면 1870년대 무렵에 커피는 서방 세계의 시민들에게 "없어서는 안 될 음료"로 자리 잡았다. 특히 미국인들이 그 정도가 더해서 대다수 유럽인에 비해 여섯 배나 많이 마셨다. 휴잇은 1872년도의 저서 『커피: 그 역사와 재배 그리고 이용Coffee: Its History, Cultivation, and Uses』에서 이렇게 덧붙였다. "전 세계적으로 이보다 더 급성장을 이룬 상품도, 또한 이보다 더 모든 계층을 아울러 보편적 용인을 얻은 상품도 드물다"고. 같은 해에 『하퍼스Harper's』*의 한 논평가의 표현을 그대로 옮기자면, "고도 문명의 자부심 강한 국민들은 이제 커피 없이는 삶의 행복을 누릴 수 없게 되었다. (…) 수많은 나라의 사교 생활이 전반적으로 하찮은 콩에 바탕을 두고 있다. 이제 커피는 강국들의 방대한 교역에서 필수적인 요소로 부상했다." 서버 또한 커피 산업이 '거대한 사업'이 되었다며, 1881년에 다음과 같이 설파했다.

> 농장을 떠나 소비자들의 손에 들어오기 전까지 커피는 수많은 수고의 손길에게 공물을 바쳐 왔다. 수송자에게, 그 나라의 선적 인부들에게, 커피를 해외로 실어다 주는 배들에게, 수입국들의 세관에, 하역 인부들에게, 저장 창고들에게, 보험사와 은행들에게, 시음을 해 보고 판매하는 중개상들에게, 무게를 다는 사람들에게, 구매하는 도매상인들에게. 그 후에도 짐마차나 거룻배에 실려 운반되고, 로스팅업자 및 소매상인에게 판매되어, 최종 배급과 소비가 이루어지는 곳으로 운송된다. 연간 54만 4,310톤의 커피가 이런 경로를 거치면서, 소비자를 제외하고

---

* 미국의 대표적인 문예 평론지

도 아마 1억 명의 사람들이 직간접적으로 이익을 얻고 있다. 또한 이 상품의 재배와 조제에 필요한 기계류를 제조하기 위한 공장들이 생겨났고, 대형 제분소들은 상품을 자루에 담아 대느라 1년 내내 가동되고 있다. 상품의 저장을 위한 창고 임대비도 수백만 달러에 이른다. 게다가 해상 운반을 위해 대규모 선단이 꾸려지고 육로 수송을 위해 철로가 깔렸다.

1876년 무렵, 미국의 연간 커피 수입량은 15만 4,221톤에 이르렀는데 이는 커피 생산국들의 총수출량 가운데 3분의 1에 육박하는 양이었다. 미국에서 소비되는 커피 중 거의 4분의 3은 브라질산이었다. 두 세대 전까지만 해도 커피콩이 그다지 중요한 수출 작물이 아니었던 브라질에서 커피콩이 이렇게 쇄도해 들어오자, 일명 트리니티(3인조)로 통하던 미국 커피업계의 3대 제왕들이 시장의 지배적 지위를 지키며 돈을 쓸어 담기 위해 분투했다.

제4장
대호황 시대의 커피 대전

> 빠른 시간에 많은 이득을 보려는 희망에 눈이 멀어 미래는 무시해 버리는 투기 바람이 일면서, 거의 불가항력적 기세를 가지고 맹목적으로 모험에 뛰어들도록 대중을 부추기고 있다. 그것도 이성적 통찰력으로 보면 궁극적 선의 희망이 거의 없는 그런 모험에 뛰어들도록 말이다.
>
> ― 리처드 휘틀리Richard Wheatley, 「뉴욕 커피 거래소The Coffee Exchange of the City of New York」(1891)

커피 시장은 툭하면 변덕을 부렸다. 브라질에 서리 피해가 닥쳤다는 소문이 돌면 가격이 폭등했다가, 이례적일 만큼의 대풍년이 들면 가격이 무섭게 떨어지면서 농민과 일꾼들이 절망적인 처지로 내몰렸다. 시장의 힘에 자연과 인간의 탐욕이 복잡하게 뒤얽히면서, 장기간에 걸쳐 붐-버스트 사이클이 이어졌다. 커피나무는 열매를 처음 생산하기까지 4, 5년이 걸리기 때문에, 대체로 농장주들은 가격 상승 시기에 새로운 땅을 개간하고 나무를 심었다. 그러다 공급이 수요를 초과하여 가격이 하락하면 농장주들은 남아도는 커피를 놓고 쩔쩔매게 되었다. 밀이나 옥수수와는 달리 커피는 다년생 식물이라서 커피 농장은 막대한 자본이 투입되고, 그런 만큼 쉽게 다른 작물로 바꿀 수도 없다. 그런 탓에 향후 몇 년 동안 공급 과잉이 이어지기 마련이다. 게다가 여기에 식물 병, 전쟁, 정치적 격변, 시장 조작의 시도 등의 영향까지 뒤얽혀 상황은 더 복잡해진다.

커피 산업이 1870년대에 호황기를 맞으면서 거대 수입사들은 막대한 수익을 얻었지만 상당한 위험을 떠안고 있었다. 당시에는 미국의 한 수입상 신디케이트*가 커피 무대를 지배했는데, 일명 트리니티라 불리던 3사, 즉 뉴욕의 B.G.아널드&컴퍼니B. G. Arnold & Company와 보위대시&컴퍼니Bowie Dash & Company 그리고 보스턴의 O.G.킴볼&컴퍼니O. G. Kimball & Company가 조직한 신디케이트였다. 신디케이트의 수장인 B. G. 아널드는 '커피업계의 나폴레옹'으로 통했으며 커피업계의 한 내부자는 그를 두고 "타고난 장사꾼, 투사, 사업의 귀재, 정치·기상·지리에 능통한 무역상"이라고 칭했다. 당대의 누군가에 따르면 아널드는 10년 동안 "이 나라의 커피 시장을 지배하며 세습 군주들 못지않은 절대적인 지배력을 행사"했다.

신용평가기관 R.G.던에서는 대호황 시대 동안 기업의 신용 위험을 평가했는데 던사의 직원은 아널드의 회사에 대해 다음과 같은 주석을 달았다.

> 1872년 1월 6일: 지난해 동안 적어도 1백만 달러를 벌어들이며 커피업계를 독점하고 있다는 우려가 제기되고 있다. (…) 또한 대부분의 사업이 투기성임.
> 1875년 1월 5일: 추정 수익, 최소 150만 달러. 장기적으로 커피 사업에서 엄청난 돈을 벌어 왔음. 이따금 시장 상황이 불리하게 돌아가곤 하지만 상승세로 돌아선 후에 그 손실분이 벌충되고도 남음.

그 후 1878년, 브라질 상파울루에서 돌아가는 상황으로 미루어 볼 때 조만간 시장으로 커피가 대거 쏟아져 들어올 것

---

* 기업 독점 형태의 하나. 몇 개의 기업이 하나의 공동 판매소를 두고 가맹 기업의 제품을 공동 판매 또는 공동 구입하는 조직

이 확실시되었다. 이들 트리니티는 시장에서의 지배력을 지키기 위해 분투했지만 이제는 형세가 돌변했다. 2년 후 던사의 직원은 다음과 같은 평가를 내놓았다.

1880년 11월 20일: 이 회사는 최근에 큰 손해를 입은 것으로 알려졌으나 심각한 타격은 입지 않음.

B. G. 아널드, 보위 대시, O. G. 킴볼의 신디케이트는 수년간 자바 커피의 가격을 인위적으로 높은 수준으로 유지시켰다. 그런데 막대한 양의 브라질산 커피콩이 시장으로 쏟아져 들어오기 시작하자, 이들 트리니티로서는 조합원들이 유리한 가격을 요구할 수 있을 정도의 수준을 맞추기 위해 막대한 재고품을 쌓아 놓기가 점점 어려워졌다. 이들은 이전까지는 자바 커피콩의 품질에 주력해 왔지만 이제는 가격을 끌어올리기 위한 필사적인 시도로 브라질의 커피콩을 사들이기 시작했다. 급기야 10월에 한 커피 수입상이 파산했으나 과도한 부채 탓이려니, 치부되고 말았다. 그러던 11월 25일, 한 차수입사가 파산하자 (커피 거리의 약칭이던) 프론트스트리트는 그다음에 또 어떤 타격이 이어질지 긴장하게 되었다.

커피 자살?

1880년 12월 4일 토요일, O. G. 킴볼이 보스턴에서 숨을 거두었다. 그의 나이 겨우 42세였고 딱히 알려져 있던 건강상의 문제도 없었다. 한 지인에 따르면, 사망 당일인 토요일 밤에 카드를 하며 "유난히 밝게 보이려 애썼다"고 한다. 그리고 오후 10시에 아내보다 먼저 잠자리에 들었는데, 한 시간 후 아내는 침대에서 죽어 있는 남편을 발견하게 되었다. 「뉴욕 타임스」의 한 기자가 12월 8일에 보도한 바에 따르면, "그의 사망이 사실상 회사의 해체나 다름없다는 사실 때문에, 채권자들 사이에서 그의 사망에 대한 정확한 정황을 알기를 상당히 꺼리는 분위기가 야기되었다. 또한 B.G.아널드&컴퍼니의 신용에도 타격을 입혔다." 「뉴욕 타임스」의 같은 날 기사에서는 그의 사망 원인을 "폐충혈"로 밝혔지만 "지난 몇 개월 동안의 불안감과 좌절이 그의 사망을 재촉했다"고 덧붙이기도 했다.

프론트스트리트에 그가 자살한 것이라는 소문이 퍼졌지만 킴볼의 지인들은 그가 스스로 목숨을 끊었을 리 없다고 부인했다. 그럼에도 불구하고 그의 사망은 트리니티의 나머지 두 집단에 파멸을 불러왔다.

12월 8일, 뉴욕의 『저널 오브 커머스*Journal of Commerce*』에 B.G.아널드&컴퍼니의 파산 보도가 실렸다. "처음엔 파산 소식이 믿기지 않았다. 이 회사가 줄곧 재정 안정성에서 아주 높은 평가를 받아온 데다 거래 규모가 막대한 큰 회사였기 때문이다. 하지만 정오쯤 공식적인 파산 발표가 났다." 그 후, B.G.아널드&컴퍼니가 2백만 달러가 넘는 부채를 떠안고 있는 것으로 밝혀졌다.

그다음 날 "모두들 서로를 못 믿어 거래하려 들지 않았다"고, 베테랑 커피업자이던 에이브럼 웨이크먼*Abram Wakeman*은 회고했다. 이틀 후, 보위대시&컴퍼니가 140만 달러의 부채로 위기에 몰린 채 거래 정지에 들어갔다. 1880년도의 커피 부문 손실액은 7백만 달러에 육박했고 그다음 해에도 3백만 달러 이상의 손실이 이어졌다. 프랜시스 서버는 이렇게 논평했다. "[1880년] 12개월 동안의 커피업계의 역사는 한마디로 손실과 재앙의 기록이다. 그것도 미국의 커피업계에서 이전까지 경험해 본 적 없던 엄청난 손실과 재앙의 기록.”

커피 거래소의 탄생: 만병통치약이 못 되다

1880년의 대붕괴로 가장 심한 타격을 받았던 몇몇 이들이 뉴욕에 커피 거래소를 열기로 했다. 커피 거래소는 그 진행 절차는 복잡했지만 개념은 간단하다. 즉 구매자가 판매자와 미래의 특정 시기에 몇 자루를 구입하겠다고 계약하는 것이다. 따라서 시간이 지나면서 시장의 요인들에 따라 그 계약의 가치는 변하게 된다. 또한 모든 계약에는 자발적인 매입자와 매수자가 필요하기 때문에, 성실한 커피업자들 대다수의 경우엔 이 계약을 가격 변동에 대한 **방지책**으로 이용하게 되고, 투기꾼들은 중요한 **유동성**을 공급해 주는 역할을 한다. 투기꾼은 이익을 얻을 수도 큰 손해를 볼 수도 있으나, 본질적으로 따지면 커피 딜러들에게는 일종의 가격 변동 위험에 대한 보험을 제공해 주는 역할자다.

에이브럼 웨이크먼이 술회했다시피, “사람들의 주장에 따르면, 진즉에 거래소가 있었다면 (…) 그런 파멸은 일어나지도 않았을 것이다. 또한 특정 가격대를 예측할 만한 기준을 바라는 로스팅업자들로서는 선물先物을 구입함으로써 향후의 커피 가격을 예상할 수도 있다.” 게다가 뉴욕의 입장에서도 거래를 뉴욕으로 집중시키는 것은 득이 되는 일이었다. 커피 거래소는 분쟁을 중재하고 늘어나는 거래상의 악습을 단속할 수도 있었다. 커피 거래소 신설을 지지하는 이들이 내세우는 주장은 이것이 다가 아니었다. 커피의 등급 기준을 정함으로써 외부인과 은행가들이 커피에 관심을 갖게 되고 그로써 사업이 더 활성화되어 시장에 도움이 될 것이라고도 했다.

반면 커피 거래소에 반대하는 이들은, 투기꾼들이 성실한 커피업자들을 몰아내리라고 예측했다(이런 주장은 이후에도 수차례에 걸쳐 반복 제기되었다). 이런 반대에도 아랑곳없이 커피 거래소는 1881년 12월 7일에 정식으로 설립되었다. B.G.아널드&컴퍼니가 파산한 지 정확히 1년 후였고, 설립자 중 한 명인 벤저민 아널드Benjamin Arnold가 초대 소장이 되었다. 웨이크먼의 회고에 따르면, 한동안 커피 거래소를 아무도 신뢰하지 않는 바람에 커피 거래소는 "업계 내에서 조소의 대상"으로 전락하여 "거의 파리가 날릴 지경이었다." 하지만 종국에는 매입자, 매도자, 투기꾼들이 객장에서 서로서로 악을 쓰고 소리를 질러 대는 광란의 무대로 올라섰다. 그러나 티커테이프ticker tape*가 가격 표시를 토해 낼 때면 사람들이 심장이 멎을 듯 조마조마해하며 관심을 집중하곤 하던 커피 거래소는, 매점매석의 시도를 좌절시키기보다는 실력 행사의 새로운 묘안을 보태 주고 말았다.

브라질의 흉작 소식을 계기로 1886~1887년에 일어났던 대호황이 그러한 사례다. 당시에 브라질, 유럽, 뉴올리언스, 시카고의 몇몇 대기업을 비롯해 태머니파**의 보스, 조지프 J. 오도노휴Joseph J. O'Donohue가 이끌던 뉴욕의 대기업이 (재고품이나 선물 계약을 사들여 인위적으로 가격을 올리는) 황소장 (강세장) 견인 세력에 가담했다. 12월 옵션**을 1파운드당 최대 25센트까지 끌어올리는 것이 이들의 목표치였다. 오도노휴는 자신의 포지션**을 매도하여 17.5센트에서 수익을 챙겼지만, B. G. 아

---

* 과거 증권 시장에서 주가를 알려 주던 종이테이프를 말한다. 1인치 두께의 티커테이프를 통해 분당 9백 자가 쏟아져 나와 최신의 주가와 거래량을 말해 주었다.

** 1789년 뉴욕시에 조직된 민주당의 한 파. 부패·보스 정치의 상징

** 증권·부동산·상품 등을 계약서의 가격으로 일정 기간 중 언제든지 매매할 수 있는 권리

** 선물 거래나 주식 거래에서 개별 투자자 재산의 현재 형태를 뜻함

널드의 신디케이트와 닮은꼴이던 브라질의 한 황소장 유도 신디케이트가 계속 시장 상승을 유도하면서 1887년 6월에 12월 선물 가격을 21센트 이상으로 마감시켰다. 6월 13일 월요일, 커피 거래소로 몰려들었던 수백 명의 사람은 12월 옵션가가 16센트로 급락하면서 '황소의 도살'을 지켜보게 되었다.

당시 보도 기자였던 리처드 휘틀리는 이렇게 썼다. "가격 폭락이 불가피해지면서 공황 상태가 야기되었다. 더 이상 재고를 떠안고 있을 수 없게 되면서 어마어마한 양의 커피가 배 밖으로 버려졌다." 하지만 값싼 커피가 대량으로 구입되면서 곰장 (약세장) 스스로 구제에 나섰다. 태머니파 보스 오도노휴는 W.H.크로스맨&브라더W. H. Crossman & Brother의 허먼 질켄 Hermann Sielcken과 합세하여 인하가로 10만 자루를 사들였다. 이 일로 두 사람은 "용기를 발휘했다며 떠들썩하게 칭송받았다." 물론 두 사람은 오락가락하는 시장의 양 끝 모두에서 돈을 벌기도 했다. 재기가 뛰어난 독일인 이민자, 질켄은 이후 얼마 지나지 않아 커피업계 내에서 거물로 떠오르며, 업계의 수많은 이들에게 두려움과 존경, 반감의 대상이 된다. 그러나 적어도 이 시기에는 가격을 다시 17센트까지 끌어올림으로써 시장을 구제한 영웅이었다.

세계에서 가장 투기성 강한 사업

세기가 저물어 갈 무렵, 기술에 힘입어 전 세계의 통신이 거의 즉각적으로 이루어졌다. 그로써 유럽 주요 항구와 뉴욕 간의 커피 거래가 신속하게 행해졌다. "유연한 손가락이 타전해 준 소식이 해저 케이블을 타고 조용히 들어와, 리우데자네이루와 산투스에서 떠나는 증기선이 모월 모일에 어떤 화물을 싣고 출발하는지 알려 준다." 1891년에 리처드 휘틀리가 쓴 글이다. 한편 무역업자들은 유럽 8대 항구의 지난 2년간 사업 연도의 월별 커피 재고를 확인할 수 있었다. 휘틀리가 위의 글에 이어서 썼다시피, "일별, 주간별, 연도별 전 세계 커피 교역의 실태와 상황, 비교와 지표가 중개상들이 한눈에 볼 수 있게 정리되어, 거래소의 객장에서 흥분에 들떠 맺게 되는 계약에서 판단의 지침이 되어" 주었다. 이런 정교함에도 불구하고, 아니 어쩌면 이런 정교함 탓에, 커피 시장을 앞지르거나 매점매석하려는 시도나 투기가 여전히 줄어들지 않았다.

그 이후 수년간 과잉 생산이나 과소 생산, 전쟁, 질병, 시장 조작 등의 소문이 돌면서 커피 드라마는 같은 스토리를 수차례 되풀이했다. 가령 브라질의 생산량이 점점 더 늘어나던 시기에 이르면서 가격이 수년에 걸쳐 하락했고, 이런 현상은 특히 1894년 이후에 더 심화되며 1898년 11월에는 브라질의 생두가 1파운드당 4.25센트까지 내려갔다. 그러던 1899년에 브라질에 선페스트bubonic plague 전염병이 유행하면서 브라질에 대한 격리 조치가 내려졌다. 이런 조치 후 커피 가격이 (일시적으로) 8.25센트까지 오르며 강세장으로 변하자 커피업자들은 그 호황을 "선페스트 붐"이라고 부르며 남들의 슬픔을 즐겼다.

커피업계의 거물, 존 아버클은 1897년에 반독점 소송의 증인석에 나왔다가 이렇게 말했다. "브라질에 (…) 흉작이 닥치면 가격이 뛰고 풍작이 들면 가격이 내려가게 마련입니다. 사실 제가 이 업계에 몸담은 이후, 그러니까 1870년 이후에 그런 이유로 파산한 사람들이 열아홉 명이나 스무 명쯤 됩니다. (…) 그것은 어쩔 수 없는 일 같습니다. 커피는 세계에서 가장 투기성 높은 사업이니 말입니다."

소설가 사이러스 타운센드 브래디Cyrus Townsend Brady는

1904년에 사랑과 배신, 곰장과 황소장, 커피 투기가 한데 버무려진 멜로드라마, 『커피 독점*The Corner in Coffee*』을 펴냈다. 자료 조사를 위해 커피 딜러, 중간 유통업자, 커피 거래소 직원들을 인터뷰했던 그는, "커피 투기에 대해 상세히 알고 나니, 이제는 커피라면 음료로 마시는 경우가 아니라면 절대로 만지고 싶지 않아졌다"며 서문에서 비꼬듯 말했다. 이 소설에서는 커피 독점의 배후 조종자가 연인의 돈을 지켜 주기 위해 마음 잡고 다른 사람으로 변하게 되는데, 다음은 소설 속에서 가장 극적인 장면으로서 그가 독점이 깨지도록 한몫하는 대목이다.

독점은 깨지고 있었고, 깨졌다!
그는 (…) 몰려 있는 수많은 사람을 헤치고 나가 거래소의 객장까지 들어갔다. 커피 거래장 주변은 온통 아수라장이었다. 들끓는 대혼란의 소용돌이 가운데에 들어온 듯했다. 매도가 잇따라 이어지면서 시세가 점점 떨어지고 있었다. 떨어지고 또 떨어졌다! (…) 소리를 지르며 초조하게 손을 치켜들어 흔들어 대는 사람들 앞에서 커터드루위트&컴퍼니Cutter, Drewitt & Co.의 주니어 파트너인 드루위트는 매수를 하던 때와 똑같이 침착하게 매도해 나갔다. 거래소는 고함 소리로 시끌벅적했다. (…) 한 남자가 옷이 뜯긴 채로 넘어져서 미친 듯 흥분한 군중들에게 짓밟혔다. (…) 두 시간 후, 커피 가격은 1파운드당 20센트로 떨어졌다.

결국 세기의 전환기에 들어서자, 시장으로 쏟아져 들어오는 커피콩의 압도적인 양을 처리하기가 점점 더 힘들어졌다. 1901~1902년의 생산량이 1천5백만 자루에 이르러 모두의 예상을 훨씬 뛰어넘으면서, 전 세계 커피 시장을 교란했다. 웨이크먼이 글로 썼듯, "커피 생산국들은 딱한 처지에 내몰렸다. 몰락하는 이들이 속출했으며, 특히 선적항에서 멀리 떨어진 마일드 커피 재배 지역이 더 심했다."

커피 대 설탕의 대전

19세기가 막바지를 향해 치달아 갈 때, 업계의 거물인 존 아버클과 H. O. 해브마이어^{H. O. Havemeyer} 사이에 충돌이 빚어졌다. 아버클사는 막대한 양의 정제 설탕을 커피 광택제로 썼고 초반엔 그 설탕의 대부분을, 설탕 트러스트*의 최고 실력자인 H. O. 해브마이어가 소유한 미국의 설탕 정제사에서 주문했다. 그러던 어느 순간 아버클은 커피에서 설탕으로 사업을 다각화하기로 작정했다. 커피 사업에서도 그렇게 했듯, 1파운드 팩 단위 설탕을 판매하는 것도 괜찮을 듯했다.

당시에는 탐욕스러운 사업가로 유명하던 해브마이어가 이미 대다수 경쟁자를 몰아낸 상태였다. 직설적이고 거칠며 독재자 스타일이던 해브마이어는 경쟁자를 몰아내기 위해 약탈적 가격 책정**도 거리낌 없이 구사했지만 아버클의 설탕 사업 진출을 기꺼이 용인해 줄 의사가 있었을 것이다. 적어도 이 커피업계 거물이 자신의 제품을 구입해 주는 한은.

아버클로서는 예전부터 줄곧 수직 통합을 추구해 왔던 만큼 자체적인 설탕 정제사를 세워 해브마이어와 경쟁할 구상이었다. 1896년 말에 해브마이어는 커피 중개상 허먼 질켄을 불러들였다. 훗날 질켄은 이렇게 회고했다. "그는 나에게 커피 로스

---

* 같은 업종의 기업이 경쟁을 피하고 보다 많은 이익을 얻을 목적으로 자본에 의하여 결합한 독점 형태로, 가입 기업의 개별 독립성은 없어진다.
** 기업이 가격을 아주 낮게 책정해 경쟁 기업들을 시장에서 몰아낸 뒤 다시 가격을 올려 손실을 회복하려는 가격 정책

1904년작 소설 『커피 독점』에 실린 삽화: "중개상들이 우르르 인간 파도처럼 밀려들었다. 공기 중에는 긴장감이 팽팽히 감돌고 격양된 감정들이 들끓어 오르던 그곳은 마치 전쟁터 같았다."

팅 사업을 크게 벌이고 싶다며 어떻게 하면 좋을지 물었다. 나는 브랜드를 알려야 한다고, 특히 주요 구매층인 여자들을 대상으로 홍보해야 한다고 대답했다." 질켄은 오하이오주 소재 울슨스파이스컴퍼니Woolson Spice Company 소유이며 매년 백 퍼센트의 배당금을 지불해 온 라이온Lion 브랜드의 매수를 제안했다.

해브마이어는 아버클이 설탕 사업에 진출할 것이라는 소문이 들리는데 그렇게 되도록 가만히 놔둘 수는 없다고 말했다. 질켄도 말했듯, 그는 "아버클브라더스가 설탕 사업에 진출할 의도를 가지고 있다면 자신도 커피 사업에 진출하겠다"고 했다. 결국 질켄은 비밀리에 오하이오주 털리도Toledo를 방문해 해브마이어를 대신해 라이온사의 사외주 1천8백 주 중 1천1백 주를 매수했고, 그 뒤에도 한 번 더 털리도를 찾아가 주주들이 매도를 거부한 61주를 제외한 나머지 주식을 전부 사들였다.

해브마이어가 커피 경쟁에 뛰어든 바로 그 시기에는, 생산 과잉 현상이 발생하면서 가격이 떨어졌다. 해브마이어는 가격 인하를 통해 아버클사를 굴복시킬 작정으로 질켄에게 지시하길, 가장 싼 브라질산 커피콩을 사들여서 아버클사의 제품보다 싸게 팔라고 지시했다. 그것도 손해를 보는 위험을 무릅쓰고서라도 싸게 팔라고.

1897년 초반에 이르자 존 아버클은 이렇게 확신했다. "우리가 커피를 얼마의 가격으로 내놓든, 해브마이어 측에서는 더 낮은 가격을 책정할 것이다. 우리를 시장에서 몰아낼 생각이니 보나 마나 뻔하다." 그는 이 말도 덧붙였다. "오늘 당장 우리가 [설탕] 정제사 설립을 중단하겠다고 발표하면 그쪽에서도 커피 로스팅 사업을 중단하겠다고 할 것이다." 그러나 아버클은 물러설 마음이 추호도 없었고, 그로써 매머드급 전투가 시작되었다.

폭로전

해브마이어는 아버클에게 만나자고 연락했다. 두 사람은 해브마이어의 뉴욕 자택에서 만났다. 해브마이어가 아버클에게 말했다. "내가 당신의 [설탕] 정제사의 51퍼센트를 매수하고 싶소." 아버클은 여기에 맞받아쳤다. "해브마이어 씨, 내가 숨이 붙어 있고 제정신을 갖고 있는 한, 당신은 절대로 1달러어치도 손에 넣지 못할 거요. 하지만 이 세상은 우리 모두가 가지고도 남을 만큼 넓은 곳이오."

해브마이어가 대꾸했다. "글쎄요, 지금 내가 1만 1천 주의 주주들을 움직일 수 있는데, 아무래도 그래야겠군요."

아버클이 말을 받았다. "사람을 대하는 방식이 더 호의적이라면 마음을 훨씬 더 잘 움직일 수 있을 텐데, 그걸 모르는 것 같아 아쉽군요." 결국 두 사람의 만남은 아무런 진전 없이 끝났고 전쟁은 계속되었다.

아버클은 설탕 생산에 더 많은 돈을 쏟아부으며 반격에 나섰다. "우리는 사업을 밀어붙이며 정제소를 늘렸고 현재 일일 설탕 생산량이 7천~8천 배럴(1배럴=158.9리터)이다. 일일 8천 배럴까지 가동할 수 있다는 얘기다. 하지만 그런 식으로 해서는 이익을 내지 못할 가능성이 크다. 무리를 하면 최선의 결과를 얻지 못하는 법이니까." 그럼에도 불구하고 아버클은 설탕 트러스트와의 격렬한 가격 인하 경쟁에서 '무리수'를 둘 수밖에 없었다. "그렇다. 때로 우리는 손해를 보고 팔기도 했다. (…) 우리는 1898년에 정제소 사업을 시작해서 첫해에 손실을 봤다. 그다음 해에도 손해가 났던 것 같다. (…) 그리고 그다음 해에는 이익이 났다가 경쟁이 시작되곤 해서 (…) 때때로 한 푼도 벌지 못할 때도 있었다."

아버클은 "보다 호의적인 감정"에 호소하고 싶었지만, 해브마이어에게는 "양심에 호소하는 설득이 별로 먹히지 않을 것"임을 잘 알았다. 결국 아버클의 말마따나, 그들은 "서로 감정이 격해져서 폭로전에 돌입했다."

해브마이어와 질켄은 아버클의 측근이 울슨스파이스컴퍼니(이후부터는 '울슨사'로 표기함)의 사외주를 보유하고 있음을 알게 되었다. 그 사실은 소액 주주 토머스 쿤Thomas Kuhn으로부터 소송을 제기당하면서 알게 되었던 것이다. 이 소송에서 주장하길, 설탕 트러스트가 "아버클사를 압박해 설탕 사업에 진출하려는 계획을 단념시키기 위한" 목적으로 울슨사를 사들였다고 했다. 또한 그 목적을 위해 울슨사가 커피 가격을 잇달아 인하했다고도 했다. 쿤은 울슨사가 매일 1천 달러의 손해를 내고 있다고 주장하며, 주주로서 유지청구권*을 요청했다. 법원은 설탕 트러스트의 손을 들어주었고, 뒤이어 제기된 항소는 기각되었다.

이때 존 아버클은 자신의 이름으로 직접 울슨사에 대한 소송을 제기하며, 주주로서 울슨사의 회계 장부를 열람하게 해 달라고, 자신이 보유한 주식의 양도를 인정받게 해 달라고 요구했다. 또한 울슨사가 해브마이어에게 인수되기 이전까지만 해도 그렇게 관대하게 지불했던 배당금이 어째서 한 번도 지불된 적이 없는지에 대한 의문도 제기했다. 1901년 2월 18일, 세 명의 판사는 울슨사가 회계 장부를 제출하라는 법원의 명령에 불복종하여 법정을 모독했다고 판결 내렸다. 설탕 트러스트는 5월 5일까지 재항고를 제기해야 했다. 하지만 판결 직후 비밀리에 법적 합의가 진행되면서 소송은 취하되었다. 아버클은 울슨사의 회계 장부 열람의 목적을 끝내 이루지 못했던 것 같다.

---

* 이사 또는 회사가 법령 또는 정관에 위반한 행위를 하여 손해 또는 불이익이 생길 염려가 있을 때, 주주가 사전에 그러한 행위의 금지를 청구할 수 있는 권리

한편 해브마이어와 질켄은 오하이오주에서 이면공작을 꾸미고 있었다. 즉 울슨사가 오하이오주의 경제에 크나큰 기여를 했던 것을 내세워 오하이오주의 낙농식품부 장관 조지프 E. 블랙번Joseph E. Blackburn을 설득해서 아리오사 커피가 불량품으로 지목되게 했다. 법률 준수에 민감한 고객층을 잠식할 의도가 담긴 이런 공작에 따라, 블랙번이 내놓은 진술서의 요지는 다음과 같았다.

'아리오사'는 값싸고 질 낮은 등급의 커피에 점착물을 바르고 있다. 무슨 목적으로 이러는지에 대해서는, 본 진술인이 언급할 필요도 없겠지만 굳이 설명하자면, 그런 점착물 도포로 인한 확연한 결과 때문이다. 다시 말해 해당 커피의 떨어지는 질이 감추어지는 것은 물론이요, 실제보다 더 좋고 고급스러워 보이기 때문이다.

블랙번은 1901년 2월 5일에는 식료품업계에 '커피 현황'에 대한 안내장을 배포하여, "당 부처의 규정을 지금껏 준수해 오지 않았으며, 여전히 준수하려 하지 않는 회사는 (…) 딱 한 곳, 뉴욕의 아버클브라더스뿐"이라고 알렸다.

블랙번의 행동은 아리오사에 대한 노골적 비난에 해당하지는 않았지만, 어쨌든 사업에 타격을 입혔고 존 아버클은 격분했다. 결국 참다못한 아버클은 블랙번의 주장을 철회시키기 위해 소송을 제기했다. 그는 1902년에 대법원에 상고할 때까지 내리 패했지만 자신의 정당함을 호소력 있게 입증하기도 했다. 당시에 증인석에는 미국 농업부 산하 화학 부서의 부장이자 미국 내에서 가장 유명한 소비자 감시 단체의 수장인 하비 와일리Harvey Wiley가 나와서, 자신이 아버클사의 공장을 시찰해 본 결과 "가능한 한 완벽에 가까운 제품"을 생산하고 있었다고 증언해 주기도 했다. 와일리는 로스팅과 글레이징의 처리 과정도 다소 상세히 전하며 이렇게 주장했다. "그것은 떨어지는 품질을 가려 주는 것이 아닙니다. 그 과정[글레이징]은 값싼 상품을 더 값비싸 보이게 만들어 주는 것이 아니라, 오히려 건강에 더 좋고 소화가 더 잘되게 해 주는 것입니다. 커피를 우릴 때 빛깔이 더 맑게 나오도록 해 줄 뿐만 아니라, 로스팅한 원두의 향과 풍미를 지켜 주고 공기 중에 장시간 노출될 때 발생하는 수분 흡수 현상을 막아 주기도 합니다."

이와 같은 증언에도 불구하고 법정은 주정부 감독 기관의 일에 관여하길 꺼렸다. 한편 블랙번이 내놓은 견해에도 아랑곳없이, 아리오사는 오하이오주에서 판매를 계속 이어 갔다. 게다가 오히려 시장 점유율을 크게 높였다. 미국의 총소비량이 4백~5백만 자루이던 당시에 아버클의 판매량은 대략 1백만 자루에 이를 정도였다.

아버클사의 상품 교환권

아리오사가 대박을 터뜨린 가장 큰 이유는 뭐였을까? 브랜드 인지도나 표준화되고 신뢰성 높은 상품을 별도로 친다면, 아버클사의 상품 증정 프로그램이 아닐까 싶다. 이것은 커피·설탕 전쟁이 개시되기 직전에 시작된 프로그램으로, 당시에 아리오사의 모든 포장지에는 특유의 활자로 "아버클브라더스Arbuckle Bros"라는 글자와 함께, "1센트 반환금"이라는 문구가 찍혀 있었다. 소비자들은 이런 문구의 상품 교환권을 일정량 모으면, 그것으로 아버클사의 카탈로그에 쭉 실려 있는 솔깃한 상품과 바꿀 수 있었다. 칫솔과 바지 멜빵에서부터 시계, 세탁기, 총, 보석에 이르기까지 상품의 종류도 다양했다. 여성들은 이 상품 교환권을 65개 모으면 창문 커튼을 살 수 있었고, 남성들은 28개만 모아도 면도기를 얻을 수 있었다.

평균적으로 매년 아버클 잡화부Arbuckle Notion Department에는 1억 개의 상품 교환권이 넘쳐 들어왔고, 그 상품 교환권으로 소비자들은 4백만 개의 상품을 받아 갔다. "저희의 상품들 중에는 결혼반지도 준비되어 있습니다. 이런 유의 반지가 모두 저희의 원래 의도에 맞게 쓰인 것이라면, 저희는 해마다 8천 쌍의 결혼식과 함께해 온 셈입니다." 회사의 한 임원이 한 말이다. 또한 아버클사는 (자체적인 정제소의 설탕으로 만든) 막대 사탕을 아리오사의 포장지 안에 하나씩 넣어 주기 시작했다.

해브마이어도 나름의 상품 증정 방식으로 반격을 시도했지만 아버클사의 매출 감소에 별 영향을 미치지 못했다. 아리오사가 위기에 몰렸던 것도 딱 한 번뿐이었다. 울슨사의 세일즈맨이 뉴멕시코주와 애리조나주의 원주민들에게 포장지에 찍힌 사자 그림 때문에 자사의 커피를 마시면 사자 같은 힘이 생길 거라고 선전했던 것이 그 계기였다. 이때 아버클사의 현지 세일즈맨 모세 드러치먼Mose Drachman이 재빨리 이 소문의 수습에 나서며 그곳의 원주민 족장들을 모아 설득했다. 아리오사 포장지에 찍힌 천사의 그림은 못 봤느냐고. 천사 한 명이 사자 1만 마리보다 더 힘이 센 것을 모르느냐고. 이렇게 해서 사태는 해결되었고 드러치먼은 아내에게 흡족해하며 이렇게 말했다. "라이온사가 우리 천사를 이기고 싶어 한다면 그자들은 자기들 라벨에 신의 그림을 집어넣어야 할걸."

아리오사가 장악하고 있던 서부에서는, 사람들이 너 나 할 것 없이 이 아리오사 커피를 담아 파는 나무 상자로 건물을 만들 지경이었다. 나바호족Navajo은 아기들을 이 아버클사 상자로 만든 침대에 눕혀 흔들흔들 어르기도 했다. 원주민 보

마케팅전을 벌이던 와중에 라이온 커피가 자사의 커피를 마시면 사자 같은 힘이 솟아난다고 선전해 대자, 아버클사의 한 세일즈맨이 사자보다 천사가 더 힘이 세다고 맞받아쳤다. 아버클사의 아리오사 포장 디자인과 천사 캐릭터는 19세기 말에 누구나 알 만한 트레이드마크로 떠오르게 되었다.

호 거주지의 한 의사는 당시를 이렇게 회고했다. "그곳에서는 아버클사 상자를 뜯어서 만든 나무 관에 고인을 안치하여 묻었다. 그리고 대개는 관에 커피 한 팩을 넣어 주기도 했다. (…) '천국Happy Hunting Ground'*으로 가는 길을 편히 가라는 의미였다." 한편 존 아버클은 수년 전부터 자사의 커피에 석판 인쇄로 찍은 멋진 트레이딩 카드**를 넣어 팔면서 카드 수집용 앨범을 증정하기도 했다. 그리고 이런 아리오사 트레이딩 카드의 뒷면에는 자사의 커피, 그리고 계란-설탕 혼합의 글레이즈 광고를 실었는데, 이런 광고에 라이온사 브랜드를 겨냥한 문구가 들어가기도 했다. "모카, 자바, 리우데자네이루산이라는 거짓 광고를 하는, 저급한 포장 커피를 사지 않도록 주의하십시오. 이것은 부주의한 소비자들을 현혹하기 위해 제조업자들이 쓰는 비열한 술수입니다."

커피·설탕, 휴전에 들어가다

치열한 경쟁 관계였음에도 존 아버클과 H. O. 해브마이어는 어느새 서로를 존경하게 되었다. 일종의 마지못한 존경심이었지만 아무튼 그랬다. 해브마이어는 "성격이 아주, 아주 공격적인 사람"이었지만, 아버클 자신도 인정했듯 그에게는 또 다른 일면도 있었다. "그는 집에 가서 만나 보면 아주 교양 있는 신사다. 취향이 세련됐고 사교성이 참 좋다." 아버클은 감수성이 섬세하고 실력도 수준급인, 해브마이어의 바이올린 연주 솜씨를 보고 깜짝 놀라서 이렇게 말하기도 했다. "해브

---

* 북미 원주민 전사들이 생각하는 천국

** 흔히 스포츠 선수나 유명인의 모습이 인쇄되어 있는 카드. 아이들이 수집하기도 하고 서로 교환하기도 함

마이어 씨, 당신은 사람들이 생각하는 것처럼 그렇게 나쁜 사람일 리가 없소. 정말로 나쁜 사람이라면 그렇게 아름다운 연주를 할 수 없을 테니까요." 아버클은 그에 대해 "가족들과 있을 땐 매력적인 사람이고, 물론 나쁜 면도 있지만 좋은 면도 있는 사람"이라고 평가했다. 한편 해브마이어는 자신이 42번가 아래쪽, 다시 말해 상업 지구에는 친한 사람이 한 명도 없다는 것을 자랑스럽게 떠벌렸는데 여기에 대해 아버클은 이렇게 말했다. "그는 사업에 대해 잘못된 생각을 가지고 있는 듯하다. 사업을 하려면 누구하고든 무조건 싸워야 한다고 생각하는 것 같아서 하는 말이다.* (…) 세상을 다 갖고 싶어 하지만 모든 것을 다 갖지는 못하는 친구인 셈이다."

아버클 자신은 "휴전 같은 건 없었다"고 우겼지만 1897년부터 시작된 커피 대 설탕의 대전은 사실상 1903년에 중단되었다. 따져 보면 해브마이어는 1903년부터 커피 사업에서든, 설탕 사업에서든 아버클을 몰아내려는 시도를 그만두었다. 또한 아버클은 두 사람이 공식적인 합의에 이른 적이 없다고 주장했지만, 그가 내뱉었던 여러 가지 말로 판단하건대 확실히 그는 가격 조작을 비난하지 않으려 극도로 조심스러워했다. 다음은 1903년으로 추정되는 어느 무렵에 아버클 스스로 자신이 쓴 서신이라고 인정한 글이다. "해브마이어 씨, 설탕에 대해서라면 당신이 나보다 더 전문가이고 커피에 대해서라면 내가 당신보다 전문가요. 그러니 당연한 결과겠지만, 우리는 많은 돈을 잃고 있소." 다시 말해 '이 미친 짓을 그만두자'는 뜻이었다. 그리고 이와 같은 다소 미묘한 화해와 함께, 가격 전쟁도 사실상 종지부를 찍었다. 다음은 아버클의 회고

---

* 상업 지구 사람들, 즉 사업가들을 무조건 적으로 생각한다는 의미

담이다. "결국엔 더 호의적인 감정이 이겼고 그것이 내가 힘써 왔던 지향점이기도 하다. 어떤 식으로든 [공식적인] 합의가 이루어질 수 없다는 것은 알고 있었지만, 나는 언제나 더 우호적인 감정을 기본 방침으로 삼았다. '세상은 우리 모두가 가지고도 남을 만큼 넓은 곳이다'라는 생각으로."

해브마이어는 업계에서 아버클을 몰아내려는 시도를 그만두었을 무렵, 누적 손실액이 1천5백만 달러에 달했다. 이에 비해 아버클사의 손실액은 단지 125만 달러로, 결국 이 전투에서 대승을 거두었다. 해브마이어가 패자였다. 이처럼 한때 커피업계는 덜 탐욕스러운 인물이 승리하고, 사람의 말이 서명보다 더 가치 있던 그런 세계였던 것 같다. 존 아버클은 당시의 수많은 커피업자들의 전형이었다. 즉 거칠지만 정직하고 선의를 가진 그런 인물이었다.

1905년에 이르러 해브마이어는 울슨사를 매수할 만한 사람을 찾았으나 실패했다. 잘나가고 있던 회사를 그가 사실상 10년도 채 못 되어 파멸시키면서, 당시에 울슨사는 침체에 빠져 있었다. 2년 후, 해브마이어는 세상을 떠났다. 1909년에 허먼 질켄이 울슨사를 현금 가치 86만 9천 달러에 사들였는데, 이는 1896년에 해브마이어가 2백만 달러도 넘는 액수를 지불하며 인수했던 것과 비교하면 완전히 헐값이었다. 사실 질켄은 커피에 얽힌 다른 사람들의 불운을 용케 자신에게 유리하게 전환하는 수완을 수차례 발휘했다. 바로 이 1900년대 초에, 그는 브라질의 커피 산업을 '구제'해 주는 동시에 그 자신도 수차례에 걸쳐 떼돈을 벌었다.

제5장
허먼 질켄과 브라질의 가격 안정책

농장주와 생산자들은 괜찮을 거라고 안심하고 있었다. 현재의 위기도 이전
의 위기들처럼 조금만 지나면 사라지리라고 믿었다.
- 1902년의 커피 회의에 참석했던 엘살바도르 대표

미국이 상인들의 투기를 금지하는 법을 만든다면, 그것은 상인에게 제화업
자나 재단사가 되라고 포고하는 셈인데 제화업자와 재단사는 나라를 위대하
게 만들 만한 이들이 못 된다.
- 허먼 질켄

20세기로 접어들 무렵, 커피 산업은 거대 산업으로 성장
했고 세계의 경제 세력이 서로 얽혀 있었다. 뉴욕, 런던, 함부
르크의 은행가들은 브라질의 수확량 예측에 촉각을 곤두세
우고 있었는데, 수확량이 그 어느 때보다도 많을 듯한 기미였
다. 그것도 과도하게 많아서 세계가 카페인에 흠뻑 잠길 것만
같은 불길함이 퍼졌다. 비틀거리는 커피의 재무 구조가 스스
로도 주체를 못해서 무너질 것 같던 바로 그때, 허먼 질켄이
구제자로 나타났다. 그 과정에서 그는 감옥에 수감되기 직전
까지 가기도 했다.

이번 위기가 닥치기 전의 수년 동안 커피는 호황을 누리
고 있었다. 1888년부터 1895년까지, 생활 수준의 향상과 커
피를 애호하는 이민자들에 힘입어 커피 소비는 생산량과 보

조를 맞추며 상승세를 탔다. 대규모 무역 회사들은 커피의 완충 재고buffer stock 물량을 약 2백만~4백만 자루 정도 확보해 두며, 혹한이나 가뭄으로 인한 흉작이 닥칠 것을 대비해 보험으로 삼았다. 즉 일명 저장량visible supply으로 통하는 이런 완충 재고를 몇 년간 잘 보관해 두었다가 수확량이 줄어 가격이 서서히 상승할 때 내다 팔곤 했다. 한편 1895년까지 도매가가 높게 유지되어 뉴욕 시장에서 1파운드당 14센트에서 18센트 사이를 오르내리면서, 커피 재배가 많이 늘어났다.

그러던 1896년, 브라질의 농장주들이 세계 시장에 너무 많은 커피콩을 쏟아부었다. 생두의 1파운드당 평균 가격이 10센트 아래로 떨어지면서 이러한 가격 추세가 수년간 이어졌고, 바로 이때부터 붐-버스트 사이클이 시작되어 오늘날까지 이어지고 있다.

1889년 페드루 2세의 폐위 이후, 브라질의 신공화당New Republic 정권이 추구하는 재정 철학에서는 돈이 필요했다. 그것도 많은 돈이. 브라질 정부는 인쇄 산업을 촉진시켰다. 또한 통화 팽창 정책의 단기적 결과로, 1890년과 1891년에는 엄청난 경제 호황이 일어났다.

지속해서 떨어지는 브라질의 밀레이스* 가치는 결국엔 국내 시장에 피해를 초래했지만, 커피 재배업자들로선 현지 경비는 브라질 통화로 지불하고 수입은 소비국의 통화로 받으면서 오히려 수년간 그 덕을 누렸다. 커피 가격이 떨어지더라도 농장 소유주들은 환율이 덩달아 떨어지지만 않는다면 별 손해가 없었다.

1897년, 세계적 생산량이 급격히 증가하며 1천6백만 자

---

* 브라질의 옛 화폐 단위

루에 달하자 가격이 1파운드당 8센트로 떨어졌다. 세계의 저장량은 540만 자루로 껑충 뛰었고, 이 저장량이 다모클레스의 칼*처럼 시장 위에 위태롭게 매달려 가격을 억제하고 있었다. 그다음 해에 브라질의 새로운 재무부 장관 조아킹 무르치뉴Joaquim Murtinho가 통화 팽창 정책을 완전히 바꾸었다. 무르치뉴의 판단에 따르면, 반복적인 밀레이스 가치의 하락이 연방 정부의 외채 이자 지불을 점점 더 어렵게 만들었다. 한편 낮은 커피 가격 또한 무역 결제의 균형을 불리하게 이끌었다. 밀레이스의 가치가 올라가면 커피 재배업자들의 수익은 점점 줄었다.

무르치뉴는 사업과 커피가 적자생존의 세계라고 생각했다. 자유 시장이 최적의 결과를 낳을 것이며, 그 과정에서 몇몇 농장이 파산을 당하더라도 그것은 어쩔 수 없는 일이라고. 또한 그럼으로써 "그 싸움에 맞게 더 잘 준비된 이들의 손에" 커피 산업이 맡겨질 것이라고.

1901년, 5년 전 커피나무를 심은 결과로 대풍작이 되면서 전 세계 생산량이 급증하며 2천만 자루에 육박했다. 이 중 절반 이상이 산투스의 항구에서 흘러나온 것이었다. 전 세계 사람들의 소비량은 대략 1천5백만 자루에 불과하여 거의 5백만 자루가 잉여 재고로 남게 되었다. 저장량은 1130만 자루로 치솟았는데, 이것은 그해의 전 세계 소비량의 3분의 2가 넘는 양이었다! 커피의 1파운드당 가격은 6센트로 떨어졌다.

---

* 영화를 누리는 중에도 언제 닥칠지 모를 위험. 시칠리아의 왕 디오니시오스에게 신하 다모클레스가 아첨하며 행복을 기원하자, 디오니시오스는 그를 호화로운 연회에 초대하여 한 올의 말총으로 매단 칼 밑에 앉히고, 참주의 행복에는 항상 위기와 불안이 함께 있음을 깨닫게 하였다는 고사에서 유래됨

최초의 국제 커피 회의

라틴아메리카의 모든 커피 생산국은 마침내 이번의 커피 위기가 저절로 해결되지 않으리라는 것을 인정하기에 이른다. 1902년 10월, 커피의 생산과 소비에 대한 검토를 위해 뉴욕 커피 거래소에서 열린 최초의 국제회의에 라틴아메리카의 대다수 커피 생산국들이 "수익 부족과 생산자에게 지불되는 이 상품의 터무니없는 가격"에 대한 문제를 다루기 위해 대표단을 파견했다.

생산국들은 당연히 커피의 높은 가격을 원했던 반면, 소비국들은 가능한 한 낮은 가격을 지불하길 바랐다. 게다가 생산국들끼리 서로 다투고 비난하며 그 누구도 남들의 이익을 위해 희생할 마음이 없었다. 결국 대표단은 몇 가지 무난한 제안에 동의했다. 그중 하나가, 일명 트리아지triage라는 최하등급 커피 수출을 금지하는 한편 유럽의 커피 수입세를 감축(미국은 1873년에 커피세를 폐지했다)하자는 것이었다.[1] 또한 커피의 소비를 늘리기 위해 "말이나 지면을 통한 지속적인 선전 활동"도 촉구했다. 마지막으로, 대표단은 저장량을 적당량인 3백만 자루로 유지해 가격이 인상될 수 있도록 커피 수출을 제한하기 위한 제도를 모색하기도 했으나, 그러한 수출 쿼터 제도의 실행 방법에 대해서는 의견 일치를 보지 못했다.

---

1 세금 감축은 푸에르토리코의 우려 때문에 막연한 표현으로 규정되었다. 푸에르토리코는 1898년에 미국의 보호국이 된 이후, 커피 산업에 심각한 피해를 보았다. 1899년의 강력한 태풍도 그 원인이었지만, 예전의 스페인 식민지가 더 이상 스페인에 커피콩을 면세로 수출할 수 없어졌기 때문이기도 했다. (1825년에 커피 재배를 시작한) 하와이의 사람들이 그러했듯 푸에르토리코인들도 수년에 걸쳐 미국 정치인들에게 로비를 벌이며, '국내' 커피 산업을 촉진하기 위해 다른 곳의 모든 '외국산' 커피에 대해 보호 관세를 부과하려 했다. 하지만 로비는 끝내 성공을 거두지 못했다.

한편 위기의 원인을 조사한 위원회에서는, 수년간 이어진 호황기 동안 농장주들이 지나친 지출로 "대출을 과도하게 이용하는 바람에, 위기가 닥쳤을 때 그들 중 대다수가 빚더미에 앉게 되었다"고 지적했다. 말하자면 빚더미에 앉아 현금이 절실히 필요해진 그들이 부랴부랴 작물을 시장에 내다 팔면서 공급 과잉이 더 심화되어 가격이 더 떨어졌다는 것. 그뿐만 아니라 "커피는 신디케이트, 트러스트를 비롯해 갖가지 투기의 대상이 되거나 소수의 중간상에게 유리하게 이용되기에 정말 쉬운" 상품이다. 실제로 당시에 소비국인 유럽과 북미의 거대 수출입 회사들은 (농장주들에게는) 은행가로, (주요 선적항들에게는) 수출업자로 행세하는가 하면 운송업자, 수입업자 그리고 최종 단계인 배급업자로까지 나섰다. "쉽게 말하자면, 이것은 독점 행위"였다.

회의 마지막 날, 브라질의 대표 J. F. 데 아시스브라질J. F. de Assis-Brasil은 커피의 붐-버스트 사이클을 예리하게 요약했다. "10년마다 너무 높거나 너무 낮은 가격이 최고조에 이르는 현상이 어김없이 재현되는 것 같다"고. 그는 또한 10년 후인 1912년에 다시 한번 가격이 최고점으로 올라갈 것임을 예측하며, 다음과 같은 요지를 그 근거로 제시했다. "너무 높은 가격은 대농장을 과도할 만큼 확장하는 원인으로 작용하고, 그 결과 과잉 생산이 일어난다." 이렇게 공급이 수요를 초과하면 가격은 떨어지게 마련이다. 결국 "많은 농장이 방치되면서, 수확량은 차츰 줄어드는 반면 소비량은 통상적인 증가세를 이어 간다." 또다시 공급량 부족이 새로운 성장을 촉발하면서 이와 같은 사이클이 반복된다. 이런 사이클은 "관련 정부들이 힘을 모아 노력"해야만 깰 수 있다.

회의는 다음 해에 상파울루에서 다시 한번 모여 더 명확히 논의하기로 계획하며 끝이 났지만, 회의는 두 번 다시 열리지 않았다.

상파울루, 혼자 힘으로 하다

국제 커피 회의가 아무런 성과도 없이 끝나자 상파울루 농장주들은 좌절감을 나타냈다. 그들은 1903년 1월에 회의를 열어 자신들의 곤경에 무관심한 브라질 정부를 규탄했다. 이에 대한 대응으로 브라질 대통령은 신설 커피 농장에 대해서 1에이커당 180달러의 세금을 부과했는데, 이는 향후 5년간 새로운 커피나무 심기를 금지하는 것이나 마찬가지의 조치였다. 하지만 1902년 이전에 심어진 나무들은 몇 년이 지나야 작물을 생산하게 되는 만큼, 이 법의 효력은 1907년이나 1908년이 되어야 실질적으로 체감될 만한 것이었다.

농장주들이 처한 곤경도 심각했지만, 그에 따라 노동자들이 겪게 된 처지는 더 심각했다. 농장주들이 부가 혜택을 줄이고 예전에 자급자족용 텃밭으로 내주었던 땅까지 거두어들이고 임금도 삭감했으니 어려했겠는가. 상황이 이렇다 보니 브라질의 한 신문에는 이런 보도가 실릴 지경이었다. "이탈리아인들의 대거 출국이 심각하다. 이탈리아인들이 돈도 몇 푼 못 벌고 환상이 깨진 채로 고국으로 돌아가고 있다." 이탈리아의 외무부 장관은 이런 현상에 대응해 1902년 3월 이후로 보조금 지원 이민을 금지했다.

1902년 말에 브라질에 혹한이 닥치면서 이후 3년 동안 생산량이 감소했고 그에 따라 저장량도 줄어들었다. 하지만 가격은 여전히 약세를 면치 못했고 위기는 끝날 줄을 몰랐다. 혹한 피해로 나무를 잃은 재배업자들은 새로운 묘목을 심어

야 했는데, 밀레이스가 계속 강세를 띠면서 커피 농장주들의
금전 사정이 악화하기도 했다.

브라질의 대다수 농장주는 과잉 생산을 탓하기보다는, 외
국인의 커피 독점에 비난의 화살을 돌리며 (하락하는 가격에 돈
을 거는 이들인) 공매자*와 투기꾼들이 생두 가격의 하락을 묵인
하고 있다고 주장했다. 사실 이 위기의 책임을 외국의 회사들
에 돌리는 것은 무리였지만, 가격 조작에 대한 주장은 어느 정
도 일리가 있었다. 커피의 수출에서 상위 20대 회사들이 90퍼
센트에 가까운 비중을 차지했고 5대 회사들이 50퍼센트 이
상을 점유하고 있었으니 말이다. 특히 그중에서도 최상위 업
체로 꼽히는 함부르크의 테오도르빌레&컴퍼니Theodor Wille &
Company의 경우엔 산투스의 커피 중 거의 5분의 1을 수출했다.

1903년에 이탈리아의 부유한 브라질 이민자, 알렉산드
레 시칠리아노Alexandre Siciliano가 가격 안정책을 제안하고 나
섰다. 정부가 상인과 금융업자들로 구성된 민간 신디케이트
와 장기 계약을 체결함으로써 브라질 커피의 잉여분을 매입
하여 가격이 오를 때까지 보관하도록 하자는 제안이었다. 하
지만 이 제안이 성공하려면 브라질이 세계 커피에 대해 절대
적 통제력을 가지고 있어야 했다. 상파울루가 잉여분의 커피
를 보관해 두더라도 다른 커피 재배국들이 급히 그만큼을 채
운다면 어쩌겠는가? 그렇게 되면 브라질은 세계 시장에서 지
배적 입지를 잃게 될 것이 뻔했다.

이런 의혹을 해소하기 위해, 상파울루의 농무부 장관은

---

* 공매란 주식이나 상품의 현물을 가지고 있지 않거나 가지고 있더라도 실
제로 이를 상대방에게 인도할 의사가 없이 증권 회사나 중개인에게 일정률
의 증거금만을 지급하고 팔았다가 일정 기간 후에 환매함으로써 그동안의
가격 하락 또는 상승분의 차금을 결제하는 방법을 말함

아우구스투 하무스Augusto Ramos에게 1904~1905년도 현지 조사 임무를 맡기며 라틴아메리카의 다른 커피 재배국들을 돌아보고 오도록 지시했다. 하무스가 광범위한 조사 보고서를 통해 내린 결론은 이러했다. 이 국가들이 자본화, 효율성, 생산성의 측면에서 상파울루에 적수가 되지 못한다는 것. 또한 낮은 커피 가격으로 심한 타격을 입어, 상파울루가 잉여분을 보관한다 해도 그만큼을 벌충할 만큼 생산량을 늘릴 수 있는 상황이 못 된다는 것.

1905년 8월에 브라질의 주요 커피 재배 주(상파울루, 리우데자네이루, 미나스제라이스)의 대표들이 연방 정부 관리들과 회합을 하고 가격 안정책을 논의했다. 당시엔 가격의 하락세가 멈추지 않던 상황에서, 곧 수확될 작물의 양이 유례없는 규모가 될 것이 확실시되고 있었다. 1906년 2월 25일, 이 커피 재배 주들의 세 주지사가 상파울루의 타우바테Taubate에서 만나 서류에 사인하며 가격 안정책에 합의하면서, 잉여분의 커피를 매입하여 시장에 내놓지 않고 보관하기로 했다. 또한 연방 정부에 원조를 요청하는 한편 정부에 밀레이스 환율의 안정도 함께 요구하기로 했다.

연방 정부는 환율 안정을 지지하는 것 외에는 관여하기를 거부했다. 1906년 8월 1일, 베를린의 디스콘토게젤샤프트은행Disconto Gesellschaft Bank이 브라질의 자회사를 통해 상파울루주에 1년 상환 조건으로 1백만 파운드를 대출해 주었다. 상파울루주는 상당한 양의 커피 구입 재원 확보를 위해 훨씬 더 많은 자금이 필요했다. 그것도 급박하게 필요했다. 상파울루주는 어떻게든 지원을 얻기 위해 서둘러 특별 대표단을 유럽으로 보냈다. 하지만 런던 로스차일드은행Rothschilds이 대출을 거절하면서 파울리스타들은 현실을 절감했다. 아무래도 주요 은행 어디에서도 자신들을 도와줄 것 같지 않았다. 1906년도의 어마어마한 수확량이 이제 곧 눈앞의 현실로 닥쳐올 상황 앞에서, 위기감이 임박했다. 커피 가격이 1파운드당 몇 페니 더 떨어질 위기에 처해 있었다.

허먼 질켄, 구제자로 나서다

절망적이던 파울리스타들은 뜻밖의 지원자를 만나게 되었다. 바로 경쟁자들에 대해서나 시장 조작과 커피 사재기 시도에 대해 무자비하기로 유명하던 허먼 질켄이었다.

업계의 거물, 질켄은 영어를 유창하게 말했고 그의 말투에는 독일어 억양이 약간 섞이긴 했으나, 유머나 겸손함은 티끌만큼도 없었다. 엄격한 입매 위로 자리 잡은, 희끗희끗 변해 가는 콧수염은 끝부분이 살짝 위로 말려 올라가 있었다. 당시의 기사에서도 언급했듯, 그는 "커피 거래소에서 두려움과 증오를 가장 많이 받던 사람"이었다. "허먼 질켄은 무역계의 제왕이며 그의 법은 전 세계까지 뻗친다"라는 말이 나올 만큼 힘이 막강하기도 했다.

질켄은 21세가 채 못 되었던 1868년에 독일을 떠나 코스타리카의 독일인 회사에서 일했다. 1년 후에는 캘리포니아로 옮겨 가 선적 사무원으로 일했다. 나중에는 영어를 배워서 모직 순회 구매 담당자의 일자리를 얻기도 했다. 이렇게 순회 다니던 중에 목숨을 잃을 뻔한 아찔한 열차 사고를 당하는 바람에 사고 후유증으로 약간 새우등이 되었다.

1876년에 질켄은 코스타리카에서 알게 된 스페인인 덕분에 W.H.크로스맨&선W. H. Crossman & Son(이후부터 '크로스맨사'로 표기함)에 일자리를 얻었다. 이곳은 수출입 회사로, 위탁 판매

상품으로 커피도 취급하고 있었다. 그는 과감히 남미로 가서 "도끼, 삽, 가래, 은식기류 등 온갖 물건"을 다 팔며 세일즈맨으로서의 뛰어난 수완을 입증하는 동시에, 회사의 위탁 판매 상품을 유치하기도 했다. 반년 동안 우편이 올 때마다 질켄이 유치한 새로운 사업거리가 같이 도착했다.

그런데 어느 날 갑자기 연락이 뚝 끊기고 말았다. 몇 달이 지나도록 질켄에게서 아무런 소식이 없었다. 크로스맨사는 자신들의 출중한 남미 지역 세일즈맨이 열대 열병에 걸려 죽은 건 아닐까 안절부절못했다. 그러던 어느 날, 질켄이 팔에 큼지막한 짐을 낀 채로 나타났다. "여러분, 제가 사업거리를 잔뜩 가지고 왔습니다. 그동안 여기저기 다니면서 제가 얼마나 많은 사업거리를 모았는지 보시면 깜짝 놀라실 겁니다." 그는 그 짐 안에 엄청나게 많은 주문서가 들어 있다며 말을 이었다. "저처럼 열심히 일해 온 사람이라면 (…) 이 회사의 파트너가 될 만한 자격이 된다고 생각하는데요." 결국 그는 주니어 파트너의 자리에 앉았고, 뒤이어 시니어 파트너로 승진했다가 1894년에는 사명이 크로스맨&질켄으로 변경되기까지 했다. 종국엔 커피업계의 제왕이 되는 그는 과감히 철강과 철도 사업에도 진출하면서, 바덴바덴Baden-Baden*에 호화 저택을 매입했다. 얼마나 호화로운지, 여러 채의 별장과 손님용 욕탕, 168종의 관목 2만 그루가 심어진 장미 정원, 난초 온실, 여섯 명의 숙련된 정원사와 사십 명의 조수의 세심한 관리로 멋진 경치를 과시하는 뜰까지 딸려 있었다.

브라질인들은 질켄에게 도움을 청했다. 1906년 8월 초에 그가 브라질의 여러 신문에 글을 투고하여 가격 안정책을 지

---

* 독일 남서부의 도시, 온천 휴양지

지했던 적이 있어서였다. 그래서 일단의 사절단이 질켄의 바덴바덴 저택으로 순례길에 올랐다. 질켄은 브라질의 대표단에게 이렇게 충고했다. "다른 작물이라도 이런 식으로 재배한다면 어디에서도 재정 지원을 받지 못할 거요. (…) 상파울루가 온종일 그것을 재배한다고 해서 세계의 다른 지역 사람들이 밤새도록 커피를 마시지는 않을 거란 말이오." 질켄은 커피나무를 새로 심는 것을 금지한 덕분에 앞으로 곧 수확량이 줄어들 것으로 확신하며 자신이 능력껏 도와주겠다고 약속했다.

질켄은 독일과 영국의 은행, 그리고 커피 상인들로 구성된 컨소시엄을 구성했다. 1906년 10월 첫째 주에, 상파울루 주정부는 신디케이트가 산투스 수출 시장에서 1파운드당 평균 7센트의 가격으로 생두를 구매하기 시작하도록 정식 인가를 해 주었다. 금융업자들은 이 비용의 80퍼센트를 지불하기로 합의했고, 나머지 20퍼센트는 상파울루주가 제공하기로 했다. 자유 시장 가격이 7센트 이상으로 올라가면 가격 안정을 위한 이런 구매는 일시 정지하기로 했다. 또한 합의에 따라, 신디케이트 회원은 커피에 대해 1파운드당 5.6센트 (7센트의 80퍼센트) 이상 지불하는 일이 없도록, 때로는 그보다 현저히 낮은 금액을 지불하는 일이 없도록 정했다. 그뿐만 아니라 신디케이트에 의해 선불되는 돈은 엄밀히 말하면 브라질인들에게 6퍼센트의 이자를 물리는 대부금이었다. 커피콩은 유럽과 뉴욕의 신디케이트의 창고로 선적되었는데, 명목상으로는 상파울루주가 여전히 법적 소유자여서 연간 보관료뿐만 아니라 3퍼센트의 취급 수수료를 지불해야 했다.

1906년 말 무렵 신디케이트는 자루당 60킬로그램 기준의 커피를 대략 2백만 자루 매입했다. 그해에 대풍작으로 수확량이 2천만 자루에 이르렀기 때문에, 이 정도의 적은 양을 시장에서 거두어들이는 것으로는 효과가 비교적 미미했다. 하지만 상파울루주는 자금이 바닥나서 더 매입해 들이기 위해 20퍼센트의 비용을 부담할 여력이 없었다. 게다가 기존에 대출받은 1백만 파운드의 부채가 1907년 8월이면 상환 만기였다.

12월 14일, 파울리스타들은 런던의 J.헨리슈로더&컴퍼니J. Henry Schroeder & Company와 뉴욕의 내셔널시티뱅크National City Bank로부터 3백만 파운드를 새로 대출받음으로써 한숨 돌리게 되었다. 이때 허먼 질켄이 내셔널시티뱅크 측의 대리를 맡았는데, 소문에 따르면 그는 이 은행 대출금 중 25만 달러를 자신의 돈으로 메웠다고 한다. 상파울루주는 1백만 파운드의 부채를 상환한 후에 나머지 2백만 파운드를 가지고 가격 안정용 커피를 계속 매입했다. 1907년 말에 함부르크, 안트베르펜Antwerpen,* 르아브르Le Havre,** 뉴욕의 항구 창고에 1백만 자루가 넘는 가격 안정용 커피가 쌓이게 되었고, 브레멘Bremen,** 런던, 로테르담Rotterdam** 등의 항구에도 이보다 적은 양이 보관되었다. 이 커피콩은 신디케이트에서 이 저장분에 이윤을 남겨 처분할 수 있을 만큼 가격이 오르길 기다리며 이곳에 계속 보관되었다. 한편 그사이에도 상파울루주는 계속해서 이자와 보관료를 갚아 나가야 했다. 1907~1908년도 수확량이 낮은 덕분에 가격 안정용 커피 일부가 방출되긴 했으나 상파울루주는 여전히 심한 재정 압박에 시달렸다.

---

* 벨기에 서북부의 항구 도시
** 프랑스 서부의 항구 도시
** 독일 북서부의 항구 도시
*
** 네덜란드 남서부의 항구 도시
**

1908년 말에 질켄의 도움으로 통합 부채는 무려 1천5백만 파운드(7천5백만 달러)에 달하게 되었다. 이 무렵까지 신디케이트가 가격 안정용 재고 중 판매 처분한 양은 약 1백만 자루였고 창고에는 여전히 7백만여 자루가 쌓여 있었다. 이 재고의 관리는 일곱 명으로 구성된 위원회가 맡고 있었는데, 이 중 상파울루 주정부의 대표는 단 한 명뿐이었다. 당연한 얘기겠지만, 질켄도 위원회의 일원이었다. 따라서 상파울루주는 재정적 채무를 청산하지 않는 한 가격 안정용 커피에 대해 통제력을 행사하지 못했다. 그사이에 신디케이트 일원들은 재고를 교묘하게 조종하며 은밀히 매각함으로써 사실상 시장을 독점했다. 수년이 지난 후, 질켄이 의회 청문회에 나와 솔직하게 인정했다시피 상파울루 주정부에 대한 대출은 "내가 아는 한, 최고의 노다지 대출"이었다.

위원회가 가격 안정용 커피를 인수한 초반에는, 1파운드당 가격이 6, 7센트 선에서 비교적 고정되어 있었다. 하지만 1910년 가을에 들어서면서 커피 가격이 오르기 시작하더니 12월에는 1파운드당 거의 11센트까지 치솟았다. 1911년 내내 가격은 오름세를 지속하면서 14센트 이상까지 껑충 뛰었다.

커피 가격에 미국이 아우성을 터뜨리다

이즈음 미국의 소비자와 정치가들의 아우성이 갈수록 거세졌다. 수년간 이어진 커피 위기 동안 브라질 농민들이 처했던 곤경에는 별 관심도 없던 미국 시민들이 자신들이 마시는 모닝커피 가격이 몇 페니 오르자 그제야 갑자기 분노를 터뜨렸던 것이다.

워싱턴 D.C. 외곽의 미국 국립기록물보관소에는 가격 안정책에 대해 다룬 법무부의 두툼한 문서철이 묻혀 있다. 그런데 여기에는 1910년 말부터 1913년 봄까지 일어난 한 흥미로운 사건의 기록, 즉 미국의 법무장관 조지 위커샴Georgie Wickersham이 허먼 질켄과 그의 가격 안정용 커피에 대해 비난하는 소송 사건을 차근차근 준비해 온 과정과 이유에 대한 기록이 시간순으로 정리되어 있다. 또한 위커샴이 그 문제로 국무장관 필랜더 C. 녹스Philander C. Knox와 옥신각신한 내용뿐만 아니라, 윌리엄 하워드 태프트William Howard Taft 대통령과 드문드문 주고받았던 메모까지 들어 있다.

"브라질은 그 신디케이트에 저당이 잡혀서, 그 대가로 커피를 따로 보관해 놓고는 신디케이트가 그 가운데 60만 자루를 그들이 지난해에 받았던 것보다 1파운드당 4센트 더 높은 가격으로 팔도록 해 준 것이나 다름없습니다." 1910년 12월에 미국의 한 소규모 로스팅업자가 위커샴에게 써 보낸 글이다.

몇 달 후인 1911년 3월, 네브래스카주 하원 의원 조지 W. 노리스George W. Norris가 법무장관에게 "커피 산업의 독점"에 대해 조사하도록 요청하는 결의안을 발의했다. 법무장관 위커샴은 진행 중인 조사를 수행하겠다고 응했다.

4월에 노리스는 하원에서 가격 안정책용 대출 절차를 간략히 설명하며 이 커피 신디케이트를 호되게 비난했다. 그는 마지막에 이렇게 결론지었다. "이 거대 조합은 문명 세계 전역에서 커피의 공급과 판매를 통제해 왔다. [그들은] 시가가 폭락하지 않을 만큼의 양만을 팔았다." 그는 여기에 브라질이 관여된 것에 당혹감을 드러내기도 하여, 한 상품을 독점하려는 단체가 국내의 기관과 결부되면 그 단체는 이른바 트러스트라는 것이 되어 깨뜨리기 힘들다며 이렇게 덧붙였다. "이런 단체의 배후에 강국의 힘과 영향력이 있다면 이른바 '가격 안정책'이라는 그럴듯한 새로운 호칭이 붙게 된다. 이것은 흔한 말로 바꾸면, 한마디로 한 단체에 의한 강탈질이다."

노리스는 "브라질이 이 가격 안정책에 대한 지원을 중단할 때까지" 미국이 브라질의 모든 수입품에 대해 관세를 부과하는 방안을 제안했다(1910년 기준으로 수입 규모는 약 7천만 달러대에 이르렀다). 하지만 다른 국가들에서 들어오는 커피에는 무관세 수입을 허용해 주길 원했다. 노리스는 개혁적인 이상가를 자처했지만 당의 충성파 당원들에게 반감을 많이 샀다. 그래서 그의 커피 트러스트에 대한 비난은 즉각적 법률 제정으로까지 이어지지는 못했다.

한편 신문에서는 그의 주장을 수용했다. 가령 뉴욕주 올버니Albany의 「아거스Argus」에서는 "브라질 정부에 의해 눈 뜨고 강탈당하느니, 차라리 커피 없이 사는 편이 낫겠다"고 분개했다. 뉴욕의 또 다른 사설에서는 덤덤한 투로 "이제는 워싱턴의 법무부가 이 흥미로운 강탈단을 조사해야 한다"고 썼다. 1911년 6월 무렵에는 위커샴 앞으로 개개인들이 보낸 편지들이 쏟아져 들어왔다. 다음은 오하이오주의 한 사업가가 보내온 글이다. "[빈민들의] 변변찮은 싸구려 먹거리인 커피의 가격이 백 퍼센트 넘게 올랐습니다." 유명한 박물학자 존 뮤어John Muir도 "이런 커피 사기에 대한 분노를" 표하고 "외국과 미국 시민 [허먼 질켄] 사이의 사악한 공모"라고 비난하면서, "이 트러스트를 해체해야 마땅하지 않으냐?"고 물었다.

사실 가격 안정용 커피의 대부분을 통제하던 두 기업, 질켄사와 아버클사는 조건부 판매라는 방식을 통해 공동으로 이윤 추구 책략을 벌였다. 즉 가격을 높게 유지하기 위해, 거래소에서 재판매하지 않겠다는 조건을 붙여 대개 남부나 서부의 로스팅업자들에게 직접 이 가격 안정용 커피를 팔았다. 거래소 가격보다 조금 할인된 가격으로 팔았기 때문에 로스팅업자들로서는 구미가 당기는 거래였다. 하지만 이것은 커피 거래소의 정상적 기능을 방해하는 행위였다. 게다가 아버클사는 거래소에서 막대한 양의 커피를 사들여 가격을 높여 놓은 뒤에 팔면서, 다른 한편으론 내밀히 판매하던 가격 안정용 커피에 대해서는 거래소에서 재판매해선 안 된다는 조건을 달았다. 결국 오랜 경쟁자 관계이던 질켄과 아버클은 가격 안정책을 통해 돈을 버는 일에서는 공동의 목적을 찾았던 셈이다.

법무장관은 윌리엄 T. 챈틀랜드William T. Chantland를 커피 가격 안정책 조사의 특별보좌관으로 임명했다. 챈틀랜드는 이 커피 트러스트의 집요한 적수로서의 단면을 일찌감치 드러내며 1911년 7월에 질켄의 기소를 제안했다. 9월에 그는 한 메모에서, 미국이 전 세계 커피의 거의 반과, 브라질 수확량의 80퍼센트를 소비한다고 지적했다. 말하자면 미국인들이 다른 나라 국민보다 가격 안정책에 더 영향을 받는다는 논리였다. "쉽게 말해서, 이 모든 일은 겉보기엔 상파울루와 브라질의 이익을 위해 고안된 계획으로 보이지만 실상은 그렇지 않다"는 점도 지적했다. 그것이 실제로는 은행가들과 허먼 질켄 같은 커피업자들의 "화려한 영화와 금전적인 이익을 이루어 주기 위한 것이며, 현재 그들의 행태는 자신들의 부를 늘리기 위해 공급량을 자기들 멋대로 조작하고 있는 것과 다름없다"고.

챈틀랜드는 질켄을 지목해 "이 나라에서 불법 협정이나 그 협정의 결과를 조작하는 위법적 수탁자다. (…) 그의 행위는 그 자체로 악행으로 봐야 한다"고 언급하는 한편, "자유로운 주간 통상*으로 편입시키기 위해 가격 안정용 커피에 대한

---

* 미국 연방헌법에 규정된 통상 조항 중 각 주 상호 간의 통상을 지칭하는 말

몰수와 수용 절차"를 권고했다.

　법무장관 위커샴은 조지 노리스와 챈틀랜드의 부추김에 차츰 마음이 움직여 질켄과 그 커피 트러스트를 기소해야겠다는 결론을 내린 후, 언론에 그런 소문을 흘렸다. 그 일로 1911년 11월에 열린 신설 전미커피로스팅업협회National Coffee Roasters Association의 첫 번째 집회에서는 분열이 일어났다. 이 날 로스팅업자 토머스 J. 웹Thomas J. Webb은 가격 안정책을 "세계 역사상 유례없는 최악의 부정 이득 책략"이라며 신랄하게 비난하고 나섰다. 기조연설자로 나섰던 허먼 질켄은 커피 트러스트도, 사재기도 없다고 잘라 말하면서 가격 안정책을 옹호했다. 또한 자신은 자신의 돈으로 물건을 샀다가 합법적으로 되팔았을 뿐이라고 주장했다. "신문들은 뭐든지 사실 그대로를 보려 하질 않습니다. 뭐든 수상하게 봐야 직성이 풀리고 잔뜩 부풀려 이야기해서, 독자에게 사악한 뉴요커와 자본주의자들의 이미지를 각인시키길 좋아합니다."

질켄, 주의를 끌다

1912년 5월 16일, 허먼 질켄이 '금전신탁 조사' 분과위원회 앞에 첫 번째 증인으로 나왔다. 그는 오만하고 완고한 태도로 한 치도 굽히지 않으며, 가격 안정용 커피가 커피 가격에 어떠한 영향도 미치지 않는다고 주장했다.

　이 청문회 동안 질켄과 위원회 측 변호사 새뮤얼 언터마이어Samuel Untermyer는 거듭 논쟁을 벌였다. "그러니까 그것은 [커피의] 잉여분을 시장에 내놓지 않으려는 구상이었죠, 그렇죠?" 언터마이어가 질켄에게 묻자 질켄은 의뭉스러운 대답을 했다. "아니요. 언제나 그 커피를 팔아 보려 시도했지, 시장에 내놓지 않으려고 한 적은 없소." 이 커피의 제왕이 이렇게 뻔뻔하게 거짓 진술을 했을 때 언터마이어는 겨우 변호사다운 침착함을 지켰을 것이 분명하다. 그는 이번엔 유도 질문으로, 질켄에게 미국과 유럽의 창고에 가격 안정용 커피 4백만 자루가 쟁여져 있다는 대답을 끌어냈다.

> 언터마이어: 그러면 지금 커피가 1파운드당 거의 14센트에 팔리고 있는 건가요?
> 질켄: 그렇소.
> 언터마이어: 그 계획이 시행될 당시의 판매가보다 두 배가 넘는 가격이군요?
> 질켄: 그렇소.
> 언터마이어: 그렇다면 당신들은 아직 창고에 가지고 있는 그 커피를 팔고 싶어 안달했겠군요, 그렇죠?
> 질켄: 우리는 언제나 팔고 싶은 마음이 간절하오.

"그럼 이런 정교한 [가격 안정용 커피] 제도를 만든 목적이 커피의 공급 제한 시도와는 무관한 건가요?" 언터마이어가 묻자 질켄은 대답을 얼버무렸다. "단지 공급의 균형과 관련된 것이지, 공급의 통제와는 무관하오." 자신이 말하는 공급의 '균형'이란 어마어마하게 과잉된 수확분을 다음 수확분으로 이전하는 것이라고 했지만, 그것은 발뺌을 위한 구실일 뿐이었다.

질켄은 이어서 궤변을 늘어놓았다. "이 가격 안정책에 따라 현재 미국에 커피를 보관해 두었다가 나중에 판다 해도 시세 차익은 그렇게 크지 않소." 그가 이렇게 말하며 손가락을 탁 튕겼다.

브라질의 가격 안정책을 통해 떼돈을
벌었던, 오만한 커피의 제왕 허먼 질켄

"그럼 커피 가격이 1파운드당
5센트에서 14센트로 오른 사실이,
당신들이 그 수백만 자루의 커피를
시장에 내놓지 않고 쟁여 놓은 것과
는 아무런 상관이 없다는 건가요?"

"그다지 별 상관이 없소."

질켄이 또다시 손가락을 탁 튕
기며 대답했다.

그러더니 이 커피의 제왕은 사
실상 위원회 앞에서 훈계하듯 말을
이었다. "나는 브라질 정부가 뭘 하든 비난하거나 판단할 마
음도 없고, 이 위원회가 (…) 다른 나라 정부의 행동에 대해
왈가왈부하는 것 또한 부적절하다고 생각하오. 우리에겐 그
문제에 대해 뭐라고 말할 권리가 없소." 언터마이어는 이를
악물고 대답했다. "이 위원회도 브라질 정부도 다들 알아서
잘 처신할 겁니다."

질켄은 이렇게 얼버무려 발뺌하면서도 궁극적으론 상대
심문자보다 훨씬 더 지각 있고 이성적인 모습을 보였다. 가령
그가 가격 안정책이 없었다면 "상파울루에서는 혁명 사태가
터졌을지 모른다"고 했을 때, 언터마이어는 이 말에 놀라울
만큼 무지각한 말로 응수했다. "그렇다 해도 그것이 우리가
커피를 1파운드당 14센트를 내고 사야 하는 것보다 더 심각한
상황일까요?"

질켄은 마지막에 길게 진술할 기회를 얻었는데, 이때도 브
라질의 커피 가격과 역사에 대한 그의 이야기는 설득력 있고 납
득이 갔다. 가령 역사적으로 볼 때 커피 가격은 지난 1870년대
에도 1파운드당 20센트가 넘었고 수년간 생산 과잉이 빚어지

기 전인 1886년부터 1896년까지도 평균 15센트였다는 지적이 나, 가격 안정책 이후로도 1910년까지 거의 4년 동안 가격이 실질적으로 오르지 않았다는 지적이 그랬다. 게다가 가격이 오른 것은 수확이 줄었기 때문이지 가격 안정용 커피 때문이 아니라는 주장도 펼쳤다(실제로 가격이 오른 것은, 지난 1902년에 아시스브라질이 예측한 그대로 최고점을 찍었던 1912년이었다).

질켄은 주장을 이어 갔다. 가격 안정책이 없었다면 1912년에 커피 가격이 더 높아졌을 것이라고. 즉 가격 안정책이 없었다면 1906년과 1907년에 가격이 대폭락해서 농장주들이 파산 지경에 몰리고, 그 결과 수확량이 점점 더 줄었을 것이라며 이렇게 말했다. "파산한 농장들이 방치되어 수확량이 2백만, 3백만, 혹은 4백만 자루밖에 안 되었다면 커피 가격은 25센트대로 치솟았을 것입니다."

질켄은 정부의 태도가 부당하고 자민족 중심주의라고 했다. "나는 미국 정부가 다른 나라의 행동에 대해 비난하거나 시시콜콜 참견하는 것이 과연 타당한지 의문스럽습니다. 한번 생각해 보십시오. 우리나라가 남미에서 면직 거래를 하고 있는데 브라질 정부가 '이보시오, 우리가 조사를 좀 해야겠소', 이렇게 나오면 어떻겠습니까." 그의 지적처럼, "외국의 정부나 정당이 그런 식으로 행동했다면 아마 이 나라에서는 가만 있지 않았을 것"이다. 그는 미국의 태도는 브라질에게 "무조건 당신들은 당신들의 물건을 최저가로 팔고, 우리는 우리의 물건을 최고가로 팔아야 한다. 어떤 식으로든 단체를 만들어서도 안 된다. 자위책을 시도하면 그것은 공모 행위다." 라고 말하는 격이라며 이렇게 말했다. "나는 커피업자로서 내가 위탁 판매를 수용하는 것이 불법이라고 말하는 이 나라의 법무장관과 이 나라의 모든 변호사에게 동조할 수 없습니다."

결국 질켄은 별 타격 없이, 청문회를 무사히 마쳤다. 하지만 그가 가격 안정용 커피를 통해 어마어마한 돈을 벌었던 것은 분명한 사실이다. 그는 중개상으로서 직접 그 커피를 구매한 뒤에 되팔아 거래의 매 단계마다 이윤을 남겼다. 그의 말마따나, 1911년 4월에 커피 가격이 12.75센트로 최고치에 올랐을 때 그는 "그 커피를 구입하기도 하고 팔기도 했다." 언터마이어가 물었다. "그러니까 그 커피를 팔 때는 위원회를 대표해서 팔고, 구매할 때는 직접 개인적으로 구매했다는 겁니까?" 질켄은 구체적인 대답은 피한 채 이렇게만 대답했다. "그 거래에서 이익을 보긴 했습니다."

질켄, 소송을 당하다

질켄이 증언한 다음 날인 1912년 5월 17일, 법무장관 조지 위커샴은 소송 계획에 착수했다. 그 후 얼마 지나지 않아 법무장관은 가처분 명령을 신청하여 뉴욕에 보관 중인 가격 안정용 커피 90만 자루에 대한 압수 조치에 들어가는 한편, 질켄, 뉴욕항만사New York Dock Company, 가격 안정책 위원회의 외국 위원들을 정식으로 기소했다.

국무장관 필랜더 녹스는 법무장관과 브라질 정부 사이에서 이러지도 저러지도 못하는 처지에 놓였다. 브라질 정부는 뉴욕의 창고에 쌓인 커피는 대출금의 담보물로서, 원래 상파울루 주정부의 소유물이므로 미국에게는 압수의 권리가 없다고 항의했다. 한편 5월 29일에 윌리엄 챈틀랜드가 한 연방검사보Assistant U.S. Attorney에게 써 보낸 글에 따르면, "법무장관은 소송에 지대한 관심을 갖고 있으며, 결판이 날 때까지 싸울" 각오였다. 그 이틀 후 위커샴 법무장관은 뉴욕의 한 신문

사 편집장에게 비보도용 서한을 보내 자신의 소송에 대한 견해를 밝혔는데, "외국 정부가 국제적 은행가 집단과 파트너를 맺는 것"에 반대한다며 이렇게 지적했다. "커피 가격이 1파운드당 1센트 오르면 미국에서 소비되는 양에 대비해 1천만 달러가 오르는 셈입니다. (⋯) 그들이 사실상 미국 시민들의 주머니에서 7천만에서 8천만 달러를 털어 가는 것입니다." 위커샴 법무장관은 태프트 대통령에게도 장문의 서한을 보내 소송의 정당성을 주장했다.

그럼에도 불구하고 법원은 커피 압수를 위한 가처분을 인가해 주지 않았다. 그러자 정부는 소송의 범위를 좁혀 허먼 질켄을 집중 공격했다. 질켄, 질켄 측 변호사인 크래먼드 케네디Crammond Kennedy, 위커샴 법무장관 간에 협상이 개시되었다. 법무장관은 90만 자루의 커피를 모두 시장에 풀어놓을 것을 소송의 취하 조건으로 내걸었다. 질켄은 소송의 개시 당시에 미국에 보관되어 있던 양인 70만 자루만 방출하겠다고 나왔다. 이 커피의 제왕이 자신의 변호사에게 보낸 전보에서 지적한 바에 따르면, 그로서는 최대한 많이 파는 것이 가장 큰 이득이었다. 말하자면 판매 처분 양을 제한하는 것은 오로지 브라질 정부의 이익을 지켜 주려는 시도일 뿐이라는 얘기였다. 6월에 이르자 질켄은 경고를 보냈다. 문제 해결이 지연되면 "브라질로선 부득이하게 양국 간의 친선과 통상을 전면 파기하는 조치에 들어갈지 모른다"고.

70만 자루냐, 90만 자루냐를 놓고 벌어진 이 씨름은 1912년 여름 내내 지루하게 이어졌다. 그러다 질켄이 1913년 4월까지 70만 자루를 매각하겠다고 약속했고 드디어 어느 정도의 타협점에 이른 듯했으나, 9월에 위커샴 법무장관이 캠핑 휴가에서 돌아왔다가 "브라질 측이 합의안에 찬성할 의향

미국의 하원 의원 조지 노리스는 허먼 질켄과 가격 안정책을 겨냥하여 '커피 트러스트'라고
비난했다. 당시의 한 삽화가는 이런 노리스를 커피 골리앗에 맞서는 다윗으로 묘사했다.

이 없음"을 알고는 격분하고 말았다. 그는 "법무부에서 대배심에 사건의 개요를 제출하기 위해 준비 중이므로, 조만간 질켄 씨에게, 그리고 어쩌면 그 외의 몇 명에게도 기소 처분이 내려질 것으로 확신한다"고 주장했다.

국무부에서는 원만한 국제 관계를 위해 소송을 절제하거나 연기해 달라며 법무장관 설득에 나섰고, 법무장관은 재차 청문회를 연기했다. 그러다 1912년이 저물어 갈 무렵, 조지 노리스가 가격 안정용 커피의 매각을 강요하는 법안을 제출했다. 여기에 대해 전미커피로스팅업협회NCRA는 이 법안이 "불확실성과 위기의 요인"을 일으키게 될 것이라며 비난하는 결의안을 통과시켰다. 한편 전미커피로스팅업협회 회원이 아닌 다른 커피업자들도 법무장관에게 편지를 보내, 전미커피로스팅업협회는 "생두에 대한 이익에 따라 몰린" 집단이므로 로스팅업자들의 심정을 그대로 대변하는 것은 아니라고 밝혔다. (1901년 이후로 쭉 『스파이스 밀』의 경쟁사이던) 『차와 커피 트레이드 저널』의 영향력 있고 박식한 편집장, 윌리엄 유커스는 법무장관에게 편지를 보내 "커피로스팅업협회는 가격 안정책의 이해관계자들이 자신들의 계획을 방해하려는 그 어떤 움직임도 저지하려는 명백한 목적을 위해 조직한 것"이라고 피력했다. 유커스는 『차와 커피 트레이드 저널』에도 사설을 실어, "단지 브라질인들이 너무 멍청해서 해마다 전 세계에서 필요로 하는 양보다 많은 커피를 생산해 왔던 것이 문제였는데" 왜 미국의 소비자가 그 대가를 치러야 하느냐고 반문했다. 또한 덧붙이기를, 노리스 의원이 거대 자본의 이익 집단과 "허머누스 대제"*에게 맞섬으로써 그의 앞으로의 정치 생

---

* 로마 대제의 이름이 '~nus'로 끝나는 것에 빗대어, 허먼 질켄을 지칭한 말

명이 위기에 처할지 모르겠다고 우려하기도 했다.

질켄은 노리스의 법안을 놓고 "너무 모호해서 개인적으로 나는 무슨 말인지 이해를 못하겠다"며 비난했다. 그리고 노리스가 합법적인 상거래에 간섭하고 있다며 조롱하기도 했다. "노리스 씨가 커피 가격이 올라가는 것을 정 그렇게 막고 싶다면 가뭄, 혹한 등의 온갖 이상 기후가 닥치지 못하게 막는 법을 만들어야 한다."

새해로 접어들면서, 질켄과 브라질 정부가 돌연 자신들의 합의안을 변경했다. 가격 안정용 커피의 매각 기간을 4월까지가 아니라 그해 안으로 바꾸길 원했던 것이다. 위커샴 법무장관은 "도무지 신뢰감이 없다"며 그들을 비난했다. 그리고 국무장관에게 편지를 보내, 당장 소송 절차를 추진할 생각이라고 알렸다. 국무장관은 브라질 측의 편의에 맞추어 달라고 간청하는 편지를 법무장관에게 다시 한번 보냈다.

그러던 1월 21일, 국무장관이 브라질의 외교부 장관으로부터 받은 통보를 서신으로 알려 왔다. 미국에서의 가격 안정용 커피 전부를 여러 국가의 80여 명의 구매자에게 팔았다는 통보였는데, 위커샴 법무장관은 믿지 않았다. "그 통보는 아무래도 사실이 아닌 것 같습니다. 그냥 그 신디케이트의 활동으로부터 딴 데로 관심을 돌리려는 목적으로 지어낸 얘기 같습니다." 법무장관이 의심했던 것도 무리는 아니었다. 브라질 측에서 커피의 구매자 정보를 밝히려 하지 않았으니 말이다. 하지만 실제로 대부분이 팔리긴 했다.

2월 27일, 법무장관은 하원에 있는 조지 노리스에게 서신을 보내 답답한 심경을 전했다. "허먼 질켄에 대해 형사소추 명령을 내리고 싶었던 적이 한두 번이 아니었지만 국제적 문제와 결부된 사안은 [그렇게] 하지 못하도록 되어 있으니, 이

자리에서 물러나기 전에는 아무것도 할 수 없을 듯합니다.”

한편 브라질 측에서는 계류 중인 소송에 대한 보복으로 미국산 밀가루에 대한 30퍼센트 관세 특혜를 철회해 버렸고, 그 이후 밀가루 수출업자들이 상원 의원들에게 편지를 보내 가격 안정책 소송에 대한 불만을 나타냈다. 이 와중에 윌리엄 제닝스 브라이언William Jennings Bryan*까지 나서서 브라질 정부의 편을 들어 주었다.

4월에 이르러 미국에서는 J. C. 맥레이놀즈J. C. McReynolds가 새로운 법무장관으로 취임했다. 위커샴의 특별보좌관 윌리엄 챈틀랜드는 맥레이놀즈에게 강력한 어조의 서한을 써 보내, 허먼 질켄이 “자기 멋대로 커피의 형세를 조작”하고 있다며 질켄이나 브라질 정부가 가격 안정용 커피의 정확한 구매자 정보를 제시하기 전에는 이 소송을 종결짓지 말라고 촉구했다. 맥레이놀즈는 챈틀랜드의 말을 무시하고는 4월에 지체 없이 그 논란 많은 가격 안정책 소송을 취하해 버렸다. 질켄은 마침내 곤경을 면하게 되었다.

이제 가격 안정책의 제1막은 거의 막바지에 이르렀다. 1916년에는 유럽의 창고에 남아 있던 마지막 가격 안정책 커피 약 310만 자루가 팔렸다. 그중 2백만여 자루는 제1차 세계대전이 개시된 이후에 팔렸는데, 독일 정부의 자금 억류로 그 수익이 베를린의 한 은행에 예치되었다. 베르사유 조약으로 전쟁이 종식되자, 브라질에서는 성공리에 로비를 벌여 그 돈을 반환받았다. 1921년에 독일은 브라질에 1억 2천5백만 마르크를 지불했고, 이로써 마침내 이 말 많았던 가격 안정책은

---

* 미국의 정치가. 산업가와 금융가에 맞서 서부와 남부의 농민을 대변한 민중주의자였다.

대효과를 거둔 가격 조작으로서 결말을 지었다.

가격 안정책으로 허먼 질켄과 그의 일당이 브라질의 농민과 정부보다 더 많은 이득을 얻었다는 것은 의문의 여지가 없다. 하지만 가격 안정책 덕분에 집단적 파산과 유질* 처분은 물론, 만약에 벌어졌을지 모를 혁명 사태도 막았다. 다만 안타까운 점도 없지 않다. 이 정책이 성공적으로 간주되면서 브라질이 향후 수년간 이런저런 식의 가격 안정책을 계속 추진하게 되었다는 점이다. 게다가 1912년에 커피 가격이 올라가자 행복감에 들뜬 브라질의 정치인들은 커피나무를 새로 심는 것에 대한 세금을 철회하여 그 뒤로 수년간 과잉 생산이 빚어지도록 방치했다. 시간이 어느 정도 지나자 브라질이 다른 커피 재배국과의 경쟁에 면역성을 갖추지 못했다는 점 또한 분명해졌다. 그 결과, (20세기 초에 점유율이 80퍼센트에 육박할 만큼) 세계 커피 산업을 호령했던 브라질의 지배력은 서서히 잠식당하게 된다.

질켄의 말년

70대에 이른 허먼 질켄에게는 모든 것이 술술 풀리는 듯했다. 가격 안정책 소송이 마침내 1913년 초에 철회되었을 때쯤, 그의 파트너 조지 크로스맨George Crossman이 사망하면서 그에게 1백만 달러의 유산을 남겼다. 알고 보니 나이가 비슷했던 크로스맨과 질켄은 누가 더 오래 사는지를 놓고 일종의 내기를 벌였다. 각자 자신의 유서에 상대방에게 1백만 달러를 증여한

---

* 돈을 빌린 사람이 빚을 갚지 않은 경우에, 빌려 준 사람이 담보로 맡긴 물건의 소유권을 취득하거나 물건을 팔아서 그 돈을 갖는 일

다는 내용을 넣었던 것이다(크로스맨의 아들은 30만 달러밖에 받지 못했다).

그 직후, 7년 전에 아내를 잃고 홀몸이 된 73세의 질켄은 40세 연하의 클라라 웬드로스Clara Wendroth와 결혼했다. 두 사람은 1914년 10월에 배를 타고 독일로 향했다. 제1차 세계대전의 발발 직전이었다. 브라질의 대량 수확을 예측해 냈던 예리한 국제주의자 질켄이었지만 정말로 전쟁이 일어나리라고는 믿지 않았던 것 같다.

1915년에 「뉴욕 타임스」는 떠도는 소문 하나를 보도했다. 질켄이 독일에 감금되어 있고, 독일 정부에서 그에게서 거액의 돈을 강탈하려 하고 있다는 것이었다. 하지만 이 기사에서도 전했다시피, 사실 질켄은 언제나 "굉장한 친독주의자"였다. 그가 독일에 전쟁 구호금으로 기증한 돈은 순전히 자발적 의지에 따른 것이었다. 1915년에는 뉴욕의 「이브닝 선 Evening Sun」을 사들이도록 몰래 75만 달러를 제공하기도 했는데, 「이브닝 선」은 매각 직후 독일의 명분을 지지했다.

1917년에 들어서며 질켄은 건강이 나빠졌고, 그것은 그의 재산 상황도 마찬가지였다. 그가 10월에 숨을 거두기 불과 며칠 전, 3백만 달러 이상의 가치에 상당하는 그의 미국 내 자산이 외국인재산법Alien Property Act에 따라 압류되었다. 질켄의 미망인은 장장 4년에 걸쳐 그가 귀화한 미국 시민이었음을 증명해 낸 뒤에야 미국 정부로부터 그 돈을 돌려받았다.

4백만 달러 이상에 상당하는 질켄의 재산을 놓고 법정 다툼이 계속되면서 그의 이름은 수년 동안 생명을 이어 갔다. 그의 사후에 그와 연인 관계였던 것으로 보이는 두 여성이 사람들 앞에 자신을 밝히기도 했다. 한편 사망 당시 질켄의 경영하에 있던 울슨사는 남들의 손으로 넘어갔는데, 새로운 경영자들이 장부를 검토한 후에 80만 달러에 상당하는 재산에 대해 소송을 제기했다. 포착된 정황상, 질켄은 정부 소송의 압박에 못 이겨 가격 안정용 커피를 팔게 되었던 1913년에, 그 브라질 커피 약 1천만 킬로그램을 울슨사의 창고 안에 내팽개치듯 쌓아 넣고는 회사 측에 굉장히 높은 가격을 청구한 듯했다. 그런데 그 직후 그 가격 안정용 커피를 팔 때는 가격이 대폭 떨어져 있었다. 질켄의 유언 집행인은 이 소송을 법정 밖에서 약 25만 달러로 합의했다.

카페인 음료

20세기의 전환기에 수많은 개혁론자는 커피를 악마의 마약이라고 믿어 의심치 않으며, 커피를 무절제하게 마시면 정신이 돌거나 심지어 사망에 이를 수도 있다고 여겼다. 그 결과 존 하비 켈로그John Harvey Kellogg나 찰스 윌리엄 포스트Charles William Post처럼 순수 식품의 유행을 좇던 이들이 "건강에 좋은" 커피 대용품을 생산하면서 커피 전쟁이 또 다른 양상으로 불붙게 되었다.

제6장
마약 음료

커피에 함유된 마약, 즉 카페인 때문에 수많은 사람이 잠들어 있어야 할 밤에 잠을 못 이루고 있습니다. 커피의 이런 짜증스러운 단점을 (단점이 이것 하나만은 아니지만 어쨌든) 느껴 보셨다면 이제는 커피를 끊고 **포스텀**을 마셔 보시지 않겠습니까? (…)
"다 이유가 있다."
- 포스텀의 1912년도 광고

가격 안정책에 따라 커피의 가격이 올라가자 찰스 윌리엄 포스트는 쾌재를 불렀다. 미국 내 커피 대용품 중 최고 인기인 포스텀Postum의 개발자 찰리 (찰스의 애칭) 포스트, 아니 (그 자신이 더 선호했던 공식 호칭대로) C. W.로선, 생두 가격이 치솟으면서 사람들이 더 싼 대용 상품을 찾을 때마다 떼돈을 벌어들였으니 말이다. 포스트는 전국적으로 건강에 대한 관심이 높아지던 당시의 새로운 열풍에 편승하는 한편, 과학적 표현을 차용하여 자사의 커피 대용품인 포스텀을 마시면 "건강 마을로 가는 길road to Wellville"에 들어서게 될 것이라고 소비자에게 약속했다. 서민적이지만 음해적인negative 그의 광고 방식은 현대의 마케팅에 대변혁을 일으켰지만, 그와 동시에 커피를 "마약 음료"라고 칭함으로써 커피업계를 기겁하게 하기도 했다.

그의 독선, 거들먹대는 태도, 여기저기 내걸린 광고, '커피로 인한 신경과민'에 대한 비방 선전 탓에 포스트는 커피업자들에게는 증오의 대상이었다. 그것도 어찌나 증오했던지, 『차와 커피 트레이드 저널』을 통해 "질펀한 곡류 음료의 왕"이라고 하거나, 더 심한 말로 비하해 댈 정도였다. 1900년대 무렵, 미시간주 배틀크리크Battle Creek에는 그의 회사 외에 "건강에 좋은" 커피 대용품을 생산하던 회사가 여섯 곳 더 있었다. 가격 안정책 시행 시기 동안 이들 곡류 회사 몇 곳도 커피 대용품이나 커피 첨가물을 출시했지만, 포스텀이 압도적인 차로 우위를 점유하고 있었다. 이 포스텀과 그레이프넛시리얼Grape-Nuts cereal 덕분에 포스텀은 가격 안정책 이전에도 이미 백만장자의 반열에 올라 있었다.

1854년에 일리노이주 스프링필드Springfield에서 태어난 찰리 포스트는 열다섯 살에 학교를 그만두었다. 이때 그는 집중력이 약한 자신의 단점을 창의적 열정과 기업가 정신으로 보완하기로 마음먹고, 아직 어린 십 대의 나이로 캔자스주 인디펜던스Independence에 철물점을 열었다가 1년 후에 이윤을 남기고 가게를 팔았다. 그 뒤에는 농기구 회사의 순회 세일즈맨으로 일하다, 직접 농기구 발명에 뛰어들어 파종기, 마차 쟁기, 써레, 건초 스태커stacker,* 여러 종류의 경운기에 대한 특허를 얻었다. 이뿐만 아니라 무연 냄비와 수력 발전기를 발명하기도 했다.

하지만 포스트의 비범한 발명 재능은 거저 얻은 것이 아니었다. 1885년 무렵 그는 당시에 유행하던 '질환'인, 신경쇠약증에 걸렸다. 조지 비어드George Beard 박사에 의해 명명되고 대중에게 널리 알려진, 이 신경쇠약증은 몸의 제한된 '신경 에

---

* 쌓아 올리는 장치

재기 넘치고 성마른 포스텀의 개발자 C. W. 포스트는 마케팅의 귀재로서, 커피를 "마약 음료"라고 일컬었는가 하면 자사의 광고들에는 "다 이유가 있다"는 문구를 집어넣었다. 포스트는 자사의 상품들이 만병통치약이라고 주장하다가 건강이 악화하자 자살로 생을 마감했다.

너지'의 공급이 고갈되는 것과도 연관된다고 인식되었다. 과로한 사업가나 과민한 상류층 여성들 중에는 자신이 이 병에 걸렸다고 믿는 이들이 많았다. 포스트는 훗날 자신이 "흥분성 음료와 마약을 섭취하며 일하다 신경쇠약에 걸렸다"고 말하기도 했다.

포스트는 1888년에 몸이 잠시 회복되자 아내 엘라Ella와 어린 딸 마저리Marjorie를 데리고 캘리포니아로 갔다가, 다시 텍사스로 옮겨 가 이곳에서 허약한 신경 때문이라고 생각되는 증상 때문에 몸을 휠체어에 의지하면서 모직 공장의 경영, 부동산 사업 투자, 전기 모터 제조사 여러 곳의 대표직 수행을 동시에 해 나갔다. 그뿐만 아니라 자동 피아노, 개량 자전거, 매고 나서 코트를 입으면 코트 밖으로 보이지 않는 '과학적인 바지 멜빵'도 발명했다.

이런 기업가적 열정에도 불구하고 포스트는 풍족한 삶을 살지 못했고 금전상의 압박 때문에 1890년에 소화불량에 시달렸고, 신경쇠약까지 재발했다. 그는 존 하비 켈로그 박사가 운영하는 유명한 요양소에서 치료받기 위해 가족을 데리고 미시간주의 배틀크리크로 이사했다.

켈로그 박사 덕에 그 요양소는 전국적으로 주목받고 있었다. 작은 몸집에 턱수염을 기른 정력가이던 켈로그는 스스로 건강 열풍의 촉진자로 자처했고, 특히 싫어하는 것 중 하나가 커피였다. 그는 "차와 커피의 습관적 음용은 미국 국민들의 건강에 심각한 위협이다."라고 진지하게 말하며, 차와 커피가 동맥경화증, 브라이트병(신장염), 심장마비, 뇌출혈, 조로 같은 병을 유발한다고 지적했다. "차와 커피는 몸에 해로운 마약이므로 그 판매와 음용을 법으로 금지해야 한다"면서, 심지어 "커피가 정신 이상의 원인"이라고 주장하기도 했다.

정신 요법과 포스텀

포스트는 요양소에서 9개월을 지냈으나 소화불량과 신경쇠약을 치료하지 못했다. 켈로그 박사는 엘라 포스트에게 심각하게 알렸다. "아무래도 이 얘기를 해 드려야 할 것 같아요. C. W.는 앞으로 시간이 얼마 남지 않았습니다. 나을 가망이 없어요." 절망감에 빠진 엘라는 사촌 엘리자베스 그레고리Elizbeth Gregory와 함께 크리스천 사이언스Christian Science*에 관심을 갖기 시작했다. 그레고리 부인은 아픈 포스트에게 그냥 병에 걸리지 않았다고 생각하라며, 모든 것이 마음먹기에 달려 있다고, 뭐든 먹고 싶은 대로 먹으라고 했다. 정말로 그녀의 말대로 따르니 차츰 호전되었고, 이제 그는 요양소를 나와 자신의 새로운 치유 스승과 함께 이사를 갔다.

포스트는 1892년쯤에 충분히 회복되자 배틀크리크에 켈로그의 요양소에 대한 대안 시설을 직접 열어 라비타인La Vita Inn이라고 이름 붙였다. 여기서 그레고리는 약간의 추가 요금을 받고 정신 치료를 해 주었다. 2년 후, 포스트는 『현대식 훈련: 자연 연상, 또는 생명론The Modern Practice: Natural Suggestion, or Scientia Vitae』을 펴내고 그다음 해에 이 책을 『나는 잘 살고 있다!I Am Well!』라는 더 마음에 와닿고 더 자기중심적인 제목으로 재발행했는데, 이 책을 통해 그 자신은 물론 자신의 여관inn에서 지내는 사람들이 기적적으로 치유되었다고 주장하며 "신사상New Thought",** 즉 "정신 요법"을 지지했다.

1895년에 포스트는 곡물로 만든 커피 대용품, 포스텀을

---

* 미국의 종교가 M. B. 에디(M. B. Eddy) 부인이 조직한 신흥 종교. 신앙의 힘으로 병을 고치는 정신 요법을 특색으로 함

** 인간의 신성(神性)을 강조하여 올바른 사상이 병과 과실을 억제할 수 있다고 여기는 19세기에 생겨난 일종의 종교 철학

처음으로 생산했다. (요양소에서 제공되던) 켈로그의 캐러멜 커피Caramel Coffee와 수상쩍을 만큼 유사한 제품이었다.[1] 1896년 10월, 포스트는 라비타인의 자산에서 3만 7천 달러를 빼서 포스텀사Postum Ltd의 창업 자금으로 댔다. 그러다 새로 출시한 음료 상품이 돈벌이가 되자 라비타인에서의 치료 사업을 접고 이 신상품에 맞추어 견해까지 바꾸었다. 이전만 해도 『나는 잘 살고 있다!』를 통해 모든 병은 "정신적 부조화"에서 비롯되며 올바른 생각을 통해 치료될 수 있다고 밝힌 그였다. 그런데 그렇게 쓴 지 얼마 지나지도 않아, 이제는 더 쉬운 치료법을 광고하고 있었다. "잊지 마세요. 커피와 해로운 음식을 끊고 포스텀 푸드 커피Postum Food Coffee를 드시면 모든 일상 질환에서 회복될 수 있습니다."[2]

포스트는 타고난 세일즈맨이었다. 크고 호리호리한 체격에 떡 벌어진 어깨, 조각 같은 외모를 가진 그는 카리스마 넘치고 설득력 있는 언변으로 남녀 모두에게 호감을 샀다. 1895년에 그는 휴대용 스토브와 함께 포스텀 샘플을 들고 미시간주 식료품 잡화상들을 찾아다녔다. 그것도 가게를 일일이 방문해 주전자에 포스텀을 넣고 규정 시간인 20분 동안 끓이면서 그사이에 그 음료가 의약적 효과가 있다느니, 군침이

---

1 켈로그가 커피를 싫어하긴 했지만, 포스트의 상품 도용이 커피보다도 훨씬 더 싫었던 모양이다. 이렇게까지 말했던 것을 보면 말이다. "대다수의 커피 대용품은 이러저러한 곡물에 당밀을 섞어 볶아서 만드는데, 이 과정에서 페놀 등의 유해한 연소 생성물이 나온다." 그 이후엔, 포스트가 "밀기울과 당밀을 섞어 만든 싸구려 상품을 팔아 수백만 달러를 벌어들였다"며 트집 잡았다.

2 포스트는 『나는 잘 살고 있다!』에서 "위스키, 모르핀, 담배, 커피, 지나친 육욕 등의 비정상적인 것들"이 건강을 해치는 원인이라고 썼는데, "육욕"에 대한 것이라면 그 자신이 체험으로 잘 알았다. 동료의 아내와 잠자리를 가지며 1894년과 1896년에 그녀에게 두 아이까지 낳게 했던 그였으니까.

돌 만큼 맛있다느니 칭찬을 줄줄 풀어 놓았다. 그런가 하면 이렇게 말하기도 했다. "포스텀은 잘 우려내면 커피처럼 진한 갈색이 돌고 그 맛도 자바의 마일드 브랜드와 기막힐 만큼 비슷합니다."

그랜드래피즈Grand Rapids*에서 처음 찾아간 식료품 잡화상은 반응이 영 시큰둥했다. 알고 보니 그 사람이 켈로그의 캐러멜 커피를 대량 들여놓은 터였는데 점점 신선도가 떨어져서 골치였던 탓이었다. 포스트는 그 식료품상에게 위탁 판매 방식으로 포스텀을 받아 팔면 어떻겠냐고 구슬리면서, 광고가 나가면 찾는 사람들이 생길 거라고 장담했다. 그런 뒤에 이 부지런한 사업가 양반께서는 「그랜드래피즈 이브닝 프레스Grand Rapids Evening Press」의 편집장을 찾아가, 포스텀을 우려 주며 마셔 보라고 권했다. 편집장은 내내 반신반의하더니, 포스트의 영업용 편지지를 보고는 태도가 달라졌다. 메모지의 한쪽 구석에 붉은색 점이 찍혀 있고 그 아래에 "피를 붉게 만들어 줍니다"라는 글귀가 찍혀 있었던 것이다. 포스텀이 건강 음료라는 주장에 마음이 움직인 그는 포스트에게 1만 달러에 상당하는 외상 광고를 주었다.

1895년 중반에 포스트는 광고에 월 1,250달러를 썼다. 1897년에 이 광고비는 월 2만 달러로 상승했다. 사업을 하면서 그가 상품을 선전하기 위해 쓴 돈은 1천2백만 달러가 훨씬 넘는데, 그중 70퍼센트는 지역 신문에, 나머지는 전국지에 쓴 광고비였다. 포스트의 광고 철학은 확고했다. 즉 그런 막대한 경비가 그 값을 해서, 상품이 대량 생산되어 넓은 지역에 걸쳐 유통될 수 있도록 수요를 창출한다고 믿었다.

---

* 미시간주의 도시

또한 어마어마한 광고비를 지출하면서도 규모의 경제*를 통해 상품이 소비자에게 전달되기까지의 비용을 절감할 수 있었다.

몇 년이 채 지나지 않아, 포스트가 처음 포스텀을 우려냈던 별 볼일 없던 헛간 주위로 새하얀 공장 건물들이 올라서면서 그곳은 이제 일명 화이트시티White City로 통하게 되었다. 그리고 그중에서도 가장 인상적인 건물은 '선전의 신전temple of propaganda'으로 쓰였다. 말하자면 한 기자의 표현대로 포스트의 광고 담당 직원들이 그가 승인해 주거나 정정해 줄 새로운 선전 문구를 생각해 내는 곳이었다. 또한 이 기자의 말마따나, 그 건물은 "전 세계에서 가장 독특하고 화려한 시설의 사무용 빌딩"이었다.

포스트의 매서운 공격

포스트는 세일즈맨들이 식료품 잡화상이나 도매상을 찾아다니며 상품을 들여놓도록 설득하는 방식에 기대는 것보다 소비자에게 직접 호소하는 편이 효과적이라고 확신했다. 그런 식의 '견인' 광고가 소비자들의 상품 수요를 유도해 줄 것이라고 믿었다.

포스텀의 광고는 "쉬운 단어, 가정적인 삽화 (⋯) 그리고 소비자들이 즐겨 쓰는 어휘로 써야 한다"고 포스트는 강조했다. "커피가 맞지 않으면 포스텀 푸드 커피를 마셔 보세요If Coffee Don't Agree, Use Postum Food Coffee." 한 예로, 그의 광고에서 가장 유명한 이 카피는 커피업자들뿐만 아니라 문법학자들까지 격분

---

* 생산 규모의 증대에 따른 생산비 절약 또는 수익 향상

시켰지만,* 그에 아랑곳없이 포스텀의 판매를 촉진했다. 포스트가 낸 모든 광고에는 맨 마지막에 "다 이유가 있다There's a Reason"는 문구가 들어갔다. 무슨 뜻인지 모호한 문장이었지만, 그럼에도 당시의 대중문화 속으로 잘 파고들었다.

1897년 5월에 들어서면서 상품이 불티나게 팔렸는데, 그 주된 이유는 카페인에 중독되어 괴로움과 좌절에 빠져 허랑방탕하게 사는 사람들의 모습을 묘사해 경각심을 자극하는 광고 때문이었다. 광고에서는 "커피성 심장병", "커피성 신경통", "뇌신경 쇠약"의 위험성을 경고하기도 했다. 커피를 끊고 포스텀을 마시면 약속된 치료 효과를 얻을 것이라면서.

한 인터뷰어는 포스트에게 "귀사의 광고는 (…) 전투적 요소가 있는데요. 그러니까 매번 (…) 상대의 눈을 찌르는 듯한 그런 분위기 말입니다."라고 말했다. 실제로 포스트가 낸 한 광고의 헤드라인에는 "커피를 마시면 시력을 잃게 됩니다"라는 문구가 들어가기도 했다. "커피를 마시는 사람들 세 명당 한 명꼴로 초기나 중증의 질환을 앓고 있다고 말해도 과언이 아닙니다"라거나, 커피에는 "몸에 해로운 마약인 카페인이 함유되어 있으며, 이 카페인은 코카인, 모르핀, 니코틴, 스트리크닌(중추 신경 흥분제)과 같은 종류의 알칼로이드에 속합니다"라는 광고 문구도 있었다. 또 어떤 광고에서는 컵에 든 커피를 천천히 흘리는 모습을 연상시키면서 다음과 같은 기겁할 만한 문구를 뒤이어 붙였다. "이렇게 계속 떨어뜨리면 돌도 닳아 버립니다. 당신의 몸 안에도 구멍이 생겨나기 시작했을지 모릅니다. (…) 10일간 커피를 멀리하고 포스텀 푸드 커피를 마셔 보세요."

---

* 문법적으로는 "don't"가 아니라 "doesn't"를 써야 맞음

포스텀의 이 1910년도 광고는 "커피가 몸을 망가뜨릴 수 있다"는 자극적인 주장을 담고 있는데, 커피업자들은 이런 식의 효율적인 광고 기법을 경계했어야 했다. 하지만 커피업자들은 그러기는커녕 씩씩대며 분개하기만 했다.

† 등대 불빛에는 "커피는 몸을 망가뜨릴 수 있습니다"라는 문구가 쓰여 있고, 하단에는 "건강과 '활력'을 지키고 싶다면 커피를 끊고 포스텀을 마셔 보세요"라는 문구가 쓰여 있다.

인신공격성 협박까지 하는 광고도 있었다. "당신의 그 나약함은 커피를 자주 마셔서가 아닐까요?", "혹시 커피 때문에 당신의 일하는 시간이 줄고 열정이 시들해져 혼탁한 무리에 끼어 버리게 되진 않았나요? 그것 때문에 당신의 몸 안에 흐르고 있을 순혈종의 피가 혼탁해져 당신이 그동안 돈과 명예를 위해 기울여 온 모든 노력이 수포가 되어 가고 있지는 않나요?"

그렇다고 포스트가 광고를 보는 사람들에게 겁만 준 것은 아니다. 때로는 자만심을 자극하는 아부성 광고 문구를 넣을 때도 있었다. 가령 한 광고에서는 "고도로 체계화된 사람들"이라면, 신경을 건드리는 커피보다 포스텀을 마시면 작업 능률이 훨씬 더 오를 것이라고 선전하는 식이었다. 또한 그와 같은 현대인을 겨냥해, 포스텀이 "뇌를 회복시키고 훼손된 조직을 재생시키는 과학적 방법"이라는 주장도 폈다. 한편 커피는 식품food이 아니라 강력한 마약이라며, "그런 마약을 자꾸 먹다간 남자든 여자든 아무리 강한 사람이라도 언젠가 곧 건강을 망쳐서 위, 창자, 심장, 신장, 신경, 뇌 등 기타 신경계와 연관된 장기들이 병에 걸릴 것"이라고도 했다.

포스트는 음료업계에서 처음 미끼 광고를 채택한 인물로 인정받고 있다. 즉 건강 기능의 과장된 주장, 사람들의 속물근성과 공포심 자극, 엉터리 과학 용어, 같은 슬로건의 반복 등을 이용해 매약*으로 광고하여 소비자를 유혹하는 부문에서 선두 주자로 나섬으로써, 현대 소비자 광고의 기초를 닦았다. 그런데 엄밀히 따지자면, 그도 코카콜라를 보고 한 수 배

* 의사의 처방전에 따라 조제한 약이 아닌, 일반 질병에 대한 약방문(약을 짓기 위해 약의 이름과 분량을 적은 종이)에 의하여 미리 조제해 놓고 시판하는 약

운 것일지 모른다. 사실 코카콜라는 이미 1886년에 '두뇌 강장제brain tonic'로 출시되었을 뿐만 아니라, 그 뒤로 커피의 역사에서도 중요한 역할을 차지하게 된다.

편집증에 발맞추기

포스트는 시대에 편승해 미국인의 세기말적 불안 심리를 잘 활용했다. 실제로 당시엔 전보, 전기, 철도, 티커테이프, 호황과 불황을 오가는 경제 사이클 등이 출현하면서 변화의 속도가 실로 위압적으로 느껴질 지경이었다. 게다가 대체로 지방과 육류의 섭취가 과도한 미국인의 식습관은 소화불량을 일으키기 쉬웠다. 실제로 당시 사람들이 불만을 가장 많이 호소하던 질환이 소화불량이었다. 이렇게 소화가 잘 안되는 음식을 먹고 나면 대충 만든 커피로 씻어 내리는 것이 보통이어서, 20세기의 전환기 당시에 미국 시민의 평균적인 커피 소비량은 연 5.4킬로그램에 달했다. 이는 세계 최고의 소비국이던 네덜란드의 1인당 연 7.2킬로그램과 비교하면 상대가 안되는 양이지만, 그래도 많이 마시는 편이었다. 사람들은 속이 더부룩해서 불편할 때면 대개 의약품이 가미된 매약으로 가라앉히려 하기도 했다.

포스트는 자사의 신제품을 전국적으로 광고하면서, 영리하게도 과학적 용어와, 그 매약에 대한 과장된 주장을 많이 쓰면서 굉장한 광고 효과를 거두었다. 이런 그에 비하면 지역의 커피 광고주들은, 아리오사와 라이온 브랜드를 제외하고 아무도 경쟁 상대가 되지 않았다. 이들의 지역 광고 콘셉트는 기껏해야 향이나 구수한 맛 같은 상투적 문구를 내세웠기 때문에 포스트의 능란한 선전술에 맞수가 되지 못했다. 게다가 포스트의 맹공격에 맞서느라 대다수 커피 광고는 방어적인 입장에 몰려, **자사**의 커피에는 (다른 회사들과는 달리) 유해 성분과 타닌이 없다고 선전하느라 바빴다.

포스트는 사이비 과학 지식이 담긴 선동적인 편지를 소비자들에게 직접 보내서 커피업자들을 더욱 격분시켰다. 가령 "커피는 소화불량을 잘 일으키고 신경계의 기능 장애를 유발합니다"라는 식의 내용이었다. 또한 카페인이 "미주신경 (제10뇌신경, 혹은 방황하는 신경wandering nerve*으로도 불리며, 뇌신경 중 가장 길고 가장 넓게 분포되어 있음)"을 공격하여 종종 마비까지 일으킨다는 주장을 집어넣기도 했다.

사실 포스트 자신도 일명 악마의 음료라는 커피를 계속 마셨지만 그럼에도 커피에 대한 공격을 누그러뜨리지 않았다. 그의 딸, 마저리에 따르면 포스트는 커피를 "며칠 동안 마시다가 아프면 며칠 동안 포스텀을 마시면서 몸을 회복시켰고, 그런 후엔 또다시 커피를 찾았다"고 한다. 그는 심지어 커피 마시는 모습을 공공연히 보이기도 했는데, 실제로 당시에 한 신문 기자는 이렇게 썼다. 어떤 만찬에서 포스트가 "경악스럽게도 그 신경을 파괴하는 끔찍한 음료를, 그 치명적인 커피를" 마셨다고.

포스트는 포스텀이 (겨울에 가장 많이 팔리는) 계절 타는 상품이라는 것을 알고 난 뒤, 1898년에 1년 내내 팔기 위한 그레이프넛시리얼을 개발하여 "세계에서 가장 과학적인 식품"이라고 선전했다. 포스텀의 판매는 날이 갈수록 점점 늘어나 1900년에는 42만 5,196달러어치에 이르렀고, 이 중 절반 가까이가 순이익이었다. 1908년에는 포스텀의 판매액이 150만 달

---

* 인체 곳곳에 존재한다고 해서 붙은 별명

러가 넘어섰지만 그 무렵엔 그레이프넛시리얼과 포스트토스티스Post Toasties 시리얼이 매출액에서 포스텀을 앞질렀다.

몽크스브루와 그 밖의 상술

포스트는 포스텀을 소매상에게는 상자당 25센트에 팔고 식료품 잡화상 도매업자에게는 12개 상자들이 한 케이스를 2달러에 팔아, 소매상들에게는 이윤이 얼마 남지 않았다. 하지만 상인들로서는 상품의 수요가 워낙 높아서 별도리 없이 물건을 들여놓아야 했다. 그런데 흔히 그렇듯, 경쟁사들이 하나둘 생겨나 아주 싼 가격으로 비슷한 커피 대용품을 출시하기 시작했다. 포스트는 이 같은 도전에 맞서 새로운 음료인 몽크스브루Monk's Brew를 내놓으며 한 팩당 겨우 5센트의 가격을 매기는 한편, 적정가보다 저가로 출시하는 경쟁사들에게 잠식당하고 있던 지역에서 공격적인 마케팅을 벌였다. 결국 몽크스브루가 경쟁 브랜드들을 쓸어 버리자 포스트는 이 제품을 시장에서 거두어들였다. 이때 포스트는 득의에 찬 웃음을 지었다. "이제 남을 흉내나 내는 자들이 망해 버렸군. 지금껏 이렇게 통쾌한 대학살은 본 적이 없어." 약삭빠른 포스트는 회수해 들인 몽크스브루를 포스텀의 상표로 재포장했다. 이것은 지극히 합법적인 일이었다. 왜냐하면 몽크스브루가 포스텀과 완전히 같은 상품이었으니까.

포스트는 돈방석에 앉았지만 고용 직원들에게는 인색했다. 포장실의 여직원들은 포스텀 한 상자를 채울 때마다 수당이 0.3센트였지만 어쩌다가 상자를 찢기라도 하면 한 상자당 25센트의 벌금을 물어야 했다. 직원들의 급여는 일한 분량에 따라 지급되었으나 지각할 경우엔 그 벌로 감봉되었다. 게다가 포스트는 극렬한 반노조주의자여서, 말년에는 노동조합의 해악에 반대하는 극우 성향의 통렬한 비난의 글을 써서 퍼뜨리는 데 많은 시간과 돈을 쏟아부었다.

시간이 지나면서, 포스트는 일일 제조 공정을 공장장들에게 맡긴 채 자신은 워싱턴 D.C., 텍사스, 캘리포니아, 뉴욕시, 런던에 있는 집들과 결혼한 딸이 사는 코네티컷주 그리니치Greenwich의 집을 쉴 새 없이 이리저리 유랑했다. 자신이 직접 처리해야 할 업무도 대부분 우편으로 처리했다. 그러나 엄청나게 성공을 거둔 사업의 대다수 업무는 위임한 상태였다. 다만 광고 문안만큼은 여전히 직접 챙겼다. 그는 주머니에 광고 문안을 적은 종이를 몇 주일씩이나 넣고 다니며 매일같이 새롭게 수정하곤 했다. 그 단어 하나하나가 대략 3천만 명의 소비자에게 영향을 미치게 될 것임을 의식하면서. 포스트는 실제로 이렇게 말했다. "그 누구도 우리 회사의 광고 문구를 나보다 더 잘 쓰지 못하고, 나처럼 쓰도록 가르칠 수도 없었다."[3]

그는 수십여 개의 경쟁사들이 포스텀에 도전장을 냈다가 실패한 것에 통쾌해하며 이렇게 말했다. "맛이 좋고 순수한 먹거리를 만들기는 정말 쉽지만, 그것을 파는 것은 완전히 별개의 일이다." 포스트는 광고를 심리학적으로 접근한 최초의 인물에 속했다. "사람들의 일상 행동을 잘 관찰하라. 그들의 습관, 좋아하는 것과 싫어하는 것, 스타일, 희망, 좌절, 용기, 약점을 눈여겨봐라. 특히 그들이 무엇을 필요로 하

---

3 포스트는 후반에 신제품 개발 업무를 다른 사람들에게 맡겼다. 가령 20분 동안 끓이지 않아도 바로 마실 수 있도록 1911년에 개발된 인스턴트 포스텀도 영국 지사의 총책임자로 있던 그의 사촌, 윌리스 포스트(Willis Post)의 작품이다.

는지에 주목하라.”

포스트는 '많은 그린백*'을 내걸며 포스텀을 추천하는 편지를 보내 달라는 광고를 대중 잡지에 실었다. 그리고 그 편지 중에서 가장 좋은 것을 선별해 더 인상적인 내용이 되도록 다시 썼다. 그렇게 편집된 편지 중 하나는 이런 내용으로 시작되었다. “나는 커피의 노예였다. 날마다 두통에 시달렸다.” 이 여성은 커피를 끊고 포스텀을 마시자 앓던 곳이 말끔히 나았다고 했다. “이제는 류머티즘이 싹 낫고, 피가 깨끗해지고, 신경이 거의 안정되고, 소화에도 별문제가 없고, 더 이상 머리도 아프지 않다”고.

이번엔 펜실베이니아주의 윌크스배러Wilkes-Barre에 사는 어떤 간호사가 보내온 편지의 내용이다. “나는 진한 커피를 자주 마시다가 크게 고생했다.” 물론 이것은 포스텀으로 바꿔 마시기 전까지 그랬다는 얘기이며, “당연히, 그 뒤로 환자들에게 포스텀을 마시게 했더니 눈에 띄는 효과가 나타났고 포스텀을 마신 산모들에게서도 흥미로운 사실을 발견했는데, 젖이 잘 나오게 하는 데 큰 도움이 되었다”고 한다.

다음은 미주리주의 세인트조지프St. Joseph에 사는 한 남자가 보내온 사연이다. “나는 2년쯤 전부터 무릎이 뻣뻣해지고 발이 붓기 시작해 걷는 데 애를 먹었고, 나중엔 통증이 그치질 않아서 죽을힘을 다해야 겨우 걸을 수 있다.” 말하자면 그가 이렇게 된 원인은 커피였고, 그 해결책은 포스텀이었다는 얘기였다.

독자적 스타일이던 포스트는 결국 광고 중개업자를 해고하고 1903년에 광고 담당 직원인 프랭크 C. 그랜딘Frank C.

---

* 미국 정부 발행의 법정 지폐. 뒷면이 녹색인 데서 유래됨

Grandin의 이름을 딴 그랜딘광고대행사Grandin Advertising Agency를 설립했다. 포스텀이 그랜딘광고대행사의 유일한 고객이었다. 그 이후에 포스트는 배틀크리크에서 신문사를 사들인 후, 이를 기반으로 포스텀, 그레이프넛, 포스트토스티스의 광고는 물론, 그 자신의 다소 별난 견해들도 유포시켰다.

커피 상인들의 대응

C. W. 포스트는 당시의 그 어떤 미국인보다 빠르게 재산을 축적했다. 1895년 초에 처음 포스텀을 생산한 이후, 7년 만에 백만장자가 되었으니 말이다.

1906년 무렵, 커피업자들 사이에서는 포스텀의 성공을 바라보며 느끼는 분개가 최고조에 달했다. 일례로『차와 커피 트레이드 저널』의 편집장 윌리엄 유커스는 마저리 메리웨더 포스트의 결혼을 놓고 신랄한 사설을 썼다. "참으로 대단한 일이지만 발표된 바에 따르면 (…) 그 자식 사랑이 지극한 아버지는 딸에게 2백만 달러를 쓰면서 딸에게 통 큰 사업가 스타일이 뭔지 제대로 보여 줬다. (…) 하기야 포스트에게 2백만 달러가 뭐가 그리 대단한 액수겠는가? 매년 광고에만 150만 달러를 쓰는 인물이 아닌가? 그러니 미국 대중이 잘 속아 넘어갈밖에!"

당시의 수많은 커피 광고는 오히려 상황을 악화시켰다. "내가 말했잖아요. 아버클사 걸로 가져오라고." 한 광고에서 아내가 남편의 턱을 때리며 커피 봉지를 내던지는 모습과 함께 이런 대사가 실렸고, 이어진 광고의 카피는 이랬다. "다른 커피를 가져오면 불같이 화를 내십시오. 그런 제품은 몸에 좋지 않아서 언젠가 당신의 소화 기능과 신경을 망쳐 놓을 수도

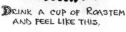

포스텀의 음해성 광고에 약이 바짝 올라 있던 커피업자들은 1910년에 이런 풍자 삽화로 반격을 하기도 했다

† 상단에 로스텀* "이유 같은 건 없다"라는 문구와 함께 "커피를 마시면 신경쇠약이 일어납니까? 로스텀이 커피보다 나은 것이라면, 로스텀을 마시면 몰지각해진다는 것입니다. 저희는 로스텀에 뭐가 들어 있는지도 모르고 여러분이 로스텀을 마셔야 하는 이유도 잘 모릅니다. 또 그런 것 따위에 관심도 없습니다!"라는 글과 하단의 "더 이상의 설명은 불필요합니다! 로스텀을 드시며 몰지각의 느낌을 느껴 보세요" 라는 문구로 풍자했다.

---

* Roastem. 포스텀과 음운을 맞춘 것으로 '사람을 놀리다(roast them)'라 는 뜻임

있으니까요." 이런 식의 미끼 광고는 아리오사에게 단기적으로는 유익했을지 몰라도 대다수의 다른 커피에 대한 안 좋은 인상을 심어 주고 말았다. 또 다른 예로 던 커피Dern Coffee의 광고에서는 "커피가 신경과 소화 기능에 해를 끼친다면 그것은 갓 볶고 철저히 세척하고 올바르게 취급된 커피를 쓰지 않아서입니다."라고 주장했다. 말하자면 던 커피가 "여러분에게 신경을 손상시키는 성분 없이 진한 맛과 향의 커피를 맛보게 해 준다"는 요지였던 것.

마찬가지로 커피를 변호하는 기사들 다수도 결론적으로는 커피에 해를 끼쳤다. 1906년 5월에 『차와 커피 트레이드 저널』에 실린 존 G. 케플링거John G. Keplinger의 기사는 "커피의 유익함"이라는 제목 아래 이렇게 주장했다. "아무리 헛소리라도 지면에 자꾸만 반복해서 오르내리다 보면 대중의 뇌리에 각인되고 만다"고. 하지만 케플링거는 이어서 인정하길, "커피가 불쾌감, 두통, 속 쓰림, 흐릿한 시야 등의 원인인 것은 분명하다"고도 했다. 왜냐고? 이 기자의 견해에 따르면, 커피를 우유와 설탕에 희석해서 마시는 것이 그런 유해 원인이었다. 즉 커피는 반드시 블랙으로 마셔야 한다는 얘기였다.

그 자신은 깨닫지 못한 모양이지만, 케플링거는 언행일치를 실천하지는 못했다. 그는 커피 광고주들에게는 자사 브랜드의 커피가 두통, 변비, 소화불량, 신경질환 등을 유발하지 않는다고 밝히기보다 차라리 긍정적인 특징을 부각하라고 줄기차게 조언했다. 그래 놓고선 자신이 바람직하다고 승인한 샘플 광고에서는 "정말 커피가 해로울까?"라는 헤드라인을 내걸었다. 그가 권한 또 다른 광고들에서는, 터무니없고 상투적인 매약성 주장으로 접근하기도 했다. "커피는 귀한 치료제입니다. 아니, 더 정확히 말하면 예방약으로서, 장티푸스, 콜레라, 단독丹毒,* 성홍열을 비롯해 여러 가지 유형의 말라리아열이 유행할 때 유익합니다." 한편 "좋은 커피는 신경을 진정시켜 준다"는 헤드라인을 내걸며, 그 이유를 이렇게 밝히기도 했다. 커피는 "맥박 기록기에 의해 수차례 입증되었다시피 무반응 자극제이며 뇌 자극제로서 지적인 음료라고 지칭하기에 손색이 없을 것"이기 때문이라고 했다.

커피를 선전하던 이들이 20세기 초반에 즐겨 구사했던 한 가지 책략이 더 있었는데, 커피가 장수에 도움이 된다는 사례로서 일화를 소개하는 것이었다. 가령 92번째 생일에 경쾌하게 포크댄스를 추었다는 해나 랭 부인Mrs. Hannah Lang의 일화가 그런 사례였다. "랭 부인은 평생토록 하루도 앓은 적이 없다는 것을 자랑스러워했다. (…) 그녀가 지키는 단 한 가지 건강 수칙이 있다면, 그것은 날마다 진한 커피 네 잔을 마시는 것이라고 한다." 미시간주 아이언우드Ironwood의 크리스틴 헤딘Christine Hedin 부인이 백 번째 생일을 맞아 "온종일 커피를 마셨다"며, 평상시에도 (하루 네 잔에서 열 잔까지) 커피를 달고 산다는 일화도 소개되었다. 백 세가 넘은 한 프랑스인은, 커피는 지나치게 많이 마시면 독이 된다는 말을 듣고 이렇게 말했다고 한다. "커피는 독입니다. 그것도 효과가 아주 서서히 진행되는 독이지요. 내가 바로 그 산증인이에요."[4]

---

* 연쇄구균에 의한 피부 및 피하 조직 질환

[4] 18세기에 스웨덴의 쌍둥이 형제가 살인죄로 사형을 선고받았다. 이때 구스타브 3세(Gustav III)는 당시에 한창 논쟁거리로 떠올랐던 차와 커피의 효과를 연구하기 위해 형제의 형을 종신형으로 감형시켰다. 그렇게 해서 한 형제는 날마다 다량의 차를 마셨고 다른 형제는 커피를 마셨는데, 차를 마신 형제가 83세의 나이로 먼저 사망했다.

1906년 7월에『차와 커피 트레이드 저널』의 편집장 유커스는 들고일어나 뭔가 행동을 취해야 한다고 권하기에 이르렀다.

여기저기서 제조업자와 상인들이 현 상황에 눈을 뜨고 있다. 어느새 대용 음료 제조자들이 자신들을 살금살금 앞질렀다는 사실을 깨닫고 이제는 잃어버린 영토를 되찾으려 벼르고 있다.

건강우려증에 대응하기 위해 커피업자들은 위 사진의 멜린다 P. 카일(Melinda P. Kyle) 부인 같은 소비자들을 찾는 데 열심이었다. 1912년에 당시 114세이던 카일 부인은 14세 때부터 날마다 커피를 세 잔씩 마셨다고 한다.

(…) 포스텀사는 확실히 기막힌 기회를 잡았고 그 기회를 최대한 이용했다. 그동안 전국의 커피 소매상들은 그들의 계획을 뒤엎기 위해 아무것도 하지 않았다. (…) 커피 대용품은 이런 식의 광고로 격렬하고도 지독하게, 그리고 신기에 가까운 기술로 커피에 공격을 가해 왔고 그 바람에 커피를 밥 먹듯이 꼬박꼬박 마셨던 수천 명의 사람이 커피를 끊어 버렸다.

좌절과 당혹감에 빠진 커피업자들은 심지어 포스트를 비밀리에 자신들의 광고 카피라이터로 고용할 생각까지 했으나 그 계획은 포스트 자신의 말마따나, 실현되지 못했다. "내가 포스텀을 광고하는 것처럼 커피를 광고할 수 있을까요? 아니, 못합니다. 나에겐 포스텀이 좋은 제품이라는 믿음이 있지만 커피에 대해서는 그런 믿음이 없으니까요."

커피 광고주들은 10년이나 20년이 더 지나서야 포스트의 교훈을 터득하게 된다. 긍정적인 이미지가 맛만큼이나 중요하다는 교훈을.

『콜리어스 위클리』의 명예훼손 소송

유명 전국지 『콜리어스 위클리Collier's Weekly』는 1905년도에 새 뮤얼 홉킨스 애덤스Samuel Hopkins Adams의 "미국의 대사기극 The Great American Fraud"이라는 연재 폭로 기사를 실어 오도성 광고를 비난함으로써 그다음 해에 획기적인 식품법이 통과 되도록 이바지한 이후, 의문의 여지가 있는 매약 광고의 게재 를 거부했다. 하지만 그해 말에 한 격분한 독자가 불만을 토 로했듯, 하나같이 의약적 치료 효과를 과대 선전하던 포스트 의 광고는 게재했다. 독자의 불만에 가책을 느낀 『콜리어스 위클리』의 광고 책임자는 포스트에게 편지를 보내 더 이상 그 런 광고를 게재할 수 없게 된 사정을 알렸다. 그러다 1907년 에 이 주간지에서는 그레이프넛 광고에 대한 사설을 실어, 그 아침 식사 대용 시리얼이 충수염(맹장염)을 치료해 준다는 주 장을 비난했다. "이것은 거짓말이다. 그것도 치명적 잠재성을 지닌 거짓말." 이 사설은 또한 의사들과 보건 관계자들의 포 스텀 추천사를 "꾸며 낸 것"이라고 평했다.

포스트는 이에 대응해 1만 8천 달러를 들여 전국의 신문 에 악의에 찬 기사성 광고를 실으며, 『콜리어스 위클리』의 그 기자는 "뇌의 회백질이 굳었다"는 주장까지 펼쳤다. 뻔뻔스 럽게 우기는 짓도 서슴지 않았다. 주간지에 광고의 게재를 거 부한 쪽이 자신이라며, 그것을 괘씸하게 여겨 자신을 그렇게 공격한 것이라고. 게다가 추천사에 대해서도, "우리는 지금껏 실제로 추천서를 얻지 않은 상태에서 포스텀이나 그레이프넛 에 대한 저명한 의사나 보건 관계자의 견해를 담아 광고한 적 이 없다"고 변호했다.

1907년, 『콜리어스 위클리』 측에서 포스트에 대해 명예 훼손 소송을 제기했다. 3년 후에 마침내 공판에 회부되자, 포스트는 난처한 입장에 처하게 된다. 예전에 『나는 잘 살고 있다!』에서 특히 어금니 농양(고름집)과 휠체어에 의존해야 할 만큼의 병약자에 대한 기적의 치유력을 주장했던 그는 그러한 이전의 글들에 대해 변호해야 했던 것이다. "그런데 이제는 정신적 암시가 아니라 그레이프넛과 포스텀을 통해 고통이 완화된다고 주장하는 겁니까? 그것도 1파운드당 15센트로요?" 지방 검사가 묻자 포스트가 대답했다. "예, 그렇습니다." 그는 변호사가 시키는 대로 이렇게 인정하기도 했다. 좋은 추천사를 받기 위해 보상을 제공했으며 모든 추천의 말이 진짜인지 조사해 볼 시간이 없었다고.

최후 진술에서 고소인 측의 변호사는 극적으로 포스트를 가리켜 보이며, 배심원단에게 간청하듯 말했다. "저 사람이 정직해질 수 있게 도와주십시오." 배심원단이 이 간청에 호응하면서 포스트는 명예훼손 유죄 판결을 받아 벌금 5만 달러를 선고받았다. 이 판결은 끝내 뉴욕 항소법원에서 파기되었지만 포스트는 나름의 교훈을 얻어 그 뒤로 절제된 주장을 펼쳤다. 불과 몇 년 사이에 이제는 포스텀의 광고에 뇌의 피로나 충수염이 아닌 변비의 치료 효과가 선전되었을 만큼.

와일리 박사의 모순

1906년 봄, 윌리엄 유커스 편집장은 이렇게 지적했다. "어떤 사람이 로스팅한 완두콩과 치커리를 커피라고 파는 일이 어쩌다 몇 번 발견되면 호되게 아우성을 쳐 대면서, 백만장자 포스트가 태운 곡물을 커피라고 내놓는데도 아무도 뭐라고 하는 사람이 없다. 대체 와일리 박사는 어디에서 뭘 하는데 그렇게 조용한 건가?" 하비 와일리는 당시에 통과를 앞두고 있던 신설 순수식품법을 위해 열심히 로비를 펼치면서, 광고와 라벨 표기의 진실성 수호를 대변하는 유력 인물로 부상해 있었다. 와일리는 사기와 부도덕 행위 근절을 위한 **도덕성 회복 운동**에도 앞장서며 이렇게 말했다. "대중의 건강에 해를 끼치려는 행위는 오히려 가장 덜 중요한 문제다. (…) [그리고] 마지막에 고려되어야 할 문제다. 식품에 섞음질을 하는 행위의 본질적 죄악은 소비자의 기만이다."

이렇듯 와일리는 건강 문제보다 기만 행위에 더 집착했고, 그런 성향이 그의 법령에도 그대로 반영되었다. 가령 순수식품의약품법Pure Food and Drugs Act에서는 유해한 성분을 불법으로 규정하지 않고, 단지 라벨에 명시하도록 의무화했다. 카페인은 그런 라벨 명시 의무 대상에 해당되는 유해 성분의 목록에도 포함되지 않았다. 성인 남녀와 아동을 통틀어 1인당 소비량이 5.4킬로그램이던 커피는 미국에서 가장 인기 있는 음료였던 만큼, 대다수 커피업자들은 자신들이 입을 타격이 비교적 약할 것이라고 안도하면서 내심 기대했다. 즉 와일리가 포스텀 같은 상품의 잘못된 라벨 표기에 관심을 기울여 주었으면 하는 기대였다.

와일리가 마침내 그 바람대로 행동을 취하면서, 포스트는 어쩔 수 없이 라벨과 광고에서 **커피**라는 단어를 빼게 되었다. 하지만 순수식품법은 커피업자들에게도 골칫거리가 되었다. 치커리나 기타 커피 대용품을 쓰다가 정부 요원에게 들키면 기소를 당했고, '블랙잭' 콩, 즉 마름병이나 부적절한 가공에 의해 변색되거나 곰팡이가 핀 콩을 수입하다 들키면 수입 중지 처분을 받았기 때문이다. 실제로 그 뒤 몇 년에 걸쳐 수십 건의 커피 관련 기소가 이어지면서 커피와 커피 대용품 산업에서의 부정행위가 정화되었다.

이와 같은 법률 집행은 건전한 처사였지만, 단순히 관료적이거나 악의적이거나 몰상식해 보일 뿐인 기소들도 없지 않았다. 당시에 브라질과 중앙아메리카의 커피콩들은 일반적으로 자바 커피로 잘못 표기되어 왔지만, 이런 명칭 표기는 전통적으로 행해지던 관행이라 자바섬 본산지만이 아니라 열네 개의 인근 섬들에서 재배된 커피에 붙여도 온당한 것이었다. 그럼에도 불구하고 식품의약품 조사위원회Board of Food and Drug Inspection는 수마트라에서 재배된 커피는 자바가 아닌 수마트라 커피로 라벨 표기를 해야 한다고 규정했다. 정작 업계 내에서는 그런 오랜 관행이 피해가 된다고 보는 사람이 아무도 없었지만, 정부에서는 아니었다.

유커스를 비롯한 커피 전문가들은, 하비 와일리가 자신들 업계의 단속에 도움을 준 순수식품법을 옹호했던 만큼 와일리가 자신들의 편이라고 믿고 싶어 했다. 하지만 1910년에 개혁 의지가 투철한 이 화학자는 여러 신문에 보도된 한 연설에서 감정에 치우쳐 판단력을 상실한 주장을 펼쳤다. "이 나라는 차고래와 커피고래들로 넘쳐난다. 이제 이 나라에서 가장 흔한 마약은 카페인이다."라고.

순수식품법이 통과된 직후, 와일리는 코카콜라를 표적으로 공격을 개시했다. 그는 카페인 함유 음료를 탐탁지 않게 여겼지만, 복숭아나 아몬드에 시안화수소산*이 천연적으로 함유된 것처럼 커피와 차에 함유된 카페인도 **천연 성분**이기 때문에 커피와 차는 법적 공격으로부터 안전했다. 그러나 코카콜라는 아동과 성인 모두가 즐겨 마시는 음료인 데다 카페

---

* 속칭 청산이라고도 하며, 사이안화수소(HCN)의 수용액으로, 독성이 있음

인이 의도적으로 첨가된 것이었다. 그래서 와일리는 꺼리는 상관들을 설득해, 조지아와 테네시 사이의 주州 경계선을 통과한 코카콜라 시럽 1배럴들이 나무통 40개와 케그* 20개를 압수하도록 허락해 달라고 했다.

정부는 1911년에 테네시주 채터누가Chattanooga에서 코카콜라를 재판에 회부하며, 코카콜라가 섞음질을 했으며, 순수식품법에 따라 유해 첨가물 함유로 규정된다는 혐의를 내세웠다. 따라서 정부는 카페인이 해로울 뿐만 아니라 순수식품법에 저촉된 첨가물임을 증명해야 했다. 이 극적인 재판을 지켜보는 커피업자들로선 심정이 착잡할 수밖에 없었다. 전문가 증인들이 카페인에 독성이 있다고 공격할 때는 움찔하면서도, 또 한편으론 그 인기 있는 청량음료가 자신들의 시장을 차츰차츰 잠식해 오는 현실을 의식하고 있었으니 오죽했겠는가.

대다수 전문가 증인들은 인상적인 자격을 갖춘 이들임에도 불구하고 자신의 견해에 크게 편향됨으로써 결함이 있는 실험들을 증언의 바탕으로 제시했다. 단 해리 홀링워스Harry Hollingworth와 레타 홀링워스Leta Hollingworth가 카페인이 인간에 미치는 영향을 밝히기 위해 실시한 획기적인 이중맹검법** 실험은 예외였다. (아직도 논문에서 인용될 만큼 권위를 지닌) 이 실험에 따르면, 적당한 양의 카페인은 운동 기능을 향상시켜주지만 수면 패턴에는 비교적 영향을 미치지 않았다.[5]

코카콜라가 재판의 최후 승자가 되었지만 그 어떤 과학

---

* 작은 나무통. 보통 10갤런 (1갤런=3.785리터) 이하

** 약 효과 판정을 위하여 피실험자나 연구자에게 그 사실을 알리지 않고 하는 검사법

5 커피가 건강에 미치는 영향에 대한 평가는 제19장 참조

"음료 코카콜라 5센트"라는 타이틀의 1890년대 코카콜라 광고

적 근거도 없는 승리였다. 모든 증거가 타당하지 못한 것으로 판명되었고, 샌퍼드^{Sanford} 판사가 판사석에서 자신의 견해를 표명하며 배심원단에게 코카콜라에게 유리하도록 평결을 되돌리라고 명령함으로써 얻은 승리였으니까. 한편 샌퍼드 판사는 카페인의 독성 여부는 판정하지 않은 채 이렇게 말하기도 했다. 카페인은 법에 저촉되는 첨가물이 아니며, 코카콜라가 개발된 이후부터 제조법의 필수적인 요소였다고. 이 재판은 와일리 박사에게도 영향을 미쳤다. 그의 상관들은 이 집요한 화학자를 떼어 낼 구실을 찾다가, 와일리가 한 증인에게 과도한 증언 사례비를 제공하는 불법을 저질렀다며 추궁했다. 결국 와일리는 국민적 인기가 최절정에 이르렀던 1912년 3월에 사임하게 되었다.

바로 그해에 커피업자들은 와일리가 자신들을 지지해 주리라는 기대감에 들떠, 그에게 돈을 주며 전미커피로스팅업협회에서 '미국 국민 음료로서의 커피의 장점'을 주제로 기조연설을 부탁했다. 그런데 이 가차 없는 화학자가 연설의 첫마디로 꺼낸 말은, 순수한 물이 국민 음료가 되어야 한다는 것이었다. 두서없이 이어진 연설에서 그는 코카콜라에 대한 근본적 앙심을 표출하는 데도 시간을 할애했지만, 커피와 카페인에 대한 혹평 또한 빼놓지 않았다. 그 남부의 청량음료는 "커피의 첫 번째 인위적 사촌이며, 그 이유는 사람들이 코카콜라에 넣는 마약이 신이 커피에 넣은 마약, 즉 카페인이기 때문"이라면서 말이다. 그는 뒤이어 계속 말했다. "나는 내 아이에게 독을 주고 싶지 않은 것처럼 커피나 차도 주고 싶지 않다"고.

그 자신이 부끄러워하며 인정했다시피 와일리도 C. W. 포스트와 마찬가지로 커피를 마셨다. "커피가 해로운 것은 잘 안다. 수많은 사람이 커피 때문에 소화불량과 기타 여러 가지 신경쇠약에 자주 걸리는 것을 모르지 않는데도, 아침마다 자리에 앉아 커피를 마신다. 커피가 좋다."

디카페인의 탄생

이처럼 카페인을 둘러싼 당대의 대중적 논란으로 인해 기업가들은 원래부터 카페인이 함유되지 않은 커피를 찾기 시작했다. 그 결과 네 가지 품종의 커피가 확인되었는데 대부분 마다가스카르Madagascar에서 자라는 품종이었다. 안타깝게도 이 품종들의 볶은 씨로 만든 음료는 쓰고 맛이 없었다. 유명한 농학자 루서 버뱅크Luther Burbank는 맛이 괜찮은 잡종의 개발이 바람직한 방법이리라 확신한다며, 실제로 그것이 가능할 수도 있겠지만 그러려면 열대 지방에서 수년간 실험해야 할 것이라고 견해를 밝혔다. "나는 절대로 커피 묘목에 관심을 기울일 마음이 없다. 다른 기후대로 이사를 가야 할 테니까." 그는 이렇게 말하며 뒤이어 의미심장한 의문을 덧붙였다. "카페인 섭취에 따라 활기를 얻는 효과가 빠진다면, 과연 사람들이 커피를 마실까? 마실지도 모르겠지만 그것은 내가 아닌 다른 사람이 판단할 문제다."

얼마 지나지 않아 버뱅크의 의문에 대해 아주 긍정적인 답이 제시되었다. 직업적인 커피 시음가였던 아버지가 과도한 카페인 섭취로 인해 이른 나이에 세상을 떠났다고 굳게 믿고 있던 독일의 상인 루트비히 로젤리우스Ludwig Roselius가 생두에서 카페인을 추출해 내는 데 성공했다. 증기로 생두를 과열시킨 다음 벤젠 용제를 이용해 카페인을 추출하는 방식이었다. 그는 이 추출 방법에 대한 특허를 얻어 1906년에 자신의 회사를 세웠다. 그로부터 몇 년 후 그의 디카페인 커피는 독일에서는 카페하크Kaffee Hag, 프랑스에서는 상카Sanka(무카페인), 미국에서는 머크Merck 제약사 상품의 디카파Dekafa라는 이름을 달고 시장에 출시되었다. 그 뒤로 대서양을 사이에 두고 양쪽에서 경쟁자들이 하나둘 생겨났다. 역시 독일인인 로버 휘브너Rober Hübner가 1911년에 미국 시장에 자신의 휘브너 헬스 커피Hübner Health Coffee를 내놓으며 화학 용제를 사용하지 않은 순수 물 가공pure-water process을 통해 카페인을 추출했다고 주장했다. 그다음 해에는 두 개의 '인스턴트'커피, 즉 레귤러 브루잉 커피를 농축 분말로 만든 커피 브랜드가 판매되었다.[6]

포스트의 말년

디카페인 커피와 인스턴트커피는 통상적인 커피 소비에 미미한 영향만을 미치면서 커피업자들을 과도한 불안에 빠뜨리진 않았다. 적어도 이 상품들은 커피였으니, 광고를 통해 그들의 상품에 끊임없이 해를 끼치는 포스텀과는 그 성격이 달랐다. 당시에 C. W. 포스트의 이름은 『차와 커피 트레이드 저널』에 커피의 적그리스도로 심심찮게 오르내리고 있었다.

1914년 1월에 포스트는 몸과 신경이 쇠약해졌다. 신문들은 그가 "절대 안정을 위해" 개인 주치의와 아내를 데리고 샌타바버라Santa Barbara의 목장으로 떠났다고 떠들어 댔다. 『차와 커피 트레이드 저널』의 편집장 윌리엄 유커스는 빈정대고 싶은 마음을 억누르지 못하고, 포스트가 "커피로 인한 신경과

---

6 초기 인스턴트커피 시장에서 가장 성공을 거둔 G.워싱턴(G. Washington) 브랜드에 관한 상세한 내용은 제8장 참조

민"을 그렇게 줄기차게 경고하더니 정작 자신이 신경쇠약으로 쓰러졌다고 꼬집었다. "우리가 그의 불행을 고소해하는 것처럼 보이긴 싫다." 유커스는 말과는 달리 실제로는 고소해하면서도 이렇게 운을 떼고는 이어 말했다. "오히려 그의 신경쇠약이 어떤 식으로든 그동안 마신 포스텀 때문이라면 깊은 연민을 느끼고 있다." 유커스는 이 백만장자의 빠른 쾌유를 빌며 간호사가 "요양 중인 그에게 이따금 커피를 슬쩍 먹게 해 줄" 것을 넌지시 권했다.

3월에 포스트의 주치의는 그에게 충수염 진단을 내렸다. 불과 4년 전 『콜리어스 위클리』와 재판을 벌이는 동안 포스트 자신이 그레이프넛이 충수염을 예방 및 치료해 준다고 거듭거듭 주장했던 것을 떠올리면 참으로 아이러니하다. "건강 상실, 죄악, 병은 인간의 정신이 만들어 낸 것으로, 최면 상태나 비정상적인 상태에서만 나타난다." 게다가 이런 글까지 썼던 사람이 수술을 받아야 한다고 인정한다면 신뢰의 위기를 빚을 것이 뻔했다.

포스트는 전용 열차를 타고 캘리포니아주에서 미네소타주로 이동하여 그곳의 메이요 의료원Mayo Clinic 의사들에게 수술을 받기로 했다. 흔하디흔한 그 수술을 성공적으로 받고 나서 포스트는 샌타바버라로 다시 돌아왔지만 심한 우울증에 빠져 좀처럼 침대 밖으로 나오지 않았다. 포스트는 한때 이렇게 말한 적이 있다. "아픈 곳 없이 건강한 것은 천국을 맛보는 기분이며 아프면 지옥을 맛보는 기분이다."라고. 1914년 5월 9일, 포스트는 아내에게 뭔가 일을 시키며 멀리 보냈다. 간호사에겐 이런 말을 했다. "너무 불안해. 정신은 정말 명료한데 신경을 다스리질 못하겠어." 그러고 나서 당시 59세이던 이 백만장자의 건강 대가, C. W. 포스트는 간호사를 내보낸 후

입에 총을 물고 방아쇠를 당겼다.

항간에는 포스트보다 서른 살 가까이 젊은 그의 아내가 외도를 했는데 포스트가 그 사실을 알고 자살했다는 얘기가 돌았다. 이보다 더 그럴듯한 소문도 있었다. 사망 당시 2천만 달러 상당의 재산을 가졌던 사람이 자존심에 상처를 입자 세상을 떠난 것이라는. 정신 훈련, 포스텀, 그레이프넛은 그를 잘 살게 만들어 주었다. 그의 책 제목이 대놓고 선언했던 그 말 그대로 말이다. 포스트는 죽었지만 그의 재산과 포스텀의 안티 커피 광고는 그보다 오래 살아남았다. 그의 딸 마저리 메리웨더 포스트와 그녀의 두 번째 남편인 금융업자 에드워드 F. 허턴Edward F. Hutton이 사업을 계속 이어 갔을 뿐만 아니라 크게 확장시켜 제너럴푸즈General Foods를 세웠으니 말이다. 게다가 아이러니하게도 1928년에 맥스웰하우스 커피Maxwell House Coffee를 인수하기까지 했다. 포스트가 무덤에서 땅을 치고 탄식했을 듯하다. 아니, 어쩌면 자신이 몰래 즐겼던 그 마약 음료로 딸이 많은 돈을 벌어들여 너무 좋아서 웃었을지도.

1916년의 이 광고에 등장한 아버클사의 프리미엄 브랜드, 유반Yuban은 커피계 거물의
침체된 사세를 되살릴 수 있었을지 모른다. 하지만 전국적 규모의 광고전에 대한 투자를
거부한 탓에 아버클사는 쇠퇴의 길을 걷다가 결국엔 유반을 제너럴푸즈에 팔게 되었다.

† 상단 문구: "뉴욕시 한 곳에서만도 8천 개가 넘는 식료품점이
유반을 취급하고 있습니다. 여러분은 어떠십니까?"

제7장
성장통

[1915년 무렵] 소비 증가로 인한 짜릿한 흥분, 새로운 형식의 매매 방식(유명 브랜드, 전국적 트레이드마크, 체인점 등의 보편화)이, 사는 곳과 지위를 막론하고 수백만 사람이 함께 공유하는 일상생활의 특징으로 자리 잡았다. 바야흐로 물질주의가 아메리카니즘(미국의 정신)이 되었다.

- 토머스 J. 슐레레스Thomas J. Schlereth, 『빅토리아 시대의 미국: 1876~1915년 사이에 일어난 일상생활의 변화Victorian America: Transformations in Everyday Life』(1991)

아이보리 비누Ivory Soap, 코카콜라, 리스테린Listerine (구강 청결제) 등의 많은 소비재들이 정교한 광고 전략 덕택에 미국 전역의 시장을 점유했지만, 커피는 광역권으로 배급시키는 데 어려움이 있었다. 일단 로스팅을 하면 금방 산패되어 전국에 걸친 공격적인 광고전을 펼칠 엄두를 못 냈다. 그럼에도 폴거스Folger's, 힐스브라더스Hills Brothers, 맥스웰하우스, 체이스&샌본 같은 소수의 통찰력 있는 커피 회사들은 포스텀의 광고를 보며 교훈을 터득했지만, 수백 개에 이르는 그 외의 로스팅업체는 제1차 세계대전이 개시되기 전까지 점점 경쟁이 치열해지고 다루기 힘들어지는 시장에서 살아남으려 발버둥 치기 바빴다.

브랜드 확산

제1차 세계대전 이전에는 커피 시장에서의 전쟁이 주로 지역적 차원에서 벌어졌다. 그런데 이런 와중에서도, 커피 마케팅의 혁신이 상당히 짧은 기간 사이에 일어나, 브랜드 커피가 전통적인 시골 가게의 벌크 커피를 급속히 밀어냈다.

1915년에 소매상 J. C. 레이드J. C. Reid는 이렇게 말했다. 이 업계의 지난 30년을 돌아보면 "그사이에 나는 변환기, 아니 부분적 변환기를 경험했다. 예전엔 크래커, 쌀, 건포도, 스파게티, 마카로니, 롤드 오트rolled oats,* 옥수숫가루, 베이킹소다, 커피 등을 상자나 나무통, 자루에 담긴 대용량 벌크 제품에서 덜어 팔았는데 (…) 이제는 고유 브랜드가 찍힌 소포장 팩으로 팔게 되었으니 말이다." 그의 말마따나, 사실 소포장 팩에는 단점이 없지 않았지만 이것을 상쇄하는 장점들이 있었다. 소비자들로선 벌크로 구매할 때보다 금전 면에서 좀 손해였지만 항상 비슷한 품질과 양을 보장받았고 방습 포장지 덕분에 상품의 변질도 예방되었다. 더 이상 커피에서, 가게의 벌크 통 옆에 있던 피클 통에서 배어든 냄새가 (그리고 맛도) 나지 않았고 균등한 포장에다, 블렌딩의 풍미도 전반적으로 한결같았다.[1]

식료품 잡화상 중 상당수는 손님들이 경쟁 가게에서 똑같은 브랜드의 소포장 팩 커피를 구매할 수 있게 된 것이 불만이었다. 한 잡화상은 레이드에게 말하길, 현지 로스팅업체를 통해 소량씩 갓 로스팅한 커피를 고객들의 입맛에 맞

---

* 귀리를 껍질을 벗겨 찐 다음 롤러로 누른 것. 오트밀용

1 제럴드 카슨(Gerald Carson)이 『옛날의 시골 가게(*The Old Country Store*)』에서 썼다시피, "가게 안에는 온갖 냄새로 가득했다. 말린 약초 냄새, 젖은 개 냄새, 독한 담배 냄새, 생가죽 냄새, 사람 냄새 등이 뒤섞여 있었다."

게 블렌딩하여 내놓는 벌크 커피의 판매로 브랜드 커피 판매의 순익보다 훨씬 높은 40퍼센트의 이윤을 취할 수 있어서 벌크 커피의 판매를 밀고 있다고 했다. 하지만 이 잡화상조차 브랜드 커피 판매의 비율이 점점 늘고 있다는 것은 인정했다.

하지만 당시의 또 다른 잡화상은 브랜드 커피에 호의적이어서 이런 글을 썼다. "유용성 면에서 보면, 포장지나 캔에 담겨서 나오는, 질 좋고 광고를 내보내는 제품을 취급하는 것이 가장 좋다. [나는] 현재 그런 제품의 판매에 집중한 뒤로 판매량이 거의 두 배가 되었다. 우리가 파는 커피는 이제 획일화되어 있어서 고객이 좋아하는 블렌딩만 찾는다면 더 이상 골치 아플 것이 없다."

1915년에 커피 음용자 약 5천5백 명을 대상으로 조사를 했는데, 그중 86퍼센트가 커피를 소포장 팩으로 구매했다. 또한 이들이 구매한 커피의 브랜드는 모두 1천 개가 넘었다. 전미커피로스팅업협회에서 실시한 조사에서도 동일한 결과가 나왔으며 구매자들이 이용하는 미국의 커피 브랜드 종류는 3천5백 개에 달했다.

한편 소포장 팩 판매든 아니든 간에, 미국의 소비자들은 여전히 끓이는 식으로 커피를 만들어서 그 풍미를 제대로 살리지 못했다. 하지만 퍼컬레이터percolator*가 등장하면서 편리하게 커피를 우릴 수 있게 되었

퍼컬레이터

---

* 여과 장치가 달린 커피포트

다. **퍼컬레이션**percolation은 원래 드립식(여과 추출법)을 지칭하는 단어이지만, 북미에서는 가운데의 관과 유리 뚜껑이 달린 포트를 가리키는 말이 되었다. 퍼컬레이터는 물이 충분히 가열되어 끓으면 관을 타고 위로 올라와서 커피 가루에 분사되는 과정을 반복하면서 커피를 우려낸다. 20세기 초에는 이런 펌핑식 퍼컬레이터가 전자 기기화되면서 일상적 주방 용품으로 자리 잡았다. 퍼컬레이터는 과도하게 추출하는 방식이라, 즉 커피 가루에서 입에 맞지 않는 성분까지 걸러 내는 방식이라, 알뜰한 주부들은 커피를 쓰게 우려냈을 것이 거의 불 보듯 뻔하다. 또 사용하는 커피와 물의 양에 따라 너무 약하거나 너무 강하게 추출되었을 것이다.

1908년에는 독일의 주부 멜리타 벤츠Melitta Bentz가 커피 브루잉에 혁신을 일으켰다. 그녀가 양철 컵의 바닥에 구멍 여러 개를 뚫어 여기에 아들의 압지를 댐으로써 뛰어난 드립 브루잉 방식을 개발했던 것. 이 방식이 유럽 전역으로 빠르게 퍼지면서 그 유명한 멜리타 브랜드가 탄생했다. 같은 해 미국에서도 I. D. 리히하이머I. D. Richheimer가 중간부에 여과 장치가 있는 드립식 포트인, 트라이컬레이터Tricolator를 선보였고 3년 후에는 에드워드 에번Edward Aborn이 메이크라이트Make-Right라는 뛰어난 드립식 브루어(추출기)를 개발했지만, 둘 다 대중적인 확산으로 이어지지는 못했다. 대다수 미국인은 그 세기가 다 지나서야 드립식 브루잉의 장점에 눈을 뜨게 된다.

A&P의 자체적 그라인딩

미국의 브랜드들은 판매망을 확산해 가는 추세였지만 할인 판매 체인점이나 방문 판매원들과 치열한 경쟁을 벌여야 했다.[2] 특히 가장 위협적인 경쟁 상대는 그레이트애틀랜틱앤드퍼시픽티컴퍼니Great Atlantic and Pacific Tea Company, 일명 A&P였다. 1859년에 조지 프랜시스 길먼George Francis Gilman이 설립한 이 회사는 처음엔 동물 가죽을 판매했다. 하지만 몇 년 사이에, 사원이자 주니어 파트너이던 조지 헌팅턴 하트퍼드George Huntington Hartford와 공동 경영 체제에 들어가면서 그레이트아메리칸티컴퍼니Great American Tea Company라는 상호를 내걸고 맨해튼에 10여 개가 넘는 점포를 거느리게 되었다. 그리고 얼마 후부터 판매 상품에 커피를 추가하면서, 길먼과 하트퍼드는 중간 유통업자를 거치지 않고 부두의 배에서 내리는 커피와 차를 바로 구매했다. 1869년에는 그레이트아메리칸티컴퍼니에서 그레이트애틀랜틱앤드퍼시픽티컴퍼니로 사명을 바꾸었는데, 그해에 완공된 대륙 횡단 철도를 축하하는 의미였던 듯하다. 물론 이 사명에는 미국의 동해안 지역을 넘어서 사업을 확장하려는 계획이 암시되어 있기도 했다. 실제로 1871년에 시카고 대화재 직후 직원들과 식량을 그곳으로 보냈다가 그대로 철수하지 않고 미국 중서부 지역에 점포 여러 곳을 열었다.

1878년에는 길먼이 물러나면서 하트퍼드가 공식적으로 경영권을 인계받았다. 하트퍼드는 사업을 확장하여 1901년 무렵엔 2백 개 이상의 점포를 운영하게 되었을 뿐만 아니라, 빨간색과 검은색으로 통일시킨 A&P 마차를 타고 다니며 가정으로 직접 배달해 주는 방문 판매원도 5천 명 이상이었다. 조지 H. 하트퍼드의 아들 조지 L.George L.과 존John의 관리하에 A&P는 점차 취급 식료품을 늘려 갔다. 또한 A&P는 아버클을

---

2 통신 판매 회사들까지 커피 소매 시장에 진출했다. 그 한 예로, 1897년에 「시어스 로벅 카탈로그(Sears Roebuck Catalog)」에서는 생두, 로스팅 후 분쇄하지 않은 원두, 로스팅 후 가루로 분쇄한 커피를 상품 목록에 넣었다.

그대로 흉내 내, 경품과 상품 교환 스탬프(쿠폰)로 소비자를 유혹하기도 했다. 1907년에 이르자 A&P의 매출액은 연 1천5백만 달러에 달하게 된다.

직원들 사이에서 형제 중 더 보수적인 편으로 통하던 형, '미스터 조지'는 회계를 관리했다. 또한 매일 오후 3시에 커피와 차 샘플을 시음하기도 하여 이 일을 90대에 접어들 때까지 계속했다. 활기 넘치는 '미스터 존'은 회사의 마케팅과 사업 확장을 추진했다. 가령 빨간색과 황금색으로 꾸민 영업 마차를 여덟 마리 말이 한 팀으로 끌게 하거나, 마차를 스팽글 장식이 박힌 마구와 금도금한 종으로 치장시킨 장본인도 그였다. 이 마차팀의 정확한 무게를 가장 근소하게 맞춘 지역 시민에게 상금으로 금화 5백 달러를 수여하는 이벤트도 벌였다.

1913년에 존 하트퍼드는 회사의 제1호 '이코노미 스토어Economy Store', 즉 캐시앤캐리cash-and-carry (무배달, 전화 주문 불가, 무경품) 원칙의 매장을 열었고, 도매업자들을 거치지 않음으로써 불필요한 서비스 제공 없이 좋은 품질의 식품을 낮은 가격으로 판매할 수 있었다. 사업망을 맹렬히 확장하던 1914년과 1916년 사이에 존 하트퍼드는 이런 매장을 7천5백 개나 개점했다가(대략 하루에 일곱 개꼴이었다), 그중 절반을 쓸모없다고 판단해 걸러 냈다. 매장에 대한 일종의 브랜드 인지도를 높이려는 일환으로 건축 양식과 배치를 통일하기도 했는데, 항간에 떠돌던 소문에 따르면 이런 통일된 배치 덕분에 그는 어느 매장에서든 눈을 가리고도 커피를 찾을 수 있을 정도였단다. 각 매장마다 인력은 딱 한 명의 직원 겸 매니저만 있으면 되었다. 대다수 도시 거주자들이 급여의 거의 절반을 식품비에 쓰던 시절에 A&P의 이런 새로운 이코노미 스토어

는 대성공을 거두었다.[3]

　　존 하트퍼드는 이 체인 매장이 소매가보다 낮은 가격으로 팔면 A&P에 물건을 납품하지 않았던 크림오브휘트Cream of Wheat와 싸움을 벌이다가, 점차 자체 브랜드 상품에 의지하게 되었는데 그중 하나가 바로 앤페이지Ann Page라는 브랜드였다. 한편 지분을 백 퍼센트 보유한 자회사, 아메리칸커피코퍼레이션American Coffee Corporation을 통해 브라질, 콜롬비아 등에 커피 구매 담당자를 두어 직접 구매한 후 로스팅하여 각 매장마다 분쇄기를 비치시켜서, 에이트어클락 커피Eight O'Clock Coffee를 비롯해 레드서클Red Circle과 프리미엄 등급인 보카르Bokar를 팔기도 했다.

특급 방문 판매원

A&P의 왜건맨wagon man들은 점점 회사의 이코노미 스토어 체인점에게 밀렸으나 A&P 외의 다른 방문 판매원, 특히 주얼티컴퍼니Jewel Tea Company의 판매원들은 브랜드 커피에 위협이 될 정도였다. 19세기 말에는 말이 끄는 마차로 대량 로스팅된 커피를 배달하는 것으로 간신히 연명하던 피라미 사업가들이 수두룩했다. 이런 왜건맨들은 배달지들이 서로 가깝게 밀집해 있는 대도시를 중심으로 장사했다. 주얼티컴퍼니의 창업주 프랭크 스키프Frank Skiff가 1899년에 본업인 장사를 그만두고 모아 둔 7백 달러를 가지고 차, 커피, 향신료를 배달하는 독자적 사업을 시작했을 때, 시카고와 근교에서 영업하는 그

---

[3] 이 기업의 원조, 조지 헌팅턴 하트퍼드는 1917년에 84세의 나이로 별세했고 조지 길먼은 1901년에 숨을 거두었다.

런 방문 판매원들은 그 말고도 수백 명에 이르렀다. 그의 주얼티컴퍼니도 다른 회사와 마찬가지로 고객들에게 경품을 제공했는데, 구매할 때마다 주는 쿠폰을 일정 개수 모으면 고객이 원하는 가정용품으로 바꾸어 주었다.

그다음 해에 스키프의 처남 프랭크 로스Frank Ross가 주얼티컴퍼니에 동업자로 합류했다. 그 후 1901년에 진취적인 로스는 스캐넌Scannon 부인과의 운명적인 만남을 갖게 되었다. 손에 뜨거운 주전자를 들고 나와 문을 열어 준 그녀는 로스가 상품 권유의 말을 시작할 틈도 없이 윽박질렀다. "내 집 현관에서 당장 내려가요. 안 그러면 눈에 뜨거운 맛을 보여 줄 테니까!" 알고 봤더니 스캐넌 부인은 갖고 싶던 러그(카페트)를 받으려고 1년 가까이 쿠폰을 모았는데 그 쿠폰 개수를 거의 다 채웠을 때 그 거래 방문 판매원이 망했던 것. 그래서 그런 식의 판매 방식이 좋지 않다고 생각하고 있었다.

로스는 머리를 재빨리 굴리며, 안전하게 보도에 떨어져 소리쳤다. "제가 오늘 이 멋진 하빌랜드Haviland 접시 세트를 드리고 갈 테니 쓰시면서 차차 차감하는 건 어떠세요?" 엄청난 성공을 거둔 "선증정 경품" 프로그램은 이렇게 시작되었다. 선증정 경품을 제공한 지 15년 후인 1916년에, 주얼티컴퍼니는 이제 여러 가지 주방 용품을 팔아 자본 총액이 1천6백만 달러에 달할 만큼 성장하면서 주식을 상장했다. 또한 성업 중인 왜건맨 영업망 850개, 거래 고객 2백만 가구, 시카고의 대형 커피 로스팅 공장, 2주마다 방문하는 우수한 왜건맨들을 기반으로 한 정교한 판매 체계를 과시하고 있었으며, 수입의 절반가량은 커피 판매에서 나왔다.

주얼티컴퍼니의 성공은 모방과 경쟁을 부추겼다. 주얼티컴퍼니가 대중에게 보통주를 공개하여 상장시킬 무렵, 유

이 삽화는 주얼티컴퍼니의 회보에 실려 있던 것으로, 고객이 커피 판매를 위한 경품인 퍼컬레이터 '선물'에 혹하는 모습이다.

주얼티컴퍼니의 '왜건맨'들은 방문 판매를 다니며 주부들이 제품을 계속 살 수밖에 없도록 '선증정 경품'을 나누어 주었다.

사한 회사들이 4백 개에 이르렀고 그중 열 곳은 주얼티컴퍼니처럼 전국 규모였다. 1915년에 『인터스테이트 그로우서 *Interstate Grocer*』지에서는 소매상들이 방문 판매원들을 얕잡아서 부르던 호칭대로 '행상인peddler'들이 커피 장사로 60퍼센트의 이윤을 가져가는 것으로 추정했다.

커피 로스팅업자들도 소매 식료품상 못지않게 불만을 가졌다. 주얼티컴퍼니와 그 모방 업자들이 커피를 직접 로스팅함으로써 로스팅업계를 대거 잠식했기 때문이다.

시설 중심 사업의 틈새시장

커피를 소비자에게 직접 판매하던 업자들은 대중 사이에서 지명도가 가장 높았고 식료품점이나 가정의 식품 저장실 선반을 목표로 경쟁했다. 하지만 그 외의 지역 기반 로스팅업자들은 호텔, 병원, 식당, 프라이빗 클럽, 증기선 회사에 커피를 공급하는 사업에 주력했다. 일명 시설 중심 로스팅업자들로서, 이들 사이에서도 경쟁은 치열했다. 일례로 뉴욕의 프레더릭 A. 코슈아Frederic A. Cauchois는 왜건 영업망을 통해 날마다 갓 로스팅한 프라이빗에스테이트 커피Private Estate Coffee를 날짜가 찍힌 자루에 담아 공급했다. 공급된 후 2주가 지나서 남은 원두는 모두 회수해 신선한 상품으로 교환해 주었다. 코슈아는 드립 브루잉 방법을 설명해 주는 것은 물론이요, 고객들에게 일본산 고급 종이 필터와 언*을 제공한 후 일주일에 한 번씩 점검해 주기까지 했다. 이런 노력 끝에 1904년 무렵 그는 뉴욕시 외에 필라델피아, 워싱턴, 피츠버그, 시카고에 로스팅

---

* urn, 주둥이가 달린 커피포트

공장을 설립하게 되었다.

　또 다른 시설 중심 로스팅업자들은 모든 등급별 커피를 대량 판매하는 식으로 수익을 최대화했다. 동유럽 출신 이민자 필립 웩슬러Philip Wechsler는 레스토랑, 호텔, 카페테리아, 구내식당을 차리고 싶어 하는 사람들에게 돈을 빌려 주면서 중개 수수료와 6퍼센트의 대출 이자를 청구하고 자신의 커피를 사도록 새로운 사업을 부추기면서 부자가 되었다.

　시카고에서는, 20세기 초반에 리투아니아 출신 이민자 해리 콘Harry Cohn과 제이콥 콘Jacob Cohn이 커피 회사를 세웠다. 먼저 형인 해리가 1908년에 사촌인 월터 카초프Walter Katzoff와 슈피리어티&커피컴퍼니Superior Tea & Coffee Company를 설립했다. 제이콥 콘은 한동안 슈피리어티&커피컴퍼니에서 일하다가 1915년에 콘티넨털Continental을 세웠다. 형이 방문 판매에 주력했던 반면 제이콥은 시설 중심 사업을 택해서 레스토랑과 카페테리아 고객을 공략했다. 그는 레스토랑 운영자들에게 브루잉 기구를 사실상 원가에 팔며 언urn 커버와 세정제를 무료로 증정했다. 그러다 나중에 슈피리어티&커피컴퍼니에서도 레스토랑을 고객층으로 전환하면서 두 회사는 시설 중심 부문에서 치열한 경쟁자가 되어 서로를 이기기 위해 미국의 이 중심 지역에서부터 사업을 확장해 나갔다. 한편 캘리포니아에서는 로이 파머Roy Farmer와 프랭크 파머Frank Farmer가 파머브라더스Farmer Brothers를 창립했다.

섹시한 커피?

고루한 커피업자들은 주얼티컴퍼니와 포스텀 같은 경쟁자들의 현란한 판매술에서 교훈을 터득하는 것이 더뎠다. 하지만 1907년에 이르면서 미국에서의 성공적인 사업 요소로서 광고와 판매술이 점점 중요해지고 있다는 것이 확실해졌다. 『차와 커피 트레이드 저널』의 한 사설에서는 뛰어난 세일즈맨을 찾는 일의 어려움에 대해 언급하기도 했다. "가짜 금괴에서부터 비누에 이르기까지 뭐든 팔 수 있는 신통한 재간을 가진 사람들이 있지만 그런 재간을 드러내는 외면적 징표 같은 것은 없다."

하지만 몇 년 후 이 잡지에는 바로 그런 커피 세일즈맨 한 명을 비난하는 글이 실렸다. 그 세일즈맨은 다음과 같은 말로 자신이 팔고 있는 상품에 대해 아는 게 아무것도 없음을 인정했다는 것이다. "나는 평생 커피를 만들어 본 적도 없다. (…) 내가 파는 것은 라벨, 캔, 상자다. 분명히 말하지만 나는 커피를 파는 것이 아니다." 보험 세일즈맨 출신인 이 남자가 잘 알았던 것은 인간의 본성이다. 그는 이렇게 말을 이었다. "나는 라벨을 집어 올려서 그것이 영원한 기쁨을 가져다줄 멋진 물건이라고 말한 후 점선 서명란에 이름을 받아서 나온다." 또한 어떤 상인이 커피 샘플을 요청하는 만용을 내보였다면 이 세일즈맨은 이렇게 대응했을 것이라고 했다. "그는 친절하지만 단호하게 말했을 것이다. 자신이 보기엔 세계적으로 알아주고 오랜 전통을 지닌 자사 브랜드의 커피에 샘플을 요청하는 것은, 무례한 일 같다고."

물론 그런 건방진 태도는 성실한 커피업자들에겐 경악할 만한 일이었다. 또한 괜찮은 상품도 없이 이런 번지르르한 언변만으로는 충성 고객을 얻지 못했을 것이다. 하지만 현대 자본주의의 요람기이던 이 시기에 커피업자들은 자신들의 갈색 콩을 팔기 위해 이와 같은 새로운 판매제일주의 방식을 수용하지 않을 수 없었다.

대다수 커피 로스팅업자들은 새로운 마케팅 방식을 이해하는 데 애를 먹었다. 가령 보스턴의 한 판매대에서는 섹시한 아가씨가 우유를 따라 주자 우유 판매가 증가한 사례가 있었다. "갈색 머리와 촉촉한 갈색 눈, 잘 익은 복숭아도 무색하게 할 만한 얼굴빛을 가진 미모의 가슴이 풍만한 아가씨였다"고, 한 커피 전문 잡지에도 관련 글이 실렸다. 하지만 커피업계에서는 이 전통적이고 고상한 음료의 판매에 이러한 섹스어필식 광고를 거의 시도하지 않았다. 어설프고 미숙하나마 한 광고가 시도하긴 했으나 비난 세례만 받았다. 새티스팩션 커피Satisfaction Coffee의 1912년의 광고였는데, 제품의 캔에 쫓아오는 남자를 피해 도망가는 여자의 다리를 그려 넣고 이런 카피를 넣었다. "언제든 쫓아다닐 만한 가치, 변함없는 순수. 벌크 판매는 하지 않습니다." 한 커피 전문 잡지에서는 이 광고를 놓고 "수상한 취향"이라고 지적했다.

1909년에 지그문트 프로이트Sigmund Freud와 카를 융Carl Jung이 매사추세츠의 클라크대학교Clark University에 방문해, 미국인의 심리에 지대한 영향을 끼친 강연을 했다. 그 직후 커피업자들은 어떻게 하면 '사람들의 마음을 파고들어' 그들의 구매 결정에 영향을 미칠지 그 방법을 궁리했다. 5년 후 하버드대학교 심리학 교수 휴고 뮌스터베르크Hugo Muensterberg 박사가 바로 이런 '사업에서의 심리학 적용'을 주제로 강연을 하며, 다음과 같이 놀랄 만한 (그리고 섬뜩하기조차 한) 주장을 펼쳤다. "사업가들은 결국엔 이 점을 깨달아야 한다. 고객들이란 단지 심적 상태의 덩어리이며 마음이란 우리가 공장에서 기계를 조작하는 것과 똑같은 정밀함만 갖춘다면 얼마든지 좌지우지할 수 있는 메커니즘이다."

커피업계 외부의 광고 전문가들이 로스팅업자들에게 조

언을 해 주려 했을 때도 업자들은 귀담아듣지 않았다. 가령 1915년의 로스팅업자들의 회의에서도 '세일즈 카운슬러' 세인트 엘모 루이스St. Elmo Lewis가 음해적이고 방어적인 선전은 효과가 없다고 일러 주었다. "커피 대용품 업체를 거짓말쟁이로 모는 식으로는 별 호소력을 발휘하지 못합니다." 그러면서 그는 공동 광고의 추진을 권했다. 다시 말해 커피업계가 "광고의 석기 시대"에서 벗어나기 위해 대대적인 광고 기금을 창설해야 한다는 얘기였다.

그다음 해에는 광고업자 H. H. 클라크H. H. Clark가 커피 전문지에 글을 기고하며 특정 브랜드를 밀어줄 책임을 더 이상 소매상에게 떠넘겨선 안 된다고 강조하며 이렇게 썼다. "소비자에게 물건을 파는 것은 판매대 뒤에 있는 사람이 아니다. 오히려 실제 매장에서 어쩌면 1천 킬로미터나 멀리 떨어진 어떤 사무실에 앉아 있는 친구, 즉 광고 담당자다." 클라크는 미국의 1인당 소비량이 1901년의 연 5.9킬로그램에서 4.5킬로그램 이하로 떨어진 사실을 지적하면서, 공동 광고를 위해 서로 힘을 모으라고 권고했다.

클라크는 포스텀의 성공을 사례로 지적했다. C. W. 포스트는 1860년대의 '전시용 커피war coffee'로 천대받던 커피 대용품을 팔기 위해 애쓰면서 온갖 어려움을 떠안고 시작했지만 일관되고 지속적인 광고를 통해 성공했다고. 클라크는 여기서 그치지 않고 구체적인 광고 방안도 제시했다. 그중에는 전미커피로스팅업협회로부터의 품질 인증을 이용한 방안이 있었는데, 인증 라벨 열 개당 1페니에 팔아 광고판, 전차 광고, 판매상의 진열 광고, 신문 광고, 광고지 우편 발송 등의 공공 광고 기금을 마련하는 것이었다.

사실상 효과적인 광고에 착수한 업체는 상품을 전국에

배급하려는 더 통 큰 비전과 야심을 가진 대규모 로스팅업체들뿐이었다. 그 뒤에 이들 업체와 그 브랜드들인 힐스브라더스, MJB, 폴거스, 치크닐Cheek-Neal사의 맥스웰하우스, 체이스&샌본, 아버클이 미국 커피업계를 지배하게 된다.

힐스브라더스, 진공팩을 이용하다

아버클이 카우보이의 고장과 동부 지역 대다수를 장악한 사이, 또 한편에서는 샌프란시스코를 기반으로 하는 3사의 브랜드가 태평양 연안의 커피 사업 장악을 위해 경쟁을 벌이고 있었다. 제임스 폴거가 1849년에 유리한 출발을 하고 앞서가던 상황에서, 힐스브라더스와 MJB가 20세기의 전환기 무렵에 도전을 걸어오는 구도였다.

폴거스와 마찬가지로 힐스 형제도 뉴잉글랜드* 출신이었다. 형제의 아버지, 오스틴 힐스 시니어Austin Hills Sr.는 1823년에 메인주 록랜드Rockland에서 태어났으나, 1863년에 메인주의 친구들 몇 명과 합세하여 그 전설적인 캘리포니아의 황금을 찾아 길을 나섰다. 결국 광맥의 발견에 실패하자 한 샌프란시스코 조선 회사의 십장으로 일하는 것에 안주했다. 아내와 두 아들은 메인주에 남겨두고 떠나왔다가 1873년에야 데려왔는데, 이때 자신의 이름을 물려받은 큰아들 오스틴 허버트 힐스Austin Herbert Hills는 22세였고 작은아들 루벤 윌마스 힐스Reuben Wilmarth Hills는 17세였다.

3년 후, 형제는 힐스브라더스로서 동업자가 되어 샌프란

---

* 미국 동북부의 코네티컷·매사추세츠·로드아일랜드·버몬트·뉴햄프셔·메인의 6개 주를 포함한 지역

시스코의 베이시티 마켓Bay City Market에 노점을 열어 버터, 계
란, 치즈를 팔았다. 그러던 1881년에 커피 소매점, 아라비안
커피&스파이스밀스Arabian Coffee & Spice Mills를 사들인 형제는
가게 앞에서 커피 로스팅을 했다. 로스팅하는 흥미로운 모습
과 냄새가 고객을 유혹할 것이라는 계산에 따른 것이었다. 그
다음 해에는 광고지를 돌려 자신들의 상품이 "전 세계 최고의
커피"라고 선전하며 이렇게 덧붙였다. "저희 커피는 고객들
이 보는 앞에서 매일매일 신선하게 로스팅하는 것을 원칙으
로 내세우고 있습니다." 형제는 커피뿐만 아니라 차, 향신료,
향미료도 팔았다. 루벤이 커피 부문의 사업을 맡았고 형 오스
틴은 계속 낙농 제품을 팔았다.

1880년대에 들어서며 커피 가격이 뛰자, (두 사업가가
선호하던 호칭대로) A. H.와 R. W.는 1884년에 소매 판매에
서 손을 떼고 도매 사업으로 관심을 돌렸다. 1886년경에는
R. W.가 컵 테스팅을 채택했다. 이 컵 테스팅이란 샌프란시
스코의 동료 커피업자 클래런스 빅퍼드Clarence Bickford가 태
평양 연안에서 개척해 놓았던 것으로, 커피 커퍼coffee cupper
는 와인 시음가처럼 커피를 입안 가득 후루룩 머금고 입안
에서 신중히 굴렸다가 옆에 있는 타구*에 뱉는 식으로 시음
을 했다. 이런 커핑 의식은 커피업계의 비교적 진지한 (그리
고 지켜보기가 우스운) 의식 중 하나로서 오늘날까지 이어져
내려오고 있다.

1897년에 한 유랑 화가가 힐스브라더스 매장에 들렀다.
R. W.는 (당시에 그들 제품의 브랜드명이던) 아라비안로스트 커
피Arabian Roast Coffee를 상징할 만한 인물상을 그려 달라고 제

---

* 가래나 침을 뱉는 그릇

이 1909년도 사진의 모습처럼, 19세기 이후로 커피 '커퍼'들은 온종일 그 좋아하는 커피를 후루룩거리며 마셨다가 음미해 본 후 뱉어 내면서 바디, 아로마, 산도를 평가하기 위한 중요한 의식을 치렀다.

안했다. 그렇게 해서 그려진, 터번을 쓰고 턱수염을 기른 모습에 길게 늘어지는 겉옷 차림의 아랍인이 그 이후로 쭉 라벨 속에서 트레이드마크가 되어 힐스브라더스 커피Hills Brothers Coffee를 홀짝이게 되었다. 더 선호받던 브랜드인 모카Mocha가 20세기 전환기 무렵부터 인기가 시들해지고 중앙아메리카와 브라질산의 힐스브라더스 원두 대부분이 시장에서 자취를 감추게 되는 와중에도 꿋꿋이⋯⋯.

미서전쟁* 중에 힐스브라더스는 미군에 어마어마한 양의 버터를 팔았다. 그런데 이 버터는 미군이 필리핀에서 사용하기 위한 것이라 염수로 방부 처리되면서, 맛에서 아쉬움이 많았다. 1899년, R. W.는 대륙 횡단 출장길에 시카고에 들렀다. 힐스브라더스 벌크 원두의 소매상용 디스펜서**를 만들었던 노튼브라더스Norton Brothers를 찾아가 더 좋은 버터 포장법이 없을지 문의하기 위해서였다. 마침 노튼브라더스에서는 진공 포장법 개발을 막 완수한 상태였고, 이 포장법은 버터를 소금에 절이지 않고도 보존하는 데 효과가 있었다.

로스팅한 커피는 공기에 노출되면 금방 신선도가 떨어진다는 것을 잘 알았던 R. W.는 이런 의문이 들었다. 진공 포장이 커피에도 효과가 있지 않을까? 과연 효과가 있었다. 힐스브라더스는 발 빠르게 노튼브라더스 측과 협상에 나서서 그 진공 포장법에 대해 태평양 연안에서의 1년간 독점 사용권 계약을 맺었다. 하지만 다른 샌프란시스코 회사들은 13년이 더 지나고 나서야 진공 포장을 채택했을뿐더러, 그 나머지 지역에서는 이보다도 더 오래 걸렸다.

---

* 쿠바섬의 이해관계를 둘러싸고 미국과 스페인 사이에 일어났던 전쟁
** 종이컵·휴지·향수·정제 등을 필요량만큼 빼내어 쓸 수 있게 만든 장치

1900년 7월에 출시된 힐스브라더스 최초의 진공팩에는 과대 주장의 문구가 떡하니 찍혔다. 자사의 하이스트그레이드 자바Highest Grade Java와 모카 커피Mocha Coffee는 "**밀봉을 뜯지 않는 한 신선도가 영원히 유지된다**"고. 신빙성 없는 주장이었지만, 그래도 진공 포장이 상품의 품질과 신선도를 개선해 주었던 것만큼은 확실한 사실이다.

진공팩 덕분에 힐스브라더스의 커피는 태평양 연안 지역 전역으로 더 빠르게 퍼져 나갔고, 마침 클론다이크Klondike*에서 또 한 차례 골드러시가 일어나며 몰려든 인파를 고객으로 끌어들일 수 있었다. 그로부터 얼마 후 힐스브라더스 커피는 로키산맥 서부의 거의 전 지역 곳곳으로 퍼졌다.

힐스브라더스는 판촉과 광고의 중요성을 일찌감치 간파했다. 가령 1898년에 샌프란시스코에서 열린 '순수 식품pure food' 전시회에서 R. W.는 번스Burns사의 샘플 로스터기를 설치해 놓고 직원에게 커피 향이 풍기도록 "최대한 강하게 로스팅"하라고 지시했다. R. W.와 힐스브라더스 최초의 광고 책임자 미스터 스넬Snell은 1910년의 광고 포스터에 두운을 맞춰 다음과 같은 광고 문구를 싣기도 했다. "숙련된 블렌딩을 자랑하는 훌륭하고 역사 깊은 커피의 특별하고, 강렬하고, 입안에 오래 남는peculiar, penetrating, persistent 풍미." R. W.는 가장 매혹적이고 시선을 끄는 색이 빨간색이라고 판단하여, 분쇄 커피 라인 중 최상품인 이 제품에 레드캔브랜드Red Can Brand라는 이름을 붙였다. 또한 1912년 무렵, 힐스브라더스에서는 캐러밴Caravan(모카), 샌톨라Santola(모카 대체품), 티밍고

---

* 캐나다 서북부에 걸친 지역

Timingo(동인도산), 색슨Saxon(피베리) 같은 브랜드들을 팩 포장 상품으로 내놓았다.[4] 1915년의 만국박람회에서 힐스브라더스는 인상적인 전시회를 개최하여, 방문객들에게 커피 로스팅을 시연해 보인 후 유리 포트로 포장지와 진공팩에 부어 담아 주었다.

겸손하고 과묵한 성품의 R. W. 힐스는 책임을 위임하면서 더 좋은 기계 장치와 포장법 개발을 위해 직원들을 독려하는 것이 좋은 방법이라고 여겼다. 그래서 의욕을 가진 직원들이 알아서 열심히 일하도록 믿고 맡겼다. 하지만 종종 일시적인 우울증을 앓기도 했다. "사업이 성장해 가는 것을 보면 정말 놀라울 지경입니다." 언젠가 한 직원이 기뻐하며 말하자 상관인 그는 이렇게 대답했다. "그건 그렇지만, 그럴수록 신중해야 하네. 얻기보다 잃기가 더 쉬운 법이니까." R. W. 힐스는 자신의 업적을 지나치게 과시하지도 않았다. "나는 사업에서의 성공이 절반은 판단력에 있고, 나머지 절반은 유리한 환경 덕분이라고 본다."

---

4 당시의 대다수 커피 회사들도 마찬가지였지만 힐스브라더스 역시 틈새 시장을 놓고 전 방위적인 경쟁을 벌여야 했다. 하급의 분쇄 원두를 써서 진공 포장이 아닌 일반 포장으로 내놓은 블루캔(Blue Can), 멕시코산 원두에 곡물을 섞은 멕소모카(Mexomoka)가 그런 경쟁에 따라 출시된 브랜드였다. 커피와 치커리를 섞어 만든 브랜드로 로열(Royal), 비엔나(Vienna), 솔라노(Solano), 퍼시픽(Pacific), 트레몬트(Tremont)도 있었다. 광택 처리된 미분쇄 로스팅 커피, 로열로스트(Royal Roast)로 아버클사의 아리오사와 피할 수 없는 정면 경쟁을 벌이기도 했다. 게다가 다른 브랜드들을 위해 'PL[private label: 제조업체가 아닌 유통업체의 상표를 붙여 판매하는 상품을 일컫는 말로, 국내에서는 PB(private brand) 상품이라는 용어가 더 많이 사용되고 있음—옮긴이] 상품'을 생산하기도 했다. 심지어 캘리포니아의 아이들을 공략하기 위해 도시락 통에 담은 포장 커피까지 내놓았다.

MJB: 왜?

얼마 후 또 한 곳의 샌프란시스코 소재 커피 회사가 힐스브라
더스, 폴거스와의 우위 쟁탈전에 가세했다. 1850년, 17세의
요제프 브란덴슈타인Joseph Brandenstein은 군 징집을 피해 독일
에서 도망치며 캘리포니아의 금광지에서 한밑천 잡을 계획을
세웠다. 하지만 그러기는커녕 그곳 채광지에서 가진 것을 강
탈당하곤 결국엔 샌프란시스코에서 동업으로 잎담배와 시가
를 팔게 되었다. 그에게는 열한 명의 자식이 있었다(모두 친자
식이다. 그러니까, 아내 말고 애인이 따로 있었다는 얘기다). 이 중 첫
째, 둘째, 셋째 아들인 맥스Max, 매니Mannie, 에디Eddie가 1899년
에 아버지를 도와 차·커피·향신료 판매사를 차렸고, 그 뒤에
아래 동생인 찰리Charlie까지 합세했다. (맥스의 이름을 딴 상호)
M.J.브란덴슈타인&컴퍼니M. J. Brandenstein & Company, 간략히 줄
여서 MJB가 탄생한 것이다. MJB는 매니의 예리한 통솔하에
캘리포니아 커피업계에서 금세 두각을 나타냈다.

그의 딸 루스Ruth는 매니 브란덴슈타인을 "최고의 세일즈
맨이자 재담가이며 배우 소질이 있는 사람"이라고 말했다. 작고
야리야리한 몸에 젊은 나이부터 머리가 벗겨지기 시작했던 매
니는 R. W. 힐스와는 여러 면에서 정반대로 보였다. R. W. 힐스
는 미국에서의 뿌리가 필그림 파더스로 거슬러 올라갔지만
매니 브란덴슈타인은 이민자 2세로, 목소리가 크고 괄괄해서
흥분할 때면 가발이 옆으로 스르륵 벗겨질 정도였다. 하지만
두 사람 모두 커피에 대해 잘 알았다. 힐스브라더스에서 선도
한 진공캔을 1913년에 매니가 처음 채택하기도 했다.

매니 브란덴슈타인은 자신의 최초의 브랜드에 클라이맥
스 커피Climax Coffee라는 이름을 붙였다. 그리고 네 가지 색의
컬러판 대형 광고 포스터를 제작했는데, 관능적인 여인이 모

초기 MJB 건물

닝커피 한 잔을 들고 침대에 기대앉아 그 장미꽃 봉오리 같은 입술에 흡족하고 만족스러운 미소를 머금고 있는 모습을 담고 바로 그 아래쪽에 단 한 단어 CLIMAX를 눈에 띄게 넣었다. 당시 채광 붐 시대의 호색적 풍조를 감안하면 그런 선정적인 광고가 적절한 접근법이었을 텐데도, 매니는 이내 선정성에 대한 미련을 버리고 대중의 관심을 잡아끌 만한 다른 뭔가를 생각해 내려 했다. 그러다 "다 이유가 있다"는 미스터리한 광고 문구로 포스텀을 팔았던 C. W. 포스트에게서 힌트를 얻어, 모든 광고의 끝에 "왜?"라는 짧은 문구를 붙이면서 MJB를 유명하게 띄웠다. 그의 딸이 "왜 왜인데요? 사람들이 궁금해할 거 아니에요?"라고 물었을 때 그는 이렇게 대답했다. "그래서 물건을 사게 하잖니."[5]

매니는 1906년에는 전기를 활용해 매장의 쇼윈도를 눈에 확 띄게 연출했다. MJB라는 글자를 불빛과 "Most Juvenating Blend(가장 활력을 주는 블렌딩)"나 "Most Joyous Breakfast(가장 즐거운 아침 식사)" 같은 메시지로 부각하는 식이었다. 1909년 무렵엔 전국에 배포되는 커피 전문지들에 광고를 실어 MJB가 "입수 가능한 최상의 커핑 커피를 수입·취급하는 것에 대해 각별한 자부심"을 품고 있음을 강조했다.

매니는 유능한 세일즈맨들을 선발하기도 했다. 1910년 7월 3일, 그는 그런 유능한 18세의 세일즈맨, 샌디 스완Sandy Swann을 네바다주의 리노Reno로 데려갔는데, 대대적인 관심이 쏠린 프로 권투 시합을 앞두고 있던 그곳에는 "백인의 커다란

---

5 매니 브란덴슈타인은 로드&토머스(Lord & Thomas, 1873년에 창설된 광고 대행사로 세계 광고 산업에 큰 영향을 미침)의 수장이자 광고계에서 유행한 '리즌와이(reason why)' 주의의 대표적 옹호자였던 전설적인 인물, 앨버트 래스커(Albert Lasker)와도 친하게 지내며 그에게 MJB 광고를 의뢰하기도 했다.

희망"인 짐 제프리스Jim Jeffries가 흑인 선수 제임스 존슨James Johnson을 무너뜨리는 모습을 보고 싶어 하는 굉장한 인파가 몰려들었다. 미국 독립기념일을 하루 앞둔 그날 밤, 매니와 스완은 일본풍 부채 수백 개에 흰색 물감으로 "왜 MJB 커피 인가?"라는 글을 써넣었다. 그런 후 밤늦은 시각에 철도역에 서부터 시합장까지 녹색으로 큼지막한 발자국 그림을 쭉 그려 놓는가 하면, 계단참에도 흰색으로 커다란 물음표와 미스터리한 글자 MJB를 표시해 놨다. 시합의 결과는 실망스러웠다. 존슨이 어렵지 않게 이기며 제프리스를 묵사발 냈다. 매니로서는 운 좋게도 그날은 날씨가 푹푹 쪄서 관중들 사이에서 "왜 MJB 커피인가?"라고 묻는 부채들이 여기저기서 펄럭거렸다.

매니는 잠재 손님을 상대할 때 반反심리학*을 활용하기도 했다. 말하자면 이런 식이었다. 잠재 손님이 오면 쟁반에 세 가지 등급의 커피 원두를 올려서 내보이고, 이때 가장 비싼 등급을 구석의 밋밋한 쟁반에 놓고 가장 싼 원두를 화려한 쟁반에 놓았다. 다음은 그가 딸에게 직접 들려준 얘기다. "난 가장 싼 원두를 판매대에 올릴 때 사실상 손님 코 바로 아래쪽에 놓는다. 그런 다음 판매대 위의 그 멋진 쟁반을 가리키며 이것이 손님의 예상 가격에 맞을 만한 원두라고 말하지." 손님은 그 말을 듣자마자 눈이 다른 쟁반으로 옮겨 가기 마련인데, 그 순간 그는 이렇게 물었다고 한다. "그 원두는 어떠세요? 이런, 그건 최상급 원두라 손님이 예상하신 가격보다 훨씬 높을 텐데요." 물론 손님은 바로 그 원두를 사 갔다.

---

* 자신이 바라는 것과 반대되는 생각을 옹호하거나 그런 행동을 함으로써 상대방을 자신이 바라는 방향으로 설득시키는 기술

이처럼 매니 브란덴슈타인은 질 좋은 상품과 더불어 진취성, 열정, 쇼맨십을 갖춤으로써, 서해안 지역 커피업계에서 MJB 커피의 입지를 굳혀 놓았다.

샌프란시스코 대지진

한편 1850년대에 짐 폴거가 일궈 놓은 샌프란시스코 소재의 또 다른 회사, 폴거스는 점점 격화되는 경쟁 속에서도 번창을 이어 갔다. 그러던 1889년에 폴거가 54세의 나이에 관동맥 폐색으로 세상을 떠났다. 짐 폴거 사망 당시 26세로, 7년 전부터 회사에 들어와 일하고 있던 아들 제임스 A. 폴거 2세James A. Folger II가 회사의 경영을 이어받았다. 그의 통솔에 따라 폴거스는 벌크 로스팅 커피에 주력하며 식료 잡화점에 부대 자루나 드럼통 단위로 상품을 보급했다.

1898년에 폴거는 프랭크 P. 아사Frank P. Atha를 채용했는데, 이 아사라는 인물이 입사 직후부터 두각을 나타내며 회사 내 최고의 세일즈맨으로 부상했다. 아사는 1901년에 텍사스주에 폴거스 커피 대리점을 뚫어 보자는 제안을 하면서 그 자신이 그 책무를 떠안았는데 그것은 만만치 않은 일이었다. 우선, 텍사스주에서 폴거스 커피는 이름도 없는 데다 가격도 상대적으로 비싼 상품이었다. 또한 서부에서 동부 지역으로 화물을 운송하는 비용이 그 반대의 경우보다 더 비쌌을 뿐만 아니라, 텍사스주에서는 이미 아버클사의 아리오사가 주도권을 쥐고 있었다. 아사는 폴거스의 최상품인 골든게이트 커피Golden Gate Coffee를 밀기로 결정하면서, 지역별로 한 식료품상에 독점 대리점권을 주기로 했다. 한편 경품으로는 아버클사와 맞붙을 수가 없다는 사실을 인정하며, 다음과 같은 슬로건을 만들어 냈다. "경품도, 쿠폰도, 그릇 증정도 없습니다. 저희 폴거스의 골든게이트 커피와 함께 드릴 수 있는 것은 그저 만족감뿐입니다." 프랭크 아사는 식료품상에 상품을 배달하는 마차를 직접 몰고 다니면서 주부들과 수다를 떨며 무료 커피 시음을 시켜 주기도 했다. 그리고 가게들의 쇼윈도 진열 디자인과 설치까지 자진해서 해 주었다. 이렇게 3년이 지나는 사이, 그는 두 명의 세일즈맨을 더 고용하게 되었다.

한편 샌프란시스코에서는 부두 인근에 제임스 폴거 2세가 5층 높이의 공장을 지었다. 1905년에 완공된 이 건물은 한때 예르바부에나만Yerba Buena Cove의 일부였다가 새로 토지로 개간된 지 얼마 안 된 곳에 자리를 잡았던 탓에 만의 진흙 바닥에 말뚝을 깊이 박아 고정시켰다. 그다음 해인 1906년 4월 18일의 이른 아침, 폴거의 이 건물은 샌프란시스코에 닥친 그 유명한 지진과 화재 사고에서 피해를 당하지 않고 버틴 유일한 커피 시설이었다. 샌프란시스코의 다른 공장들은 불에 타 버린 반면, 폴거의 이 공장에는 미 해병대원들이 와서 본부를 세우면서 펌프로 만의 물을 퍼내 주기도 했다. 당시의 기록에 따르면, 폴거는 "그 대화재 동안과 그 직후에 장사가 번창했다"고 주장했다. 그런데도 기존의 가격을 그대로 유지했다니, 정말 칭찬할 만하지 않은가?

힐스브라더스와 MJB는 별로 운이 좋지 않아, 두 회사의 공장들 모두 잿더미가 되었다. 하지만 빠르게 재건해 다시 로스팅 작업을 개시했다. 이때 현지의 일본인 소유 회사이던 가미코와브라더스Kamikowa Brothers가 1만 5천 달러에 가까운 선금과 함께 주문을 넣으며 MJB에 대한 신뢰를 보여 주었다. 그리고 다음과 같은 전보를 보내오기도 했다. "우리 일본인들은 지진의 고통을 잘 알고 있습니다."

체이스&샌본: 탤리호

동해안에서는 체이스&샌본이 여전히 실 브랜드Seal Brand(밀봉 제품 브랜드)로 공격적인 마케팅을 펼치고 있었다. 당시에 60대가 된 칼렙 체이스와 제임스 샌본은 1899년에 물러나며 파트너인 찰스 시아스에게 지휘권을 넘겨주었다. "커피계의 바넘 Barnum*"이던 시아스는 화려하게 꾸미고 다니길 좋아했다. 일례로 키가 컸던 그는 자주색의 롱코트를 입고는 뒷자락을 바람에 펄럭거리며, 두 필의 말이 앞뒤 일렬로 가며 끌어 주는, 일명 탤리호Tally-Ho라는 4륜 마차를 몰고 출근했다. 이후에 자동차가 교통수단으로 각광받게 되었을 때는 르노를 비롯한 외제 차 여러 대를 사들여 한 하인을 기사로 부리고 다녔다.

1900년에 시아스는 서른여섯 가지의 기발한 수수께끼를 모아 「식후에 실 브랜드 커피와 함께 즐기는 놀이와 수수께끼After Dinner Tricks and Puzzles With Your Seal Brand Coffee」라는 팸플릿을 발행했다. 다음은 이 팸플릿 속의 수수께끼 중 하나다. "배고픈 사람이 빈속으로 완숙 계란을 몇 개나 먹을 수 있을까? 답: 딱 한 개. 한 개를 먹고 나면 그 사람의 배 속은 더 이상 빈속이 아니기 때문에." 이 팸플릿에는 인종 차별적 삽화가 실리기도 했다. 두툼한 입술의 흑인이 우스꽝스러운 모습으로 한쪽 눈을 감은 채 "미국의 귀족적 커피, 진하고 섬세한 풍미에서 다른 모든 것을 능가한다"는 체이스&샌본의 광고가 찍힌 두루마리를 들고 있는 삽화였다. 1898년의 풍자 삽화 중 이보다 훨씬 심한 것도 있었다. 어떤 늙은 흑인이 입

---

* 1871년 '지상 최대의 쇼(The Greatest Show On Earth)' 서커스단을 창단한 인물로 '세계 역사상 가장 위대한 흥행사'로 불림. 바넘은 특히 대중 공연에서 교묘한 심리 조작을 이용한 것으로 유명해, 그의 이름을 딴 '바넘 효과'라는 심리학 용어까지 나오게 되었다.

을 쩍 벌려 드문드문 비어 있는 치아를 드러내며 이렇게 말하는 삽화였다. "내 아내가 여기 당신네 지역엔 훌륭한 커피가 없다고 했는데, 아내가 실 브랜드 커피를 마시고 나면 당신네 지역이 아니라 우리 지역에 훌륭한 커피가 없다고 말을 바꿀 것 같군요."

시아스는 당시의 성차별주의에 호소하기도 했다. 즉 당대의 풍조에 영합하려는 커피 판매 방식이었다. 가령 그는 주부를 저녁 식탁의 "최고의 매력이자 장식"이라고 칭송하며 "모름지기 식사 자리에는 사랑스러운 여인이 앉아 있어 줘야 제맛"이라는 이유를 붙였다. 그러면서 "방 안에 보이지 않는 향로가 흔들거리고 있는 듯 기막힌 향이 풍기는 맛 좋고 그윽한" 체이스&샌본 커피와 함께하는 것보다 더할 나위 없이 근사한 식사를 보장해 줄 방법이 어디 있겠느냐고 반문했다. 이런 종교적인 뉘앙스의 글에 이어 더 성서적인 문구를 덧붙이기도 했다. "참으로, 남편을 위해 행복한 식탁을 차려 줄 수 있는 여인은 가정의 수호자housekeeper만이 아니라 남편의 수호자husband-keeper이기도 하다."

이미 보스턴, 몬트리올, 시카고에 로스팅 공장을 두고 있던 체이스&샌본은 20세기 초반 10년간 무료 증정품에 기대지 않고도 사업이 쑥쑥 번창해 나갔고, 회사의 매출에서 절반 이상은 저렴한 브랜드의 상품에서 나왔다. 1906년에는 서부 지역의 거래량이 늘어났는데, 커피를 애호하는 스칸디나비아 사람들이 대거 유입된 것도 이런 거래량 증가에 한몫했다. 체이스&샌본은 그다음 해에 몬트리올에 전 공정이 전기로 가동되는 공장을 새로 세웠고, 사업이 세 배는 신장할 것으로 예상되었다.

조엘 치크, 맥스웰하우스를 만들다

조엘 오슬리 치크Joel Owsley Cheek는 대학 졸업 후 1873년에 출세의 길을 찾아 테네시주 내슈빌Nashville로 갔다. 그는 그곳의 식료품 잡화 도매 회사에 지방 순회 세일즈맨, 즉 **외판원**으로 취직한 뒤에 새로운 판로를 개척하기 위해 자신의 고향인 켄터키주로 돌아가, 주로 말을 타고 다니며 시골 잡화점들을 일일이 찾아다녔다.

젊은 치크는 (친척이던) 식료품상에게 물건을 처음 팔게 되는데, 이때 이 식료품상은 그에게 어떤 커피가 가장 좋으냐고 물었다. 이곳 시골 지역에서는 사람들이 아직도 커피 생두를 사 가서 집에서 로스팅했고, 치크는 세일즈맨으로서 당연히 가장 고가의 브랜드를 추천했지만 자신이 판 생두의 상대적 장점에 대해 아는 것이 없었다. 그날 밤, 양심에 가책을 느낀 치크는 어머니의 주방 스토브에 생두의 샘플을 종류별로 로스팅해 보고 나서 가장 싼 브랜드가 더 풍미 좋은 맛을 우려낸다는 판단에 이르렀다. 다음 날 그는 그 식료품상을 다시 찾아가 더 저렴한 상품으로 대신 가져다주겠다며 그 이유를 설명했다.

치크는 커피 샘플의 실험을 하던 중에 새로운 사실을 발견하게 되었다. 상품의 원산지에 따라 어떤 것은 바디가 뛰어나고, 또 어떤 것은 풍미가 훌륭한가 하면, 유난히 "톡 쏘는 맛(산도)"이 뛰어난 것도 있었던 것. 그는 이것들을 서로 섞음으로써 최적의 블렌딩을 찾아내려 애썼다. 그렇게 몇 해가 흘러가는 사이, 그는 켄터키주의 외진 산골짝 마을들에서 환영받는 방문자로 거듭났다. 그리고 1874년에 결혼한 치크는 8남 1녀의 아버지가 되어 있었다.

1884년에 치크의 가족은 내슈빌로 이사를 갔고, 이제 이

맥스웰하우스의 창립자 조엘 치크는 스놉어필과 광고의 효과를 잘 간파했다. 그는 직원들을 너그럽게 대하기도 했다. 그는 이렇게 말했다. "직원들을 감싸 안아 주며 그들을 단지 돈벌이의 수단으로 여기지 않고 있다는 게 느껴지도록 이야기하세요."

성공한 세일즈맨은 현재 치크웹&컴퍼니Cheek, Webb & Company라는 이름으로 불리는 회사의 파트너로 도약했다. 바로 그곳 내슈빌에서 로저 놀리 스미스Roger Nolley Smith를 만나 친구 사이가 되기도 했다. 브라질에 농장을 운영하고 있던 영국인 커피 중개상, 스미스는 로스팅하지 않은 생두의 냄새만 맡고도 콜롬비아, 멕시코, 브라질산의 커피를 구별할 줄 아는 인물로 소문이 자자했다. 치크와 스미스는 서로 의기투합하여 세 원산지의 원두를 블렌딩하는 일에 공을 들인 끝에, 값이 저렴한 산투스산을 베이스로 사용하고 나머지 두 곳의 마일드한 원두로 풍미와 산도를 더해 주는 블렌딩을 완성했다.

그러던 1892년에, 치크는 완벽한 블렌딩을 찾았다는 믿음에 이르렀다. 그는 내슈빌의 유명한 호텔인 맥스웰하우스Maxwell House의 식료품 구매 담당자, 미스터 블레드웰Bledwell을 찾아가 무료로 9킬로그램을 제공해 줄 테니 시험 삼아 써 보라며 설득했다. 며칠 후에 그 커피가 다 떨어지자 호텔 측은 다시 예전 브랜드를 사용했다. 그런데 블레드웰의 귀에 고객의 불만이 들려왔다. 그가 주방장에게 브루잉 방법에 무슨 변화라도 주었느냐고 묻자, 주방장은 그게 아니라 단지 치크의 블렌딩 커피가 더 맛이 좋아서 그렇다고 대답했다. 그 이후로 맥스웰하우스에서는 치크의 원두를 구매하게 되었고, 6개월간 시험 사용 후에 그 블렌딩에 호텔의 이름을 붙이게 해 달라는 그의 요청까지 받아 주었다.

1893년, 40세의 조엘 치크는 몸담고 있던 회사에서 나와 존 노튼John Norton과의 합작으로 식료품 도매 회사를 시작하며 커피를 전문으로 취급했다. 1900년에는 이 사업에 존 닐John Neal 도 가세했다. 닐은 치크와는 같은 고향 출신으로, 한때 그의 밑에서 일하기도 했던 인물이다. 그다음 해에는 노튼이 경영에서 손을 떼고 물러났다. 치크와 닐은 맥스웰하우스 커피를 전문으로 취급하는 내슈빌커피앤드매뉴팩처링컴퍼니Nashville Coffee and Manufacturing Company를 설립하는가 하면, 마침내 사명을 치크닐커피컴퍼니Cheek-Neal Coffee Company로 바꾸면서 내슈빌 전역에서 대성공을 거둔다. 한편 1905년에는 텍사스주 휴스턴Houston에 로스팅 시설을 세우게 된다. 그리고 또 5년 후에는 플로리다주 잭슨빌Jacksonville에 공장을 새로 짓고 1916년에도 버지니아주 리치먼드에 공장을 하나 더 짓는다. 치크의 여덟 명의 아들들도 하나둘 회사에 들어와 사업을 거들게 된다.

특히 큰아들은 판촉과 광고의 귀재로서 소질을 드러냈다. 그 한 사례가 자사의 커피를 사회적으로 중요한 상징으로서 연상시키려는 시도였다. 가령 그는 1907년부터 품위 있는 삽화들과 함께 흰색의 공간을 많이 활용하여 광고를 기획해, 김이 모락모락 피어오르는 커피 잔과 함께 "고품질 커피"라는 문구를 붙이며, 다음과 같은 카피를 내걸었다. "커피의 가치를 아는 주부라면 누구라도 맥스웰하우스 블렌딩의 뛰어난 품질을 인정하게 될 것입니다. 맥스웰하우스 블렌딩은 우수한 품질을 위해 엄격한 기준에 따라 거래되며 세계에서 가장 완벽한 커피 기관으로부터 후원받고 있습니다." 고급품이라는 점을 내세운 이 스놉어필snob appeal* 광고를 통해 맥스웰하우스 블렌딩을

---

* 고가품 등을 좋아하는 구매자의 속물근성을 부추기는 요소

차별화하는 전략은 전통적으로 브라질산이나 곡물로 묽게 만든 저렴한 블렌딩이 우세하던 남부에서 특히 성공했다.

같은 해, 시어도어 루스벨트Theodore Roosevelt 대통령이 내슈빌의 유명한 휴양지 허미티지Hermitage를 찾았다가 맥스웰하우스 커피 한 잔을 마셨다. 그런데 이때 루스벨트 대통령이 활기에 차서 이렇게 말했다고 한다. "맛있군. 마지막 한 방울까지 맛있어." 몇 년 후 조엘 치크는 이 말을 맥스웰하우스 커피의 선전 문구로 삼았다. 1908년에 내슈빌시 인명부Nashville City Directory에 실린 한 광고에서는, 맥스웰하우스 커피가 테디 루스벨트(시어도어 루스벨트의 애칭)의 활력을 돋워 줬을 뿐만 아니라 "애틀랜타에서 태프트 대통령 당선자와 1천여 명의 손님에게 이 커피를 대접했다"고 과시하기도 했다. 사회적으로 상류층의 메시지를 각인시키기 위해 이 광고에는 이브닝가운 차림의 키 큰 여성이 맥스웰하우스 호텔의 최상층에서 큼지막한 커피 잔에 커피를 마시는 모습이 함께 실렸다.[6]

치크는 우유가 불티나게 팔리도록 했던 그 "미모의, 가슴이 풍만한 아가씨"의 기사에도 주목했다. 그는 나긋나긋한 말투의 남부 출신 미녀, 에드나 모즐리Edna Moseley를 고용해 메이슨딕슨선線*에서 열린 주州 박람회에서 맥스웰하우스 커피의 장점을 선전하게 했다. 당시『차와 커피 트레이드 저널』에서는 이렇게 보도했다. "미스 모즐리는 자신의 부스를 찾는 모든 방문객을 고객만이 아니라 친구로도 만드는 기분 좋은

---

6 어쩌면 테디 루스벨트는 "마지막 한 방울까지 맛있다"는 말을 한 적이 없을지도 모른다. 그가 정말로 그런 말을 했다면 어째서 이 1908년도 광고에 그 문구를 넣지 않았겠는가? 맥스웰하우스 커피의 광고에 이 문구가 처음 들어간 것은 분명히 1920년대였고, 이미 1908년에 코카콜라에서 자사의 음료에 "마지막 한 방울까지 상쾌하다"는 슬로건을 내건 적도 있었다.

* 미국 메릴랜드주와 펜실베이니아주의 경계선. 남부와 북부의 경계

1921년의 이 광고 속 카피처럼 "마지막 한 방울까지 맛있다"는 문구는, 주장에 따르면 테디 루스벨트가 맥스웰하우스 커피를 마시고 했던 말이라지만, 사실 이 문구는 코카콜라에서 처음 사용했다. 따라서 광고 기획자들이 지어낸 주장일 수도 있다.

재능을 가진 듯하다"고.

치크닐커피컴퍼니도 다른 경쟁사들과 마찬가지로 하급의 커피도 여러 종류 출시해서, 치커리 블렌딩을 포함해 그 브랜드가 50개가 넘었다. 1910년에 치크닐커피컴퍼니는 치커리 10퍼센트가 섞인 커피에 대해 "섞음질과 부당 상표 표기"로 벌금을 부과받았다. 제품의 뚜껑 개봉 시 뜯기는 라벨에 "커피와 치커리의 골든아워즈 블렌드Golden Hours Blend"라는 문구가 있긴 했으나 아주 작은 글씨로 표기되어 있었던 반면, 본 라벨에는 큼지막한 글씨로 "치크&닐 컵 퀄리티 커피Cheek & Neal Cup Quality Coffee"라고 표기되어 있었던 탓이다.

이런 법적 손실은 회사에는 별 영향을 미치지 않았고 1914년 무렵 61세의 조엘 치크는 굉장한 갑부가 되어 있었다. 그는 전미커피로스팅업협회의 부회장으로 선출되기도 했다. 연례 집회에서 하나같이 잘난 체하고 중상적이고 장황하기만 한 연설들을 늘어놓는 와중에 그의 연설은 그 열정과 도량으로 단연 돋보였다. 치크는 자신도 정직성을 추구하지만, 자신의 유명 블렌딩 제품들이 전부 그렇게 제조 비용이 많이 들지는 않는다고 밝히며 이렇게 설명했다. "여러분이 로스팅하는 여러 등급의 커피는 더러는 비용을 낮추기 위해 특정한 풍미는 포기할 수도 있어야 합니다. 그 점을 모르고 있다면 여러분은 서둘러 배워야 합니다. 그것을 모르면 앞으로 걸어갈 길이 험난해질 테니까요."

치크는 이윤 추구의 가치는 인정했지만, 다른 사람들을 희생시키며 부당하게 돈을 벌어서는 안 된다는 주의였다. "동종 업자와 거래할 때 내 쪽에서 상도덕도 없이 그 상대방에게 이익을 취한다면 그것은 무조건 부당 거래입니다." 그는 자신도 28년 동안 길 위에서 보냈다며 순회 세일즈맨들이 들으면 정말 솔깃할 만한 내용도 전달했다. "세일즈맨에게 약점과 단점이 있더라도 너그러이 참아 주세요. 최대한 격려해 주세요. 내 밑에서 일하는 특급 세일즈맨 두 명도 술 때문에 파멸할 뻔했는데 내가 관대하게 대해 주며 설득하고 달래서 구해 주었고, 지금 생각해 보면 그러길 잘했다고 자부합니다."

1915년의 전미커피로스팅업협회 연설에서는 "모든 직원, 심지어 지하실의 운반 인부든 꼭대기에서 일하는 로스팅부 직원이든 모든 직원에게 도움을 베푸는 넓은 가슴을" 품어 보라고 권고했다. 또한 단순히 직원을 고용하는 것으로 끝나서는 안 된다고도 강조했다. "그들을, 또 그들의 가족까지 사랑하십시오. 그들과 한 가족이 되세요." 그러면서 자신이 들은 최고의 찬사가, 회의 중에 한 직원이 일어나서 했던 다음의 말이라고 전하기도 했다. "우리 회사에는 보스가 없습니다. 저 테이블 끝에 앉아 계신 아버지가 계실 뿐입니다. 물론 말 안 해도 다들 알고 계실 테지만요."

치크의 이 연설은 당시에 유행하던 온정주의를 그대로 되풀이한 것이었지만, 그 시기 커피업자들의 그 어떤 연설보다도 진정성이 느껴지는 연설이었다.

기프트냐 게스트냐, 아니면 유반이냐?

1910년 당시, 미국 내에서 팔리는 커피의 7파운드당 1파운드는 아버클사의 아리오사 브랜드가 차지하고 있었다. 하지만 고령에 접어든 존 아버클과 그의 조카, 윌 재미슨Will Jamison은 자신들의 시장 점유율이 잠식당하는 상황을 인지하고 있었다. 다른 브랜드들과의 경쟁이 점점 치열해지는 탓이었다. 주요 경쟁사들 대다수가 아리오사를 그대로 모방해 저렴한 글레이즈 커피를 출시했다. 아버클사와 똑같이 방문 판매원들이 경품을 증정하기도 했다. 이제 사람들은 통원두보다는 편리하게 분쇄되어 나온 상품을 선호하는 듯한 추세였다. 게다가 국민의 커피 기호가 고급스러워지면서 아리오사 같은 브라질산 블렌딩은 기피되고 있었다. 아리오사의 판매를 되살리기 위한 공격적 판촉 노력마저 통하질 않았다.

1912년 3월, 존 아버클은 74세의 나이로 숨을 거두며 2천만 달러에 상당하는 재산을 남겼다. 그동안 집 없는 사람들을 위해 '물 위의 호텔'을 제공하고 뉴욕시의 아이들을 자신의 뉴팔츠 농장으로 데려가 '신선한 공기'를 마시게 해 주는 사업을 벌여 왔고, 장애인들을 위한 시설을 비롯해 다른 수많은 자선 사업도 계획했던 인물이 그렇게 세상을 떠났다. 그것도 실리적인 사업가치고는 의외의 일이지만, 유언장도 없이. 뉴팔츠의 농장을 비롯한 사업은 결국 조카인 윌 재미슨과 두 명의 누이, 미시즈 로버트 재미슨Mrs. Robert Jamison, 크리스티나 아버클Christina Arbuckle에게 양도되었다.[7]

재미슨은 아리오사의 시장 점유율 잠식에 대해 뭔가 조치를 취해야 한다고 생각했다. 그래서 분쇄된 커피를 내놓았지만 보다 파격적인 시도가 더 필요하다고 판단했다. 그는 결국 조엘 치크처럼 최고급 커피를 출시하기로 했다. 최상급 브랜드로 세련된 기호의 고객을 끌어들이려는 계획이었다. 게

---

[7] 순전히 추측이지만, 그렇다고 가능성이 없지는 않은 이런 가정도 해 볼 수 있다. 아버클이 자선 시설에 막대한 재산을 남겼는데 그 유언장이 누군가에게 편리하게도 사라졌던 것일지 모른다고. 아버클의 누이들은 그의 물 위의 호텔 사업을 서둘러 중단시켰다. 거주자들의 다음과 같은 간절한 간청에도 아랑곳없이 말이다. "저희 대부분은 이 집 말고는 가진 것이 없는 처지입니다. 저희는 거의 다 고아입니다."

다가 이번엔 새 브랜드의 작명과 출시에 신중을 기하며, 광고 대행사에 도움을 의뢰하기로 했다. 이때껏 아버클브라더스가 주로 입소문, 저렴한 가격, 경품 쿠폰에 의존해 커피를 팔았던 전례와는 대조적인 시도였다.

재미슨과 그의 수하 임원, G. H. 아이스월드G. H. Eiswald는 제이월터톰슨J. Walter Thompson, JWT사에 광고를 맡겼다. JWT는 역동적이고 젊고 창의적인 회사로 연구 조사, 심리학, "과학적" 접근을 통한 광고를 추구했다. 마침 1912년에 JWT에는 스탠리 리저Stanley Resor와 그와 함께 일하는 최고의 카피라이터 헬렌 랜스다운Helen Lansdowne이 신시내티의 지사에서 맨해튼의 본사 운영 책임자로 와 있게 되었다. 두 사람이 처음으로 맡은 일 중에는 아버클사의 이 신제품 광고도 있었다. 일을 맡고 나서 알고 보니 이 제품은 사실상 새로운 제품이 아니라, 존 아버클이 개인적으로 즐겨 마시며 몇몇 지인에게 크리스마스 선물로 주었던 블렌딩이었다.

1912년 11월에 리저는 가칭 아로 커피Aro Coffee에 대한 JWT의 광고 전략을 대략적으로 담아 14쪽짜리 기획서를 작성했다. 리저는 이 기획서에서 아이보리 비누, 크리스코Crisco,* 로열 베이킹파우더Royal Baking Powder, 유니더 비스킷Uneeda Biscuit, 크림오브휘트, 베이커스 초콜릿Baker's Chocolate이 이전에 성공해 냈던 것처럼 아로 커피가 전국의 커피 시장을 장악할 수 있을지에 주목하며, 이런 성공 브랜드들의 특징으로 다음의 다섯 가지를 짚어 냈다. "첫 번째, 높은 품질. 두 번째, 제품의 절대적 균일성. 세 번째, 기억하기 쉬운 이름과 트레이드마크. 네 번째, 그로 인한 광범위한 보급률. 다섯 번째,

---

* 아이보리 비누의 개발사인 프록터&갬블(Procter & Gamble, P&G)에서 1911년에 동물성 지방이 아닌 식물성 기름으로 만든 쇼트닝 제품

그 제품의 구매가 '무의식적 행동, 즉 전 국민적 습관'이 됨."

아버클사의 신상품은 첫 번째와 두 번째 항목에서는 확실히 문제 될 것이 없었다. 보급률의 측면에서는 아버클사가 이미 뛰어난 유통망이 확보되어 있긴 했지만, 리저는 문제점을 포착했다. 즉 파크&틸퍼드Park & Tilford 같은 고급 식료품사와 A&P 같은 체인 매장이 자사의 자체 브랜드를 선호하여 아로 커피를 받지 않을 우려가 있다며, "이런 거래 거부를 이겨낼 만한 무기는 대대적인 소비자 수요뿐"이라고 지적했다. 또한 아버클사의 제품이 더 뛰어날지는 몰라도 "제품 자체에 차별화된 독보적 특징이 없다"는 것을 안타까워했다. 따라서 광고는 소비자 수요를 크게 자극하도록 방향을 잡아야 한다고, 또 지성보다 감성에 호소해야 한다고 결론지었다. 리저는 철학자 겸 심리학자인 윌리엄 제임스William James의 다음의 말을 인용하기도 했다. "물건의 가치를 판단하는 우리의 기준은, 그 물건이 중요한 것이든 시시한 것이든 간에 그 물건이 우리의 내면에 어떤 감정을 일으키느냐에 따라 좌우된다."

리저는 식료품과 커피를 구매하는 **여성층**을 광고의 주 공략층으로 삼아야 한다고 봤다. "여자들이 맛을 보기도 전에 그 커피가 특별히 뛰어난 제품이며 자신이 찾고 있던 바로 그 커피라고 마음을 정하게끔" 호소해야 한다고. 또한 커피는 그런 식의 광고가 크게 통할 만한 분야라고 주장했다. 다시 말해 "포스텀의 높은 가격과 자극적인 광고에도 불구하고 (…) 사람들이 커피를 구매할 때 자신들의 소득 수준에 비해 크게 높은 비용을 쓰고 있다는 사실이" 아로 커피가 성공할 좋은 조짐이라는 것이다.

가장 중요한 '**정식 명칭**'의 문제에 이르자, 아버클사의 직원들이 아버클스 크리스마스Arbuckle's Christmas, 아버클스 기프트Arbuckle's Gift, 혹은 아버클스 게스트Arbuckle's Guest를 새 브랜드명으로 제안했으나 리저를 위시한 JWT 측 팀에서는 그런 별 특징 없는 이름으로는 잘 안될 것이라고 설득했다. 게다가 사람들은 아리오사를 살 때 아리오사라는 이름으로 찾는 경우가 별로 없었다. 아리오사 쿠폰에 '아버클브라더스Arbuckle Bros.'라고 찍혀 있어서 대다수 소비자는 이 저가의 브랜드를 그냥 '아버클브라더스의 제품'으로 생각했다. 그래서 JWT에서는 새 브랜드가 아리오사의 판매를 깎아 먹거나 새 브랜드가 아리오사의 저급 이미지로 인해 같이 저평가되고 말까 봐 우려했다. 결국 유반Yuban이라는 이름으로 최종 결정되었는데, 그 배경은 확실히 알려지지 않았다. 일설에 따르면 '크리스마스 연회Yuletide Banquet'를 줄여서 만든 이름이라고도 하지만, 그냥 귀족풍으로 들릴 뿐인 의미 없는 명칭으로 탄생했을 가능성도 있다.

리저는 이어서 포장 용기에 대해, 흡인력과 특색이 있으면서 기억하기 쉬워야 한다는 의견을 냈다. 또한 "여자들 혼자서 뜯을 수 있는 공기 차단 밀폐 포장지를 쓰면 그 안에 담긴 커피가 더없이 신선한 제품이라는 생각이 들도록" 유도해 줄 것이라고도 했다. 그리고 기획서의 마지막 페이지에서는 다음과 같은 호소로 마무리했다. "광고란 새로운 판촉 조건에 따라 계속 진화하는, 경제적인 판매 방식이다. 판매상의 진열 선반 위에 상품을 올려놓는다고 해서 **물건을 파는 것은 아니**"라며. 그보다는 오히려 신문, 잡지, 광고판, 전차 등의 광고 매체가 소비자에게 직접 어필할 수 있는 수단을 제공해 준다고 했다. 이제는 전국적인 커피 광고의 시대가 무르익었다면서, 그 증거로 "종류별로 모두 구비된 포장 상품 라인의 기획이 증가하고 있고, 심지어 단속적이고 띄엄띄엄 이루어지긴 하지만 커피 로스팅업자들의 전국 광고가 늘어났다는 것"을 내세우기도 했다.

1913년 여름, 아버클사의 경영진은 JWT의 실력을 테스트해 볼 겸, 뉴욕 대도시권의 시장 공략을 위해 신문 광고, 광고판, 통근 열차와 지하철 간판을 활용한 7만 4천 달러 상당의 광고전을 승인했다. 그렇게 해서 추수감사절 동안 뉴욕, 뉴저지, 코네티컷의 열두 개 신문에 첫 번째 양면 광고가 나갔다. 이 광고에서는 유반이 "최고의 커피 상인들이 개인적으로 즐겨 마시는 커피"이며 이전까지는 크리스마스의 "사적 음용과 선물용"으로 따로 아껴 두던 블렌딩이라고 띄웠다. 또한 유반은 "그 비용이 얼마가 들든, 엄선된 최상의 맛의 커피를 보장해 드리는" 제품이라고 선전하면서, 다음과 같이 마무리 지었다. 12월 1일, "가까운 식료품점에서 이 유명한 커피가 여러분을 맞을 준비를 하고 있을" 것이라고.

JWT는 이미 유반의 제품을 받기로 합의한 약 2천5백 개의 소매점 리스트를 인쇄한 DM 광고지(우편 광고지)를 발송하여 소비자들이 이들 매장에 방문하도록 유도하기도 했다. 즉 이 신상품 커피를 최소한 10킬로그램 정도 주문한 소매상들로부터 고객 명단을 제공받아 이 고객들의 주소로 소매점 리스트가 인쇄된 유반의 DM 광고지를 발송해 주는 식이었다. 한편 25명의 노련한 세일즈맨들이 사방으로 흩어져서 "유반—아버클사의 게스트 커피"를 소매상들에게 팔고 다녔다. 아버클사에서는 특가 판매를 위해 소매상이 유반을 1파운드당 35센트에 팔 수 있게 해 주었는데, 이는 최상급 벌크 커피의 가격과 비슷한 수준이었다.

10주가 채 안 되어 유반은 뉴욕의 포장 판매 커피 중 가장 많이 팔리는 상품으로 떠올랐다. 1914년 2월에 JWT에서는 뉴욕의 여러 신문에 전면 광고를 실어, 그 대도시권에서 유반을 들여놓은 식료품점이 5천 개가 넘는다는 사실을 과시했다. 그리고 타조 깃털 모자까지 갖춰 쓴 세 명의 상류층 여인이 식탁에서 커피를 마시는 모습의 삽화와 함께 다음의 문구를 넣기도 했다. "손님에게 유반을 대접해 보십시오. 금세 그 진가를 음미하게 될 테니까요. 유반의 아로마와 풍미는 그 차별화된 독특함으로 다른 여타 커피와 비교가 되지 않습니다." 광고는 이쯤에서 끝나지 않고, 소비자들이 "유반에 대해, 그동안 상상해 왔던 바로 그 커피이며 수년 동안 바로 이런 풍미를 기대해 왔다"는 소감을 밝히고 있다고 선전하기도 했다. JWT는 시카고에서도 비슷한 광고전을 펼치면서, 뉴욕에서와 마찬가지로 만족스러운 결과를 이끌어 냈다.

한 기자가 지적했다시피, 신문 광고의 카피, 전차 간판, 벽보 포스터에서부터 쇼윈도 진열까지 모든 것이 "유반에 품위와 '격조'의 분위기"를 실어 주기 위해 세심하게 기획되었다. 오래지 않아 확연히 드러났듯, 그렇다고 해서 이런 스놉어필이 상류층의 고객만 끌어들인 것은 아니었다. 일례로 유반의 첫 광고가 나가고 일주일도 못 되었을 때, 아프리카계 미국인 거주 지구의 식료품상들은 1파운드당 35센트인 포장을 그 지역 소비자들의 형편에 맞추어 10센트 단위로 쪼개어 팔고 있었으니 말이다.

(더디지만) 여성들이 등장하다

유반 광고의 엄청난 성공에 대한 공로는 대부분 스탠리 리저에게 돌아갔지만 실제로 카피를 쓴 사람은 그가 아니라 헬렌 랜스다운이었다. 사실 신시내티에서부터 그가 맡았던 광고들의 선전 문구 전부가, 1904년에 18세의 나이로 광고계에 뛰어든 이 진취적이고 젊은 여성의 작품이었다. 그녀를 설득해서 뉴욕 사무실로 데려온 사람이 리저였다. 그 몇 년 후, 그녀는 이렇게 말했다. "나는 여성으로서의 관점을 제시해 주면서 광고의 착상, 표현법, 삽화가 여성들에게 잘 먹힐지 따져 봤다." 1911년에는 여성으로서는 처음으로 프록터&갬블Procter & Gamble, P&G의 임원 회의에 참석해 크리스코의 마케팅에 대해 논의하며 다음과 같은 발언도 했다. "제이월터톰슨이 성공을 거두는 데는 여성들에게 팔리는 상품에 집중하고 주력해 온 사실이 큰 역할을 했습니다. 실제로 식료품 잡화점, 백화점, 드러그스토어drug store*의 판매 실태를 보더라도 여성 고객층에 대한 판매율이 특히 높습니다."

스탠리 리저는 1917년에 헬렌 랜스다운과 결혼했다. JWT의 카피라이터 제임스 웹 영James Webb Young이 훗날 꺼냈던 말마따나, 리저 자신은 "광고에 그다지 재능이 없었지만" 리저 부인은 "최고의 광고인"이었다. 그녀는 루스 월도Ruth Waldo, 오거스타 니콜Augusta Nicoll, 아민타 캐세레스Aminta Casseres 같은 여성 카피라이터를 더 채용하기도 했다.

어떤 측면에서 보면 이들 광고계 여성들은 당시의 성차별주의에 호소함으로써 밥벌이를 했다. 여성들의 사회적 지위와 결혼이 올바른 커피 브랜드, 화장 크림, 식용유의 사용에 달려 있는 것처럼 유도한 셈이었으니 말이다. 한편 또 다른 측면에서 보면, 여성의 권리를 옹호하는 신여성을 대변한 것도 확실하다. 가령 리저 부인은 1916년의 여성참

---

* 의사의 처방전 없이 구입할 수 있는 일반 의약품 및 화장품·건강 보조 식품·음료 등 다양한 상품을 판매하는 매장

1911년의 미국 커피 공장 사진 (위) 속에서 여성들이 단순 작업을 하고 있는데, 1913년의 사진(아래)처럼 중앙아메리카의 여성들도 가공된 커피콩을 분류하는 단조로운 일을 하고 있긴 마찬가지였다. 아시아, 아프리카, 라틴아메리카의 곳곳에서는 오늘날에도 여성의 역할을 하찮게 취급되는 작업에만 국한시키는 양상이 여전히 현재진행형이다.

정권 운동 시위 행렬에 JWT의 다른 여성 몇 명과 함께 참여했다.[8]

랜스다운과 그녀의 동료 여성들이 커피 광고와 마케팅에서 이름을 떨치긴 했으나, 커피 사업 자체의 진출에서는 여성들의 역할이 지지부진했고 단지 과로와 저임금에 시달리는 비천한 노동에만 치중되어 있었다. 하지만 이런 와중에도 로스팅업계에 진입한 여성이 적어도 두 명 있기는 했다. 1911년에 사라 타이슨 로러Sarah Tyson Rorer가 인디애나폴리스Indianapolis*를 근거지로 삼아 이 분야에 뛰어들며, 중년 나이대의 금욕적인 자신의 얼굴을 포장지에 담은 미시즈로러스 오운 블렌드 커피Mrs. Rorer's Own Blend Coffee를 내놓았다. 그녀는 짧은 기간 동안 커피업계지에 광고를 집중적으로 게재했다. "미시즈로러스 커피를 다른 커피 대신에 팔라고 청하는 대신에, 다른 것은 팔지 않게 되도록 해 드리겠다"며 식료품상들이 "그 제품을 밀어주기로 결심만 한다면" 수지맞는 장사가 되게 해 주겠다고 약속했다. 사라 로러의 커피는 한동안은 동부와 중서부 지역에 꽤 많이 보급되었다. 하지만 아버클사 같은 마케팅 영향력이 없었던 탓에 그녀의 '상부상조식' 거래 계획이 결국 실패로 끝나면서 그녀의 커피와 얼굴이 얼마 못 가서 시장에서 사라졌다.

반면에 앨리스 푸트 맥두걸Alice Foote MacDougall은 커피 로스팅업자로서 끈기 있게 노력한 끝에 부와 명성을 얻었

---

8 1913년의 "힉슨의 여성참정권 지지 커피(Hixson's Suffragette Coffee)" 광고에서는 예쁘장한 아가씨의 모습과 함께 다음의 메시지를 실었다. "이 커피를 여성참정권 지지자들에게 바치면서, 바라고 희망합니다. 사람들이 여성에게 순수하고 고결하며 긍정적인 면을 기대함으로써 참정권을 통해 여성의 좋은 영향이 더 폭넓은 영역까지 확장되기를."

* 인디애나주의 주도

고, 마침내 어엿한 커피하우스까지 소유하게 되었다. 그녀는 1888년에 자신보다 열네 살 많고 프론트스트리트에서 주목받던 커피 수입업자였던 앨런 맥두걸Allan MacDougall과 결혼했다. 그러나 그는 19년 후 마흔 살이 된 그녀에게 세 명의 어린 자식과 38달러의 은행 잔고만 남기고 후두암으로 세상을 떠났다.

150센티미터가 조금 넘는 키에 불면증과 음식혐오증은 물론 자칭 '히스테리'에 시달렸던 그녀는 커피업종에 뛰어들기로 작정했다. 커피에 대해 좀 알고 있기도 했고 커피가 깨끗하고 품위 있는 업종이라고 생각해서였다. 그녀는 프론트스트리트 129번지에 작은 사무실을 얻어 영업용 편지지에 'A. F. 맥두걸'이라고 찍어 넣었다. "약자가 아닌 전체 이름으로 서명을 넣어 내가 여자인 것을 드러내 봐야 유리하지 않을 것 같았다." 그녀가 1928년에 자신의 자서전을 쓰며 밝힌 그 당시의 속사정이다. 이러한 노력에도 불구하고 그녀는 프론트스트리트에서 자신이 여자인 것을 숨기지 못한 채 적개심에 맞서야 했다. 그녀가 처음으로 거래를 트려 했던 수입업자는 그녀에게 커피를 팔려고도 하지 않았다. 하지만 훗날 그녀는 "이 특별한 구역에 침입하니 어떤 열정이 느껴졌다. 남자들이 지배하는 이곳에 들어와 보니 일하는 이들의 강하게 뛰는 맥박을 똑똑히 느낄 수 있었다"고 인정하기도 했다.

그러다 마침내 물건을 공급받게 되자 그녀는 독자적인 블렌딩을 개발한 후에 지인과 친척들에게 5백 통의 편지를 써 보내 어려운 사정을 토로하며 커피를 사 달라고 부탁했다. 차츰 장사의 기반이 닦이자 매일 1백 통의 편지를 새로 써 보내기도 했다. 그녀로선 자신의 불면증이 오히려 도움이 되었

앨리스 푸트 맥두걸은 남성들의 세계이던 커피
업계에서 힘겹게 성공하여 1920년대에 뉴욕에
여러 개의 커피하우스 체인을 열었다. "이길 때
까지 싸우고 또 싸우는 수밖에는 없다. 남자들은
오랜 세대에 걸쳐 이러한 결의를 다져 왔고 여자
들 또한 사업의 세계에서 승자가 되려면 이런 결
의를 다져야 한다." 이런 글을 쓰기도 했던 그녀
는 여성의 투표권 허용에 대해서는 반대했다.

다. 새벽 6시에 일어나 저녁 8시 30분이 되어서야 집에 돌아오는 날이 많았으니 말이다. 그렇게 일하며 1990년에 이르자 연 2만 달러의 총 수익을 올리게 되었지만 순이익은 1파운드당 4센트에 불과했다. 하지만 그녀는 굴하지 않고 버텨 냈고, 다음의 글에는 그녀의 그런 끈기가 그대로 담겨 있다. "나는 목적을 달성하려면 길은 하나뿐이라고 믿는다. 전투가 가장 치열한 곳으로 걸어가 이길 때까지 싸우고 또 싸우는 수밖에는 없다고. 남자들은 오랜 세대에 걸쳐 이러한 결의를 다져 왔고 여자들 또한 사업의 세계에서 승자가 되려면 이런 결의를 다져야 한다."

그녀에게는 예리한 미각, 생생한 상상력, 영업 본능 또한 필요했다. 그래서 미각을 훈련시켜 보자고 결심하고 샘플을 커핑하면서 "산투스 플랫빈flat bean,* 피베리, 마라카이보Maracaibo**의 묵은 원두와 신선한 원두, 보고타산"을 차츰 분간할 줄 알게 되었고 "눈으로도 생두의 모양을 보고 구별할 줄 알게 되었다"고 한다. 그녀는 기쁜 마음으로 자신의 엠시디Emceedee 브랜드("맥두걸"을 뜻하는 M.C.D.)의 판촉에 나섰다.

---

* 커피 열매 안에는 보통 반원형의 종자 두 쪽이 마주 보고 있는데, 마주 보는 면이 평평해서 플랫빈이라고 함. 일반적인 생두를 가리킴

** 콜롬비아 국경 접경지에서 생산되는 베네수엘라 최고의 커피

"현재의 거래업자에 전적으로 만족하십니까? 그 업자의 목적이 자신의 잇속을 챙기는 것입니까, 아니면 **귀하의 이익을 최대한 보호하는 것입니까?** 그 업자의 품질에 항상 만족하시나요? **저희의 품질은 언제나 만족스럽습니다.**" 그녀는 자신의 브랜드는 가격이 생산 비용을 간신히 웃도는 선에서 책정된다는 점도 강조했다. "저희는 중간 유통 상인도 수수료도 없습니다. 제가 직접 구매하여 귀하에게 직접 배달해 드립니다. (…) 저는 직접 생두도 구입하고 블렌딩과 로스팅의 비법도 잘 알며 귀하에게 어떻게 물건을 보내 드려야 하는지에 대한 정보도 훤하니, 더 맛 좋은 커피를 기꺼이 지불하고 싶으실 만한 가격으로 제공해 드릴 수 있습니다." 그녀는 여기에 더해 환불 보장 서비스까지 제공했다.

그녀의 개인 고객과 우편 주문 고객들은 야속하게도 겨울을 보내기 위해 남쪽으로 떠났다가 또 여름엔 유럽으로 휴가를 떠나곤 해서 안정적인 고객층이 못 되었다. 그래서 클럽, 호텔, 병원, 대학교 등의 시설 쪽으로 관심을 돌렸는데, 호색한들의 집적거림을 막아 내야 할 때가 한두 번이 아니었다. 언젠가 한번은 상류층 남성들의 사교 클럽 사무장이 자기의 좁은 사무실에서 그녀를 못 나가게 붙잡아 놓고 무릎을 닿을락 말락 바짝 붙이고는 수작을 걸어왔다고 한다. "그 작자는 입가에 냉소적인 미소를 지었다. 그리곤 그 작고 시커먼 눈을 정말로 소름이 끼치도록 번뜩이더니 몇 분 동안 나를 붙잡고 사적이고 무례한 질문들을 던져 댔다." 그녀는 화를 내며 커피를 주문하라고, 그리고 자신을 놓아 달라고 요구했고, 기어코 그 요구를 관철했다.

의아한 사실이지만, 이 꿋꿋하고 왜소한 여인은 스스로를 '반페미니스트'로 자처했다. 그녀는 여성들에게 투표권이 허용되어서는 안 된다고 생각했다. 게다가 사업을 시작하고 싶어 하는 여성들에게 들려주던 조언은 한마디로, '하지 마세요. 너무 힘들어요' 식의 얘기였다. "내 마음대로 할 수만 있다면 모든 여자를 장식품처럼 살게 하고 싶어요." 심지어 이런 말까지 했던 그녀였다. 그럼에도 여성 운동이 불러일으킨 "여성적 정서의 큰 물결에 편승"하기로 마음먹고는 1912년부터 자신의 온전한 이름 앨리스 푸트 맥두걸을 당당히 내걸기 시작했다. 한편 사업을 거들어 주던 아들, 앨런이 제1차 세계대전에 참전하기 위해 떠났을 무렵 그녀는 열다섯 명의 직원을 채용했다.

세계대전의 발발 무렵, 전 세계적으로 사업 경향과 방식이 급속도로 바뀌어 가고 있었다. 전쟁은 민주주의를 지키기 위해 세계를 안전하게 만드는 데는 실패했지만,* 여성의 선거권, 금주, 산업화, 자동화, 기업 합병 같은 변화들을 가속화했을 뿐만 아니라 커피 산업의 변화에 기폭제로 작용하기도 했다.

---

* 냉전 시대에 미국이 내세웠던 슬로건 '민주주의를 지키기 위해 세계를 안전지대로 만들자'에 빗댄 표현임

제8장
커피를 지키기 위해 세계를 안전지대로 만들기

세심하게 블렌딩된 풀바디의 풍부한 아로마 커피를 골라 세심히 우리면 (…) 묵직하고 섬세하며 기분 좋은 음료가 만들어진다. 이것을 평범한 커피 음용자에게 가져다주면 그 사람은 "맛이 별로"라고 말할 것이다. 그러면 그 똑같은 커피를 가지고 섬세한 특성들이 모두 사라질 때까지 팔팔 끓여 잿물같이 우려서 같은 사람에게 주어 보면 이번엔 기뻐하며 이렇게 외칠 것이다. "그래요! 바로 이게 커피죠!"

- 찰스 트리그Charles Trigg, 커피 연구가, 1917년

커피업자들의 입장에서 보면, 제1차 세계대전은 라틴아메리카가 가장 신뢰할 만한 고객층으로서 미국을 새롭게 주목하도록 만들어 놓은 동시에, 참전자 세대가 습관적으로 마시던 커피의 음용 양상에 영향을 미쳤다. 그것도 종종 산패되고 질 낮은 커피콩과 결부되는 양상으로.

전쟁 전까지 함부르크와 르아브르의 항구, 그리고 이 두 곳보다는 비중이 좀 떨어지지만 안트베르펜과 암스테르담 역시 세계 커피 물량의 절반 이상을 호령하고 있었다. 독일의 커피 재배업자와 수출업자들이 라틴아메리카의 대부분을 장악하고 있었기 때문에 독일의 수입업자들은 전통적으로 최상급의 커피를 수입했다. 유럽인들은 상급의 커피를 사기 위해서라면 돈을 더 지불하는 것도 마다하지 않아서 미국인들에게는 하급품만 남겨졌다.

미국 항구로 들여오는 커피의 대부분은 외국 선박에 실려 왔다. 사실상 전무하다시피 한 미국의 상선을 보강하기 위한 법안이 미루어지면서 미국은 다른 나라의 선박에 의존할 수밖에 없었다. 그러다 전쟁이 개시되자 전쟁국의 국기를 단 배들은 침몰할까 봐 출항을 못 하고 항구에 묶이게 되었다. 그에 따른 임시변통 법이 서둘러 제정되면서 이제 외국에서 건조된 배들도 미국인이 등록할 수 있도록 허용되었다. 라틴아메리카에서 구아노guano(새똥 비료)를 실어 나르며 떼돈을 벌던 W.R.그레이스&컴퍼니W. R. Grace & Company같이 전에는 커피를 운송해 본 적도 없던 회사들이 이 새로운 사업에 뛰어들었다.

한편 혼란스러운 전시 경제 속에서 뉴욕 커피 거래소가 4개월 동안 문을 닫았다. 급기야 1914년 9월에 커피업계지의 한 사설에서는 미국의 커피업자들에게 행동에 나설 것을 요구했다. "남미의 상업은 그 근접성을 감안하면 우리의 차지여야 마땅한데" 그동안 대부분이 유럽 자본에 장악당해 왔다며, "이제는 유럽의 대다수 국가가 자국 영토와 독립을 지키기 위해 싸우느라 어쩔 수 없이 남미의 무역 기반을 방치하고" 있으니 미국의 세일즈맨들이 적극적으로 나설 때가 무르익었다는 요지였다. 게다가 이제는 커피콩의 큰 시장은 미국뿐이라 커피 가격이 하락할 수밖에 없었다.

"적어도 일시적으로나마, 뉴욕이 금융과 상업의 세계 중심지로 떠올랐습니다." 1915년에 한 은행가가 미국의 로스팅 업자들에게 해 주었던 말이다. 실제로 영국은 세계 비즈니스의 정보 센터의 지위를 미국에 내주고 말았고, 뉴욕의 내셔널 시티뱅크가 부에노스아이레스, 몬테비데오Montevideo,* 리우데

---

* 남미 우루과이의 수도

자네이루, 산투스, 상파울루, 아바나^{Havana}에 속속 지점을 열면서 미국은 순조롭게 무역 균형을 발전시켜 나갔다.

라틴아메리카의 농장주들은 불만이 높았다. 커피 가격은 더 떨어졌는데 커피콩 가공을 위해 수입하는 기계와 다른 물품의 비용이 전쟁의 개시와 함께 배로 뛰었으니 그럴 만도 했다. 콜롬비아 커피 수입에 주력하던 커피 전문가 리처드 발작Richard Balzac은 "생각이 있는 커피 제조업자"라면 라틴아메리카의 탄탄한 농장들이 없으면 안 된다는 점을 상기해야 한다고 강조했다. 브라질은 이미 재정 위기에 시달리고 있었고 전쟁 발발 당시에 유럽으로부터 2천5백만 파운드의 대출을 더 받아 내려 애쓰던 형편이었다. 농장주들은 정부가 개입하여 다시 한번 가격 안정책을 시행해 줄 것을 필사적으로 요구했지만, 가격 안정책은 전쟁의 막바지에 이르러서야 시행되었다. 당시의 절박함이 오죽했으면 브라질인들이 이 전시 기간을 'quinquenio sinistro', 즉 '비참했던 5년'이라고 불렀을까.

한편 수입업자 J. 애런J. Aron은 한껏 들떠서 이런 광고를 내보냈다. "전쟁 탓에 경제가 어수선해지면서 커피 생산업자들이 자신들의 상품을 생산비 이하의 가격으로 내놓을 수밖에 없는 처지에 몰려 있습니다. 따라서 구매업자분들께서는 지금이야말로 미래의 수요를 예측해 현재의 낮은 가격을 잘 이용할 기회입니다." 브라질은 전쟁 기간에 대체로 중립국의 입장을 견지했으나 유럽의 소비량은 계속해서 줄어들었다. 사실 커피 같은 "비필수품"은 배에 실어 보내는 일도 어쩌다 한 번씩이나 가능한 실정이었다. 영국이 라틴아메리카에서의 항로를 비교적 엄하게 봉쇄해서 어쩔 수 없었다. 결국 커피 가격은 전쟁 발발 첫해에 급락하고 만다.

그럼에도 커피는 전쟁국들로 유입되었고, 그 대부분이

미국을 경유한 것이었다. 2년 전만 해도 미국이 재수출한 커피의 양은 180만 킬로그램에 못 미쳤으나, 1915년 무렵에는 이 수치가 4억 5천만 킬로그램 이상으로 치솟았고 그중 거의 전부가 바다 건너편으로 보내졌다.

　그와 동시에 미국의 소비자들은 라틴아메리카의 다른 지역들, 즉 과테말라, 콜롬비아 같은 지역의 '마일드' 커피가 지닌 풍부한 풍미에 눈을 뜨기 시작했다. 1915년 6월에 과테말라의 한 기자는, "언제나 독일이 과테말라 커피 수확량의 3분의 2가량을 가져가고 있어서 한동안은 전망이 다소 비관적일 듯하다"라고 썼다. 그런데 이제는 캘리포니아가 과테말라 커피의 최대 구매 지역이 되었다.

　라틴아메리카의 수많은 독일인에게 제1차 세계대전은 끔찍한 악몽이었다. 브라질 연방 정부는 독일어 신문들의 활동을 억압하고 이름 있는 독일인 인사 여러 명을 구금시켰다. 그런데다 미국이 독일 잠수함의 공격에 직면해 중립 정책의 고수가 힘들어지면서 결국 1917년 4월에 전쟁에 뛰어들었다. 브라질 또한 독일과의 전쟁에 돌입했다. 미국이 파견군 보급용 커피 45만 킬로그램을 구매하기로 약속한 이후에야 내려진 결정이었지만 말이다.

　미국은 신속히 '외국인 재산'의 몰수를 규정하는 법을 통과시켰을 뿐만 아니라, 같은 행동을 취하도록 커피 생산국들에 압박을 가했다. 결국 1918년 2월에 과테말라는 유사한 법을 통과시키게 된다. 전쟁 발발 전, 과테말라에서는 독일인 재배업자들이 커피 농장의 10퍼센트를 소유하며 총수확량의 40퍼센트를 차지했는가 하면 과테말라 커피콩의 80퍼센트를 독일인이 장악하고 있었다. 그런데 이제는 미국의 압박에 따라, 독일인 소유의 커피 농장 상당수가 과테말라에 사는 미국 시민, 대니얼 호지슨Daniel Hodgson의 감독을 받게 되었다. 미국 정부의 주장에 따르면 '적산'*으로 간주되는 독일인 소유의 농장이 3분의 2에 육박했다. 한편 과테말라의 독재자 에스트라다 카브레라Estrada Cabrera는 이런 상황을 틈타 자신의 부동산 보유량을 불렸다.

커피와 보병

미국의 참전과 함께 맹목적 애국주의가 불타오르면서 이내 대중의 마음속에서 독일인들이 괴물처럼 변하게 되었다. 한 커피업계지의 편집장은 이렇게 읊기도 했다. "지금은 운명이 걸린 중대한 시기다. 이제 세계적으로 확산된 독재와 민주주의 사이의 이 싸움은 인간의 자유와 문명을 지키기 위해 계속되어야 한다." 이와 같은 숭고한 사상의 고취도 미국 커피 회사들의 스칸디나비아 국가들에 대한 커피 재수출을 저지하지는 못했다. 커피 회사들은 그 커피콩 대다수가 결국엔 독일로 흘러 들어간다는 것을 뻔히 알면서도 아랑곳하지 않고 재수출을 계속했다. 한편 우드로 윌슨Woodrow Wilson 대통령이 민주주의를 위해 세계를 안전지대로 만들겠다는 의지를 선언했던 바로 그날, 거래소에서는 커피 가격이 치솟았다. 이제 곧 평화가 찾아오게 될 테고 그러면 유럽의 수요가 다시 살아나 가격이 상승할 것이라는 기대 심리가 작용한 결과였다.

그러나 전쟁은 그렇게 쉽사리 끝나지 않았고, 1917년에 병참부에서 1천3백만 킬로그램이 넘는 양을 요청하면서 오히려 전쟁의 장기화로 커피 수요가 대폭적으로 증가했다. 당시

---

* 자기 나라나 점령지 안에 있는 적국의 재산

의 한 언론인이 지적했듯, 커피는 "군 막사에서 가장 인기 있는 음료"여서, 식사 때마다 빠지지 않았다고 한다.

대다수의 군용 커피는 우선 생두부터 하급의 산투스산을 썼고, 미국에서 로스팅 후 분쇄하고 나서 포장도 대충 했다. 이러니 커피가 '유럽의' 부대에 도착했을 때쯤엔 신선도 같은 것은 물 건너간 일이었다. 또한 군 규정에는 물 1갤런(약 3.8리터)당 커피 가루 5온스(약 142그램)만 쓰도록 정해져 있었다. 포트에 남은 커피 가루도 다음 식사 때 재탕해서, 이때는 물을 새로 부을 때 물 1갤런당 3온스의 가루만 넣었다. 뉴햄프셔의 식료품상이던 E. F. 홀브룩E. F. Holbrook은 병참부에서 군용 커피 독점 납품자로 선정되었을 때 군 규정에 따른 이런 끔직한 브루잉을 개선하겠다고, 또 전선의 후방에 로스터기를 설치해 놓겠다고 다짐했다.

홀브룩은 커피는 로스팅하면 부피가 늘어나므로 생두를 실어 나르는 편이 훨씬 더 공간이 절약되는 수송 방법일 것이라는 사실을 앞세워 군에 로비를 벌였다. 결국 존 J. 퍼싱John J. Pershing 장군은 해외 전보를 통해 로스팅 및 분쇄 기계와 함께 전문 로스터들과 생두를 바다 건너로 실어 보내도록 정식으로 허가해 주었다. 그로써 전쟁이 끝날 무렵 미군은 날마다 34만 킬로그램에 이르는 생두를 로스팅하고 있었다.

전쟁 초반에만 해도 커피 로스팅업자들은 별 희생을 치르지 않았다. 기껏해야 보관 통을 양철 소재에서 섬유 소재로 바꾸는 정도에 그쳤다. 그러던 1918년 초, 면綿 투기꾼들이 커피 시장에 눈독을 들이며 진출했다. 허버트 후버Herbert Hoover의 식량관리국에서는 놀라서 커피 시장의 통제에 나섰고 투기를 막기 위한 가격 동결을 실시했다. 수많은 수입업자가 반발하며 안 그래도 전시 기간 중 커피 가격이 하락했다는 점을 지적했으나, 그런 논리로 따지자면 다른 소비재들은 더 큰 손실을 본 상황이었다. 생두업계 업자들은 공동으로 허버트 후버에게 편지를 보내 "그 규정이 철회되지 않으면 저희 업계는 결국 파산을 피할 수 없을 것"이라고 호소하기까지 했으나 후버는 꿈쩍하지 않았다.

병사들의 조지 한 잔

전쟁은 새로 나온 솔루블 커피soluble coffee(가용성 커피), 즉 '인스턴트커피'를 크게 띄워 주는 계기로 작용했다. 1906년에 과테말라에 살고 있던 (또한 알려진 바로는 미국 초대 대통령의 방계 후손이던) 조지 워싱턴George Washington이라는 이름의 벨기에인이, 브루잉한 커피에서 추출한 커피 결정체를 정제하려는 착상을 생각해 냈다.[1] 1910년 무렵, 워싱턴은 이제 미국의 시민으로 뉴욕에 살면서 자신의 G.워싱턴사의 이름으로 리파인드 커피G. Washington's Refined Coffee를 시장에 내놓았다. 이 인스턴트커피는 갓 로스팅한 원두로 브루잉한 커피의 향이나 맛, 바디

---

[1] 솔루블 커피의 고안자로서 자처할 만한 이들은 이 밖에도 더 있다. 가령 일찌감치 1771년에, 영국에서 '커피 합성물(coffee compound)'의 특허가 인정된 바 있으며, 19세기 말에는 스코틀랜드 글래스고(Glasgow)의 R.패터슨&선(R. Paterson & Son)이 액상 '진액(essence)'인 캠프 커피(Camp Coffee)를 고안해 냈다. 그런가 하면 1900년에는 도쿄의 화학자 사토리 가토(Sartori Kato)가 시카고의 커피업자 단체에 자신이 개발한 솔루블 커피를 소개하면서 1901년에 범미 박람회에서 판매도 하고 1903년에는 특허를 얻기도 했다. 또 1906년경엔 미주리주 세인트루이스의 로스팅업자 사이러스 F. 블랑케(Cyrus F. Blanke)가 파우스트 카페(Faust Cafe)에 앉아 있다가 자신의 컵 받침에 말라붙어 있던 커피 방울을 보고 파우스트 인스턴트커피(Faust Instant Coffee)를 개발했다. 독일계 과테말라인이던 페데리코 레노프 월드(Federico Lehnhoff Wyld) 역시 독자적으로 인스턴트커피를 개발하여 프랑스에서 솔루블 커피 사업을 시작했으나 그 직후에 제1차 세계대전이 터지면서 파산하고 말았다.

가 담기지는 않았으나, 신기하게 즉석에서 타 먹을 수 있는 데다 진짜 커피 같은 맛이 나고 커피와 똑같이 따뜻한 온기와 카페인 섭취의 효과를 주었다. 지속적인 광고와 기발한 판촉을 통해 이 인스턴트커피는 미국이 참전하기 이전부터 유명해졌다.

1918년 여름, 미 육군은 G.워싱턴의 생산분 전량을 병사용 식량으로 징발했고 회사에서는 재빨리 이 사실을 광고로 냈다. "G.워싱턴의 리파인드 커피가 전쟁에 함께 참가하게 되었습니다."라고. 이 인스턴트커피에 감사해하는 고객들도 있었다. 다음은 1918년에 참호 근무를 하던 한 보병이 쓴 글이다. "쥐들, 쏟아지는 비, 질척대는 진흙, 가뭄, 대포의 굉음, 탄피의 쇳소리 속에서도 나는 정말 행복하다. 단 1분이면 내 작은 석유 히터에 불을 켜서 조지 워싱턴 커피를 타 마실 수 있다. (…) 매일 밤 [워싱턴 씨의] 건강과 행복을 기원하게 된다." 또 다른 병사는 이렇게 썼다. "독일을 격파시켜 이 전쟁이 끝나고 나면 가장 먼저 찾아가고 싶은 한 신사가 있다. 바로 브루클린의 조지 워싱턴 씨다. 그분은 우리 병사들의 친구다." 보병들은 커피 한 잔이 아니라 "조지" 한 잔이라고 말하는 것이 다반사였을 정도다.

이에 다른 커피 로스팅업자들도 서로 앞다퉈 인스턴트커피를 개발했는가 하면 미국의 솔루블커피컴퍼니오브아메리카 Soluble Coffee Company of America 같은 몇몇 신설 회사들까지 속속 생겨났다. 1918년 10월 무렵, 육군에서 요청하는 인스턴트커피의 분량은 일일 1만 6천 킬로그램에 달했으나 미국 내 전체 생산량은 2천7백 킬로그램에 불과했다. 그러다 1918년 11월에 전쟁이 끝나며 갑자기 인스턴트커피 시장이 없어지자 생산업자들 상당수가 폐업하고 말았다. 이 와중에도 G.워싱턴사는 살아남았지만 수많은 신봉자를 끌어내지는 못했고 또 한 번의 세계대전이 일어나기 전까지는 인스턴트커피의 부흥을 되살리지 못했다.

최초의 인스턴트커피 G.워싱턴은 제1차 세계대전 동안 인기가 얼마나 높았던지 보병들이 커피를 찾을 때 "조지 한 잔"달라고 말했을 정도였다.

평화는 커피 생산업자들에게 잠시나마 번영을 누리게 해 주었으나 이것도 미국의 로스팅업자들에게는 남의 얘기였다. 전쟁이 곧 끝날 것이 확실해지자 브라질의 무역업자들은 유럽의 수요가 되살아나기를 기대하며 산투스의 선물 거래 가격을 전례가 없을 만큼 최고치로 치솟게 했다. 한편 미국 식량관리국에서는 물가가 천정부지로 솟을까 봐 우려하여 선물 거래의 전면 청산을 명령했다. 적극적인 커피업자들은 후버에게 전보를 보내, "생산 지역에서의 가격이 치솟고 있어서 저희 업자들이 수입을 꺼리는 실정인데, 이는 연계 매매*로 손해를 막을 수 있는 자유 시장이 없기 때문"이라고 하소연하며 "규제에 전적으로 구애받지 않고 자유로운 계약"을 할 수 있게 해 달라고 요청했다. 후버는 이번에도 꿈쩍하지 않았다.

미국의 파견군은 전시에 3천4백만 킬로그램의 커피를 이용했으며, 독일의 미 점령군도 일일 1천 킬로그램의 커피를 지속적으로 요청했다. 전쟁이 참전자들을 커피에 중독시킨 셈이었다. 한 커피 로스팅업자는 흐뭇하게 이렇게 말했다. "이것을 명심해야 한다. 커피를 사랑하는 국민의 행복한 무적의 전사인, 우리의 병사들에게 맛 좋은 커피 한 잔은 하나의 일상이다. 그것도 절대로 없어서는 안 될 일상."[2]

---

* 현물의 가격 등락에서 발생할지도 모를 손해를 최소화하기 위해 선물 시장에서 현물과 반대되는 선물-포지션을 설정하는 것을 말한다. 이 경우, 가격이 어느 방향으로 변동되어도 거래 결과 현물과 선물 양쪽 거래에서 정반대의 거래 결과인 손익으로 나타나기 때문에 어느 한쪽의 손실이 다른 쪽의 이익으로 서로 상쇄되어 가격 변동에 대한 위험을 최소화하게 된다.

2 전쟁이 끝나 가던 1918년 무렵 전 대륙에 치명적인 유행성 독감이 돌면서 5천만 명이 사망했다. 일각에서는 커피가 독감을 낮게 해 준다고 믿었지만, 리우데자네이루의 항구는 폐쇄된 채로 막대한 커피 선적 물량이 부두에 방치되어 있었다. 커피를 마시는 하역 인부들이 독감으로 죽어 가고 있었기 때문이다.

한편, 농장에서는……

세계대전은 그 뒤로 몇십 년 동안 지속될 하나의 추세를 격화시켜 놓았다. 브라질은 여전히 전 세계 커피 생산에서 압도적 우위를 차지하긴 했으나 다른 생산국들, 특히 중앙아메리카와 콜롬비아와의 경쟁 강도가 더 격해지고 있었다. 브라질이 하급품의 과잉 생산이라는 고질병과 씨름하는 사이에 소위 마일드 커피 생산국들이 점점 산출량을 늘려 갔다. 게다가 그 산출량 전부를 산투스산 커피의 가격보다 프리미엄을 높게 붙여서 팔 수 있었다.

전시 중의 비참하리만큼 낮은 가격으로 타격을 받은 브라질인들은 1917년에 두 번째 가격 안정책에 자금을 공급하며 3백만 자루를 시장에 내놓지 않았다. 그다음 해에 전쟁이 끝났을 때 브라질의 혹한 소식, 제한된 선적 공간, 투기꾼들, 미국 식량관리국의 규제로 인해 가격이 급등했다. 브라질 정부는 서둘러 행동에 나서며 두 번째 가격 안정책용 커피 위탁 물량을 상당한 이익을 남기고 팔았다.

지난 40년 동안 브라질의 커피는 브라질 총수출액에서 절반 이상을 차지해 왔다. 그런데 1918년에는 가격 안정용 커피로 남긴 이익에도 불구하고 그 비중이 3분의 1로 떨어졌는데, 이는 콩, 설탕, 쇠고기 같은 다른 주요 농축산물에 대한 연합국 측의 수요가 늘어난 것이 한 원인이었다. 게다가 미국보다 한참 뒤처져 있던 브라질의 산업화가 전쟁을 추동력 삼아 두 배로 빨라졌고, 1923년쯤엔 세 배까지 가속화되었다. 실제로 1915년과 1919년 사이에 신생 기업들이 우후죽순 생겨나 거의 6천 개에 달했다(대부분이 식료품과 직물 분야였음). 이 신흥 기업들의 자본은 상당 부분 상파울루 커피 재배업자들에게서 나온 것이었으나, 이와 같은 동향은 전통적 커피업계 실력자들의 절대적인 정치력이 차츰 쇠퇴하고 있음을 드러내는 신호이기도 했다.

콜롬비아, 성년이 되다

콜롬비아의 커피 수출이 시장에 눈에 띌 만큼의 영향을 미치게 된 것은 제1차 세계대전 이후였다. 브라질이 생산량의 일부를 시장에 내놓지 않는 정책을 반복하는 동안 콜롬비아는 거의 극복할 수 없는 역경에도 불구하고 생산이 늘어났다.

화산이 많은 콜롬비아의 지형은 커피 재배에 적합했으나 지리 여건상 커피콩을 시장으로 옮기는 일이 불가능에 가깝기도 했다. 커피 재배의 최적지들은 얕고 물살이 빠른 마그달레나강Magdalena River을 경유하지 않고는 사실상 접근이 불가능했다. "그 지역은 미치광이, 독수리, 노새나 살 만한 곳이다." 한 초기 스페인 탐험가가 짜증이 나서 했던 말이다. 게다가 콜롬비아인들은 커피 재배보다는 서로를 죽이는 일에 더 열심인 듯 보였다. 1854년, 1859~1861년, 1876~1877년, 1885년, 1895년, 천일전쟁의 1899~1903년에 내전이 벌어져 나라가 쑥대밭이 되어 있었으니 말이다. "우리는 늘 혁명 중에 있거나, 아니면 다가올 혁명을 대기 중이다." 오죽하면 한 콜롬비아 커피 재배농이 이렇게 한탄했을까.[3]

그러나 일단 평화가 찾아오자 콜롬비아는 "Colombianos a sembra café!"라는 전투적 슬로건을 내걸며 커피로

---

[3] 물론 콜롬비아만이 잇따른 군사적 혼란에 시달렸던 것은 아니다. 라틴아메리카의 여러 국가, 특히 커피로 빈부 격차가 심해진 국가들 역시 그런 격변에 시달리고 있었다. 1914년에 한 논평자도 다음과 같이 썼다. "커피를 재배하는 수많은 국가는 언제나 혁명을 계획하거나 준비 중이다."

관심을 돌렸다. 대략 번역하면 "콜롬비아인들이여, 커피를 심지 않으면 죽음뿐이다!"라는 뜻이다. 1912년과 1913년에 커피 가격이 두 배로 뛰자 한 콜롬비아 작가의 말마따나 "우리 땅에 커피나무를 점거시키려는, 그야말로 열병"과 같은 현상이 일어났다. 일명 아시엔다hacienda라고 불리는 대규모 농장이 마그달레나강 상류 지역인 쿤디나마르카Cundinamarca와 톨리마Tolima를 장악했으나, 비록 무일푼이어도 의지만큼은 투철한 농민들은 서쪽의 산악 지대인 안티오키아Antioquia와 칼다스Caldas에서 새로운 소유권을 일구었다. 콜롬비아 커피 재배업자의 대다수를 이루게 된 이런 영세 지주들은 부족한 노동력 때문에 수확기에는 상부상조하는 것이 보통이었다. 원주민들 사이에서 흔한 이 라 밍가la minga라는 관습은 밭 주인인 농민이 도와주러 온 사람에게 식사와 저녁의 유흥을 대접해 주고, 다음번엔 역할을 바꿔 자신이 이웃의 농장에 수확을 거들어 주러 가는 식이었다.

마그달레나강 상류의 (2만 그루 이상을 재배하는) 대단지 농장(아시엔다)에서는 소작농들이 작은 땅뙈기에서 먹을거리를 직접 키워 먹으며 살았다. 생활 여건이 브라질, 과테말라, 엘살바도르의 소작농만큼 형편없지는 않았으나 그런 대단지 농장에서의 생활에 점점 불만이 쌓여 갔다. 소작농 계약, 근무 조건, 소작농의 텃밭에서 키운 작물의 판매권이 주된 갈등 요인이었다. 결국 가족 단위의 소규모 커피 재배농이 급증하면서 대규모 농장은 점점 쇠퇴해 갔다. 농민들은 대체로 자신이 재배한 커피의 과육 제거와 건조 작업은 직접 했으나, 최종 과정인 내과피 제거를 위해 대형 가공 공장에 생두를 팔았다.

공생 관계, 새로운 철도, 커피 의존형 수익 구조에 힘입어 커피의 재배와 수송은 더 활발해질 수 있었으나, 여전히 커피의 상당수는 오지의 산악 지대에서 노새의 등에 실려 운반되었다. 그러다 1914년에 파나마 운하가 개통되면서 커피 또한 그전까지 닿기 힘들었던 태평양 연안을 통해 수출할 수 있게 되었다.

1905년에 콜롬비아의 커피 수출량은 50만 자루에 불과했지만, 10년 후에는 이 수치가 두 배로 늘었다. 그 뒤로 몇 년 동안, 브라질이 과잉 생산의 통제에 필사적으로 매달리는 사이에 콜롬비아의 생산량이 꾸준히 늘어났고 콜롬비아 고지 산産의 풍미 깊은 원두가 미국과 유럽의 소비자들에게 인기를 얻게 되었다.

제1차 세계대전은 콜롬비아나 중앙아메리카 등에서 생산된 마일드 커피의 미국 내 소비량을 크게 높여 주었다. 1914년에 브라질산 커피는 미국 커피 수입량 중 4분의 3에 해당하는 약 3억 3천7백만 킬로그램을 차지했으나 1919년 무렵엔 약 2억 5천9백만 킬로그램으로 그 비중이 절반에 겨우 미쳤다. 반면 콜롬비아산의 수입량은 약 4천1백만 킬로그램에서 5천5백만 킬로그램으로 증가했다. 1920년에 『새터데이 이브닝 포스트Saturday Evening Post』에서 지적했듯, 이제 미국 소비자들은 더 고급 커피에 입맛을 들이게 되었다. 보고타Bogotá, 부카라망가Bucaramanga, 쿠쿠타Cúcuta, 산타마르타Santa Marta, 마니살레스Manizales, 아르메니아Armenia, 메델린Medellin 등 특정 지역의 이름으로 명칭을 붙였던 콜롬비아의 커피는, 커피 전문가들은 물론 평범한 소비자들 사이에서도 인기를 얻었다. 몇 년 지나지 않아 급기야 맥스웰하우스에서 상업적 선전에 부카라망가와 마니살레스라는 단어를 언급하게 되기도 했다.

같은 시기 동안 중앙아메리카의 미국에 대한 수출은 1천8백만 킬로그램에서 7천1백만 킬로그램으로 증가했다. 과테말라에서는 전후에 경기가 다시 정상화되면서 독재자 에스트라다 카브레라가 압수한 독일인 농장을 대부분 이전 소유주에게 되팔았고, 이들이 예전처럼 다시 커피 산업을 지배하기 시작했다. 한편 아이티는 오래전의 노예 폭동으로 황폐화된 커피 산업이 일부분 회복되면서, 미국에 대한 수출이 사실상 전무하던 상태에서 전쟁 말엽쯤 수출량이 2천1백만 킬로그램으로 늘었다. 특히 자바와 수마트라를 위시한 네덜란드령 동인도조차, 커피 잎 녹병균으로 입은 피해에서 충분히 회복되면서 미국에 대한 수출량이 증가했다.[4]

로부스타가 아니면 죽음을

1920년 무렵, 자바에서 재배되는 커피의 80퍼센트는 로부스타 품종이었다. 로부스타는 카페인 함량이 높고 질병에 강한 대체 품종으로, 잎 녹병균인 헤밀레이아 바스타트릭스가 동인도의 아라비카 품종을 고사시키고 있던 1898년에 벨기에령 콩고에서 발견되었다.[5] 보다 섬세한 풍미를 지닌 품종인 사촌뻘의 아라비카와는 달리, 로부스타는 (튼튼하게 잘 자란다는 의미의 이름처럼) 해수면에서부터 3천 피트(914미터) 고도까지

---

[4] 하지만 미국의 1919년도 커피 수입량의 수치를 미국의 총소비량으로 볼 수는 없다. 미국이 그해에 3천5백만 킬로그램의 커피를 재수출했으니 말이다. 또한 이전까지만 해도 아이티에서 생산된 커피는 주로 프랑스로 보내졌다.

[5] 1862년에 백인 수출업자들은 우간다 원주민들이 로부스타를 이용하는 모습을 보긴 했으나, 당시엔 아무도 그 품종을 상업적으로 활용할 생각을 하지 못했다. 사실 그때 그들이 봤던 것은, 바간다(Baganda) 부족의 부족원들이 로부스타를 의식용으로 이용하던 모습이었다. 바간다 부족원들은 하나의 열매에서 두 개의 로부스타 원두를 빼서 여기에 자신들의 피를 발랐는데, 이 의식을 통해 피를 나눈 형제 사이가 되었다.

로부스타 생두

어디에서든 잘 자랄 뿐만 아니라 열매가 열리는 양도 훨씬 더 풍성했다. 또한 아라비카보다 이른, 2년생부터 열매가 열리기 시작했다. 단점은 딱 하나, 우려 마실 때의 맛이었다. 최상급의 로부스타조차 맛이 거칠고 밍밍하고 썼다. 그래서 아라비카와 블렌딩을 하면 아라비카의 맛이 손상될 수밖에 없었다. 그럼에도 불구하고 자바와 수마트라의 고무나무 사이에 있는 로부스타 재배를 감독했던 네덜란드인들은 로부스타에 입맛을 들이게 되었다. 특히 제1차 세계대전 중에 그렇게 되어 당시에 네덜란드에서는 로부스타의 소비량이 브라질산 아라비카의 소비량을 앞섰다.

1912년에 뉴욕 커피 거래소는 세 명으로 구성된 위원회를 임명하여 로부스타 연구를 맡겼다. 이 위원회는 로부스타가 하급 산투스산과 비교해도 "거의 쓸모없는 생두"라고 결론지으며, 거래소에서의 거래를 금지했다. 그리고 자바산 로부스타의 라벨에 전통적으로 최상급 아라비카로 통하는 '자바'가 찍혀 유통될까 봐 각별한 우려를 표하기까지 했다.

일부 로부스타 묘목이 잠깐 브라질에 수출되긴 했으나 브라질 측에서 신속히 수입 금지를 취했다. 아직 서반구의 커피 재배지까지 확산되지 않은 잎 녹병균 포자가 유입될까 봐 염려되어 취한 조치였다. 하지만 다른 곳, 특히 헤밀레이아 바스타트릭스 때문에 다른 커피 품종을 다루기가 어렵게 된 곳에서는 로부스타를 재배하는 이들이 나오기도 했는데, 이는 네덜란드인들이 로부스타 원두의 시장성을 만들어 놓은 덕분이었다. 어느새 인도, 실론, 아프리카에서는 버려진 차 농장이나 커피 농장, 혹은 커피가 한 번도 재배된 적 없던 뜨거운 저지대에서 튼튼한 로부스타 묘목이 무럭무럭 자라고 있었다.

남회귀선과 북회귀선 사이

커피의 발상지인 에티오피아는 당시 수출하는 생두의 양이 보잘것없는 수준에 그쳤다. 수뢰와 부패가 수출에 발목을 잡는 주된 원인이었다. 그만큼 메넬리크 왕King Menelik에서부터 세관원들에 이르기까지 썩을 대로 썩어 있었다. 한편 예멘의 사정은 훨씬 좋지 못했다. 이 두 나라의 하라와 모카에서 여전히 세계 최상급의 생두를 생산하고 있었지만 품질이 일관성 없이 들쑥날쑥하기로 유명했다. 그런데다 바로 이 무렵에 자메이카의 블루마운틴Blue Mountain 커피가 풀바디의 풍미로 명성을 높이게 되었다. 당시에 영국인들은 주로 차를 마셨지만 세계적으로 상급에 드는 커피의 진가를 알아보기도 해서, 상품인 코스타리카산 생두의 대다수는 물론 블루마운틴까지 거의 쓸어 가다시피 했다. 하와이 코나Kona 지역에서 재배되는 커피 역시 그 달콤하고 풍성한 풍미로 유럽인뿐 아니라 미국인들 사이에서 높이 인정받았다.

커피는 남회귀선과 북회귀선 사이에 위치한 또 다른 산악 지역까지 세력을 뻗쳤다. 즉 영국인들이 커피를 영국령 동아프리카의 유치산업으로 키우면서 얼마 뒤에 이곳 커피가 케냐와 우간다라는 이름으로 유명세를 떨치게 되었다. 커피는 한 바퀴를 빙 돌아서야 제자리인 이곳 아프리카로 돌아온 셈이었다. 원래 인근 지역인 에티오피아가 아라비카 커피의 발원지임에도 1901년에 그 씨앗이 선교사들을 통해 레위니옹Réunion섬(이전의 부르봉Bourbon)에서 수입되었고, 뒤이어 자메이카의 블루마운틴 접본接本도 수입해 들여오게 되었기에 하는 말이다. 1912년에 잎 녹병균이 들어왔지만 이에 아랑곳없이 영국령 동아프리카의 커피 수출은 제1차 세계대전으로 그 성장 추세가 늦춰지기 전까지 매년 두 배로 증가했다. 전후에 케냐와 우간다의 농장주들(모두 백인이었음)은 커피 재배를 계속 늘려 갔고 영국이 깔아 놓은 새 철도가 이들의 사업을 촉진시켜 주었다.

이런 상황 속에서도 브라질은 커피 산업에서 지배자 자리를 지키고 있었다.

제9장
재즈 시대의 이미지 장사

프레스콧Prescott 교수는 커피에는 정신적 활동을 위한 집중력은 물론 육체적
활동을 위한 기운을 북돋워 주는 효과가 있다며 커피를 "자상한 활력소"라고
일컬었다. (…) 슬픔에 잠긴 세계, 특히 최근에 합법적으로 술을 박탈당한 우
리나라와 같은 곳에서는 (…) 정신을 즐겁게 해 주는 커피의 효능이 각별하다.
- 일간지 「보스턴 트랜스크립트Boston Transcript」, 1923년 10월 18일

커피 재배국이 북반구 선진 공업국들에 서로 카페인을
더 공급하려고 각축을 벌이는 사이에 흥에 들뜬 북미 사람들
은 열정의 황금시대에 들어서며 사업, 광고, 소비로 대변되는
10년에 접어들었다. 이때 커피가 대중적 음료로 떠오르면서
활기찬 1920년대의 열기를 더욱 뜨겁게 달구었다.

금주법과 광란의 1920년대

제1차 세계대전 중, 금주 운동의 영향으로 미국 의회는 곡물
로 술을 만드는 것이 잠재적 식품의 비애국적 낭비라는 논의
에 이르렀다. 금주 운동의 장기간에 걸친 압력과 더불어 이
런 논의에 떠밀려, 결국 1917년에 미국 내에서 주류의 제조
및 판매를 금지하는 수정 헌법 제18조가 통과되었다. 이 수정
헌법은 1919년 1월에 각 주들의 비준을 받았고 그다음 해부
터 금주법(볼스테드법)이 발효되었다. 대다수 커피업자는 이

제 사교 모임에서 커피가 술 대신 활력제로 애용되리라 생각하며 기뻐했다. "나는 커피하우스가 커뮤니티의 장으로서 술집을 대신할 가능성이 크다고 본다." 실제로 한 로스팅업자가 했던 말이다.

1920년대 내내 커피 소비량은 서서히 증가했다. 다음은 『차와 커피 트레이드 저널』의 윌리엄 유커스의 글이다. "금주법으로 인해 커피 소비의 증가에 유리한 상황이 조성되었다. 커피하우스라는 개념은 일각에서 기대했던 것처럼 그렇게 급속도로 확산되지는 않았지만, 그럼에도 카페와 간이식당들이 수백 개의 술집을 밀어내고 그 자리를 차지했다."[1] 변화하는 식습관 또한 커피 판매에 도움이 되었다. 가령 간이식당과 탄산음료 가게에서 먹는 가벼운 점심 식사인 샌드위치와 커피한 잔이 인기를 끌었다. 또한 일부 공장들은 근로 장려의 일환으로 커피를 무료로 제공하기 시작했다. 확장되어 가는 도로와 함께 미국인들이 그 어느 때보다 활발히 이동하면서 커피가 운전용 음료로 각광받았고, 트럭 기사 식당은 곧 커피 타임을 위해 들르는 곳이 되었다. 유커스는 이런 기사를 싣기도 했다. "해외로 파견되었던 2백만 명의 미국인 병사들은 그곳에서 매일 석 잔씩 커피를 마시며 커피를 알아보는 감식력이 더 예리해졌고 이제 민간인으로 돌아온 이후에 그 감식력을 그 어느 때보다도 많이 활용하고 있다."

하지만 가장 결정적인 영향을 준 요소라면, 아마도 최초의 국가적 규모의 광고일 것이다. 자금의 출처는 브라질에서 수출된 모든 커피 자루에 부과된 국세를 통해 브라질 재배업

---

[1] 시카고의 한 언론인은 다음과 같이 비꼬는 투의 기사를 썼다. "커피하우스 바닥에 엎드려 있으면 바텐더가 (…) 당신의 떨리는 손과 안절부절못하는 모습에서 당신이 커피를 찾는다는 것을 알아차릴 것이다."

자들이 대 준 것이었고, 수행자는 미국의 광고 대행사 N.W.아이어N. W. Ayer였던 이 광고는 1919년부터 대중 주간지에 실리기 시작했다. 광고는 대부분이 평범하고 뻔했다. "미국 정부에서는 군인들에게 **커피를** 제공했습니다." 커피는 "지성인들의 음료"라는 식이었고, 모든 광고 문구는 다음의 슬로건으로 마무리되었다. "**커피―없어서는 안 될 음료**"

그러다 뉴욕의 한 로스팅업자가 광고들이 "설득력이 없고 약한 데다 너무 엄숙하다"고 불만을 제기한 이후, 카피가 좀 더 공격적으로 바뀌더니 포스텀을 비롯한 여러 커피 맹비난 세력에 맞서 싸우는 양상을 띠었다. "**그릇된 생각에 빠지기는 정말 쉽지만, 누가 뭐래도 커피는 건강에 유익합니다.**" 또한 여성 잡지뿐만 아니라 의학 잡지에도 광고를 실었다. 커피업자들이 의사들에게 다음과 같이 간청하는 식이었다. "아침 식사에서 그 기쁨을 빼앗지 말아 주세요. 모든 환자의 식단에서 거리낌 없이 커피를 배제하는 것이 바로 그 기쁨을 빼앗는 일입니다." 합동광고위원회에서는 심지어 개별 로스팅업자들을 지원해 줄 작정으로 포괄적 광고를 내기까지 했다. "좋은 커피란 바로 _____ 브랜드 커피를 말합니다. 이 브랜드의 커피는 신선하고 순수 그 자체이며, 풀바디의 풍성한 향기를 자랑합니다. 그 맛을 보시면 흠뻑 빠지게 될 것입니다!"

광고의 내용은 그 반복성과 노출 빈도만큼 효과를 거두지는 못했던 것 같다. 그래도 어쨌든, 마침내 전 국가적 규모의 광고 사례가 있었다는 면에서는 주목할 만하다. 비록 다른 나라의 재배업자들이 자금을 대 준 것이긴 하지만 말이다. 첫해에 브라질 사람들이 잡지와 신문 광고를 위해 지불한 돈은 25만 달러였으나 미국 커피업자들의 기여액은 <천국의 선물The Gift of Heaven>이라는 영화 제작에 필요했던 5만 9천 달러에 불과했다. 커피의 재배와 소비의 모습이 담긴 이 영화는 전국의 약 2백 개 극장에서 개봉되고 대학과 고등학교들에 기증 배포되었다. 광고위원회는 초등학교 4, 5, 6학년을 대상으로 한 학습 세트를 개발하여 지리, 역사, 식품 조리, 학교 회의, 심지어 영어 작문 시간에까지 사용하도록 권장하기도 했다. 어린아이들에게 커피의 장점을 주입하길 기대하면서. 한편 『커피 클럽Coffee Club』이라는 월간 소식지를 발행해 최신의 (유리한) 커피 관련 소식을 소개했는가 하면, 재계 거물과 남부 신사를 반반 섞어 놓은 캐릭터 커널 코피Kernel Koffee를 활용하여 카툰도 실었다. 카툰 속에서 그가 다음과 같은 말을 꺼내는 식이었다. "사업가들은 커피를 마시며 사업 얘기를 나누죠. 커피가 영감을 주거든요."[2]

이런 국가적 광고는 커피의 이미지와 판매를 끌어올리는 데 일조했으나, 브라질들의 불만을 샀다. 광고비를 지불하는 것은 자신들인데 정작 산투스나 리우데자네이루 같은 말은 별로 언급되지 않는다는 불만이었다. 그 이후부터 브라질은 선전 카피에 추천을 받아 넣기 시작했다. 브라질의 커피가 대체로 블렌딩의 품질을 떨어뜨렸음에도 말이다. 게다가 로스팅업자들은 이 광고 캠페인으로 득을 보면서도 정작 돈을 기부하는 이들은 극소수에 불과했다. 나중엔 기부에 불참하는 로스팅업자들을 응징하려는 일환으로, 돈을 기부한 로스팅업자들의 지역에만 신문 광고를 내보낼 지경이었고 그 결과 1921년에는 36개 주에만 광고가 나가게 되었다. 전미커

---

2 월간 소식지 『커피 클럽』에서는 종종 무리수를 두는 삽화를 싣기도 했다. 가령 1924년도의 한 표지에는 따분한 표정의 세 청년이 정장과 넥타이 차림을 한 채 커피 잔 너머를 빤히 응시하며 생각에 잠겨 있는 삽화에 다음의 문구를 붙여 넣었다. "커피 파티가 한창인 (…) 예일 클럽(Yale Club)의 한 구석"

피로스팅업협회의 합동홍보위원회는 그렇게도 싫어하던 방문 판매원, 체인 매장, 통신 판매 커피 회사들에게 보내는 호소문을 쓰기도 했다. "이 광고 캠페인은 다른 커피업자들만이 아니라 당신들의 일이기도 합니다. 지금껏 그 혜택을 함께 누려 오지 않았습니까."

1920년대는 커피 산업에서 위탁형 과학적 연구를 토대로 대중의 판단을 좌우하려는 시도가 최초로 나타났던 시기이기도 하다. 1921년에 전미커피로스팅업협회는 MIT 교수 새뮤얼 C. 프레스콧Samuel C. Prescott에게 돈을 주며, 커피의 건강 효과에 대한 기존의 연구 검토와 더불어 독자적 실험도 병행해 줄 것을 의뢰했다. 3년 후 그는 자신이 "광범위한 관련 문헌을 편견 없이 공정하게 조사"하는 한편 직접 "오랜 기간에 걸쳐 연구"한 끝에, (당연한 얘기겠지만) "성인의 절대다수에게 커피는 안전하고 바람직한 음료"라는 결론에 이르렀다고 밝혔다. 프레스콧은 커피가 "축 늘어지는 기운을 끌어올려 주고 인내력을 높여 준다"는 주장도 같이 내놓았다. 전미커피로스팅업협회의 합동홍보위원회는 신문 광고를 통해 전국적으로 1천5백만 명에 이르는 구독자들에게 프레스콧의 연구 결과를 떠벌려 댔다(그것도 커피의 이뇨 작용에 대한 부분은 쏙 뺀채로). 미국 전역의 기자와 식품 전문 작가들은 프레스콧의 주장을 소재로 다루며 종종 우호적인 논평을 달기도 했다.

20년 사이에 커피에 대한 대중의 태도가 얼마나 변했는지를 보여 주는 하나의 증거는, 바로 포스텀의 판매량 하락이었다. C. W. 포스트가 남긴 위대한 전설인 악의적 안티 커피 광고는 더 이상 통하지 않았다. 1924년에 포스텀은 기존의 자체적 광고사에 전담시켰던 일을 광고 대행사 어윈워시Erwin Wasey에 의뢰했다. 새로운 광고는 포스텀을 즐기는 사람

들의 눈부시도록 건강하고 행복한 모습을 내세웠다. 다음은
1924년에 『새터데이 이브닝 포스트』에 실린 광고의 카피다.
"포스텀은 커피 같은 음료의 모조품이 아닙니다. 그 자체로
훌륭한 음료입니다." 또한 어윈워시의 광고 기획자 존 오어
영John Orr Young은 "다 이유가 있다"는 구닥다리 슬로건을 시대
에 뒤떨어지고 시시한 발상이라며 폐기 처분했다. 새로운 광
고에 힘입어 일시적이나마 포스텀의 판매 하락세가 주춤하긴
했으나, 포스텀은 커피의 아성에 도전하는 영광을 끝끝내 두
번 다시 누리지 못했다.

커피하우스, 부활하다

1920년대에는 금주법, 적극적 홍보, 대중의 사교 열풍에 힘
입어 미국의 대도시마다 커피하우스들이 속속 문을 열었다.
1923년에 「뉴욕 타임스」에서 "커피에 취한 뉴욕"이라는 부제
의 기사를 실었을 지경이었다. 이 부제에는 "뉴욕이 그렇게 흥
분에 들떠 있는 것, 다시 말해 그렇게 활기에 넘치는jazzed-up
이유는 바로 그것 때문"이라는 부연 설명까지 달렸다. 커피는
이제 명실상부하게 재즈 시대로 들어섰다(또한 재즈 시대를 일
으키는 데 일조했다). 실제로 위 기사의 첫 대목은 이렇게 시작
했다. "남녀를 막론하고 아침으로 커피만 마시는 사람들이 점
점 늘고 있다. 또한 업무 스트레스를 받고 나서 활력제로 하
루 중 아무 때고 커피를 찾고 있다."

　　같은 해, 미국의 1인당 커피 소비량은 약 6킬로그램으로
올랐는데, 이 정도의 양은 지난 수년 동안 4.5킬로그램이나 5킬
로그램 언저리에 머물고 있던 것과 비교되는 수치일 뿐만 아
니라, 미국인들이 전 세계 공급량의 절반을 소비하고 있음을

보여 주는 수치였다. "그대는 내 커피 속의 크림. 나에게는 그대가 꼭 필요해요. 그대 없이는 못 살아요." 1928년에 인기를 끈 사랑 노래의 가사인데, 실제로 이 무렵 커피는 미국인의 삶 속에서 하나의 주식으로 자리 잡고 있었다.

남자들의 세계이던 커피 로스팅업계에서 역경을 극복하고 성공한 앨리스 푸트 맥두걸은 이 1920년대에 커피하우스로 거액을 벌어들였다. 그녀는 1919년에 크리스마스를 코앞에 두고 그랜드센트럴역Grand Central Station에 리틀커피숍Little Coffee Shop이라는 가게를 열었다. 처음엔 약 3.6×4.8미터 넓이의 좁은 매장을 내서 커피 통원두만 조금씩 가져다 놓고 팔았다. 그러다 향을 풍겨 고객을 끌어 볼 심산으로 큼지막한 전자식 퍼컬레이터를 들여놓았다. 그녀는 "지친 통근자들이 앉아서 잠깐 쉬어 가고 싶게끔 편하고 매력적인 공간"을 만들기 위해 애쓰다가, 커피를 잔에 담아 작은 탁자로 서빙해 주는 장사를 시작했다.

그러던 1921년 2월의 바람이 거셌던 어느 날, 맥두걸은 문득 어떤 착상을 떠올리게 된다. 그날 그녀가 "그랜드센트럴역으로 들어갔더니 넓은 통로에 사람들이 축축이 젖은 형편없는 몰골로 다닥다닥 붙어 있었다"고 한다. 그녀는 집으로 전화를 걸어 와플 굽는 틀과 재료를 가져오라고 시킨 뒤, 창문에 '와플'이라고 쓴 작은 표식을 내붙였다. 그리곤 커피값만 받고 와플은 무료로 주었다. 그다음 토요일에 그녀는 또다시 와플을 구웠는데 이번엔 와플값을 받았다. "우리도 모르는 사이에 언젠가부터 날마다, 그리고 온종일 커피와 와플을 서빙할 정도가 되었고 자리가 없어서 되돌려 보내야 하는 손님도 한둘이 아니었다."

1922년에 맥두걸은 43번가에 커피하우스 2호점을 열었는데 개점 첫날 250명의 손님을 받았다. 그녀는 흑인 여성들을 고용해 와플을 굽게 하여 "남부풍 와플, 유색인종 하녀, 통나무집 스타일의 콘셉트를 제시"했다.[3] 얼마 후 그녀는 메뉴에 샌드위치를 추가했고, 그 뒤에도 "생각해 낼 수 있는 모든 맛있는 음식"을 추가했다.

1923년 3월 무렵 맥두걸의 커피하우스는 몰려드는 손님들에게 세끼를 모두 제공해 주고 있었지만, 그녀 자신은 하루 열여덟 시간씩 일하느라 지쳐서 유럽으로 휴가를 떠났다. 그리고 "곧 아름다운 이탈리아와 친절하게 웃는 이탈리아 사람들에게 감동받아 다시 활기를 찾기 시작했다." 뉴욕으로 돌아온 맥두걸은 옆의 가게를 임대해 개점 1년도 안 되어 매장을 두 배로 키웠다. 새 매장은 폭이 좁고 긴 형태에, 높이가 약 5.5미터였다. 맥두걸은 "세월과 함께 깨지고 부스러지고 (⋯) 갈라진 금마다 작은 덩굴 식물과 아기 꽃망울이 고개를 내밀고 있는" 이탈리아의 벽들을 보고 영감을 받아, 그 높은 벽에 2층을 증축해 올리고 아래층 공간은 이탈리아풍 정원, 즉 코르틸레cortile로 변신시키면서 가게 이름도 코르틸레로 바꾸었다.

그해 말에, 사업이 번창하자 맥두걸은 웨스트 43번가에 제3호점 커피하우스, 피아체타Piazzetta를 열었다. 이번엔 나폴리의 작은 광장piazzetta을 모델로 삼은 가게였다. 1925년에는 46번가에 피렌체를 본뜬 4호점, 피렌체Firenze도 개점했다. 또 1927년에는 웨스트 57번가에 5호점이자 최대 규모의 커피하

---

3 애틀랜타 출신인 필자의 어머니는 앨리스 푸트 맥두걸의 커피하우스가 놀라 죽을 뻔했던 당신을 살려 주었다고 말씀하신 적이 있다. 1920년대에 당시 어린 소녀이던 어머니가 우리 외할머니와 함께 뉴욕을 방문했었을 때였단다. "뉴욕에 갔다가 백인 웨이터들이 서빙하는 것을 보고 놀라서 죽을 뻔했지 뭐니. 백인 웨이터가 있는 줄은 처음 알았어. 흑인들이 음식을 서빙해 주는 커피하우스만 다녀 봤거든."

1920년대에 앨리스 푸트 맥두걸은 이탈리아의 여행에서 영감을 받아 자신의 뉴욕 커피 하우스들을 이탈리아풍 장식으로 화려하게 꾸몄다.

우스, 세빌리아^{Sevillia}를 열어서 1백만 달러(20년간 연 5만 달러)
에 임대한다는 푯말을 내걸었다. 1928년에 자서전을 펴낼 무
렵 맥두걸의 커피하우스는 모두 통틀어 채용 직원이 7백 명
에, 일일 방문 고객이 6천 명에 달했으며, 2백만 달러의 연 수
익을 올리고 있었다. 맥두걸처럼 이렇게 대박을 터뜨린 경우
가 드물긴 했으나, 1920년대 동안 미국의 대도시에는 커피하
우스 개점이 붐을 이루었다.

8시 종이 울리면 보석이 빛난다

1920년대에 들어서며 커피하우스들이 성업하긴 했으나 소비
자에게 직접 커피를 판매하는 사업 역시 성업을 누리긴 마찬
가지였고 A&P가 그 선두 주자였다. 존 하트퍼드는 제1차 세
계대전 동안 수백 개의 매장을 열었다. 전후에는 매장 확장 속
도가 더 빨라져 수천 개나 되는 새 매장을 열었다. 1919년 기
준 1억 9천3백만 달러이던 전체 판매량은 1925년에 4억 4천
4백만 달러로 뛰었고, 이 무렵 미국 전역의 A&P 매장 수는
1만 4천 개에 이르렀다.

어느새 A&P는 전 세계에서 최대 규모의 체인 매장으로
도약했다. 이제 하트퍼드 형제는 사업을 여섯 개 부문으로 분
산하여 사업마다 독자적인 사장과 간부진을 두고, 본사 구매
본부가 자회사들을 감독하게 했다. 이 중 커피 구매 부문인
아메리칸커피코퍼레이션의 경영을 맡은 인물은 베렌트 요한
프릴레^{Berent Johan Friele}였다. 독일에서 수학한 노르웨이인, 프
릴레는 커피 사업을 하던 가문에서 자랐다. 그러다 브라질에
서 수출 분야의 일에 몸담고 있던 동안 잠깐 A&P의 일을 해
주었던 것을 계기로, 24세이던 1919년 10월에 정식 직원으로

용되어 A&P의 브라질 구매 부문을 감독하게 되었다. 그 후 20년 사이에 프릴레는 지구상에서 가장 막강하고 가장 해박한 커피 구매 담당자로 올라섰다. 1929년 무렵 A&P 식료품점의 매상액은 10억 달러를 넘어섰는데, 특히 계산대에서 신선하게 분쇄해 주는 커피가 베스트셀러 상품이었다.

주얼티컴퍼니 또한 1920년대에 사업이 승승장구했으나 1920년대 초에 파산 직전의 위기를 맞기도 했다. 1916년에 850개의 왜건맨 영업망을 확보하고 이전 해의 순이익이 140만 달러에 이르렀던 주얼티컴퍼니는 당시에 대대적인 사업 확장 프로그램에 착수하여 왜건맨 영업망의 수를 두 배 이상 늘리고 커피 로스팅 공장 세 개를 신설했다. 그런데 (주얼티컴퍼니의 커피 판매량 대다수를 공급하려고 세운) 뉴저지주 호보컨Hoboken 소재의 대형 공장이 가동에 들어간 직후, 미 전쟁성*이 전시 생산을 위해 공장을 징발했다. 이런 와중에 수많은 젊은이가 전쟁터로 떠나면서 적당한 방문 판매원을 새로 구하는 데 어려움을 겪기까지 했다.

회사는 1918년에 들어 수익이 70만 달러로 곤두박질쳤고 1919년에는 180만 달러의 손해를 입었다. 회사가 기울면서 창립자인 프랭크 스키프와 프랭크 로스는 퇴임하고, 해군 구매 담당자로 복무했던 36세의 존 M. 행콕John M. Hancock이 경비 긴축을 이끌었다. 1922년에 신임 사장으로 선출된 행콕은 해군 복무 시절의 옛 동료, 모리스 H. 카커Maurice H. Karker를 주얼티컴퍼니의 영업이사로 채용했다.

행콕과 카커는 뛰어난 활약을 펼치며 회사의 실적을 향상시켰다. 순이익은 1923년에 62만 4천 달러로 늘더니, 1924년

---

* 1789~1947년에 국방·군사를 담당한 연방 정부의 한 성. 1947년 육군성이 되고, 1949년 국방부에 흡수됨

에는 85만 5천 달러를 기록했다. 바로 그해에 행콕이 주얼티 컴퍼니에서 나와 리먼브라더스Lehman Brothers에 들어가면서, 카커가 회사의 경영을 넘겨받았다. 1926년 무렵, 그는 수익을 120만 달러로 끌어올렸고 회사의 말 마차는 모두 배달 트럭으로 대체되었다.

주얼티컴퍼니야말로 다른 어떤 커피 사업보다도 미국의 자동차가 늘어나면서 가장 이득을 봤을 테지만, 1920년대에는 자동차가 불러온 놀라운 변화에 모든 사업이 영향을 받았다. 이전까지만 해도 마을들은 철도의 트랙을 따라서만 번성했다면 이제는 도로의 합류지를 중심으로 마을이 형성되었다. 새로 깔린 도로들을 따라 주유소, 핫도그 가판대, 커피숍, 식당, 캠프장들도 속속 들어섰다. 말하자면 커피를 팔고 마실 장소들이 더 많이 생겨난 셈이었다. 자동차 이동이 더 원활해지면서 특가품을 사러 체인 매장에 가기가 더 쉬워졌다. 싸게 사러 가느라 오히려 기름값을 더 쓰는 격이더라도 말이다. 게다가 도로가 더 좋아지고 교외가 성장하면서 주얼티컴퍼니 방문 판매원들로서는 비옥한 판로를 새로 확보한 셈이기도 했다.[4]

1929년, 시카고 인근 시골 지역인 배링턴Barrington의 약 80만 제곱미터 부지에 장차 회사의 본사가 될 주얼파크Jewel Park의 건설이 시작되었다. 공장 주변으로 주얼티컴퍼니 직원들에게 저렴한 값으로 제공할 주택들이 갖추어진 단지를 조성하는 것도 함께 계획되었다. 이 1920년대 말엽 당시 주얼티

---

4 자동차의 출현은 베네수엘라의 커피 산업에도 영향을 미쳤다. 콜롬비아의 동쪽, 남미 대륙의 북단에 자리한 베네수엘라의 산악 지대는 커피 재배지로서 이상적인 조건을 갖추고 있었고 1920년에 커피가 베네수엘라 수출의 3분의 2를 차지했다. 그러나 바로 이 1920년대에 풍부한 석유 매장량을 바탕으로 더욱 수익성 높은 대체 사업이 생기자 커피 재배는 시들해졌다.

자동차는 20세기 초에 커피 배달 부문에 혁신을 불러왔다.

컴퍼니는 화려하게 재기하며 자산이 7백만 달러, 자동차 영업망 1천2백 개, 고용 인원 2천4백 명에, 1백만 명에 가까운 충성 고객을 거느리고 있었다. 커피가 회사의 매출에서 절반을 넘게 차지하면서 호보컨 로스팅 공장의 일일 생산량은 6만 8천 킬로그램에 달했다. 이제 주얼티컴퍼니는 충성 고객들에게 생활 속의 동반자가 되었고, 회사의 모든 직원은 '주얼 웨이Jewel Way'의 사고방식에 세뇌되었다. 즉 "누군가에게 전형적인 주얼맨답다는 말을 듣게 된다면 더없이 뿌듯할 것이다."라고 말하는 세일즈맨의 자세를 갖도록 강력히 교육받았다.

서해안의 브랜드들이 동해안으로 진출하다

이제 더 고급품인 콜롬비아산과 중앙아메리카산 마일드 커피에 주력하고 있던 샌프란시스코에서는 힐스브라더스, 폴거스, MJB가 여전히 서로 우위를 차지하기 위한 쟁탈전을 벌이며 동쪽으로 판매 영역을 확장해 나갔다. 이즈음 MJB, 폴거스도 마침내 힐스브라더스를 따라서 진공캔을 도입했고, 폴거스의 골든게이트 커피조차 힐스브라더스와 똑같이 붉은색의 캔에 담겨 출시되기 시작했다. "이 붉은색 용기를 진열해 보십시오. 눈에 확 띄어 사람들의 관심을 끌 겁니다." 1920년에 폴거스는 판매업자들에게 보낸 편지에서 이렇게 권고했다. 이 내용은 힐스브라더스의 설립자 A. H.의 아들인 H. G. '그레이' 힐스H. G. 'Gray' Hills의 관심을 끌기는 했다. "참 뻔뻔하군." 그레이 힐스가 편지의 여백에 이렇게 써서 힐스브라더스의 스크랩북에 그 편지를 붙여 놓았으니 말이다.

힐스브라더스는 지역 부문의 커피 사업에서 선두로 올라섰다. 노령에 접어든 힐스 형제, A. H.와 R. W.가 여전히 사업을 살피긴 했으나 이제 매일매일의 일상적 결정은 두 사람의 자식들이 이어받았다. 제1차 세계대전 이전에 힐스브라더스 레드캔의 진공 포장 커피의 판매 지역은 서부의 일곱 개 주는 물론 몬태나주의 일부 지역과 알래스카주까지 걸쳐 있었다. 그러다 1920년에는 그 영역이 뉴멕시코주, 콜로라도주, 와이오밍주 그리고 몬태나주의 나머지 지역으로 더 확장되었다. 그 후 1920년대 내내 힐스브라더스는 꾸준히 동쪽으로 진출하며 새로 진출하는 지역마다 신문 광고로 집중 공략을 펼치는 한편 세일즈맨들은 현지 소매점들의 쇼윈도 디스플레이를 꾸며 주면서 영업 전략을 펴 나갔다.

샌프란시스코의 가장 역사 깊은 커피 회사, 폴거스는 창립자 짐 폴거의 아들 제임스 A. 폴거 2세가 물려받아 경영하고 있었다. 그러다 1921년 7월 5일, 폴거가 아버지처럼 57세의 나이에 심장마비로 일찍 세상을 떠나면서, 이제는 그의 동생인 어니스트 R. 폴거Ernest R. Folger가 폴거사의 (캔자스시티와 샌프란시스코에 소재한) 두 회사 모두의 사장 자리에 앉게 되었다. 1922년에는 제임스 A. 폴거 3세James A. Folger III가 물리학과 경제학의 학위를 따며 예일대학교를 졸업한 뒤에 가업에 합류해 새로운 광고 부문의 일을 맡았다. 캔자스시티에서도 프랭크 아사의 아들들인 러셀Russell과 조지프Joseph가 회사에 들어왔다.

폴거스는 새로운 경영진의 지휘에 따라 적극적으로 신문 광고를 냈다. 가령 커피콩이 농장에서부터 로스팅업자에게 이동하는 거리를 놓고 "저희는 커피를 위해 1만 마일(약 1만 6천 킬로미터)을 다닙니다."라고 떠벌리기도 했고, 다음과 같은 문구로 훌륭한 식후 커피가 곧 사회적 지위를 말해 준다고 여기던 주부들의 불안 심리를 자극하기도 했다. "아내에게 건네는 한 마디 (…) 폴거스 커피." 1922년의 한 광고에서는 성차별 주의를 이용하여, "부인, 그것은 남자들에게 중요한 문제입니 다."라고 운을 뗀 후 커피에 풍미가 부족하다면 그것은 "브랜 드의 탓이지 당신의 탓이 아니"라고 덧붙이기도 했다.

　MJB는 매니의 사후에 맥스 브란덴슈타인이 회사를 이끌 며 저가의 상품을 공격했다. "어떤 커피가 정말 경제적인 커 피일까요? 풍미와 진한 맛을 지닌 M.J.B.의 커피는 그 품질 면에서, 질 낮은 커피와 비교해 그 반값에 불과한 셈입니다." 물을 탄 묽은 커피와 비교하지 않는 이상 터무니없는 주장이 었지만, 그래도 커피 판매를 촉진하긴 했다.

　한편 힐스브라더스는 N.W.아이어에 광고를 의뢰했고, 1921년에 이 광고사는 로키산맥 서부의 모든 시가 전차에 레 드캔 광고를 내붙였다. "풍부한 풍미와 풀바디: 최상급 농장에 서의 선별 과정을 거쳐 진공 포장에 이르기까지 철저한 품질 관리." 그해 9월, R. W.의 아들 에디 힐스Eddie Hills는 삼촌에게 이런 편지를 보냈다. "이번 달에는 실적이 아주 좋습니다. [2주 동안] 밤 10시까지 공장을 가동해야 할 정도입니다. (…) 현재 로선 별문제 없이 일이 아주 순탄하게 돌아가고 있습니다."[5]

　하지만 얼마 지나지 않아 상황이 꼬였다. 당시 여기저 기 생겨난 체인 식료품점들이 판매를 끌어올리기 위해 브랜 드 커피를 정가보다 낮게 팔곤 했다. 영세 식료품상은 이들과 경쟁 상대가 되지 못했다. 이에 힐스브라더스의 주도에 따라 몇몇 커피 회사가 전통 소매상들을 보호하기 위해 '재판매가 의 하한선'을 지정했다. 또한 1920년 가을부터 힐스브라더스

---

5 2세대의 통솔하에 회사의 경영이 순탄하게 돌아갔을지 몰라도, 직원들에 대한 대우는 서서히 인색해지고 있었다. 1922년에 회사 내의 한 메모에 따르 면 "직원들에게 커피를 무상으로 배급해 주던 관행"이 중단됐다니 말이다.

는 자사의 커피를 도매가보다 **최소한** 5센트 더 높게 재판매하지 않는 회사에는 제품을 팔지 않았다. 말하자면 약 11퍼센트의 값을 올려서 재판매하라는 요구였는데, 그 정도는 돼야 경쟁하는 식료품상들이 총경비를 감당하고 약간의 이윤이나마 얻을 수 있었다. 그러나 빠른 성장세로 두각을 나타내고 있던 체인 업체 피글리위글리Piggly Wiggly가 자사는 할인 특가로만 제품을 판매한다는 사실을 내세워 방해를 놓았다. "힐스브라더스 커피 불매. 소비자가 봉이 되어야 합니까? 아니! 안 됩니다! 결코 안 됩니다." 피글리위글리는 이런 헤드라인으로 광고를 내보내며, 힐스브라더스가 피글리위글리에 1파운드당 1센트의 가격 인상을 강요하고 있다고 부연 설명을 덧붙였다.

힐스브라더스는 입장을 굽히지 않으면서, 이내 영세 소매상들의 영웅으로 떠올랐다. 캘리포니아의 커피업계지 『리테일 그로서즈 애드버킷Retail Grocers Advocate』에서는 독자들에게 "힐스브라더스 커피를 밤낮을 가리지 말고 적극적으로 밀어주어야" 한다고 촉구했다. 편집장은 이쯤에서 그치지 않고 피글리위글리에 맞서는 힐스브라더스를 칭송하는 한편, 체인 업체들에 물건을 팔면서 최저 소매가격 책정도 실시하지 않는다며 MJB, 폴거스, 실링Schilling을 "악덕 로스팅업체"라고 비난했다. 힐스브라더스의 한 임원은 그것이 "투쟁이 아닌 전쟁"이라고 선언하며 끝까지 싸우겠다고 맹세했다.

하지만 이런 최저 재판매 가격제에도 불구하고 체인 업체들의 승리가 불가피해 보였다. 아이러니하게도 공정 경쟁 보장을 위해 1914년에 창설된 연방통상위원회Federal Trade Commission, FTC로 인해 이런 판세가 더욱 가속화되었다. 1925년에 FTC가 힐스브라더스를 가격 조작과 거래 제약 혐의로 제소하고 나섰던 것이다. 힐스브라더스는 변론 취지에서 자사의 최저 재판매 가격제가 영세 식료품점을 보호함으로서 효율적인 경쟁을 촉진하고 있다고 지적했으나 헛수고였다. 결국 FTC는 최저 재판매 가격제에 불리한 판결을 내렸다.

법적 패배에도 힐스브라더스의 동쪽을 향한 공격적 돌진은 멈추지 않았다. 1925년 무렵 힐스브라더스 커피의 절반쯤은 캘리포니아 이외 지역에서 팔렸고 그 후로도 몇 년 동안 그 비율은 많이 증가했다. 광고 카피에서는 태생지인 거친 서부의 이미지를 활용했다. "기운찬 서부인들은 **강한 음료를 사랑합니다.**" 이런 문구에 곁들여 야생마를 타고 있는 모습의 삽화도 실었다. 또 다른 광고에서는 산악 풍경과 함께 "멋진 고지와 깊은 골짜기 (…) 그리고 힐스브라더스 레드캔 커피"로 운을 띄우며 이곳에서는 "아찔하도록 깊고 멋진 협곡도 그저 흔한 **협곡**이며, 그것은 **커피도** 마찬가지입니다!"라고 선전했다.

1926년에 힐스브라더스가 광고비로 쓴 비용은 25만 달러에 이르렀고 대부분이 캘리포니아, 오리건, 미주리, 유타의 신문 광고에 할애되었다. 1927년에는 미니애폴리스 Minneapolis*에 영업부를 세운 후 빠른 속도로 트윈 시티Twin Cities** 지역에서의 선도적 브랜드로서 입지를 굳혔다. 한편 N.W.아이어는 중서부 지방 2백 개 이상의 도시를 대상으로 산업실태조사를 실시했다. 그 결과 산업이 변화의 과도기에 들어선 것으로 판명되었다. 즉 바야흐로 대규모 광고전의 시대가 무르익은 것이었다. 체이스&샌본, 맥스웰하우스같이 전국적으로 광고를 내보내는 브랜드들이 종종 있긴 했으나, 아직 선도적으로 올라선 브랜드는 드물었고 대체로 지역 단위 브랜드가 우위를 차지하고 있었다. 조사에 따르면 일리노이

---

* 미네소타주 남동부의 도시
** 미네소타주 미니애폴리스와 세인트폴의 두 도시

주 오로라Aurora의 55개 매장에서 판매하는 브랜드는 80종이나 되었다. 게다가 많은 소규모 상점에서는 여전히 상표명도 없는 벌크 커피가 브랜드 커피보다 많이 팔렸다. 또한 시골 지역 식료품상들의 답변을 토대로 미루어 볼 때, 그 지역 전체 커피 사업의 20퍼센트를 주얼티컴퍼니 방문 판매원들이 쥐고 있기도 했다.

1928년, 힐스브라더스는 시카고에 사무실을 열었다. 그리고 시카고 공략 전초전으로 2년 동안 그 도시 주위를 돌며 체계적인 광고전을 벌였다. 즉 '시음 행사'를 개시해 목표로 정한 소도시의 사람들에게 일일이 반 파운드 용량의 캔용기 상품을 무료로 나누어 주는 한편, 상점에 상품을 진열시키고 지역 신문에 전면 광고를 냈다. 이것은 종종 톡톡한 성과를 올리기도 했다. 일례로 1928년 10월부터 이런 광고전이 시작된 밀워키Milwaukee의 경우, 사실상 무명 회사나 다름없던 힐스브라더스가 두 달 만에 그 도시에서 손꼽히는 유명 브랜드로 떠올랐다. 다만 A&P의 에이트어클락 브랜드가 여전히 선두를 지키고 있다는 아쉬움은 남았지만 말이다.

한편 배치batch*식 로스팅 커피에 더 이상 만족할 수 없던 힐스브라더스의 엔지니어들은 커피콩이 연속적으로 컨베이어 벨트를 통과하며 가공되도록 길이가 긴 로스터를 만들었다. 이런 조립 생산 라인 방법은 균일한 로스팅을 보장해 주었으나 생두별 특징에 맞추어 각 배치를 약간씩 조정해 주던 로스팅 장인의 특기가 발휘될 기회가 없었다. 힐스브라더스는 그럼에도 자신들의 새로운 '통제식 로스팅'을 1929년도 광고의 초점으로 삼으며, 재치 있게 요리에 빗대어 선전했다.

---

* 단위식. 건조-로스팅-냉각을 한 단위로 하여 매 단위마다 일정 분량의 생두를 투입하여 반복 가공하는 방식

"45킬로그램 생선을 골고루 잘 구우려면 손이 많이 가게 마련입니다." 광고는 이런 헤드라인과 함께, 생선을 골고루 잘 구워 보려는 주부의 삽화를 집어넣어 눈길을 끌면서 설명을 덧붙였다. 커피도 생선과 마찬가지로 한 번에 조금씩, 연속적으로 구워 나가야 한다고. 커피의 로스팅에 대해 잘 모르는 사람들에게 이 광고는 효과적이었다. 그런데다 이런 광고를 집요하고도 구석구석 광범위하게 내보냈다.

1920년대 말에, 힐스브라더스의 경영은 대단히 잘 이루어졌다. 아직 가족 경영 기업이긴 했으나 2세대 전문 경영자들의 주도하에 군대식에 가까운 정확함에 따라 운영되었다. 실제로 영업 게시판에는 전쟁에 빗댄 표현이 자주 등장하기도 했다. "전우들이여, 총을 장전하여 발사가 개시될 때는 탄약을 쌓아 놓으면 아주 편리하다. 이제부터 전쟁에서 손을 놓고 멈추는 일은 없을 것이다. 힐스브라더스의 깃발이 가장 높은 고지에서 펄럭이기 전까지는." 회사의 정식 집회에서는 직원들이 존경받는 노형제, A. H.와 R. W. 힐스에게 충성을 읊었다. "존경하는 대장님 만세! 견고하고 지칠 줄 모르며 충실하신 대장님! / 성공은 부단한 노력의 결과였으며 / '레드캔'은 계속 진군할 것입니다."

아버클사의 몰락

임원이었던 M. E. 고에트징거M. E. Goetzinger가 1921년에 회사의 연혁란에 썼다시피, 당시에 아버클사는 "세계 최대의 커피 기업"이었다. 아버클사의 브루클린 소재 제이스트리트 터미널Jay Street Terminal에는 전용 화물역, 기관차, 예인선, 증기 바지선, 차량 (화차) 운반선까지 구비되어 있었다. 또한 대형 로스터기와 설탕 정제기는 말할 것도 없고 트럭과 말들, 커피 포장지와 광고 전단용의 거대한 인쇄기, 통 제작 공장까지, 갖추어진 시설 중 뭐 하나 아쉬울 것이 없었다. "우리 공장보다 더 자급자족적인 공장을 만드는 일은 상상하기도 힘들 것이다." 실제로 고에트징거가 자랑하며 했던 말이다. 종사하는 직원도 의사, 화학자, 증기선 선장, 자가용 운전사, 트럭 운전사, 마차 제작자, 마구 제작자, 기계 수리공, 제도공, 제철공, 양철공, 구리 세공인, 통 제작자, 목수, 석공, 도장공, 배관공, 삭구 장비사, 식자공, 인쇄공, 요리사, 웨이터 등으로 다양했다. 엔지니어들도 기계 기사, 토목 기사, 전기 기사, 화학공학 기사, 철도 기사 등 온갖 부문의 전문가들이 다 있었다.

1912년에 존 아버클이 사망한 후, 그의 조카 윌 재미슨은 어머니 캐서린 아버클 재미슨Catherine Arbuckle Jamison과 이모이자 재정 파트너인 크리스티나 아버클과 함께 고품질의 유반 브랜드를 성공적으로 출시했다. 고에트징거의 말마따나 이 연세 지긋한 두 자매는 "비교적 중요한 회사 문제들에는 지대한 관심을" 기울였으나, 경영에 적극적으로 개입하지는 않았다.

1921년에 아버클사는 치명적인 결정을 내리고 말았다. 당시에 제이월터톰슨JWT의 광고맨들은 유반이 단기간에 뉴욕과 시카고 시장을 제패하자 환희에 들떠, 유반을 전국적인 브랜드로 띄우고 싶어 했다. 그래서 33쪽의 방대한 보고서를 제출하여 "전국적으로 커피를 광고할 적절한 때가 되었으며, 유반만큼 이런 기회를 이용하기에 이상적인 조건을 가진 브랜드는 없다"는 논거를 제시했다. 『새터데이 이브닝 포스트』, 『레이디스 홈 저널Ladies' Home Journal』, 『픽토리얼 리뷰Pictorial Review』에 대대적인 전면 광고를 내자고 제안하기도 했다. 5년간 이런 광고전을 벌일 경우, 아버클사가 치러야 할 경비는 커피 1파운드당 대략 1.5센트 정도의 비용이 될 전망이었다.

하지만 아버클사는 이 제안을 받아들이지 않았다. JWT의 한 메모에서는 그 이유를 다음의 단 한 문장으로 설명하고 있다. "그들은 심사숙고 끝에, 전국적 광고에 그런 노력과 비용을 들이기가 너무 부담스럽다는 결론을 내렸다." 윌 재미슨이 이와 같은 광고 캠페인의 타당성을 알아보지 못했을 리가 없을 텐데, 의외다. 그는 1912년에 유반의 성공적 도입을 이끌었던 장본인이 아니던가. 이것은 어디까지나 짐작이지만, 주식 대부분을 보유하고 있던 그의 어머니와 이모가 비용이 많이 들고 위험한 일이라고 여기며 반대했을 수도 있다.

이유가 무엇이건, 아버클사는 더 이상 성장세를 이어 가지 못했다. 그로부터 몇 년이 채 지나지 않아 이 노령의 두 여인은 세상을 떠났다. 그 뒤로 1928년에는 윌 재미슨도 숨을 거두며 회사를 자신의 두 누이 마거릿 재미슨Margaret Jamison과 마사 재미슨Martha Jamison에게 남겼는데, 둘 다 결혼도 안 했고 커피 사업에도 별 관심이 없었다. 1920년대 말쯤, 아버클사의 브랜드들은 전국적으로 광고를 펼치는 브랜드들에 떠밀려 대부분이 상품 진열 선반에서 자취를 감추었다. 좌절감을 느낀 JWT 측에서는 아버클사의 광고를 포기하고, 인기 상업 잡지를 통해 판촉을 할 만한 또 다른 커피가 없을지 찾기 시작했다.

공룡 기업, 커피를 삼키다

1929년 여름, 서로 몇 달 간격을 두고 두 개의 거대 기업이 새로 출현하면서 소비재의 생산과 가업 승계 체제의 종말이라는 두 측면에서 새로운 시대를 알렸다. 그해 2월에 당시 연

판매액이 1천2백만 달러가 넘던 체이스&샌본을 로열베이킹
파우더컴퍼니Royal Baking Powder Company가 덥석 인수했다. 몇
달 후엔, 플라이시만컴퍼니Fleischmann Company가 로열베이킹
파우더컴퍼니를 체이스&샌본과 함께 사들이며 스탠더드브
랜즈Standard Brands라는 이름으로 다시 통합시켰다. 이미 로열
베이킹파우더컴퍼니는 썩기 쉬운 이스트를 일주일에 두 번씩
식료품상들에게 배달하던 터였는데, 새로 주인이 된 경영진은
커피를 이 배달 트럭에 같이 싣게 하면서 포장 일자도 찍어 넣
도록 했다. "포장 일자가 찍혀 있습니다." 이런 카피와 함께 체
이스&샌본 커피의 신선함을 보장한다는 선전도 내보냈다.

　　1929년 7월, 맥스웰하우스 커피를 흡수한 포스텀은 제너
럴푸즈로 사명을 고쳤다. 맥스웰하우스의 인수는 기막힌 한
수였다. 조엘 치크와 그의 후손 여러 명의 통솔하에 회사는
1920년대 내내 확장세를 이어 갔다. 1921년에 맥스웰하우스
는 뉴욕에 진출해 브루클린에 대형 로스팅 공장을 세우고, 우
아한 컵으로 커피를 홀짝이는 플래퍼flapper*들의 모습과 다음
의 문구를 내세워 광고를 내보냈다. "마지막 한 방울까지 맛
있습니다." 불과 2년 사이에 맥스웰하우스는 유반을 추월하
며 맨해튼의 최고 브랜드로 올라섰다.

　　남부 지역 커피가 성공적으로 뉴욕시를 침공하자 JWT 광
고맨들은 여기에 관심을 가졌다. 그전에 아버클사에 전국
적 광고를 제안했다가 거절당했던 그들로선 당연히 그럴 만
했다. 1922년에 JWT 임원 존 레버John Reber는 브루클린 공장
의 경영 책임자 프랭크 치크Frank Cheek에게 연락을 취했으나
무명에 가깝던 광고 대행사 세실베레토앤드세실Cecil, Berreto,

---

* 1920년대 재즈 시대의 자유분방한 젊은 여성을 지칭하는 말

and Cecil에 대한 맥스웰하우스의 의리를 흔들어 놓지 못했다. JWT는 포기하지 않고 2년에 걸쳐 구애를 벌인 끝에 결국 맥스웰하우스와 계약을 체결해 냈다. 당시에 맥스웰하우스는 로스앤젤레스에 새로운 로스팅 시설을 막 개시했던 때였다. "우리가 캘리포니아에 영업 중인 사무실이 있다는 점이 광고 계약을 맺는 데 유리한 요소로 작용했다." JWT의 한 메모에 지적되어 있던 내용이다.

여기에는 한 가지 요인이 더 있었다. 바로 JWT가 조사와 심리학을 통해 잠재적 소비자를 조종하는 솜씨가 점점 정교해지고 있었다는 사실이다. 1921년에 JWT는 행동주의의 아버지로 유명한 존 B. 왓슨John B. Watson을 채용했다. 행동주의는 긍정적이거나 부정적인 자극이 어떻게 행동을 결정짓는지에 중점을 두었던 새로운 심리학파로서, 왓슨은 인간이 두려움, 분노, 사랑을 유발하는 자극에 가장 잘 반응한다고 보았다. "[소비자를] 두려움에 빠뜨릴 만한 것, 가벼운 분노를 일으킬 만한 것, 애정, 즉 사랑의 반응을 유도할 만한 것으로 호소하라." 조사를 통해 어떤 버튼을 눌러야 할지 밝혀지고 나면 "세상의 어떤 대상이나 사람이라도 사랑의 반응을 일으키도록 만들 수 있다."[6] 그는 "우리의 과학 속에서 그런 능숙함, 즉 어떠한 사람이든 태어나는 순간부터 어떤 식으로든 (…) 주문대로 만들 수 있는 능숙함"을 찾았다.

---

6 이런 소견을 가졌던 사람이 존 왓슨 한 사람만은 아니었다. 1922년에 조지 배빗(George Babbitt)이라는 인물을 만들어 낸 소설가 싱클레어 루이스(Sinclair Lewis)도 있었다. 그가 창조해 낸 조지 배빗으로 말하자면 전형적인 미국인 소비자상으로서, "광고가 나가는 평균적인 상품이 (…) 그 자신에게 우월성의 상징이자 증거가 되었는데, 처음엔 이것들이 그렇게 즐거움과 열정과 지혜의 신호였다가 나중엔 그 대체물이 되었다." 불안한 배빗은 아침마다 "위와 영혼을 진정시키려는 희망으로 커피 한 잔을 쭉 들이켰다."

왓슨은 JWT에 입사해서 거의 1년 동안을 일종의 광고 부트캠프(신병 훈련소)에서 보냈다. 다음은 그가 친구에게 써 보낸 편지의 내용이다. "유반의 판촉은 힘든 일이네. 우리는 새벽 6시 30분에 일어나서 7시 45분에 회의를 하고 8시 15분쯤 식료품상들을 일일이 찾아다닌다네." JWT가 맥스웰하우스의 광고를 따냈던 1924년 무렵, 왓슨은 부사장의 자리에 올라섰을 뿐만 아니라 당시의 한 언론인이 경멸적으로 지칭한 말마따나 이 광고사의 "대표적 얼굴마담"이 되어 있었다.

왓슨은 맥스웰하우스의 광고 캠페인에 공헌하긴 했으나, 이 캠페인의 지휘자는 JWT의 또 한 명의 유명한 광고 기획자 제임스 웹 영이었다. 영은 젊은 시절에 남부에서 집마다 복음을 전달하며 성경을 팔았던 경험이 있었는데, 사실 초창기 카피라이터들 중에는 종교적 배경을 가지고 있다가 세속적인 광고 설교단의 일로 끌린 이들이 놀라울 만큼 많았다. 프레더릭 루이스 앨런Frederick Lewis Allen은 『불과 어제의 일Only Yesterday』에 이렇게 썼다. "사업이 미국의 전국적 종교가 되다시피 했다. 성경을 통해 사업적 교훈을 강조하고, 사업을 통해 성경적 교훈을 강조하는 일이 너무 흔해져서 이 둘의 연합에서 어느 쪽이 어느 쪽의 득을 보고 있는 건지 분간하기 힘들 때가 더러 있다."

영은 샌프란시스코와 시카고 주부들을 대상으로 한 조사와 더불어 맥스웰하우스의 가정 방문 시음을 실시했다. 그가 내부 문서에서 지적해 놓길, 커피는 "세계에서 가장 경쟁이 치열한 업계에 속하며" 맥스웰하우스는 "대다수의 경우 현지 본토에 영업 기반을 둔 이점을 누리고 있는 경쟁자들의 공격적 영업과 광고 공략에" 맞서야 한다고 했다. 게다가 조사 결과, 가정주부의 87퍼센트가 브랜드의 선택에서 중요한 요소로 풍미를 꼽았다. 하지만 "보통 사람들이 풍미를 구분해 내는 것은 상당히 어렵다." 영은 여자들이 풍미를 보고 산다고 생각할지 몰라도 실제로는 사회적 지위의 추구라고 결론지었다.

순회 성경 세일즈맨으로 일할 때 영은 내슈빌의 역사 깊은 맥스웰하우스 호텔에서 여러 차례 묵은 경험이 있었다. 그는 그 무렵 팬케이크 믹스의 판촉을 위해 앤트 제미마Aunt Jemima*를 착안한 장본인이었던 만큼, 남부 특유의 매력이 얼마나 효과적인지 터득하고 있었다. 그래서 이번엔 카피라이터 유잉 웹Ewing Webb을 내슈빌로 보내 맥스웰하우스 호텔에서 묵으며 그곳 분위기를 피부로 느껴 보도록 했고, 웹은 맥스웰하우스 커피를 미국 옛 남부의 귀족적 음료라고 선전하는 솔깃한 카피를 써냈다. '상류층' 일러스트레이터인 헨리 롤리Henry Raleigh가 내슈빌에서 여러 주를 지내며 삽화를 그리기도 했다.

JWT는 뒤이어 컬러판 광고에도 착수해, 『레이디스 홈 저널』, 『우먼스 홈 컴패니언Woman's Home Companion』, 『굿 하우스키핑Good Housekeeping』, 『새터데이 이브닝 포스트』에 맥스웰하우스 호텔에서 커피를 서빙하는 이미지를 앞세워 "남부식 친절한 환대"라는 선전을 했다. 치크닐사의 세일즈맨과 공장 경영자들 다수는 이런 광고에 질겁했다. 맥스웰하우스 호텔이 이제는 "다소 한물간 초라한 유물"이었기 때문이다. 하지만 중요한 것은 실제가 아닌 이미지였다. 광고는 맥스웰하우스 커피에 실제보다 더 유서 깊은 인상을 심어 주기 위해 역사를 왜곡하기도 했다. "수년 전 북부와 남부는 이 커피를 마시며 새로운 형제애를 맹세했습니다." 사실 조엘 치크가 맥스

---

* 팬케이크 등을 파는 식품 회사 퀘이커오츠컴퍼니(Quaker Oats Company)의 트레이드마크로, 사람 좋고 몸집이 크고 머릿수건을 쓴 전형적인 흑인 가정부 이미지의 원조임

웰하우스를 만든 것은 남북전쟁 한참 후인 1892년이었는데도 말이다. 1925년에 들어서며 맥스웰하우스 커피는 전년 대비 판매량이 상승세를 보였고, 어떤 달에는 백 퍼센트 넘게 뛰기도 했다. 맥스웰하우스의 광고는 이내 맥스웰하우스 호텔의 이미지 활용에서 그치지 않고 전국의 유명 호텔들에서 커피가 서빙되는 모습을 실으며 규모를 넓혀 갔다.

이런 광고가 나가자 찬사의 반응들이 쏟아져 들어왔다. 일례로 한 소비자는 다음과 같은 편지를 보내왔다. "맥스웰하우스 커피를 마셔 보고 광고처럼 정말 훌륭한지 확인해 보고 싶습니다." JWT의 광고맨들에게도 뚜렷한 윤리 의식이 없지는 않았다. 실제로 제임스 웹 영은 사내 문서에 이런 글을 남겼다. "커피는 커피로서만, 즉 미각을 즐겁게 해 주는 음료로서만 광고하는 것이 타당하다. [하지만] 여성들에게 아름다움, 로맨스, 사회적 품격은 다른 무엇보다 더 중요하다는 것을 우리는 잘 알고 있다. 그런데 일류급 현대적 호텔은 고상한 사회적 관습을 대변하는 절대적 권위자로 여겨지며, 특히 음식과 관련해서 더더욱 그러하다." JWT의 광고 기획팀은 존 왓슨이 권고했듯, "선전 문구를 들고 최전선에 나가면 치명적인 솜씨로 목표를 정확히 겨눌" 수 있도록 기법을 정교하게 다듬었다. 또한 왓슨이 제시한 두려움, 분노, 사랑이라는 세 가지 자극원에 한 가지를 더 보탰는데, 바로 사회적 품격에 대한 동경이었다.

광란의 1920년대는 새로운 광고 시대의 도래를 알린 시기였다. 다시 말해 이 시기에 들어와 전문적 기업 경영자, 홍보 담당자와 더불어 과학적 광고맨이 등장했다. "변화가 너무 급속도로 일어나 놀랍고 어리둥절할 지경이다." 1926년에 어떤 구식 스타일의 광고인은 이렇게 투덜거리며 좋았던 옛 시절을 그리워했다. "지금 광고는 그 어떤 업종보다도 딱딱하다.

사실을 기반으로 한 냉혹한 조사 자료가, 예전의 광고 경쟁에서 유행하던 그 모든 색채와 모험과 로맨스를 말살시켜 버렸다."

1927년에 맥스웰하우스는 JWT가 시카고 현지에서 벌인 조사와 광고 캠페인의 성과에 힘입어 시카고에 새로운 로스팅 공장을 열었다. 또한 '미스 맥스웰하우스Miss Maxwell House'라는 애칭의 단엽기*를 띄워 미국 전역을 횡단시키며 맥스웰하우스 커피의 판촉을 벌이는 동시에, 뉴욕의 타임스스퀘어에 "마지막 한 방울까지 맛있습니다"라는 새로운 전광판을 내걸기도 했다. 결국 그해에 조엘 치크의 이 커피사는 270만 달러의 순이익을 거두며 전국적 브랜드의 선두 주자로 올라섰다. 그뿐만 아니라 에드워드 F. 허턴의 주목을 끌기도 했는데, 허턴으로 말하자면 마저리 메리웨더 포스트의 두 번째 남편이 되어 1923년에 포스텀시리얼컴퍼니Postum Cereal Company의 CEO 자리에 앉으며 일명 '럭키 네드Lucky Ned**'로 통하던 백만장자 주식 중개인이었다.

포스텀은 허턴이 실권을 잡고 마저리 포스트의 재정 고문인 콜비 M. 체스터 주니어Colby M. Chester Jr.가 사장 자리에 취임하면서, 본사를 배틀크리크에서 뉴욕시로 이전했다. 한편 C. W. 포스트가 정해 놓았던 방침을 고수하며 돈을 벌어들이긴 했으나 회사를 키우지는 못하고 있었다. 그래서 허턴, 체스터를 비롯한 임원진은 자신들의 기준에 들어맞는 기업들을 30곳 정도 추려 냈다. 즉 이미 광고가 충분히 되어 전국적으로 인지도가 있으면서 이윤을 내 줄 만한 소비자 브랜드를 인수하고 싶어 했던 것이다. 그렇게 해서 1925년에 젤오Jell-O사를 시작으로 그 뒤로 남은 1920년대 내내 일련의 인수 작업을 벌여 나갔다.

---

* 주날개가 하나로 되어 있는 비행기
** Ned는 에드워드의 별칭임

그러던 1928년에 허턴은 치크닐사에 (반은 현금으로, 반은 주식으로) 4천2백만 달러를 지불하며 최대의 인수 작업을 벌였다.[7] 조엘 치크는 이 인수 거래로 얻은 수익을 자신의 자식들 아홉 명과 조카 두 명에게 나눠 주면서 그들 모두를 하루 아침에 백만장자로 만들어 주었다. 그다음 해에 허턴은 회사를 다시 통합하면서 사명을 제너럴푸즈로 정했다. 생각해 보면 이만한 아이러니도 없지 않을까. C. W. 포스트가 세웠던 안티 커피 기업이 이제는 미국 내에서 가장 유명한 커피 브랜드의 공급업자가 되었으니 말이다.

E. F. 허턴과 마저리 포스트가 1928년에 맥스웰하우스를 인수하던 무렵, 미국의 자본주의는 바야흐로 성년기에 접어들었다. 1920년대까지만 해도 성공한 기업이나 사업의 대다수는 근본적으로 가족 경영 형태에서 벗어나지 못하고 있었다. 그러다 마침내 2세대나 3세대가 야망이 부족해서 사업체를 팔아 치우기에 이르렀고, 결연한 눈빛의 자본가, 냉소적인 광고업자, 전문 경영인들이 이런 사업체를 인수했다. 이제는 조사와 통계가 직감을 대체하는 시대였다. 또한 홍보 담당자가 힘찬 악수와 시종일관 미소를 띤 얼굴로 무장한 채 회사의 홀을 서성거렸다.

대규모 주식 매매 ─ 커피의 폭락

이 1920년대 내내 브라질의 커피업자들은 커피 수백만 자루를 시장에 내놓지 않는 식으로 과잉 생산 문제에 대응했다. 가

---

7 한 해 전인 1927년, 포스텀은 디카페인 커피 상카의 미국 내 판매권을 인수했는데, 인수 후 상카의 라벨에 남부의 흑인 '하녀'의 모습을 꾸며 넣었다. 이는 맥스웰하우스 커피가 그랬던 것처럼 남부를 연상시키는 판촉 수법을 활용하려던 시도가 확실했다.

령 1921년부터 총 9백만 파운드의 영-미 합동 대출을 받아 세 번째 가격 안정책의 자금을 조달하며, 그 담보로 브라질, 런던, 뉴욕에 450만 자루의 커피를 보관해 놓았다. 그 후 1920년대 중반에 커피 가격이 기분 좋게 두 배로 뛰자 대다수 커피를 팔아서 이 대출금을 갚았다. 하지만 브라질의 농장주와 정치인들 자신도 인정했듯, 커피를 해외에 보관해 놓는 것은 추가 비용이 들었다. 이에 1922년에 대통령으로 선출된 아르투르 다 시우바 베르나르지스Artur da Silva Bernardes는 상파울루에 열한 개의 대형 창고를 짓도록 명령하며, 350만 자루 분량의 보관 공간을 확보시켰다. 그리고 뒤이어 시장의 수요에 맞출 만큼의 커피만 항구로 실어 보내는 정책을 실시했다. 보관 비용은 농장주들이 각자의 수확량에 따라 책임지도록 했다.

중간 유통업자들, 즉 수출업자, 수입업자, 무역업자, 투기꾼, 로스팅업자들은 이 새로운 정책에 극도의 반감을 품었다. 이제는 창고에 보관된 커피의 양이 얼마나 되는지 파악하기가 막막해졌기 때문이다. 1924년 초에 가격이 오르자 수입업자와 로스팅업자들은 대량 구입의 수법으로 이 정책을 무너뜨리려 시도했다. 잉여 보관분을 밖으로 끌어내길 기대한 시도였으나 헛된 기대에 그쳤다. 언제나 그렇듯, 커피 가격의 상승은 오히려 미국 내에서 격렬한 항의만 유발했다. 6월 말에, 뉴욕의 커피 중개상 에밋 비슨Emmet Beeson은 미국이 미국의 속령인 하와이와 푸에르토리코산의 커피 이용을 늘려야 한다고 제안하며 이렇게 말했다. "궁극적으로 분석해 보건대, 브라질의 탐욕적 책략은 방대한 땅의 커피 재배지를 발전시켜 조만간 세계 다른 지역들의 재배지를 황폐화해 놓을 것이다."

1925년에 A&P의 베렌트 프릴레를 위시해 전미커피로스팅업협회, 체인 매장, 도매 식료품상을 대표하는 커피업자 대표단이 상무부 장관 허버트 후버를 찾아가 요구를 내놓기에 이르렀다. 브라질의 커피 생산과 창고의 보관 물량을 감시하기 위해 미국의 위원회를 상파울루에 상설 기구로 설치해 달라는 요구였는데, 후버로서는 그런 요청을 함으로써 브라질 정부의 반감을 살 수는 없었다. 하지만 1926년 1월에 후버는 의회 앞에서 국제적인 상품 정책에 비난의 날을 세웠다. 그는 그런 정책을 "국제 무역과 국제 관계에 점점 위협을 가하는 것"으로 간주하면서, "무역 거래에 정부가 대대적으로 개입" 하는 것이나 다름없는 가격 조작의 시도라고 불만을 드러냈다. 게다가 당시에 그런 연합의 대상에 해당하는 미가공 상품은 아홉 개였으나, 비난의 초점은 고무(그 가격이 자동차 열풍에 빠진 미국에 영향을 미치는 상품)와 커피에만 맞추어졌다.

후버의 상무부 산하 기관인 내외통상국의 국장 줄리어스 클라인Julius Klein은 커피 부문에 대한 증인으로 나와 창고 비축량의 비밀주의를 문제점으로 부각했다. "그곳에 저장된 막대한 양의 커피가 어느 순간 갑자기 시장에 풀리게 될 것입니다. 어느 순간이든, 정치적으로나 그 외적으로나 그 어떤 사건이 있든 갑자기 말입니다." 후버는 자신의 견해를 마무리지으며, "이런 연합 세력들이 적정 수익에 만족했다면" 자신이 그렇게까지 격렬히 반대하지는 않았을 테지만 "모든 독점의 본질적 특성" 탓에 필연적으로 투기꾼들이 가격을 터무니없는 수준까지 끌어올려 놓아서 문제라고 지적했다.

상파울루 정부는 후버의 비난을 무시한 채, 런던에서 4백만 파운드(1920만 달러)의 대출을 받아 내려 했다. 영국 은행들이 이 자금을 대 주려 부랴부랴 나서면서 5분도 안 되어 채권 매입 신청이 모집액 이상으로 몰렸다. 고무의 문제는 합성 고무의 발명으로 마침내 해결되었으나 그 누구도 연구실에서 커피콩의 복제품을 만들어 내지는 못했다.

브라질인들은 후버의 인기 영합적 발언에 격분했다. 그의 의회 연설 직후 브라질의 한 언론인은 미국인들이 그런 얘기를 할 자격이 없다며 다음과 같이 조목조목 항변했다. "사실 미국도 '설탕업 트러스트, 석유업 연합, 시가 및 담배의 독점, 금속의 채광 및 제련업 연합, 유나이티드드러그스United Drugs와 유나이티드콜드드링크스United Cold Drinks의 독점, 식육가공업자 연합, 영화업 트러스트'가 있지 않은가? 또 미국의 목화와 밀 재배자들은 보세 창고*를 두고 있는데 브라질 사람들은 왜 안 된단 말인가? 게다가 커피의 가격 인상분은 주로 수출 이후에 가산되는 것이었다. 어째서 미국 소비자들은 20센트에 수입되는 커피 1파운드당 50센트를 지불해야 하는가?"

상파울루커피협회는 자체적인 은행, 방쿠두이스타두두 상파울루Banco do Estado do São Paulo를 열고 부동산(주로 커피 농장), 창고증권,** 커피 선하증권**을 근간으로 삼아 돈을 빌려주기 시작했다. 1926년에 상파울루 출신의 와징톤 루이스 페레이라 지 소자Washington Luís Pereira de Sousa가 대통령에 당선되자 커피 재배업자들은 연방 정부의 지원이 계속 이어지리라 확신했다. 1926~1927년의 수확량이 비교적 적은 편이었는데도 커피협회는 하락세의 가격을 띄우려는 시도로 보관분을 좀 더 보류해 놓기로 결정했다. 당시 창고는 330만 자루의

---

* 보세 구역의 하나. 관세를 물거나 하는 등의 수입 절차가 끝나지 않은 화물을 넣어 두는 창고

** 창고업자가 기탁물에 관하여 발행하는 유가증권

** 해상운송 계약에 따른 운송 화물의 수령 또는 선적을 인증하고, 그 물품의 인도 청구권을 문서화한 증권

커피로 가득 차 있었다. 그러다 다음 해에 대풍작이 들어 총 수확량이 3천만 자루에 가깝게 되면서 모두를 충격에 빠뜨렸다. 결국 1927년에 상파울루커피협회는 브라질의 다른 커피 재배 주들과 두 차례의 회의를 소집했고, 이 주들은 상파울루 주와 함께 출하 보류 정책에 동참하여 항구에 실어 보내는 커피를 제한하기로 합의했다.

1927년 말엽, 상파울루커피협회는 일을 더없이 잘해 내고 있는 것처럼 보였다. 그도 그럴 것이 런던의 라자드브라더스Lazard Brothers로부터 1년간 5백만 파운드 범위 내에서 자금을 대출받기로 약정을 확보한 데 이어, 방코두이스타두두상파울루에서 5백만 파운드의 금 담보 대출을 받아 냈다. 대풍작에도 불구하고 커피 가격은 상승했고, 1928년에 라자드브라더스는 대출 기간을 20년 더 연장해 주었다.

그러나 대부분의 사람이 행복에 도취해 있던 그 와중에 소수의 몇몇 브라질인들은 곧 상파울루에서 대략 1억 그루의 나무들이 열매를 맺기 시작할 것이라는 사실에 우려를 드러냈다. 상파울루 사람들은 허버트 후버가 미국의 대통령으로 선출될지 모르는 당시의 추세에 대해서도 불안해하고 있었다.[8] 하지만 브라질의 커피 농장주들은 미래에 대해 대체로 낙관적이었다. 새로운 나무가 내는 생산량이 오래된 농장들과 고령에 접어든 다른 나무들의 떨어지는 생산성, 그리고 세계적 소비량의 지속적 증가로 벌충될 것이라며 안심했다. 게

---

8 허버트 후버는 커피 재배업자들이 누리는 인위적인 호황에는 반감을 드러내면서도, 투기적 주식 매수로 인해 부풀려진 미국 경제 역시 그와 유사하다는 점은 깨닫지 못했다. 다음은 그가 유세 연설 중에 했던 말이다. "우리 미국은 오늘날 빈곤과의 싸움에서, 어떠한 나라에서도 그 유례가 없을 만큼 최종 승리에 가까이 와 있습니다. 우리는 신의 가호로, 머지않아 이 나라에서 가난이 추방될 그날을 보게 될 것입니다."

다가 2년 연속해서 대풍작이 들었던 사례도 없었다.

1920년대의 낙천적인 분위기 속에서 열대 우림의 지속적 벌목에 반대하는 브라질인들은 소수에 불과했다. 그 10년 사이에 상파울루의 삼림 파괴 진행 속도는 연 3천 제곱킬로미터에 이르렀는데도, 대다수 브라질인은 삼림이 파괴되거나 말거나 별 관심이 없었다. 한 논평가는 이런 커피 중심적 행태에 대해 평하길, 이것은 "덩굴 식물들이 상상할 수 없을 만큼 범람하여 덩굴줄기가 끔찍하도록 마구 뒤엉키면서, 인간이 미친 식물의 미로 속에 갇힌" 셈이나 다름없다고 꼬집었다. 한편 브라질의 전형적인 식목일 행사에서는 어린 학생들이 외래종인 커피나무를 심는 일이 흔했는데, 어떤 이는 이런 모습을 두고 야생 생물 행사에서 닭을 칭송하는 격이라고 비꼬기도 했다.

새로운 대통령으로 당선된 허버트 후버는 "브라질이 오히려 다른 커피 생산국들에 우산을 씌워 주고 있는 것"이라고 경고하며 다른 커피 생산국들이 브라질을 제물 삼아 재배를 늘려 이득을 보도록 해 주고 있다고 했다. 베렌트 프릴레도 상파울루를 방문했다가, 미국에 대한 수출량이 늘어나도록 커피를 더 풀어서 가격을 낮추라며 주 정부에 촉구했다. 많은 돈을 벌고 있던 브라질의 농장주들은 문제의 징후에도 불구하고 프릴레와 후버의 말을 귓등으로 흘려들었다. 그러다 금융이 긴축되면서, 불안해진 외국 은행들이 브라질에 자본 송금을 거부했다.

브라질의 출하 보류 제도하의 보호에 따라 중앙아메리카의 커피 농장주들은 큰돈을 벌었다. 한편 북미 사업가들에게 중요한 문제였던 이 지역의 안정은 미국의 사업가들을 보호하기 위해 미 해병대를 아이티와 니카라과에 파병한 '달러

외교'*에 의해 담보되고 있었다.[9] 1929년에 미국의 교수 파커 토머스 문Parker Thomas Moon이 "미국의 제국주의"에 대해 불만을 제기하며 미국이 습관적으로 "월가와 해군 전략을 이타주의와 혼동하는" 것에 반대했다. 2년 후에는, 퇴역 장군 스메들리 버틀러Smedley Butler가 미 해병대에서 복무하던 지난 30년 동안 "대기업의 경호원" 노릇을 했다고 인정했다. "나는 월가의 이익을 위해 10여 개 중앙아메리카 국가들의 강탈에 힘을 보탰다." 또한 당시에 몇 개밖에 안 되는 소수의 미국 기업이 커피 농장을 소유하고 있었음에도 다수의 미국 은행이 나서서 커피 산업에 대출금을 대 주었다. 따라서 "내셔널시티뱅크 직원들을" 도와주었다던 버틀러의 발언도 허튼소리는 아니다.

라틴아메리카의 현상 유지를 위한 미국의 지원은 대체로 유리한 사업 환경을 제공했으며, 특히 커피 농장주들의 입장에서 더더욱 그랬다. 실제로 엘살바도르의 유명한 "열네 개 가문"은 물론이고(지금쯤은 마흔 개 가문에 가깝겠지만), 과테말라와 코스타리카의 재배업자들도 바로 이 1920년대에 부자가 되었다. 한 역사가가 지적했듯, "커피 부호들은 호화로운 생활을 하며, 맨해튼에서 코러스 걸, 그것도 키 큰 금발의 아

---

* 미국의 대외 투자를 촉진하고 정치적 영향력을 강화하기 위해 아시아 및 라틴아메리카를 대상으로 실시한 팽창주의 외교 정책

[9] 니카라과에서는 독재자 호세 산토스 셀라야가 미국 정부의 지원을 받고 있었는데, 이 또한 미국인들이 니카라과를 관통하는 운하의 협상을 희망함에 따른 것이었다. 그러나 미국이 파나마의 쿠데타를 꾀하며 그곳의 운하 사업권을 확보한 1903년 이후, 셀라야는 미국의 사업가들에게 맞서기가 더 난처한 입장에 처했다가 1909년 강요에 못 이겨 자리에서 물러나고 말았다. 1909년부터 1933년까지, 1926~1927년간의 짧은 시기만 제외하고 미 해병대는 니카라과를 보호령으로 삼아 주둔하면서 그곳에서 미국인 대사업가들이 우위를 확보하도록 해 주었다. 그로써 북미인들이 은행, 군대, 커피 재배업자들을 손아귀에 넣고 쥐락펴락했고, 그 결과 니카라과의 커피 경제는 이웃 중앙아메리카 국가들과 비교하여 침체되어 있었다.

가씨로 골라서 꿰차고는 리비에라Riviera*의 바카라 테이블에 뻔질나게 드나들곤 했다." 그러나 농장주가 얼마나 부자이건 간에, 일꾼들의 일당은 똑같이 15센트였다.

이런 불편한 사실과 대비되던 광란의 1920년대의 번영도 붕괴의 길에 들어섰다. 브라질의 1928~1929년도 수확량은 이전 해에 비해 훨씬 적어서 1060만 자루에 머물렀다. 그러나 창고들에는 여전히 커피가 꽉꽉 들어찬 데다, 1929년 7월에 새로 심은 나무들의 풍성한 개화로 미루어 볼 때 자연재해가 훼방을 놓지 않는 한 1930년의 수확량도 어마어마할 듯했다. 9월에 들어서자 그제야 농장주들도 불안해하기 시작했다. 이들이 조만간 커피 1백만 자루를 외국 시장에 풀 것이라느니, 또 베렌트 프릴레를 비롯해 미국의 구매업자들과 1천만 자루에 대한 계약을 놓고 협상 중이라는 등의 소문이 파다했으나, 예리한 커피업자들은 가격 폭락을 유발하지 않는 한 그렇게 많은 커피가 시장에 흡수될 수 있을지에 회의적이었다.

7월에 기존의 대출을 갱신해 주었던 라자드브라더스에서는 파울리스타들이 9백만 파운드의 추가 대출을 청구하자 더 이상의 대출은 안 되겠다고 통보했다. 브라질인들은 이제 안절부절못하는 지경에 이르면서 로스차일드은행에 도움을 구했으나 헛수고였다. 미국의 은행들로부터의 대출은 기대도 할 수 없었다. 후버가 백악관에 버티고 있는 당시 상황에서는 정말 어림도 없었다.

1929년 10월 11일, 브라질의 커피 거래소 산투스보우사Santos Bolsa는 평상시와 다름없이 문을 열었다. 흥정 가격은 중

---

* 지중해 연안의 관광 휴양지

간 정도였는데 상파울루커피협회의 중개인은 오전 내내 자기 의자에 가만히 앉아만 있었다. 그때까진 아무도 별 신경을 쓰지 않았다. 오후가 되도록 그가 구매를 못하자 판매인들이 크게 낮춘 가격을 제시했는데도 그는 구매에 나서지 않았다. 그러던 중 끔찍한 비밀이 터져 나왔다. 협회가 파산했다는 것이었다. 커피 가격은 폭락하고 말았다. 총영사 세바스치아우 삼파이우Sebastiao Sampaio는 뉴욕 커피 거래소를 안심시키기 위해 필사적인 시도로 거짓말을 하면서, 브라질이 대출을 신청했던 적이 없다고 부인하는 한편 브라질이 막대한 양의 금을 보유하고 있다고 떠벌렸다. 커피 시장은 일시적으로 반등하는가 싶었으나, 10월 29일 뉴욕의 주식 시장이 무너지면서 모든 희망도 함께 무너졌다.

미국의 주식 시장 붕괴 2주 전에 커피 시장이 무너진 것은 우연의 일치가 아니다. 그 당시 커피는 '탄광 속의 카나리아'*였다. 커피가 국제 교역과 아주 밀접하게 결부되어 있었기 때문이다. 미국의 번창하던 사업가들과 마찬가지로 브라질의 커피 제왕들도 그런 번영이 영원할 거라 자만했다. 주식 시장 붕괴 바로 얼마 전인 10월 17일에, 미국의 한 경제학 교수는 주식 가격이 "영원히 하락하지 않을 고지대"에 이르렀다고 말했다. 이와 다르지 않게, 파울리스타들 역시 착각에 빠져 자신들은 불멸할 줄로 믿었다. 또한 미국 투자가들이 신용 매입**을 했듯, 창고에 보관된 커피의 서류상 가격이 점점

---

* 옛날 석탄 광산의 광부들은 카나리아를 유독 가스 탐지용으로 이용했다. 이 새는 아름다운 목소리를 가지고 있지만, 성대가 민감해 눈에 보이지 않는 독가스가 발견되면 노래를 멈추고 곧 죽는다. 그래서 광부들은 카나리아가 노래를 멈추면 위험을 감지하고 곧 뛰쳐나와 생명을 건졌다는 데서 '탄광 속의 카나리아'라는 말이 생김

** 소요 자금의 일부를 차입하여 증권을 매수하는 행위

더 높아지자 그것을 담보로 삼아 더 높은 액수의 대출을 받았다. 그러다 결국 모든 것이 와르르 무너져 내리면서 그 모든 커피의 무게에 파묻히고 말았다. 1930년대에 닥친 세계 대공황으로 인해 그 뒤로 수년간 커피는 물론 거의 모든 것의 가격이 하락하고 대량 실업에 시달리는 시대가 이어졌다. 하지만 이 검은 음료를 끊는 사람은 아무도 없었다.

제10장
불타는 콩, 굶주리는 캄페시노

커피는 우리의 국가적 불운이다.
- 브라질의 커피 재배업자, 1934년

서로 맞물려 있던 세계 경제 시스템이 1929년에 붕괴하면서 모든 사람이 무너지고 말았다. 몇백만 명의 커피 재배업자, 수입업자, 로스팅업자들이 대공황 시기를 어떻게 살아남았는지 그 이야기를 들여다보면, 당시의 경제적 혼돈이 전 세계에 어떤 영향을 미쳤는지를 축약적으로 살펴볼 수 있다. 당시의 위기는 어떤 이들에게는 기회를 만들어 주었지만, 또 어떤 이들에게는 파산, 절망, 심지어 죽음을 가져다주었다. 또한 수십억에 이르는 브라질의 커피콩에게는 대학살의 전조였다.

커피 지옥

브라질에서 경제 시스템의 붕괴는 브라질의 구공화국Old Republic과 커피 독과점 실력자 지배의 종말을 알리는 신호였다. 1930년에 부정 선거로 줄리우 프레스치스Julio Prestes가 집권한 후, 10월에 군사 쿠데타가 일어나 브라질 남부 출신의 정치가 제툴리우 바르가스Getúlio Vargas가 대신 그 자리에 앉게 되었다. 상파울루의 커피 제왕들조차 이 반란을 환영했다. 어떻게든 커피 가격 안정책을 규합해야 하는데 정부가 신통치 않아 제대로 못 해냈기 때문이다. 1929년에 1파운드당 22.5센트이던 커피 가격은 2년 후에 8센트로 폭락해 있었고, 1930년에 브라질의 창고에는 2천6백만 자루의 커피가 방치되어 있었다. 이전 해에 전 세계에서 소비되었던 양보다 1백만 자루가 더 많은 양이었다. 이런 절망적 상황인지라, 변화라면 그것이 뭐든 무조건 반갑게 여겨졌다.

땅딸막한 체구에 변호사 출신이며 잘 웃고 실용적인 성향이었던 바르가스는 전례 없이 긴 기간 동안 브라질을 통치하게 된다. 그는 어딜 가든 시가를 물고 다니며 생각에 잠긴 듯 잘근잘근 씹으면서, 자신의 나라와 그 나라의 문제점을 진심으로 염려하는 침착하고 친근한 경청자의 모습을 보여 주었다. 다른 라틴아메리카 독재자들과는 달리 바르가스는 대체로 공포보다는 온건함을 내세웠다. 그리고 취임 직후 커피나무를 새로 심는 것을 금지했다.

바르가스는 상파울루에 군정장관military governor을 임명하기도 했는데, 이 군정장관은 임명되자마자 5퍼센트의 임금 인상을 명령하고 혁명 참전 군인들에게 토지를 분배해 주었다. 바르가스는 커피숍 커피 한 잔의 값을 반으로 깎아 버리며 경영자들을 격분시켰다. 한편 커피 재배업자들과 판매업자들을 달래기 위해 상파울루 출신의 커피 전문 은행가 조제 마리아 이타케르José Maria Whitaker를 재무장관으로 임명하기도 했다. 이타케르는 "자유로운 거래 체제로 돌아가는 것이 절실하다. 가장 먼저, 악몽같이 끔찍한 커피 재고부터 처리해야 한다"고 선언했다. 정부에서는 커피의 엄청난 과잉 재고분을 태워 버리기로 했는데, 이는 단지 시장이 "수요와 공급이라는 전통적인 법칙으로 되돌아갈" 수 있도록 하려는 조치였다. 그 첫해에,

브라질인들은 7백만 자루 이상의 커피를 그렇게 폐기 처분했다. 이 정도면 대략 3천만 달러어치에 상당하는 양이었는데도, 여전히 수백만 자루의 커피가 창고를 채우고 있었다.

외국의 언론인 하인리히 야코프는 1930년대 초에 저공 비행하던 비행기에서 불에 타고 있는 커피를 처음 보고 다음과 같이 썼다. "아래쪽에서 향기로우면서도 톡 쏘는 독한 냄새가 올라와 객실을 가득 메웠다. 감각이 마비된 듯 얼얼하다 못해 거의 고통스러웠다. (…) 이제 냄새는 견딜 수 없는 지경이 되었고 독한 가스 때문에 귀도 울렸다. 힘까지 빠지는 것 같았다." 그 후에 야코프는 한때 커피업자였으나 이제는 파산하여 제정신이 아닌 누군가를 만나게 되었는데, 그 남자는 이렇게 말했다. "커피는 우리의 국가적 불운이에요." 남자는 그러더니 덮개가 유리로 된 작은 상자를 내보였는데, 그 안에는 브로카 두 카페broca do café, 즉 10년 전쯤부터 커피콩을 공격하기 시작했던 커피 열매 천공충이 들어 있었다. "무슨 수를 써도 브로카의 맹습은 막을 수 없지요. 정부가 정말로 이 나라를 구하고 싶다면 비행기에 이 벌레의 알을 잔뜩 실어서 사방에 흩어진 농장들 위에 뿌리면 될 겁니다."

브라질인들은 필사적이었다. 과학자와 발명가들은 남아도는 커피의 다른 용도를 찾으려 애썼고, 공공사업부 장관은 커피콩을 벽돌 모양으로 압축해서 철도용 연료로 사용할 수 있도록 정식 허가했다. 커피에서 알코올, 기름, 가스, 카페인, 셀룰로오스계 부산물 등을 추출하려는 실험들도 시도되었다. 리우데자네이루의 신문에서는 커피 생두를 같이 섞어 제분한 밀가루로 "기막힌 맛과 모양의" 영양가 높은 빵을 만들어도 괜찮을 것 같다는 제안까지 내놓았다. 포도주 양조업자들이 커피 과육으로 그런대로 마실 만한 화이트와인을 만들어

냈는가 하면, 커피 꽃을 압착해 향수의 원료로 이용하기도 했다. 또한 몇 년 후에는 한 발명가가 커피콩으로 새로운 종류의 플라스틱을 개발했다.

한편 브라질인들은 커피와 관련된 획기적 제안을 짜내서 외국 정부와 접촉하기도 했다. 가령 소비에트 연방을 정식으로 인정해 주며 러시아산 밀이나 가죽과 커피를 맞거래할 구상을 했는가 하면, 아시아 전역에 브라질의 커피숍 수천 개를 열어서 자국산 원두의 새로운 시장을 개척할 계획도 세웠다. 이런 계획들은 대다수가 별 성과를 얻지 못했으나 미국의 남아도는 밀과 커피를 거래하려던 계획은 1931년부터 실제로 성사되었다.[1] 비옥한 테라록사를 보유한 브라질은 내수용 밀을 충분히 재배할 수 있었는데도 브라질 내에서 실제 재배되는 양은 필요한 양의 8분의 1에 그쳤다. 이는 커피 단종 재배에 몰두한 근시안적 관행이 낳은 또 하나의 결과였다.

그러나 커피-밀의 맞거래는 문제점을 낳았다. 우선 미국의 운송업자들은 브라질의 해운 회사가 그 모든 밀과 커피를 수송하는 것에 불만을 품었다. 이전까지 브라질에 밀을 공급했던 아르헨티나인들로서도 이 거래가 곱게 보일 리 없었다. 미국의 커피업자들 또한 정부가 커피 시장에 싼 커피를 들여오는 것을 탐탁지 않아 하며, 그 바람에 커피 가격이 떨어질까 봐 안달했다. 미국의 밀가루 회사들도 심기가 불편했다. 그 거래에는 브라질의 밀가루 수입을 금지하는 조항이 붙어 있었기 때문이다.

1932년 7월, 그러니까 미국의 곡물안정위원회Grain Stabilization Board가 밀과 교환해서 받은 커피를 막 팔기 시작했

---

1 영국, 프랑스, 덴마크, 러시아, 일본에 커피바(coffee bar)를 열기도 했다.

을 때, 좌절감에 빠진 파울리스타들이 바르가스에게 맞서 반란을 일으키며 입헌 정치를 요구했다. 그 여파로 산투스의 항구가 폐쇄되었고 급기야 8월에 「뉴욕 타임스」에는 이런 헤드라인이 실렸다. "머지않아 커피도 없이 아침을 먹게 될 날이 닥칠 듯하다." 리우데자네이루와 비토리아 항구가 산투스 항구의 물량을 대체하며 부랴부랴 기존보다 더 많은 물량의 커피를 수출했으나, 더 상급인 상파울루산 커피콩을 대량으로 공급할 수 있는 길이 갑자기 막혀 버렸다. 미국에서는 곡물안정위원회가 1백만 자루가 넘는 커피를 보유하고 있었으나 계약상의 제한 때문에 월 6만 2천5백 자루밖에 팔지 못했다. 그 결과 커피 부족 사태가 닥칠 기미였지만, 파울리스타의 폭동이 3개월 만에 실패로 끝나면서 커피 가격은 다시 하락했다.

1932년 11월 말에 브라질로부터 다음과 같은 전보가 날아들었다. "상파울루의 창고들이 가득 차서 국내에서의 탁송을 더 이상 받지 못하고 있음. 쌓아 둘 곳이 없음. 지하실, 가정집들까지 보관에 동원한 형편임. 이대로는 계속 지속할 수 없음. (…) 국내에서 쇄도하는 물량을 감당할 수 없음. 불태우는 일이 속속 이어지고 있음."

독재자들과 중앙아메리카의 대학살

대공황과 대공황기의 낮은 커피 가격은 중앙아메리카 국가들에 혁명, 독재, 사회적 불안을 불러오기도 했다. 1929년에 불어닥친 대공황은 그렇지 않아도 어렵던 노동자들의 형편을 더 악화시켰다. 그런가 하면 코스타리카를 제외한 나머지 국가들에서는 커피 독과점 실력자들이 위기의식에 빠짐에 따라 "질서와 발전"을 회복하기 위해 완력을 쓰는 지도자들

에르난데스 마르티네스

이 집권하도록 사태가 부추겨지기도 했다. 모든 독재자가 여전히 외국 자본과 미국의 지원에 의존하면서 어떠한 반항도 용납하지 않았다. 또한 1929년 대공황의 영향으로, 커피업계 유력자들이 유질 처분과 매입을 통해 작은 농장들을 게걸스레 집어삼키면서 가진 자와 못 가진 자들의 격차는 더 벌어졌다.

엘살바도르에서는 1931년 말에 군이 선거로 당선된 대통령을 몰아내고 그 자리에 독재자 막시밀리아노 에르난데스 마르티네스Maximiliano Hernández Martínez를 앉혔다. 이 독재자가 그 뒤로 20년 동안 철권과 점차 도를 더해 가는 기괴한 정책을 앞세워 엘살바도르를 통치했다. 접신술과 비술秘術을 믿어서 엘 부르호El Brujo(주술사)로 통했던 에르난데스 마르티네스는 라디오를 통해 민중들에게 자신의 사상을 전파했다. "아이들이 맨발로 다니는 것은 좋은 일이에요. 그래야 지구의 유익한 자기소磁氣素, 다시 말해 지구의 진동을 더 잘 받을 수 있으니까요." 그는 자신이 미국의 대통령과 직접 텔레파시 교신을 나누는 "눈에 보이지 않는 군단"으로부터 보호받고 있다는 주장도 펼쳤다. 또한 인간의 환생은 믿었으나 곤충은 환생하지 못한다고 여겼다. "개미를 죽이는 것은 인간을 죽이는 것보다 더 큰 범죄예요. 인간은 죽어도 환생하지만 개미는 죽으면 끝이니 말이에요."

1930년대 무렵 커피는 엘살바도르 수출에서 90퍼센트 이상을 차지했다. 원주민들은 12센트를 받으며 하루 열 시간을 일했다. 당시에 한 캐나다인이 써 놓은 목격담에 따르면,

그들은 "낮은 임금, 믿기 힘들 만큼의 불결한 환경, 고용주들의 철저한 무관심, 사실상 노예나 다름없는 생활 여건" 속에서 고통을 겪었다.

대출금을 갚을 형편이 못 되어 명목상 채무 불이행 상태가 된 농장주들은 임금을 삭감하고 시설의 정기 점검을 미루고 정규직 노동자를 대거 해고했다. 커피나무가 수확도 안 된 채 방치될 지경이었다. 훗날 어떤 노동자는 한 기자에게 이렇게 말했다. "땅도 일거리도 얻지 못하는 시절이 닥쳤어요. (…) 그때 나는 아내와 자식들을 버려야 했어요. 일거리가 없어서 입히거나 공부시키는 것은 고사하고 먹여 살릴 수도 없는 처진데 어찌합니까. 지금도 아내와 자식들이 어디에 있는지 모릅니다. 궁핍이 우리 가족을 영원히 이산가족으로 만들어 놓았어요. (…) 그래서 이렇게 공산당원이 된 겁니다."

1932년 1월 22일, (대다수의 커피가 재배되던 지역인) 서부 고지대의 원주민들이 카리스마 넘치는 공산당 지도자 아구스틴 파라분도 마르티Agustín Farabundo Martí의 촉구에 따라 들고 일어나 1백 명에 가까운 사람들을 살해했는데, 대부분이 감독관이나 군인들이었다.[2] 곤봉, 새총, 마체테,* 몇 자루의 소총이 무기의 전부였던 반란민은 잠식해 들어오는 정부군에 맞서 싸울 상대도 되지 못했다. 에르난데스 마르티네스는 잔인한 보복을 승인하는 한편, 주로 상류층 시민들로 구성된 시민 근위대의 창설을 명령했다.

그 뒤에 일명 라 마탄사La Matanza, 즉 대학살의 유혈 사태

---

[2] 반란민들이 어느 정도 잔학 행위를 저지르긴 했으나 이들의 행동은 훗날 정부에 의해 크게 부풀려졌다. 또한 이 정부는 뒤이어 자행된 군의 대학살 규모는 축소해 버렸다.

* 중남미에서 쓰는 벌채용 칼

가 일어났다. 군은 격분하고 겁먹은 지배층의 지원을 등에 업고 닥치는 대로 살해를 자행했다. 50명의 엄지손가락을 끈으로 쭉 묶어 놓고 교회 벽 앞에서 총으로 쏴 죽였는가 하면, 커다란 무덤을 파도록 시킨 후 기관총으로 쏴서 그 구덩이 안에 떨어뜨리기도 했다. 길가 여기저기에 시체들이 어지럽게 널려 있었다. 원주민 전통복을 입고 있으면 누구든 죽이기도 했는데, 일부 지역에서는 점점 종족 학살에 가까운 양상까지 펼쳐졌다. 썩어 가는 시체는 돼지, 개, 독수리가 달려들어 게걸스레 먹도록 그대로 방치되었다. 파라분도 마르티는 총살 집행대 앞에서 죽음을 맞았다. 그렇게 불과 몇 주 사이에 약 3만 명이 목숨을 잃었다.[3] 공산당은 사실상 섬멸되었고 그와 함께 수년 동안 저항도 근절되고 말았다. 대학살의 기억은 그 뒤로 20세기가 저물도록 엘살바도르의 역사에 영향을 끼치게 된다. "우리 모두는 1932년에 반 죽은 목숨으로 태어났다." 엘살바도르의 한 시인은 이렇게 읊기도 했다.

엘살바도르의 커피협회는 1932년 7월호의 협회지에, 반란과 뒤이어 일어난 대학살에 대해 다음과 같은 논평을 실었다. "모든 사회에는 기본적으로 두 계급이 있다. 바로 지배자와 피지배자 (…) 오늘날은 그 두 계급을 부자와 빈민이라고 부른다." 그러면서 주장하길, 이런 계급 분류는 불가피하며 계급 분류를 없애려는 시도는 "균형을 깨고 인간 사회의 붕괴를 유발"하고 말 것이라고 했다. 엘살바도르 커피업계의 유력한 엘리트층은 캄페시노들의 오랜 곤궁을 이런 식으로 정당

---

3 이 대학살에서 사망한 이들의 추산 수치는 2천 명에서 5만 명에 이르기까지 차이가 있다. 토머스 앤더슨(Thomas Anderson)은 1971년의 저서 『마탄사(*Matanza*)』에서 1만 명의 추정치를 인정했으나 현재 수많은 학자는 3만 명의 수치에 의견을 같이하고 있다.

화했다. 또한 공장들이 공산당원들의 온상이 될 뿐이라고 확신한 에르난데스 마르티네스는 산업화를 저하하는 법을 통과시켰다. 결국 엘살바도르는 주 세입원으로서의 커피에 대한 의존도가 훨씬 더 높아졌다.[4]

과테말라, 니카라과, 온두라스 역시 대공황기에 독재자들이 집권하면서 농민 소요의 기미가 보였다 하면 무조건 강력 단속했다. 과테말라의 경우, 1931년에 호르헤 우비코 카스타녜다Jorge Ubico Castañeda가 정권을 잡기가 무섭게 구금, 암살, 처형, 추방의 수단을 동원해 일체의 저항을 탄압했다. 그는 억압받는 원주민 노동자들을 달래기 위한 조치가 필요함을 인지하고 채무 노예를 폐지했으나, 결과적으로는 채무 노예나 마찬가지인 동원법을 제정했다. 따라서 과테말라 농민의 지독한 빈곤 문제나, 과테말라가 외국 자본과 커피 수출에 의존하는 문제는 하나도 달라지지 않았다. 1933년에 우비코가 노조원, 학생, 정치 지도자들을 총살하고 뒤이어 커피와 바나나 농장주들이 일꾼들을 죽여도 처벌을 면제해 주는 법령을 공포한 이후, 커피 농장 일꾼들은 감히 반란을 일으킬 엄두도 못 냈다.

니카라과에서는 1934년에 아나스타시오 소모사 가르시아Anastasio Somoza García 장군이 게릴라군 지도자 아우구스토 세사르 산디노Augusto César Sandino의 암살 (소모사 자신이 직접 처

---

4 샌드라 베니테즈(Sandra Benitez)는 엘살바도르를 배경으로 여러 세대의 이야기를 담은 소설 『씁쓸한 가루(*Bitter Grounds*)』를 썼다. 소설은 1932년의 마탄사부터 이야기가 시작되어 커피 노동자들과 농장주들의 뒤엉킨 삶이 뒤이어 펼쳐지는데, 소설 속의 한 등장인물은 이런 글을 썼다. "당신은 말한다. 커피라는 절호의 희망이 없었다면 / 성공한 사람들이 거의 없었을 것이라고. / 나는 이렇게 말하겠다. 사람들이 수확을 할 때 / 그들이 거둬들이는 것은 씁쓸한 가루뿐이라고."

리했다) 이후, 정권을 잡았다.[5] 1936년에 공식으로 선출된 소모사는 46개의 농장을 비롯해 막대한 커피 관련 소유 재산을 주축으로 삼아 가족 왕조를 세웠다. 그뿐만 아니라 협박과 부정 이득을 통해 니카라과 최대의 자산 보유자로 올라섰다. 다른 독재자들과 마찬가지로 반란민으로 의심되는 이들에 대해 대학살을 명령하기도 했다.

온두라스의 대공황 시대 독재자 티부르시오 카리아스 안디노Tiburcio Carías Andino는 다른 독재자들에 비해 덜 잔인한 편이었다. 그는 온두라스가 커피 영향력에서 다른 중앙아메리카 국가들과 어깨를 나란히 할 수 있도록 커피 생산을 더욱 장려했으나 여전히 바나나가 온두라스의 주요 수출품 자리를 지켰다.

코스타리카와 콜롬비아에서는 대공황과 대공황기의 낮은 커피 가격으로 인해 다른 국가와 똑같이 문제점이 유발되었으나 민주적으로 선출된 정부를 통한 의회의 타협 덕택에 갈등이 해결되었다. 코스타리카에서는 압도적 다수를 차지하는 소자작농들이 자신들의 농장을 직접 일구었던 만큼 노동 문제가 드물었으나, 농민들에게 나름의 고충이 없지는 않았다. 익은 열매를 중앙 집중화된 가공 시설에 아주 싼 값에 즉시 팔아야만 했던 것이다. 급기야 1933년에 정부가 개입하고 나서며 가공업자들에게 커피 열매에 대해 온당한 가격을 지불하도록 강제하는 규정을 내놓았다.

콜롬비아의 농민들은 전반적으로 커피콩의 가공은 직접 처리했지만, 금융 기관의 높은 이율과 콜롬비아의 커피 산업

---

5 부유한 커피 농장주와 그 농장주 밑에서 수확 일을 하던 일꾼 사이에서 사생아로 태어난 아우구스토 세사르 산디노는 조국을 점령한 미 해병대를 "금발의 짐승", "우리 종족과 언어의 적"이라고 부르며 그들에 대항해 반란을 이끌었던 인물이다.

을 지배하고 있던 A&P의 아메리칸커피코퍼레이션, 하드&랜드Hard & Rand, W.R.그레이스W. R. Grace 같은 외국 수입업자들의 가격 쥐어짜기에 몸부림쳤다.[6] 또한 대단지 농장(아시엔다)에서는 노동 시위가 점차 확대되었다. 콜로노들과 소작인들은 미불 채무를 갚지 않으면서 그 땅이 자기들의 것이라고 주장했다. 경멸적인 호칭으로 파라시토parásito*라고 불리던 불법 점거자들이 대단지 농장의 노는 땅을 점유하기도 했다. 이에 콜롬비아의 의회는 공지를 공공 수용의 대상으로 정하는 법을 통과시키면서, 대단지 농장의 쇠퇴를 초래했다. 당시 이미 부유한 커피업계 유력자들은 시멘트 공장, 신발 공장, 부동산, 운송 등으로 사업을 다각화하고 있었다.

하지만 콜롬비아의 커피는 계속해서 점점 더 많이 팔렸다. 1927년에 창설된 콜롬비아의 커피생산자협회Federación Nacional de Cafeteros, FNC는 빠른 속도로 막대한 정치적 영향력을 거머쥐더니 어느 논평자의 말마따나 "그다지 공적이지 못한 정부 내의 사적인 국가 정부"가 되었다. 미국에서 이 커피생산자협회는 콜롬비아산 원두를 "마일드 커피의 최상품"으로 선전하기도 했다.

브라질, 억제된 감정을 쏟아 내다

1930년대에 미국인의 1인당 연간 커피 소비량은 6킬로그램 정도에서 변화가 없었지만, 대공황이 지속되는 사이에 그 커피콩의 원산지가 바뀌었다. 브라질이 수확 작물을 태우고 또

---

6 1927년 무렵 A&P는 콜롬비아의 전체 커피 생산량 중 10분의 1을 구입하면서 평균적으로 일주일마다 콜롬비아산 커피 4천 자루를 로스팅했다.

***** parásito는 스페인어로 '기생충'을 뜻함

태우고 있던 반면, 콜롬비아, 베네수엘라, 중앙아메리카의 생산업자들은 그에 비례하여 더 많은 양을 팔 수 있었다. 필사적인 입장에 놓인 브라질은 1936년에 보고타*에서 다국적 회의를 소집했고, 회의에 참석한 라틴아메리카 국가들은 북미에서의 커피 소비 촉진을 맡을 범아메리카커피사무국Pan American Coffee Bureau, PACB에 자금을 지원하기로 합의했다. 또한 회의 이후에, 콜롬비아와 브라질의 대표단은 가격 유지 협정을 타결했다. 즉 콜롬비아의 고품질 마니살레스를 1파운드당 12센트 이상에 팔고, 브라질의 평범한 산투스를 1파운드당 10.5센트에 팔기로 합의했다.

1937년에 브라질은 무려 1720만 자루의 커피를 불태웠다. 당시 전 세계의 소비량이 2640만 자루였던 것에 비하면 어마어마한 양이다. 그해에 브라질의 커피 수확량 가운데 세계 시장으로 내보내진 양은 단 30퍼센트뿐이다. 이 와중에 설상가상으로 콜롬비아가 "너무 부담이 된다"는 통보를 보내오더니 서로 합의한 가격 차이율을 지키지 않은 채 마니살레스를 1파운드당 11.6센트에 팔았다. 이 정도면 하위 등급인 산투스와 비교해 가격이 그다지 높지 않은 수준이어서 콜롬비아로서는 커피를 파는 데 별 지장이 없었다.

격분한 브라질인들은 1937년 8월에 아바나에서 또 한 차례 회의를 소집했다. 브라질 대표 이우리쿠 펜테아두Eurico Penteado는 기조연설에서 다른 커피 재배국들에게 이렇게 말했다. "보고타에서 표결했던 결의안들이 거의 이행되지 않고 있어서 가격 협정이 무의미한 실정입니다." 또한 브라질과 달리 다른 나라들은 계속 하위 등급을 수출하여 "가격 방어 측면에

---

* 콜롬비아의 수도

자루에 담긴 브라질 커피

서 여전히 브라질 혼자 모든 부담을 떠안고" 있다고도 했다.

브라질의 커피는 대공황이 엄습할 당시 미국의 커피 수입량 가운데 65퍼센트를 차지했는데 1937년에 이르자 이 비율이 절반을 겨우 넘는 수준으로 줄었고, 그 반면에 콜롬비아는 미국 시장의 25퍼센트를 손에 넣었다. 하지만 또 한편으론 브라질은 커피에 대한 의존도가 다소 줄어들기도 했다. 실제로 1934년에 브라질의 수출에서 커피는 61퍼센트를 차지했는데 2년 후에는 45퍼센트밖에 되지 않았다. 어쨌든 펜테아두는 기조연설을 맺으며 이렇게 말했다. "그러니 여러분, 이것이 브라질의 이익을 위한 얘기처럼 들릴지 모르겠지만, 사실 커피를 폐기 처분할 수 있는 저희의 여력이 바닥을 드러낸 지경이어서 정말로 더 이상의 희생을 떠안을 처지가 아닙니다." 그는 뒤이어 위협성 발언을 던졌다. 다른 국가들이 새로 나무를 심지 않을 것과 하위 등급의 수출 중단에 합의하고 어떤 식으로든 가격 유지 제도에 동의해 주지 않는다면, 브라질은 커피 관련 원조 프로그램을 완전히 중단하겠다고.

하지만 브라질 측의 발언을 진짜로 믿는 사람은 아무도 없었다. 모두들 브라질이 30년 전에 첫 번째 가격 안정책과 함께 시작했던 관행을 정말로 중단할 리 없다고 여겼다. 라틴아메리카의 다른 커피 생산국들로서는 하위 등급의 수출 중단에 적극적인 입장이 못 되었다. 더 저렴한 아프리카산 로부스타가 미국과 유럽 시장을 파고들기 시작하는 상황이었기 때문이다. 1937년에 미국의 어느 커피 전문가도 지적했듯, "몇 년 전만 해도 커피 중개상들은 로부스타의 맛에 질색했다. 하지만 홀짝홀짝 자꾸 마시다 보니 어느새 그 맛에 익숙해졌다." 따라서 아바나의 회의에 모인 커피 재배국들은 로부스타에 라틴아메리카의 최하위급 커피 수출 물량을 빼앗기게 될까 봐 두려워했다.

사실 라틴아메리카 국가들이 쿼터제*를 기꺼이 고려했
던 주된 이유는 아프리카 식민지들로부터의 위협 수위가 점
점 높아졌기 때문이다. 대공황기 동안 케냐의 고급 아라비카
원두 재배업자들은 커피위원회와 연구소를 세웠다. 이전까
지 교역을 독점해 왔던 런던 중개상들의 반대를 이겨 내고 자
체적인 경매 체제를 구축하는 데 성공하기도 했다. 게다가 케
냐의 농장들은 1930년대 말엽에 이르자 미국의 업계지에 대
대적인 광고를 내기 시작했다. 아프리카의 커피 총생산량은
10년 사이에 두 배로 뛰었고, 아프리카 대륙은 이제 아시아를
제치고 세계 2위의 커피 수출 대륙으로 도약했다. 그러니 라
틴아메리카의 커피 생산국들이 아프리카, 인도, 아시아의 생
산국들을 쏙 빼고 자기들끼리만 회의를 가지려던 것도 그리
이상한 일은 아니었다.[7]

그럼에도 아바나 회의는 과잉 생산 문제를 해결하지 못
한 채 끝이 나 버렸으나, 아주 성과가 없지는 않았다. 우선 회
의 참가국들은 한 자루당 5센트의 수출세를 지불함으로써 미
국 내 광고 캠페인에 기금을 제공하는 안에 합의하고 그다음
해부터 시행하기로 했다. 또한 마지못해 합의한 것이긴 했으
나, 어쨌든 하위 등급의 수출을 어느 정도 제한하기로 했다.

---

* 수출입·분담액 따위를 정하는 제도

7 당시에 영국은 아프리카의 식민지에서 커피를 재배했다. 그중에서도 특
히 케냐, 탕가니카, 우간다 세 곳이 중심 재배지였는데, 케냐에서는 아라비
카를 키웠고 탕가니카에서는 아라비카와 로부스타 모두를 생산했으며 우
간다에서는 로부스타에 주력했다. 프랑스, 포르투갈, 벨기에도 프랑스령
적도 아프리카, 프랑스령 서아프리카, 동아프리카 해안 지역, 코트디부아
르, 카메룬, 마다가스카르, 앙골라, 벨기에령 콩고 등지의 아프리카 식민지
에서 로부스타 커피를 재배했다. 한편 이탈리아인들은 커피의 고향인 에티
오피아를 식민지로 삼으려 하고 있었다.

커피는 1930년대에 다시 본거지인 아프리카에 자리를 잡았으나, 케냐에서는 커피 재배 업자의 대다수가 백인이었다. 그리고 그것이 1937년에 이런 인종 차별적 광고가 나올 수 있었던 배경이기도 하다.

† "원주민 전사들은 거칠지만 케냐의 커피는 부드럽습니다."

가격 차이율이나 뉴욕의 범아메리카커피사무국에 대한 수출 쿼터 같은 다루기 어려운 문제도 거론되면서 앞으로 60일 동안 그 해결책을 찾아보기로 했다.

그러다 해결책 없이 제한 시간이 끝나자 제툴리우 바르가스는 11월에 커피업계를 깜짝 놀라게 할 만한 발언을 하고 나섰다. 스스로를 자칭 '이스타두 노부Estado Novo', 즉 신新국가의 인자한 독재자라고 선언하면서 브라질이 이제 '자유 경쟁'이라는 새로운 정책을 시행한다는 것이었다. 그는 뉴올리언스에서 있을 브라질 대표 이우리쿠 펜테아두의 미국커피산업협회Associated Coffee Industries of America (현재의 전국커피협회National Coffee Association, NCA의 전신) 연설 직전에 커피의 문호를 개방하겠다고 단언했다. 펜테아두는 조국의 결정을 옹호하며 이렇게 설명했다. "브라질은 그동안 경악스러울 만큼 세계 시장으로부터 추방되어 있었습니다." 미국의 언론은 여기에 호의적인 반응을 보이며 다음과 같이 보도했다. "브라질은 협력하려 들지 않는 다른 국가들을 위해 커피 자루를 보관해 두는 일에 지쳤다."

절망에 빠져 있던 브라질 재배업자들은 처음엔 한 자루당 2달러의 세금 감면에 환호했다. 상파울루의 한 농장주의 말을 그대로 옮기자면, 새로운 자유 무역 정책은 "기나긴 암흑 속의 한 줄기 빛"과 같았다. 그러나 가격이 1파운드당 6.5센트로 곤두박질치자 농장 주인들은 불안해졌다. 그런데다 대출 한도까지 바닥나자 안절부절못했다. 소각 프로그램이 재개되었으나 절제된 수준이었다. 1938년에 브라질의 미국으로의 수출량은 이전 해보다 1억 3천6백만 킬로그램(3억 파운드)이 넘게 증가했지만 1937년 대비 총수입은 315만 달러 줄어들었다.

하지만 브라질인들은 미래를 기대하며 계속해서 세계 시

장에 커피를 대량으로 쏟아 냈다. 그들은 세계 시장에서의 자신들의 공평한 점유율을 되찾으려 의지를 불태웠다. 그러나 지난 30년 동안의 상황을 생각해 볼 때 브라질의 노력은 그 전망이 어두워 보였다. 1906년에 브라질의 커피 재배량은 2천만 자루가 넘었고 세계 다른 지역의 재배량은 360만 자루에 불과했다. 그런데 1938년 무렵 브라질의 생산량은 2천2백만 자루 정도였으나, 다른 커피 생산국들은 생산량이 이제 1천2십만 자루로 증가한 데다 브라질보다 원두의 품질도 높았다.

라틴아메리카의 커피 재배업자들이 낮은 커피 가격의 세계에서 최소한의 이익을 내려고 아등바등할 동안, 다른 한편에서 미국의 수많은 커피 로스팅업자들은 대공황기 동안 새로운 판매 기회를 맞이하며 마침내 이미지 장사, 그리고 음성音聲 장사의 효력을 알게 되었다.

제11장
불황 속의 나 홀로 호황

바로 모퉁이만 돌면,
하늘에 무지개가 떠 있어요.
그러니 커피 한 잔 더 해요.
파이도 한 조각 더 먹어요.
— **어빙 벌린**Irving Berlin,* 1932년

　　미국 시민들은 대공황기에 고통을 겪긴 했으나 먹고 마실 것이 충분한 편이었다. 물론 일부 사람들은 음식과 커피를 얻기 위해 식량 배급 줄에 서야 했지만 아무튼 대체로는 그랬다. 그리고 집에서 기분 전환을 위해 기적 같은 새 커뮤니케이션 매체를 누리기도 했으니, 바로 커피 판촉에 또 하나의 길을 열어 준 라디오였다.

라디오 앞에 붙어살다

라디오의 유년기인 1920년대 초에 광고업자들은 소비자에게 제품 브랜드에 대해 직접적으로 선전하지 않았다. 그런 방식은 세련되지 못한 광고처럼 여겨서 기피하고, 대신에 훈계적이고 교육적인 틀로 광고를 짰다. 가령 1923년에 제이월터톰슨의 존

-----
* 러시아계 미국의 작사·작곡가

왓슨은 WEAF(스포츠 라디오 채널)에서 '분비선腺, 인체의 신비'라는 코너에 출현했다. 아나운서가 그 대화는 페베코 치약Pebeco Tooth Paste의 후원에 따라 마련되었음을 밝히긴 했으나 왓슨 자신은 이 치약에 대해 한마디도 안 했다. 그리고 마지막에 이렇게 말을 맺었다. "입안의 분비선을 활동적이고 건강한 상태로 지키려면 (…) 매 식사 후에 치약으로 이를 닦아서 민감한 법랑질층에 손상 없이 치아를 깨끗하고 반짝거리게 관리하는 것이 좋습니다." 왓슨은 나중에 이 라디오 대화에 대해 이런 논평을 했다. "라디오 상업 광고의 기법을 아주 잘 보여 주는 사례다. (…) 출연자는 굳이 광고하는 제품에 대해 말할 필요가 없다."

광고업자들은 서서히 공격성을 높여 나갔다. 1924년에 A&P가 라디오에서 <A&P 집시즈A&P Gypsies> 프로그램으로 자사의 세 가지 커피 브랜드를 광고하기 시작하더니, 곧이어 <에버레디 아워Everready Hour>, <럭키 스트라이크 오케스트라Lucky Strike Orchestra>, <리글리 리뷰Wrigley Review>, <주얼티 아워Jewel Tea Hour>, <맥스웰하우스 아워Maxwell House Hour>가 연이어 생겨났다. 서부 지역에서는 폴거스에서 후원한 <폴거리아Folgeria>가 라디오 방송을 탔는데 마림바* 밴드의 테마 음악, 코믹 풍자, 음악 연주로 구성된 프로그램이었다. 하지만 에릭 바누Erik Barnouw가 방송의 역사를 다루며 설명했다시피, 프로그램 속 광고는 "간결하고 신중하며, 아주 정중"했다.

그러던 1929년에는 큰 변화의 물결이 일었다. 그해에 미국인들이 라디오를 구입하느라 지출한 돈이 자그마치 8억 4천 2백만 달러에 이르게 되었다. 7년 전과 비교하면 천 퍼센트가 훌쩍 넘는 지출 증가였다. 그 1929년 초에 시카고에서는 거

---

* 실로폰의 일종으로 분류되며, 공명기가 달린 타악기

의 모든 라디오가 <아모스와 앤디Amos 'n' Andy>라는 프로그램에 맞춰져 있다시피 했다. <아모스와 앤디>는 두 명의 백인인 프리먼 고스덴Freeman Gosden과 찰스 코렐Charles Correll이 흑인 남자들 연기를 했던 패러디 프로그램이었다. 5월의 어느 푹푹 찌는 무더운 저녁, 로드&토머스Lord & Thomas라는 회사에 다니던 젊은 광고맨 윌리엄 벤턴 William Benton이 자신의 시카고 아파트로 걸어 들어가면서 보니 모든 집이 창문을 열어 놓고 있었다. "모든 아파트마다 창밖으로 그 과장된 목소리가 흘러나오고 있었다. 나는 돌아서서 왔던 길로 다시 걸음을 돌려 봤다. 라디오를 틀어 놓은 곳이

<아모스와 앤디>의
프리먼 고스덴(왼쪽)과 찰스 코렐

열아홉 집이었는데 그중 열일곱 집이 <아모스와 앤디>를 듣고 있었다." 그다음 날 아침, 벤턴은 광고사 대표인 앨버트 래스커Albert Lasker를 설득해 광고 의뢰사인 치약 회사 펩소던트Pepsodent가 그 프로그램을 전국적으로 후원하도록 하면 어떻겠느냐고 설득했다. 그 결과 이 라디오 프로그램은 전국적인 인기 프로그램이 되었고 펩소던트의 판매는 급증했다. 코미디언 밥 호프Bob Hope는 이렇게 회고했다. "저녁 7시 30분 전에 문을 여는 극장이 없었다. 왠지 아는가? 사람들이 <아모스와 앤디>가 끝나기 전에는 집에서 나오지 않았기 때문이다. 정말로 아무도 나오지 않았다."

벤턴&볼스, 대공황에서 살아남다

1929년 7월 15일, 윌리엄 벤턴과 체스터 볼스Chester Bowles가

뉴욕에 새로운 광고 회사를 차렸다. 각각 29세와 28세인 이 두 명의 예일대 졸업생은 제너럴푸즈의 광고부에서 근무하던 찰스 모티머Charles Mortimer와 친구 사이였다. 모티머는 벤턴과 볼스를 위해 제너럴푸즈의 광고를 진두지휘하던 자신의 상사 랠프 스타 버틀러Ralph Starr Butler와의 자리를 마련해 주었다. 버틀러는 이 젊고 영리한 두 파트너에게 깊은 인상을 받아 비교적 작은 업체인 서토Certo와 헬만스마요네즈Hellmann's Mayonnaise*의 광고 일을 주었다.

이 두 파트너는 식품과 약품 부문의 광고에 에너지를 집중하기로 결심했다. 그 두 분야가 대공황에 크게 영향을 받지 않을 것이라고 제대로 감지했던 것이다. 벤턴의 32세 생일이던 1932년 4월 1일, 랠프 스타 버틀러와 제너럴푸즈의 영업이사 클래런스 프랜시스Clarence Francis가 벤턴을 불러 맥스웰하우스 커피의 판매 실적에 대한 불만족스러운 상황을 설명했다. 당시 맥스웰하우스 커피는 어윈워시가 광고를 맡고 있었다.[1] 버틀러와 프랜시스는 벤턴에게 그의 광고사에서 맥스웰하우스뿐만 아니라 베이커스 초콜릿Baker's Chocolate, 포스트 토스티스Post Toasties, 포스트 브랜플레이크Post Bran Flakes, 다이아몬드 크리스털 솔트Diamond Crystal Salt, 로그캐빈 시럽Log Cabin Syrup

---

*서토와 헬만스마요네즈는 각각 1929년과 1927년에 제너럴푸즈에 인수된 회사다.

[1] 1929년에 어윈워시가 맡게 되었던 이 맥스웰하우스의 광고는, 제이월터톰슨(JWT)이 체이스&샌본의 광고를 맡느라 어쩔 수 없이 포기해야 했던 광고다. 1920년대에 플라이시만 이스트와 맥스웰하우스 커피는 JWT의 최대 광고주였다. 플라이시만이 스탠더드브랜즈로 거듭나면서 체이스&샌본을 집어삼켰을 때 JWT는 선택의 기로에 섰다. 즉 유명 이스트의 광고주이자 새롭게 커피업종으로 들어선 광고주를 잡을지, 아니면 맥스웰하우스와 계속 같이 가면서 스탠더드브랜즈 광고 사업 전부를 잃을지 둘 중 하나를 골라야 했다.

의 광고까지 맡을 수 있겠느냐고 묻기도 했다. 벤턴은 아직은 그 광고를 다 맡을 만한 준비가 안 된 것 같다고 솔직히 대답했다. 이때 제너럴푸즈 쪽에서 벤턴과 볼스에게 권고하길, 어윈워시에서 광고 기획자로 있지만 일에 불만을 느끼며 변화를 바라고 있던 애서턴 호블러Atherton Hobler를 파트너로 영입해 보라고 했다.

그렇게 해서 벤턴, 볼스, 호블러 이 세 사람은 동등한 자격의 파트너십을 맺게 되었다. 벤턴보다 열 살 더 많던 호블러는 수년간 쌓은 경험과 함께 남다른 의욕과 경쟁심으로 무장하고 있었다. 사람들 사이에서 보통 호브Hobe라고 불렸던 그는 자신은 물론 부하 직원들도 정력적으로 몰아붙였다. 세 파트너는 신속히 새로운 직원들을 채용했는데, 이 피 끓는 젊은 회사에 들어오고 싶어서 다른 광고사의 직원들이 많이 몰려들었다.[2]

산패유와 커피로 인한 신경과민

이 광고맨들에게 가장 다급한 임무는 맥스웰하우스의 매출을 되살리는 것이었다. 맥스웰하우스는 대공황 전까지는 2천2백만 킬로그램의 커피를 팔아 연 3백만 달러에 가까운 순이익을 거뒀지만 그로부터 3년 후에는 1천7백만 킬로그램을 팔아서 이익을 전혀 못 내다시피 하고 있었다. 제너럴푸즈는 맥스웰하우스의 광고비로 벤턴&볼스에 무려 310만 달러를 배당해 주었다.

---

2 소설가 싱클레어 루이스도 구직 신청을 했지만 벤턴은 이렇게 말하며 거절했다. "난 당신의 다음 작품 속에서 배빗이나 갠트리가 되고 싶지 않아요."(싱클레어 루이스는 당대 최고의 풍자가였고 배빗과 갠트리도 모두 그가 쓴 풍자소설 속 인물임—옮긴이)

1920년대에 맥스웰하우스는 제대로 된 전국 배급 능력을 갖춘 유일한 브랜드였다. 그때 체이스&샌본은 스탠더드브랜즈의 공격적인 배급과 광고의 지원을 받으며 자사의 커피가 다른 브랜드보다 더 신선하다고 주장했다. 체이스&샌본은 "신선하지 못한 커피의 산패유*"가 "소화불량, 두통, 불면의 원인"이라는 점을 크게 부각했다. 그러면서 다른 브랜드는 멀리하고 포장 일자가 찍힌 자사의 데이티드 커피Dated Coffee만 마시면 하루에 최대 다섯 잔까지 마셔도 별 탈이 없을 것이라고 주장했다. 스탠더드브랜즈의 부사장 트래버 스미스Traver Smith에 따르면, 커피를 신선 식품으로 부각시킨 이런 접근법 덕분에 1년이 좀 넘는 기간 안에 매출이 3백 퍼센트 이상 뛰었다.

스탠리 리저가 이끄는 JWT 광고팀의 독창적인 지휘에 따라, 체이스&샌본은 1929년에 22인조 합창단 오케스트라를 후원하기 시작했다. 1931년에는 인기 있는 코미디언 겸 가수 에디 캔터Eddie Cantor를 후원하면서 그를 통해 커피의 홍보 효과를 거두기도 했다.

한편 상품 포장 측면에서는, 1900년에 힐스브라더스가 개척한 진공캔을 다른 수많은 경쟁사들도 알게 되었다. 제너럴푸즈의 경우엔 1931년에 공기를 99퍼센트 제거했다는 비타프레시Vita-Fresh 진공팩 포장 상품을 내놓았다(힐스브라더스, MJB, 폴거스같이 겨우 90퍼센트가 아니라 99퍼센트 제거라는 점을 강조하면서). 제너럴푸즈는 타임스스퀘어에 커다란 **전광판**을 내걸기도 했다. 노먼 록웰Norman Rockwell**이 디자인한 이 전광

---

* 산화 또는 가수분해된 기름
** 미국의 전설적인 삽화가

판에서는 전구 7천 개를 사용해, 남부 신사가 5미터 키의 흑인 집사에게 시중받으며 커피를 마시고 있는 모습이 담겼다.

<맥스웰하우스 쇼보트>에 모두가 탑승하다

새로 내놓은 진공캔과 타임스스퀘어 전광판에도 불구하고 맥스웰하우스는 계속해서 시장 점유율을 잃었다. 1932년 10월에 애서턴 호블러는 제너럴푸즈의 경영자들을 만나 솔직하게 터놓고 말했다. 맥스웰하우스 커피는 너무 비싸고 맛도 그다지 만족스럽지 않으며, 극적인 방식의 새로운 광고가 필요하다고 말이다. 그는 이어서 세 가지 제안을 내놓았다. 첫째, 브라질산 원두는 줄이고 고지산産의 마일드한 원두는 늘려서 블렌딩을 향상시킬 것. 둘째, 소매가격을 5센트 줄일 것. 그리고 마지막으로, 광고 예산을 2백만 달러 줄여서 110만 달러 수준으로 낮추되, 그 모든 예산을 라디오 광고에 쏟아부을 것. 이것은 큰 도박이었다. 제안대로 따를 경우, 손익 없이 현상 유지만 하는 데도 매출이 20퍼센트는 올라야 했다. 하지만 제너럴푸즈 측은 어떠한 시도든 기꺼이 응하겠다고 했다. 그달 후반에, 주간 프로그램 <맥스웰하우스 쇼보트Maxwell House Show Boat>가 처음으로 방송을 탔는데 이 프로그램의 방송비는 회당 6천5백 달러라는 유례없는 가격이었다.

    <맥스웰하우스 쇼보트>는 제롬 컨Jerome Kern*의 1927년도 뮤지컬에서 영감을 받아서(사실 이 뮤지컬도 에드나 퍼버Edna Ferber의 소설을 토대로 삼았던 것이지만), 인기 있는 딕시랜드**

---

* 20세기 전반을 대표하는 뮤지컬 작곡가 중 한 사람
** 1910년대 뉴올리언스 주변에서 생겨난 초기 재즈 음악의 한 형식

복고풍으로 맥스웰하우스 테마 음악을 만들었다. 하지만 (정말로 말 그대로) 종과 휘파람 소리가 새롭게 추가된 부분이 많을 뿐이다.[3] "자, 여러분, 어서 배에 타세요. 입장권은 맥스웰하우스 커피에 대한 충성이면 됩니다." 기적 소리와 함께 프로덕션 매니저 타이니 러프너^{Tiny Ruffner}가 이렇게 멘트를 날리면서 프로그램이 시작되었다. 그 뒤로는 명랑한 음성의 헨리 선장^{Captain Henry}이 마이크를 이어받아 한 시간 동안 음악, 드라마, 코미디 쇼를 진행했다.

이 라디오 프로그램은 큰 성공을 거뒀다. 증기선 외륜^{外輪}에 부딪쳐 출렁거리는 물소리, 트랩*의 달가닥달가닥 소리 같은 음향 효과와 연기가 너무 그럴듯해서 그 배가 정말 실제로 존재하는 줄로 믿는 청취자들도 많았다. 프로그램 대본의 배경이 뉴올리언스였을 때는, 2천 명의 사람들이 뉴올리언스의 부두에서 오지도 않을 배를 기다렸을 정도다.

1933년 초에 <맥스웰하우스 쇼보트>는 전국 최고 순위의 라디오 프로그램으로 올라섰고, 그 뒤로 2년 동안 그 자리를 지켰다. 1월 1일 프로그램에서는 타이니 러프너가 5센트 가격 인하와 향상된 블렌딩에 대해 알렸고, 그로부터 두 달이 채 못 되어 판매가 70퍼센트 올랐다. 체이스&샌본도 4월에 경쟁적으로 가격 할인을 단행했다. 연말쯤 되자 맥스웰하우스의 매출은 85퍼센트 올랐다. 볼스와 호블러의 독창적인

---

3 제롬 컨은 처음엔 자신의 변호사를 통해, 자신의 테마곡을 무단 차용한 맥스웰하우스에 항의했다. 하지만 1933년 5월에 벤턴&볼스의 변호사는 컨과 얘기를 나누고 와서 이렇게 보고했다. "자기도 <맥스웰하우스 쇼보트>의 고정 청취자래요. 그리고 그 프로그램을 재밌게 듣고 있을 뿐만 아니라 라디오 프로그램 가운데 최고라고 생각한다더군요."

* 배와 육지 사이에 다리처럼 걸쳐 놓은 판자

지휘하에, 이 프로그램은 라디오계의 몇 가지 혁신을 주도했다. 우선 <맥스웰하우스 쇼보트>는 현장에 청중을 초대해 놓고 진행한 최초의 프로그램이었다. 또한 흘려듣기 쉬운 별도의 광고를 내보내기보다는 프로그램 대본 속에 맥스웰하우스 커피의 즐거움을 끼워 넣으며, 여기에 커피 따르는 소리, 커피 잔 달그락거리는 소리, 만족스럽게 쩝쩝 입맛 다시는 소리 등의 효과음까지 더했다. 밥 호프, 로버트 벤츨리Robert Benchley, 글로리아 스완슨Gloria Swanson, 조지 제셀George Jessel, 재키 쿠건Jackie Coogan, 아멜리아 에어하트Amelia Earhart, 데일 카네기Dale Carnegie, 릴리언 기시Lillian Gish, 거트루드 로런스Gertrude Lawrence 같은 유명 스타 수십 명이 게스트로 출연해서 커피를 홀짝이기도 했다.[4]

　　<맥스웰하우스 쇼보트>의 성공에 고무된 벤턴&볼스는 재빨리 두 개의 라디오 프로그램을 더 만들었다. <파몰리브 뷰티박스Palmolive Beauty Box>와 프레드 앨런Fred Allen＊의 <타운 홀 투나잇Town Hall Tonight>이었다. 1934년 무렵엔 라디오 청취 순위 4위 안에 이 프로그램 세 개가 올라가는 기록이 세워지기도 했다.[5] 라디오는 인쇄물 광고 같은 시각적 효과는 부족했으나 미국의 글을 못 읽는 성인뿐만 아니라 아직 글을 안 배운 아이들에게까지 내용을 전달할 수 있었다. 또 특정 프로

---

4 델몬트커피(Del Monte Coffee)도 <맥스웰하우스 쇼보트>를 모방해 캡틴 돕시(Captain Dobbsie)가 진행하는 <십 오브 조이(Ship of Joy)>를 만들었다.

＊ 미국의 코미디언. 간결한 어조와 능청스러운 위트, 시의적절한 유머를 구사하여 당대의 라디오 및 텔레비전 연기자들에게 많은 영향을 미침

5 벤턴&볼스는 같은 해에 광고 회사 다르시(D'Arcy)와의 합병에 동의했더라면 코카콜라 라디오 광고를 따낼 수도 있었다. 즉시 복종에 익숙해 있던 코카콜라의 사장 로버트 우드러프(Robert Woodruff)가 합병을 명령했을 때 세 사람의 파트너는 거절했다.

〈맥스웰하우스 쇼보트〉의 헨리 선장(1937)

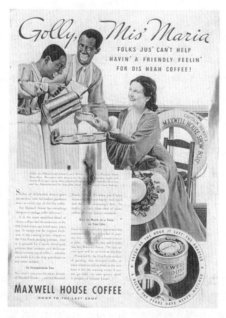

이 인종 차별적 광고와 더불어 인기리에 방송된 라디오 프로그램의 캐릭터들 덕분에 맥스웰하우스는 판촉에서 효과를 거두었다. 특히 라디오 프로그램은 음향 효과와 연기가 너무 실감 나서 많은 청취자가 부두에서 있지도 않은 '쇼보트'를 기다린 일까지 있었다.

그램을 청취하려면 누구든 라디오 광고를 피할 수 없었다.

벤턴&볼스의 카피라이터들은 <맥스웰하우스 쇼보트>의 인기를 이용해 인쇄물 광고에 출연 연기자들의 사진을 실으면서 현실에 대한 환상을 더욱 높여 놓았다. 1935년에는 맥스웰하우스의 광고에 새로운 방식이 도입되어 신문 연재만화 형식의 짤막한 삽화가 활용되기도 했다.

벤턴은 훗날 이렇게 말했다. "당시에 맥스웰하우스는 대공황이라는 걸 느끼지도 못했다. 맥스웰하우스 커피는 매장에서의 판매 가격이 대폭 인하되었음에도 품질에서는 두드러질 만한 차이가 없었다. 게다가 그런 광고들이 맥스웰하우스에 마력과 생기를 띠게 해 주면서 모든 사람의 뇌리에 맥스웰하우스에 대해 훨씬 더 좋은 이미지가 각인되었고, 덕분에 판매는 두 배로, 또 네 배로 껑충 뛰었다." 벤턴 자신도 인정했듯, 카페인의 중독성 또한 매출 증가에 한몫했다. "사업가라면 누구나 습관성 있는 상품을 원한다. 담배, 코카콜라, 커피 사업이 그렇게 잘되는 이유도 그런 습관성 덕분이다."

벤턴과 그의 파트너들이 맥스웰하우스 커피를 더 마시도록 미국의 대중을 설득하던 바로 그 시기에, 프랭클린 D. 루스벨트는 뉴딜 정책을 선전하며 사기 꺾인 국민에게 희망을 주입하려 애쓰고 있었다. 한편 루스벨트는 금주법이 인기도 실용성도 없음을 인식하고 1933년에 금주법의 폐지를 승인했다. 그러나 커피는 합법적 주류라는 새로운 경쟁 상대의 등장에도 피해를 입지 않았다. 그러기는커녕 그 이전부터 불법 무허가 술집에서 그래 왔듯, 여전히 과음한 사람들에게 술이 깨는 것 같은 착각 효과를 일으키게 해 주었다.

1931년에 1백만 달러가 약간 못 되던 벤턴&볼스의 광고 대행료는 그 액수가 크게 뛰어, 벤턴&볼스가 맥스웰하우스 광고를 땄던 해인 1932년에는 310만 달러가 되더니 그다음 해에는 450만 달러, 1934년에는 710만 달러, 1935년에는 1천만 달러로 높아졌다. 그리고 1935년 무렵 직원 수는 174명으로 불어 있었다. 볼스와 호블러는 커다란 요트를 사고, 벤턴은 코네티컷에 전원 별장을 지을 정도로 그렇게 사업은 잘 풀려 갔다.

벤턴&볼스의 인기가 최정상에 올랐을 때 볼스가 자신의 36세 생일을 맞아 회사를 사임했다. 사임 후에는 이런저런 여러 가지 일을 추진했는데, 특히 뮤잭코퍼레이션Muzak Corporation*을 샀다가 매각하여 큰돈을 벌었다. 그는 1941년에 광고 일에서 물러나 물가관리국Office of Price Administration에서 일했는가 하면, 그 뒤에는 코네티컷 주지사와 인도 주재 미국 대사의 자리에 오르기도 했다. 또 주지사 시절에는 미국 상원에서 상원 의원 조 매카시Joe McCarthy**의 마녀사냥에 맞서 싸우며 벤턴을 상원 의원으로 지명하기도 했다.

애서턴 호블러는 여전히 광고 일에 몸담고 있었다. 그런데 벤턴&볼스라는 사명이 워낙 잘 알려진 이름이라 버리지도 못하고 붙잡고 있느라 안 그래도 점점 짜증이 날 지경이던 때에, 예전 파트너들이 광고 일을 깔보기 시작했다. 실제로 벤턴은 훗날 이렇게 말했다. "두고두고 후회되는 일이지만, 맥스웰하우스 커피 프로그램은 상업 광고의 변화를 유도하는 촉진제가 되어 (…) 부득이하게 광고 음악을 비롯한 현재의 모든 과잉 광고를 이끌어 내고 말았다." 그러면서 "괜히 그런 것들을 고안해서 이제야 이렇게 후회하게 되다니" 한탄스럽다고도 했다.

---

* 미국의 유선 음악 방송사

** 매카시즘, 즉 1950~1954년에 미국을 휩쓴 반공산주의 선풍을 일으킨 인물. 당시에 매카시가 지목한 단체나 인사는 공산주의자라는 의심을 받았다.

아버클사와 맥두걸, 역사 속으로 사라지다

1932년에 재미슨 자매는 '부실기업 회생' 전문가로 유명한 C. 킹 우드브리지C. King Woodbridge를 고용해 아버클사의 지휘를 맡겼다. 그 뒤로 몇 년 동안, 회사는 유반 브랜드를 또 다른 회사에 매각하여 자금을 모으는 등 여러 가지 다양한 전략을 시도했다. 그러나 전국적 광고도 내지 않은 그 상태로는 아버클사의 전망은 어두웠다. 1937년에 우드브리지는 제너럴푸즈에 이 사업체를 팔아 버렸고 제너럴푸즈 측에서는 인수 후 아리오사를 없애기로 했다. 그리고 몇 년 후 제너럴푸즈가 유반을 인수하면서 유반은 맥스웰하우스와 자매 브랜드가 되었다. 그 무렵 두 재미슨 자매는 1940년대 초에 사망했고 아버클사의 그 막대하던 재산은 흔적도 없이 사라졌다.

대공황이 닥치자, 태평스레 이탈리아의 분위기나 즐기려 앨리스 푸트 맥두걸의 화려한 커피하우스를 찾을 만한 이들이 드물어졌다. 1930년에 그녀가 사업에서 손을 뗀 후 2년 뒤에는 체인 매장이 백만 달러의 임대료에 허덕이다 법정 관리에 들어갔다. 당시 65세이던 맥두걸은 다시 직접 나서서 사업을 지휘했다. 그녀는 그렇게 4개월이 채 안 되어 사업을 50퍼센트 키운 후 코르틸레 매장과 그랜드센트럴역 매장을 다시 사들였으나, 예전의 영광을 그대로 되찾지는 못했고 1933년의 금주법 폐지로 최후의 일격을 맞았다. 대공황기의 소비자들은 이제 비싼 이탈리아풍 화려함을 찾는 대신, 오토매트Automat*나 "5센트를 넘지 않는 가격"을 광고하는 작은 커피숍으로 몰려들었다.

---

* 자동판매기로 음식과 음료를 팔던 식당

시카고에서의 커피 투하 작전

전반적으로 볼 때 대공황은 미국의 커피 산업에 타격을 가하진 않았으나 합병을 가속화하고 경쟁을 심화시켰다. 이익을 쏠쏠하게 남기는 재미는, 이제 옛말이 되었다. 거대 브랜드들이 계속해서 시장 점유율을 높여 갔던 반면 지역 기반 커피 회사들은 틈새시장에서 힘겹게 버티고 있었다. 또한 수많은 소규모 로스팅업자들이 파산했다.

1936년에 전미커피로스팅업협회 회장, 허버트 델라필드Herbert Delafield는 한탄 조의 푸념을 내뱉었다. 커피는 원래 전통적으로 "신사들의 사업"이었는데 커피를 "미끼 상품"으로 이용하며 "남을 앞질러 잇속이나 챙기려는 약아빠진 자들"에게 강탈당해 버렸다고. 당시에는 가게로 손님을 끌어 다른 상품의 구매를 유도하기 위해 이렇게 인기 상품을 낮은 가격에, 혹은 원가 이하로까지 팔곤 했다. 좀 더 혁신적인 지역 기반 로스팅업자들은 기발한 광고와 충성 고객들을 통해 살아남았다. 또한 지연地緣과 특별 서비스를 내세우면 충분히 경쟁이 될 만한 식당이나 사무실 같은 시설 거래처에 주력하기도 했다. 그런가 하면 PL 상품을 기획하는 로스팅업체들도 있었다. 말하자면 체인 매장 같은 여러 회사가 자사의 이름으로 재판매할 수 있도록 다른 이름들로 상품을 포장 판매하는 식이었다. 그뿐만 아니라 다른 업자의 생두를 파운드당 얼마씩 받으며 로스팅해 주는 '삯일꾼'형 업자들까지 나왔다.

한편 이런 지역 기반 로스팅업자들 중에 고객 맞춤형 브랜드에 착수한 이들이 두 명 있었다. 당시에 조지프 마틴슨Joseph Martinson은 대도시 뉴욕에 시설 기반 사업체를 세워 상급인 마틴슨 커피Martinson Coffee를 고급 호텔, 레스토랑, 증기선에 공급하며 성공을 거두었다. 그러다 1920년대 말에는 포장 커피 분야에 뛰어들어 최상급의 블렌딩 커피만을 고가에 판매하며 꾸준히 광고를 내보냈다. 샘 쇤브룬Sam Schonbrunn 역시 ("뉴욕의 월도프 애스토리아Waldorf Astoria 호텔에 납품되던") 고급 품질의 사바랭Savarin 브랜드를 출시하며 마틴슨과 만만찮은 경쟁을 벌였다. 마틴슨과 쇤브룬은 고급 커피 전략이 가격 인하 회사들의 경쟁 속에서도 통할 수 있음을 증명해 보였고, 사람들은 이런 교훈을 그 뒤로도 수년 동안 주기적으로 습득하게 된다. 실제로 두 사람은 대공황기 동안 호황을 누렸다.

한때 역동적이던 전미커피로스팅업협회NCRA는 이제 시대에 뒤떨어지게 된 데다 마차 방문 판매원, 체인 매장, 생두 수입업자들로부터 협공을 받고 있었다. 1932년에 전미커피로스팅업협회는 다른 커피업자들과 마지못해 손을 잡고 미국커피산업협회를 세우면서 주얼티컴퍼니, A&P, 스탠더드브랜즈, 제너럴푸즈 같은 곳에서 공동 판촉 기금을 쥐어짤 수 있길 희망했다. 하지만 커피업자들은 다른 누군가의 브랜드 홍보에 자신의 돈이 들어가는 것의 타당성을 찾지 못했다. 말하자면 어느 업계지의 사설에서 한탄 조로 꼬집었듯 "다들 제 몸 지키기에 급급한" 상황이었다.

힐스브라더스, 폴거스, MJB 같은 샌프란시스코의 가족 경영 기업들은 모두 미시시피강 서쪽으로의 사업 확장을 성공적으로 이루었고, 특히 힐스브라더스가 가장 높은 시장 점유율을 차지했다. 1930년 당시 힐스브라더스는 5백만 달러의 현금 보유고를 과시하고 있었다. 1930년 9월, 힐스브라더스 영업 직원들은 중서부 90개 도시에서 새로운 시장의 개척 전략을 연마한 후에 이제 시카고에서 군대식의 정확함으로 무장하여 신속하게 행동에 나섰다. 처음 몇 달 동안은 식료품상에게 광고전의 예고편 격인 특대형 그림엽서를 다량으로 발송했다.

그러다 1931년 2월부터 도넬리코퍼레이션Donnelley Corporation에 의뢰하여, 레드캔 커피의 0.5파운드 (약 2백 그램) 분량 진공 포장 샘플을 시카고의 모든 전화 가입자에게 우편 발송했다. 그와 동시에 1만 명이 넘는 자영 식료품상들에게 안내문을 보내 시음 프로그램을 공지했다. 또 그 뒤로 몇 달 동안 50만 개 이상의 가정에 힐스브라더스 커피 사은품을 우편 발송했다. 그렇게 1년이 채 지나지 않아, 힐스브라더스는 매출이 급등하며 맥스웰하우스와 체이스&샌본까지 제치고 시카고에서 가장 잘 팔리는 커피로 올라섰고 그 이후로도 20년 동안 그 자리를 지키게 된다.

그러나 시카고에서의 이런 성공에도 불구하고 대공황기 초반 몇 년간 힐스브라더스의 전체 매출은 내리막길을 탔다. 광고 비용이 처음으로 1백만 달러를 돌파했으나 판매는 오히려 1천7백만 킬로그램에서 1천6백만 킬로그램으로 떨어졌다. E. E. 힐스E. E. Hills는 집안의 내력을 이어받아 회사에 헌신하며 재벌 기업에 매각하길 거부했다.

하지만 매출 수치는 계속해서 떨어져 1932년에는 1천1백만 킬로그램까지 내려갔다. 회사는 오랜 전통의 광고전에 매달려, 자사의 "한 번에 조금씩 볶는, 통제식 로스팅", 진공 포장, 고품질 원두의 탁월성을 강조했다. 그러나 더 저렴한 할인 브랜드에 마음이 끌린 소비자들의 이탈은 멈추지 않았다. 1933년 무렵 소비자들은 힐스브라더스의 신문 광고에도 반응이 시큰둥했다. 그보다는 즐겨 듣는 프로그램을 찾아 라디오 채널을 돌리고 있었는데, 이제는 <맥스웰하우스 쇼보트> 말고 다른 프로그램을 좋아하는 사람들도 있었을 것이다.

종도 치고, 에덴동산에서 말썽도 일으키고……

1935년에 스탠더드브랜즈는 체이스&샌본의 홍보를 위해 <메이저 보우스의 아마추어 시간Major Bowes Amateur Hour>이라는 프로그램을 개시했다. 진행자인 보우스가 장기자랑 참가자를 소개한 후 잘 못하면 '종을 쳐서' 탈락시키는 프로였다. 제이월터톰슨의 기획자들은 얼마 뒤에 이렇게 탈락 참가자에게 굴욕을 주는 틀을 수정해, 프로의 긍정적인 면을 강조하면서 희망적인 참가자들에게는 징을 거의 치지 않게 했다.

<메이저 보우스의 아마추어 시간>은 이 도시 저 도시를 돌며 큰 꿈에 부푼 참가자들을 출연시키면서 가는 지역마다 체이스&샌본에 대한 엄청난 관심을 불러일으켰다. 참가자들도 가지각색이어서 톱, 주전자, 종, 칫솔로 악기 소리를 내는 사람들이 있는가 하면, 바닥을 쿵쿵 울리며 탭댄스를 추는 사람들도 있었다. 또 어떤 출연자들은 프랭클린 D. 루스벨트나 영화배우 흉내를 냈다. 젊은 프랭크 시나트라Frank Sinatra가 우승한 4인조 그룹 호보컨 포Hoboken Four의 멤버로 나오기도 했다. 이 프로그램은 청중의 투표로 승자를 정했고, 더 많은 아마추어가 메이저 보우스의 프로에 나올 수 있도록 체이스&샌본을 더 구매해 달라고 호소하는 광고도 내보냈다. "그들의 기회는 여러분에게 달려 있습니다. 여러분의 체이스&샌본 데이티드 커피 구매는 미국인들이 명성과 부를 얻도록 도와주는 일입니다." 시민 단체, 소매 식료품상들의 협회를 비롯해 여러 단체도 회원들에게 체이스&샌본을 사라고 장려했다. 그해 말엽, <메이저 보우스의 아마추어 시간>은 방송 프로그램 1위를 차지했다.

1937년 5월에는 보우스가 더 높은 급여에 탐이 나 크라이슬러Chrysler로 가 버린 이후, 복화술사 코미디언 에드거 버겐Edgar Bergen과 그의 솔직한 짝꿍 인형 찰리 매카시Charlie

1937년에 매 웨스트가 체이스&샌본 선전 프로그램에 출연해 인형인 찰리 매카시에게 "전부 나무로 되어 있고 길이가 1야드"라는 외설스러운 말을 했다. 그것은 아담과 이브의 풍자극 중 대사였고 그녀는 극 중에서 뱀을 "내 기슴을 두근거리게 만드는 비단뱀"이라고 찬양하기까지 하면서, 하마터면 이 프로그램이 방송 중단될 뻔한 상황이 되기도 했다.

McCarthy가 그 체이스&샌본의 선전 프로그램을 이어받아 꾸준히 높은 인기 순위를 올렸다. 버겐의 진행 솜씨와 재치 덕분에, 나이가 14세라는 그 인형이 게스트들과 입씨름을 벌일 때 듣고 있으면 어떨 때는 주인보다 더 진짜 같기도 했다. 어떤 비평가는 그 인형을 "쥐방울만 한 속물, 뻔뻔하고 시끄럽고 기분 나쁘게 킬킬거리는 얼간이"라고 불쾌해하기도 했다. 하지만 이 커피 후원사 체이스&샌본을 골치 아프게 만든 것은 매카시가 아니라, 여배우 매 웨스트Mae West였다. 1937년 12월 12일, 섹시퀸 매 웨스트는 "작고 까만 머리에 잘생긴" 매카시에게 교태를 부리며 "전부 나무로 되어 있고 길이가 1야드(91센티미터)"라는 외설스러운 말을 던졌다. 그녀는 매카시의 키스 때문에 가시가 박혀 놓고도 그를 자기 집으로 초대하며 달콤하게 속삭였다. "당신을 우리 집 장작더미에서 놀게 해 줄게요."*

　이런 농담은 프로그램 중 음란한 에덴동산 풍자극의 도입부에 불과했다. 그 뒤에 이어진 대목에서는, 이브(매 웨스트 분)가 "길고 시커멓고 매끈한 몸"의 뱀(에드거 버겐 분)을 속여서 울타리를 비집고 들어가 사과나무로 가게 했다. 특히 "내가슴을 두근거리게 만드는 비단뱀"이라는 웨스트의 대사 부분에서, 뱀은 남근의 상징이며 울타리를 비집고 들어가는 대목은 성교를 암시하는 것이 확실했다.

　뱀: 하-할게요 (쉭쉭거리며 웃는 소리를 냄)
　이브: 그래, 그렇게 나와야지. 자, 여기 이 울타리 사이로 들어가.
　뱀: 거-걸렸어요.

---

* 원문의 'in the woodpile(장작더미에서)'은 관용어로 '몰래 못된 짓을 한다'는 의미가 있음

이브: 오, 엉덩이를 흔들어 봐. 그래, 그렇지. 들어가잖아.

뱀: 저는 이러면 안 돼요.

이브: 그렇지. 하지만 지금은 괜찮아. 가서 큰 걸로 가져다
줘……. 나는 큰 사과를 먹고 싶어. 흐음-오…… 그래, 잘한다,
엉덩이를 돌려 봐.

스튜디오의 청중들은 깔깔 웃어 댔다. 하지만 청취자들
대다수는 격분했다.『가톨릭 모니터Catholic Monitor』에서는 "매
웨스트, 가정을 모독하다"라는 비난조의 사설을 실었다. 가
톨릭대학교의 모리스 쉬히Maurice Sheehy 교수는 "저속하기 그
지없는 섹스의 상징"인 매 웨스트가 "자신의 성철학을" 성경
에 끼워 넣었다며 분통을 터뜨렸다. 어떤 정치인은 쉬히의 진
술을 낭독하여 연방 의회 의사록에 기록되게 하기도 했다.
또 다른 상원 의원은 "그러한 방송의 재발을 막기 위해" 심
사위원회를 소집하기까지 했다. 한편 연방통신위원회Federal
Communications Commission의 의장 프랭크 맥닌치Frank McNinch는
이 풍자극을 "올바른 생각과 깨끗한 마음을 가진 수많은 미국
시민에 대한 공격"이라고 밝혔다.

스탠더드브랜즈의 임원진은 체이스&샌본을 대표해 급
히 사과에 나섰다. 에드거 버겐과 신경질적인 찰리 매카시는
이런 대소동 속에서도 잘리지 않고 살아남았다. 그 선정적인
방송 이후에 청취율이 치솟았기 때문이다. 그 둘은 그 뒤로도
수년 동안 체이스&샌본 커피를 선전해 주었다. 특히 고정 청
취자들이 프로그램을 청취하지 않는 사람들보다 체이스&샌
본을 네 배 더 이용한다는 조사 결과가 나온 이후에 그 둘의
입지는 더 탄탄해졌다.

다른 대기업 커피 회사들도 지역 라디오 프로그램을 후

원했다. 폴거스의 경우엔 처음엔 수사극 시리즈로 시작해서, 뒤이어 낮 시간대의 멜로드라마를 후원했다. 인스턴트커피 브랜드, G.워싱턴은 어려운 문제를 내는 <퀴즈 교수와 두뇌 게임Professor Quiz and His Brainbuster>을 방송했다. 대공황 시대의 여러 커피사 후원 라디오 프로그램들은 인쇄물 광고의 맹습과 더불어, 대중에게 메시지를 납득시키는 데 확실히 큰 역할을 했던 것 같다. 실제로 1933년에 약 1천5백 명의 주부를 대상으로 "캔에 날짜가 찍힌" 상품의 이름을 물어봤더니 69퍼센트가 체이스&샌본이라고 답했다.

1937년 말엽에 <맥스웰하우스 쇼보트>는 에드거 버겐과 찰리 매카시에게 밀려 방송이 끝나고 말았다. 그 이후 1938년에 맥스웰하우스는 히스테리 심한 소녀를 그린 라디오 시리즈 <베이비 스눅스Baby Snooks>로 패니 브라이스Fanny Brice를 후원하는 한편, 조지 머피George Murphy, 버디 엡슨Buddy Ebsen, 소피 터커Sophie Tucker, 주디 갈랜드Judy Garland, 제넷 맥도널드Jennette MacDonald, 앨런 존스Allan Jones 등 MGM 소속의 모든 배우이자 첫 회에 출현한 스물두 명도 함께 후원해 줬다. 이때부터 맥스웰하우스는 마지막 한 방울까지 맛있다는 메시지에 더해 "정다운 활력소"와 "복사열 로스팅"을 선전 문구로 내세웠다.

커피, 난폭성과 타박상을 부르다

1930년대 중반에 들어와 공격성 광고로 인해 미국에서의 커피 시장 점유율을 놓고 벌이는 경쟁이 과격해졌다. 체이스&샌본의 인쇄물 공격은 그 수위가 높아졌다. "커피는 산패되면 풍미를 잃습니다. (…) 신경을 흥분시킵니다." 1934년 말의 광고 문구다. 연재만화식 광고에서는 다음과 같은 식의 극적이면서도 경악스러운 삽화를 넣기도 했다. "여보, 여기 커피요." 아침 식탁에서 부인이 얼굴을 찌푸리고 있는 사업가 남편에게 말한다. "지금 우리가 흙을 가지고 놀 나이는 아니지 않아?" 남편이 성을 내더니 그 뜨거운 커피를 아내에게 내던지며 소리 지른다. "이번엔 또 뭘 넣은 거야? 벽돌, 아니면 화약이라도 넣었어? 맛이 어떤지 당신이 봐 봐!" 아내는 눈물을 흘린다. "어휴, 나쁜 사람! 시퍼렇게 멍들었잖아요." 그러더니 마지막 두 칸을 남겨 둘 때쯤, 아내가 포수 마스크를 쓰고 방패를 든 채로 남편에게 체이스&샌본 커피를 가져다주며 걱정스레 말한다. "가게 주인 말이, 포장 일자가 찍힌 커피를 끓여 주면 어느 남편이고 잔을 던지지 않을 거라고 했는데 진짠지 아닌지 봐야겠네요." 남편은 그 커피를 마음에 쏙 들어 한다. "마스크 벗어도 돼, 여보. 그 가게 주인이 커피를 아는 사람이군 그래. 정말 신선하고 맛있어서 마지막 한 방울까지 아까운걸."

제이월터톰슨의 광고맨들의 기획 의도는, 아내들이 그런 곤란한 상황에 처하지 않길 바라는 마음으로 체이스&샌본을 구매했으면 하는 것이었다. 아니면 그 광고가 대공황기에 남성들에게 통하길 기대했는지도 모르겠다. 무기력과 무력감에 빠져 있던 남성들에게 커피의 선택을 통해 적어도 집에서나마 자기주장을 내세우는 기분을 느껴 볼 수 있다고 자극하려던 것은 아니었을까.[6]

---

6 대공황 시대에 주부들은 사는 게 그리 녹록지 않았다. 1932년의 어느 인기 라디오 프로그램에서는 한 진행자가 주부들에게 이런 충고를 하기도 했다. "식품 저장실에 커피를 떨어지지 않게 넉넉히 챙겨 놓으세요. 그것이 붙잡고 버틸 힘이 되어 줄 겁니다. (…) 안 그러면 주방 바닥 한가운데 주저앉아서 소름 끼치고 끔찍한 허무함을 못 견디고 소리를 지르게 될지 모르니까요."

힐스브라더스 커피 광고의 경우엔 그다지 음해적이거나 공격적이진 않았으나 성차별적인 부분에서는 똑같았다.[7] 다음은 1933년도의 한 광고 헤드라인이다. "발길질을 걱정 마세요. 남편 나리께서 커피를 걷어차려고 하면 그 즉시 힐스브라더스 커피로 막으면 됩니다." 광고는 뒤이어 "이 훌륭한 커피를 김이 모락모락 피어오르게 끓여 내주는 것만큼 남자들의 포악한 심장을 빠르게 가라앉힐 방법은 이 세상에 없습니다"라는 카피로 주부들의 마음에 호소했다.[8] 한편 힐스브라더스는 할인 특가 브랜드 커피를 구매하던 소비자들을 다시 유혹하려는 일환으로, 이 브랜드 저 브랜드로 "떠도는" 것을 그만두라는 식의 '떠돌이 고객 잡기' 광고전을 개시했다. "이젠 지겹다 지겨워. 언제까지 이렇게 정신없게 커피를 바꿔 댈 거야, 메리." 가령 남편이 이렇게 소리 지르는 삽화를 실으며, 그 해결책은 저렴한 브랜드의 커피보다 "정말로 더 맛 좋은" 힐스브라더스로 마음을 정하는 것이라고 선전했다.

매출의 하락세를 멈추기 위해, 맥스웰하우스가 가격을 5센트 인하한 이후, 그레이 힐스는 1934년에 마지못해 라디오 스폿 광고*를 승인했다. 이 광고는 오케스트라 연주를 배경에

---

[7] 창업주인 오스틴 허버트와 루벤 윌마스 힐스는 각각 1933년과 1934년에 작고했지만, 두 사람의 자식들이 그 뒤를 이어 적극적인 경영을 펼쳐 갔다. 바로 이 무렵에 폴거스는 2세대 경영자들이 세상을 떠났다. 1935년에는 프랭크 아사가, 뒤이어 1936년에는 어니스트 폴거가 사망하면서 3세대인 러셀 아사, 그리고 피터 폴거(Peter Folger), 제임스 폴거 3세가 회사 수장의 자리를 넘겨받았다.

[8] 1933년에 힐스브라더스는 퍼즐 맞추기 열풍에 편승해, 만화 캐릭터가 박힌 커다란 커피포트 그림의 퍼즐 2만 개를 무료로 나눠 주기도 했다. 또한 같은 해에 영화 <에스키모(Eskimo)>와 연계한 공동 마케팅으로서, 출연 배우들이 북극의 얼음 위에서 커피를 마시는 모습의 포스터를 내걸기도 했다.

* 프로그램 사이 또는 프로그램 진행 중에 하는 짧은 광고

체이스&샌본의 1934년도 만화식 광고인데 (이 한 장면만으로도) 경악스럽다. 이 장면을 보면 정말로 대공황기에는 부인 폭행이 용납되고 문제시되지 않았던 것 같다. 특히 남편이 커피가 마음에 들지 않았을 경우에는 더더욱. 체이스&샌본의 이 광고 의도도 겁에 질린 아내들이 이런 상황을 피하려는 희망으로 자사의 제품을 구매하길 유도하는 것이 아닌가?

　† 말풍선: "이번엔 또 뭘 넣은 거야? 벽돌, 아니면 화약이라도 넣었어?
　　　　　　맛이 어떤지 당신이 봐 봐!"
　　　　　"어휴, 나쁜 사람! 시퍼렇게 멍들었잖아요."

깔고 '그날의 풍자'로 떠돌이 커피 고객에 대한 흥미로운 풍자극을 담았다. 힐스브라더스는 같은 해에 뉴욕시에 약 2백 개의 점포를 거점으로 확보하여 식료품상의 명단에 있는 모든 고객에게 0.5파운드들이 샘플을 보내 주었다. 그러나 신문에 광고를 내지도 시카고에서처럼 도시 전역에 걸친 판촉을 하지도 않은 결과, 레드캔의 동해안 지역 시장의 점령 구상은 실패로 끝났다. 그럼에도 불구하고 그해의 총매출이 다시 상승하며 1천3백만 킬로그램을 넘어섰고, 1930년대 내내 그런 상승세를 이어 가더니 1939년 무렵에는 연매출이 2천7백만 킬로그램을 넘었다.

제너럴푸즈의 포스텀 광고는 원조 스타일로 돌아갔다. 광고 대행사 영&루비캄Young & Rubicam의 로이 위티어Roy Whittier는 연재만화식 광고를 기획해, 숱한 문제를 일으키던 망나니였다가 포스텀을 만나 망나니짓을 멈추고 다시 점잖아지는 "미스터 커피 신경증Mr. Coffee Nerves"의 이야기를 실었다. 계란, 보리, 맥아추출물로 만든 또 다른 건강 음료 오발틴Ovaltine의 광고 역시 커피 애음가들을 공략하는 식이었다.

한편 디카페인 커피 부문에서는 카페하크와 상카가 상위 2위를 점유하고 있었는데, 켈로그의 카페하크는 아트풀 애니Artful Annie라는 하녀 캐릭터를 내세워 연재만화식 광고를 내보냈다. 이 만화 속에서 아트풀 애니는 주인 아가씨의 변덕스러운 명령을 참다못해 푸념한다. "미스 메리, 제발요. 아가씨가 그렇게 신경질적인 건 다 그 커피 때문이에요." 애니는 주인 아가씨 모르게 커피를 카페하크로 바꾸고, 그 뒤로 미스 메리는 평정을 찾게 된다. 또 다른 카페하크의 광고에서는 "커피성 심장병", "요산尿酸", "신경염", "커피성 불면"에 대해 경고하며, 다음과 같은 자극적인 카피를 넣었다. "혹시 심

대공황기 시절의 삽화로, '미스터 커피 신경증(Mr. Coffee Nerves)'이 말썽을 일으켜서 포스텀이 "다시 제지해 주고" 있다는 내용이다.

디카페인 커피 상카 광고(1932)

장이 두근거리고 이상하십니까? 가서 진찰을 받아 보십시오. 단 의사가 '커피는 안 된다!'고 말하면 거스르지 마십시오."

제너럴푸즈 소유의 상카는 이런 노골적인 광고 전략은 쓰지 않았지만, 커피에 대한 음해적 성향은 다르지 않았다. 가령 한 광고에서는 사과의 삽화를 넣으며 이렇게 선전했다. "사과 안에는 씨가 있습니다. 그런데 씨를 먹는 사람은 없죠. 먹어 봐야 사과 맛이 더 좋아지지는 않으니까요. (…) 이것은 **커피 원두**이고, 이 안에는 **카페인**이 있습니다. 사과 씨가 사과의 진수와 관련이 없듯, 카페인도 커피의 진수와는 전혀 관련이 없습니다. 그래서 저희 **상카 커피**에는 **카페인**이 제거되어 있습니다. 카페인을 제거해도 그 짙은 향기는 그대로입니다." 1939년에 제너럴푸즈는 카페하크를 인수하며 미국의 작은 디카페인 시장을 독점했다.

당시에 『차와 커피 트레이드 저널』이 커피업계 일원들을 대상으로 커피 소비 증가를 위한 제안을 묻는 조사를 벌였더니, 응답자의 절반 이상이 허위 광고와 오도 광고가 중단되어야 한다고 답했다. "특히 한 대기업 회사가 커피의 안 좋은 영향에 대하여 너무 많은 말을 해서 많은 소비자가 (…) 커피를 끊고 다른 음료를 더 찾는 것 같아요." 한 응답자는 이렇게 얘기했다. 물론 이 응답자가 말한 대기업은 바로 체이스&샌본이었다.

그리고 다른 음료란 청량음료를 가리키는 말이었을 것이다. 실제로 1936년에 『비즈니스 위크*Business week*』의 한 기사에서는 "커피의 가장 두려운 경쟁 상대는 코카콜라"라며 "남부에서는 코카콜라가 간간이 아침 식사에 오르고 있으며 뉴욕에서는 이제 아침으로 '콜라'에 크럴러(꽈배기 도넛)를 먹는 사람들이 늘고 있다"고 보도했다.

게다가 커피는 계절을 탔다. 1932년의 한 조사 결과에서도 "겨울에서 여름으로 넘어가면 커피 판매가 엄청난 폭으로 하락"하는 것으로 나타났다. 또 1938년에 열린 커피 회의에서 한 발언자는 "[커피가] 급성장 중인 다른 음료들에 완전히 자리를 빼앗기다시피 했다"고 인정했다.

더 좋아지거나, 더 나빠지거나

높아진 진공캔 용기의 인기와 산패된 커피에 대한 광고 덕분에 소비자들은 점점 커피 상식이 높아져서, 이제는 갓 로스팅하고 갓 분쇄한 커피야말로 이상적인 커피이며, 커피는 서늘하고 밀폐된 용기에 담아 보관한 후에 빨리 우려먹어야 한다는 것을 알게 되었다. 그런데다 퍼컬레이터 대신, 훨씬 더 나은 방식인 드립식 기기나 새로운 유행으로 떠오른 진공식 커피메이커를 이용하는 사람들이 점점 늘어나는 추세였다. 특히 글래스실렉스Glass Silex의 진공식 브루어vacuum brewer는 상류층 레스토랑과 주방으로 파고들었는데, (아래쪽 용기에서 끓은 물이 위쪽 용기로 올라갔다가, 불안정 진공 상태가 되면서 커피를 우리고 다시 내려오는) 그 극적인 브루잉 방식이 사교 클럽에 모인 이들에게 강렬한 인상을 심어 주곤 하면서 인기를 끌었다.[9]

    대공황기 중에 실시된 여러 조사 결과, 커피메이커를 퍼컬레이터에서 드립식과 진공식으로 바꾸는 가정이 점점 늘어나는 것으로 나타났다. 하지만 브루잉 방식을 막론하고 조사

---

[9] 1909년에 매사추세츠주 세일럼의 두 자매가 개발한 이 실렉스 브루어는 1840년에 프랑스의 바시외(Vassieux) 부인이 만든 진공식 커피메이커를 본뜬 것이었다. 하지만 실렉스 브루어는 파이렉스(Pyrex)사의 내열 유리를 사용해 내구성을 훨씬 높였고, 얼마 후에는 전열선으로 가열되는 후속 모델도 개발되었다.

대상자의 40퍼센트가 커피의 양을 잘못 맞추고 있었다. 맥스웰하우스를 비롯한 많은 로스팅업체들은 이런 상황을 이용해 다양한 브루잉 방식에 맞춘 다양한 분쇄 방식을 선전했다(퍼컬레이터용은 굵게, 드립용은 중간 정도로, 진공식용은 가늘게 분쇄한다는 식이었다). 반면에 힐스브라더스처럼 모든 방식에 적합한 "표준형 분쇄"를 광고하는 회사들도 있었다.

광고 카피라이터 출신인 헬렌 우드워드Helen Woodward에 따르면, 이런 광고는 결과적으로 소비자를 혼란에 빠뜨렸을 뿐이다. 다음은 1937년에 우드워드가 쓴 글이다. "주부들은 퍼컬레이터나 드립식으로, 혹은 진공식 브루어로 이렇게 저렇게 실험해 보는데 여전히 커피를 제대로 못 맞출 때가 더 많다. 그런데 이 와중에 신제품과 새로운 브랜드가 쏟아지고, 광고에서 이러니저러니 떠들어 대서 지치고 당황스러울 따름이다."

전반적으로 볼 때, 미국에서 대공황기는 커피의 품질에 역설적인 영향을 미쳤다. 우선 저렴해진 가격과 더 높은 수준의 교육 덕분에 소비자들은 콜롬비아산이나 케냐산이 세계적으로 좋은 커피에 든다는 것을 알게 되면서, 고급 커피를 알아보는 안목이 생겼다. 또한 원두가 산패하는 것을 방지하고, 적절한 분쇄 방식을 고르고, 드립식이나 진공식 커피메이커로 커피를 우리기 위해 더 세심한 주의를 기울이게 되었다. 한편으로는 경쟁이 격해지자 비용을 줄이기 위해 지름길을 택하는 로스팅업자들

진공 커피포트(진공식 브루어)

이 많아졌다. 질 낮은 원두로 만든 저가의 블렌딩 제품을 생산했는가 하면 로스팅 후에 의도적으로 왕겨를 섞어 분쇄하기도 했다.

체인사 때리기

주얼티컴퍼니, A&P 등의 체인 회사들은 사업이 번창하고 있었다. 주얼티컴퍼니는 가정배달을 하며 경품의 고급화를 통해 고객을 붙잡아 두는 판촉 방식 덕분에, 회사 홍보지인 「주얼 뉴스 Jewel News」 외에 별다른 광고를 하지 않았다. 하지만 대공황기에 음해성 광고의 유행이 극에 달하자 시카고 지역 신문에 자사의 자랑을 늘어놓을 수밖에 없게 되었다. "저희는 지금껏 커피 혹평 곡예에 가담하지 않았습니다. 솔직히, 남자가 가족을 팽개치거나 자기 아내를 때리거나 타이피스트를 총으로 쏠 만큼 그렇게 형편없는 커피가 있는 줄도 모르겠습니다." 주얼티컴퍼니는 이렇게 경건하게 말문을 떼더니, 당연히 주얼티컴퍼니의 커피는 "훌륭한 커피가 어떤 것인지에 대해 새로운 생각을 갖게 해 드릴 것"이라고 선전했다.

주얼티컴퍼니도 1930년대 초에 나름의 곤란을 겪었다. 당시에 소매업자들과 로스팅업자들이 자신들의 상권을 방문 판매원들이 가로채지 못하도록 막아 줄 법령 제정을 위해 로비를 벌이면서 문제가 생겼던 것이다. 와이오밍주 그린리버 Green River에서 타지인들의 방문 판매를 금지하는 법안이 처음으로 통과되었고, 뒤이어 유사한 법들이 잇따라 제정되면서 그런 법들을 통틀어 그린리버 조례 Green River Ordinances로 부르게 되었다. 난관을 타개하기 위해 주얼티컴퍼니는 고객들이 주얼티컴퍼니 방문 판매원들을 집으로 "초대"하는 형태로 조정했다. 한편 사장 모리스 카커는 방문 판매 영업망을 포기해야 하는 상황을 우려하여 1932년에 시카고의 로브로Loblaw사 매장 77개와 또 다른 체인점 네 개를 인수하여 판로를 다각화했다. 그 뒤로도 수년 동안 이름을 주얼티컴퍼니 체인으로 새롭게 내건 소매점을 더 늘려 갔다.

결국 주얼티컴퍼니는 법정에서 그린리버 조례를 놓고 싸워서 이겼고 전국적 법제화는 실현되지 않았다. 주얼티컴퍼니는 텍사스주 샌안토니오San Antonio와 휴스턴, 캘리포니아주 새크라멘토Sacramento에 지사를 설립했다. 1936년 무렵 주얼티컴퍼니는 미국 6천 개 지역에 1백만 명이 넘는 고객을 확보하며 1천5백 대의 배달 차량을 거느리게 되었다. 방문 판매원들은 2주마다 한 번씩 방문했는데, 언제나 똑같은 요일과 똑같은 시간에 맞춰 왔다.

주얼티컴퍼니의 한 임원은 방문 판매원들에게 이렇게 말했다. "광고를 내보내는 브랜드와의 경쟁을 걱정할 필요가 뭐가 있습니까? 소비자에게 이렇게 알려 주면 그만인데요. 소비자가 결국엔 쓰레기통으로 들어갈 광고비에 돈을 지불하고, 결국엔 골목길에 버려질 캔에 돈을 지불하고 있다는 걸 말이에요." 그는 이어서 역설하길, 주얼티컴퍼니는 대신에 같은 가격으로 신선한 커피를 배달해 주고 유용한 경품까지 덤으로 준다고 했다.

맥스웰하우스와 체이스&샌본의 최대 경쟁자는 여전히 A&P였다. 당시에 미국 전체 커피 소비량의 15퍼센트를 차지하고 있던 A&P는 에이트어클락, 레드서클, 보카르라는 세 가지 브랜드의 커피를 판매했는데, 뒤로 갈수록 등급이 더 높은 브랜드였다. 특히 보카르는 고지산의 마일드 원두만으로 만든 "강렬한 와인 풍미의" 최상급 커피였다. 광고에 따르면 매장에서 로스팅 원두를 고객이 "보는 앞에서 직접 갈아" 주기도 했다. 게다가 A&P의 전 브랜드는 대다수 경쟁사의 상품보다 판매가가 1파운드당 12~20센트 저렴했다. A&P는 가수 케이트 스미스Kate Smith가 일주일에 세 번씩 자신의 히트곡을 라이브로 불러 주던 15분짜리 프로그램, <커피 타임Coffee Time>을 후원하는 한편 지역 신문에 광고를 내보내기도 했다. 연간 총 6백만 달러에 이르던 광고비는 다른 전국적 브랜드들의 '광고 공제비'*를 가로채서 댔다. 사실 A&P는 자체 매장과 낮은 가격 외에 별다른 홍보도 필요 없었지만 말이다.

A&P는 1929년에 처음으로 10억 달러의 매출을 달성하며 4천1백만 달러에 가까운 현금과 국채를 보유하게 되었다. 대공황기 중 최악의 시기이던 1929년부터 1932년까지 A&P의 세후 이익은 1억 달러가 넘었다.

그러나 하트퍼드 형제는 1930년대 중반쯤 매출이 하락하자 상황을 우려스럽게 지켜봤는데, 이런 하락세는 부상 중이던 대형 마트의 도전에 따른 것이었다. 1930년에 A&P의 전 임원인 마이클 컬런Michael Cullen은 롱아일랜드의 자메이카Jamaica에 대형 식품점을 열고 상호를 '가격 파괴점, 킹 컬런King Kullen, the Price Wrecker'이라고 내걸었다. 1933년에는 빅베어Big Bear 대형 마트 체인이 버려진 5층짜리 공장 건물에서 문을 열어, 식료품 원가 판매로 사람들을 끌어들인 후 제과, 조제식품, 자동차 부품, 구두 수선, 이발 같은 다른 부문의 구매를 유도했다. 피츠버그의 스팀라인Streamline 마켓 등 다른 식료품점들도 이런 전략을 재빨리 따라 했다.

이 새로운 대형 마트들은 A&P, 크로거Kroger, 세이프웨이

---

* 광고 공제란 상품 및 서비스의 공급원이나 대행업자가 자사의 제품을 많이 판매해 달라는 의미로 소매업자에게 광고비를 지원하여 주는 일을 말함

Safeway 체인들을 위협했다. 이전의 다른 체인사들은 가정배달 없이 할인가 판매를 했지만, 대형 마트들은 쇼핑객들이 바구니를 들고 상품 진열대에서 직접 물건을 담으면 가격을 훨씬 더 싸게 깎아 주었다. 자동차 운전 고객에게는 무료 주차 서비스까지 제공했다. A&P의 존 하트퍼드는 1936년에 회사 매출이 8억 달러로 떨어지자 마침내 보수적인 형제 조지를 설득하여 규모가 작고 수익성이 떨어지는 매장을 정리하는 한편 셀프서비스형 대형 마트 1백 개를 새로 열었다. 1938년 무렵 A&P는 각 지역에서 최소한 25퍼센트의 시장 점유율을 끌어내려는 구상하에 1천1백 개가 넘는 대형 마트를 연 상태였으나, 1만 6천 개에 가깝던 회사의 총매장수는 1만 8백 개로 줄어 있었다.

그러나 A&P를 비롯한 식료품 체인들에게 진짜 위협적인 요소는 따로 있었다. 1920년대와 1930년대에 들어 체인점들이 우후죽순처럼 생겨나자 자영 식료품상과 드러그스토어 운영자들이 반발심을 드러냈다. 급기야 인디애나주의 한 의원은 체인점들이 "부유한 지역들의 생혈을 짜내면서 순회 집시 악단들만큼이나 주변을 어지럽히고 있다"며 일갈했다. 몬태나주의 어떤 상원 의원은 "이 나라는 조만간 소수의 재벌이 지배하는 금권 국가로 전락할 것"이라며 앞날을 우려하기도 했다. 1931년 이후 주 차원에서 체인에 제동을 거는 법률을 제정하는 사례가 하나둘 늘어나기 시작했고, 미국 연방 대법원은 체인점에 대한 특별세에 합헌 판결을 내리기까지 했다. 1933년 한 해만도 13개 주가 이런 법률을 제정했다.

광란의 1920년대가 미국의 사업가들을 왕위에 앉혔다면 대공황은 사업가들을 왕위에서 몰아내던 시기였다. 이 시기에는 소비자 운동이 새롭게 부상하면서, 1933년에 발간된 『1억 마리 기니피그$^{100,000,000\ Guinea\ Pigs}$』*가 베스트셀러가 되었다. 다음은 이 책 속의 한 대목이다. "영세 상인들의 분노와 고통의 외침에도 불구하고, A&P와 울워스^{Woolworth} 같은 체인사들이 미국 영세 소매점들의 상권을 잠식하는 일을 저지하기 위한 어떠한 조치도 취해지지 않고 있다." 확실히 친기업적인 『비즈니스 위크』에서도 1930년대에 이런 논평을 실었다. "6년에 걸쳐 비정상적 행태가 이어지면서, 인물과 기업 양면에서 거대한 위상에 대한 국민적 존경이 꺾이고 말았다."

이러한 반反대기업 운동과 투쟁하기 위해 체인사들과 백화점들은 1935년에 전 크로거 임원의 지휘하에 미국소매업연합$^{American\ Retail\ Federation}$을 결성했다. 이 새로운 연합은 체인사들을 위한 '슈퍼 로비 단체'로 낙인찍히고 뒤이어 체인점 영업에 대한 의회 조사가 실시되면서 기대에 어긋난 결과를 맞았다. 한편 위원회 위원장인 텍사스주 출신의 라이트 패트먼$^{Wright\ Patman}$은 그 뒤로 30년간 이어지게 될 안티 체인 운동에 착수했다. 미국커피산업협회의 연설에서 패트먼은 체인사를 "가공스러울 정도로 집중된 부와 막대한 영향력을 가진, 부정한 연합"이라고 지칭했다.

패트먼의 의회 조사를 통해 A&P의 내부 행위가 적발되자, A&P 측은 소위 광고 공제와 중개 수수료 명목으로 연 8백만 달러를 받아 온 사실을 인정했다. 제너럴푸즈는 자사의 상품이 가장 좋은 진열대에 배치되게 하려고 A&P에 연 36만 달러를 지불했고, 스탠더드브랜즈는 체이스&샌본의 광고 공제료로 연 10만 달러에 가까운 돈을 지불했다는 것이 낱낱이 드

* 약품, 화장품 및 식품 제조의 문제를 폭로한 저서로, 미국의 소비자 운동이 활성화되는 중요한 계기가 되었음

러났다. A&P가 대량 구입에 따른 가격 할인을 받고서도 추가로 5퍼센트 할인을 더 받아 냈다는 증언도 나왔다.[10]

광고 공제를 비롯한 체인사들의 이런 '불공정' 가격 인하를 근절하기 위해 마련된 로빈슨패트먼법Robinson-Patman Act이 1936년에 법제화되었지만 이 법은 해석에 난해한 면이 있었다. 존 하트퍼드의 변호사들은 로빈슨패트먼법의 표현이 너무 모호해서 광고 공제와 중개 수수료를 다시 요구하는 것이 무난하겠다고 알려 주었고, 실제로 그는 변호사들의 그 말대로 실행에 옮겼다. 게다가 광고에서 A&P의 자체 브랜드 커피와 빵을 더욱 부각하기 시작했다. 1937년에는 월간지 『우먼스 데이Woman's Day』를 창간해서 맥스웰하우스 광고에 대해 한 면당 1천 달러 이상의 광고비를 부과했다.

소기업 사업가들과 반독점협회Anti-Monopoly League가 로비를 벌인 결과, 캘리포니아 주의회는 1935년에 안티 체인 법안을 통과시켰다. 이 법의 실행을 저지할 유일한 방법은 캘리포니아주 주민 투표를 실시하는 것뿐이었고, 그러려면 11만 5천명 이상, 즉 유권자의 5퍼센트가 서명한 탄원서가 필요했다. 체인사들은 서로 단합해 광고 대행사 로드&토머스에 일을 의뢰했다. 로드&토머스는 라디오 프로그램, 신문 광고, 팸플릿, 포스터, 연설, 백일장을 통해 주민발의법안 22호, 즉 체인점세chain store tax가 식품 가격을 인상시키게 될 것이라는 메시지를 퍼뜨리며 "22호는 여러분에게 부과하는 세금입니다!"를 캐치프레이즈로 내세웠다. 결국 1936년에 체인점세는 근소한 차이로 무효화되었다.

---

10 이러한 관행은 여전히 성행하고 있어서, 커피 회사들은 좋은 위치의 선반에 상품이 배치될 수 있도록 입점비(slotting allowance) 형태로 대형 마트에 돈을 지불하고 있다.

라이트 패트먼은 1938년에 더욱 가혹한 안티 체인 연방 법안을 발기했다. 이 법안에서는 A&P에 총 4억 7천1백만 달러에 달하는 세금이 부과될 만한 누진세가 제안되었다. 9백만 달러를 겨우 넘은 그해의 A&P 측 수입이 껌 값으로 보이게 만들 정도의 세액으로서, 그 직후에 언론에서 명명했듯 그야말로 "사형선고 법안"이었다. 패트먼은 존 하트퍼드와 조지 하트퍼드 형제의 축적 재산을 공격하며 자신의 세제안을 위해 열띤 유세전을 벌였다.

하트퍼드 형제는 PR 고문 칼 뵤어Carl Byoir와 그의 회사에 의뢰하여 반격에 나섰다. 1939년에 A&P는 1천3백 개의 신문에 양면 광고로 "공익 성명서"를 실었다. 이 광고에서 장황하게 늘어놓은 요지는 다음과 같았다. "하트퍼드 형제로서는 '체인점들이 문을 닫게 되어도 사적으로나 재정적으로나 별 불편 없이 물러나 아주 편안하게 살 수 있다.' 하지만 8만 5천 명의 A&P 직원들은 일자리를 잃게 된다. 또한 소비자들은 개인 식료품상의 평균 판매가보다 25퍼센트 낮은 가격을 누리지 못하게 될 것이며, 이는 다시 말해 '수백만 가정에서 주마다 식탁에 고기를 못 올리는 날이 하루 더 늘어날' 것이며 더 비싸진 커피는 말할 것도 없다는 얘기다. 게다가 30퍼센트의 작물을 체인 식료품점을 통해 팔고 있는 8백만 농장 가구 또한 피해를 입을 수밖에 없다."

이 광고전은 성공을 거두었다. 칼 뵤어는 A&P로부터 자금을 받는 전국소비자세금위원회National Consumers Tax Commission, 사업체소유주협회Business Property Owners 같은 위장 단체까지 조직했다. 의회 청문회 중에는 홍보부 직원들이 꾸린 농민, 제조업자, 노조, 마케팅 담당자, 소비자 등으로 구성된 150명의 인상적인 증인단이 체인사들에 유리한 증언을 하기도 했다.

결국 패트먼의 법안은 1940년에 폐기되었다.

유럽의 커피 무대

1920년대와 1930년대에 유럽의 커피 산업 발달은 미국의 커피 산업 스타일과 비슷했으나 권력 집중화, 과대 선전, 가격 인하 경쟁 면에서 그 정도가 덜했다. (독일, 스웨덴, 노르웨이, 덴마크, 핀란드 같은) 북유럽의 소비자들은 대체로 미국과 비교해 1인당 커피 소비량도 더 높고 더 상급의 커피를 찾았다. 프랑스, 이탈리아, 포르투갈, 스페인의 경우엔 이제 아라비카 원두에 로부스타 원두를 섞으면서 로부스타의 쓴맛을 가려 주는 다크 로스팅을 즐겼다. 남쪽으로 갈수록 로스팅이 더 다크해지는* 경향을 띠면서, 이탈리아 남부는 원두의 빛깔이 거의 숯 빛이 될 만큼 로스팅했으나 이탈리아 북부는 적당한 로스팅을 선호했다. 또한 유럽 대다수 지역에 걸쳐 고급스러운 드립 방식이 주를 이루었다. 한편 가정주부들 대다수가 여전히 가정에서 생두를 로스팅했다.

이탈리아에서는, 그리고 정도는 덜하지만 프랑스에서도, 1930년대에 ('순간의 압력으로 추출하는') 새로운 에스프레소 방식이 점점 인기를 끌었다. 에스프레소 커피는 아주 미세한 커피 가루에 뜨거운 물을 높은 압력으로 통과시켜 추출하는 방식으로, 30초 이내면 브루잉이 끝나며, 짙은 빛깔과 풍부하며 복합적이고 농축된 맛을 띠고 위쪽에는 엷은 갈색의 크레마(거품)가 풍부하게 형성되며 향도 그윽하다.

1901년에 이탈리아인 루이지 베체라Luigi Bezzera가 최초의

---

* 로스팅은 볶는 강도에 따라 라이트 로스팅(약배전), 미디엄 로스팅(중배전), 다크 로스팅(강배전)으로 분류됨

상업용 에스프레소 기계espresso machine를 발명했다. 마개, 손잡이, 게이지가 별도로 장착되고 이 각 장치의 위쪽에 반짝거리는 독수리를 얹어 놓은 인상적이고 멋지며 정교한 물건이었다.[11] 데시데리오 파보니Desiderio Pavoni는 베체라의 특허와 더불어 테레시오 아르두이노Teresio Arduino 등 이탈리아의 다른 발명가들의 특허도 사들였고, 그로부터 얼마 후 한 시간에 1천 잔의 에스프레소 추출이 가능한 증기 압력식 머신을 생산했다. 1930년대 무렵에는 이런 에스프레소 머신들이 유럽 전역의 카페와 미국의 이탈리아식 레스토랑으로 퍼져 있었다. 빠르게 농축 추출되는 이런 머신의 이점 중 하나라면, 하등급 원두의 모든 특징을 가려 준다는 것이었다. 사실 값싼 로부스타 블렌딩으로도 풍부한 크레마가 형성되었을 정도였다.

유럽 대륙인들은 커피를 길가의 노천카페, 고급 레스토랑, 담배 연기 자욱한 지하 커피하우스, 가정의 식당과 주방에서 취향에 따라 블랙으로, 혹은 우유, 휘핑크림, 향신료, 설탕, 알코올 등을 다양한 양으로 섞어서 즐기곤 했다. 빈Wien에서부터 암스테르담에 이르기까지 단골 커피하우스에 자주 들러 신문을 읽거나 체스를 두기도 하고, 아니면 그저 커피 잔을 기울이며 삶을 관조하는 이들의 모습이 일상적인 풍경처럼 펼쳐졌다.

수천 곳에 이르는 가족 단위의 지역 로스팅업체들이 (대다수가 몇 세대를 이어 오면서) 유럽의 커피 갈증을 채워 주고 있었지만 미국에서처럼 재벌 기업이 소유한 업체는 한 곳도 없었다. 그러나 시장 점유율을 크게 넓히려는 야심을 가졌던 업체들이 소수 있기는 했다. 가령 1800년에 설립된 노르웨이의

---

11 압력식 커피 추출기들이 최초로 발명된 것은 19세기 유럽에서였다.

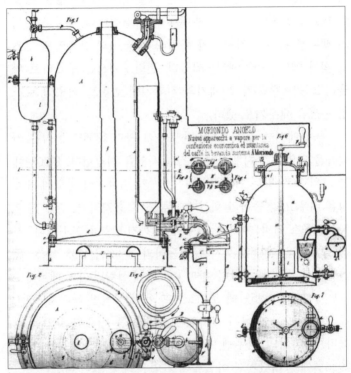

최초로 특허를 받은 에스프레소 머신(1884). 이탈리아 토리노의 안젤로 모리온도(Angelo Moriondo)가 개발했다.

로스팅업체 B.프릴레&선즈B. Friele & Sons는 1939년에 베르겐 Bergen에 전기식 로스터기를 비롯한 현대식 기술을 갖춘 7층 짜리 공장을 열었다. B.프릴레&선즈는 네덜란드의 커피 회사 다우어에흐버르츠Douwe Egberts도 1753년부터 계열사로 거느 리고 있었다. 1853년에는 스웨덴 예블레Gävle에서 젊은 빅토 르 테오도르 엥발Victor Theodor Engwall이 집집마다 방문하며 커 피 생두를 팔기 시작하다가 마침내 왕실 커피 납품업체 로스 팅 회사 예발리아Gevalia를 세웠다. 핀란드에서는 구스타브 파 울리그Gustav Paulig가 20세기의 전환기에 핀란드 최초의 로스 팅 공장을 세우기도 했다.

독일에서는 요한 야콥스Johann Jacobs가 1895년에 작은 커 피숍을 열었다가 자체적인 로스팅 사업을 시작했다. 1930년에 는 그의 조카 발터 야콥스Walther Jacobs가 미국에서 광고의 유용 성을 배우고 막 돌아와 회사에 합류했다. 공격적 영업, 멋진 포 장, "야콥스 커피—마지막 원두 한 알까지 만족을 드립니다" 같 은 슬로건을 앞세워 회사는 히틀러의 제3제국(1933~1945) 동 안 사세를 확장해 나갔다. 한편 1882년에 설립된 카페 베르냐노 Caffé Vergnano, 1895년에 토리노Torino에서 시작한 라바차Lavazza 같은 이탈리아의 여러 회사도 오랜 역사를 내세워 사업을 펼 쳤다. 라바차의 경우엔 창업자 루이지 라바차Luigi Lavazza가 1936년에 물러났지만 아들들이 가업을 계속 이어 나갔다.

비교적 최근에 사업을 시작한 회사들도 있었다. 일례로 1933년에 프란체스코 일리Francesco Illy는 트리에스테Trieste에서 일리카페illycaffé(소문자 'i'의 표기는 오타가 아님)를 시작했다. 그 는 2년 후에 개선된 에스프레소 머신을 개발하기도 했는데, 커피 가루 사이로 물을 통과시키는 데 증기를 이용하지 않음 으로써 과잉 추출을 막아 주는 방식이었다. 그뿐만 아니라 불

활성 가스*로 압력을 가해 포장하는 아라비카 단품종의 에스
프레소 블렌딩도 개발했다.[12]

(이미 야콥스카페Jacobs Kaffee가 터전을 잡고 있던) 독일의 브
레멘에서는 1924년에 에두아르트 쇼프Eduard Schopf가 (자신의
이름과 성을 합쳐서) 에두쇼Eduscho라는 통신 판매 회사를 세웠
다. 당시로서는 통신 판매가 전국 유통망을 확보하기 위한 유
일한 방법이었다. 그 뒤로 1930년대 말엽에 에두쇼는 독일 최
대의 로스팅업체로 발돋움했다.

전쟁의 기운이 점점 임박해지자 유럽의 커피 회사들의 위
기의식이 높아졌다. 실제로 1938년에 히틀러는 전쟁에 대비하
여 수입을 제한하는 방침의 일환으로, 커피 광고를 전면 중단
시켰다. 1939년 1월에 독일의 커피 수입량이 40퍼센트 줄어든
와중에, 전쟁 발발 직전이 되자 나치당은 군수품으로 사용하
기 위해 국가 전역의 커피 재고를 몰수하기에 이르렀다.

1930년대 말에 오랜 전통을 가진 유럽의 한 회사가 커
피의 세계로 진입하기도 했는데, 바로 네슬레였다. 오래전인
1867년에 스위스 브베Vevey에 정착한 독일의 화학자 앙리 네
슬레Henri Nestlé**는 모유 수유가 어려운 여성들을 위해 유아용
유동식을 개발했고, 1900년 무렵엔 미국을 비롯한 여러 나라
에 생산 시설을 세우면서 연유도 같이 생산하기에 이르렀다.
그 뒤로 30년 동안 이 다국적 음료 회사는 초콜릿과 과자류를
상품 목록에 추가해 나가면서 전 세계에 공장과 자회사를 거

---

* 다른 원소와 반응을 일으키지 않는 안정된 기체로서, 희가스류 원소인
아르곤, 네온, 헬륨 등을 말하며, 넓게는 질소나 이산화탄소도 포함됨

12 제2차 세계대전 후에는 창립자의 아들로 과학 연구원이었던 에르네스토
일리(Ernesto Illy)가 회사를 물려받았고, 현재는 3세대 경영체제에 있다.

** 이름이 원래는 하인리히 네스틀레(Heinrich Nestle)였으나 불어권 지역
인 스위스 브베로 이주 후 앙리 네슬레로 개명함

느리게 되었다.

1938년, 8년의 실험 끝에 네슬레는 네스카페Nescafé를 런칭했다. 출시 이후 전 세계의 수많은 소비자들의 커피 음용 방식에 혁명을 일으키게 되는 이 네스카페는 기존보다 개선된 분말형 인스턴트커피로서, 브루잉한 커피를 결정체가 농축될 때까지 끓이는 드럼 방식 대신에 브루잉한 커피액을 뜨겁게 가열된 타워형 장치 안에 분사시켜서 그 즉시 커피 방울이 분말로 변하게 만드는 방식을 통해 생산되었다. 또한 풍미 유지에 도움이 될 것이라는 믿음하에 같은 양의 탄수화물(덱스트린, 포도당, 맥아당)을 첨가하기도 했다. 네슬레는 그다음 해부터 미국에서의 네스카페 마케팅에 돌입했다.

미래의 세계

1930년대와 대공황기가 저물어 가던 시기에, 미국은 라틴아메리카나 유럽보다 훨씬 더 낙관적인 미래를 내다보고 있었다. 프랭클린 루스벨트 대통령은 1939년에 안정과 자신감의 상징으로서 뉴욕 세계박람회를 개최하기도 했다.

이 박람회에서 스탠더드브랜즈는 세계에서 가장 긴 커피바를 세워 놓고, 인근의 전시용 축소판 공장에서 로스팅하고 분쇄한 원두로 체이스&샌본 커피를 제공했다. 야외극장에서는 관람객들이 에드거 버겐과 찰리 매카시가 체이스&샌본을 적절히 연결하며 벌이는 라이브 쇼를 보며 깔깔 웃었다. "세계박람회에 새롭게 등장한 스윙 밴드swing band들이 큰 인기를 끌고 있습니다. 음악이 어찌나 빠른지 지르박 춤꾼들도 스윙 밴드에 맞춰 춤을 추기가 어려울 지경입니다." 광고까지 내서 이렇게 떠들어 대며 파트너에 의해 공중으로 높이

World's Fair

New swing bands at World's Fair are phenomenally popular; can't swing it too fast for the jitterbugs. Chase & Sanborn are popular, too, for thrilling, fast delivery; speed rich, fine-quality *Dated* Coffee fresh from roasting ovens to grocer. It's speed that protects *Dated* Coffee's tempting, fragrant freshness.

체이스&샌본은 대공황기를 벗어나며 1939년의 뉴욕 세계박람회에 참가해, 이처럼 새로운 스윙댄스 열풍과의 동일시를 꾀했다.

던져 올려진 아가씨의 모습을 싣고는, 다음과 같이 덧붙였다. "짜릿하도록 빠른 배달로 체이스&샌본의 인기도 뜨겁습니다." 박람회에서는 따로 8월 31일을 커피의 날로 지정해 주기도 했다.

샌프란시스코에서 개최된 골든게이트 국제전시회Golden Gate International Exposition에서는 힐스브라더스가 커피전람회를 열어 자사 홍보 영화 <비하인드 더 컵Behind the Cup>을 상영하면서 관람객들에게 커피를 제공하는 동시에 벽에는 화려한 벽화로 힐스브라더스의 역사를 한눈에 보여 주기도 했다. 행사와 연관시킨 광고를 내보내기도 해서, "여성들에게는 매일매일이 **전람회의 날**"이라는 헤드라인을 내건 후 자신의 모습을 가다듬는 여성의 삽화와 함께 다음과 같은 문구를 넣었다. "거울 앞을 지나면서 흘끗 들여다보지 않는 여자가 있을까요? 여자라면 누구나 거울을 보며 괜찮은지 '확인'하고 최상의 모습으로 가다듬게 되지 않나요? 여러분의 커피는 언제나 최상입니까?"[13]

1939년에는 범아메리카커피사무국의 회원인 여섯 개의 라틴아메리카 국가의 자금 지원에 따라, 여름철 아이스커피 소비 촉진을 위한 3만 5천 달러 규모의 대대적 전국 광고가 실시되었다.[14] 이 광고에서는 수영복 차림의 가슴이 풍만

---

[13] 힐스브라더스의 성차별주의적 광고들은 당시의 시대상과 부합하는 것이었다. 당시에는 여자들이 감정적이고 허영심에 차 있고 자신감이 없으며 다루기 쉽다고 여겨졌다. "주부들은 돈으로 살 수 있는 물건들에 대한 집착이 남편들에 비해 더 강하다. 여자들에게는 그런 물건들이 의지처가 되어 줄 수 있다. 자신감을 키워 주고 체면을 세워 주는 그런 의지처 말이다." 실제로 1937년에 제이월터톰슨의 한 간행물에서 마거릿 웨이샤(Margaret Weishaar)가 했던 말이다.

[14] 범아메리카커피사무국의 회원국은 브라질, 콜롬비아, 쿠바, 엘살바도르, 니카라과, 베네수엘라였다.

한 미스 아이스커피를 뽑아 왕관을 씌워 주며 홍보전을 벌이기도 했다. 이들 6개국은 가을-겨울 시즌의 마케팅 캠페인까지 후원하며 2천5백만 달러에 이르는 비용을 들여, 신문과 잡지를 통해 "커피는 육체적 활동에 도움을 준다(O)", "커피는 두뇌 활동을 촉진한다(O)" 같은 OX 퀴즈를 내보내기도 했다. 그뿐만 아니라 「커피에 얽힌 사실과 환상Coffee Facts and Fantasies」이라는 팸플릿을 발행하여, 커피에 마약이라는 오명을 씌우는 "맹목적 건강 숭배"에 대한 반박전도 펼쳤다. 이 팸플릿에는 시카고대학교에서 실행된 실험 결과를 담기도 했다. 학생들을 두 그룹으로 나누어 각각 커피와 우유를 제공한 실험이었는데, 피실험자인 학생들은 커피에는 카페인이 제거되어 있고 우유에는 카페인이 첨가되어 있었다는 사실을 몰랐다. 어쨌든 팸플릿에 따르면, 실험 결과 드러난 학생들의 반응은 생리적이기보다 심리적이었다고 한다.

인스턴트커피 브랜드 G.워싱턴은 이스턴에어트랜스포트Eastern Air Transport 항공편에 다음과 같은 광고를 내걸었다. "이 18인승 자이언트 여객기에는 한 잔이 걸작인 커피가 실려 있으며" 갈색의 인스턴트 결정체를 3초만 섞으면 간편하게 즐길 수 있다고. 이에 뒤질세라, 팬아메리칸에어웨이스Pan American Airways는 "과학적인 실험"의 수행 결과 자사 항공사의 드립 커피가 더 만족스러운 것으로 나타났다며 크게 홍보했다.

전미 지역의 커피용 진공캔을 점유하고 있던 아메리칸캔컴퍼니American Can Company는 학생들에게 커피의 경이로움을 주입하려는 의도로 자체적인 가정학사무국Bureau of Home Economics을 창설했다. 그리고 유명한 사진작가 마거릿 버크화이트Margaret Bourke-White에게 의뢰하여, 한 달간 브라질에서 커피의 재배와 수확 장면을 찍어 달라고 한 후에, 70만 명이 넘

는 학생들에게 교육용 커피 팩을 배부해 주었다.[15] 학교들은
커피 회사로부터 직접 받는 것이 아닌 이상, 무료 교재를 기
꺼이 받았다. 그 결과 수천 개에 달하는 초등학교 학생들이
커피 송가와 시를 지었다. 부모의 감독을 받은 것이 틀림없어
보이는 한 어린 학생의 다음 작품이 그 한 예다.

> 아침에는 기운을 차리게 해 주고
> 밤에는 활력을 주지요.
> 커피를 못 마시면
> 맨날 시비를 걸게 될 거예요.

전국에 걸친 여러 건의 조사 결과, 당시에 미국 가정의
98퍼센트가 커피를 마셨는데, 특히 6~16세의 아이들이 함께
마시는 가정이 14퍼센트, 6세 이하의 아이들이 함께 마시는
가정이 4퍼센트에 이르렀다. 또한 시장 점유율에서는 A&P 브
랜드들이 15퍼센트로 선두를 달렸고, 맥스웰하우스와 체이
스&샌본이 각각 13퍼센트와 11퍼센트를 차지하고 있었다. 그
나머지 시장은 약 5천 개의 다른 브랜드들이 쪼개어 나눠 가
진 채로, 대공황기를 겨우겨우 버텨 냈다. 한편 미국의 연 커
피 소비량은 마침내 1인당 6킬로그램을 넘어섰다. 『타임』지
의 한 기자는 이런 현상에 대해, "저렴한 소매가와 집요한 광
고"와 더불어 "불안정한 국가적 기운"이 커피 소비량 증가에

---

15 1936년에 버크화이트가 흑인 커피 노동자들을 찍으며 브라질의 초상을
인상적으로 포착해 놓은 이 사진들 속에는, 그녀가 그 당시에 새롭게 눈떴
던 사회적 양심이 그대로 반영되어 있다. 그녀는 라틴아메리카에서 돌아
온 뒤에 미국 남부 시골 사람들이 겪는 가난을 주제로, 소설가 어스킨 콜드
웰(Erskine Caldwell)과 합동으로 『당신은 그들의 얼굴을 보았다(*You Have
Seen Their Faces*)』를 출간했다.

커피는 1930년대에는 기내까지 진출했다.

한몫한 것 같다고 썼다. 그는 또한 다음과 같은 추측도 내놓았다. "평범한 소시민들이 대공황의 여파로 구매력이 꺾이자, 한 잔에 5센트 하는 커피를 통해 더 비싼 물건에 대한 정서적 대리 만족을 느끼는 것인지도 모른다."

식료품상들은 저무는 1939년을 자축하기 위해 전국 브랜드들의 '인기 순위'를 전시하며, 명단의 맨 앞에 커피를 내세웠다. 이렇게 자신들의 제품이 더 낫다며 떠들썩하고 요란하게 판촉전을 벌이는 분위기 속에서 카페인에 취한 국민들은, 몰려드는 전운에 그다지 주의를 기울이지 않았다. 미국의 커피업자들은 무솔리니Mussolini가 커피를 건강에 해로운 음료로 보고 커피에 대해 전쟁을 선포한 것에 더 관심을 두었다. 『차와 커피 트레이드 저널』의 한 사설에서는 이렇게 쓰기도 했다. "나치와 파시스트가 슈퍼맨 종족을 발전시키고 있다고 인정하더라도, 결국 그들을 무적으로 만드는 확실한 방법은 지속적으로 점점 더 많은 양의 커피를 먹이면서 언제나 강대국의 필요불가결한 음료가 되어 왔던 이 유일한 음료를 불허하지 않는 것이다."

제12장
전쟁의 역경을 견뎌 낸 커피 한 잔

전 세계 최고의 커피 음용국인 미국은 대체로 커피의 패턴과 일치한다. 즉 비보수적이고 자기주장이 강하며 역동적이다. (…) 커피는(…) 인간의 노동 시간을 열두 시간에서 잠재적으로 스물네 시간까지 늘려 주었다. 현대 생활 의 템포, 복잡성, 긴장 속에서는 유해하고 습관적인 후유증 없이 두뇌 활동 을 자극해 주는 그런 기적을 일으킬 수 있는 뭔가가 필요하다.
– 마거릿 메이거Margaret Meagher, 『커피에 대한 생각 To Think of Coffee』(1942)

1939년 9월 1일, 히틀러가 폴란드 국경을 넘어 대공습을 벌였다. 유럽이 전쟁에 휩싸이면서, 당시 전 세계 소비량의 절반에 약간 못 미치는 약 1천만 자루 규모의 커피 시장이 느닷없이 폐쇄되고 말았다. 제1차 세계대전 때도 그랬듯, 스칸디나비아 국가들은 전쟁 초반에 교전국에 재판매하기 위한 목적으로 막대한 양의 커피를 사들였으나 독일이 1940년 초에 빠른 속도로 유럽 전역으로 진군하며 순식간에 유럽의 항구들을 폐쇄해 버렸다. 게다가 독일의 U보트*의 위협 앞에서, 대서양을 가로지르거나 심지어 증기선으로 브라질의 산투스에서 뉴욕으로 항해하는 일조차 위험천만한 모험이 되었다.

브라질의 커피 협정에 대한 예전의 착상이, 이제는 다른 라틴아메리카 커피 생산국들이나 미국 정부에 돌연 그다지

---

* 제1·2차 세계대전 중에 활약한 독일의 대형 잠수함

비위에 거슬리지 않게 여겨졌다. 아무튼 적어도 브라질의 대외 정책 부분에 대해서는 그랬다. 브라질의 문호 개방 정책과 전시 중의 유럽 시장 폐쇄로 위협을 받던 콜롬비아는 미국 국무부에 합의 실행을 도와 달라고 부탁했다. 한편 커피 생두의 가격은 곤두박질쳤다.

과테말라의 나치화

전쟁 초반 독일군이 놀라울 만큼 승승장구하면서 남미의 인접국들이 나치화될 전망이 현실로 굳어지는 듯 보였다. 과테말라에 거주하는 5천 명의 독일인들 중 상당수는 공공연히 나치에 대한 동조를 드러냈다. 당시에 과테말라의 북부 지역, 코반Cobán에서는 독일인들이 경작지의 80퍼센트를 소유하고 있었다. 게다가 독일인들은 노테봄브라더스Nottebohm Brothers의 영향력 있는 수출 은행과 과테말라 내 커피 수출 회사 대다수를 장악하고 있었다.

그러나 히틀러를 싫어하는 독일계 과테말라인들도 많았다. 가령 1902년에 과테말라에서 태어나 성인이 된 후 평생 커피를 재배해 왔던 발터 한슈타인Walter Hannstein도 그런 인물이었다. 그는 가족 농장을 돌보는 데만 신경 썼을 뿐, 지구 반 바퀴 너머의 파시스트 과대망상 환자들에게는 관심이 없었다.[1] 마찬가지로 에르빈 파울 디젤도르프와 1937년에 막대한 과테말라 커피 경작지를 물려받은 그의 아들 빌리Willi도 나치 정부에 반대했다.

---

1 발터의 아버지인 베른하르트 한슈타인과 에르빈 파울 디젤도르프에 대한 배경 정보는 제2장 참조. 또한 발터의 딸 베티 한슈타인 아담스(Betty Hannstein Adams)가 운영하고 있는 한슈타인 농장에 대한 현재의 정보는 제19장 참조

현지의 게슈타포* 요원들은 과테말라의 비非나치계 독일인들에게 점점 가혹한 압박을 가하면서 때로는 폭력적 위협까지 행사했다. 게다가 이 나치주의자들은 독일이 전쟁에서 이겨 과테말라를 점령하면 처형시킬 40명의 "비애국적" 독일인 명단까지 작성했다.

과테말라시티Guatemala city의 독일 대사관 상무관이던 게르하르트 헨슈케Gerhard Hentschke는 신문, 라디오, 도서관을 통해 과테말라인들에게 (스페인어로) 나치 선전을 퍼부어 댔다. 독일 물품의 배급업자들 또한 상품의 상자를 나치 선전 문구로 도배했다. 한편 중앙아메리카 전역 총괄 나치 장관 오토 라이네베크Otto Reinebeck는 과테말라에 본부를 두고 있었는데, 라이네베크가 일단의 독일인 커피 재배업자들을 파티에 초대한 직후에 독일인 클럽German Club에는 구 군주국의 깃발과 나란히 나치 문양[卍] 깃발이 휘날리게 되었다. 나치 동조자들은 전략상 중요한 다리의 아래쪽에 나치 문양 표시를 해 놓아, 독일 침략군에게 그 다리가 폭파해야 할 다리임을 알려 주기도 했다.

커피 협정에 타결을 보다

이런 맥락을 감안해 보면, 미 국무부가 민첩하게 나섰던 것도 쉽게 이해가 된다. 다시 말해 당시로선 미 국무부가 라틴아메리카의 커피 산업과 경제를 구제해 줄 협정에 동조하도록 커피 재배업자들을 납득시키기 위해 서둘렀을 만도 했다. 이제 미국은 그들이 재배하는 커피의 유일한 시장이었다. 따라서 미국이 그 상황을 이용하여 점점 낮은 가격을 억지로 끌어낸

---

* 나치 독일의 비밀 국가 경찰

다면 피폐해져 적개심을 갖게 된 라틴아메리카를 나치나 공산주의자들에게 던져 주는 꼴이나 다름없게 될 터였다.

히틀러의 프랑스 침공 후 5일 뒤인 1940년 6월 10일, 뉴욕시에서 제3차 범아메리카 커피 회의가 소집되어 14개 커피 생산국의 대표단이 참석했다. 이 회의를 통해 3인의 소위원회에 쿼터 분배의 임무가 부여되었고, 소위원회는 토론 끝에 타협을 이끌어 냈다. 그 후로 1943년 10월 1일에 재협상에 이르게 되긴 하지만, 어쨌든 이 미주커피협정Inter-American Coffee Agreement에 따라 미국으로 1590만 자루의 커피가 들어올 수 있도록 허용되었다. 이는 당시 미국의 실제 소비량 추정치를 거의 1백만 자루 넘어서는 양으로서, 이 협정을 통해 미국 시민이 먹을 커피의 양이 충분히 확보되는 동시에, 최소한 쿼터 상한선을 마련함으로써 가격이 터무니없는 수준으로 떨어지지 않도록 조치가 마련된 셈이었다. 브라질은 이 쿼터제에서 가장 큰, 60퍼센트에 좀 못 미치는 몫을 차지했고 콜롬비아가 20퍼센트 조금 넘게 가져가기로 했다. 다른 라틴아메리카 생산국들은 그 나머지를 서로 나누어 가지면서, 아시아와 아프리카 생산국을 포함해 '다른 국가들'에 남겨진 몫은 35만 3천 자루에 불과했다.

회의는 1940년 7월 6일에 폐회했으나 모든 참가국이 서명하며 협정이 성사되기까진 거의 다섯 달이 걸렸다. 멕시코와 과테말라는 몫을 더 늘려 달라며 가장 끈질기게 서명을 보류했다. 7월 9일에 과테말라의 독재자 호르헤 우비코는 미국의 대리 공사代理公使 존 캐벗John Cabot에게 자신의 국가에 제안된 50만 자루의 쿼터를 도저히 받아들일 수 없다고 말했다. 친독주의자이던 우비코는 캐벗에게 이렇게 통보했다. "국내에서 그런 계획을 발표하기만 해도, 독일과의 통상이 재개되자마자 이 나라를 상업적으로 독일의 손아귀에 몰아넣는 격이 될 겁니다."

계류 중인 쿼터 협정의 성사가 위태로워 보이면서, 커피 가격은 급락을 거듭하다 1940년 9월에는 1파운드당 5.75센트까지 떨어졌다. 역사상 최저가였다.[2] 브라질의 이우리쿠 펜테아두와 미국의 섬너 웰스Sumner Welles는 기존 기구이던 미주재정경제위원회Inter-American Financial and Economic Committee를 통한 의견 조율을 바탕으로 이 쿼터제의 미세 조정한 절충안에 합의하며 결국 모든 조인국을 타협의 자리에 앉히게 된다.

웰스는 1940년 11월 20일에 열네 명의 라틴아메리카 커피 생산국들의 대표단과 만나 영어, 스페인어, 포르투갈어, 프랑스어로 협정에 서명했다. 「뉴욕 타임스」는 이 협정에 대해 "전체주의 무역 침투에 대항해 경제적 보루"를 세워 줄 "전례 없는 협정"이라고 보도했다.

1941년, 쿼터제 시행 첫해를 겨우 넘기다

(브라질의 새로운 수확 작물이 미국에 도착하기 시작한) 1940년 10월 1일부터 소급 발효된 협정의 첫해에는, 1941년 9월 30일까지 타협의 논쟁적이고 불편한 일면들이 계속해서 불거졌다. 1941년 초반의 몇 달 동안에는 새롭게 조인된 협정에 따라 커피 가격이 즉각적으로 상승했다. 처음에 미국의 커피 회사들은 이에 대해 그다지 경계하지 않았다. 전국커피협회의 서기관 W. F. 윌리엄슨W. F. Williamson도 이런 입장을 다음과 같이 간략하게 표현한 바 있다. "미국 소비자들로서는 커피의 가격이 라틴아메리카 생산국들에게 파산을 의미하는 수준이 되어야 할 필요도 없

---

2 1903년에 리우데자네이루산 7등급 원두가 1파운드당 5센트로 떨어졌다. 하지만 당시에는 달러 가치가 더 높았고 1940년 기준상 리우데자네이루산 원두는 산투스산 4등급보다 등급이 떨어졌다.

고, 그렇게 되길 강요할 마음도 없다."『비즈니스 위크』에서도 커피 가격이 더 높아지면 "라틴아메리카 국가들의 경제에 미친 전쟁의 영향이 완화될" 것이라고 지적하기도 했다.

그러다 6월 무렵에 이르자 커피 가격이 이전 해 최저가의 두 배에 육박했다. 미주커피협정의 커피위원회 회의에서 생산국들은 미국 대표 폴 대니얼스Paul Daniels가 수출량 쿼터 상한선을 늘리자고 한 제안을 거절했다. 브라질과 콜롬비아 양국은 공식적으로 정해진 커피 판매 최저가를 높임으로써 대니얼스의 요구를 비웃기조차 했다.

이때 신설 기관인 미국 물가관리국OPA의 수장, 레온 헨더슨Leon Henderson이 사태를 주목하고 나섰다. 뉴딜 정책 옹호자였던 그는 전부터 커피 쿼터 협정에 못마땅해하던 터였다. 그런데 7월에 브라질이 또 한 차례 최저가 기준의 인상을 발표하자 헨더슨은 감정을 폭발시키고 말았다. 다음은 헨더슨이 썼던 글이다. "지금까지의 생산국들 태도로 보건대, '이때다 싶어 한몫 단단히 잡으려는' 심산임이 틀림없다." 그는 쿼터 협정을 중단시키겠다고 으름장을 놓았다. 실제로 뒤이어 대니얼스가 그 커피 협정에 따른 미국의 권리, 즉 생산국들의 동의 없이 일방적으로 쿼터 할당량을 다양하게 늘릴 수 있는 권리를 발동시켰다. 결국 8월 11일에 공식적인 쿼터 할당량이 20퍼센트 늘어났고, 이 책략이 효과를 발휘하면서 커피 가격이 내려가기 시작했다.

여러 가지 문제점을 안고 있었음에도 불구하고, 이 커피 협정은 라틴아메리카의 커피 산업을 구해 주었고 미국과 라틴아메리카의 관계는 이전의 어느 때보다 더 우호적이 되었다. 1941년에 미국의 1인당 커피 소비량이 7.5킬로그램까지 늘어나며 신기록을 세우기도 했다.

12월에 자국 정부의 자금 지원을 받는 여섯 명의 라틴아메

1941년에 미국의 영부인 엘리너 루스벨트는 범아메리카커피사무국에서 후원하는 라디오 프로그램 〈같이 커피 한잔해요〉를 진행하며 수백만 명의 청취자를 만났다.

리카 '커피 여왕'들이 기세등등한 미국 투어를 위해 뉴욕에 당도했다. "커피로 삶을 더 풍요롭게"라는 취지를 내세운 라디오 프로그램 <같이 커피 한잔해요Over Our Coffee Cups>를 직접 진행하고 있던 영부인 엘리너 루스벨트Eleanor Roosevelt는 당시에 이들을 프로그램에 초대했다. 커피 여왕들은 일주일 후에 월도프 애스토리아 호텔의 성대한 커피 무도회에도 참석할 예정이었으나 일본이 도발하는 바람에 이 여왕들의 인기는 시들해졌다.

커피, 다시 전쟁 속으로

1941년 12월 7일, 일본이 진주만을 기습 공격했다. 미국 물가 관리국의 책임자, 레온 헨더슨은 12월 8일을 기해 커피 가격을 동결시키며 미국의 참전으로 "커피 가격의 폭등 추세가 다시 심화될지 모를 상황이 야기되었다"고 설명했다.

　군에서는 월 14만 자루의 커피를 징발해 갔는데, 이는 이전 해와 비교하여 열 배에 달했고 군인 1인당 연간 15킬로그램의 커피에 중독시킬 만한 양이었다. 정부의 한 급송 공문서에서는 "군에서나 가정에서나, 사기 진작에 유용한 아주 중요한" 품목으로서 커피를 필수 물자 목록에 넣었다.

　라틴아메리카산 원두들은 양적인 면에서는 충분했으나 이용 가능한 모든 선박이 전쟁 수행 활동에 동원되면서 선적 공간이 한정되어 있었다. 게다가 미국이 전쟁에 참전하자 독일의 잠수함들이 더 위협을 가해 왔다. 1942년 4월 27일, 전시생산국War Production Board은 로스팅업자들의 출하량을 이전 해 기준 75퍼센트까지로 제한시켰다. 전시선박국War Shipping Board은 미국의 전체 상선들을 점유했고, 6월에는 브라질 측에서 미국 상품금융공사Commodity Credit Corporation가 이용 가능한 선적 선박이 없더라도 브라질의 커피 쿼터량 전부를 구매해 주겠다는 약속에 따라 전쟁 수행 용도로 선박들을 양도해 주기도 했다. 그러다 전시생산국이 미국으로 들어오는 모든 커피를 장악하면서 사실상 자유 시장 체제를 중단시켰다.

1942년 9월 무렵, 로스팅업자들에 대한 커피 할당량이 65퍼센트로 줄어들면서 공급 사정이 위기에 이르렀다. 10월 26일에는 레온 헨더슨이, 한 달 후부터 민간인들에 대한 커피 배급제가 시작되어 15세 이상에 한하여 5주마다 1인당 1파운드가 분배될 예정이라고 발표했다.

헨더슨은 그 정도면 성인 1인당 연간 10.4파운드(4.7킬로그램)가량이므로, 대공황기의 1인당 소비량과 맞먹는 양이라고 주장했다. 그러나 커피업자들은 공식 발표된 1인당 수치에는 미성년자들도 포함되어 있음을 지적했다. 다시 말해 성인 소비량만으로 한정해서 다시 계산하면 배급제에 따른 커피 분배량은 발표 수치의 반으로 줄어든다는 것이었다.

배급제의 시행으로 인해, 로스팅업자들이 그동안 미국의 소비자들에게 교육하려 애써 왔던 브루잉 지령들이 말짱 헛수고로 돌아갈 만한 사태가 벌어졌다. 가령 주부들에게 좋은 커피를 솜씨 좋게 희석하는 기술을 가르치는 내용의 기사들이 버젓이 실릴 지경이었다. 주얼티컴퍼니에서는 소비자들이 "1파운드로 향기 그윽한 커피를 60잔까지 우릴" 수 있다고 광고를 게재했다. 그런가 하면 프랭클린 루스벨트 대통령은 (아내의 라디오 프로그램도 듣지 않았던 모양인지) 커피 가루를 한 번 더 우려 마시라고 권고했다. 시카고의 어떤 커피 중개상은 이런 불만을 터뜨리기도 했다. "신문마다 커피 대용품에 대한 기사 천지다. 그래서 다들 맥아, 병아리콩, 보리에 당밀을 섞어 갈색 반죽이 되도록 구워서, 뭐든 색깔이 나는 액상을 만들고 있다." 이런 와중에 포스텀은 부흥기를 맞았다. 힐스브라더스와 마틴슨 같은 고품질의 블렌딩들도 인기를 끌었다. 한편 브라질의 원두는 장거리의 수송 작업이 필요했으나, 콜롬비아나 중앙아메리카의 커피는 배로 운반하는 거리도 덜 먼 데다 멕시코 국경을 넘어 기차로도 운반할 수 있었다.

1943년 2월 2일, 독일이 스탈린그라드Stalingrad에서 패배했고, 그 이후로 전세는 연합군에게 크게 유리해졌다. 이제 더 이상 독일의 잠수함이 대서양 화물선들에게 위협이 되지 못하면서 브라질에서 커피가 보다 자유롭게 흘러나오게 되었다. 또한 7월 28일에 루스벨트 대통령이 커피 배급제의 폐지를 발표했다. 어쩔 수 없이 커피를 줄여야 했던 그 배급제의 시기는 미국인들을 약한 브루잉에 길들게 했지만, 국민적 갈망을 더욱 높이기도 했다. 실제로 배급제 시행기 중에 시인 필리스 맥긴리Phyllis McGinley는 다음과 같은 절절한 한탄으로 "예전에 떵떵 누리던 삶의 풍요"를 읊었다.

토스트와 함께 두 잔,
모닝커피로 한 잔,
영혼을 깨우기 위해 또 한 잔,
수시로 마셨던 커피.
토스트에 곁들여 마셨던 커피.

전선의 커피

군은 경호 요원과 군인들에게 커피를 최대한 공급해 주었다. 군수 물자 생산 공장 근로자들에게 커피 한 잔 마실 휴식 시간을 허락해 주어 생산율을 올리기도 했다. 군수 물자를 담당하던 병참 군단은 네 곳의 시설에서 직접 커피의 로스팅, 분쇄, 진공 포장을 맡는 한편 열아홉 개의 민간 로스팅업자들과 하청 계약을 하기도 했다.

노르망디 상륙작전 개시일 이후, 군은 생두를 해외로 수송했다. 군 커피 담당자들은 산업용 기계 장치를 구하지 못하자, 마르세유의 어느 낡은 공장에서 휘발유 드럼통을 이용해 임시방편으로 로스터를 만들어 매일 5천4백 킬로그램의 커피를 로스팅했다. 50개가 넘는 이동 부대가 돌아다니며 커피와 제빵 식품을 배급해 주었다. 태평양 전투 지역에서는 맥스웰하우스에서 일했던 더글러스 넬슨Douglas Nelson 하사가 뉴칼레도니아의 수도 누메아Noumea에 공장을 세워 현지에서 재배된 커피를 로스팅했다. 또한 유럽에서는 3백 개의 적십자 '이동 클럽차'가 돌아다니며 군인들에게 책, 잡지, 담배, 레코드판과 함께 커피와 도넛을 나누어 주었다.

GI(미군)들은 가정의 안락함으로부터 멀리 떠나와 지독하게 추운 참호 속에서 뜨거운 커피 한 잔을 위해서라면 뭐든할 태세였고, 그것이 인스턴트커피 분말이어도 개의치 않았다. 당시에 군에서는 비상용 야외 전투 식량으로 가벼운 알루미늄 포일에 포장된 인스턴트커피를 제공했다. 1944년 무렵엔 네슬레와 G.워싱턴 외에, 맥스웰하우스를 비롯한 다른 열 개의 회사에서도 인스턴트커피를 생산했는데, 그 전량이 군에 징발되었다. 다음은 1943년에 『사이언티픽 아메리칸*Scientific American*』에 실린 글이다. "군인들은 캡슐팩 커피가 다루기도 편하고 간편하게 타 마실 수 있다고 얘기한다. 분말 커피의 경우 불을 피울 수 없는 곳에서는 차가운 물에도 타 마실 수 있다." 하지만 최전선의 지친 보병들에게는 따뜻함이 아주 절실했다. 전쟁 만화가이자 기록자이던 빌 몰딘Bill Mauldin은 이탈리아 북부 산악 지대의 진흙탕과 눈비에 갇혀 씨름하던 어느 보병 소대의 처지를 이렇게 묘사했다. "그 기간 내내 보병들은 뜨거운 음식을 먹지 못했다. 가끔은 작은 석유 스토브가 있어서 '액상 조제' 커피의 팩을 데울 수 있었다. 대개는 성냥으로 데웠는데, 성냥 수백 개는 태워야 커피 팩에서 냉기가 겨우 가셨다." 미국의 군인들이 커피와 마치 하나인 것처럼 너무 동일시되면서, G.I. 조Joe를 따서 '커파 조cuppa Joe(커피 한 잔)'라는 말이 생기기도 했다.[3] 군인들은 이 외에도 커피에 수많은 별칭을 붙여서, 그 강도와 점도에 따라 자바java, 실트silt,* 빌지bilge,** 슬러지sludge(진창), 머드mud(진흙), 샷인더암shot-in-the-arm** 등으로 다양하게 불렀다.

미군들은 이렇게 차가운 인스턴트커피에 만족해야 했을지 모르겠으나, 어쨌든 진짜 커피를 마시기라도 했다. 1943년 여름 무렵, 나치에 점령당한 네덜란드에서는 진짜 커피의 가격이 자그마치 1파운드당 31달러나 되었고, 그것도 커피를 구할 수 있는 경우의 얘기였다. 또한 유럽의 대다수 로스팅업자들은 생두를 구했다 하더라도 그것으로 할 수 있는 게 별로 없었다. 독일, 프랑스, 네덜란드, 벨기에, 이탈리아에서는 로스팅 공장들이 폭격으로 폐허로 변했기 때문이다.

---

3 '조'는 보통 사람을 뜻하던 속어였다. 이 '커파 조'의 유래에 대해서는 두 가지 설이 더 있다. 자바와 모카라는 단어를 짜 맞춘 것이라는 설과, 1913년부터 1921년까지 미 해군 장관이었던 조지퍼스 대니얼스(Josephus Daniels)의 이름을 딴 것이라는 주장이다. 조지퍼스 대니얼스가 미 해군 장관 당시에 장교들의 회식에서 술을 금지하는 바람에 마실 수 있는 음료 중 커피가 가장 효과가 센 음료가 되었다고 한다.

* 모래보다 잘고 진흙보다 거친 침적토를 뜻하는 단어

** 원래는 배 밑에 괸 더러운 물을 뜻함

** 원래는 팔에 놓는 주사로, 활력소 등의 뜻을 가짐

"Ya know, I ain't worth a dern in th' morning with-out a hot cuppa coffee."

미군은 제2차 세계대전 중에 뜨거운 커피를 위해서라면 거의 못할 일이 없었다. 커피를 끓이느라 가진 성냥을 다 허비하는 것도 마다하지 않을 정도로.

† 하단 대사: "난 말이야, 아침에 뜨거운 커피를 안 마시면
그냥 시체가 되는 기분이라니까."

제2차 세계대전의 최전선에서 막 돌아와 기진맥진한 미군들은 커피 없이는 못 살았다. 그러니 전쟁 직후 미국의 1인당 커피 소비량이 정점에 달했던 것도 놀랄 일은 아니다.

설상가상으로 영국은 공군 비행대를 띄워 나치에 점령당한 지역 상공에서 폭격을 위장하여 커피콩이 담긴 작은 자루들을 투하했다. 당시의 한 언론인은 이 착상에 대해 이렇게 썼다. "커피콩이 떨어진 곳마다 불만이 피어날 것이다." 하지만 커피 폭탄은 전쟁을 끝내는 데 실패했다.

라틴아메리카의 비非나치화

미국의 강압이 이어지며 (대다수가 커피 재배업자였던) 라틴아메리카의 독일인, 이탈리아인, 일본인 정착자 중에 공식적으로 블랙리스트에 오르는 사람들이 점점 늘어 갔다. 이들은 농장과 사업체를 몰수당했고, 많은 경우에 추방당하여 미국의 정치범 수용소에 갇히기까지 했다.

이 세 나라 국적을 가진 인구가 상당히 많았던 브라질에서는, 독재자 제툴리우 바르가스가 뒤늦게야 미국의 편이 되었다. 독일의 승전이 계속 이어지던 전쟁 초반에만 해도 바르가스는 원형적 파시즘 경향의 연설을 하며, "조국의 정서에 바탕을 둔 조직에 스스로를 내맡겨, 자신의 우월성에 대한 확신에 의거해 유지되고 있는 국가들"이 어쩌고 하며 칭송을 늘어놓았다. 그러나 진주만 공격 이후 바르가스는 단호하게 미국의 편으로 돌아섰고, 그러던 중 독일 잠수함들이 브라질의 선박을 침몰시키면서 국민의 분노가 폭발하고 말았다. 1942년 3월에 바르가스는 8만 명에 이르는 추축국 국적자들에 대한 30퍼센트 자금 몰수 명령을 내렸으나 실제로 나치당원은 대략 1천7백 명에 불과했다. 브라질은 급기야 8월에는 추축국에 대한 전쟁을 공식적으로 선포했다.

과테말라에서는 독재자 호르헤 우비코가 커피로 우정을

쌓은 독일인 친구들을 내팽개쳤다. 우비코가 돌연 강력한 친미주의적 태도를 취함에 따라, (미 국무부의 압박에 못 이겨 수개월 전에 준비되어 있던) 독일인 커피 재벌들의 블랙리스트가 1941년 12월 12일부로 발효되었다. 이른바 "조정자들"이 독일인 소유의 농장을 탈취하고 나섰다(농장 소유자들은 대부분이 독일 태생이었으나 과테말라에서 태어난 독일인도 일부 있었다). 정부는 독일인 소유의 수출 회사의 경영권을 가져오기도 했다. 1942년 1월에는 수많은 독일인이, 심지어 연로한 노인들까지 가리지 않고 체포되어 텍사스의 정치범 수용소로 보내졌다. 이렇게 독일인들은 중앙아메리카 전역에 걸쳐 체포되었다. 그중 많은 이들이 적의 전선에 억류된 미국 시민들과 맞교환되어 (어떤 이들에게는 태어나 한 번도 살아 본 적 없던 곳인) 독일로 보내졌다.

납치되어 미국으로 보내진 총 4,058명의 라틴아메리카 거주 독일인들은 미 국무부의 내부 문서에도 기록되어 있듯 주로 "교섭 목적의 담보로" 구금되었다.[4] 미국이 벌인 이 프로그램에는 사업상의 경쟁자를 제거하기 위한 동기도 있었던 듯하다. 미 주간업무조정사무국Office of the Coordinator of Inter American Affairs을 이끌던 넬슨 록펠러Nelson Rockefeller는 실제로 방첩 활동을 지휘하면서 "미국 뒷마당"에서의 독일의 팽창을 저지해야 한다고 강조한 바 있다. 커피 재벌 베렌트 프릴레는 A&P에서 손을 떼고 록펠러의 브라질 첩보원으로 일하며 미

---

4 제2차 세계대전 중에는 브라질에서 미국으로 보내진 독일인이 한 명도 없었다. 그런 프로그램이 브라질의 국가 주권에 대한 모독으로 여겨졌기 때문이다. 대체로 중앙아메리카 국가들 같은 약소국들만 이 프로그램에 마지못해 동의했다(물론 이들 국가의 정부들도 상황을 이용해서 자신들 입맛대로 나치당원이라는 낙인을 씌워 땅을 가로채거나 정적을 제거하기도 했지만 말이다). 바르가스는 브라질의 아마존에 독일인과 일본인을 구금시키기 위한 전시 포로수용소를 만들어 놓기도 했다.

래의 발전을 위한 아마존 조사 활동을 돕기도 했다.

정말로 어이없게도, 라틴아메리카의 독일인들은 미국으로 끌려갔다가 불법 입국 혐의로 수감되었다.[5] 발터 한슈타인은 과테말라에서 태어난 데다 미국 시민과 결혼했고 반나치적 견해를 표명했음에도 불구하고 자신의 커피 농장, 라파스를 잃을 뻔했다. 한슈타인은 나치로부터 제거 대상으로 지목된 40명의 과테말라 독일인 명단을 제시해 보이고 나서야 농장과 자유를 구할 수 있었다. 이 명단의 36번째에 한슈타인의 이름이 있었다.

미국 산업, 전쟁의 역경을 견뎌 내다

미국의 커피 산업은 전시 상황에 적응해 나갔다. 주얼티컴퍼니는 남성 근로자들이 대부분 싸움터로 나가자 처음으로 여성 방문 판매원들의 채용에 관심을 가지게 되었고, 그들에게서 남자들 못지않은 판매 능력을 발견하게 되었다. 여성들은 커피 공장에서도 자신들의 가치를 입증하며, 단조로운 단순 작업에서만이 아니라 로스트마스터Roast Master나 감독자로서 능력을 보여 주었다.

1942년에 모리스 카커는 (회사의 이사회 회장 자리는 그대로 유지한 상태에서) 전쟁성에 들어가며 주얼티컴퍼니 사장직을 프랭클린 런딩Franklin Lunding에게 넘겨주었다. 카커의 영향력과 회사의 텐인원 배급팩10-in-1 ration pack (열 명의 하루치 식량과 커피) 계약 체결 덕분에, 주얼티컴퍼니는 한정된 기계 부품 부

---

5 전쟁 중에 1만 6,849명의 일본인, 1만 905명의 독일인, 3,278명의 이탈리아인 등 총 3만 1천 명이 넘는 이른바 적국민(敵國民)들이 라틴아메리카의 본거지에서 미국으로 끌려왔다.

문과 배달 트럭의 운영 유지를 위한 노동력 부문에서 우선권을 받았다. 전시에 들어갈 무렵, 주얼티컴퍼니의 매출 중 65퍼센트는 소매 매장에서 나왔지만 수익의 60퍼센트 이상은 여전히 수익성 높은 방문 판매 영업망으로부터 끌어내고 있었다.

맥스웰하우스는 애국적 호소로 자사의 커피를 홍보했다. "커피도 전쟁에 함께하고 있습니다! 낙하산 부대 수송기에서 (…) 포탄 속에서 (…) 군함의 갑판 위에서 (…) 군인들이 김이 피어오르는 뜨거운 커피 한 잔에 의지해 기분 좋게 원기를 회복하고 있습니다." 제너럴푸즈는 주부들에게 다 쓴 맥스웰하우스의 빈 병을 과일과 야채의 저장 용기로 활용하여 "엉클 샘Uncle Sam(미국 정부)에 힘이 되어 주도록" 권하기도 했다.

3세대 경영진인 폴거스 형제도 둘 다 나름대로 전쟁에 참여하여, 제임스 폴거 3세는 전시생산국에 임명되었고 피터는 해병대에 들어갔다. 전시 공장에서 일하기 위해 이민 온 수많은 사람이 그대로 정착하면서 전쟁은 캘리포니아주의 커피 음용 인구를 팽창시켰다. 샌프란시스코에서 배를 타고 태평양의 전쟁 무대로 떠났던 참전자들도 다시 돌아와 정주했고, 그로써 캘리포니아주의 인구는 10년 사이에 거의 두 배가 되었다.

1940년에 힐스브라더스는 뉴저지주의 에지워터Edgewater에 여덟 대의 로스터기를 갖춘 공장을 열며, 중서부 지방에 소비 물량을 공급하려는 구상을 세움과 동시에 나중에는 동부 전역까지 판로를 넓히고자 했다. 하지만 전쟁이 이런 사업 확장의 계획에 훼방을 놓았다. 힐스브라더스는 인력 부족 탓에 이전까지 남성만의 성역이던 커핑실을 엘리자베스 줄로Elizabeth Zullo와 로이스 우드워드Lois Woodward에게 맡겼다.

체이스&샌본은 전쟁 전부터 수익 유지를 위해 고군분투하고 있었다. 모회사인 스탠더드브랜즈는 전통적으로 핵심 효자 상품인 플라이시만 이스트에 기대어 왔다. 하지만 미국의 주부들은 이제 집에서 직접 빵을 굽지 않았고, 금주법의 폐지로 인해 집에서 불법으로 술을 만들던 이들 사이에 형성되어 있던 이스트 시장이 사라졌으며, 이스트를 매약으로 내세워 치유력을 주장하던 전략도 실패했다. 이런 상황 속에서 커피 시장은 예전과 같은 이익률을 낼 수 없는 여건이었다. 결국 에드거 버겐과 찰리 매카시의 방송 시간은 30분으로 단축되었고 도로시 라무어Dorothy Lamour의 프로그램은 폐지되었다. 체이스&샌본이 이스트와 함께 주마다 두 번씩 배달해 주던 시스템을 바탕으로 내세웠던 신선함의 강조도 다른 브랜드들의 진공 포장에 밀려 무색해졌다.

이익률이 10퍼센트 아래로 떨어지고 시장 점유율에서 맥스웰하우스보다 몇 퍼센트 뒤지게 되자, 체이스&샌본은 마침내 1941년 11월에 진공캔을 도입했다. 그다음 달에는 콜게이트 파몰리브피트Colgate-Palmolive-Peet사의 제임스 S. 애덤스James S. Adams를 사장으로 영입했는데, 시기적으로 진주만 공습이 일어났던 그때였다. 애덤스는 회사의 구조를 철저히 재편하면서 핵심 임원진을 교체하고 배당금 지급을 중단했다. 또한 커피 판매를 높이기 위한 시도로 유리병 진공 포장을 채택했으나 전시인 당시 상황상 브랜드 선호에서 변화를 일으키기에는 여건이 유리하지 않았다.

본질적으로 말해서 전쟁은 미국의 커피 산업을 보류시켜 놓았다. 즉 로스팅업체들이 그저 자신의 입지를 지탱하는 수준에서 더 나아가지 못했다. 한편 맥스웰하우스 같은 굴지의 로스팅업체들이 지배하고 있던 당시의 커피 산업에는 합병 바람이 불어닥쳤다. 1915년에 3천5백 개 이상이던 로스팅업체의 수가 1945년 무렵에는 겨우 1천5백 개로 줄어 있었다. 물론 (전체의 4퍼센트에도 못 미치는) 단 57개의 업체가 연간 5만 자루 이상의 커피를 로스팅했다.

좋은 이웃은 이제 옛이야기

전쟁이 막바지로 치달을 무렵, 미국에 도입된 커피의 가격 상한제(1941년 이후부터 1파운드당 13.38센트로 정해짐)가 커피 생산국들에게 점점 부담으로 작용했다. 미 물가관리국은 국내에서 재배된 소비자 품목의 가격 인상은 허용했으나 커피 가격의 인상에 대해서는 완강히 거부했다. 1944년 가을에 이르자 라틴아메리카의 상황은 위태로운 지경에 이르렀다. 뉴욕의 『저널 오브 커머스』에는 엘살바도르의 로베르토 아힐라르 Roberto Aguilar가 곤궁에 빠진 재배업자들을 위해 가격을 인상해 달라고 호소하는 글까지 실렸다. "재배업자들은 현재 이익을 전혀 못 내고 있습니다. 사업을 지탱하기도 버거운 실정입니다." 재배업자들은 임금을 높여 줄 처지가 못 되어 보수가 좋은 산업체 일자리로 점점 일꾼을 빼앗기고 있었다.

　　1944년 11월 20일, 브라질의 이우리쿠 펜테아두는 전국커피협회의 회장 조지 시어바흐 George Thierbach에게 공개 서한을 보냈다. 펜테아두는 가격 상한선이 과거 30년 동안의 평균 가격보다 여전히 5퍼센트 낮다고 설명하며, "이와 같은 상황으로 인해 라틴아메리카 전역에서는 이미 수많은 커피나무가 방치되고" 있으며 그렇게 방치되는 나무들의 대다수는 브라질의 나무라고 지적했다. 상파울루의 커피 생산량은 1925년과 비교하여 3분의 1로 떨어져 있었다. 그것은 가격의 경우도 마찬가지였으나, 오히려 생산비는 배로 뛰었다. 1931년 이후로 7천8백만 자루의 커피를 연기 속으로 사라지게 했던 브라질의 커피 소각 프로그램은 마침내 중단되었고, 이제 과잉 생산분은 거의 남지도 않았다.

중앙아메리카의 생산업자들 역시 고전을 면치 못하고 있었다. 엘살바도르의 한 커피 재배업자는 이렇게 불만을 터뜨렸다. "일꾼들은 이제 14달러를 줘야 신발을 산다. 예전엔 4달러 50센트면 샀던 물건을 말이다. 임금도 전보다 이미 두 배나 뛰었고 앞으로도 더 오를 수밖에 없는 상황이다." 그러나 이런 현실이 미국 소비자들에게는 별 불편을 주었던 것 같지는 않다. "미국은 커피 한 잔에 5센트 원칙을 변경할 수 없다는 얘기만 할 뿐"이었다니 말이다. 마일드 커피 재배국들은 미국 물가관리국 지정 가격으로는 자신들의 최상급 커피를 실어 보내 봐야 밑지는 장사여서, 제대로 가공되거나 분류되지도 않은 하등급 커피를 실어 보내기 시작했다. 수확물을 단 한 톨도 내놓지 않은 채 가격이 높아지길 기다렸던 재배업자들도 많았다.

미 물가관리국은 이런 고통에 겨운 주장들을 귀담아듣지 않았는데, 이는 당시에 체스터 볼스가 미 물가관리국의 수장으로 있었던 점을 감안하면 의아스럽다. 사실 볼스는 맥스웰 하우스의 광고로 큰돈을 벌었지만 이제는 그렇고 그런 관료주의자가 되어 명쾌한 카피를 쓰던 예전의 능력은 잃어버린 듯 다음과 같이 단조로운 말이나 했다. "이 정부의 견해는 이렇습니다. 생두의 가격 상한선을 높이지 않겠다는 결정은 이 나라가 현재 처한 물가 상승 압력을 저지하기 위해 적절한 조치인 물가 통제를 지속하는 데 필수적입니다."

볼스의 이 무정한 말 속에는, 정부의 태도에 나타난 전반적인 변화가 어느 정도 반영되어 있었다. 선린외교정책Good Neighbor Policy의 주요 설계자이자 후원자이던 섬너 웰스는 1943년에 국무부에서 쫓겨났고, 그 직후에 동정적 입장이던 폴 대니얼스도 미주커피협정의 커피위원회를 떠나게 되었다. 그리고 폴 대니얼스의 후임으로 온 에드워드 G. 케일Edward G. Cale은 커피 재배국들을 위한 위원회에서 일하면서도 커피 재배국들에 불리하도록 활동했다. 한때 국무부에서 근무했던 어떤 사람은 훗날 이렇게 회고했다. "프랑스가 함락당한 이후, 그리고 진주만 공습 후의 암울한 시기 동안 미국은 라틴아메리카에 열렬히 구애를" 했지만 이제는 "[라틴아메리카의] 문제에 마음을 써 줄 여유가 거의 없어졌다"고.

전쟁이 막을 내린 1945년에도 가격 상한선은 여전히 그대로였다. 브라질의 경제가 위기에 처하자 1945년 10월 29일에 불만을 품은 군대에 의해 오랜 독재자 제툴리우 바르가스는 강압적으로 사퇴하게 되었다.⁶ 커피의 가격은 독재자 추방의 직접적인 원인은 아니었으나, 대중의 불만을 증폭시키는 역할을 했다. 이 위기의 시기에 브라질은 커피국National Coffee Department을 폐지하고 커피 광고에 쏟던 헌신의 도를 축소시켰다. 범아메리카커피사무국의 다른 회원국들 역시 브라질의 선례를 따랐다.

1946년 10월 17일, 미 물가관리국은 마침내 그렇게 옥죄고 있던 통제를 풀며 가격 상한제를 폐지했다. 그리고 『차와 커피 트레이드 저널』에서는 단 한 단어의 헤드라인으로 "해방"을 알렸다. 그 이후 산투스와 최초의 자유 계약에서 커피의 판매가는 1파운드당 25센트로 책정되었고, 그 뒤로 몇 년 동안 물가 상승이 이어지면서 커피 가격은 꾸준히 상승했다.

---

6 당시에 이 독재자는 곧 죽을 날을 준비할 만한 나이에 이르러 있었다. 그 이전 해에는 막시밀리아노 에르난데스 마르티네스와 호르헤 우비코가 각각 엘살바도르와 과테말라의 권좌에서 쫓겨났다. 그들에게 반항적인 시민들이 전시에 숱하게 듣게 되었던 자유와 민주주의를 열망하면서 일어난 결과였다.

제2차 세계대전의 유산

제2차 세계대전 중 40억 달러 이상에 상당하는 커피콩이 미국으로 수입되었다. 이는 미국 총수입액의 10퍼센트에 육박하는 규모였다. 또한 1946년에 미국의 연간 1인당 소비량은 자그마치 약 9킬로그램으로 뛰며 1900년에 비해 두 배에 달했다. 프랭크 시나트라는 이렇게 노래했다. "저 아래쪽에 사는 브라질 사람들은 커피 원두를 수십억 개씩 키우지요. 그래서 커피를 채울 잔이 부족할 정도랍니다. 브라질에는 커피가 정말로 아주아주 많지요." 게다가 이 노래 가사를 그대로 옮기자면, 브라질에서는 "체리 소다" 같은 것을 찾을 수 없는데 왜냐하면 "브라질 사람들이 쿼터량을 채워야 하기 때문"이라고도 했다.

전시 중에 미국 시민 가운데 탄산 청량음료를 접할 수 있던 이들은 한정되어 있었다. 설탕 배급제로 인해 코카콜라와 펩시의 주성분이 달리게 되었던 탓이다. 하지만 언제나 수완이 비상했던 탄산음료 거물들은 이 와중에도 판촉의 방법을 찾아냈다. 가령 펩시는 여러 곳에 전우의 집Servicemen's Center을 열어 군인들에게 무료 펩시, 5센트짜리 햄버거, 면도와 샤워, 무료 바지 다림질 서비스를 제공해 주었다. 그러나 전시 중에 쾌재를 부른 기업은 따로 있었다. 바로 로비와 내부자 계약을 통해 대박을 터뜨리며 자사의 음료를 군대의 사기를 촉진하는 필수품으로 인식시켜 놓은 코카콜라사였다. 덕분에 군대용 코카콜라는 설탕 배급제에서 면제 대상으로 지정되었다. 그뿐만 아니라 일부 코카콜라사 직원들이 '기술고문technical observe, T.O.'으로 임명되어, 전선 후방에 보틀링 공장bottling plant*을 세우기 위해 군 제복을 입고 정부의 비용으로

---

* 음료를 병에 담는 공정이 이루어지는 공장

매력적인 젊은 시절의 프랭크 시나트라가 "브라질에는 커피가 정말로 아주아주 많지요"라는
불후의 가사가 담긴 「The Coffee Song」을 부르고 있다.

해외에 파견되기까지 했다. 참호 안에서 병에 담긴 코카콜라를 받은 군인들은 상표도 붙어 있지 않은 커피 잔을 받을 때보다 더 고향 생각이 나서 뭉클해졌다. "군인들은 코카콜라를 가슴에 꼭 움켜 안고 막사로 달려가 그 콜라를 물끄러미 바라보곤 해요. 모두들 아까워서 선뜻 마시지도 못하죠." 이탈리아에서 한 군인은 이런 편지를 보내왔다.

1944년에 커피업자 제이콥 로젠탈Jacob Rosenthal은 십 대들 사이에서 코카콜라의 선호도가 커피를 압도하는 추세에 대해 다음과 같이 말했다. "기존의 청량음료 산업은 전쟁이 끝난 직후에 그 규모가 20퍼센트 신장할 것으로 기대되고 있다. 현재 약 3천만 명의 학령층 청소년들 사이에서는 음료수라고 하면 으레 우유, 코코아, 청량음료나 코카콜라를 떠올린다. 반면에 우리 커피업계는 고전하고 있다. (…) 이는 청소년 시장에서의 약세와 더불어 안티 커피 광고로 인한 것이다. 콜라, 코코아, 초콜릿도 크림과 설탕을 함께 타서 마시는 커피와 맞먹을 만큼의 카페인이 함유되어 있다는 사실에도 불구하고 이런 선전이 판치고 있다." 그는 커피업자들에게 청량음료에 맞서 호소력 있는 광고전을 벌이자고 촉구하기도 했다. "사실 청소년층은 어른처럼 생각하고 행동하길 좋아한다. 그런데 커피가 바로 어른들이 마시는 음료이지 않은가." 말하자면 어른을 동경하는 청소년들의 갈망을 이용하자는 얘기였다.

그러나 이 말에 귀를 기울이는 커피업자들은 거의 없었다. 그 당시에 막 태어난 베이비붐 세대는 앞으로 코카콜라와 펩시에 푹 빠지게 되고, 커피는 업체들이 더 저렴한 커피콩을 쓰면서 점점 품질이 저하될 그런 앞날이 기다리고 있었다. 커피 연대기에서 우울한 막이 시작되려는 것이었다.

전후의 이런 간이식당에서는 여종업원들이 약한 커피를 무한 리필해 주었다.

제13장
커피 마녀사냥과 인스턴트커피의 단점

두 번째, 세 번째 잔을 기울이다 보면 어느새 복잡한 금융이나 정치 이야기, 가벼운 잡담, 저속한 농담이 술술 흘러나온다. [커피는] 사교의 끈이며 굳은 혀를 풀어 주고 정신을 깨우고 위트를 자극하며 졸음이 올 때도 잠을 물리쳐 준다. 길가에서 머그잔에 마셔도 되고, 격식 있게 데미타스demi-tasse*로 마셔도 되는, 더없이 민주적인 음료다.

- 「뉴욕 타임스」, 1949년 11월 14일

커피가 영원히 이 나라 최고의 음료로 남으리라는 징후가 곳곳에서 포착되고 있다.

- 1952년도 『커피 연감Coffe Annual』

제2차 세계대전의 막바지 무렵, 미국의 커피는 획일화되어 있었다. 즉 주로 브라질산의 보통 생두를 기본 원료로 블렌딩하여 로스팅과 그라인딩 가공 후 판매되었다. 커피의 맛은 죄다 비슷비슷했다. 그렇게도 떠벌여 대던 진공캔의 장점에도 불구하고, 미리 그라인딩된 커피는 선반에 놓인 채 시간이 지남에 따라 차츰 신선도를 잃었다. 음식 전문 작가 M. F. K. 피셔M. F. K. Fisher는 1945년에 이런 글을 썼다. "어차피 커피는 똑같은 병에 담겨 나오고, 우리는 어떤 라디오 프로그램이 최고의 작가를 고용하느냐에 따라 충성 고객이 되어 구매를 한다.

---

* 보통 커피 잔보다 반 정도의 용량을 가진 작은 컵

그렇다 보니 라벨이 초록색이든 진홍색이든 상관없이 그 안의 내용물은 무난하게 비슷비슷하고 품질도 무난하게 중간 정도다." 게다가 드립 방식이 인기를 얻는 중이었음에도 미국인들은 약하고 과잉 추출된 퍼컬레이터 커피를 마시며 전쟁을 극복해 냈다. "우리 국민의 입맛은 아직도 멀겋게 끓인, 지저분하게 가루가 둥둥 떠 있는 커피를 마시는 수준이다." 어느 커피 애호가가 썼던 글이다.

그런데 그 뒤로 20년이 채 지나지 않아, 이렇게 "무난하게 중간 정도"여서 보통 수준이던 커피는 끔찍한 수준으로 전락했다. 그사이에 대체 무슨 일이 있었을까? 경제적, 정치적, 기술적 요인들이 한데 엉키면서 씁쓸한 커피를 만들어 냈던 것이다.

가이 질레트의 커피 마녀사냥

커피 가격은 인상 속도가 더디긴 했으나 1946년에 마침내 가격 통제로부터 해방된 이후 꾸준히 올랐다. 1947년 무렵에는 로스팅 커피의 소매가가 1파운드당 50센트를 넘어섰다. 그다음 해에는 수많은 레스토랑이 잔당 가격을 5센트가 아닌 7센트로 책정하기 시작하자 화가 난 단골손님들이 항의의 표시로 머그잔을 깨고 식기류를 훔쳐 가고 크림과 설탕을 쏟기도 했다. 가격이 자꾸 오르다 보니, 일부 커피업체들은 자사의 브랜드가 적은 양만 써도 진한 커피를 즐길 수 있다는 광고를 내보내기 시작했다. 한편 이런 광고에 대해 어떤 커피업자는 이런 우스갯소리를 내뱉었다. 가격이 계속 더 오르다간 "너무 진해서 가루를 하나도 넣지 않고도 향기롭고 맛 좋은 커피를 맛볼 수 있는 상품까지 나오겠군그래."

가격 상승의 주된 원인은 수요와 공급이라는 자유 시장의 합법적 영향력 때문이었다. 브라질에서는 이제 커피콩의 생산이 충분치 않았다. 한때 비옥하던 상파울루의 토양은 그동안 커피를 생산하느라 양분을 잃어버렸고 설상가상으로 약해진 나무들에 브로카(커피나무 해충)까지 덮쳤다. 한편 미국의 1인당 소비량은 전후에 8.9킬로그램으로 줄곧 높은 수준이었다가 1948년에는 8.2킬로그램으로 약간 떨어졌지만, 마셜플랜*에 힘입어 유럽의 수입량은 7백만 자루를 넘어섰다. 물론 이는 전쟁 전의 1천2백만 자루에는 아직 못 미치는 수준이었으나 그럼에도 상당한 양이었고 그 양 또한 증가하는 추세였다. 커피 재배업자들은 소비를 계속 끌어올리기 위해, 자진해서 납부하던 광고세를 2센트에서 10센트로 올려 범아메리카커피사무국을 지원했다. 또한 모험심 투철한 이주자들이 임박한 커피 부족 사태를 이용해 볼 열망에 들떠 브라질 파라나Paraná주 남쪽의 숲으로 더 깊숙이 들어가 새로운 파젠다를 개척했으나 새로 심은 나무들이 생산을 시작하기까지는 5년이라는 시간이 필요했다.

브라질에서는 1944년에 굉장한 요란을 떨면서 40만 자루의 산투스산 생두를 미군에 기부했다. 그로부터 2년 후, 미군에서는 '남아도는' 브라질산의 생두 50만 자루를 콜롬비아산 생두 20만 자루와 함께 미 농무부에 넘겨주었고, 농무부에서는 이 생두를 팔아 6백만 달러로 추산되는 이익을 봤다. 브라질의 재배업자들은 격분했다. 1948년에는 미국이 미주커피협정의 소멸을 인가하면서 그 전담팀의 고문 역할이, 미

---

* 제2차 세계대전 후, 1947~1951년에 미국이 서유럽 16개 나라에 행한 대외원조 계획

주기구Organization of American States*의 후원을 받으며 별 권한 행사도 못하는 커피특별위원회Special Commission on Coffee로 이전되었다.

1949년 가을에 이르러 브라질의 과잉분은 바닥이 났고, 하필이면 그 무렵 오랜 기간 이어진 가뭄 탓에 8월과 9월의 개화에까지 타격이 생겼다. 그 후 10월 19일에 생두 가격이 34센트로 슬쩍 오르는가 싶더니, 11월 중순쯤 되자 1파운드당 51센트까지 치솟았다. 로스팅업자들은 1파운드당 가격을 80센트 언저리로 올렸다. 식당들은 한 잔에 5센트 하던 커피값을 10센트로 변경했다. 역사상 처음으로 전 세계 커피 수입액의 규모가 10억 달러를 넘어섰다.

아이오와주 출신의 민주당원이자 낙농업자이던 상원 의원 가이 질레트Guy Gillette가 농업분과위원회의 지휘를 맡으며 커피 가격의 조사에 나섰다. 질레트는 "시세 조작자"와 "투기꾼"들을 커피 가격 상승의 주범으로 지목하며 격분했다. 그의 특별검사, 폴 해들릭Paul Hadlick은 살인 사건을 맡은 검사처럼 적개심을 품은 채로 증인들을 심문했다. 해들릭은 그 짧은 기간에 커피 가격이 그렇게 폭등한 이유가 뭐냐며, 제너럴푸즈 대표에게 이렇게 물었다. "자, 설명해 보시지요. 왜 이해관계가 높은 브라질인들이 뉴욕에서 커피를 구입했던 겁니까?"

실제로 이해관계자들의 투기가 가격을 끌어올리는 데 일조하긴 했으나, 가격 상승의 근본적 원인은 바로 부족한 커피 물량이었다. 콜롬비아의 전국커피재배업자연맹National Federation of Coffee Growers의 뉴욕 판매 대리인, 안드레스 우리베Andrés Uribe는 의회에 증인으로 나와 급격한 가격 상승이 미국

---

* 아메리카 대륙의 지역적 협력을 위하여 설립한 기구

업자들의 "자만" 때문이라고 피력했다. 말하자면 이런 논리였다. '미국의 업자들은 브라질의 재고 물량이 바닥날 리 없다고 방심하고 있었다. 그러다 1949년의 가뭄이 심상치 않다는 것과 과잉 재고 물량이 없다는 사실을 퍼뜩 깨닫고는 정신을 잃고 커피를 사들이기 시작했다. 그리고 그에 따라 전형적인 강세 시장이 형성되어 커피 가격이 치솟고 주부들이 사재기를 하면서 인위적인 품귀 현상이 빚어졌다.'

우리베는 위원회 앞에서 다음과 같은 말도 했다. "라틴아메리카 사람들은 자국민의 도덕성이 의심받고 있다는 것에 대해서나, 자신들이 사기를 치고 미국 소비자들의 돈을 사취하고 작당과 음모에 가담했다는 비난에 시달리는 것에 대해 크게 당황스러운 심정이며, 심지어 경악스러워하고 있기도 합니다." 그는 또한 이렇게 지적했다. 1949년에 미국 소비자들이 로스팅 커피나 브루잉 커피의 구입에 쓴 비용은 20억 달러지만, 그중 라틴아메리카의 커피 생산국으로 간 돈은 38퍼센트에 불과하며 이익의 대부분은 미국의 로스팅업자, 소매업자, 식당들이 가져갔다고.

"여러분, 커피의 문제를 다룰 때는 상품과 편익의 측면에서만 봐서는 안 됩니다. 수백만에 이르는 사람들의 삶도 생각해 봐야 합니다." 우리베는 이렇게 말문을 떼었다가 자신의 논점을 강조하기 위해 잠깐 말을 끊은 후에 다시 입을 열었다. "우리 라틴아메리카인들에게는 문맹 퇴치, 질병의 근절, 건강의 회복, 수백만 명을 위한 영양 섭취 프로그램 등 상상을 초월하는 어마어마한 과제들이 놓여 있습니다. 이 모든 과제의 열쇠는 (…) 공정한 커피 가격입니다." 그는 이어서 경고조로 말하길, 커피 가격이 공정하지 못하다면 "여러분이 이 수백만 명의 사람들을 빈곤과 궁핍이라는 위태로운 바다로

내몰아 차가운 바람과 거센 폭풍 속을 표류하게 만드는 격"이라고 했다.[1]

그의 호소는 메아리 없는 외침에 그치고 말았다. 1950년 6월 9일, 질레트의 위원회는 공식 보고를 발표했는데 너무 공격적인 혹평이 담겨 있어서 열네 개의 라틴아메리카 국가들이 공식적 항의를 제기할 정도였으니 말이다. 미국의 정치인들은 물량 부족의 탓을 브라질 재배업자들에게 돌리며, 그들이 어마어마한 재고분을 시장에 풀지 않고 쟁여 놓고 있다고 비난했다. 한편 질레트는 커피 생산국에 대한 모든 대출을 "아주 철저하게 조사"하는 동시에 라틴아메리카 이외 지역에서의 커피 재배를 촉진할 것을 미국 정부에 권했다. 이 보고서에서는 미국 커피 교역의 기존 방식을 전면적으로 수정할 것을 권하는 데서 그치지 않고, 브라질과 콜롬비아 측에 통화 환율을 변경해야 한다고 충고하기까지 했다. 또한 더 이상 마셜플랜을 통해 커피가 구매되어서는 안 될 뿐만 아니라 앞으로는 커피특별위원회의 회의에 미 법무부의 대표가 참석해야 한다고 주장했다. 마치 그 회의에 합법적 감시자가 필요하기라도 한 것처럼 말이다.

특별위원회에 참석한 브라질 대표는 이 보고서의 권고 사항대로 실행된다면 "커피 생산 산업에 파산과 다름없는 사태"가 벌어질 것이라고 말했다. 리우데자네이루의 한 신문은 이 보고서를 놓고 "야비함, 협박, 몸서리쳐지는 잔혹성의 표본"이라고 했다. 또 콜롬비아의 외무부 장관은 이 보고서를

---

[1] 콜롬비아인이던 우리베는 당시의 사회적 문제를 예리하게 인식하고 있었던 것 같다. 콜롬비아가 그 근래에 '라 비올렌시아(La Violencia)', 즉 폭력 사태가 발발한 상태였기 때문이다. 이 내란으로 약 20만 명의 콜롬비아인이 목숨을 잃었다.

"부당한 간섭 행위"이자 "선린 정책에 대한 엄청난 타격"이라고 비난했다. 이렇게 분개심이 들끓던 와중에, 브라질에서는 이전의 독재자 제툴리우 바르가스가 커피 재배업자들에게 최저 가격제를 보장해 주고 크루제이루*를 평가절하하는 것이 아니라 강화하겠다는 약속을 내걸며 기막히게 대중 영합적인 수완으로 정계에 복귀해 그해 후반에 대통령에 당선되었다.[2]

국무부 차관보 G. 밀러 주니어G. Miller Jr.는 국무부의 통과도 받지 않고 그 보고서를 발표한 것에 대해 농업위원회를 질책하며, "시장의 조작이나 생산 이해관계자들 간의 결탁에 대한 비난은 그런 혐의를 입증할 확실한 증거가 없는 한 절대로 해서는 안 된다"고 말했다. 사실 실제로 그런 증거도 없었다. 그는 보고서의 권고 사항들에 대해서도 비난하며 그것을 뒷받침할 "[배경] 정보가 거의 없거나 전무하다"고 지적했다. 질레트의 위원회는 마지못해 보고서를 수정하여 논조도 부드럽게 바꾸고 불쾌한 권고안도 온건한 수준으로 바꾸었다. 이에 따라 국제적인 감정이 일시적으로 누그러지는가 싶던 그때, 6.25 한국전쟁이 터지면서 냉전적 사고가 증폭되었을 뿐만 아니라 커피 가격이 또다시 출렁거리면서 1파운드당 소매가가 85센트 선까지 올라갔다.

빠르고 편리하고 현대적이지만 맛은 별로인 인스턴트

인스턴트커피 산업은 전후 시대에 들어서면서 어마어마하게 성장했다. 특히 초반에는 네스카페가 대대적인 광고를 통해

---

* 브라질의 옛 화폐 단위

[2] 당시에 면도기 회사인 질레트는 브라질의 신문에 전면 광고를 실어 질레트사와 가이 질레트와의 관련성을 전면 부인했다.

AMAZING COFFEE DISCOVERY!

Not a powder! Not a grind! But millions of tiny
"FLAVOR BUDS" of _real_ coffee...ready to burst instantly
into that famous MAXWELL HOUSE FLAVOR!

1950년대에 인스턴트커피는 중산층 미국인들에게 빠르고 간편하고 저렴한 활력소가 되어 주었다. 물론, 품질만 따지지 않는다면.

† "커피의 놀라운 신세계! 이것은 단순한 분말이 아닙니다! 단순한 가루가 아닙니다! 진짜 커피의 맛이 깃든 수백만 개의 작은 '풍미 봉오리'여서, 그 유명한 맥스웰하우스의 풍미를 언제든 즉각적으로 터뜨려 줍니다!"

미국의 시장을 지배했다. 그리고 국제적 위세를 떨치던 이 스위스 회사는 유럽, 라틴아메리카, 아시아, 오세아니아, 남아프리카 등 전 세계에 자사의 인스턴트 브랜드를 출시했다.

그러나 전 세계에서 미국이야말로 가장 잠재성이 큰 시장이었다. 새로운 인스턴트 브랜드들이 급증하면서 현대적인 미국 소비자들은 편리함을 위해 기꺼이 품질을 양보했다. 특히 1950년에 보통의 로스팅 커피가 1파운드당 80센트까지 치솟자 인스턴트를 찾는 수요가 그야말로 급증했다. 인스턴트커피의 생산을 위해서는 높은 타워형 분사 시설과 후처리 공정 시설이 필요해 막대한 자본이 지출되었으나 제조 비용이 한 잔당 1.25센트꼴로, 보통의 로스팅 커피보다 1센트 **낮았다.**

인스턴트커피의 맛은 너무 형편없어서 어떤 원두를 쓰는지는 그다지 중요한 문제가 아니었다. 전쟁으로 피폐해진 자국의 경제에 달러를 주입하기에 급급하던 아프리카 식민지들의 값싼 로부스타 원두도 이런 인스턴트커피의 원료로 쓰였다. 게다가 제조업자들은 커피 가루를 과잉 추출함으로써 원두 한 톨 한 톨을 더 알뜰하게 쥐어짜 낼 수 있었다.

1952년 말엽, 인스턴트커피는 미국의 전체 커피 소비에서 17퍼센트를 차지했다. 인스턴트 맥스웰하우스와 네스카페의 두 브랜드 모두 연간 광고료로 1백만 달러 이상을 썼다. 다음은 인스턴트 맥스웰하우스가 내세웠던 광고 문구다. "**커피의 놀라운 신세계!** 이것은 단순한 분말이 아닙니다! 단순한 가루가 아닙니다! **진짜** 커피의 맛이 깃든 수백만 개의 작은 '**풍미 봉오리**'여서, **마지막 한 방울까지 맛있는** 그 유명한 풍미를 언제든 즉각적으로 터뜨려 줍니다!" 한편 네스카페는 이렇게 광고했다. "가족 각자의 입맛에 맞추어 강도를 조절하기 쉽고, 포트나 퍼컬레이터를 준비하느라 수선을 피우지 않아도 됩니다. 귀찮은 청소도, 커피 분쇄도 필요 없습니다." 이 스위스 회사의 단조로운 광고들은 소비자들의 상상력을 사로 잡지 못했고, 결국 1953년에 인스턴트 맥스웰하우스가 네스카 페를 앞지를 만큼 도약하며 미국 인스턴트커피 판매에서 경쟁 상대 없는 선두로 올라섰다. 그러나 인스턴트 맥스웰하우스는 낮은 가격과 막대한 광고 투자를 통해 그 선두 자리를 겨우 지탱하고 있었다. 그런데다 여러 소비자 조사에서 드러났듯, 인스턴트커피에 대한 브랜드 충성도는 희박한 편이었다.

(공장 하나당 1백만 달러인) 인스턴트커피를 생산하는 데 필요한 막대한 자본을 모으기 위해 열 개의 영세 로스팅업 체가 (고품질 커피로 명성을 얻고 있던) 조지프마틴슨&컴퍼니 Joseph Martinson & Company의 주도에 따라 서로 힘을 합치면서, 인스턴트커피 생산을 위해 하루 24시간 가동되는 뉴저지주 소재의 협동조합, 텐코Tenco가 설립되었다. 특히 에드워드 에번 주니어Edward Aborn Jr.는 그의 아버지가 예전에 뛰어난 브루잉 방식을 개발했을 때 그랬던 것처럼 유서 깊은 가문의 회사를 매각하고 텐코에 합류하며 업계 사람들에게 충격을 던져 주었다. 또한 A&P에 속한 아메리칸커피코퍼레이션의 수장으로서 커피업계를 호령하던 베렌트 프릴레는 텐코에 투자하도록 넬슨 록펠러를 설득했다.

인스턴트커피가 인기를 끌면서 뒤이어 자판기도 등장했다. 1947년에 군의 기계 기사 출신인 두 사람, 로이드 러드 Lloyd Rudd와 K. C. 멜리키안K. C. Melikian이 5초 만에 종이컵에 뜨거운 인스턴트커피를 담아 주는 퀵 카페Kwik Kafe라는 자판기를 선보였다. 러드멜리키안인코퍼레이션Rudd Melikian Inc.은 첫해에 3백 대의 자판기를 팔았고, 얼마 지나지 않아 다른 회사들도 이들과의 경쟁에 뛰어들었다. 1951년에 이르러 미국에 보급된 자판기는 9천 대가 넘었고 1950년대 중반에는 6만 대를 넘어섰다.

커피 브레이크의 개발

자판기는 그 귀하디귀한 미국의 전통, 즉 커피 브레이크coffee break를 하나의 제도처럼 굳히는 데 한몫하기도 했다. 커피 브레이크라는 말은 1952년에 범아메리카커피사무국에서 만들어 낸 작품이었다. 연간 2백만 달러의 예산을 지원받던 범아메리카커피사무국이 당시에 라디오, 신문, 잡지를 통해 "여러분 스스로에게 커피 브레이크를 주세요. 그리고 커피가 선사하는 기쁨을 누려 보세요"라는 카피의 광고 캠페인을 시작한 것이 이 말의 시초였으니 말이다. 전시 중에 방위산업체 공장들에서 실제로 이런 커피 브레이크를 갖기 시작했는데, 커피 한 잔을 위한 이런 휴식 시간은 근로자들에게 카페인의 각성 효과와 더불어 기분 전환의 여유를 주었다.

커피를 위해 잠깐 일을 쉰다는 것은 전쟁 이전에만 해도 사실상 생소한 개념이었지만, 1952년에 설문 조사를 실시해 봤더니 설문에 참여한 회사들 가운데 80퍼센트가 커피 브레이크를 도입하고 있었다. 이런 커피 브레이크는 병원에서도 시행되었고, 일요일의 교회 예배 후에 신자들이 목사들과 커피 브레이크를 갖기 위해 한자리에 모이는 것이 하나의 일상이 되기도 했다. 한편 범아메리카커피사무국은 전국의 도로에서 "커피 스톱Coffee Stop" 캠페인을 개시해 운전자들에게 안전 운행을 위해 두 시간마다 차를 세우고 커피를 마실 것을 권했다.

드와이트 아이젠하워Dwight Eisenhower 장군의 대선 캠페인에서조차 이런 분위기에 합류해, 커피 브레이크의 개념을 차

THE COFFEE BREAK

MORE WALL STREET JOURNAL CARTOONS

HURRY, YOU'LL MISS THE COFFEE BREAK!

SELECTED BY
CHARLES PRESTON

원래 1952년에 범아메리카커피사무국에서 고안해 낸 말인 '커피 브레이크'는, 이 만화책의 사례가 보여주듯 순식간에 일상어로 굳어졌다.

1950년대에 커피는 미국인의 삶의 일부분으로 받아들여져, 안전 운전 지원 차원에서 경찰의 인기까지 받게 되었다.

용한 전략을 세우면서 일명 "커피 파티"를 통해 유권자들에게 아이크^{Ike}(아이젠하워의 애칭)를 "유쾌하고 친근한 식으로" 소개했다. 『룩^{Look}』지에서 지적했다시피 커피를 통한 사교가 확산되고 있었다. "주민 회의에서 커피와 디저트가 참석자들의 기분을 띄워 주고, 커피 파티를 통한 심포니 오케스트라의 기금 마련 행사가 열리고, 학부모·교사 회의에서 차와 함께 커피를 들며 매끄럽게 의견을 교환하는 이 모든 일은, 여러 사람에게 인스턴트커피를 타 줄 수 있는 간편함 덕분이다." 이제 사람들은 성가시게 크림이나 우유를 함께 준비하지 않아도 되었다. 인스턴트커피의 맛대가리 없는 짝꿍으로 인스턴트 프림, 즉 가루우유가 출시되기도 했다. "시간 낭비와 성가심으로부터의 해방." 프림의 광고 문구였다.

바보상자

인스턴트커피, 크림과 더불어 인스턴트 오락도 등장했다. 대공황 직전에 텔레비전이 데뷔했던 것이다. 하지만 이 새로운 미디어는 출발이 불안정했고 제2차 세계대전 이후에야 상업적 실용성을 갖게 되었다. 그로써 1952년 무렵엔 TV를 보유하는 비율이 37퍼센트에 이르렀고, 1950년대 말쯤엔 사실상 미국의 모든 국민이 하루 평균 여섯 시간 동안 TV를 시청했다.

1940년대 말에 1만 5천 명 이상의 직원을 고용하고 연매출 5억 달러 이상을 올리던 제너럴푸즈는 TV 광고를 선도적으로 개시한 업체인데, 이 광고의 추진자는 여전히 벤턴&볼스를 지휘하고 있던 애서턴 호블러였다. 맥스웰하우스를 통해 라디오의 역할을 체험했던 그는 청각 효과뿐만 아니라 시각 효과까지 가진 TV야말로 라디오보다 더 파급력이 클 것이라고 확신했다.

그래서 제너럴푸즈의 광고 담당자 찰스 모티머를 설득했다(모티머는 얼마 후에 이 식품 재벌 기업의 사장직에 오르게 된다).

1947년에 맥스웰하우스 커피는 라디오 대신 TV 방송으로 전환한 <언론과의 만남Meet the Press>*을 후원했다. 제너럴푸즈는 상카 디카페인 커피를 광고하기 위해 라디오와 TV 버전의 <더 골드버그스The Goldbergs>를 후원하기도 했다. 거트루드 버그Gertrude Berg 주연의 이 프로그램은, 골드버그 부인과 그녀의 가족을 통해 뉴욕의 유대인 이민자들의 삶을 애정 어린 시선으로 담아낸 당시의 인기 시트콤이었다. 그중 한 회에서, 버그가 창밖을 내다보며 TV 시청자들에게 대놓고, 상카는 "잠을 빼앗아 가지 않으니" 마시고 싶은 만큼 마셔도 된다는 대사를 했다.

1950년에 TV 소지자 4천3백 명을 대상으로 한 조사가 시행되었는데, 조사 결과 TV는 "식품 판매 효과에서 그 어떤 상품보다 영향력이 높았다." 같은 해에 코카콜라는 에드거 버겐과 찰리 매카시에게 특별 프로그램에 출연하는 대가로 돈을 주었고, 버겐과 매카시는 체이스&샌본을 배신하고 이 청량음료 회사로 갔다. 코카콜라는 1951년에는 월트 디즈니 프로그램을 후원하기도 했다.

제너럴푸즈는 페기 우드Peggy Wood 주연의 <마마Mama>로 응수했다. <마마>는 브로드웨이에서 인기리에 상연된 연극 <아이 리멤버 마마I Remember Mama>를 토대로 한 작품이었는데, 매주 프로그램의 말미에 출연 배우들이 마마의 주방에 모여 맥스웰하우스 커피를 마시는 장면이 나왔다. 이것이 이 프로그램의 유일한 광고여서, 이 프로그램으로서는 없어서는 안 될 부분이 되었다. <마마>는 비디오테이프 녹화 촬영의

---

* 미국 NBC 뉴스의 대표적 시사 대담 프로그램

등장으로 라이브 TV 드라마의 시대가 막을 내릴 때까지 8년에 걸쳐 방송을 탔다.

1953년에 제너럴푸즈는 스프링 바잉턴Spring Byington 주연의 <디셈버 브라이드December Bride>를 맥스웰하우스 후원 프로그램 대상에 추가했다. 네슬레가 네슬레 무료 샘플을 제공하는 TV 스폿 광고를 내보냈을 때는, 18개월이 넘는 기간 동안 2백만 명 이상의 소비자가 반응을 보였다.

부진에 시달리던 스탠더드브랜즈는 막대한 TV 광고비를 감당할 여력이 못 되어, 시장 점유율에서의 전망이 밝지 못했다. 제너럴푸즈의 1949년도 순이익이 2천7백만 달러였던 데 반해, 스탠더드브랜즈는 8백만 달러에 불과했다. 맥스웰하우스가 연간 광고료로 2백5십만 달러를 쏟아부었다면 체이스&샌본의 광고비는 1백만 달러를 약간 넘는 수준이었다.

제이월터톰슨의 광고맨들은 근시안적인 스탠더드브랜즈의 광고 담당자 돈 스테틀러Don Stetler를 상대하며 여러모로 좌절에 부닥쳤다. 스테틀러는 광고 예산을 턱없는 수준으로 책정했을 뿐만 아니라, 커피가 순전히 지역 기반 사업이라는 신념 아래 찰리 매카시의 라디오 프로그램을 중지시키고, 전국지에 컬러판 광고를 게재하자는 제안을 거부했다. 또한 광고 총책임자가 되자마자 제이월터톰슨과의 광고 계약을 해지하고 새로운 광고 대행사에 일을 맡겼으나 이 광고 대행사는 회사에 별 도움을 주지 못했다.

힐스브라더스 역시 1950년대 초반에 TV 광고를 시도했다. 이브닝드레스를 입은 금발의 여인이 주방에서 손님들을 위해 커피를 준비하는 장면으로 시작되는 광고였다. 지나치게 감상적인 음악에 맞춰 어떤 여성이 힐스브라더스에 대해 "가장 친구 같은 블렌드"라며 노래한다. 또 다른 광고에서는 서먹서먹한 십 대 커플이 등장한다. 나비넥타이를 자랑스럽게 맨 소년이 힐스브라더스 커피 캔을 열고 소녀가 향을 맡을 때, 다음과 같은 말이 흘러나온다. "남자와 여자가 사랑에 빠지면 여자는 커피를 준비합니다. 물론 힐스브라더스겠죠." 소년이 쟁반을 들고 거실에 앉아 있는 다른 사람들에게 커피를 건네주는 장면이 이어질 때는, 이런 말이 깔렸다. "힐스브라더스 커피, 파티 같은 삶을 선사해 드립니다." 1951년에조차 이런 광고는 작위적이고 억지스럽게 다가오지 않았을까?

힐스브라더스의 TV 스폿 광고는 지역 시장만을 겨냥하여 방송되었다. 그 당시 전국 TV 광고를 내보낼 정도로 자금과 선견지명을 가졌던 커피 로스팅업체는 제너럴푸즈가 유일했다. 제너럴푸즈는 <마마>와 <더 골드버그스>에 더해, <캡틴 비디오와 비디오 레인저Captain Video and His Video Rangers>라는 프로그램도 후원했다. 이 프로그램은 라디오에서 슈퍼히어로 그린호넷Green Hornet* 역을 맡은 적 있던 앨 호지Al Hodge 주연의 시리즈물이었다. 제너럴푸즈는 결국 애서턴 호블러의 설득에 따라 광고 예산의 80퍼센트를 TV에 할애했다.

가격 경쟁, 쿠폰, 4백 그램형 포장

높은 가격과 인스턴트커피의 인기 급등 탓에 로스팅업체들은 어쩔 수 없이 자사 브랜드의 가격을 내리면서 가격 홍보, 경품, 현금 적립 쿠폰을 내세우는 한편 상품의 포장 단위를 줄였다. 레스토랑과 시설에 상품을 납품하던 일부 지역 기반 로스팅업체들은 4백 그램(14온스) 단위의 포장으로 커피를 팔

---

* 만화·영화 등에 등장하는 녹색 말벌 표시의 마스크를 쓴 정의파 캐릭터

기 시작하더니, 자사의 제품이 써 보면 알겠지만 450그램 포장 제품을 쓰는 것과 다르지 않을 것이라고 주장했다. 폴거스도 창립 백 주년을 기념하는 광고에서, 자사의 블렌딩은 진해서 "4분의 1을 덜" 써도 괜찮다고 선전했다. 어느 로스팅업자는 이런 흐름에 대해 "몹쓸" 짓이라고 비난하면서도 그 역시 그 흐름를 따를 수밖에 없다고 인정했다. 그렇다면 그 결과는 어땠을까? 너도나도 더 적은 양의 커피를 팔면서 일반 소비자들은 묽은 커피를 마시게 되었다.

유럽에서는 알뜰형 커피의 구매가 선택의 문제라기보다는 불가피한 문제였다. 1952년 무렵 프랑스는 260만 자루의 커피를 수입하고 있었으나 그중 절반 이상이 프랑스령 아프리카 식민지에서 들여오는 낮은 등급의 로부스타 생두였다. 그 결과, 안 그래도 품질 면에서 그다지 알아주지 않던 프랑스의 커피는 질이 더 떨어지고 말았다. 유럽에서는 산업체 로스팅이 시장을 장악하면서 직접 로스팅하는 가정이 줄었으나, 여전히 대다수 이탈리아인은 로스팅 통원두를 사다가 집에서 직접 갈았다. 한편 이탈리아의 광고에서는 "천국의 (…) 맛"을 약속했지만 그 커피는 값싼 브라질과 아프리카산 로부스타를 주원료로 섞어 만든 블렌딩이었다.

등한시된 세대

전후의 궁핍한 유럽에서조차 미국산의 다른 음료가 점점 인기를 얻으며 커피의 시장 점유율을 야금야금 빼앗아 갔다. 1950년 5월 15일에 『타임』지의 표지에는 웃음을 띤 붉은색의 동그란 코카콜라 캐릭터가 가느다란 팔로 코카콜라 병을 잡고 목말라하는 지구의 입에 콜라를 대 주고 있는 그림이 실렸다. 그리고 이 그림 아래에는 "세계와 친구―피아스터,* 리라,** 티키**를 사랑하고 미국인의 라이프스타일을 사랑하다"라는 문구가 찍혀 있었다. 전국커피협회의 회보 편집장은 커피업자들에게 『타임』의 코카콜라 기사를 "꼭 읽어 보라고" 권고했다. 그가 지적했다시피, 코카콜라 한 병의 가격은 집에서 우려 마시는 커피 한 잔 가격의 두 배가 넘었다. 하지만 청량음료의 판매는 급증하고 있었다. 회보 편집장은 이 카페인 함유 청량음료 상품에서 커피가 교훈을 얻어야 한다고 봤다.

그러나 몇 달 후, 이 편집장은 다음과 같이 썼다. "미국의 커피업계는 이 연령층[15세 이하]을 고객층으로 주목한 적이 없었다. (…) 상당수 부모가 자녀에게는 영양 보충 음료를 마시게 하고 싶어 하기 때문이다." 커피업자들은 가격을 깎고 서로의 목을 조르고 커피를 멀겋게 만들고 커피를 상품으로 광고하느라 바빴지만, 그사이에 코카콜라와 펩시는 젊고 활력적인 이미지는 물론 『타임』에서 지적했던 것처럼 "미국의 라이프스타일"을 홍보하며 승승장구하고 있었다.

1950년에는 미국의 1인당 커피 소비량이 떨어지기 시작한 반면에 청량음료의 인기는 올라갔다.**3** 그해에 청량음료 회사들은 처음으로 커피와 맞먹는 수준의 광고 예산을 책정하면서, 두 음료업계 모두 연 7백만 달러가 약간 넘는 비용을 썼다. 하지만 청량음료 산업은 단 두 개의 회사, 즉 코카콜라와 펩시가 지배하고 있었지만, 커피 회사들은 서서히 줄어들고

---

* 스페인·터키의 옛 은화

** 이탈리아의 옛 화폐 단위

** 남아프리카의 옛 화폐 단위

3 1950년에 미국인들은 연간 평균 177병의 청량음료를 마셨다. 그러다 1950년대 말에는 연 235병을 들이켜는 것으로 나타났다.

있는 시장 점유율을 놓고 서로 각축전을 벌였다. 두 업계는 광고에서 내세우는 이미지에서도 차이를 보였다. 가령 코카콜라에서는 1953년에 24세의 헝클어진 머리에 감성적 목소리의 가수 에디 피셔Eddie Fisher를 TV와 라디오의 뮤지컬 시리즈물인 <코크 타임Coke Time>에 출연시켰지만, 커피 광고에서는 대다수가 쩔쩔매는 주부나 허둥지둥 바쁜 사업가들의 모습을 내보냈다.

돈 냄새가 진동하는 땅

높은 커피 가격은 또다시 전 세계에 커피 재배 열풍을 몰고 왔다. "세계의 거의 모든 커피 생산국에 새로운 커피나무들이 심기고 있다. 과연 세계가 이러한 추가 생산을 받아들일 만한 준비가 되어 있을까?" 1950년 말에 『커피 연감Coffee Annual』의 편집장 조지 고든 페이턴George Gordon Paton이 했던 말이다.

　1952년에 파푸아뉴기니의 고지대에서는 오스트레일리아인 짐 레이히Jim Leahy가 자신의 첫 커피를 수확하였다. 그는 1933년에 다른 두 형제 믹Mick, 댄Dan과 함께 황금을 찾아왔다가 금은 못 찾고, 대신에 이전까지 바깥세상에 알려지지 않았던 수많은 뉴기니 원주민들을 발견했다. 믹 레이히는 혼혈아인 조Joe까지 태어나게 해 놓고선 나중에 버리고 오스트레일리아로 돌아갔지만, 짐과 댄은 뉴기니에 계속 남았다.[4] 전후에 짐이 고지대의 작은 땅에 실험 삼아 커피를 재배해 봤더니 상급 아라비카 원두에 최적의 조건을 갖추고 있었다. 그가 처음으로 대규모로 수확하였을 때 마침 가격이 치솟으면서 뉴

---

4 조 레이히는 커서 뉴기니의 부유한 커피 농장주가 된다(제17장 참조).

기니에서는 랜드러시land rush*가 시작되었다. 1955년 무렵 뉴기니의 커피 농장은 76개였고 이 중 55개는 유럽인 소유였다. 주변에서 부자가 되는 모습을 보고 놀란 원주민들은 자신들도 작은 땅에 나무를 심기 시작했다.

브라질에서는 또다시 투기적 광풍이 거세게 일었다. "파라나주에서는 사람들이 미쳐 돌아가고 있다." 다른 지역의 브라질인들이 고개를 설레설레 저으며 이렇게 말할 정도였다. 커피를 재배해 떼돈을 벌어 보려고 파라나로 몰려든, 열정은 있으나 조심성이 없는 자쿠jacú,5 즉 시골뜨기들에게 사기꾼이 들러붙어 있지도 않거나 쓸모없는 땅을 팔기도 했다. 미국의 물가관리국이 커피 가격을 자유화한 이후 6년 사이에 파라나에는 무려 50만 명이 넘는 사람이 이주해 왔다.

1952년에 미국의 언론인 해럴드 마틴Harold Martin은 취재를 위해 파라나주로 날아갔다가 "돈 냄새가 진동하는 땅"이라는 딱 들어맞는 타이틀의 기사를 썼다. "론드리나Londrina시와 그 너머 지역에는 160킬로미터에 걸쳐 건무**가 어찌나 짙게 끼어 있는지 어떤 때는 한낮의 태양도, 그 아래의 땅도 제대로 안 보일 지경이다." 브라질에서는 이렇게 풀과 나무를 불살라 버리고 그 자리에 농사를 짓는 오랜 전통이 이어지면서 숲의 파괴가 빠른 속도로 지속되고 있었다. 불과 몇 년 전만 해도 재규어, 테이퍼tapir,** 원숭이, 뱀, 앵무새들에게 서식지가 되어 주던 지역들에 주민 1만 5천 명 규모의 시들이 불

---

* 금광이 발견된 지역으로 사람들이 몰려드는 '골드러시'에 빗댄 표현
5 자쿠는 원래 사냥꾼이 휘파람을 불면 곧장 날아오기로 유명한 브라질의 엽조 이름이다.
** 낮은 습도에서 먼지와 연기로 생기는 안개
** 말목 테이퍼과에 속하는 포유류

쑥불쑥 생겨났다.

파라나의 땅들은 시들해진 상파울루의 토양과 비교하여 커피 생산량이 1에이커당 다섯 배였다. 기복이 완만하고 비옥하며 관개가 잘되고 해발 2천 피트(약 610미터)에 위치한 이곳의 고원 지대는 완벽에 가까운 커피 재배 조건을 갖춘 듯했으나 주기적으로 서리가 내리는 심각한 위협 요소가 있었다. 그러나 1952년에는 아무도 그 문제를 걱정하지 않았다. 단지 5, 6년 전에 심긴 커피나무들의 첫 수확에 들어갔고, 새로운 땅에 수백만 그루가 더 심겼을 뿐이다.

미국은 라틴아메리카에 실험적인 농업연구소를 설립하도록 장려했다. 이로써 토양의 과학적 분석과 10년 이상 동안 미국의 옥수수, 밀, 과일나무에 적용된 새로운 재배법이 커피 재배에 처음으로 권고되었다. 미국 농무부 소속의 농업경제학자 윌리엄 카우길William Cowgill 박사는 과테말라에서 연구하면서 중앙아메리카, 콜롬비아, 에콰도르, 페루를 두루 돌며 자문을 했다.

1950년에 카우길은 직접 애지중지 키우던 귀한 커피나무 중 하나에서 6.3킬로그램의 열매를 생산해 냈다. 나무 한 그루당 평균 0.45킬로그램인 것과 비교하면 엄청난 양이었다. 이 전문가의 말마따나, 당시에 대부분의 커피 농장주들은 그저 전통 방식대로 따르면서 뭐가 뭔지도 모른 채 주먹구구식으로 농장을 운영했다. 카우길은 그늘나무를 없애고 비료와 살충제 사용을 늘리며 커피나무를 훨씬 더 조밀하게 심도록 권했다.

콜롬비아, 코스타리카, 브라질에서도 커피연구소들이 생겨나기 시작해, 이곳에서 라틴아메리카의 과학자들이 잡종 품종 개발을 위한 이종 교배 연구뿐만 아니라 식물병과 해충

의 연구도 수행했다. 특히 브라질에서는 문도 노보Mundo Novo
라는 아주 가망성 높은 품종을 발견했는데, 말 그대로 이 품
종은 의도적으로 교배한 것이라기보다 '발견된' 것이었다. 전
통적인 아라비카 나무인 이 품종은 질병에 어느 정도 내성이
있고 발육 기간이 4년이 아닌 3년이며 열매를 풍성히 맺는 것
으로 밝혀졌다.

　　록펠러 가문은 이런 모험에 자금을 투자하며 라틴아
메리카에서 미국 사업의 입지를 다지기로 결심했다. 넬슨
록펠러는 전후에 인터내셔널베이직이코노미코퍼레이션
International Basic Economy Corporation, IBEC을 세우고 1950년 11월
에 IBEC연구소IBEC Research Institute, IRI를 창설했다. 그다음 해
에는 젊은 식물과학자 제리 해링턴Jerry Harrington이 상파울루
로 파견되어 그곳의 커피 생산량 하락 문제의 해결책을 밝히
는 일에 몰두했다. IRI 연구원들은 어느 정도 성과를 냈으나
아직 뭔가가 미진했다. 상파울루의 나무들은 여전히 파라나
의 막 개간한 땅에서 재배되고 있는 나무들 같은 빛깔과 활기
를 띠지 못했다.

7월 4일의 대서리

파라나의 기운차고 어린나무들에서 열매가 익어 가던 1953년
6월, 즉 브라질의 겨울철에 세계 시장이 마침내 대풍작의 작물
을 얻게 될 것처럼 보였다. 사실 이전의 7년 동안 세계의 생산량
은 소비량을 따라가지 못하고 있었다. 3월에 아이젠하워 대통
령이 한국전쟁으로 강제되었던 커피 가격 상한제를 폐지하면서
판매가도 몇 센트씩 슬금슬금 올라갔다. 미국의 커피업자들은
막대한 수확량이 마침내 가격을 하락시켜 줄 것으로 기대했다.

그러던 7월 4일 저녁, 대서양에서 올라온 유난히 차가운 기단氣團이 브라질 남부 지역을 덮쳤다. 다음 날 정오쯤 되자 상당수의 나무가 혹독한 서리 피해를 입어 완전히 못 쓰게 되었다. 그렇지 않은 나무들도 잎이 시들고 콩이 시커멓게 변한 채 가지에 매달려 있었다. 브라질의 수확이 예상치보다 수백만 자루 부족한 데다 그다음 해에도 흉작이 될 것이 확실해지면서, 커피의 선물 가격이 조금씩 올라갔다.

1954년 1월에 로스팅 커피 가격이 심리적 저항선인 1파운드당 1달러를 돌파했다. 다시 한번 주부들, 정치인, 언론이 비난적인 태도로 돌아섰다. 미국의 『뉴스&월드 리포트News & World Report』에서는 이렇게 지적했다. 소비자들은 "수많은 농작물의 가격이 내려가고 있는 마당에, 왜 커피 가격은 사상 최고를 기록하고도 앞으로도 더 치솟을 전망인 건지" 이해하지 못하고 있다고. 지난번 위기 때 한 잔당 가격을 5센트에서 10센트로 올렸던 레스토랑들은 이번에는 15센트, 심지어 25센트까지도 올렸다. 뉴욕시의 커피 소비량은 몇 주 만에 50퍼센트 급락했다. 전국적으로 '커피 휴일coffee holidays' 운동이 일어나기까지 했다.

포스텀의 판매가 급증하고 인스턴트커피가 인기를 끌었다. 체인 매장들은 손님을 끌기 위해 손해를 보며 파는 특매품으로 커피를 팔기 시작했다. 어떤 신문은 독자를 늘리기 위해 신규 구독자에게 무료 커피 1파운드를 증정하는가 하면, 유머 감각이 있는 어느 중고차 딜러는 1파운드에 6백 달러인 커피 팩을 사면 차를 무료로 증정했다.

아이젠하워 대통령은 연방통상위원회에 커피 가격 조사를 지시했다. 미 하원에서는 2월에 커피 청문회를 시작했고 상원에서는 이 문제를 검토할 두 개의 위원회를 임명했다.

메인주 출신의 상원 의원 마거릿 체이스 스미스Margaret Chase Smith는 결의문을 통해 커피 가격 상승의 배후에 공산주의자들이 있는 것이 틀림없다는 의견을 밝혔다. 그녀는 과테말라에서의 커피 수입을 금지해야 한다며, 과테말라에서 "공산주의 운동이 경제적으로나 정치적으로 큰 힘을 얻고 있다"는 주장을 펴기도 했다.

뉴욕 커피·설탕거래소Coffee and Sugar Exchange의 신임 소장 구스타보 로보Gustavo Lobo는 여러 위원회에 불려 다니며 변호를 하다가, 상원 의원 조지 에이킨George Aiken이 이끄는 위원회에 출석했을 때는 이렇게 말했다. "오늘은 '커피'라는 단어를 입 밖에 꺼내는 것 자체만으로도 무관한 논의, 성급한 결론, 무분별한 행동을 촉발하는 게 아닐까 싶습니다." 그는 거래소는 가격을 정하는 게 아니라 가격을 기록할 뿐이라고 설명했다. 물론 투기가 있긴 하지만 그것은 모든 상품 거래소에 필요한 기능이라고도 했다. 또한 커피를 통해 막대한 이익을 거두어들인 사람은 아무도 없다고 주장했다. 베테랑 커피 중개상들인 챈들러 맥케이Chandler Mackay, 레온 이즈리얼Leon Israel, 잭 애런Jack Aron도 로보와 생각을 같이 했다. 특히 이즈리얼은 이렇게 증언했다. "도매상인은 [이익] 1퍼센트를 얻으려고 애쓰다가 그 1퍼센트의 반만 건져도 행복해할 겁니다." 그러나 정치인들은 여전히 의혹을 거두지 않았다. 여름이 되자 로스팅 커피의 가격은 1파운드당 1달러 35센트로 올랐다.

『뉴스위크Newsweek』의 헨리 해즐릿Henry Hazlitt은 의원들이 군말 없이 마티니를 75센트에 즐기는 것이나, 1억 2천만 킬로그램 정도의 물량을 시장 출시 보류함으로써 버터 가격을 높이려는 시도에는 별 불만을 제기하지 않는 점을 지적하

1954년에 성난 미국인들이 브라질에서 인위적으로 커피 가격을 부양시켰다고 비난하자,
브라질 정부는 미국의 주부들을 파라나로 초대해 서리 피해의 심각성을 직접 보여 주었다.

며 이런 의혹을 던졌다. "이런 괴상한 대조가 혹시 커피 재배
업자들은 [그들] 지역구에 투표권이 없으나 낙농업자들은 투
표권이 있다는 사실과 결부된 것은 아닐까?"『크리스천 센추
리Christian Century』의 편집장도 여기에 한마디 거들었다. "현
사태에 불만을 제기하는 미국인들은 (…) 이제야 차츰 이해하
는 것 같다. 우리의 농업 정책이 과연 다른 나라의 가난하고
굶주린 사람들에게 얼마나 주의를 기울여 왔는가를." 그러나
이런 이성의 목소리는 격분하여 가격 조작과 투기를 주장하
는 외침에 묻혀 버렸다.

코스타리카에서는 호세 피게레스José Figueres 대통령이
커피 재배국인 자국에서조차 국내 커피 가격이 1파운드당
90센트일 뿐만 아니라 자국 일반 시민의 평균 소득이 미국
시민의 10분의 1에 불과하다는 점을 지적했다. 브라질 정부
는 미국의 주부 네 명을 파라나로 초청해 서리 피해 상황을
직접 보여 줬다. 3월에 파라나의 커피 숲에 들어가 있는 이
주부들의 모습이 미국의 언론에 보도되었는데, 1950년대의
중산층 옷차림을 한 그 주부들의 주위로 말라비틀어지거나
죽어 있는 커피나무들이 보였다. 이들은 그 황폐한 모습에 충
격을 받아, 돌아가면 미국의 주부들에게 좋게 얘기해 주겠다
고 약속했다. "우애를 지키면서 커피 잔 속에 그 우애를 녹여
버리지 않을게요." 한편 연방통상위원회와 의회 위원회는 조
사를 계속하며 **누군가에게 가격 상승의 책임을 돌리려는 의지
를 불태웠다.**[6]

---

6 연방통상위원회는 마침내 523쪽에 달하는 보고서를 발표하며 1954년의
가격 상승 원인을 형편없는 수확량 예상, 커피 거래소에서의 투기, 거대
미국 로스팅업체들의 재고 비축으로 돌렸다. 그러나 그 무렵 커피 가격이
떨어지는 추세로 돌아서면서 이 문제에 대한 관심은 시들해져 있었다.

CIA, 과테말라의 쿠데타에 관여하다

1944년에 과테말라에서 독재자 우비코가 타도된 이후, 새로운 대통령 후안 호세 아레발로Juan José Arévalo는 마침내 '동원'법을 비롯해 다른 형태의 강제 노동을 폐지하는 한편, 전시 중에 독일인들로부터 몰수한 커피 농장의 소유권을 국가로 귀속시켰다. 그러나 아레발로는 농지 개혁을 시도하진 않았다. 1천1백 에이커(약 4.45제곱킬로미터)가 넘는 대단지 농장들이 전국 농지의 반 이상을 차지하고 있는데도 (그것도 이들 농장이 전체 농장 수에서 불과 0.3퍼센트에 해당될 뿐인데도) 말이다.

1951년에 장군 출신인 하코보 아르벤스 구스만Jacobo Arbenz Guzmán은 대통령직에 오르면서 "반식민지적인 경제 체제를 가진 의존적 국가인" 과테말라를 "경제적 독립 국가"로 개혁하겠다고 공약했다. 그다음 해에 과테말라는 농지개혁법Law of Agrarian Reform을 통과시키며, 공유지 또는 주인이 있으나 휴경지인 90헥타르(0.9제곱킬로미터)가 넘는 땅에 대해 재분배를 규정했다. 강제로 땅을 팔아야 하는 이들의 경우에는 조세 평가에 근거하여 보상해 주기로 했다. 아르벤스 정부는 1백 곳이 넘는 예전 독일인 소유의 커피 농장을 농민조합에 양도하기 시작했다. 이때 유나이티드프루트컴퍼니United Fruit Company가 외국 회사 가운데 가장 큰 타격을 입었다. 회사의 바나나 재배 예정지 대다수가 휴경지였기 때문이다.[7]

1954년에 토지 소유에 목마른 농민들이 커피 농장을 불법으로 점유하기 시작했는데, 이는 몇몇 과테말라 공산주의자의 부추김에 따른 것이었다. 당시에 『차와 커피 트레이드

---

7 유나이티드프루트사는 커피 무역에도 관여하고 있어서, 회사의 선단인 그레이트화이트플리트(Great White Fleet)가 매주 콜롬비아와 중앙아메리카의 항구에서 수출되는 커피를 실어 수송했다.

저널』에서도 다음과 같이 보도했다. "사실상 토지 개혁 프로그램은 사유 재산을 침해하도록 농민들을 부추기는 공산주의 선동가들에 의해 휘둘리고 있다. 토지 소유주들은 어디에 의지할 데도 없으며, 불복했다간 '토지 개혁 프로그램 방해'를 빌미로 벌금형이나 구금형에 처할 줄 알라는 위협만 돌아올 뿐이다." 이 기자가 결론지었듯, "현재의 추세가 계속된다면 개인 소유로 운영되는 거대 커피 농장(핀카)의 시대는 곧 저물 것"이었다.

이때 미국의 신임 국무부장관 존 포스터 덜레스John Foster Dulles는 개인 변호사로서 유나이티드프루트사를 대변하고 나섰다. 게다가 그와 형제지간으로서 CIA의 국장이던 앨런 덜레스Allen Dulles는 몇 년 전부터 유나이티드프루트사의 이사회 이사로 재임 중이었다. 그러나 미국은 이 바나나 회사의 우려보다 더 심각한 심정으로 과테말라의 사태를 주시하고 있었다. 미국의 관점에서는 아르벤스가 라틴아메리카에 대한 미국의 영향력에 위협이 되는 눈엣가시였던 것이다. 그러던 차에 마침 공산주의가 민족주의적인 급진파 정권을 칠 편리한 구실로 떠올랐다. 1953년 8월에 CIA는 아이젠하워 대통령을 설득하여 '작전명 석세스Operation Success', 즉 아르벤스 정권을 끌어내리기 위한 CIA의 비밀 작전을 인가받았다.

이들은 우익 성향의 외교관 존 푸리포이John Peurifoy를 과테말라 주재 미국 대사로 임명하는 한편, 미주기구OAS 카라카스Caracas (베네수엘라의 수도) 회의에서 자신들의 개입 구상을 정당화시켜 줄 결의안의 통과를 강행시키려 계획했다. 언론인 패트릭 맥마흔Patrick McMahon의 지적에 따르면, 이런 임무는 커피 가격의 위기로 인해 라틴아메리카와의 관계가 틀어지지 않았다면 이행하기가 더 쉬웠을 것이다. 맥마흔은 커피에 대한 광분이 "공산주의자들에게 떨어진 행운 중의 행운이었다"며 실제로 "공산주의자들이 그 기회를 틈타 서반구에서 확고한 입지를 얻기 위한 운동을 개시했던" 것을 그 근거로 내세웠다.

맥마흔과 마찬가지로 미국의 대다수 언론인은 과테말라 정부가 공산주의라는 냉전식 이데올로기를 그대로 받아들였다. 그런데 1953~1954년에 과테말라 의회에는 공산당 의원이 네 명뿐이었고, 아르벤스는 공산당원을 단 한 명도 자신의 내각에 임명하지 않았다. 사실 공산당원들은 그의 정권을 지지했을 뿐만 아니라 심지어 큰 영향력을 발휘하기도 했지만, 아르벤스는 너무 오래 지체되었던 개혁의 추구에 힘쓰던 민족주의자였지 이데올로기적인 공산주의자가 아니었다. "우리 정부를 공산주의인 것처럼 말하는 진짜 이유가 뭡니까? 저들은 왜 과테말라에 개입하고 싶어 하는 걸까요?" 3월 5일의 미주기구 회의에서 과테말라의 외무부 장관 기예르모 토리에요 Guillermo Toriello가 이런 의문을 던지며, 그 답은 뻔하다고 했다. 아르벤스의 정책이 유나이티드프루트사 같은 "외국 기업들의 특권"에 불리한 영향을 미치기 때문이라고.

토리에요의 연설은 우레와 같은 갈채를 받았지만 존 포스터 덜레스는 2주간 원조를 중지하겠다는 협박과 강압을 동원한 끝에 우세를 점하게 되었다. 결국 그의 결의안은 통과되었지만 열렬히 지지했던 이들은 니카라과의 소모사 같은 라틴아메리카의 최악질 독재자들뿐이었다. 6월에 CIA는 과테말라의 쿠데타를 뒤에서 지원하여 아르벤스를 끌어내렸다.

'작전명 석세스'는 과테말라에 오랜 재앙이었다. CIA가 발탁한 인물이었던 과테말라의 새 대통령, 카를로스 카스티요 아르마스 Carlos Castillo Armas 장군은 대통령직에 오르기 무섭게 농지개혁법을 무효화하고 문맹자들의 선거권을 박탈시켰으며, 비밀경찰을 부활시키고 정당, 노동 단체, 농민 조직을 불법화했다.

미국 정치인들은 이런 상황에 나 몰라라 했다. 쿠데타가 일어난 다음 해에, 일곱 명의 의회 대표단이 과테말라에 순회를 왔다가 카스티요 아르마스를 접견했다. 그런데 이 대표단이 제출한 보고서에는 "공산주의 노선의 정부를 타도"한 것에 대한 격찬이 담겨 있었다. 물론 정당이 폐지된 점과 카스티요 아르마스의 철권통치를 문제점으로 인정하긴 했다. 그러나 과테말라의 대통령은 "그것이 민주주의 절차를 최대한 활용하기 위한 정부의 공언된 프로그램이었다"는 말로 그들을 안심시켰다. 어쨌든 이 보고서가 내린 결론은 이랬다. "과테말라는 라틴아메리카의 시연장이며, 정치적·사회적·경제적 실험장이 되었다"고.

카스티요 아르마스는 1957년에 암살되었고 정부의 암살단과 게릴라 부대가 여기저기 누비면서 과테말라는 30년 동안 억압과 폭력과 공포의 세월을 보내야 했는데, 이런 내전의 나락은 미국의 개입이 남긴 유산이었다. 커피업계의 막강 실력자들은 여전히 값싼 농민 노동력에 의존했고, 많은 농장주가 억압적 군정권하의 폭력을 개탄했으나 그런 폭력이 그들의 땅과 지위를 지켜 주고 있었다.[8]

---

[8] 미국은 1954년부터 1960년까지 과테말라에 1억 달러를 쏟아부었으나 이돈의 대부분이 고속도로 건설을 비롯하여 미국의 사업 활동을 원활하게 하기 위한 프로그램에 들어갔다. 1958년에 미국의 어느 상원 의원도 다음과 같은 지적을 했다. "우리가 과테말라에서 쓴 수백만 달러 가운데, 정작 우리의 도움이 절실한 이들인 2백만 명에 이르는 과테말라 원주민에게 흘러들어간 돈은 거의 전무하다. 그들은 여전히 가난한 반면, 사업가들은 떼돈을 벌어들이고 있다."

브라질에서 날아든 자살 비보

1954년 전반기 내내 커피 가격이 급등하면서 브라질의 사기를 북돋워 주었다. 돈이 넉넉해진 브라질인들은 3월에 이전해의 같은 기간과 비교하여 미국산 상품을 15퍼센트 더 구매했다. 6월에 제툴리우 바르가스는 커피 수출 가격 하한선을 1파운드당 53센트에서 87센트로 올렸다. 그런데 7월에 들어서면서 커피 가격이 급속도로 폭락했다. 1954년 전반기 동안 미국의 쟁쟁한 커피 로스팅업체들은 물량 부족을 예상하여 막대한 양을 사들였고, 그것은 미국의 주부들도 마찬가지였다. 그 결과 7월의 미국의 커피 시장은 재고 과잉 상태가 되어 높은 가격을 주고 더 구매하길 꺼렸다.

시장을 부양하기 위해 브라질 정부는 어쩔 수 없이 자국산 커피 일부를 사들였다. 바르가스는 뉴욕의 연방준비은행에 대표단을 파견해 늘어나는 국채 상환을 위한 대출을 신청했으나 연방준비은행은 요청을 거절했다. 브라질의 인플레이션이 걷잡을 수 없을 지경으로 위태로워지면서 자유 시장에서의 통화 가치가 1달러당 60크루제이루에 이르자, 이에 더욱 압박을 느낀 바르가스는 공식적으로 자국 통화 가치를 평가 절하했다. 금액으로 따질 경우 브라질의 수입 품목 1위는 단연 석유였는데, 향후 6개월 동안 석유 수입에 2억 달러 상당의 비용이 필요할 것으로 예상되었다. 그것도 낮은 공정 환율*로 계산했을 경우의 추산액이었다. 브라질은 자체적으로 원유 매장량이 풍부했으나 바르가스는 미국 회사들에게 자

---

* 자유 환율과 대립되는 환율. 외환의 수급 관계에 따라 자유로이 변동하는 자유 환율과는 달리, 정부에서 인위적으로 정한 환율을 말한다. 수출입 대금의 결제, 외화 차입 및 상환, 외국 통화의 환전 등의 모든 공식적인 대외 거래는 공정 환율이 적용됨

국의 자원을 개발하도록 허용해 줄 수 없다는 의지가 단호했
다. 그 이전 해에는 국영 독점 석유개발 회사인 페트로브라스
Petrobras를 설립하기도 했다.

　미국의 몇몇 로스팅업체가 가격을 1파운드당 10센트 인
하하자, 바르가스는 8월 14일과 15일의 주말 동안 미봉책을
시도했다. 브라질 정부에서 커피 수출업자들에게 달러 수령
액의 20퍼센트를 자유 환율로 교환할 수 있게 허용해 주어 실
질적으로 최저 수출 환율을 20센트 낮추면서, 비공식적으로
통화를 평가절하했다. 그다음 주에 미국의 커피업계는 가격
을 1파운드당 18센트나 내렸다.

　브라질의 경제가 혼란 속으로 빠져들던 그때, 바르가스
에게는 정치적 위기가 함께 닥쳤다. 1951년 당선 이후부터 정
적들은 그의 대중 영합적 성향과 노동권 지지를 물고 늘어지
며 줄곧 흠집을 내 왔다. 그러던 중 8월 5일에 우익 신문「트
리부나 다 임프렌사Tribuna da Imprensa」의 편집장이자 바르가
스를 가장 크게 비난하는 인물로 꼽히던 카를루스 라세르다
Carlos Lacerda를 노린 암살 시도가 미수에 그치는 사건이 일어
났다. 당시에 라세르다는 바르가스의 아들 루테루Lutero와 의
회 경선에서 경합을 벌이는 중이기도 했는데, 후속 수사에서
그 암살 사건이 대통령의 개인 경호팀장과 결부되었다. 결국
커피 상황이 비극으로 치닫던 시기와 때를 같이하여 탄핵의
요구가 점점 거세졌다.

　1954년 8월 24일 아침, 당시 71세이던 제툴리우 바르가
스는 자신의 침실에서 가슴에 총을 쏴 자살했다. 유서에는 다
음과 같이 쓰여 있었다. "국제적인 경제·금융 조직에게 수십
년간 지배와 강탈을 당하다가, 나는 스스로 혁명의 기수로 나
서서 승리를 쟁취했다." 그러나 이름을 밝히지 않은 이 국제

적 조직이 국가의 부와 자주성을 세우기 위해 힘쓰는 그를 타도하기 위한 시도로서 그의 국내 정적들과 합세했다고 한다. 그 뒤의 내용은 간추리면 대략 이렇다. 1951년 그가 대통령에 취임했을 당시 "외국계 회사들의 이익은 무려 연 5백 퍼센트에 달해" 있었다. 그러다 일시적이나마 커피가 구세주로 떠올랐다. "커피 위기가 닥치면서 우리나라의 주력 상품의 가치가 올라갔던 것이다." 그러나 이렇게 한숨 돌리는 것도 잠시였을 뿐, 얼마 후에 "우리는 커피의 가격 방어에 애써야 했고, 그 노력에 대해 돌아온 것은 우리로선 굴복할 수밖에 없을 정도의 혹독한 압박이었다. (…) 이에 내가 내어놓을 것은 이제 내 피밖에 없다. 내 목숨을 내어주겠다. 내 죽음을 내어줄 테니 가져가라. 나는 아무것도 두렵지 않다. 이제 나는 평온하게 영원을 향한 첫발을 떼며 내 삶을 역사 속에 남기려 한다."

바르가스가 자신의 몰락의 원흉으로 지목했던 "국제적 조직"이 어떤 단체인지는 확실치 않다. 다만 그가 과테말라에서 아르벤스를 퇴위시키는 데 미국이 관여했던 사실을 알고 있었던 것은 틀림없다. 하지만 그렇다고 하더라도 커피 가격 급락을 미국의 책임으로 돌릴 만한 타당한 근거는 없었을 것이다. 그 이전의 가격 상승에 대해 미국 정치인들이 브라질인들의 모의 탓이라고 돌렸던 것 역시 타당하지 않기는 마찬가지였듯이. 사실 두 경우는 모두 시장 가격이 수요와 공급이라는 기본 법칙에 따라 반응했던 것이다. 물론 투기꾼들, 그리고 패닉에 빠지거나 분개한 소비자들이 여기에 약간의 도움을 보태긴 했겠지만.

바르가스는 비극적인 죽음을 맞았고, 언제나 그랬듯 마지막 순간까지도 그의 운명은 커피와 결부되어 있었다. 1930년에 그가 집권하게 되었던 결정적 이유도 브라질이 커피 가격

붕괴에 따라 경제적 위기에 놓여 있었기 때문이었다. 또한 그로부터 사반세기 후에는 비슷한 상황 속에서 스스로 목숨을 거두었다. 그의 정치적 삶과 사랑하는 조국 브라질의 역사는 커피나무와 그 열매에 밀접하게 얽혀 있었다. 1954년 10월에 미국의 한 언론인은 이렇게 쓰기도 했다. "브라질이 커피 가격에서 항복한 것이 바르가스 대통령을 자살로 이끈 직접적 원인이었다는 것에 많은 이들이 공감하고 있다."

미국과 라틴아메리카 사이에는 여전히 팽팽한 긴장이 돌고 있었다. "20곳의 공화국 여기저기에서 반미 폭동과 시위가 심심치 않게 일어나고 있는데, 이는 사실상 미국에 대한 증오의 반영이 아니다. 그보다는 선량한 이웃의 분노의 표현이다. 자신들의 긴요한 문제에 무관심한 미국에 대해 자신들이 어떤 감정을 느끼고 있는지 보여 주려는 것이다." 안드레스 우리베는 커피 이야기를 담은 1954년도 저서 『갈색빛의 황금*Brown Gold*』에서 이렇게 결론지었다. 전 세계적인 과잉 생산이 커피 가격을 참담하리만큼 뚝뚝 떨어뜨리면서 이 분노는 더욱 커지게 된다.

제14장
로부스타의 득세

이 세상에 질을 떨어뜨려서 좀 더 싸게 팔지 못할 물건은 거의 없다.
- 1959년 미국 전국커피협회 회의 중에 나온 말

커피 산업의 현재 상황을 잘 살펴보면 앞으로 우리 업계의 전망은 상당히 밝
을 듯하다. 자신 있게 말하지만, 우리는 역사상 최고의 성장기로 들어설 것
이다.
- 에드워드 에번, 1962년 5월 18일

　　1800년대 말 이후 커피의 붐-버스트 사이클이 반복되면
서 라틴아메리카의 경제는 이중의 손해를 겪어 왔다. 냉전 시
대에 들어와 아프리카와 아시아에서 커피콩에 의존하게 되
는 국가들이 더 늘어나면서 이런 사이클의 타격은 훨씬 더 치
명적이었다. 오래전부터 예측되어 왔던 커피의 재고 과잉 사
태는 결국 1955년에 터지고 말았다. 1950년대 전반기에, 커
피 가격이 상승하자 기대감에 들뜬 열대 지방의 재배업자들이
커피나무를 새로 심었다. 아라비카종 나무들은 심은 후 4년이
지나야 열매를 생산한다. 그러나 로부스타종 나무는 묘목을
심고 수확하기까지 2년만 기다리면 되었고, 열매도 더 풍성
하게 맺었다. 그런데다 인스턴트커피의 인기에 고무되어 여
러 아프리카 식민지들이 로부스타의 재배를 대폭 늘렸다.

아웃 오브 아프리카

제2차 세계대전으로 유럽 열강의 힘이 약해지고 원주민들이 주변의 부를 나누어 가지려 열망하면서 전통적 통치 방식, 즉 유럽 백인들의 철권적인 불라마타리Bula Matari(콩고어로 '바위를 부수는 사람'이라는 뜻)식 통치가 더 이상 통하지 않게 되었다. 어느 아프리카 정치인이 프랑스 의회에서 말했듯, "잔인한 형태를 띠는 식민지 현상은 (…) 오늘날에는 불가능하다. **식민지화 시대의 역사는 이제 끝이 났다.**"

1947년에 영국이 인도의 독립을 승인하면서 영국, 프랑스, 포르투갈, 벨기에로서는 19세기 말에 아프리카에 개척했던 식민지 해방에 대한 압박이 커졌다. 1951년에 영국은 리비아의 독립을 인정했고 또 그다음 해에는 이집트에서 군 쿠데타가 일어나면서 영국 식민 세력을 몰아냈다. 경제적 불평등, 강제 노동, 인종 차별, 그리고 커피에 대한 문제가 케냐, 우간다, 코트디부아르, 앙골라, 벨기에령 콩고 같은 국가에서의 독립 운동에 주요한 영향을 끼치기도 했다.

케냐에서는 원주민 노동자들이 농작물 수확 일에서 처음으로 태업을 벌이는 한편, 1952년에는 수많은 커피업 종사 노동자들이 환멸감에 빠져 있던 또 다른 무리와 합세하여 일명 마우마우Mau Mau* 폭동을 일으켰다. 이 폭동은 결국 정부 진압으로 이어졌고 1954년 말엽에 15만 명이 수용소와 감옥에 억류당했다.

하지만 이와 동시에 영국은 토지 개혁을 시작하여 아프리카인들에게 커피 재배의 기회를 더 개방해 주었다. 1954년쯤 약 1만 5천 명의 케냐인 원주민들이 작은 땅에서 커피를 재배했는데, 이들의 총재배 면적은 5천 에이커(약 20제곱킬로

---

* 영국의 식민 통치에서 벗어나기 위해 독립 운동을 벌인 케냐의 무장 투쟁 단체

미터)에 불과했다. 그러나 그 뒤로 몇 년 사이에 아프리카인들이 케냐의 산업을 지배하면서 세계 최상급의 아라비카 생두를 생산하게 되었다.

다른 아프리카 국가들 역시 한정된 양이나마 아라비카 생두를 생산했으나 가장 최대의 산지는 여전히 커피의 본거지인 에티오피아였다. 커피나무를 과학적으로 재배하는 농장들이 몇 곳 있긴 했으나 대다수 커피나무가 아직도 카파 지역의 숲속에서 야생으로 재배되었다. 그런 까닭에 에티오피아 커피는 끔찍한 수준에서 탁월한 수준까지 그 풍미의 차이가 아주 극심했다.

1954년에 에티오피아의 아라비카 생두 수출량은 62만 자루였고 케냐도 21만 자루를 수출했으나, 그해에 아프리카에서 실려 나간 6백만 자루에 가까운 생두 가운데 80퍼센트 이상은 로부스타였다. 로부스타의 최대 생산국은 앙골라로, 1백만 자루가 조금 넘었지만 (국토 면적이 뉴멕시코주 면적 정도로) 소국인 코트디부아르가 그해에 앙골라를 추월하면서 140만 자루를 수출했다. 또한 코트디부아르에서는 처음으로 커피가 코코아보다 더 많은 소득을 거두어들였다.

코트디부아르에서는 1920년대 이후 강제 노동을 통해 커피 수확이 이루어져 왔다. 제2차 세계대전 후, 아프리카의 커피 재배업자 펠릭스 우푸에 부아니Félix Houphouët-Boigny는 코트디부아르 대표로 프랑스 의회 대의원으로 선출되어 프랑스 식민지에서의 강제 노동 폐지 법안을 발의했다. 그리고 이 법안이 통과되면서 그는 영웅으로 떠올랐다. 1953년의 연설에서 그는 이렇게 말했다. "대나무 오두막에서 무기력하게 살고 싶지 않다면 코코아와 커피를 잘 키우는 일에 힘을 쏟으십시오. 그러면 좋은 가격을 받아 부자가 될 수 있습니다." 코트디부아르 전역에 작은 규모의 원주민 커피 농장들이 개발되었다. 수확된 작물은 예외 없이 프랑스로 실려 갔는데, 그곳에서 유리한 세법의 보호를 받을 수 있어서였다. 그러나 커피 가격이 오르고 미국 로스팅업체들이 저렴한 로부스타에 기를 쓰고 매달리면서 코트디부아르는 1954년에 처음으로 북미에 (1파운드당 57센트의 가격으로) 커피를 수출했다.

우간다, 마다가스카르, 탕가니카, 벨기에령 콩고도 로부스타의 주요 수출국에 들었다. 한편 아시아에서는 인도, 인도네시아, 프랑스령 인도차이나(베트남)에서 로부스타를 생산했으나 아프리카의 생산량과 비교하면 변변찮은 양이었다. 1951년에 아프리카의 커피는 미국 커피 수입량의 4.8퍼센트를 차지했는데 1955년에 이르자 이 수치가 11.4퍼센트로 뛰었다.

뜨거운 커피, 그리고 냉전

1955년 2월 무렵 커피 가격이 떨어지면서 또다시 라틴아메리카를 패닉 상태로 몰고 갔다. 바르가스의 자살 이후 미국의 한 은행 단체가 브라질에 2억 달러를 대출해 주었으나 그럼에도 불구하고 브라질은 어쩔 수 없이 환율을 평가절하해야 했다. 브라질은 9백만 자루를 출시 보류함으로써 시장을 부양시키려 시도해 봤으나 가격의 하락세는 멈추지 않았다. 미국의 로스팅업체들은 가격이 훨씬 더 떨어질 것으로 예상하며 자신들의 재고분을 풀었다. 콜롬비아 정부는 해외에서의 물자 수입을 대폭 줄이고 부분적 평가절하를 명령했다.

한편 콜롬비아커피협회의 회장이 다른 라틴아메리카 국가들의 설득에 나서며, 가격을 끌어올리기 위해, 아니면 최소한 앞으로 더 떨어지는 것만이라도 막기 위해 커피의 출시 보류를 제안했다. 1956년 6월까지 열아홉 개의 라틴아메리카 국가들이 이 제안에 동의했으나 파라나에 또 한 차례 서리가 닥치면서 이 쿼터제의 구상은 보류되었다. 미주기구경제사회이사회Economic and Social Council of the Organization of American States, ECOSOC에서 라틴아메리카 국가의 수장들에게 보고서를 제출하여, 라틴아메리카 정부들이 쿼터를 설정하여 커피를 비축하지 않는다면 공급 과잉의 증가로 커피 가격에 "참담한 폭락"이 일어날지 모른다는 예측을 내놓았다.

이 보고서의 내용은 그리 놀라운 것도 아니었다. 정작 놀라웠던 것은 미주기구경제사회이사회의 미 국무부 측 대표 해럴드 랜들Harold Randall이 여기에 서명을 했다는 사실이다. '기업 연합(카르텔)'에 반대하던 미 국무부의 입장이 왜 돌연 누그러졌던 것일까? 미국의 커피 정책에 이런 변화를 일으킨 동기는 따뜻한 마음 때문이라기보다는 냉전 때문이었다. 실제로 한 언론인은 이렇게 논평했다. "가격 폭락이 현지 실력자나 공산주의자 이간자들에게 절호의 기회가 되어 경제적으로나 정치적으로 위기가 일어날지도 모른다." 하지만 1956년에 콜롬비아에 때아닌 비가 내려 마일드 커피의 물량이 일시적으로 부족해지면서 가격이 반짝 오름세를 보이자, 미 국무부가 태도를 바꾸었다.

아프리카의 커피 시장 점유율이 계속 늘어나자 경제학자들은 브라질의 부채와 이자 지불액이 무려 11억 달러에 이를 것이라고 예측했다. 1957년 10월에 브라질은 다른 라틴아메리카 커피 생산국 6개국과 함께 수출 쿼터제를 시행했다.

1958년 1월에 미국은 리우데자네이루의 회의에 '참관인 (옵서버)'을 파견했는데, 이 회의에서 라틴아메리카와 아프리카 재배업자들이 소비량 증가를 촉진하려는 표면상의 목적 아래 1958년의 라틴아메리카커피협정Latin American Coffee Agreement에 가입했다. 아프리카 측에서는 수출을 제한하고 싶어 하지 않았으나, 브라질과 콜롬비아는 각각 수확량의 40퍼센트와 15퍼센트를 수출 보류하는 데 동의했고 다른 국가들도 이보다 낮은 비율로 합의했다.

5월, 미 국무부의 한 관리의 말을 그대로 옮기자면, "소련이 라틴아메리카를 비롯한 세계 여러 지역에 대한 경제적·정치적 공격의 강도를 높이고 있다는 증거"로 인해 리처드 닉슨Richard Nixon 부통령이 남미에 "선의의" 순방길에 올랐다. 그런데 닉슨이 페루와 베네수엘라를 방문했을 때는 사람들이 야유를 퍼붓고 침을 뱉고 돌을 던지는가 하면 "Muera Nixon!(닉슨에게 죽음을!)"이라고 외치며 거의 죽일 것처럼 난폭한 반응을 보였다.

닉슨의 이런 사건에 이어서, 미 국무부 관리들이 라틴아메리카의 대사관들을 비공식으로 방문하여 커피에 대한 얘기를 나누었다. 당시에 판매를 위해 가공 처리되고 있던 커피는 5천만 자루가 넘었으나 전 세계 소비량은 3천8백만 자루 정도에 불과한 상황이었다. 미국에서는 로스팅 커피의 가격이 1파운드당 70센트 아래로 떨어졌다. 콜롬비아 커피업계 대표이던 안드레스 우리베는 이렇게 경고했다. "[라틴아메리카의 커피 재배업자들에게] 경기 후퇴가 닥치면 (…) 미국에 우호적인 정부가 전복될 수도 있다. 자유세계를 완전히 타도하려 혈안이 되어 있는 세력들이 그런 상황을 기다렸다는 듯이 이용할 것이다."

보통 등급의 로부스타

가격이 떨어지는 와중에도 미국의 로스팅업체들은 쿠폰제, 경품 증정, 가격 경쟁에서 빠져나오지 못했다. 그에 따라 보통의 블렌딩 제품에 슬금슬금 로부스타가 들어가는가 하면,

새로운 알뜰형 브랜드를 선보여 판매가를 선두 브랜드보다 20센트 혹은 30센트 더 낮추고 로부스타를 30퍼센트 이상 섞기도 했다. 어느 커피 전문가는 이런 글까지 썼다. "'블렌딩'이라고 부르기도 민망한 저질 커피다. 질 낮은 커피를 비싼 진공통에 포장해 파는 것은 거의 사기나 다름없다고 본다." 제너럴푸즈는 저가 블렌딩 브랜드에 대응하여 맥스웰하우스에 소량의 로부스타를 섞기 시작했고 얼마 뒤에는 다른 대기업 브랜드들도 제너럴푸즈를 따라 했다. 1956년 말엽에 로부스타는 전 세계 커피 수출량의 22퍼센트를 넘어서게 되었다. 1960년에 뉴욕 커피·설탕거래소는 오랜 기간 유지해 온 로부스타에 대한 거래 금지를 폐지했다.

이 무렵 5대 로스팅업체인 제너럴푸즈, 스탠더드브랜즈, 폴거스, 힐스브라더스, A&P의 시장 점유율은 40퍼센트를 훌쩍 넘어섰다. 규모가 제법 큰 지역 기반 로스팅업체들이 경쟁을 위해 다른 업체들을 집어삼키면서 전시 중에 1천 개가 넘던 로스팅업체 수는 850개로 줄어들었다. 이제는 망하지 않고 살아남으려면 규모의 경제*를 실현하는 한편 기계화를 통해 인력을 절감해야 했다.

규모, 속도, 효율성은 체인 매장 사업에서도 유일한 생존 방법인 듯 보였다. 대형 마트들은 점점 몸집을 불리며 더 저렴한 상품을 내놓고 있었다. A&P는 여전히 우위를 차지하고 있었으나 이와 같은 새로운 현실에 순응하지 못했다. A&P는 1958년, 체인 사업의 연매출이 50억 달러에 이르렀을 때 주식을 상장했는데,[1] 그 당시에 다른 대형 마트 체인들이 이 유서 깊

---

* 산업의 생산 규모가 커질수록 장기적으로 평균 생산 비용이 하락하는 현상
1 존 하트퍼드는 1951년에 79세의 나이로 숨을 거두었고, 1957년에는 92세의 조지 하트퍼드가 그의 뒤를 따라갔다.

은 선두 주자의 자리를 넘보며 추격해 오고 있었다. A&P는 여전히 대기업 체인 매장 판매의 3분의 1을 차지했지만 소규모의 오래된 점포들은 경쟁 점포들보다 주간 매출이 평균 4천 달러 낮은 상황이었다. 결국 1950년대 중반에 제너럴푸즈가 A&P를 추월하며 미국 최대의 커피 수입 업체가 되었다.

1958년 무렵 인스턴트커피는 대부분 로부스타 원두의 함량이 최소한 50퍼센트는 되었고 저렴한 브랜드들의 경우엔 상당수가 백 퍼센트 로부스타였다. 게다가 제조업자들은 원두를 무지막지할 정도로 압착하고 있었다. 즉 처음엔 인스턴트커피 1파운드(0.45킬로그램)를 만드는 데 생두 6파운드(2.7킬로그램)를 썼었는데, 나중엔 과잉 추출로 가용성 성분을 모조리 짜냄으로써 생두를 4파운드(1.8킬로그램)만 썼다. 가수분해*를 통해 불용성인 전분과 섬유소를 가용성 탄수화물로 변화시키기도 했다.

인스턴트 제조업자들은 점점 나빠지는 커피의 맛을 중화시키기 위해 향을 첨가했다. 로스팅 원두는 엄청난 압착〔1제곱인치(6.45제곱센티미터)당 5만 파운드(2만 2천 킬로그램)〕을 가하게 되면 기름이 배어 나오는데, 이 기름을 가용성 커피에 넣으면 갓 볶은 원두의 향을 살짝 내면서 후각을 현혹했다. 말하자면 가정에서 주부가 인스턴트커피의 병을 열었을 때 향이 잠깐 확 풍겼다가 이내 사라졌다는 얘기다. 인스턴트커피는 향에서도, 맛에서도 발전이 없었다.

자판기의 커피도 질이 떨어지기는 마찬가지였다. 자판기는 이제 누르는 즉시 신선한 커피가 추출될 만큼 발전했지만, 업자들로서는 로부스타를 더 쓰고 싶은 유혹에 강하게 흔들렸

---

* 무기 염류가 물과 작용하여 산 또는 알칼리로 분해되는 반응. 수소 이온 또는 수산 이온이 생겨서 용액이 산성 또는 염기성을 띠게 됨

다. 자판기업자들은 건식 분말 크림을 이용해 비용을 절약하기도 했는데, 그 때문에 커피에서 탄 맛이 살짝 났다. 어느 로스팅업자는, 자판기업체가 경쟁에서 이기기 위해 "입으로는 품질을 떠벌리고, 머리로는 용인 가능성을 따지면서, 어떤 식으로든 경비를 아낄 궁리를 짜고 있다"며 신랄한 한마디를 했다.

초크풀의 기적

저품질이 표준이 되어 버린 이런 치열한 경쟁 속에서, 뉴욕의 한 견과 방문 판매원이자 레스토랑 경영자가 나타나 새로운 고급 브랜드로도 승산이 있음을 증명해 보였다. 윌리엄 블랙William Black은 1926년에 공학 학위를 취득하며 컬럼비아대학교를 졸업한 후 일자리를 구하지 못하고 있었다. 그러던 중 뉴욕시의 극장가에 북적이는 인파에 주목하며 브로드웨이 43번가의 지하에 초크풀오너츠Chock full o'Nuts*라는 견과류 노점을 열었다. 그로부터 6년이 채 안 되어 그는 그런 가게의 체인 여덟 개를 거느리게 되었는데, 그것도 모두 맨해튼 소재였다. 그러다 대공황이 닥치면서 껍질을 깐 손질 견과류조차 사치로 여겨지자, 블랙은 자신의 매장을 간편 주문식 간이식당으로 전환해 건포도 통밀빵으로 만든 견과치즈 샌드위치를 커피와 함께 팔며 한 잔당 5센트를 받았다. 나중에는 메뉴에 수프와 파이도 추가했다.

　1950년대에 이르렀을 즈음, 블랙은 뉴욕시에 25개의 레스토랑을 소유하게 되었다. 커피 가격이 오르자 블랙도 다른 레스토랑 경영자들과 마찬가지로 커피 가격은 그대로 5센트로 유지하는 대신 더 묽게 희석해서 팔았다. 하지만 얼마 후

---

* 'chock full'은 '꽉 들어찬'이라는 뜻

에 가격을 올리더니 품질과의 타협을 거부한다고 선언하며 업계의 흐름을 깨고 나섰다.

그 후인 1953년 10월, 그는 브라질의 대서리로 촉발된 가격 위기에 시장이 출렁이던 그 와중에 자체 브랜드, 초크풀오너츠를 출시하며 커피업계를 놀라게 했다. 모두들 그의 그런 시도가 잘될 리 없다고 여겼고, 특히 '초크풀오빈스Chock full o' Beans라면 모를까, 너츠라니?'라고 의아해하며 이름부터가 걸맞지 않다고 비웃었다. 게다가 그의 제품 캔의 노란색과 검은색 조합도 조잡하다고 평했다. 그뿐만 아니라 다른 커피 브랜드들이 다른 종류의 브루잉 기구에 맞춰 여러 유형의 분쇄 가루를 출시하던 그때, 블랙은 "통합형 분쇄 가루"를 광고했다. 그러나 그의 이런 시도와 분쇄 방식은 보이는 것처럼 그렇게 무모하지는 않았다. 대형 마트 상품대에 수수료를 놓고 진열할 때, 그의 한 가지 캔, 즉 한 가지 종류의 분쇄 제품은 공간을 덜 차지했으니까.

광고의 힘을 잘 알았던 블랙은 뉴욕 전역에 방송되는 라디오 스폿 광고를 내보내기도 했는데, 이 광고에서 그의 두 번째 아내 진 마틴Jean Martin이 다음과 같은 가사의 따라 부르기 쉬운 CM송을 부르기도 했다.

초크풀오너츠는 천상의 커피,
천상의 커피, 천상의 커피.
초크풀오너츠는 천상의 커피-
록펠러의 돈으로도 더 좋은 커피는 못 산답니다.

데뷔한 지 1년이 채 안 된 1954년 8월 무렵, 초크풀오너츠는 뉴욕시에서 판매되는 진공팩 커피 가운데 3위를 거머쥐었다. 라틴아메리카에 수많은 커피 회사를 소유하고 있던 넬슨 록펠러는 자신의 가문명이 다른 누군가의 커피 광고에 이용되는 것에 기분이 썩 좋지 않았고, 결국 고소를 하기에 이르렀다. 윌리엄 블랙은 그저 CM송의 단어를 바꾸는 것만으로 간단히 문제를 해결했다. "백만장자의 돈으로도 더 좋은 커피는 못 산답니다."

"훌륭한 커피에 정말 **열광하는** 분이 아니라면, 더 비싼 돈을 내면서 이 커피를 사지 않으셔도 됩니다." 초크풀오너츠가 내건 광고 문구였다.[2] 초크풀오너츠는 고전적인 커피 광고 전략에 기대기도 했다. 가령 한 여인의 머리 위로 잔이 거꾸로 엎어져 얼굴로 커피가 줄줄 흘러내리고 있는 모습과 함께 다음과 같은 카피를 삽입하는 식이었다. "남성 여러분! 이런 지경까지 가서는 안 됩니다! 마음에 드는 커피를 찾다가 화를 터뜨리는 일이 없도록 하세요!"

블랙은 솔직함을 즐기기도 했다. 초크풀오너츠의 인스턴

---

[2] 워싱턴시의 지역 로스팅업체 윌킨스커피(Wilkins Coffee) 역시 이런 반직관적 (직관이나 상식에 반대되는 것) 광고로 그 효과를 톡톡히 본 사례였다. 1957년에 윌킨스커피는 워싱턴시의 인형술사 짐 헨슨(Jim Henson)에게 의뢰하여 두 머펫 (Muppet은 마리오네트(marionette)와 퍼핏(puppet)의 합성어로 팔과 손가락으로 조작하는 인형을 말함) 윌킨스(Wilkins)와 웡킨스(Wontkins)가 등장하는 7초짜리 TV 스폿 광고 몇 편을 제작해 달라고 했다. 이렇게 해서 제작된 광고에서, 퉁명스러운 회의론자 웡킨스는 매번 윌킨스커피를 안 마신다고 거절하다가 끔찍한 결과를 맞았다. 그리고 그 결과라는 게, 윌킨스가 자기 친구 웡킨스를 총으로 쏘고 낙인을 찍고 물속에 빠뜨리고 몽둥이질하고 칼로 베고 꽁꽁 얼리고 폭탄으로 폭파시키는 식이었다. 그런 식의 광고 중 한 편을 구체적으로 소개하자면 이랬다. "윌킨스커피 마실래?" 윌킨스가 묻자 웡킨스는 더듬더듬 말한다. "어, 나는…… 나는…….." 윌킨스가 참다못해 웡킨스의 머리를 몇 번 때리자 웡킨스가 툴툴대며 말한다. "마실게. 도대체 왜 그렇게 많은 사람이 윌킨스커피로 바꾸는지 모르겠어." 광고가 나간 후 윌킨스커피는 판매가 급증했고 헨슨도 그 후로 인형술사로서 날개를 달았다.

초크풀오너츠는 다시 한번 성차별주의적 주제를 이용한 이런 광고를 활용함으로써 뉴욕에서 베스트셀러 커피로 떠올랐다.

　　† 하단에 "모든 남자의 권리이자 모든 아내의 의무"라고 써 있고,
　　　상단 내용은 본문의 광고 문구와 동일하다.

인형술사 짐 헨슨은 1957년에 윌킨스커피 광고를 통해 인형술사로 데뷔했는데, 이 광고는 머펫인 윙킨스가 제대로 된 커피(윌킨스커피)를 마시지 않으려 하다가 총에 맞고 낙인이 찍히고 물속에 빠뜨려지고 몽둥이질을 당하고 칼에 베이고 꽁꽁 얼려지고 폭탄으로 폭파되는 등 온갖 수난을 당하는 내용이었다.

트커피 런칭 자리에서는 이렇게 털어놓았을 정도였다. "저희가 인스턴트커피 사업에 진출하게 되었음을 발표하는 이 순간이 그다지 자랑스럽지만은 않습니다. 현재의 인스턴트커피는 최상급이라고 해도 아직 일반 커피와 격차가 크게 벌어져 있으니 말입니다. 하지만 많은 사람이 그러거나 말거나 개의치 않고 있는 실정입니다."

초크풀오너츠 브랜드는 코네티컷, 매사추세츠, 뉴저지주까지 판로를 넓혔다. 1955년 말엽에는 뉴욕시에서 선두 브랜드를 바짝 추격하기도 했다. 블랙은 그 뒤로 얼마 지나지 않아 북쪽으로 사업을 확장하며, 뉴잉글랜드 전역과 뉴욕주 북부 지역, 캐나다, 델라웨어주, 펜실베이니아주, 메릴랜드주, 워싱턴시까지 진출했다.

인종 평등 지지자였던 블랙은 1957년에 은퇴한 야구 스타 재키 로빈슨Jackie Robinson*을 인사부장으로 채용했다. 그가 채용한 직원의 절반 이상이 아프리카계 미국인들이기도 했다. 블랙은 1958년에는 회사의 주식을 상장하면서 경영권은 그 자신이 그대로 유지했다.

1957년, 회사의 회계 감사관이자 평생의 친구가 파킨슨병에 걸리자 블랙은 파킨슨병재단Parkinson's Disease Foundation을 세워 초기 기부금으로 10만 달러를 쾌척했다. 또 3년 후에는 컬럼비아대학교의 의학 연구 건물 설립을 위해 무려 5백만 달러를 기부했다. 그는 이렇게 행동으로 다른 재벌들을 자극했다. 아직 살아 있는 동안에 가치 있는 명분에 기부하고, 그로써 재산 상속으로 인한 문제도 예방하도록 말이다. 실제로 그는 이렇게도 말했다. "내 자식들은 쪼들리며 살지는 않겠지

---

* 흑인으로서 최초로 메이저리그에 진출한 미국의 프로야구 선수

만 그렇다고 수백만 달러를 물려받지도 못할 것이다.”

커피하우스: 은총

이 시기에 고급 커피를 생산하던 지역 기반 로스팅업체는 초
코풀오너츠 외에도 몇 곳 더 있었다. 특히 샌프란시스코의 그
라페오Graffeo, 프리드텔러&프리드Freed, Teller & Freed, 워싱턴시
의 M.E.스윙컴퍼니M. E. Swing Company가 대표적 사례였다.

이탈리아에는 제2차 세계대전 직후에 현대식 에스프레소
머신이 완성되면서 커피바가 급격하게 확산되었다. 1945년에
밀라노에서는 아킬레 가자Achille Gaggia가 고압을 통해 뜨거운 물
을, 미세하게 분쇄한 볶은 커피 분말로 통과시키는 방식의 분출
식 메커니즘을 개발했다. 당시의 에스프레소 제조 기술은 각 고
객의 입맛에 맞추기 위해 ‘샷shot을 뽑는’ 식으로 구성되었다. 가
고일*과 다이얼들이 달린 기괴한 모양새의 구식 스팀밸브 머신
으로 카운터를 꾸민 곳들도 여전히 많긴 했으나, 이제는 대다수
커피바들이 현대식의 낮은 에스프레소 머신을 들여놓았다.

이 에스프레소 머신은 뉴욕을 비롯한 여러 지역의 이
탈리아식 레스토랑으로 빠르게 확산되었다. 1950년대 중반
에는 이탈리아식 에스프레소 열풍이 불면서 작은 커피하우
스들이 부활하는 도화선이 되었는데, 특히 그리니치빌리지
Greenwich Village**에서는 레지오스Reggio's, 라임라이트Limelight,
피콕Peacock 같은 곳에서 보헤미안, 시인, 화가, 비트족들이 에
스프레소를 홀짝이곤 했다. 향수에 젖은 어느 손님의 말마따

---

* 사람·동물의 형상을 한 괴물의 조각
** 예술가·작가가 많은, 뉴욕의 주택 지구

나, 이런 커피하우스들은 "유럽에 가
본 이들이 거의 없으나 에스프레소
한 잔 가격이면 누구나 상상 속에서
나마 유럽에 와 있는 듯 느낄 수 있
는 세대"를 낳았다. 1957년에는 유리
창 청소부 조반니 조타Giovanni Giotta
가 카페 트리에스테Caffe Trieste를 열

에스프레소 머신

면서 커피하우스의 매력이 샌프란시스코의 북부 해안 지역까
지 사로잡았다. 이 카페의 뒤쪽 구석에서는 시인인 앨런 긴즈
버그Allen Ginsburg와 밥 코프먼Bob Kaufman이 죽치고 앉아 아이
젠하워 정권하의 미국의 실책들을 걱정하며 오랜 시간을 보
냈고, 이때 카페 앞쪽의 이탈리아인들은 그들을 비웃으며 이
렇게 드러내놓고 궁금해했다. "저 작자들은 일은 언제 하는
거야?" 얼마 지나지 않아 샌프란시스코를 비롯한 여러 대도
시마다 커피하우스들이 더 많이 생겨났다.

소규모로나마 홈에스프레소 머신 시장이 형성되면서, 커
피 전문점과 백화점에서 레인지 가열식의 증기압 에스프레소
머신을 팔기도 했다. 뉴욕의 지역 특화 로스팅업자인 샘 쉰브
룬은 이미 고품질의 사바랭 브랜드를 주력 상품으로 취급하던
중에, 특별히 홈에스프레소 머신용으로 다크로스팅의 분쇄 블
렌딩인 메다글리아도로Medaglia d'Oro를 출시했다. 그런가 하면
여성지에서는 에스프레소로 만드는 여러 가지 음료의 조리법
을 다양하게 소개했는데, 몇 가지만 예를 들자면 카페 보르지
아Caffe Borgia(에스프레소와 핫초코를 1 대 1로 섞은 후 그 위에 휘핑
크림을 얹고 강판에 간 오렌지 껍질을 뿌리는 음료), 카페 아니제트
로열Caffè Anisette Royal(에스프레소에 아니스 술인 아니제트anisette를
섞은 후 그 위에 휘핑크림을 얹는 음료), 카페 브륄로Cafè Brulot(에

스프레소에 향신료와 과일 껍질을 섞은 후, 브랜디를 넣어 불을 붙인 뒤에 마시는 음료) 등이 있었다.

런던 에스프레소

런던에서는 1950년대 초반에 에스프레소 바espresso bar가 사람들을 사로잡았다. 1952년에 피노 리세르바토Pino Riservato라는 이름의 이탈리아 이민자가 폭격 피해를 입은 소호Soho의 한 세탁소에 모카바Moka Bar를 열었다. 개업식 날 (그리고 그 이후로도 매일같이) 이 모카바는 사람들이 바글바글 몰려들어, 하루에 팔리는 커피가 1천 잔에 달했다. 전후에 영국으로 도망쳐 온 유럽 대륙의 이민자들은 다시 에스프레소 스트레이트 샷straight shot을 맛볼 수 있게 되어 기뻐했고, 영국인 손님들은 에스프레소에 스팀으로 거품을 낸 우유를 섞은 카푸치노를 더 좋아했다. 1년도 채 안 되어서 런던의 다른 지역에 에스프레소 바들이 속속 생겨나는가 싶더니, 1956년쯤에는 런던의 에스프레소바 매장의 수가 4백 개에 이르면서 매주 두 개꼴로 매장이 새로 생겼다. 이런 추세는 급기야 지방까지도 확산되었다.

1955년에 어느 에스프레소 바 경영자가 기자에게 이렇게 말했다. "이 나라 사람들은 갈수록 커피 맛에 아주 민감해지고 있어요. 우리 가게에서 파는 커피 중 99퍼센트가 각 손님의 입맛에 맞게 타 주는 커피일 정도라니까요." 그렇다면 데미타스 한 잔이 (레귤러커피* 가격의 두 배인) 1실링이었으니, 짭짤한 장사였던 셈이다.

그러나 에스프레소가 커피하우스를 침입했다면, 영국의 가

---

* 어떠한 인공·인위적인 가공을 하지 않은 순수한 커피

정에는 인스턴트커피가 점점 파고들었다. 네슬레는 전쟁이 끝난 이후로도 10년 넘게 지속된 차 배급제에 자신감을 얻어, 지면과 광고판을 이용해 네스카페의 광고를 적극적으로 펼쳤고 이런 광고전에서는 맥스웰하우스도 크게 뒤지지 않았다. 1956년에 마침내 차 경매가 재개되었을 때 모든 사람이 영국에 차 부흥기가 도래하리라 기대했으나, 그런 일은 일어나지 않았다.

바로 그해에 영국에 상업 광고가 시작된 것이 이런 현상에 예상외의 영향을 미쳤다. 전통적인 방식의 맛 좋은 차를 우리기 위해서는 5분의 시간이 필요했는데 TV 프로그램 사이의 짤막한 광고 시간은 그만큼 길지 못했다. 그런 상황에서 네스카페와 인스턴트 맥스웰하우스가 TV 스폿 광고를 통해 그 간편함과 장점을 크게 선전하면서 영국 소비자들은 차츰 인스턴트커피로 갈아타기 시작했고, 이내 인스턴트커피가 커피 소매 판매의 90퍼센트 이상을 점유하게 되었다. 필사적 입장에 몰린 차 회사들은 찻잎을 동그랗게 만 최상급 제품을 포기하고 찻잎을 잘게 썰어 티백에 담아 팔았다. 그 방식이 질은 떨어지더라도 더 빠르게 적갈색의 차를 우려 주었기 때문이다. 차는 여전히 영국인의 음료로 남았으나 커피가 상승 추세에 있다는 건 부인할 수 없는 사실이었다.

1950년대의 유럽 커피

유럽 대륙의 커피 산업은 주로 커피 대용품의 생산에 기대 그 명맥을 유지해 오다가 1950년대 말에 이르러 부흥기를 맞았다. 유럽의 커피 수입량은 1956년에 전쟁 이전의 수준이던 1천2백만 자루를 넘어서는가 싶더니 1960년에는 1천7백만 자루를 넘어섰다.

파리, 빈, 암스테르담, 함부르크의 카페에서 새로운 에스프레소 머신이 인기를 끌었으나, 이는 새로운 추세라기보다는 기존 커피 무대의 환경에 적응하는 현상이었다. 인스턴트커피가 (네슬레의 본거지인) 스위스 이외의 지역에서는 아직 많은 유럽 소비자의 마음을 끌지 못했지만, 그럼에도 네스카페는 이제 열아홉 개의 나라에서 생산되며 미국을 제외한 세계의 인스턴트커피 시장을 장악하고 있었다.[3] 한편 유럽에서는 가정 내 로스팅은 거의 사라졌으나, 여전히 통원두 판매가 분쇄되어 캔에 담겨 나오는 제품의 판매를 앞섰다.

서독은 다시 경제적 자립을 하면서 커피 소비량이 연간 15퍼센트씩 증가했다(소비 품종도 아라비카 종이 주를 이루었다). 브레멘 소재의 야콥스카페는 2년마다 매출이 두 배로 늘었다. 1949년에는 함부르크의 상인들인 막스 헤르츠Max Herz와 카를 칠링히리안Carl Tchilling-Hirrian이 치보Tchibo사를 설립하여 모카골드 로스팅 커피를 우편 배송으로 판매했다.[4] 야콥스카페는 여기에 대응해, 일명 '야콥스 범블비Bumble Bee(호박벌)'로 불리는 노란색과 검은색의 폭스바겐 밴으로 커피를 배달했다. 치보사는 1955년에 스페셜티 커피숍을 열어 통원두와 샘플로 추출한 커피를 팔기도 했다. 옆집 아저씨 같은 '커피 전문가'가 치보의 이미지 구축에 한몫했다면, 야콥스카페는 나이 지긋한 하우스프라우hausfrau(주부)를 내세워 자사를 대표하는 '국민 할머니' 이미지를 심어 주었다. 유럽에서는 아직 TV를 보유한 가정이 많지

---

3 아이러니하게도 라틴아메리카 국가들은 자신들이 애써 재배한 최상급 생두는 다른 나라로 수출하고 정작 자신들은 값싼 인스턴트커피를 마셨다. 재배농들은 그런 상황에 너무 울화가 치민 나머지 "Nescafé, no es café"라는 말까지 만들어 냈다. "네스카페는 커피도 아니다"라는 뜻이다.

4 'Tchibo'라는 상호는 'Tchilling-Hirrian'과 독일어로 원두를 뜻하는 단어인 'bohne'를 합성한 것이다.

않았던 터라 두 회사는 주로 잡지, 라디오, 영화를 통해 광고를 펼쳤다. 바야흐로 대중 마케팅의 시대가 열리고 야콥스카페, 치보, 에두쇼 같은 거대 기업들이 업계를 지배하면서 영세 경쟁자들이 하나둘 사라져 갔다. 1950년에 2천 개였던 서독의 로스팅 업체 수는 1960년에 이르면서 6백 개만 남게 되었다.

네덜란드에서는 마침내 커피 배급제가 폐지된 1952년 이후 다우어에흐버르츠가 커피, 담배, 차 사업을 확장해 나갔다. 다우어에흐버르츠는 영세 로스팅업체들을 인수하면서 1950년대 말에는 네덜란드 커피 수출의 50퍼센트 이상을 점유하게 되었다.

이탈리아에서는 3천 개의 로스팅업체가 국내 소매 시장 점유율을 놓고 경쟁을 벌였다. 이탈리아인들은 하루에도 몇 번씩 단골 커피바에 들러 친구들 사이에 잠깐 들어가 서서 커피를 마시다 다른 일을 보러 가곤 했다. 주문해 마시는 에스프레소의 종류도 다양해서, 리스트레토ristretto(추출 시간을 짧게 하여 양이 적은 진한 에스프레소), 마키아토macchiato(이탈리아어의 말뜻 그대로, 우유로 '얼룩진' 에스프레소), 코레토corretto (브랜디나 그라파grappa*를 첨가한 에스프레소) 등이 있었다. 한편 이탈리아는 블렌딩의 대다수가 많은 양의 로부스타를 함유하였으나, 그래도 한 잔당 로부스타 원두의 함량이 75퍼센트에 이르는 프랑스에 비하면 약과였다.

라바차는 토리노에서 판로를 넓혀 밀라노에 첫 지점을 열었다. 이 밀라노 지점에서는 "Lavazza paradiso in tazza"라는 기분 좋은 광고 슬로건을 내걸었는데, "커피 한 잔 속의 천국, 라바차"라는 뜻이었다. 라바차는 1956년에 진공캔을 도입하면

---

* 이탈리아산 비숙성 브랜디

서 배급망을 전국으로 넓히기도 했다. 일리카페는 에르네스토 일리의 지휘 아래 최상급 에스프레소 블렌딩을 생산하고 있었다. 하지만 여전히 이탈리아의 산업은 지역 특화 업체 중심이어서 1960년 무렵의 로스팅업체 수는 2천 개가 넘었다.

일본인, 커피에 눈뜨다

일본에 처음 커피가 들어온 것은 17세기로, 데지마섬의 네덜란드 무역상들을 통해서였다. 당시에 데지마섬은 해외 무역에 개방된 유일한 항구였다. 1888년에 도쿄에 최초의 기사텐(커피하우스)이 문을 연 이후 많은 커피하우스가 잇따라 생겨나면서, 예술가와 지식인들이 자주 드나들었다.[5] 소규모로나마 커피 산업이 발전하기도 했다. 1920년에 분지 시바타Bunji Shibata가 요코하마에 키커피Key Coffee를 설립하며 그 뒤로 15년에 걸쳐 일본 전역의 도시에 지사를 열다가, 나중에는 한국, 중국, 만주에도 지점을 두었다. 제2차 세계대전 후에는 또 다른 로스팅업체들도 속속 생겨났다. 전쟁 전에 고베에서 기사텐을 운영하던 다다오 우에시마Tadao Ueshima는 1951년에 도쿄에 지점을 하나 더 열면서 우에시마커피컴퍼니Ueshima Coffee Company를 세웠다. 이런 로스팅업체들이 모두 합해서 약 2백 개가 생겨났는데 대다수가 도쿄와 오사카에 몰려 있었다.

전쟁 후, 시바타는 키커피의 본사를 도쿄로 이전했다. 커피 맛을 아는 미 점령군이 도쿄로 밀려들어 온 것에 마음이 끌린 결정이었다. 그러나 아직은 합법적으로 커피를 수입할 수

---

5 1911년에는 최초의 카페가 생겼는데, 이곳에서는 터무니없이 비싼 가격으로 커피를 팔면서 말동무로 여자를 같이 앉혀 주었다. 이런 카페들은 값비싼 긴자 바들의 선조 격이었으며, 일본의 보통 커피하우스와는 다른 곳이었다.

없어서 그 당시에 활개 치던 암시장에 의존해야 했다. 그러다 1950년 이후 정식으로 커피 수입이 허용되면서 일본의 도시 곳곳에 수백 개의 기사텐이 생겨났는데, 대다수가 독특한 방식으로 손님을 끌었다. 가령 손님들에게 뉴스 영화를 상영하는 곳이 있었는가 하면, 가수들이 나와서 노래를 부르는 샹송Chanson 커피하우스들도 있었다. 1955년에 한 커피하우스는 유행의 중심인 도쿄 긴자 거리의 6층짜리 건물에 문을 열면서 실물 크기의 만화 캐릭터 여자 인형들, 밴드들, 보라색 실내 장식으로 승부를 걸었다. 그런가 하면 어떤 곳은 밤새도록 영업을 하며 구석진 개인 공간들을 마련해 놓아, 매춘부들과 경범자들을 주로 끌었다.

일본인들은 풍족한 서구의 라이프스타일을 흉내 내고 싶어 하다가 때로는 엉뚱한 촌극을 빚기도 했다. "도쿄에서는 여종업원들이 빈 스타일 장식을 배경으로 맘보를 추면서 이탈리아의 에스프레소를 테이블로 서빙해 주고 있다." 1956년에 실제로 어느 작가가 쓴 글이다. 또한 일본의 기사텐은 영어식 이름을 즐겨 썼다. 가령 딕Dig은 그곳의 경영주가 사실 재즈와 미국 속어를 '즐기는dig' 사람이라는 뜻이 담긴 이름이었는데, 이 사람은 나중에 제2호점을 내면서 이름을 딕Dug*이라고 붙였다.

구기 커피

세계적으로 미술품 흉내를 내며 멋들어지게 모양을 내는 음료 조제가 보헤미안 스타일의 커피하우스에서 인기를 끌었지만, 대다수 미국인 소비자들에게는 별 주목을 받지 못했다. 미

---

* dig의 과거·과거분사형이기도 하고, 젖꼭지라는 뜻도 있음

국의 커피숍들은 레귤러 커파 조(커피 한 잔)를 취급하며 당시의 기호에 따라 으레 묽게 희석한 커피를 햄버거, 감자튀김과 함께 팔았다. 매장 인테리어는 자동차 문화와 잘 맞게 플라스틱과 크롬, 네온사인과 유리 소재로 요란하게 했고, 상호도 이탈리아식 이름을 쓰지 않았다. 십스Ship's, 칩스Chip's, 구기스Googie's, 비프스Biff's, 밥스빅보이Bob's Big Boy, 커피댄스Coffee Dan's, 던킨도너츠Dunkin' Donuts,[6] 허버츠Herbert's, 화이트캐슬White Castle, 스모기버거Smorgyburger, 맥도날드McDonald's, 잭인더박스Jack-in-the-Box 등이 그 대표적 사례였다. 높이 치솟는 형태에 원색의 지붕 스타일은 일명 커피숍모던Coffee Shop Modern, 혹은 경멸적 호칭으로서 구기 양식Googie Architecture이라는 새로운 양식의 표상이 되었다.

부인하기

1950년대 말, 미국 커피 산업은 대중 심리학자들이 '부인'의 시기라고 명명할 만한 시기에 들어섰다. 전국커피협회 회장 아서 랜소호프Arthur Ransohoff는 1956년에 다음과 같은 글로 당시의 전형적인 입장을 표명했다. "우리의 현 상태는 어떨까? 그다지 나쁘지 않다는 게, 내 생각이다. 커피는 '콜라'가 생겨나기 훨씬 전부터 여기, 이 지구상에 있었다." 랜소호프는 그러면서 이렇게 결론지었다. "유구한 전통의 커피가 '힘껏 노력을 펼치면서', 이 나라 인구 성장에 비교할 때 굉장한 성과

---

6 원래 던킨도너츠는 1948년에 오픈케틀(Open Kettle)이라는 이름으로 첫 매장을 열었으나 2년 후에 빌 로젠버그(Bill Rosenberg)가 매사추세츠주 퀸시(Quincy)의 매장 이름을 이 외우기 쉬운 명칭으로 바꾸었다. 그는 1955년부터 프랜차이즈를 내기 시작했다. 던킨도너츠는 구기스와는 달리 통원두 아라비카를 사용해 미국의 중산층에게 꽤 괜찮고 제대로 추출된 커피를 소개하는 것을 자부심으로 삼았다.

는 아니더라도 미미한 성과는 거두고 있는 것 같다"고.

커피는 성과를 거두고 있기는 했다. 적어도 범아메리카 커피사무국이 발표한 오도된 통계에 근거하면 그랬다. 범아메리카커피사무국은 (이전의 관행처럼) 1인당 몇 파운드라는 실질적 기준으로 미국의 1인당 소비량을 제시하는 대신 평균적 미국인 열 명 이상이 하루에 몇 잔의 커피를 마시는지 보고하면서, 사실상 그 커피가 1파운드당 64잔까지 무리하게 추출해 약하게 뽑은 커피라는 점을 인정하지 않으려 했다. "미국인들은 과거의 어느 때보다 커피를 많이 마시고 있다." 범아메리카커피사무국은 이런 허풍까지 떨었지만 실제로 미국의 커피 소비가 최고점을 찍었던 때는 1946년이었다. 게다가 안타깝게도, 커피를 끓이는 방식인 퍼컬레이터가 당시 전체 가정 커피 추출 기구의 64퍼센트를 차지하고 있었다.[7]

길버트청소년연구소Gilbert Youth Research의 주디 그레그Judy Gregg는 1956년의 연설에서 커피업자들에게 "15~19세 연령층에 주목하라"고 조언하며, 10년 후면 그 연령층이 45퍼센트 증가할 것이라고 관측했다. "청량음료 회사들은 이미 이런 추세를 인식해 왔습니다. 청소년층을 끌기 위해 청량음료 회사들이 그동안 어떻게 해 왔는지 잘 살펴본다면 여러분의 커피업계에서도 청량음료업계에 필적할 만한 효과를 이끌어 낼 수 있을 것

---

7 1942년에 미국의 발명가 피터 슈룸봄(Peter Schlumbohm)이 파이렉스 내열 유리로 모래시계 모양의 추출기를 만든 후, 실험실 기구를 닮은 모양에 착안해 케멕스(Chemex)라고 이름 붙였다. 이 드립식 추출기는 간단하면서도 기능적인 데다 가운데 부분에 목재와 가죽 소재의 손잡이를 장착한 점이 돋보였다. 추출된 커피의 맛도 좋았으나 청소하기 힘들다는 단점이 있었다. 하지만 케멕스는 퍼컬레이터에 대항할 위협적 존재로 부각되지 못한 채, 지식인이나 순수주의자들 사이에서만 관심을 끌었다. 이보다 더 간편한 독일 멜리타사(Melitta)의 원뿔형 드립식 추출기는 1963년이 되어야 미국에 등장하게 된다.

입니다." 그녀는 이렇게 말하며 코카콜라가 인기 가수 에디 피셔를 내세워 십 대들의 흥미를 끌었던 예를 들었다. "커피 제조업체도 그런 식으로 유명인 마케팅 전략을 채택해 엘비스 프레슬리 같은 스타를 섭외한다면 예상 밖의 성과를 거둘 수 있습니다. 엘비스가 TV에 나와 커피를 마신다고 생각해 보세요."

커피업자들 가운데 대뜸 엘비스를 섭외하려 나선 이들은 아무도 없었다. 그런 시도를 했다고 한들, 커피는 십 대에게 좋지 않다는 인식이 여전해서 『세븐틴Seventeen』 같은 잡지들이 그 광고를 실어 줄 턱도 없었겠지만. 1950년대에 범아메리카커피사무국은 마침내 금기를 깨고 미래의 주부층을 공략하기 위해 삽입 광고*로 '커피 맛있게 만드는 방법' 편을 기획했으나 하품만 유도하고 말았다. 도넛과 함께 커피를 홍보하려고 사립 학교 스타일의 말쑥한 모델을 내세운 '십 대들의 단짝' 광고도, 광고판에 지방 대학의 '이달의 학생'을 축하하는 식의 로스팅업체 광고도 마찬가지였다.

로스팅업체들은 십 대들이 액션과 에너지, 모험에 열광한다는 점을 간파하지 못한 듯하다. 전국커피협회의 회장 존 맥키어넌John McKiernan은 당시의 상황을 다음과 같이 생생하게 묘사해 놓았다. "현대판 피리 부는 사나이는 (…) 몸통은 거대한 콜라병이고 팔다리는 청량음료와 맥주 캔으로 이어져 있는데, 그것도 헐렁하게 이어져 있어서 시장을 걸을 때마다 요란한 소리를 내며 우리 아이들을 우르르 몰고 다니고 있다."

1959년에 범아메리카커피사무국은 펩시콜라 담당 광고사 비비디오BBDO에 일을 의뢰했다. 또 하나의 심각한 문제, 즉 커피의 희석화 추세를 해결하기 위한 조치였다. 비비디오

---

* 신문에 끼워 넣어서 각 가정에 배달하는 광고 인쇄물

광고맨들은 자칭 "씩씩하고 틀에 박히지 않은 접근법"을 통해 광고를 기획했는데, 이 광고에는 한 사업가가 뒷다리로 일어선 말 위에 올라타 넓은 날의 검을 쥐고 있고, 그 옆에는 여인이 스쿠터에 앉아 "우리가 마시는 커피에 커피를 더 넣어 주지 않으면 싸움뿐이다."라고 적힌 현수막을 들고 있는 장면과 함께 다음과 같은 문구가 실렸다. 이 "성전聖戰"에 동참하고 싶은 독자들은 10센트를 보내 달라고, 그러면 커피 추출 요령 안내 팸플릿과 "정직한 커피를 사랑하는 사람들의 모임" 공식 회원 증명서를 받을 수 있다고.

뻔한 결과였지만, 이 광고전은 바람직한 커피 브루잉 관행을 회복시키는 데 실패했고, 오히려 잡지 『매드Mad』로부터 조롱을 사며 패러디거리만 제공했다. "겁먹은 커피 재배업자들의 모임"에서 "범아메리카 커피 재배업자들이 알거지가 되어 가고 있는 아주아주 슬픈 이야기를" 담은 팸플릿을 나누어 주었다는.

겁에 질려 맺은 협정

아프리카 재배업자들 역시 과잉 생산과 가격 하락으로 고통을 겪고 있었다. 잉여 수확물이 눈앞의 현실로 다가오며 위기감이 높아지자 아프리카인들은 아프리카국가간커피기구Inter-African Coffee Organization를 결성하여 부랴부랴 협상 테이블로 모였다. 1959년 9월, 열다섯 개의 라틴아메리카 국가들과 함께 앙골라, 코트디부아르, 카메룬은 1년간의 쿼터제에 서명하며 각국의 지난 10년간 최대 풍작년의 수확량 기준에서 수출 물량을 10퍼센트 낮추기로 합의했다.[8] 그러나 이 쿼터제에는

---

8 인도, 예멘, 인도네시아의 경우엔 커피 생산량이 전 세계 생산량의 3퍼센트가 약간 넘는 점유율을 차지하고 있던 터라 그다지 우려의 대상이 아니었다.

강제적인 장치가 마련되지 않았던 탓에 위반이 횡행했다.

임시변통으로 마련된 이 협정은 탈이 많긴 했으나 어쨌든 개시에 들어갔고, 1960년에는 영국의 아프리카 커피 식민지들인 케냐, 탕가니카, 우간다도 협정에 동참하면서 기간이 1년 더 연장되었다. 1961년 초에 브라질의 주앙 올리베이라 산투스João Oliveira Santos는 다음과 같은 글을 썼다. "가장 큰 문제는, 미국 같은 주요 커피 소비국이 어떻게, 또 언제 장기적 협정에 동참하기로 결정하는가다." 그는 이 문제를 낙관하며, "서구 세계의 이데올로기적·정치적 안보가 집단적 경제 안보와 직결되어 있음"을 지적했다. 산투스는 미국을 겁주어 협정에 동참시킬 수단으로, 공산주의를 위협 카드로 상정하고 있었음이 틀림없다. 실제로 그런 위협을 분명히 드러내기라도 하듯, 1960년에 브라질은 소련에 대표단을 파견해 소련의 석유, 밀, 비행기, 드릴 장비와 커피를 맞교환하기로 합의했다.

1959년에 쿠바에서는 피델 카스트로Fidel Castro가 반란을 일으켜 바티스타Batista의 독재를 타도했다. 카스트로는 그 후 1960년에 소련과 동맹 관계를 맺고 미국인 소유의 회사들을 국영화하기 시작했고, 이는 라틴아메리카에 공산주의의 영향력이 확산하는 것에 대한 미국의 공포를 자극하면서 미국이 커피 협정을 지지하도록 더욱 부추겼다.

공산주의에 대한 미국의 두려움은 라틴아메리카만이 아니라 아프리카에도 그 초점이 맞추어져 있었다. 1960년에는 식민지 해방이라는 불가피한 시대 조류에 따라 아프리카가 하나둘씩 독립하면서 신생 독립국들이 불어나게 되었고, 그 중 상당수는 하필이면 커피 가격이 폭락하던 그 시기에 주로 커피에 의존하던 상황이었다. 어느 커피 전문 작가가 걱정했듯, 아프리카 국가들은 "현재 동서 강국들이 벌이고 있는 경

제 전쟁에서 볼모로 전락할" 수도 있었다. 말하자면 아프리카
는 냉전에 의해 갈가리 찢길지도 모를 처지였다.

샤를 드골Charles de Gaulle이 프랑스령 아프리카 식민지들
에 독립을 할 것인지, 앞으로도 여전히 "상호 의존"할 것인지
를 선택하라고 제안했을 때, 다른 식민지들은 프랑스 연방으
로 남았으나 프랑스령 수단(개명된 국명, 말리)과 말라가시공
화국(개명된 국명, 마다가스카르)는 독립을 선택했다. 코트디부
아르도 두 나라의 사례에 자극받아, 처음엔 식민지로 남기를
선택했다가 1960년 8월에 독립을 선택했다. 그러나 프랑스
는 예전 식민지들에도 계속해서 지원금과 조언을 제공해 주
었다. 프랑스의 한 수입업자는 "커피는 경제적 문제만이 아닌
정치적 문제"라며, 프랑스에게는 "이 자유의 장막Liberty Curtain
안에 수백만 명의 사람들을" 지킬 의무가 있다고 썼다.

코트디부아르에서는 독립국으로의 전환이 순조롭게 진
행되었지만 벨기에령 콩고의 상황은 비참했다. 약 75년 전,
아프리카가 유럽 열강에 의해 인위적으로 분할되면서 국가
들 간의 강제적 국경에 덮여 그동안 가려져 있던 것이 있었으
니, 바로 부족 간의 부글거리던 경쟁의식이었다. 그런데 독립
과 함께 이 경쟁의식이 빈번하게 폭발했고, 이런 현상이 가장
극명하게 나타난 곳이 바로 콩고였다.[9] 1960년 6월 30일에

---

[9] 고지대에서 재배되는 아라비카 커피가 주요 수출품이었던 인구 조밀 지
역 루안다우룬디(Ruanda-Urundi, 얼마 후에 르완다와 부룬디의 두 나라로 갈
리게 됨)에서도, 1959년에 부족 간의 팽팽하던 긴장이 기어코 폭발하고 말
았다. 빈농들이던 후투족(Hutu)이 소수족 지배 부족인 투치족(Tutsi)에 반
발하여 들고일어났던 것이다. 커피 가격의 하락으로 후투족의 삶이 더욱
열악한 지경으로 몰리면서 더욱 감정이 들끓었을 것이다. 어쨌든 치열한
혈투 끝에, 투치족 왕과 14만 명의 부족민이 도망을 쳤으나 폭력 사태는 그
뒤로도 수십 년간 되풀이된다.

콩고가 독립을 하고 그로부터 일주일도 채 안 되어, 원주민 군대가 반란을 일으켜 닥치는 대로 약탈과 강간, 살인을 저지르고 다녔다. 그 와중에 카탕가Katanga 지역은 콩고에서의 분리를 시도했고 벨기에 정부는 군대를 파견했다. 사태가 점점 더 혼란으로 치닫자 우체국 노동자 출신의 국무총리 파트리스 루뭄바Patrice Lumumba가 유엔과 소련에 동시에 도움을 호소했다.

루뭄바는 공산주의자들에게 접근한 그 순간, 제 발로 무덤을 판 셈이었다. 미국이 그의 타도뿐만 아니라 그의 죽음까지 결정했으니 말이다. CIA의 공중 지원*하에, 루뭄바는 모부투 세세 세코Mobutu Sese Seko에게 붙잡혔다가 1961년 1월 17일에 암살되었다. 그 뒤로 수년간 대살육전, 반란 시도, 미국의 개입, 모부투의 장기간의 독재가 이어졌다(모부투는 국명을 자이르로 개명했다). 당시의 참상은, 1965년에 콩고의 한 커피업자가 남긴 다음의 글이 잘 말해 주고 있다. "생산량이 점점 줄고 있다. 동료 상인 누구에게 들었는데, 자신이 거래하는 농장의 농장주들 중 25퍼센트가 살해되었다고 한다. 농장을 버리고 떠나는 농장주들도 있다. 어떤 샴바shamba(농장)에서는 1백 명이나 되는 노동자 전부가 학살되기도 했다."

파트리스 루뭄바가 암살되고 3일 후, 존 F. 케네디John F. Kennedy가 미국의 새 대통령으로 취임했다. 케네디는 쿠바, 콩고 외에 앙골라에 대한 걱정까지 짊어지게 되었다. 결국 아프리카에 공산주의의 영향력이 미치지 못하도록 봉쇄하기로 결심한 케네디는 포르투갈의 독재 정권을 부추겨 앙골라의 독립을 허용하기보다는 앙골라의 반란을 진압하게 했다. 당시에

---

* 공군이 지상군을 지원하여 적의 병력, 차량, 시설 등에 폭격을 가하는 것

앙골라에서는 급료를 받지 못한 커피 노동자들이 밀린 급료를 요구하자 겁에 질린 농장주들이 그들에게 총을 쏜 일이 화근이 되어 대량 학살이 벌어져 커피 농장에서 수백 명의 백인과 수천 명의 흑인이 목숨을 잃던 상황이었다. 마침내 포르투갈은 미국의 무기를 등에 업고 나서서 질서를 회복하고 커피 재배를 정상화했다.

영국은 독립국으로의 순탄한 전환을 위해 우간다, 케냐, 탕가니카의 독립 인정을 지체시켰다. 1960년 말에 영국인 커피 수출업자 앨런 볼러^{Alan Bowler}가 케냐의 나이로비에서 편지를 보내왔다. "이곳 대륙의 수백만 명에게 커피는 먹을 것이 없어 쩔쩔매느냐, 아니면 먹을 것이 넉넉하냐의 문제입니다." 그는 그러면서 대부분의 농장이 소규모인 아프리카에서는 과잉 커피 수확량을 줄이기 위한 그 어떤 계획도 실효성이 없을 것이라는 견해를 밝혔다. "3에이커(약 1만 2천 제곱미터)의 땅을 가진 소자작농에게 가서 생산량을 줄이라고 설득이라도 해 보려면, 먼저 경제 얘기를 장황하게 알려 주며 총이라도 꺼내 든다면 모를까 어림도 없을 것입니다." 이 무렵 아프리카의 커피 가운데 아프리카인 재배농이 생산하는 양은 80퍼센트에 달했다.

따라서 새로운 커피 협정은 경제적 절망과 정치적 긴장의 산물이었다. 미국에서는 1961년 1월에 전국커피협회의 존 맥키어넌이 이런 발언을 하기에 이르렀다. 소련이 아프리카에서 "민족주의를 이용해 신생 독립국들을 공산주의의 노예로 붙잡을"지도 모른다면서, 전국커피협회가 전통적으로 쿼터제를 자유 무역에 제약을 가하는 요소로 여겨 반대해 왔으나 이처럼 "국제적 긴장이 팽배한 분위기"인 만큼 이제는 국제커피협정^{International Coffee Agreement}을 지지하겠다고.

1961년에 케네디 대통령은 원조 프로그램을 통한 라틴 아메리카와의 관계 개선을 위해 진보를 위한 동맹Alliance for Progress을 추진했다. 3월 13일, 진보를 위한 동맹을 소개하는 연설에서 케네디는 다음과 같이 인정했다. "경제 발전 프로그램은 어떤 식으로든 상품 가격의 안정을 위한 조치가 취해져야만 효력이 발휘될 수 있습니다."

재무장관 더글러스 딜런Douglas Dillon은 커피 협정에 대한 미국의 지지를 거듭 되풀이했다. 1962년 7월 9일, 유엔은 뉴욕시에서 유엔커피회의를 소집해 장기적 협정에 관해 협상했다. 회의는 밤새도록 진행되었다. 미국 측 대표 마이클 블루먼솔Michael Blumenthal은 훗날 이렇게 회고했다. "나로서는 계속 이리저리 왔다 갔다 하고 있던 새벽 4시쯤이 그나마 제일 재미있었다. (…) 유엔이 교착 상태를 타개하려 애쓰던 때라 미국팀의 다른 두 멤버가 그런 내 상의 자락을 붙잡고 체통 좀 지키라고 사정했는데, 나는 나한테 체통이란 게 있었다면 지금쯤 집에서 자고 있을 것이라고 대답했던 것 같다."

회의 참석자들은 마침내 임시적인 쿼터제에 합의했다. 그러나 이 국제커피협정ICA이 완전히 발효되려면 대다수 수출입국의 비준이 필요했고, 비준의 최종 기한은 1963년 12월 30일로 정해졌다. 5년 기한의 이 협정은 그때까지는 비공식적으로 발효하기로 했다.

이 쿼터제는 기본적으로 4560만 자루의 세계 수출량을 기준으로 삼았는데, 그중 브라질에 할당된 양은 1천8백만 자루였고, 콜롬비아는 6백만 자루가 약간 넘었으며, 코트디부아르가 230만 자루였고, 앙골라가 2백만 자루가 조금 넘는 양이었다. 단 이 할당량은 3개월마다 조정하여 수입국과 수출국 전체의 3분의 2가 찬성해야 인정되는 것으로 했다. 게다가 커피가 선적될 때마다 '원산지 증명서'나 재수출 증명서를 함께 발부해야 했다. 일본, 중국, 소련 등 커피 소비량이 적은 국가들은 이 쿼터제에서 면제를 받았다. 즉 이 면제 조항은 수출국들이 철의 장막이나 일본으로 빼돌릴 수 있는 빌미였던 셈이다. 이 협정에는 세계적 소비를 늘리고 과잉 생산을 제한하기 위한 홍보에 힘쓰되 전적으로 자의에 맡긴다는 규정도 들어갔다. 한마디로 립서비스용 규정이었다. 또한 90일 전에 공지한다는 조건에 따라 어떤 국가든 이 협정에서 탈퇴할 수 있었다.

비준까지의 삐걱거림

미국의 국제커피협정 비준 과정은 그다지 매끄럽지 못했다. 1963년 3월에 이 협정에 대해 논의하기 위한 외교관계위원회 Committee on Foreign Relations 청문회가 열렸다. 캔자스주 출신의 상원 의원 프랭크 칼슨Frank Carlson은 이렇게 물었다. "이 협정이 사실상 외국의 물가 유지를 위해 미국 커피 소비자들에게 부담을 지우려는 건 아닌가요?" 또 다른 상원 의원은 이 협정이 "국제적 담합(카르텔)"이 아니냐고 묻기도 했다. 5월에 상원은 최종적으로 협정을 비준했다. 물론 적절한 원산지 증명서가 없을 경우 미국 세관이 커피 수입을 거절할 수 있도록 규정하는 '시행' 법안의 통과 절차가 아직 남아 있다는 사실을 의식한 비준이었다.

그로부터 얼마 후 파라나가 자연의 훼방에 타격을 입고 말았다. 처음에는 8월 초에 서리가 닥치더니, 9월에는 오랜 가뭄 중에 치명적인 화재까지 발생했다. 브라질의 예상 수확량에 큰 차질이 생기면서 커피 가격은 또다시 널뛰기 시작했다. 하원은 길고 우여곡절 많은 논쟁을 벌인 끝에, 어쨌든 11월 14일에 시행 법안을 투표에서 통과시키며 최종 투표를 위해 상원에 회부했다.

8일 후인 1963년 11월 22일 정오가 막 지났을 때, 케네디 대통령이 댈러스에서 암살되었다. 그런데 커피를 둘러싼 정치가 어찌나 치열했던지, 당시에 런던 본부에서 할당량을 놓고 벌어지던 국제커피협정 가입국들 간의 논쟁은 온종일을 할애하고도 밤늦도록 이어지며, 미국 대통령의 사망 소식을 들은 이후까지도 끝날 줄을 몰랐다. 논쟁은 결국 11월 23일 새벽 2시가 되어서야 끝났으나, 치솟는 가격에 대응하여 할당량을 늘리는 데는 실패했다.

국제커피협정을 사장시키지 않기 위해 미국은 최종 기한 나흘 전인 12월 27일에, 아직 시행법이 확정되지 않은 상태에서 비준서를 기탁*했다. 커피 가격은 상승세를 멈추지 않았고 1파운드당 34센트이던 산투스산 4등급의 가격이 1파운드당 50센트까지 뛰었다. 1964년 2월 12일, 국제커피협정위원회는 할당량을 3퍼센트 조금 넘는 수준으로 늘리자는 안, 즉 230만 자루를 시장에 더 풀자는 안에 압도적인 표를 던졌다. 커피가 더 많이 풀려서 가격이 적정 수준이 되지 않는 한 미국의 정치인들이 이 협정을 폐지할 수 있음을 의식한 표결이었다.

---

* 조약 성립의 절차상, 조약 체결 당사국은 조약의 비준을 증명하기 위해 일정 형식의 비준서를 작성하여 교환 또는 기탁해야 한다. 비준서의 작성으로서 국내법상의 비준은 완성되나, 국제법상 조약의 성립은 비준서를 교환 또는 기탁하는 때에 완성되는 것이다. 원칙적으로 2개국 간의 조약에서는 비준서를 서로 교환하며, 다수국 간의 조약에서는 비준서 교환의 번거로움을 피하기 위해 비준서를 일정한 장소(보통 조약체결국의 외무부 또는 국제기관의 사무국)에 기탁한다. 조약에 별도의 규정이 없는 한, 조약은 그 비준서의 교환 또는 기탁 일시에 완성되며 동시에 조약의 효력도 발생하는 것이 원칙이다.

2주 후에 3일간의 청문회가 진행되었고, 이 자리에서 상원 재무위원회는 국무부의 애버렐 해리먼Averell Harriman에게 국제커피협정의 목적은 커피 생산국의 파산을 막는 것 같다고 지적했다. 델라웨어주 상원 의원 존 윌리엄스John Williams는 이렇게 묻기도 했다. "하지만 그것은 일방적 보호가 아닌가요? 커피 가격이 1파운드당 1달러까지 올라가는 것을 막아 주는 보호 조치는 눈 씻고 봐도 없잖습니까."

커피 생산국들이 할당량을 늘리는 안에 표를 던졌던 주된 목적은 미국의 정치인들을 달래기 위해서였을 것이다. 실제로 한 상원 의원은 바로 이 부분에 주목했다. "게다가 시행법까지 의회에서 승인되어 대통령의 서명을 받는다면 그들은 이제 상원의 눈치를 보느라 조마조마할 일마저 없게 될 테지요."

관대한 편이던 민주당 상원 의원 폴 더글러스Paul Douglas 마저도 국제커피협정 시행에 반대하고 나섰다. 그는 커피 가격이 더 높아진다고 해서 그 혜택이 농민 노동자들에게 돌아가지는 않을 것이라는 근거를 내세우며, 1954년의 가격 폭등 때를 떠올려 보라고 했다. "당시에 농장주들은 화려한 집과 농장 저택을 지었습니다. 익명으로 자산을 해외로 빼돌려 스위스 은행의 여러 계좌에 입금하기도 했지요. (…) 국민의 생활 수준 개선을 위해 쓰인 돈은 없었습니다." 더글러스는 시행법을 통과시킨다면 "우리는 선린 정책의 추구자로 갈채를 받을 테지만, 이는 라틴아메리카인들의 삶을 겉만 살펴보고 마는 피상적 정책입니다. 진짜 화산은 그 아래에 가려져 있습니다."라고 지적했다.

웬델 롤러슨Wendell Rollason도 마이애미의 반카스트로anti-Castro 단체에 증인으로 참석했다가 더글러스와 같은 우려를 표했으나 결론에서는 의견이 달랐다. 즉 라틴아메리카의 캄페시노들에게는 도움이 필요하다는 요지였다. "그들이 원하는 것은 한 뙈기의 땅, 안정적인 직업, 배부름, 아이들의 교육입니다. (…) 우리가 나서지 않으면 소련에서 나설 테고요. 복잡하게 생각할 것 없이 이렇게 간단한 문제일 뿐입니다."

당시에 애버렐 해리먼이 더글러스 상원 의원에게 말했듯, 적어도 브라질에서는 정부가 "사회 개혁과 사회 발전으로 국민의 생활 수준을 개선하려" 시도하려 했었다. 브라질에서는 대규모 농장들이 여전히 우세하여 겨우 1.6퍼센트에 해당하는 소수 농장들이 전체 경작지의 반 이상을 차지하고 있었다.[10]

상원은 1964년 7월 31일에 시행법을 통과시켰으나, 공화당 상원 의원 에버렛 더크슨Everett Dirksen이 미국이 양원 합동 결의에 따라 국제커피협정에서 탈퇴할 수 있도록 규정한 수정안이 덧붙여져 있었다. 이 법안은 이미 하원의 승인을 얻은 상태였으나 수정안이 나옴에 따라 또 한 번 하원의 승인 절차가 필요해졌다. 결국 8월에 하원에서는 근소한 표 차로 수정안을 **부결시켰다.**

대선에서 린든 존슨이 압도적 승리를 거둔 이후인 1965년

---

10 해리먼이 말한 정부란 바로 주앙 골라르트(João Goulart) 정권이었다. 골라르트는 늘 빈민의 편에 섰고 공산주의를 묵인했던 인물로서, 1961년에 권력을 잡았다. 골라르트의 정권하에 정부가 부채를 갚기 위해 화폐를 새로 찍으면서 인플레이션이 걷잡을 수 없을 정도로 치닫긴 했으나, 그가 실제로 농지 개혁을 시행하려 했던 것 또한 사실이다. 물론 그것이 자기 무덤을 파는 빌미가 되고 말았지만 말이다. 애버렐 해리먼이 상원에 증인으로 출석한 지 한 달 후인 1964년 3월 31일, 브라질 군대가 리우데자네이루로 진군하여 골라르트를 축출했다. 그리고 그로부터 네 시간도 채 지나지 않은 시각, 린든 존슨(Lyndon Johnson) 대통령이 브라질군 장교들에게 쿠데타 완수를 축하하는 내용의 전보를 보냈다. 골라르트는 4월 4일 몸을 피해 망명했고 그 뒤로 브라질에서는 20년간의 군 독재 체제가 시작되었다.

2월 2일, 상원은 수정 법안을 통과시켰고 4월에 하원에서는 다시 한번 청문회를 개최하여 마침내 시행법을 통과시킴으로써, 이제 국제커피협정은 미국의 원산지 증명서 감독 아래 전면 발효되었다.

베이비붐 세대 공략

미국의 커피 산업도 여전히 나름의 위기를 겪고 있었다. 10세 이상 미국 소비자들의 하루 평균 소비량은 1962년에 3.1잔으로 정점을 찍었다가 1964년에 들어서자 2.9잔으로 내려갔다.

범아메리카커피사무국은 베이비붐 세대를 끌기 위해, 광고전을 잇달아 펼쳤다. 청소년을 대상으로 머그잔 디자인 공모전을 여는 '머그메이트Mugmate' 이벤트도 해 보고, "같이 커피 마시러 가자" 같은 권유식 슬로건도 내세워 봤다. 하지만 십 대들의 관심을 끌지 못한 채 어설픈 시도로 끝났다. 한 조사 결과에서는, "십 대들이 커피 맛을 좋아하지 않으며 심지어 역겹다고 느끼는 경우도 많다"고 나타났다. 또한 커피는 상쾌한 맛도 없고, 어떤 식으로든 유익하지도 않다는 인식이 일반적이었다. 그나마 작은 위안거리가 있기는 했다. 십 대들이 커피를 성인 음료로 여기며 사업가와 주부의 세계로 들어가는 통과 의례쯤으로 생각하고 있다는 점이었다. "청소년들은 탄산음료를 입에 달고 살지만, 그러면서도 자신들이 몇 년만 지나면 커피를 마시게 되리라는 걸 인식하고 있다."

그런데 추가적인 커피 홍보가 절대적으로 필요해 보이던 시기에, 범아메리카커피사무국으로부터의 미미한 지원조차 흐지부지 무산되었다. 런던 소재의 국제커피기구International Coffee Organization, ICO에서 그 일을 맡게 될 것이라는 기대 때문이

1970년에는 이처럼 베이비붐 세대 히피들을 끌어모으려는 노력이 시도되었으나, 그럼에도 커피 산업은 펩시 세대에게 밀렸다.

었지만, 정작 국제커피기구 회원국들은 1963년부터 1966년까지의 그 중대한 3년 동안 적절한 판촉 기금을 책정하지도 못했다. 한편 커피추출연구소 Coffee Brewing Institute는 미국인의 커피 추출 습성을 개선시키려 10년이 넘도록 불굴의 시도를 벌여 왔으나 만족스러운 효과를 거두지 못한 채, 기금이 떨어지고 말았다.[11]

코카콜라와 펩시는 청소년층을 끌기 위해 이전보다 더 정교해진 광고전을 벌였다. "코카콜라와 함께라면 문제없어요. 음식도 더 맛있고, 노는 것도 더 신나죠. 코카콜라와 함께라면 기분이 좋아져요." 당시에 포크송 그룹이 불렀던 경쾌한 CM송이었다. 그런가 하면, 펩시는 전 세대를 겨냥하여 멋진 TV 광고를 기획해서, 오토바이와 롤러코스터를 탄 젊은이들의 열광적일 만큼 활기차고 신나는 모습과 함께 여성 가수가 부르는 CM송을 깔았다. "생기를 찾으세요! 생기를 찾으세요! 당신은 펩시 세대." 1965년에 청량음료 회사들은 1억 달러에 가까운 광고비를 쏟아부었는데, 이는 커피업계 광고비 지출의 두 배였다.

---

11 초반에는 유럽의 소비가 꾸준히 상승하는 듯 보이면서 1963년에 유럽의 수입량이 처음으로 2천만 자루를 넘어섰다. 그러다 1965년에 들어서며 상승세가 주춤해졌고, 유럽의 십 대들도 커피보다 청량음료에 입맛을 더 사로잡혔다.

1965년에 『차와 커피 트레이드 저널』의 한 사설에서는 이런 문제를 다음과 같이 요약해 놓았다. "아주 오랜 세월 치열한 경쟁전을 벌여 왔던 커피는 최근 들어 적어도 10년간 이 싸움에서 패자를 면치 못하고 있다. 이제, 처음으로 그 손실이 어느 정도인지 확연히 드러나고 있으며 조만간 전세가 바뀌리라고 낙관할 만한 근거도 없다."

합병 열풍

커피 로스팅업체는 베이비붐 세대를 끌기 위한 확실한 광고전을 벌이기는커녕 점점 줄어드는 시장 점유율을 놓고 자기들끼리 싸우기에 바빴다. 이익률이 빠듯해지면서 합병과 파산으로 집중화가 가속되었고, 1965년 무렵엔 로스팅업체 수가 불과 240개로 줄어들었다. 또한 이 업체들 중 상위 8대 기업들의 매출이 전체 매출의 75퍼센트를 차지했다.

특히 1963년 9월에는 가장 이목을 집중시켰던 합병이 발표되었다. 식품 소매업계의 공룡 프록터&갬블이, 서부 지역에서 가장 역사 깊은 커피 회사 폴거스를 인수하기로 했다는 것이었다.

폴거스로 말하자면 그때까지 서부와 중서부를 중심으로 힐스브라더스와 커피업계 왕좌를 놓고 경쟁을 벌여 왔던 기업이었다. 또한 프록터&갬블이 1억 2천6백만 달러의 인수 대금을 지불할 무렵엔, 대다수 시장에서 힐스브라더스를 근소한 차이로 앞서 있었다. 게다가 샌프란시스코, 캔자스시티, 뉴올리언스, 휴스턴, 로스앤젤레스, 포틀랜드에 로스팅 공장들을 두고 1천3백 명의 직원을 고용하고 있었으며, 미국 커피 시장의 점유율도 11퍼센트였다.

배우 버지니아 크리스틴(Virginia Christine)이 연기했던 폴거스의 올슨 부인은 엄마 같은 조언으로 커피와 결혼 문제의 해결을 거들어 주던 캐릭터였다.

비누 판매를 과학으로 승화시켰던 전통주의자들인 프록터&갬블 직원들은 점잖은 체하던 그 커피업계 체제를 대대적으로 개혁했다. 우선 이제는 보고와 메모를 통해 모든 사항을 낱낱이 문서화하도록 했다. 또 한편으로는 정교하게 기획된 TV 광고로 소비자의 두려움과 열망을 자극하며 더 많은 소비자를 공략했다. 다음이 그런 광고의 한 사례였다. '모르는 게 없는 스웨덴인 참견쟁이 올슨 부인이 폴거스Folgers (프록터&갬블은 인수 후 폴거스의 상호에서 아포스트로피를 빼 버렸음) 커피 캔을 들고 뒷문에서 마술처럼 뿅 나타나서 마침 제시간에 결혼 생활의 파탄을 막고 진정한 사랑을 회복시켜 준다.' 이 광고에서는 커피도 자기 혼자 못 만드는 성마른 남편들과 자신의 가치를 커피 솜씨로 평가받는 신경질적인 아내들의 모습을 통해 성차별적인 이미지를 부각시켰다. 프록터&갬블 내에서는 이 광고를 일명 "자, 괜찮아요" 캠페인으로 불렀다. 또한 프록터&갬블에서는 어느 광고맨의 말마따나 "자신이 어느 정도나 심술궂고 사납게 굴어도 괜찮다"고 생각하느냐는 취지의 조사를 실시했다. 그 결과 주부들은 "아무리 못되게 굴어도 다" 괜찮을 것 같다고 했다. 사실상 자신들은 거의 평생을 매일같이 그렇게 당해 왔다면서 말이다.

프록터&갬블이 폴거스를 인수하고 불과 몇 달 후인 1964년 2월, 코카콜라가 던컨푸즈Duncan Foods와의 합병을 발표하며 커피 경쟁에 뛰어들었다. 당시에 코카콜라는 이미 뉴저지 소재의 인스턴트커피 조합, 텐코를 거느리고 있던 터였다(사실 이 텐코는 코카콜라가 1960년에 미닛메이드Minute Maid 오렌지 주스 회사를 인수하면서 덤으로 얻은 것이었지만). 어쨌든 그로써 코카콜라는 단박에 미국 제5위의 로스팅업체로 도약하며, 애드머레이션Admiration, 버터넛Butter-Nut, 플리트우드Fleetwood,

메릴랜드클럽Maryland Club, 허긴스영Huggins Young, 블루리지Blue Ridge 등의 브랜드와 더불어 꽤 쓸 만한 PL 하나와 시설 기반 사업체까지 구비하게 되었다. 그런데 이 청량음료 공룡 기업은 콜라의 이익률이 훨씬 더 높은 마당에 구태여 왜 커피 사업을 하려고 했을까? 그 답은 여전히 수수께끼다. 다만 많은 이들의 추측대로라면, 찰스 던컨 주니어Charles Duncan Jr.와 돈 키오Don Keough 같은 공격적인 경영자들을 자기들 사람으로 만드는 쪽에 더 관심이 있었던 건지 모른다. 실제로 두 사람은 버터넛과 함께 넘어온 이들이었고, 나중에는 둘 다 코카콜라에서 최고의 자리까지 올라갔다.

맥스웰 하우스와이프

코카콜라가 던컨푸즈의 인수로 차지하게 된 시장 점유율은, 레귤러커피 시장 5퍼센트, 인스턴트커피 시장 1퍼센트에 불과했다. 커피업계에서는 여전히 제너럴푸즈가 공룡으로 군림하며, 레귤러커피와 인스턴트커피의 점유율을 각각 22퍼센트와 51퍼센트나 차지하고 있었다. 맥스웰하우스, 상카, 유반 등의 브랜드를 소유하고 있던 제너럴푸즈는 브랜드별로 공략 시장에 조금씩 차이를 두면서 아주 정교하면서도 파급력 있는 커피 마케팅을 벌였다.

1960년대 초, 제너럴푸즈는 프랑스, 독일, 스웨덴, 스페인, 멕시코의 로스팅업체들을 사들였다. 일본의 커피 수입 자유화 이후인 1961년에는 일본 현지 업체와 합작 기업을 설립해 일본 시장 판매용의 인스턴트커피를 생산했다. 또한 다국적 기업으로서의 새로운 이미지를 굳히기 위해, 1964년도 뉴욕 세계박람회의 공식 커피로 맥스웰하우스가 지정되도록 돈을 썼다. 그리고 이 박람회에서 무려 18미터 높이의 아치길을 만들어 놓고 관람객들이 맥스웰하우스 하면 마지막 한 방울까지 맛있는 커피를 연상하게끔 기획했다.

한편 이제는 광고의 고전이 된 맥스웰하우스 퍼컬레이터 광고가 1960년에 처음으로 TV 전파를 탔다. 유명한 광고맨 데이비드 오길비David Ogilvy의 작품이었던 이 광고는 수년간 전파를 타며 한 세대의 무의식으로 파고들게 되는데, 구체적으로 소개하자면 이런 식이었다. 커피가 솟아올라 퍼컬레이터 맨 위의 유리 손잡이를 치면서 싱커페이션syncopation* 비트를 만들어 내는가 싶더니, 다음 순간 퍼컬레이터가 팔팔 끓어오름과 동시에 갑자기 경쾌한 멜로디를 띠면서 모닝커피를 준비할 때의 기분 좋은 흥분을 연상시켰다. 정말로 기발하고 인상적인 광고였다. 물론 그리 바람직하지 않은 커피 추출 방법을 부각시켰던 것이 흠이긴 했지만.

같은 해에 제너럴푸즈는 인스턴트커피 음용자들을 겨냥한 최초의 스놉어필 광고를 통해 유반 인스턴트커피를 소개함과 동시에, 집집마다 찾아다니는 시음과 광고 행사는 물론 대대적인 판촉전도 펼쳤다. 유반 인스턴트커피는 백 퍼센트 아라비카 원두를 사용했기 때문에 다른 인스턴트커피보다는 고급이었지만 레귤러커피에 비하면 그저 그런 커피에 불과했다. 제너럴푸즈는 다른 커피 로스팅업체들을 따라 플라스틱 뚜껑이 달린 캔으로 용기를 바꾸기도 했다. 또한 시트콤 <앤디 그리핀 쇼The Andy Griffith Show>를 통해 TV 광고전을 벌였는가 하면, 잡지 『패밀리 서클Family Circle』과 『TV 가이드TV Guide』에 네 잔 분량의 상카 샘플을 끼워 주는 증정 행사도 벌였다.

---

* 당김음, 곧 의외성과 긴장감을 주기 위해 원래의 강박이 강하지 않고 약박이 강세를 갖는 것

1964년, 제너럴푸즈는 최초의 냉동 건조 커피, 맥심Maxim을 출시했다. 맥심은 분사 건조식 인스턴트보다 기술적으로 진보된 상품이었고 풍미도 더 뛰어났다. "이제껏 만나 본 적 없던 세계를 보여 드리겠습니다. 집 안의 커피 잔이 곧 퍼컬레이터가 되는 놀라운 경험을 선사해 드리겠습니다." 맥심의 광고 문구였다.

제너럴푸즈는 1965년에 최초의 컬러 TV 스폿 광고를 내보내며 맥스웰하우스의 분쇄 커피 역사상 "가장 파급력이 큰 광고 판촉 프로그램"을 시작했다. 7센트 할인 쿠폰과 "1만 2천 명의 걸스카우트단이 부른 미국인 애청곡" 레코드판 무료 증정 이벤트를 알리는 지면 광고와 동시에 진행되었던 이 스폿 광고는, 젊은 부부층을 겨냥한 TV 미니드라마식 구성으로 제작되어 여성들에게 "맥스웰 하우스와이프Maxwell Housewife 가 되고" 싶도록 충동을 유발했다. 그 전형적인 한 편을 소개하자면 이런 식이었다. 새 아파트의 널려 있는 짐 상자 사이로 세련되고 젊은 여성의 모습이 비친다. "여보." 그때 모습은 보이지 않는 채로 남편의 거들먹거리는 목소리가 들려온다. "잘 봐. 내가 커피 만드는 요령을 가르쳐 줄 테니까." 광고에서는 남편의 전체 모습을 비춰 주지 않고 커피를 만드는 손만 보여 주는데, 잠시 후 남편이 아내에게 커피는 맥스웰하우스만 쓰라며 이렇게 말한다. "향 맡아 봐. 이제는 맛도 좀 보고. 알겠지? 언제 마셔도 마지막 한 방울까지 맛있다니까. 그러니까 괜히 이 커피 저 커피로 내 입맛 실험할 필요 없어. 그냥 사랑스러운 맥스웰 하우스와이프가 되어 주면 내가 당신을 떠날 일은 없을 거야." 남편은 그런 후 아내의 머리를 토닥이며 머리카락을 헝클어뜨린다. 한편 젊은 아내들의 불안감을 이용하려 했던 이 스폿 광고는 막 싹트기 시작한 여성해방론자들의 기분을 거스르게 했을 것이 불 보듯 뻔하다.

힐스브라더스의 침체

커피 재벌들이 과감하게 새로운 세계로 들어서던 추세 속에서도, 힐스브라더스는 꿋꿋하게 전통적 가족 기업으로 사업을 이어 갔다. 그런데 1958년에 실시된 한 여론 조사의 결과, 폴거스는 "현대적이고 최신의" 이미지를 누리고 있던 반면에 힐스브라더스는 "구식의" 이미지로 전락해 있었다. 더군다나 "힐스브라더스를 외면하는 이유가 품질이 나빠진 것 같다는 인식" 때문인 것으로 밝혀졌다. 품질에 대한 이런 인식은 괜한 의혹이 아니기도 했다. 힐스브라더스는 실제로 심한 경쟁 압박에 못 이겨 블렌딩의 품질과 타협을 했으니 말이다.

1960년에 실시된 소비자 면담 조사에서는, 힐스브라더스 고유의 아랍인 캐릭터가 한물가고 고리타분한 족장처럼 인식되는 것으로 나타났다. 마케팅 컨설턴트들도 "그 캐릭터를 가망의 여지가 없을 만큼 구식 이미지"라고 결론지었다. R. W.의 아들로서 당시 63세이던 레슬리 힐스Leslie Hills는 이런 보고에 노발대발했다. "그 아랍인이 무슨 낡은 신발도 아니고 그렇게 함부로 떼어 내려 하다니." 그는 끝끝내 태도를 바꾸지 않았다.

제품의 캔에 아랍인 캐릭터를 그대로 내버려 두긴 했지만 그렇다고 힐스브라더스가 가만히 손 놓고 있었던 것은 아니다. 시장 점유율을 지키기 위해 적극적인 노력을 펼치기도 해서, 이제는 보편화된 쿠폰과 특가 상품으로 판촉을 벌이는가 하면, 교회와 클럽에 대형 커피포트를 무료로 증정하며 여기에 커피 라벨을 잔뜩 붙여 보내기도 했다. 또한 힐스브라더스는 1960년 스쿼밸리Squaw Valley 동계올림픽을 공동 후원했으나, 연간 총예산이 5백만 달러이던 상황이라 TV 스폿 광고는 샌프란시스코, 로스앤젤레스, 포틀랜드, 시카고에만 내보냈다. 이와 동시에 TV 프로그램 <셜리 템플스 스토리북Shirley Temple's Storybook>, <베트 마스터슨Bat Masterson>, <월트 디즈니 Walt Disney>를 후원하는 지역 광고도 했다.

"힐스로 오세요!" 힐스브라더스는 이런 슬로건을 내세운 새로운 광고전을 통해 자사의 커피가 "이제는 조금 더 진해져서 다른 인기 커피들보다 10퍼센트 더 진하다"고 주장했다. 그뿐만 아니라 "풍미가 사라지지 않아 재가열해도 변함없는 커피!"라는 얼토당토않은 슬로건을 내걸어, TV 스폿 광고에 자동차 정비소 근로자가 용접용 토치 램프로 커피를 재가열하는 장면을 담기까지 했다.

1965년에 A. H.의 아들 그레이 힐스가 70세의 나이로 숨을 거둔 후 그 이듬해에 작성된 '브랜드 이미지 조사'라는 내부 문서에 따르면 당시에 "서부 지역 전역에서는 힐스브라더스가 질이 떨어지는 커피 아니면 한물간 브랜드 정도로 인식되고" 있었다. 폴거스가 프록터&갬블의 마케팅력의 지원을 받으며 "훌륭한 품질의 커피"로 각인되어 있던 것과는 대조적이었다. 그나마 낙관적인 전망이라면, 오랫동안 힐스브라더스가 장악해 왔던 시카고나, 새롭게 진출한 판로이던 동부 지역에서는 이미지가 비교적 호의적이라는 사실뿐이었다.

후안 발데스의 탄생

1960년에 콜롬비아의 전국커피재배업자연맹에서는 후안 발데스Juan Valdez라는 인물을 탄생시켰다. 후안 발데스는 콧수염을 기른 친근한 인상의 커피 재배농 캐릭터로, 그의 옆에는 콜롬비아 산악 지대에서 재배해 손으로 직접 딴 생두를 등에 실은 노새가 단짝으로 붙어 다녔다. 배우 호세 두발

José Duval이 전통적인 농민 복장에 솜브레로*를 쓴 모습으로 자부심이 넘치면서도 겸손한 후안 발데스를 연기했던 이 캐릭터는 미국인들의 상상력을 사로잡았다. 그리고 이번 경우만큼은 단지 과대광고가 아니었다. 실제로 콜롬비아의 커피는 대부분이 후안 발데스 같은 가장이 이끄는 약 20만 개의 가구가 산악 지대의 작은 커피 농장(핀카)에서 재배하는 것들이었다. 게다가 철도가 깔려 있어 해안의 화물선까지 빠른 수송이 가능하긴 했으나, 그 전에 먼저 생두를 노새 등에 실어 산에서 내려와야만 했다. 콜롬비아의 생두는 정말로 커피의 맛이 뛰어나서 미국의 대다수 블렌딩 커피보다 훌륭했다.

최초의 광고 캠페인은 1960년 1월에 미국 열 개의 대도시 시장을 겨냥하여 펼친 신문 전면 광고였다. "누가 더 고집이 셀까요? 후안 발데스일까요, 아니면 그의 노새일까요?" 이 광고에는 자신의 노새 앞에서 팔짱을 떡하니 끼고 있는 이 커피 재배농의 그림 아래에 이런 문구와 함께 다음과 같이 적혀 있다. "후안은 콜롬비아 안데스산맥 해발 5천 피트(1,524미터)에 핀카를 일구고 있답니다. 그곳의 토양은 비옥하고 공기는 습기를 머금고 있지요. 이 두 가지는 콜롬비아의 커피가 뛰어난 이유랍니다. 그리고 그 세 번째 이유가 바로 후안 같은 고집스러운 재배농들입니다." 뒤이어 그늘나무와 핸드 피킹**의 중요성도 설명한다. 한 업계지에서 논평했듯, 이 광고는 소비자들에게 "훌륭한 커피 한 잔이 나오기까지 얼마나 값비싼 보살핌과 노력이 들어가는지"를 알게 해 주었다.

---

* 스페인, 미국 남서부, 멕시코 등지에서 쓰는 펠트 또는 밀짚의 테가 넓고 높은 모자

** 한 번에 모든 열매를 손으로 훑어 따는 스트립 피킹과 달리 잘 익은 열매만을 선택하여 수확하는 것

가족 경영 체제의 힐스브라더스는 대기업들에 지지 않기 위해 필사적으로 시도하다가, 1960년대의 광고에서 뻔뻔함까지 무릅써 가며 자사의 커피는 재가열해도 풍미에 변함이 없다는 주장을 폈다.

1960년부터 가공의 캐릭터인 후안 발데스가 미국에서 콜롬비아의 커피를 선전했다. 이 캐릭터는 그 후로 점점 변신해 왔고, 현재의 연기자는 커피 농장과 함께 실크스크린 날염 티셔츠 공장도 운영하면서 농장의 일은 돈을 주고 다른 사람들에게 시키는 설정의 연기를 하고 있다.

후안 발데스 광고는 콜롬비아 커피는 물론 콜롬비아 커피
를 섞어 넣은 블렌딩에 고급스러운 이미지를 각인시켜 주었
다. 첫해에 1백만 달러 이상을 쓴 콜롬비아 전국커피재배업
자연맹은 발데스를 TV 광고로도 내보내, 생두를 손으로 따
는 모습이나 노새를 끌고 산비탈을 내려오는 모습을 생생하
게 보여 주었다. 이렇게 광고전을 벌인 지 5개월이 지나자,
콜롬비아 커피를 세계 최고의 커피로 인정하는 소비자 수가
3백 퍼센트나 늘었다. 1962년 무렵 전국커피재배업자연맹은
이 광고전의 대상지를 캐나다와 유럽까지 넓혔다. 광고전은
굉장한 성공을 거두어, 수많은 로스팅업체가 블렌딩에 콜롬
비아산 원두가 들어간 것을 자랑거리로 내세웠을 뿐만 아니
라 콜롬비아산 백 퍼센트 제품도 마케팅하기 시작했다. 부가
가치가 붙는 상품으로서 콜롬비아산 원두는 더 높은 가격으
로 팔릴 수 있었다. 게다가 콜롬비아 전국커피재배업자연맹
은 무료 광고 지원은 물론, 각 제품의 캔에 후안 발데스 로고
도 무료로 사용하게 해 주었다. 가령 1963년의 한 광고에서
는 전 세계의 콜롬비아산 블렌딩 모두를 소개하며 이렇게 과
시했다. "마르카,* 프랑, 크로네,** 길더** (…) 달러로 다양하
게 만나십시오!"

　　1963년 말에 이르자, TV 광고는 전국적으로 전파를 타게
되었고 발데스에게도 이제는 아들이 생겨 있었다. "자, 보렴,
라몬. 우리는 항상 이렇게 커피나무에 그늘을 만들어 햇빛을
가려 준단다. 그래야 생두가 서서히 익거든. 그리고 생두도 하

----

* 핀란드의 화폐 단위
** 덴마크·노르웨이의 화폐 단위
** 네덜란드의 화폐 단위
*

나씩 일일이 따 주지." 1964년에 제너럴푸즈는 최고급 브랜드를 백 퍼센트 콜롬비아산 커피로 전환하면서, 이 광고전이 맥스웰하우스의 본국에서조차 성공적이었음을 입증해 주었다. 이 신화적인 콜롬비아 커피 재배농 캐릭터의 탄생 5년 후에는, 40개 이상의 미국 브랜드와 20개 이상의 유럽 로스팅업체들이 백 퍼센트 콜롬비아산 브랜드를 취급하고 있었다.

소용돌이 속에서

그러나 후안 발데스의 돌풍과는 별도로, 커피는 내리막의 소용돌이 속으로 빠져들었다. 사업을 지탱하려면 가격을 깎아야 했고, 가격을 깎으려면 이익률을 줄여야 했다. 또는 이익을 내려면 품질을 떨어뜨릴 수밖에 없었다.

1963년에 어느 생두 중개상이 "최상급 블렌딩으로 꼽히는 상품(폴거스로 추정됨)"의 내용물을 분석해 봤더니, 20퍼센트는 브라질산, 40퍼센트는 콜롬비아산, 30퍼센트는 중앙아메리카산이었고 아프리카산 로부스타도 10퍼센트가 섞여 있었다. 10년 전만 해도 자부심을 내세우던 블렌딩 상품들에는 로부스타 원두가 한 톨도 섞이지 않았었는데 말이다. 이처럼 대량 판매, 실리주의, 미끼용 특가 상품, 로부스타 블렌딩이 한데 난무하는 상황에서, 미국에서 훌륭한 커피가 나오길 기대한다는 게 가능했을까?

뜻밖이겠지만 가능했다. 하지만 미국 커피의 구원자는 제너럴푸즈맨도, 프록터&갬블맨도 아니었다. 오히려 아버지를 피해 도망쳐 온 불만에 차 있던 어느 네덜란드인이었다.

20세기 말에 커피는 부흥기를 맞았다. 인기 TV 시트콤 〈프레이저Frasier〉에는 신경과민인 형제 정신과 의사인 주인공들이 유명한 카페 네르보사Café Nervosa에서 라테와 카푸치노를 마시는 장면이 심심치 않게 나왔다.

제15장
열정가들의 출현

커피를 로스팅하는 이라면 끊임없이 기술과 판단력을 발전시키는 것은 물론이요, 애정과 헌신도 키워 나가야 한다. (…) 맛없어 보이는 씨를 맛있고 기운 북돋워 주는 음료의 원료로 만드는 순간, 커피 로스터는 연금술사가 된다. 로스터의 마법은 진실하다. 원두의 비밀을 해석해 우리의 감각으로 알려 주어야 하기 때문이다.

- 데이비드 조엘 David Joel, **칼 샤피라** Karl Schapira, **1975년**

헨리 피트Henry Peet는 20세기 초에 네덜란드의 알크마르 Alkmaar에 커피 로스팅 사업체를 세웠다. 그에게 커피 사업은 생업이었을 뿐, 천직이 아니었다. 그래서 형제 중 중간이던 아들 알프레드 피트Alfred Peet가 커서 더 좋은 일을 하길 기대했지만 알프레드는 아버지의 기대에 미치지 못했다. 어린 알프레드는 원인 불명의 학습 장애를 겪는 바람에 학업 성적이 그리 좋지 못했기 때문이다. 하지만 그는 아버지가 만드는 커피의 향과 맛을 정말 좋아했다.

알프레드 피트는 암스테르담의 규모가 큰 수입업체에서 수습생으로 일을 익힌 후, 당시 18세이던 1938년에 아버지 회사에 들어가 일했다. 전쟁 초반엔 독일군들에게 커피 생두를 몰수당해서 아버지를 도와 치커리, 볶은 완두, 호밀로 만든 모조 커피를 만들며 겨우 연명했다. 나중엔 강제로 독일의 강제 노동 수용소로 끌려가기까지 했다가 전쟁이 끝난 후 돌아와서 가업을 돌봤다. 그러던 1948년, 그는 지배적인 아버지에게서 벗어나고픈 간절한 열망에 못 이겨 자바와 수마트라로 떠났다가 풀바디의 아라비카 원두에 반하게 되었다. 그 뒤로 1950년에는 뉴질랜드로 떠났다가 마침내 1955년에 샌프란시스코에 당도하게 되었다.

피트는 E.A.존슨&컴퍼니E. A. Johnson & Company에 들어가 일했다. 이 회사는 힐스브라더스나 폴거스 같은 대기업 로스팅업체를 고객으로 둔 커피 수입업체였다. 그런데 피트는 주문받은 물건을 보고는 어안이 벙벙했다. "폴거스는 브라질과 중앙아메리카산 스탠더드 등급과 로부스타를 대량 구매했다. 이해가 되질 않았다. 세계에서 가장 부자 나라에서 사람들이 왜 그런 질 낮은 커피를 마시고 있는 건지." 사실 당시에 대중은 별로 신경 쓰지 않았던 것 같다. "사람들은 그런 커피를 하루에 열 잔씩 마셨다. 그러니 커피가 약해야 했을 것이다. 진한 커피를 열 잔 마시면 둥둥 떠 있는 기분으로 잠도 못 이뤘을 테니까."

1965년에 피트는 해고되었다. 이때 그는 직접 커피를, 그것도 **질 좋은** 커피를 로스팅해서 자기 가게에서 팔기로 마음먹었다. 비용은 아버지가 돌아가시면서 물려받은 돈으로 충당했다.[1] 1966년 4월 1일, 그는 11킬로그램 용량의 중고 로스터기 한 대와 콜롬비아산 생두 열 자루를 가지고 버클리Berkeley의 바인앤드월넛가Vine and Walnut 한 귀퉁이에서 피츠커피&티Peet's

---

1 알프레드 피트가 커피 이상주의 세대의 등장을 부추기긴 했지만, 샌프란시스코에는 그보다 앞선 또 다른 선봉 주자들도 있었다. 그라페오, 프리드텔러&프리드가 그러한 사례였다. 또 짐 하드캐슬(Jim Hardcastle)과 허브 도널드슨(Herb Donaldson)이 1963년에 세운 하드캐슬스(Hardcastle's)도 있었는데, 1968년에 두 사람은 사명을 카피리콘(Capricorn)으로 변경했다.

Coffee & Tea를 개점했다. 그는 가정용 통원두커피의 판매에 주력하며 고객들에게 질 좋은 커피의 맛을 보여 주기 위해 작은 커피바도 마련해 놓고 이렇게 권하곤 했다. "힐스브라더스를 드셔 왔다면 저희 피츠 맛 좀 봐 보세요. 두 배 더 진하게 볶아지고 더 강하게 추출된 맛인데 그렇게 나쁘진 않을 거예요." 물론 그 자신도 인정했듯, 손님들의 표정만 봐도 다 알 것 같았단다. '세상에, 이 사람이 나한테 독약을 먹이려는 거야 뭐야?'라는 식의 생각들이. 하지만 고국을 떠나 온 유럽인들에게 그곳은 고향의 맛을 선사하며, 마치 극락을 찾은 듯한 기분을 느끼게 해 주었다.

피트가 열정적으로 설득하며 커피를 팔자 여성 고객들이 차츰 커피를 집에 사 갔다가 그다음 주에는 남편과 함께 다시 왔다. 그는 젊은 여직원 두 명을 채용해 (향 맡기, 맛보기, 평가하기 등) 커피에 대해 가르쳤다. 그는 두 직원에게 이렇게 말했다. "원두가 얘기해 주는 언어를 이해하려면 오랜 시간이 필요해요." 그의 말마따나, 실제로도 그들은 수년이 지나서야 그 비밀스러운 언어를 이해하게 되었다고 한다. 하지만 적어도 이런 지식을 손님들에게 어느 정도 전할 수는 있었고, 새롭게 눈뜬 전문 지식에 들떠서 냄새도 맡아 보고 홀짝여도 보고 황홀함에 빠져 보며 커피를 팔았다.

1년 반이 채 지나지 않아 가게 앞에는 모퉁이를 빙 돌아서까지 긴 줄이 생겨나게 되었다. 이제 피츠는 세련되고 근사한 곳으로 떠올랐다. 히피들이 즐겨 찾는 장소가 되기도 했다. 그런데 피트는 히피들을 경멸했다. "정숙한 분위기에서 장사를 하고 싶은데 그런 사람 중에 더러 몸에서 냄새가 나는 이들이 있었다"면서.

잘 씻지 않는 손님들이 풍기는 냄새 때문에 고민했던 것

네덜란드의 이민자 알프레드 피트는 1966년에 버클리에 커피점을 열면서 미국 스페셜티
커피 운동을 일으켰다. 사진은 알프레트 피트(오른쪽에서 두 번째)가 또 한 명의 커피 개척
자 짐 레이놀즈(Jim Reynolds, 맨 왼쪽)와 함께 케냐에서 커피를 커핑하는 모습이다.

은 가게 주인인 그뿐이었다. 다른 사람들은 갓 볶은 짙디짙은 커피의 향을 깊이 들이마시며 그 향에 취해 있었으니까. 뒤쪽 벽에는 생두로 가득 찬 삼베 자루들이 쭉 늘어서 있기도 했다. 피트는 얘기를 하던 중에 "아 참, 로스팅!"이라고 크게 말하며 허둥지둥 로스터기로 달려가 짙은 갈색의 원두를 밖으로 쏟아 내곤 했다. 이 극적인 순간에는 모두들 나누던 얘기를 뚝 멈췄다. 피트나 가게를 찾은 손님들에게나 커피는 종교와도 같았다. 그러나 피트는 상대하기 어려운 커피 전문가여서, 손님이 퍼컬레이터로 커피를 우려 마실 거라는 얘기라도 꺼냈다간 냅다 소리를 지르기 일쑤였다. "기껏 비싼 돈 주고 좋은 커피를 사 가서 그런 엉터리로 끓여 먹다니 그게 말이 됩니까?"

자바의 원두

한편 뉴욕시에서는 사울 자바Saul Zabar라는 인물이 갓 볶은 원두의 경이로움에 눈을 떴다. 자바의 아버지, 루이스Louis는 1925년에 러시아에서 이민을 와 그곳에서 작은 훈제연어 가게를 차렸다. 1950년에 루이스 자바가 세상을 떠난 후, 사울 자바는 사업을 점점 키워 나가 브로드웨이 80번가의 귀퉁이에 있던 가게를 상류층 동네인 어퍼웨스트사이드Upper West Side로 이전했다. 그러던 1966년경에 그는 통원두커피 판매 사업을 해 보기로 결심하고는 롱아일랜드시티Long Island City에 화이트커피코퍼레이션White Coffee Corporation을 세워, 주로 레스토랑과 호텔 같은 시설을 주 고객층으로 삼아 고품질의 백 퍼센트 아라비카 블렌딩을 판매했다. 사울 자바는 1년에 걸쳐 하루도 빠짐없이, 두 시간 동안의 로스팅과 커핑 과정을 직접 지켜보았다. 그렇게 눈으로 보고 배우면서 점차 전문가가 된 자바는, 화이트커피코퍼레이션에 케냐 AA, 탄자니아 피베리, 자메이카 블루마운틴, 하와이 코나, 과테말라 안티구아 원두를 주문하도록 지시하기에 이르렀다.

자바는 알프레드 피트보다 훨씬 더 라이트하게 로스팅한 커피를 내놓으면서, 그 점을 자랑스러워했다. "원두는 그 자체의 독특한 바디와 산도를 지닌 풍미가 발휘될 정도까지만 로스팅해야 한다." 확실히 그의 고객들은 여기에 공감했던 것 같다. 자바의 명성은 뉴욕시를 넘어 동해안 위쪽과 아래쪽 양 지역까지 퍼져 나갔고, 덕분에 그의 우편 주문 사업은 대박을 터뜨렸다.[2]

멘토, 아버지, 아들

미국 전역에는 각자의 자리에서 갓 볶은 고급 커피의 전통을 재발견하거나 지켜 가는 이들이 군데군데 흩어져 있었다. 그런데 이들 중에는 기존의 커피 사업에 뿌리를 둔 이들이 다수였다. 제너럴푸즈의 레온 치크Leon Cheek 밑에서 가르침을 받았던 피터 콘댁시스Peter Condaxis도 그런 경우였다. 그는 신성모독적이라고 할 만한 맥스웰하우스 블렌딩에 넌더리가 나서 회사를 그만두었다. 그 후 1959년에 플로리다주의 잭슨빌에 작은 소매점을 열어 코스타리카, 과테말라, 콜롬비아산의 신선한 통원두커피를 팔았다.

도널드 쇤홀트Donald Schoenholt는 어린 시절, 모카와 자바의 향을 맡으며 자랐다. 그의 아버지, 데이비드David는 1840년

---

2 1896년에 문을 연 그리니치빌리지의 유서 깊은 커피하우스 맥널티스(McNulty's) 역시 1968년에 부흥기를 맞았다. 빌 투워트(Bill Towart)가 거의 망각되어 가던 이곳을 구제해 스페셜티 커피의 명소로 탈바꿈시킨 덕분이었다.

에 창립한 뉴욕 소재의 길리스커피컴퍼니Gillies Coffee Company
를 경영했다. 그러다 1964년에 데이비드 쇤홀트가 중증의 심
근경색에 걸리면서 당시에 19세가 채 못 되었던 도널드가 사
업을 이어받게 되었다. 그 후로 1960년대 내내 어린 도널드는
품질을 지키면서 사업을 계속해 나가기 위해 안간힘을 썼다.
"나는 혼자라도 훌륭한 커피를 만들어 내며 장인으로 살자는
이상을 품게 되었다."

　　도널드의 친구였던 조엘 샤피라Joel Schapira 또한 1903년
에 조부인 모리스 샤피라Morris Schapira가 그리니치빌리지 10번
가에서 플레이버컵Flavor Cup으로 시작했던 커피 사업의 가업
을 이어 갔다. 조엘은 형제인 칼Karl과 아버지 데이비드David와
함께 이 매장에서 일하며, 안쪽 방에 커핑 테이블을 마련해
놓고 우수 고객들을 초대했다.

투어리스트 커피와 그 밖의 문제들

1962년에 통과된 국제커피협정은 1965년이 되어서야 전면적
시행에 들어갔고 1968년에 재협상하기로 되어 있었다. 이 쿼
터제에서는 소련과 일본 같은 국가('새로운 시장' 또는 면제국)
에서의 소비 증진을 촉진하기 위해 이런 국가들에서 판매되
는 커피에 대해서는 할당량을 적용하지 않았고, 협정 비가입
국가들에 대한 판매에도 제한을 두지 않았다. 그 결과 생두
가 면제국이나 비가입국들에는 더 낮은 가격으로 팔리는 이
중 가격제가 생겨나게 되었다. 그러자 비양심적인 거래상들
은 이런 식으로 싸게 산 생두를 서독, 미국 등의 최대 소비국
들에 되팔았다. 1966년에 독일 업계 전문가들이 내놓은 추정
에 따르면, (곧바로 오지 않고 빙 둘러 온다는 의미의) 이런 '투어

리스트 커피tourist coffee'가 독일 내 수입량의 20퍼센트를 차지했다. 또한 같은 해에 한 전문가는 콜롬비아에서 1천만 달러에 상당하는 양의 커피가 밀수출된다고 추산했다.

과잉 생산 또한 미해결된 문제로 남으면서, 1966년의 커피 잉여 물량이 8천7백만 자루에 이르렀다. 이런 와중에 과학자들이 커피를 훨씬 더 많이 재배할 수 있는 환경을 제공해 주기까지 했다. 가령 브라질의 한 연구소에서 록펠러의 IBEC 연구원들인 제리 해링턴과 콜린 맥클렁Colin McClung이 아연과 붕소가 커피 재배에 필수적인 미량 원소*라는 사실과, 브라질의 메마른 세하두cerrado (사바나 지역) 땅에 석회와 비료를 다량 섞어 주면 농장으로 이용 가능하다는 사실을 알아냈다. 설상가상으로 농학자들이 엄청난 생산성을 가진 잡종들을 새로 개발해 내기도 했다. 이런 잡종들에서 생산된 생두는 맛이 썩 좋진 않았지만 이 점에 주목하거나 신경 쓰는 이들은 거의 없었다. 내리쬐는 햇빛을 그대로 맞고도 견딜 수 있는 새로운 품종의 나무들은 그늘나무는 필요 없었지만, 멀칭 없이도 열매를 많이 맺게 해 주려면 비료를 주어야 했다.[3]

1968년에 브라질에서는 오래된 나무 수십억 그루를 불도저로 밀어 버리거나 소각 처리하는 과감한 프로젝트에 들어갔고, 국제커피기구ICO에서는 커피 재배농들의 경작 품목 전환을 장려하기 위해 품목다양화기금Diversification Fund을 창설했다. 그러나 대단지 파젠다들을 보유한 브라질로서는 커

---

* 극히 적은 양이기는 하나 식물의 생육에 없어서는 안 될 원소

3 1950년대에 브라질의 캄피나스(Campinas)에서 버본 품종의 돌연변이 종인 카투라(caturra)가 발견되었다. 1960년대에는 문도 노보와 카투라의 이종교배종인 카투아이(catuai)가 개발되었다. "아메리카, 아프리카, 아시아의 고지에서 세심한 손길로 재배·수확되는 상급의 커피들이 점점 드물어지고 있다." 1972년에 누군가 씁쓸한 심정을 담아 놓은 글이다.

피나무 수를 줄이기가 상대적으로 아주 쉬운 편이었지만, 아프리카 국가들로선 사정이 달랐다. 아프리카 국가들은 소자작농들이 생계의 수단으로 몇 그루 안 되는 나무에 의존하고 있었기 때문이다. 예를 들어 케냐의 경우만 해도 커피를 재배하여 먹고사는 작은 농장들이 무려 25만 개에 달했다. 국제커피기구 자문위원회의 위원장인 우간다의 로저 무카사^{Roger} Mukasa도 이렇게 의문을 던졌다. "누구의 나무를 베어서 어떤 품목으로 다양화한단 말인가?"

국제커피협정에 걸림돌이 되는 문제들은 이 외에도 한두 가지가 아니었다. 가령 인도와 인도네시아는 생산량이 늘어났는데도 할당량을 재조정받지 못했다. "소규모 수출국들은 정당하다고 인정되는 주장들조차 묵살당하기 십상이고, 유력한 그룹들이 압도적인 표결력을 앞세워 정한 결정에 어쩔 수 없이 따르고 있다." 인도의 어느 신원 불명 커피 재배업자가 남긴 글이었다.

한편 투표를 통해 할당량 수준을 변경하는 방식은 충돌이 너무 격렬했고, 그러한 이유로 목표 가격 범위를 구체화해 놓는 방향으로 협정이 수정되었다. 즉 가격이 기준 수준보다 아래로 떨어지면 자동으로 비례 할당량이 줄어들고, 가격이 최고 한도를 넘어서면 할당량이 늘어나도록 정해 놓았다. 게다가 품종별로, 즉 (주로 아프리카와 인도네시아의) 로부스타, (주로 브라질의) 건식 가공 아라비카, (케냐산을 비롯한) 콜롬비아 마일드, (주로 중앙아메리카의) 기타 마일드별로 다른 목표 가격이 설정되도록 **선별** 원칙도 함께 도입했다.

그러던 얼마 후 또 다른 위기가 나타났다. 1967년의 연설에서 존슨 대통령은 라틴아메리카 국가들에게 산업화 촉진을 통해 미가공 농산물보다는 가공 농산물을 수출해 보도록 장려했다. 그런데 브라질이 미국 수출용의 인스턴트커피를 대량으로 생산하기 시작하자, 미국의 커피업계 종사자들 사이에서 반발심이 크게 일었다. 커피업계에서 비공식적으로 부르던 대로, 일명 이 "브라질 분말"은 로부스타 함량이 높은 미국 상품보다 맛이 뛰어났다. 브라질 정부가 생두 수출과는 달리 인스턴트커피 수출에 대해서는 세금을 부과하지 않았기 때문에 브라질 내의 제조업자들은 미국 공장에서 생산되는 인스턴트커피보다 가격도 대폭 낮추어 팔 수 있었다. 1965년만 해도 브라질 분말의 미국 시장 점유율은 1퍼센트에 불과했으나 1976년 말엽에는 14퍼센트를 차지했다.

급기야 하원 세입위원회Ways and Means Committee의 유력한 위원장 윌버 밀스Wilbur Mills가 언론에 브라질의 "차별적" 관행이 중단되지 않는 한 새로운 국제커피협정을 지지하지 않겠다고 밝히면서, 브라질 분말의 위기로 인해 1968년의 새로운 국제커피협정은 거의 좌초 지경까지 치닫게 되었다. 일시적인 타협으로 국제커피협정의 기한이 갱신되긴 했으나, 이 문제는 1971년에 브라질이 (인스턴트커피용으로 미국에 들어올 것이 뻔한) 값싼 생두 56만 자루에 대해 무관세 수출을 허용함으로써 어느 정도 공평한 경쟁 환경을 제시하고 나서야 해결되었다.

브라질 인스턴트커피 논쟁은 라틴아메리카 재배업자들에게 씁쓸함을 남겼다. "지금 이 지역 전역에 미국의 보호무역주의 경향에 대한 실망과 좌절감이 팽배해 있다." 코스타리카의 커피업자가 썼던 글이다. 그럼에도 국제커피협정은 이렇게 절뚝거리는 가운데서도 진전되기는 했다. 애초에 이 협정이 탄생한 목적은 생두 평균 가격이 1962년 수준인 1파운드당 34센트 아래로 떨어지지 못하도록 막는 동시에 가격이 급속하게 올라가지 않도록 막기 위한 것이었는데, 1968년 무렵에 이 가격 수준이 40센트 아래의 언저리에 머물면서 쿼터제가 효과를 발휘하는 듯 보였다.

그러나 국제커피협정하에서 생산국들은 거의 호황을 누리지 못했다. 부유한 산업선진국들과 가난에 쪼들리는 개발도상국들 사이에 그렇지 않아도 심하던 격차가 더 벌어졌다. 1950년에 소비 국가들의 평균 소득은 커피 재배국의 세 배 수준이었는데 1960년대 말에 이르자 다섯 배로 더 벌어졌다. 미국 노동자들이 4일 동안 버는 돈이 과테말라나 코트디부아르의 연 평균 임금보다 많았다. 당시에 『네이션*The Nation*』지의 페니 레눅스Penny Lernoux는 이렇게 논평했다. "이 단백질 결핍 지역들은 영양 부족과 위장염이 풍토병 수준에 이르면서 아동 여섯 명 중 한 명은 다섯 살도 안 되어 사망하고 있다. 커피는 영양적인 가치가 없다. 이들 지역의 농민들에게 커피는 그저 음식과 옷을 살 수 있는 수단으로서의 가치밖에는 없다. 그나마도 그 가치가 너무 낮아서, 커피는 빈곤과 고통을 맛보게 해 주는 씁쓸한 음료다."

싱크 드링크

1960년대 중반에 미국의 1인당 커피 소비량은 지속적으로 떨어졌다. 여기에 대해 국제커피기구는 자루당 겨우 15센트의 홍보 수당 책정을 표결했다. 1966년에 세계에서 모인 광고 적립금은 불과 7백만 달러였고 이 중 연간 350만 달러가 미국에 배당되었다. 국제커피기구는 코카콜라의 광고 대행사 매칸에릭슨McCann Erickson에 의뢰해 17~25세 연령층을 공략하기 위한 광고전을 벌였다. 광고 기획자들은 "싱크 드링크Think Drink"라는 슬로건을 내놓았는데, 어려운 결정을 내리거나 집중해서 공부해야 할 때 커피를 마시면 뇌세포가 활성화될 것이라는 콘셉트로 청소년을 끌기 위한 슬로건이었다.

말하자면 논리와 이성에 드러내 놓고 반항하는 세대를 겨냥해 이성에 호소하는 광고전을 벌인 셈이었다. LSD*나 마리화나로 충동적 각성 효과를 기대하는 이 어린 반항 세대에게 스릴 필Thrill Pill이라면 몰라도 싱크 드링크는 먹히지 않았다.

전국커피협회는 훨씬 적은 예산으로 대학 캠퍼스나 교회, 시민 단체에서 커피하우스들이 젊은 층을 대상으로 한다고 홍보했다. 한편 범아메리카커피사무국은 자신들이 업워드피플Up With People** 프로그램에서 십 대들에게 커피를 제공함으로써 "매우 중요한 청소년 부문"과 관련되어 있다며 과시하기도 했다. 청소년들이 커피를 더 많이 마시도록 유도하기 위해 이러한 노력들이 2년에 걸쳐 이어졌으나 주목할 만한 결과는 이끌어 내지 못했다.

1968년 대선 기간에 전국커피협회는 "커피로 선거를 승리로 이끌 수 있는 열두 가지 방법"이라는 팸플릿 5만 8천 장을 배포했다. 그러나 베트남전을 반대하던 젊은이들은 고상한 커피 파티에서 잔을 짤랑거리는 대신에 시카고에서 열린 민주당 전당대회를 방해했고, 이에 대해 경찰이 무자비하게 응수하면서 전 국민을 충격에 빠뜨렸다. 그리고 세대 차이가 두드러지던 이 시대에 새로운 종류의 커피하우스가 생겨났다. 전국커피협회나 범아메리카커피사무국이 한 번도 구상해본 적 없던 그런 차원의 커피하우스였다.

---

* 맥각(麥角)의 알칼로이드로 만든 강력한 환각제

** 여행과 봉사, 뮤지컬로 전 세계 청소년들을 하나로 묶어 주는 세계 시민 교육 단체

GI 커피하우스

1963년에 프레드 가드너Fred Gardner는 포트포크Fort Polk*에 복무하면서 근교인 루이지애나주 리스빌Leesville의 어느 바에 단골로 드나들곤 했는데 그곳은 물로 희석한 음료에 바가지까지 씌워 비싸게 팔고 있었다. 몇 년 후, 그는 샌프란시스코에서 지내던 중 "병역을 피할 수 없는 히피들을 위해" 군 인접 도시에 커피하우스를 여는 것도 괜찮겠다는 착상이 떠올랐다. 드디어 1967년 가을, 가드너는 데버라 로스먼Deborah Rossman, 도나 미클레슨Donna Mickleson과 함께 포트잭슨Fort Jackson** 인근의 사우스캐롤라이나주 컬럼비아에 첫 번째 GI 커피하우스를 열었다. 상호는 UFO라고 붙였는데, 'United Servicemen's Organization(미국군인단체)'의 약칭인 USO를 장난스럽게 비튼 이름이었다. 매장의 벽에는 캐시어스 클레이Cassius Clay,** 밥 딜런Bob Dylan, 스토클리 카마이클Stokely Carmichael** 같은 반체제 문화 영웅들의 흑백 초상화뿐 아니라 린든 존슨이 사냥개를 위로 번쩍 들어 안은 그림도 걸어 놓았다. 세 사람의 창업주는 상업용 에스프레소 머신과 케멕스 드립 브루어를 한 대씩 구입하면서 고품질 원두를 들이자는 방침을 정했다. UFO는 문을 연 지 얼마 지나지 않아 반군사주의 성향의 GI들을 자석처럼 끌어들였다. 그러던 어느 날부터는 군정보기관의 요원들이 UFO에 자주 드나드는 군인들을 심문하기 시작했고 가드너는 당시를 이렇게 회고했다. "그자들은 올 때마다 우리에게

---

* 루이지애나주 버넌패리시(Vernon Parish)에 있는 미군 시설

** 사우스캐롤라이나주 컬럼비아에 있는 미군 시설

** 흑인 인권 운동에 힘썼던 복싱 챔피언 무하마드 알리의 이슬람 개종 전 이름

** 미국의 흑인해방 운동가

커피에 뭘 집어넣느냐고 집요하게 물어 댔다."

가드너는 1968년에 리더의 자리를 넘기고 나왔으나, 그 뒤로 단 몇 년 사이에 톰 헤이든Tom Hayden, 레니 데이비스 Rennie Davis, 제인 폰다Jane Fonda의 지원을 받으며 전국의 군 기지 외곽에 열두 개도 넘는 GI 커피하우스가 속속 문을 열게 되었다. 매장 내에서 마약 이용에 대해서는 금지 방침을 취했다. 또한 폰다는 도널드 서덜랜드Donald Sutherland, 컨트리 조 맥도널드Country Joe MacDonald, 딕 그레고리Dick Gregory가 출연하는 '정치 보드빌vaudeville*'과 음악 공연을 기획하기도 했는데, 말하자면 밥 호프Bob Hope**의 애국적인 GI 위문 공연과 완전히 반대되는 식이었다.

1971년 10월 무렵에 하원 국내치안위원회Committee on Internal Security 위원장인 리처드 이코드Richard Ichord가 이런 커피하우스들에 주목하며, 동료 의원들에게 이렇게 말했다. "듣자 하니 요즘 주요 군 기지 여러 곳에 (…) 신좌파 활동가들에게서 자금과 인력을 지원받고 있다는 GI 커피하우스와 반체제 신문들이 판치고 있어요. 특히 커피하우스들은 군인들 사이의 급진 조직이 모여드는 근거지가 되고 있다더군요." 어느 퇴역 해병대 장교는 이렇게 불평하기도 했다. "군사 기지 밖의 반전 커피하우스들이 GI들에게 록음악, 미지근한 커피, 반전 메시지, 탈영 요령 등을 퍼뜨리며 불량스러운 물을 들이고 있다."

당사자들은 의식하지 못했겠지만, 사실 GI 커피하우스들은 역사를 되풀이하고 있었다. 카이르 베그가 메카의 커피하우스들을 폐쇄하려 했던 1511년 이후로, 이런 카페인 음료

---

* 노래와 춤을 곁들인 짤막한 희극
** 미국의 배우 겸 코미디언

회합소는 선동적 메시지와 당국에 대한 반항의 부화실로서 한 역할을 해 왔다. 그런데 이번에는 반전 커피하우스들이 린든 존슨 대통령에 대해, 그리고 1968년 선거 이후엔 리처드 닉슨에 대해서까지 저항 의식을 싹틔우는 온상으로서 한몫하고 있었다. 과거에도 그랬듯 당국에서는 이 커피하우스들을 폐쇄하려 했다. 몇몇 커피하우스의 경우엔 방화 피해를 입기까지 했다. 또 어느 커피하우스는 KKK단에게 공격을 당했는가 하면, 다른 몇 곳은 총탄 세례를 당하기도 했다. 별 피해 없이 무사히 버틴 곳들도 결국엔 문을 닫고 말았지만, 이미 미국의 역사에 발자취를 남기고 난 뒤였다.

"주의: 커피는 건강에 해로울 수 있습니다"

1963년에 2천여 명의 공장 근로자를 대상으로 실시된 한 조사에서 커피가 심장질환과 연관성이 있는 듯한 결과가 나왔다. 그런데 표본 그룹을 조사하는 이런 식의 역학 조사 방식은, 결과의 원인이 될 만한 다른 변수들이 고려되지 않아서 (혹은 고려될 수 없어서) 평가를 내리기가 어렵다.[4] 그다음 해에는 해군 예비역 항공 군의관 D. R. 휴엔D. R. Huene이 커피를 과도하게 마시는 해군 조종사들이 "비행 중 심장이 쿵쿵거리는 증상이 자주 나타나는 고통을 호소하고" 있다고 주장했다. 이것은 엄밀히 따져서 입증되지 않은 비과학적 주장이었지만 떡하니 뉴스의 헤드라인을 장식했다.

---

4 예를 들어 어떤 조사에서 블루칼라 노동자들이 앉아서 일하는 화이트칼라 노동자들보다 심장질환으로 사망할 가능성이 43퍼센트 더 높다는 결과가 나타났다고 치자. 그렇다면 심장발작의 원인이 공장의 공기일까? 아니면 계급 차이일까? 그도 아니면 식습관일까?

1966년에는 어윈 로스Irwin Ross가 『사이언스 다이제스트 Science Digest』지를 통해 커피에 대한 공격을 가했다. "커피의 필수 성분인 카페인은 독이다. 카페인을 동물의 피부에 한 방울만 주입해도 몇 분 안에 피부가 괴사한다. 인간의 뇌에 극소량이라도 닿을 경우, 몸에 극심한 경련이 일어날 수 있다." 이런 견해들은 사실이긴 하지만, 부당한 면이 없지 않다. 솔직히 커피를 주사로 주입하거나 뇌에 직접 바르는 커피 음용자들은 없지 않은가? 로스는 커피를 위궤양, 관상동맥혈전, 인후암, 위암, 신경과민의 원인으로 지목했으나, 편두통이나 천식 환자들에게 커피가 도움이 될 수 있다는 점도 인정했다.

『차와 커피 트레이드 저널』의 기술 부문 편집장, 새뮤얼 리Samuel Lee는 1966년에 다음과 같은 글을 썼다. "커피 산업의 새로운 문제가 그 추한 고개를 들고 있다. 과학계 종사자들이 커피의 장기적이거나 지속적 음용, 또는 과도한 음용이 해로울 수 있으며, 심지어 건강에 심각한 위험을 초래할 수도 있음을 증명하려 하고 있으니 말이다." 그로부터 2년 후, 그는 커피의 부작용 의혹에 대한 연구로 인해 담배에 의무적으로 표기되는 문구와 유사한 다음과 같은 강제 문구가 커피 라벨에도 붙게 되는 건 아닐지 걱정하는 지경까지 이르렀다. "주의: 커피는 건강에 해로울 수 있습니다."

1969년에 전국커피협회에서는 제너럴푸즈, 네슬레, 프록터&갬블 같은 대기업 로스팅업체들이 고용한 과학자들로 구성된 과학자문단Scientific Advisory Group, SAG을 만들었다. 또한 커피에 대한 음해성 정보에 반박이 되어 줄 만한 결과를 기대하며 아서D.리틀컴퍼니Arthur D. Little Company에 실험도 의뢰했다. 그 뒤로도 15년 동안 전국커피협회에서는 3백만 달러라는 비용을 들여 20개 이상의 연구를 지원했다.

그러나 건강에 대한 경고는 끊이지 않았다. 1971년에 하버드대학교의 연구가 필립 콜Philip Cole은 커피가 방광암, 특히 여성의 방광암과 연관성이 있을지 모른다는 보고를 내놓았다. 1972년과 1973년에도 보스턴대학교의 허셸 직Hershel Jick과 동료 연구가들이 환자들을 대상으로 실시한 조사를 통해 커피의 과도한 섭취와 심장질환의 상관 가능성이 뒷받침되었다고 발표하기도 했다. 일본, 독일, 프랑스, 영국에서는 임신한 쥐들에게 카페인을 주입하거나 먹이는 실험이 시행되었는데, 그 결과 대조군에 비해 카페인을 과도하게 투여받은 그룹의 새끼들에게서 선천적 장애가 더 많이 나타났다.

　　얼마 후 새로운 연구들에서 앞서 실시된 연구와 같은 결과가 나오지 않거나 반대의 결과가 도출되면서, 커피는 이 모든 항목에 대한 혐의를 풀게 되었다. 그러나 공포감을 주는 이야기들이 으레 그렇듯, 커피와 질병의 상관성을 제기했던 초반의 주장들은 대서특필되어 대중의 의식에 강한 영향을 끼쳤던 반면에 나중에 수정된 연구 결과들은 신문 뒷면에 슬그머니 보도되고는 그만이었다. 한편 건강 우려의 분위기 속에서 디카페인 커피의 판매가 급증하여, 1975년에는 1970년 대비 판매율이 70퍼센트 껑충 뛰며 미국 가정에서 소비되는 커피의 13퍼센트를 점유했다.

　　제너럴푸즈는 상카로 대박을 터뜨렸다. 상카가 디카페인 커피 시장에서 지배적 점유율을 차지하면서, 레귤러커피보다 더 높은 이익률을 기록할 수 있었다. 1976년에는 천재적인 재기를 발휘하여, 장수 프로그램으로 사랑받다 곧 종영을 앞둔 TV 드라마에서 마커스 웰비Marcus Welby라는 친절한 의사 역할로 출연했던 배우 로버트 영Robert Young을 상카의 광고 모델로 섭외하기도 했다. 이제 영은 TV 스폿 광고에 나와 카페인에 민감한 사람들에게 "많은 의사가 상카 브랜드를 권하고" 있다고 말했다. 또 다른 편의 광고에서는, 영이 저녁 식사에 초대받아 간 자리에서 필이라는 젊은 남편이 아내에게 사소한 일로 화내는 모습을 보고 "레귤러커피 못지않게 맛있는" 상카를 권하기도 했다. 네슬레가 1971년에 냉동 건조 방식의 테이스터스초이스Taster's Choice 디카페인 커피를 출시하자, 제너럴푸즈는 냉동 건조 방식의 상카와 브림Brim을 내놓았다(상카와 브림은 사실상 동일 상품이나 다름없었다). 또한 상카 브랜드는 이미 건강에 좋은 상품이라는 이미지가 확실하게 굳어져 있었던 만큼, 브림의 스폿 광고를 통해 자연식품 매장을 찾는 건강에 민감한 젊은 층을 공략했다. 코카콜라의 소유가 된 텐코도 기꺼이 디카페인 커피 생산에 뛰어들면서, 커피에서 추출한 카페인은 코카콜라에 넣었다. 나중엔 미국 내의 생산 수용 능력이 한계에 이르면서 수많은 로스팅업체가 자사의 원두를 독일로 보냈고, 첨단 시설의 독일 카페인 제거 공장들은 24시간 가동되었다.

디카페인 커피조차 건강 문제에서 자유롭지 못했다. 1975년에 국립암연구소National Cancer Institute의 생쥐 실험에서 용제인 트리클로로에틸렌TCE의 다량 투여가 암을 일으키는 것으로 나타났다. 트리클로로에틸렌은 생두에서 카페인을 제거하는 공정에서 사용되었으나 이 공정 후 생두에 남게 되는 트리클로로에틸렌은 극소량에 불과했을뿐더러, 그 미량도 로스팅 과정에서 거의 다 제거되었다. 당황한 제너럴푸즈의 한 임원은 인간이 생쥐들에게 투여되었던 양에 근접하려면 평생 매일 디카페인 커피를 5천만 잔씩 마셔야 할 것이라고 지적하기도 했다. 하지만 그럼에도 불구하고 제너럴푸즈를 비롯한 여러 로스팅업체들은 트리클로로에틸렌을 포기하고 용제

Campaign
Sanka
Knows Best

Getting out of the old
folks' home and into a
younger image perked
up the 50-year-old
category leader.

BY JOANNE KAUFMAN

〈아빠가 제일 잘 알아(Father Knows Best)〉와 〈닥터 웰비(Marcus Welby, MD)〉에서 주연을 맡았던 배우 로버트 영이야말로, 아버지 같은 의사가 카페인을 삼가라고 조언을 해 주는 역으로서 상카 디카페인이 찾던 바로 그 인물이었다. 하지만 그는 실제 생활에서는 우울증과 알코올중독에 시달렸다고 한다.

를 염화메틸렌으로 바꿨다.

황금이 뜨고, 커피가 가라앉다

1969년 봄에 전 세계의 커피 가격이 35센트로 내려가자 라틴아메리카와 아프리카의 주요 커피 생산국 아홉 개국인 브라질, 콜롬비아, 엘살바도르, 에티오피아, 과테말라, 코트디부아르, 멕시코, 포르투갈(앙골라), 우간다가 제네바에 모여 전략 마련에 고심하며 국제커피협정의 "현실적인 할당량 수준"을 요구했다. 그러던 6월, 이들 '제네바 그룹'에 기운을 북돋워 주는 사건이 일어났다. 파라나에 또다시 가뭄에 이은 서리가 닥치면서 그해 수확분의 10퍼센트와 다음 해 생산분의 30퍼센트가량이 피해를 입었던 것이다. 11월 무렵이 되자 가격이 1파운드당 10센트 상승하면서 국제커피협정의 할당량 증가 규정이 자동으로 발동되었다. 이렇게 할당량이 늘어났음에도 1970년 초에 산투스산 4등급의 가격은 1파운드당 50센트 이상으로 뛰었다. 그러자 불도저로 나무를 밀어 버렸던 브라질은 기존의 태도를 바꾸며, 2억 그루를 새로 심기 위한 3개년 계획을 구상했다. 브라질은 아직 3천7백만 자루의 잉여 물량을 안고 있었지만 보유량이 해마다 줄어들고 있던 터였다. 한편 미국 의회가 또다시 시행법의 표결에 들어가려 하자 생산국들은 8월에 할당량 증가에 동의했다.

1970년, 브라질의 바이아Bahia주에서 커피 잎 녹병균, 헤밀레이아 바스타트릭스가 발견되었다. 아프리카 방문객들의 의류에 붙어서 들어왔을 가능성이 가장 높긴 했으나, 이 녹병균 포자가 어쩌다 라틴아메리카까지 흘러 들어오게 되었는지 그 전염 경로는 확실치 않았다. 아무튼 신속한 사태 조사가 실시되었고, 조사 결과 녹병균이 이미 상파울루와 파라나의 일부 지역까지 퍼진 상태였다. 브라질은 더 이상의 전염을 막기 위해 40마일 × 500마일(약 64킬로미터 × 805킬로미터) 넓이의 지대를 불태웠으나 소용없었다. 1970년대 내내 헤밀레이아 바스타트릭스는 살금살금 북쪽으로 침투하면서 중앙아메리카까지 파고들었다. 그 무렵 질병에 강한 로부스타를 소량 재배하기 시작했던 브라질은 이제 이 하등급 원두에 경작지를 점점 더 내주었다.

1971년 8월 15일, 닉슨 대통령이 금본위제를 폐지하고 임금과 물가를 일시 동결함으로써 세계 경제를 흔들어 놓았다. 12월 20일에는 막대한 국방 예산과 늘어나는 복지 비용을 감당하기 위해 달러를 약 8퍼센트까지 평가절하하기도 했다. 이로 인해 실제 커피 가격이 떨어졌고 생산국들은 합리적인 조정을 요구했다. 소비국들은 미국의 주도에 따라 이 요구를 거절했다. 이에 생산국들은 제네바 그룹을 재결집했고, 가격을 올리기 위해 국제커피협정 할당량보다 양을 줄여 선적하겠다는 계획을 발표하면서 석유 담합(카르텔) 석유수출국기구OPEC의 흉내를 냈다.

전국커피협회와 미 국무부의 말을 그대로 옮기자면, 이런 움직임은 "국제커피협정의 지속 가능성에 대한 의구심"을 불러일으켰다. 1972년 여름 사이에 정말로 가격이 약 25퍼센트 오르자 소비국들은 제네바 그룹을 비난했다. 국제커피협정위원회가 국제커피협정의 재협상을 위해 회의를 소집했지만 양측 모두 타협을 거부하면서 이 쿼터제 협상은 1972년 12월 11일에 소멸되고 말았다.

한편 국제커피협정의 중지는 뉴욕 커피·설탕거래소의 부활을 이끌었다. 1972년 8월 24일, 국제커피협정의 좌초 가능성이 확실시되자 가장 먼저 커피 선물의 계약에서 실질적인 움직임이 일어났다. 1973년 3월에 실물 인도 예정인 5로트lot(1로트 = 커피 250자루)가 1파운드당 53센트에 팔렸다. 1972년 말엽에는 이 가격이 1파운드당 61센트 상당에 이르렀다. 커피 상품 시장이 되살아나 미청산 계약*이 (수천 건으로) 충분해지면서 상인들에게 어느 정도 유동성이 공급되었다.

일본과 유럽의 커피 공습

일본은 국제커피협정 규정하의 "새로운 시장"으로서 비교적 값싸게 생두를 들여왔다. 그런데 이 협정이 소멸됨에 따라 일본은 다른 국가들과 똑같은 비용을 지불하게 되었다. 제너럴 푸즈와 네슬레가 일본에 인스턴트커피 생산을 위한 공장을 설립하면서, 1973년 이전에 일본의 커피 수입은 크게 늘어 있던 상태였다. 수많은 일본인이 서구화에 대한 열망으로 커피를 (그리고 코카콜라를) 미국 음료의 상징으로 기꺼이 받아들였다. 일본의 기사텐(커피하우스)은 연간 20퍼센트씩 팽창했다. 1970년대 중반쯤엔 도쿄에만 기사텐의 수가 2만 1천 개에 달했다. 커피값이 미국인의 기준으로는 비싼 편이었지만 일본인들은 그것을 지위의 상징으로 여기며 기꺼이 지불했다.

1969년에 우에시마커피컴퍼니가 일본 최초의 즉석 캔 커피를 출시했다. 그로부터 5년 후에는 코카콜라에서 감미료를 넣은 캔 커피 음료, 조지아 커피Georgia Coffee를 내놓으며, <바람과 함께 사라지다>를 패러디하여 레트 버틀러 역의 캐릭터

---

* 거래된 선물 계약이 어느 특정일 현재 만기일 도래에 따라 실물 인도, 인수 또는 반대 매매에 의한 청산이 이루어지지 않고 향후 인도나 인수를 해야 하는 상태로 남아 있는 계약 수

가 스칼렛 오하라를 대신해서 커피를 골라 주는 내용의 광고도 내보냈다. 자판기에서 뜨겁거나 차가운 상태로 나오는 캔 음료는 이제 일본에서 새로운 인기 커피 품목으로 자리 잡았다. 1975년 무렵, 일본인들은 연간 2천만 캔의 음료를 마셨고 일본의 총 커피 매출은 연 1억 달러 이상까지 불어났다.

유럽에서는 인스턴트커피의 판매가 증가하며 시장을 18퍼센트까지 점유했으나 그 인기는 나라별로 차이를 나타냈다. 특히 영국과 서독은 유럽에서 소비되는 인스턴트커피의 3분의 2를 차지했다. 스칸디나비아인들이 상급 품질의 레귤러커피를 선호했다면, 이탈리아인들은 에스프레소에 푹 빠져 있었고 나폴리 사람들은 스토브에 올려 끓여 마시는 스타일을 좋아했다. 프랑스에서는 인스턴트 치커리 믹스 커피가 인기였는데, 세계 최대의 인스턴트커피 생산업체인 네슬레의 본고장 스위스에서도 이런 믹스가 커피 소비량의 절반을 차지했다.

유럽 대륙에서 점차 산업화와 도시화가 진행됨에 따라 유럽 최대의 로스팅업체들인 다우어에흐버르츠, 야콥스, 에두쇼, 치보, 라바차, 예발리아(1970년에 제너럴푸즈에 인수됨)는 사업을 확장해 나갔던 반면, 영세 로스팅업체들은 파산을 맞았다. 치보와 에두쇼는 소규모 소매점 수천 개를 열어 아라비카 통원두 블렌딩과 함께 선물용 상품을 팔았다. 이제 제2차 세계대전의 여파에서 완전히 회복한 유럽의 커피 산업은 1970년대에 정체기에 들어서며 1인당 소비량의 증가세가 둔화되었다. 그러나 1950년 이후부터 미국과 유럽의 소비 패턴에 역전 현상이 일어남에 따라, 1970년대 무렵에는 세계 커피 소비량에서 유럽이 절반가량을 차지하게 되었고 미국은 40퍼센트에도 채 못 미쳤다.

로부스타의 왕과 부룬디 대학살

1970년대 초, 대다수의 아프리카 커피 재배국들은 여전히 독립 후의 종족 분쟁과 정치 부패로 몸살을 앓고 있었다. 자이르에서는 독재자 모부투 세세 세코의 치하에서 커피가 중앙집권적 커피위원회를 통해 판매되었고, 이 위원회에서 나오는 이익을 모부투와 그의 추종자들이 거의 독식했다. 뉴욕의 생두 수입상 클로드 삭스Claude Saks는 1970년에 이 나라를 방문하게 되었는데, 수도 킨샤사Kinshasa의 관료들은 그에게 "백인 혐오적"인 태도를 드러냈다. 그는 심지어 한 군인에게 총을 맞아 죽을 뻔하기도 했으나 그 군인이 돈 냄새를 맡으면서 겨우 위기를 넘기기도 했다. 삭스는 이렇게 논평했다. "여기서는 혼란과 분열의 사태가 터질 때마다 돈을 벌 기회로 삼는다." 당시에 그는 지엠삭스인코퍼레이션G. M. Saks Inc.의 창업주인 아버지와 함께 회사를 "하등급 로부스타의 왕"으로 키우려 힘쓰고 있었다.

젊은 삭스는 아버지의 보수적 경향 때문에 답답해하다가 1972년에 아버지에게서 독립해 한 파트너와 함께 삭스인터내셔널Saks International을 새로 차렸는데, 이 회사는 나중에 네덜란드의 생필품 회사 멀티트레이드Multitrade와 합병하게 된다. 아무튼 삭스는 다음과 같은 지적도 했다. "그곳의 커피업계 사람들은 매너, 와인, 미술, 음악, 정치에 조예가 깊었다. 그들은 평소에는 점잖은 신사처럼 굴었지만 조금이라도 이익을 얻을 수 있다면 상대의 위장을 도려내거나 불알을 비틀어 짜는 짓도 서슴지 않을 사람들이었다."

클로드 삭스는 1972년 가을에는 부룬디로 가게 되었다. 당시에 부룬디는 소수족인 투치족이 다수족인 후투족을 지배하고 있었는데, 그해 4월에 젊은 후투족 지식인들이 반란을 주도하면서 투치족 몇 명이 죽임을 당했다. 이에 대해 투치족은 보복에 착수하여 장장 4개월에 걸쳐 사실상 후투족에 대한 대량 학살을 자행했다. 그러던 중 삭스는 부룬디 정부가 모든 수출업체의 국유화를 계획 중임을 알게 되었고, 투치족인 농무부장관을 만나 현지 화폐로 두둑이 채워진 봉투를 건네며 관계를 굳건히 다졌다. "나는 이런 관행을, 좋은 자리에 앉기 위해 레스토랑 지배인에게 팁을 주는 것과 별반 다르지 않다고 생각했다." 그가 했던 말이다.

1972년에 학살당한 후투족은 10만 명이 넘었으며, 일각에서는 사망자 수를 최대 25만 명까지 추정하기도 한다. 다른 아프리카 국가들은 자신들 역시 종족 분쟁으로 골머리를 앓고 있던 처지라 여기에 개입하지 못했다. 유엔도 흑인 지배 국가의 일에 간섭하길 주저하며 아무런 행동을 취하지 않았다. 미 국무부 역시 문화 교류를 중단하는 것 말고는 가만히 손 놓고 있었다.

당시에 미국이 취할 만한 가장 효과적인 행동은, 부룬디의 커피에 대한 불매 운동이었다. 커피 생두 수출에 경제를 의존하던 부룬디의 총수출량 가운데 80퍼센트를 미국의 수입업체들이 구입하고 있었기 때문이다. 국무부의 허먼 코언Herman Cohen은 또다시 살인이 시작되었던 1973년에, 의회 위원회 앞에서 이렇게 말했다. 커피 불매 운동이 고려되긴 했으나 그렇게 되면 빵, 약품, 의류 같은 생필품의 구입을 어렵게 함으로써 후투족과 투치족 모두에게 고통을 주었을 것이라고. 그러니까 "한마디로, 커피 불매 운동이 비인간적인 대응책이 될 것"이라는 주장이었다.

카네기국제평화기금Carnegie Endowment for International Peace의 대표로 나왔던 로저 모리스Roger Morris는 여기에 강력히 이

의를 제기했다. "주요 무역의 대다수가 투치족 차지이고, 그것이 현 정권의 재정적 중심 토대가 되어 주고 있습니다. 후투족 가족농들에게 돌아간 몫은 7분의 1정도뿐입니다." 모리스는 이어서 주장하길, 미국은 부룬디에 전략적 이해관계가 없는 데다 부룬디의 커피가 없어도 별 지장이 없으므로 당시의 상황이야말로 "미국이 국제적 도의, 이상주의, 인권에 대한 헌신을 보여 줄" 더없이 좋은 기회인데 "참으로 가슴 아픈 일"이라고 했다.

1973년 추수감사절 직전, 클로드 삭스는 뉴욕시의 세인트레지스 호텔St. Regis Hotel에서 부룬디국립은행의 회장, 부회장과 함께 점심을 먹었다. 반드르르 잘 차려입은 투치족 회장이 후식을 들며 말문을 뗐다. "아시다시피, 요즘 우리나라의 상황이 좀 어수선하잖습니까." 그 말에 삭스는 속으로 생각했다. "기가 막히는군. 10만 명이 목숨을 잃고 10만 명이 도망을 갔는데 그런 상황을 놓고 그저 '어수선'하다니." 은행의 회장은 뒤이어 설명하길, 후투족 노동자들이 커피 열매도 안 따고 달아나 버리긴 했지만 아직 국립은행에 보유 물량이 16만 자루가 있다고 했다. 결국 그중 10만 자루를 삭스가 구매했다.

스타벅스: 낭만주의 시대

클로드 삭스 같은 수완가들이 큰돈을 벌어들이고 제너럴푸즈, 프록터&갬블, 네슬레, 야콥스는 대량생산 상품인 캔용기 커피 분야에서 세계의 왕좌를 놓고 다툼을 벌이고 있는 사이에, 불만에 찬 베이비붐 세대들의 주도로 품질 추구의 물결이 새롭게 일어났다. 이런 주도자들은 대부분이 히치하이킹으로 유럽을 여행해 봤거나 군 복무 중 유럽에 주둔해 봤던 경험이 있어서 에스프레소, 스페셜티 커피하우스, 카페가 주는 즐거움을 느껴 본 이들이었다. 또한 높아진 국제적인 기호를 지니게 되어, 커뮤니티와 근본적 진리를 추구하기도 했다. 그리고 그것을 작은 로스터기에서 갓 볶아 나온 향기로운 통원두에서 찾았다. 특히 버클리로 순례를 떠나 피츠의 분위기를 깊이 들이마시며 직접 영감을 얻은 이들도 많았다.

제리 볼드윈Jerry Baldwin, 고든 바우커Gordon Bowker, 제브 시글Zev Siegl, 이 세 명의 시애틀 대학생들도 함께 유럽 여기저기를 여행 다녔다. 그러다 이제 20대 후반이 된 1970년쯤에 다시 시애틀로 돌아왔다. 그 후 바우커는 지역 잡지에 글을 게재하면서 광고 회사를 시작했고, 볼드윈과 시글은 교사가 되었다.

바우커는 맛 좋은 커피를 구하려고 주기적으로 브리티시컬럼비아British Columbia주 밴쿠버까지 차를 몰고 갔다. 미식가들을 위한 작은 매장, 머치스Murchie's에서 원두를 구입하기 위해서였다. 그러던 1970년의 어느 날, 밴쿠버 여정 중에 퍼뜩 이런 생각이 들었다고 한다. "그래, 그거야. 시애틀에 커피하우스를 내는 거야!" 마침 그 무렵, 볼드윈도 한 친구가 버클리의 피츠에서 주문한 원두로 만든 커피라며 한 잔 권해 주어 마셨다가 비슷한 착상을 떠올리게 되었다. 이렇게 해서 세 친구는 시애틀을 기반으로 삼아 작지만 품질을 우선시하는 로스팅 사업을 시작했다.

당시에 제브 시글은 베이에리어Bay Area(샌프란시스코 만안 지역)를 찾아가, 알프레드 피트는 물론 짐 하드캐슬, 그라페오나 프리드텔러&프리드 같은 업체들의 로스터들과 상담을 나누었다. 알프레드 피트는 로스팅한 커피 원두를 대 주기로 했다. 볼드윈은 이렇게 회고했다. "알프레드는 정말 관대한 사

1971년에 제리 볼드윈, 고든 바우커, 제브 시글(왼쪽부터)이 시애틀에 스타벅스를 창업해 그 지역 고객들에게 갓 로스팅한 통원두를 판매했다.

스타벅스의 현대적 트레이드마크 속에 등장하는, 인어의 원조 이미지(위의 사진)는 현재는 새침한 신시대의 커피 인어로 순화되었다.

람이었다. 우리는 그가 동의해 준 덕분에 그의 매장 디자인도 그대로 베꼈다." 크리스마스 시즌 동안 세 친구는 돌아가면서 버클리의 피츠에서 일하며 운영 비결을 익혔다. 한편 시애틀에서는 웨스턴가Western Avenue에 월 임대료 137달러로 얻은 낡은 매장을 새롭게 뜯어고쳐 단장하고 있었다. 볼드윈은 매장의 운영을 위해 회계 강좌에도 등록했다. 비용은 세 친구가 각자 1천5백 달러씩 내놓고 은행에서 5천 달러를 빌려서 마련했다. 그리고 피츠의 도움을 얻어 커피 분쇄기, 추출기, 그 밖의 부대 기구와 상업용 대용량 찻잎을 구비해 놓았다.

이제 오픈 준비는 거의 다 되었고 이름을 지어야 할 차례였다. "바우커, 시글&볼드윈은 너무 법률 회사 같은 느낌이었다. 하지만 누군가의 소유라는 느낌을 내고 싶어서 첫 문자라도 세 사람 중 한 명의 성에서 따오고 싶었는데, 그 첫 문자로는 'S'가 괜찮을 것 같았다. 우리는 Steamers, Starbo 등등 별별 이름을 다 내놓았다. 그러다 Starbo라는 단어를 들은 고든의 입에서 불쑥 'Starbuck'이 튀어나왔다." 이 이름은 문학도 삼총사의 마음을 끌었다. 스타벅이 『백경』과 『레인메이커The Rainmaker』에 나오는 등장인물의 이름이었기 때문이다. 게다가 스타벅스는 귀에 착착 감기는 어감이었다.

1971년 3월 30일, 가슴을 드러내고 두 개의 꼬리가 달린 인어를 로고로 내세운 스타벅스가 문을 열었고, 주로 통원두를 판매하면서 개점하자마자 인기를 얻었다. 첫 9개월간의 가게 총수익은 4만 9천 달러로, 먹고살기엔 빠듯한 수준이었지만 용기를 북돋워 주기엔 충분했다. 세 동업자는 그다음 해에 제2호점을 열었고 알프레드 피트는 자체적인 로스터기를 구입하는 것이 좋겠다고 권했다. "사업이 너무 커지고 있으니 그게 좋겠어요."

세 사람은 1973년에 3호점을 열었다. 볼드윈은 그때를 이렇게 회상했다. "나는 행복했다. 돈은 나보다 직원들이 더 벌었어도 개의치 않았다. 나에게는 그것이 모험이었으니까. 되돌아보면 그 시절은 낭만주의 시대였던 것 같다. 수많은 젊은이가 열광했던 그런 시대."

신이 커피에 내려 준 선물

1969년에 31세의 사회사업가 출신 폴 카체프^{Paul Katzeff}는 LSD를 끊고 떠나기로 작정했다. "카를로스 카스타네다가 쓴 『돈 후앙의 가르침^{The Teachings of Don Juan}』 속 글귀처럼, 뉴욕시를 떠나 내가 있어야 할 곳을 찾아야 한다는 생각이 들었다." 카체프는 낡은 맥^{Mack} 트럭을 사서 뒤 칸에 장작 난로와 물침대를 놓고 서쪽으로 차를 몰았다. 그러다 콜로라도주 애스펀^{Aspen}에 이르게 된 그는, 그 휴양 도시에 최초의 커피하우스를 열어 보기로 결심했다.

그렇게 해서 연 땡스기빙 카페^{Thanksgiving Cafe}에서 그는 업소용이 아닌 멜리타사의 작은 드립식 포트로 커피를 추출하여 팔았다. "손님들은 바로 눈앞에서 커피를 우리는 모습을 볼 수 있었다." 그러다 얼마 후부터는 식료품점 세 곳에 땡스기빙커피컴퍼니^{Thanksgiving Coffee Company}라는 이름으로 포장 원두도 납품하게 되었다. 그의 커피하우스는 큰 인기를 끌었지만 어떻게 된 일인지 매번 손해가 났다. "히피 친구들에게 일자리를 주었는데 나중에 알고 보니 내 돈을 몰래몰래 슬쩍하고 있었다"고 한다.

1972년에 카체프는 카페를 정리한 뒤에 로스터기와 그라인더를 맥 트럭 뒤 칸에 던져 넣고는 서쪽의 캘리포니아로 향했고, 그곳에서 마침내 B&B^{bed-and-breakfast},* 호텔, 사업체들에 도매가로 원두를 납품 판매했다. 1975년에는 그 지역의 대형 마트 몇 곳을 설득해 땡스기빙커피를 벌크로 팔기도 했다. 시간이 지나면서 카체프는 차츰 우편 주문 사업에도 진출하게 되었다. 카체프는 당시를 이렇게 회고했다. "나에게는 낡은 인습도, 선입견도 없었다. 내가 커피의 세계로 들어섰을 당시에 커피업계는 그다지 창의성도 없는 노인들 천지였다. 어쩌면 나는 신이 커피에 내려 준 선물이었는지도 모른다."

커피와의 연애

다섯 살 때 노르웨이에서 뉴욕시로 건너왔던 에르나 크누첸Erna Knutsen은 세 명의 남편을 만나 살아 봤고, 대륙을 가로질러 캘리포니아까지 오게 되는 인생 굴곡 끝에 시간이 좀 걸려서야 자신의 천직을 찾았다.

이미 40대 초반에 들어섰던 1968년, 크누첸은 커피와 향신료를 수입하던 샌프란스시코의 역사 깊은 회사, 비시아일랜드B. C. Ireland에서 (에르나 게리어리Erna Guerrieri라는 결혼 후의 이름으로) 버트 풀머Bert Fullmer의 개인 비서로 취직했다. 그러다 1970년대 초에 상관의 장려로, 자신만의 작은 분야를 개척하게 되었다. 로트 미달분(총 250자루가 들어가는 컨테이너 한 대 분량을 채우지 못하는 양)의 고급 아라비카 생두를 '소점포', 즉 캘리포니아 연안을 따라 속속 생겨나고 있던 작은 로스팅 매장들에 판매하는 일이었다. 그녀는 미각을 키우고 싶은 열망에, 상관에게 신비로운 커핑의 기술을 배워 보고 싶다고 말했다.

---

* 아침 식사를 제공하는 숙박 시설

고객에게 제품을 제대로 권하려면 샘플 원두별 산도, 바디, 아로마, 풍미를 직접 경험해 보고 나서 설명해 줄 수 있어야 한다는 생각에서였다. 비시아일랜드의 커핑실 직원들은 여기에 반대했다. "저 여자가 여기에 들어오면 우리는 그만둘 테니 그렇게 아십시오." 크누첸도 어쩌다 그들의 이 말을 엿듣고 말았다.

하지만 그녀는 끝까지 포기하지 않았고, 드디어 1973년에 커핑실에 들어서게 되었다. "그들은 내가 제대로 커핑을 해내겠냐며 나를 비웃었다. 내가 처음에 커피를 너무 조심조심 얌전하게 마셔서였다." 그러나 얼마 지나지 않아 산소가 섞이며 풍미를 미뢰*에 강하게 분사시켜 주도록 커피 샘플을 후루룩후루룩 큰 소리로 마시는 요령을 익히게 되었다. 그녀는 "미각과 감각 기억이 정말 뛰어난 편"이었고 그렇게 커피에 대한 "뜨거운 열정"을 불태우며, 그녀의 말마따나 "내 생애 가장 위대한 연애"를 시작했다.

그녀의 열정 어린 전문성은 로스팅업자들의 마음을 사로잡았고, 품질 좋은 생두, 아니 그녀가 부르던 식대로 바꿔 말하자면 "녹색 보석green jewel"에 관한 한 일인자로서 전국적인 명성을 얻게 되었다. 크누첸은 아프리카, 하와이, 중앙아메리카, 자메이카 등지의 상인들과

1970년대 초에 불굴의 투지 끝에 남성들만의 전유물이던 커핑실에 들어간 에르나 크누첸은 결국 "녹색 보석"을 발굴해 내며 스페셜티 커피 수입업계에서 일인자로 올라섰다.

---

* 미각을 맡은 꽃봉오리 모양의 기관으로, 주로 혀의 윗면에 분포함

독점적인 거래 관계를 맺기도 했다. 미국의 생두 수입업자들 대다수가 저급품 취급으로 가격 경쟁을 벌이며 한 푼이라도 더 줄이려고 아등바등하던 시기에, 크누첸은 터무니없게 여겨질 만큼의 가격을 지불하며 유럽과 일본으로만 실려 가고 있던 최상급 생두를 들여왔다. 그리고 그런 노력에 대한 고마움의 대가로 그녀의 고객들은 기꺼이 그 생두를 구입해 주었다.

1974년에 『차와 커피 트레이드 저널』에는 크누첸과의 인터뷰 기사가 실렸는데, 바로 이 인터뷰에서 그녀는 자신이 판매하는 셀레베스^{Celebes*}의 칼로시^{Kalossi}, 에티오피아의 이르가체페^{Yrgacheffe}, 예멘의 모카를 지칭하기 위해 스페셜티 커피 Specialty coffee라는 신조어를 언급했다(나중에 이 용어는 초창기의 고메이커피** 운동을 규정하는 말이 되었다). 크누첸은 스페셜티 커피의 미래를 밝게 내다보았다. "주로 젊은 층을 중심으로 새로운 집단이 떠오르고 있어요. (…) 질 좋은 커피의 진가를 아는 사람들이죠. 그래서 나는 자신해요. 우리 사업이 결국엔 성장하게 될 거라고요." 훌륭한 와인에 관심을 갖는 사람들처럼 커피 전문가들도 "대다수 사람의 형편에 맞는 적당한 고급 상품"을 찾아 나서게 될 것이라는 얘기였다.

궁극적 탐미주의

1974년 3월에 조지 하웰^{George Howell}은 캘리포니아에서 보스턴으로 이주한 뒤로 금단 증세에 시달렸다. 1968년부터 1974년까지 샌프란시스코 베이에리어에서 지내면서 스페셜티 커피

---

* 인도네시아의 한 섬
** Gourmet Coffee에서 Gourmet는 프랑스어로 미식가를 뜻하는 말로, 고메이커피는 미식가들이 찾는 고급 커피를 의미함

에 입맛이 길들어 있었던 그였으니 오죽했겠는가. 그는 당시를 이렇게 회고했다. "내 삶을 구해 줄 맛 좋은 커피를 구할 수가 없었다." 그는 전화번호부까지 뒤져 봤지만 헛수고였다. 고가의 치즈 매장들에서 파는 벌크 통원두도 보러 다녔지만 깡통 용기에 담긴 후 너무 오랜 시간이 경과한 것들이라 상태가 영 형편없었다. 그는 절망감에 못 이겨 자신이 직접 커피하우스를 열어야겠다고 결심하며 에르나 크누첸에게 생두를 구입했다.

하웰은 커피를 탐미주의적 체험의 자세로 대했다. 예일대학교에서 미술사와 문학을 공부한 후 캘리포니아에 미술관을 열기도 했던 그는 실제로 이렇게 말했다. "커피하우스는 나에게 딱 맞는 선택이었다고 본다. 커피하우스는 미술 전시의 공간이 되어 주었을 뿐만 아니라 커피 자체의 즐거움도 있는 곳이었으니 말이다."

프레스포트

하웰은 아내, 로리Laurie와 파트너인 마이클 다 실바Michael Da Silva의 지원을 받으며 1975년 4월에 하버드스퀘어Harvard Square에서 커피커넥션Coffee Connection을 열었다. 이 커피커넥션에서는 통원두를 팔았지만, 작은 프레스포트press pot*를 구비한 커피바도 같이 운영했다. 그는 16킬로미터 떨어진 거리의 매사추세츠주 벌링턴Burlington에 프로밧Probat이라는 작은 로스터기를 설치해 놓고 밤새도록 로스팅 기술을 배우기도 했

---

* 1950년대에 개발된 커피포트의 일종. 프레스포트 안에 커피를 넣고 물을 부은 다음 일정 시간 동안 기다렸다가 거름망을 아래로 내리면 가루는 아래에 남고 커피액만 걸러지는 방식임

다. "우리는 손님들의 열광에 벅찼다. 그들은 사막을 헤매다 오아시스를 만난 사람들처럼 목말라하며 우리 커피하우스를 찾았다."

스페셜티 커피의 확산

1970년대 초에 미국과 캐나다에는 스페셜티 커피 로스팅업체와 커피하우스들이 속속 생겨나기 시작했다. 가령 알래스카주 주노Juneau에서는 그래디 손더스Grady Saunders가 콰프스Quaffs를 설립했다가, 나중에 상호를 헤리티지커피컴퍼니Heritage Coffee Company로 변경했다. 오리건주의 유진Eugene에서는 폴과 캐시 레이턴Paul and Kathy Leighton이 커피코너Coffee Corner를 세워 사업을 시작했고, 샌디에이고에서는 밥 싱클레어Bob Sinclair가 패니킨커피&티Pannikin Coffee & Tea를 열어 커피를 팔았다. 또한 빌 보이어Bill Boyer가 덴버에 보이어커피컴퍼니Boyer Coffee Company를 세웠고, 마티 엘킨Marty Elkin은 뉴햄프셔에 슈피리어커피Superior Coffee(나중에 엘킨스Elkin's로 개명됨)를 설립했다. 한편 캐나다에는 밴쿠버에 머치스가 있었다. 토론토에서는 티모시 스넬그로브Timothy Snellgrove가 티모시스커피오브더월드Timothy's Coffees of the World를 창설했는가 하면, 프랭크 오데Frank O'Dea와 톰 쿨리건Tom Culligan이 토론토의 한 쇼핑몰 안에 세컨드컵Second Cup을 오픈하기도 했다.

열정적인 젊은이들이 스페셜티 커피에 빠지면서 가족의 커피 사업에서 갈라져 나오기도 했다. 이를테면 버지니아주 동부 저지대에서 3세대 경영자이던 길 브로켄브로Gill Brockenbrough가 퍼스트콜로니First Colony를 설립했는가 하면, 앨런 로스먼Alan Rossman은 뉴욕의 전통 있는 시설 중심 로스팅업체 웩슬러스Wechsler's에서 따로 스페셜티 커피 부문의 지사를 세웠다. 도널드 쉰홀트는 파트너 하이 샤봇Hy Chabott과 함께 맨해튼에 길리스 스페셜티 커피 소매점 몇 곳을 오픈했다. 한편 피츠버그에서는 닉 니컬러스Nick Nicholas가 니컬러스커피Nicholas Coffee를 지역 기반 스페셜티 커피 회사로 변모시켰다. 그리니치빌리지에서는 피터 롱고Peter Longo가 가업인 소매점 포르토리코임포팅Porto Rico Importing의 경영을 이어받았다. 샌프란시스코의 커피 사업체 집안 출신의 마크와 마이크 마운타노스Mark and Mike Mountanos 형제는 별도로 사업체를 열어 각자 생두 거래 업체와 로스팅업체를 세웠다. 또한 로열사의 피트 매클로플린Pete McLaughlin은 최상급의 원두 공급 사업을 펼치며 스페셜티 커피 무역 부문에서 에르나 크누첸과 경쟁을 벌였다. 루시아노 레페토Luciano Repetto는 그라페오를 운영해 온 가문의 전통을 따라, 아라비카 블렌딩을 로스팅하여 지역의 고급 레스토랑에 납품 판매했다.

이 무렵에는 커피를 주제로 다룬 권위 있는 저서들도 몇 권 출간되며, 고급 커피에 대한 대중의 관심이 되살아나던 당시의 시대상을 그대로 입증했다. 영국의 교수 케네스 데이비스Kenneth Davids는 버클리에서 1년간 커피하우스를 운영하다가 『커피: 구입, 브루잉, 음미 가이드Coffee: A Guide to Buying, Brewing & Enjoying』를 써서 독자들에게 기초 상식뿐만 아니라 국가별 맛 차이, 분쇄기 사용에 대한 조언, 브루잉 지침 등을 알려 주었다. 조엘 샤피라도 아버지 데이비드와 형제인 칼과 공저로, 『커피와 차 이야기The Book of Coffee & Tea』를 펴냈다.

1972년 10월에는 커피 부문에서의 또 하나의 청신호가 등장했는데, 바로 미스터커피Mr. Coffee라는 전기식 자동 드립 브루어의 출시였다. 물론 번오매틱Bunn-O-Matic사와 코리Cory

사에서 거의 20년 전부터 레스토랑에서 쓰는 상업용 버전을 생산하고 있긴 했지만, 가정용 브루어 시장에 출시된 제품은 미스터커피가 최초였다. 브라운Braun, 제너럴일렉트릭General Electric, 멜리타, 노렐코Norelco, 프록터사일렉스Proctor-Silex, 선빔 Sunbeam, 웨스트벤드West Bend 같은 경쟁사들도 재빨리 경쟁에 뛰어들었다. 1974년 무렵엔 미국에서 판매된 1천만 대의 커피메이커 가운데 절반이 전자식 드립 브루어였다. 이 새로운 가정용 브루어에도 (충분히 뜨겁지 못한 물 온도, 부적절한 브루잉 시간, 너무 오래 두면 커피 맛을 망치는 핫 플레이트 등) 나름의 단점은 있었지만, 펌프식 퍼컬레이터에 비해 큰 진전이었으며 더 좋은 품질의 커피가 부상하도록 촉진시켰다.[5]

몇몇 대중 잡지에서도 1970년대 초에 스페셜티 커피에 주목했다. 가령 『선셋Sunset』지는 1972년의 한 기사를 통해 산도, 바디, 로스팅, 블렌딩에 대해 간략히 설명하며 이렇게 썼다. "스페셜티 커피 매장들은 찾아가 볼 만한 곳이다. 그런 곳에 가면 커피를 업으로 삼고 있는 누군가와 이야기를 나눌 수 있다는 것이, 그 중요한 한 이유다." 하지만 『차와 커피 트레이드 저널』은 초기의 스페셜티 커피 운동에 무관심하다시피 했다. 대기업 로스팅업체들 역시 별 관심이 없기는 마찬가지였다. "그들은 그것을 일시적 유행쯤으로 여겼다. 파란색 젤

---

5 고급 커피에 대한 관심이 되살아났던 당시의 미국 분위기는 1975년에 뉴스거리가 될 만큼 유별났던 다음의 사건을 통해서도 잘 드러났다. 당시에 뉴욕주 서퍽카운티(Suffolk County)에서 연방 판사가 보안관 대리에게 재판소 밖의 스낵 파는 트럭에서 커피 한 잔만 사다 달라고 부탁했다. 그런데 이 판사는 커피의 형편없는 맛에 화가 나서 그 트럭 행상인에게 수갑을 채워 자기 판사실로 데려오라고 명령했고, 행상인이 끌려오자 그에게 마구 악을 쓰며 다시는 그렇게 형편없는 커피를 팔지 않겠다는 약속을 받아내고 나서야 풀어 주었다.

오Jell-O(젤리 과자)처럼 금방 시들해지려니 생각했다." 도널드 쇤홀트의 회고담이다.

제너럴푸즈는 1972년에 풍미가 가미된 인스턴트커피를 출시했다. 그러면서 인스턴트커피 분말, 크림 대용품(프림), 설탕, 풍미를 섞어 만든 이 고가의 '인터내셔널' 라인이, "해외에서 맛볼 수 있는 것과 똑같은 뛰어난 풍미를" 지니고 있다고 주장했다. 힐스브라더스와 카네이션Carnation도 그와 비슷한 제품을 내놓으며 따라 했다. 고급 커피를 서툴게 흉내 낸 이 제품들은 고급품인 것처럼 광고하며 시장 점유율을 조금 획득했지만, 피츠의 원두와 비교하면 질이 떨어져도 한참 떨어졌다.

올슨 부인, 코라 아줌마와 수다 떨다

1970년대 초반, 제너럴푸즈 상품은 미국에서 판매되는 커피의 3분의 1 이상을 점유하고 있었다. 특히 제너럴푸즈의 최대 브랜드인 맥스웰하우스 레귤러는 레귤러 로스팅 그라인드 부문에서 시장 점유율이 24퍼센트였으나, 인스턴트커피는 동일 제품 부문의 판매량 중 절반을 넘게 차지했다. 프록터& 갬블의 경우 인스턴트커피 부문의 경쟁에서는 존재감이 없었지만 폴거스 레귤러 상품이 20퍼센트의 시장 점유율을 기록하면서 살금살금 맥스웰하우스를 추격하고 있었다. 한편 힐스브라더스는 점유율이 8퍼센트 아래로 추락했고, 스탠더드 브랜즈의 체이스&샌본은 겨우 4.3퍼센트에 머물면서 메릴랜드클럽과 버터넛을 내세운 코카콜라의 커피 점유율보다 약간 높은 수준이었다. A&P는 서툰 경영 탓에 체인 매장 커피 판매 부문에서 크로거에게 밀려 버렸다. 대형 마트의 PL 커피 부문은 대대적 선전과 낮은 가격으로 밀어붙이는 맥스웰하우스나 폴거스 같은 공룡 기업에 맞서 모두 고전을 면치 못했다.

1인당 커피 소비량이 꾸준히 하락세를 타면서(1962년에 3.1잔이던 것이 1974년에는 2.2잔으로 줄었다), 주요 로스팅업체들은 자꾸만 줄어드는 파이에서 점점 작아지는 조각을 차지하기 위해 경쟁을 벌였다. 또한 중년이나 그 이상의 광고 모델 기용에서도 드러났다시피, 젊은 층을 겨냥한 시장 공략은 사실상 포기한 상태였다.

제너럴푸즈와 네슬레는 1960년대 말 내내 냉동 건조 인스턴트커피 시장을 놓고 서로 각축전을 벌였다. 제너럴푸즈는 거의 4년에 걸쳐 맥심 브랜드를 전국적 출시 상품으로 키웠다. 또한 단일 자본 투자로는 회사 역사상 최대 규모인 연 1천8백만 달러의 연구 비용을 들여 신제품을 개발하기도 했다. 이에 대해 네슬레는 테이스터스초이스로 맞섰다. 두 회사 모두 새로 출시한 브랜드의 마케팅에 연 1천만 달러가량을 쏟아부었다. 미국의 가구 중 절반 정도가 우편으로 냉동 건조 커피의 샘플을 받았을 정도였다.

아무튼 광고에 따르면, 테이스터스초이스는 "커피포트로 우려낸 듯 깊고 진한 풍미와 풍부한 아로마"를 선사해 주었다. 물론 이 자랑이 엄청난 과장이어서 탈이었지만 말이다. 한편 맥심과 테이스터스초이스의 이런 광고들은 레귤러커피와 대립 구도로 기획되었다. 자사의 기존 인스턴트커피 매출을 잠식하지 않기 위해서였다. 네슬레는 브랜드명까지 테이스터스초이스와 네스카페로 전혀 연관성 없이 정함으로써, 브랜드를 서로 차별화시켰다. 반면에 맥심은 한눈에도 맥스웰하우스와 연관성이 있는 이름이었다. 결국 맥심은 맥스웰하우스의 인스턴트 판매를 크게 잠식했고 테이스터스초이스는 동일 부문에서 최고의 자리에 올랐다.

폴거스 등의 다른 인스턴트커피 회사들은 냉동 건조 커피의 생산에 필요한 막대한 설비 투자 경쟁에 끼어들길 꺼리며, 대신에 인스턴트커피 분말을 덩어리지게 뭉치는 식으로, 맛은 그대로인 채 모양만 레귤러커피에 더 가까워 보이게 만들었다. 게다가 폴거스는 이런 상품을 "냉동 건조 커피보다 더 신상품"인 것처럼 광고했다. 1970년대 초에 주요 로스팅업체들은 품질을 향상시키기보다는 기술 혁신, 속임수, 시장 세분화의 전략에 치중했다. 가령 제너럴푸즈는 맥스팩스Max-Pax, 즉 안에 가루 커피를 미리 적정량 채워 놓은 원 모양의 필터를 개발했다. 코카콜라는 냉동 커피 농축액을 선보였다. 그런가 하면 에어로졸 캔 용기에 커피시럽을 담아 팔거나, 냉동 건조 커피를 바로 저어 먹을 수 있도록 스푼과 함께 한 잔 분량씩 팩으로 파는 업체들도 있었다.

미국 커피 시장에서의 우위를 놓고 벌어진 진짜 치열한 쟁탈전이라면, 1970년부터 식품업계 재벌 기업 프록터&갬블과 제너럴푸즈 사이에 불붙은 경쟁이었다. 폴거스는 여전히 서부를 중심으로 위세를 떨치고 있었지만, 맥스웰하우스의 전략가들은 폴거스가 동부 지역 침투를 노리고 있음을 눈치챘다. 이에 1971년에 맥스웰하우스의 임원들은 '폴거스 방어 팀'을 꾸리며 전담 광고 대행사인 오길비&매더Ogilvy & Mather에 조언을 구했다.[6] 결국 방어팀에서 내놓은 것은 양면 작전이었다. 그 첫 번째 작전으로서, 제너럴푸즈는 폴거스의 제품과

---

6 오길비&매더는 맥스웰하우스 브랜드의 광고 대행사였다. 제너럴푸즈는 상카의 광고는 영&루비캄에 따로 맡겼다. 네슬레도 테이스터스초이스와 네스카페의 광고는 레오 버넷(Leo Burnett)에게 맡겼으나, 디카페인 커피의 광고는 케이스&맥그래스(Case & McGrath)에 의뢰했다. 폴거스의 광고 대행사는 커닝햄&월시(Cunningham & Walsh)였다.

비슷한 빨간색 캔 제품, 호라이즌 Horizon을 출시했다. 폴거스가 "산에서 재배된mountain grown" 커피임을 내세웠다면 호라이즌은 "손으로 직접 딴hand picked" 원두임을 내세워 선전했다. 또한 쿠폰을 마구 뿌리며 호라이즌을 홍보하면서도, 맥스웰하우스의 판매에 지장을 주지 않도록 양동책도 폈다.

코라 아줌마 역의 마거릿 해밀턴(1977)

제너럴푸즈의 또 한 가지 작전은 코라 아줌마Aunt Cora라는 캐릭터의 도입이었다. 이 직설적인 시골 가게 주인을 통해 맥스웰하우스에 담긴 구식의 가치를 칭송하며, 폴거스의 올슨 부인과 정반대 구도를 잡았던 것이다. 다만 코라 아줌마 역으로 베테랑 여배우 마거릿 해밀턴Margaret Hamilton을 선택한 것은 의외의 캐스팅으로 보였는데, 그녀는 1939년에 <오즈의 마법사>에서 서쪽 나라의 나쁜 마녀 역을 맡으며 신세대 아이들에게 무서운 이미지로 남아 있었기 때문이다. 하지만 안경을 낀 인정 많은 코라 아줌마 역할을 잘 소화해 내며 해밀턴은 훌륭한 커피 홍보 모델로서의 면모를 보여 주었다. 아무튼 그녀는 폴거스가 1971년 가을에 공략을 시작한 클리블랜드에서 TV 광고에 등장하며 올슨 부인과 정면 대결을 벌이다가, 1973년에는 필라델피아와 피츠버그로, 또 1974년에는 시러큐스Syracuse*로 조직적인 진출을 이어 갔다. 어느 분석가의 말마따나 "할머니들의 전쟁"이 시작된 셈이었다.

호라이즌 브랜드는 실패작이 되고 말았지만 코라 아줌

* 뉴욕주 중부의 도시

마의 전략은 오길비&매더의 임원 데이브 매독스Dave Maddox의 예측대로 성공적이었다. 폴거스가 특정 지역에 진출하기 전에 맥스웰하우스가 코라 아줌마를 친근한 이미지로 굳혀 놓을 수만 있다면, 매독스의 말처럼 "올슨 부인은 이류 모방작처럼 전락"하고 말 수도 있었다. 실제로 폴거스가 맹공격에 착수하기 전에 2년이 넘도록 코라 아줌마가 맥스웰하우스를 칭송해 왔던 시러큐스에서, 프록터&갬블은 울며 겨자 먹기로 손해를 감수하며 포장 커피 한 캔을 87센트에 팔아야 했다. 이는 정상 소매가인 1달러 20센트에서 한참 낮은 금액이었다. 어느 분석가의 평처럼, 폴거스는 "단지 제자리를 지키기 위해 죽기 살기로 달리고" 있었다. 폴거스와 맥스웰하우스 간의 이 공룡 싸움에서 실제로 피해를 입은 이들은 따로 있었는데, 바로 지역 로스팅업체들이었다. 브랜드 간의 대폭적 가격 할인 경쟁에 맞서야 했기 때문이다. 일부 업체는 파산의 지경까지 떠밀렸다. 결국 연방통상위원회에서 (어떻게 된 일인지 알 수 없는 노릇이지만 프록터&갬블은 쏙 뺀 채) 제너럴푸즈를 약탈적 가격 설정 혐의로 고소했다.[7]

맥스웰하우스의 방어팀은 폴거스의 맹습을 저지하는 데는 성공했으나 여전히 불안감은 떨치지 못했다. 프록터&갬블이 동부의 커피 수도인 뉴욕시까지 밀고 들어오는 건 이제 시간문제였으니 말이다. 실제로 폴거스 측에서는 자연이 브라질에 한 번 더 개입하던 그 당시에 전투 계획을 준비하고 있었다.

---

7 사실 시러큐스 지역에서의 가격 경쟁은 4년에 걸쳐 이어졌다. 1979년에 폴 드 리마 주니어(Paul De Lima Jr.)가 증언했다시피, 시러큐스는 "1974년부터 적어도 1978년 중반까지 이익 불모지"였다. 그러나 연방통상위원회의 고소는 결국 기각되고 말았다.

폴거스가 1970년대에 동쪽으로 사업을 확장하며 맥스웰하우스에 도전했을 때, 한 재치 있는 삽화가는 폴거스의 올슨 부인과 맥스웰하우스의 참견쟁이 코라 아줌마가 서로 치고 받고 싸우는 삽화를 그렸다.

제16장
검은 서리의 그림자

세계의 커피 무역은 (…) 서리로 인해 영구적 변화를 겪어 왔는지도 모른다.
파라나의 커피 숲은 거의 회복되지 못했고, 뽑고 새로 심은 나무도 많지 않
다. 농민들은 과거에 서리 피해를 하도 자주 당해서 이제는 밀 재배나 특히
콩 재배를 생각 중이다.

— 『이코노미스트 *The Economist*』, 1975년 7월 26일자

    브라질의 커피 농민들이 온갖 가뭄과 혹한을 다 겪어 봐
서 이골이 났다고 여기고 있던 1975년, 파라나에 처음으로 눈
이 내렸고 이 이상 기후의 파문이 수년간 세계 커피 산업에
영향을 미치게 된다. 7월 17일과 18일 이틀에 걸쳐 닥친 이 혹
한은, 그야말로 20세기 최악의 혹한이었다. 파라나의 커피 경
작지들을 거의 황폐화시키고 상파울루와 그 밖의 지역에도
심각한 피해를 입혔을 정도였으니 말이다.
    하늘에서 내려다본 이 지역의 모습은 흡사 불에 태워진
듯 시커멨다. 그래서 이 사태를 일명 '검은 서리Black Frost'라고
불렀다.[1] 이 혹한으로 브라질의 총 재배 그루 수인 15억 그루
가운데 절반이 훨씬 넘는 나무가 죽었다. 대부분 수확을 이미
마친 뒤였으나, 지난 10년 중 8년간 세계 생산량이 소비량에
못 미치면서 당시에는 브라질의 잉여 물량이 그 부족분을 메

---

  1 하지만 콜롬비아인들은 '거룩한 서리(Holy Frost)'라고 불렀다.

우고 있던 실정이었다. 새로 나무를 심는다고 해도 실제로 생산 물량이 나오기까지 4년을 기다려야 했으므로 몇 년간 시장에 경색 국면이 이어질 터였다. 결국 혹한 사태 이후, 커피의 선물가가 급등했고 모든 생산국이 가격이 더 오르길 기대하며 수출을 중단했다. 브라질 역시 2천4백만 자루의 잉여 물량을 풀지 않았다. 잉여 물량이 나오면 가격이 내려갈 것으로 기대하고 있던 커피 로스팅업자들은 재고 물량이 달리게 되었고, 2주가 채 안 되어 가루 커피의 소매가는 1파운드당 20센트가 올랐다. 1975년과 1976년에 몇몇 공장은 서로 연대하여 커피 생산량을 제한하기도 했다.

앙골라에서는 종족 간·지역 간·정치적 경쟁으로 격렬한 내전이 발생했다. 군사 독재 몰락 후 혼란 속에 빠져 있던 포르투갈이 1975년 11월에 앙골라의 독립을 선언한 이후였고, 25만 명에 달하던 유럽의 정착민들(대다수가 커피 재배업자들이었다)이 앙골라를 빠져나가면서 3백만 자루에 상당하는 커피가 나무에 매달린 채 썩어 갔다. 한편 쿠바의 군대가 앙골라 인민해방전선Movement for the Popular Liberation of Angola을 돕기 위해 앙골라에 들어오자, 미국 정부도 반대파인 앙골라민족해방전선Front for the National Liberation of Angola 세력에 병력을 급파했다. 또다시 20년에 걸쳐 앙골라에 냉전의 영향이 미치면서 한때 번성하던 커피 산업은 초토화되었다. 정글의 덩굴식물들이 커피나무를 스멀스멀 휘감아 올라왔고, 한때 커피업계를 호령하던 포르투갈인 실력자들의 수영장은 텅텅 빈 채 쩍쩍 갈라져 갔다.

앙골라만이 아니라 에티오피아에서도 내전이 기승을 부리며 커피 수확에 피해를 끼쳤고, 우간다에서도 독재자 이디 아민Idi Amin이 기세를 떨치면서 커피 수확에 영향을 미치기 시작했다. 케냐의 경우엔 부두 노동자들의 파업으로 수출 길이 막혀 버렸다. 1976년 초에 대지진이 발생한 과테말라에서는 커피 재배 지역들이 지진의 직격탄은 피했으나 다리가 무너지고 산사태가 나는 바람에 선적이 지체되었다. 콜롬비아에는 홍수가 덮쳤고 니카라과는 커피나무에 '잎 녹병균'이 발생했다. 설상가상으로 이런 상황을 틈타 투기꾼들이 몰리면서 가격 인상을 더 부추겼다.

미국은 가격 안정에 도움이 되길 기대하며, (1973년에 소멸된 이전의 협정에 이어) 또 한 차례 국제커피협정에 가입하기로 동의했다. 쿼터제는 가격이 상당 폭 떨어질 경우에 발동하기로 했다. 따라서 1976년의 이 국제커피협정은 형식적 절차이긴 했으나, 생산국들에게 커피 수출을 부추기는 효과가 있었다. 할당량을 책정할 때 각국의 최근 몇 년의 수출량을 주된 기준으로 삼기로 했기 때문이다.

1976년 3월, 생두 가격이 1파운드당 1달러에 달하면서 1년이 채 안 되는 사이에 가격이 백 퍼센트 상승했다. 가격의 상승세는 멈출 줄을 몰랐다. 소비자들과 소매 가맹점들이 가격이 더 뛸까 봐 걱정되어 너도나도 커피 사재기에 나서면서 가격의 상승세는 더 가팔라졌다.

커피 판매량이 감소하고 시장 점유율 쟁탈전이 치열해지던 와중에, 가족 경영 대기업 로스팅업체로는 마지막으로 남아 있던 힐스브라더스가 브라질의 농업계 재벌에 매각되었다. 침체에 빠진 이 미국 로스팅업체를 3850만 달러에 인수하기로 나선 인물은 억만장자 조르지 워우네이 아탈라^{Jorge Wolney Atalla}였다. 세계 최대의 커피 재배업자들인 아탈라와 그의 형제들은 이제 냉동 건조 인스턴트커피 공장, 수출 회사, 브라질 소재의 커피 로스팅 회사 두 곳, 그리고 대규모 설탕

협동조합으로서 연료용 알코올도 함께 생산하는 코페르수카르Copersucar도 소유하게 되었다. 아탈라는 (주로 자신의 생두를 사용한) 백 퍼센트 브라질산 블렌딩을 생산하여 1980년까지 힐스브라더스의 미국 시장 점유율을 두 배로 끌어올리겠다고 발표했다.

마키아벨리적인 시장 조작

1977년에 1파운드당 가격이 3달러 이상까지 오르자 전국 곳곳에서 불매 운동이 일어났다. 대형 마트 체인점들은 공동으로 캠페인을 벌이며 소비자들에게 커피를 사지 말라고 촉구했다. <맥닐/레러 리포트MacNeil/Lehrer Report>*도 이 위기를 주목해서 다루었다. 특히 짐 레러Jim Lehrer는 "차 불매 운동으로 독립의 길을 시작했던 국가**에서 독립 후 세 번째 세기로 들어서는 이 시점을 커피 불매 운동으로 열어야 하다니, 다소 아이러니하다"고 논평했다. 보수주의 성향의 작가 윌리엄 새파이어William Safire는 「뉴욕 타임스」에서 "브라질의 커피 폭리"에 대해 거론하며 "커피 가격이 두 배로 뛴 것은 시장의 힘과는 아무 관련이 없는 문제"라고 주장했다. 즉 브라질의 군사 정권이 "멍청한 미국인들이 커피에 중독되어 얼마가 되든 지불할" 줄로 생각하고 있다는 얘기였다.

뭔가 큰일이 터질 듯한 기미에 당혹감을 느낀 조르지 워우네이 아탈라는 「월스트리트저널Wall Street Journal」에 전면 광고를 실으며, 힐스브라더스의 이름을 내걸고 해명에 나섰다.

---

* PBS 방송국의 심층 보도 프로그램
** 미국 독립전쟁에 결정적인 도화선이 된 '보스턴 차 사건'을 말함

브라질의 검은 서리 이후인 1977년에 커피 가격이 급등하자 소비자 불매운동과 의회 청문회가 촉발되었다.

가격 상승이 혹한을 비롯한 자연적·정치적 재난에 따른 결과라고. 또한 아탈라는 30명이 조금 넘는 미국인 소비자 대변인들과 대형 마트 지배인들을 힐스브라더스의 초청 손님으로 브라질에 방문하도록 주선해서 혹한의 참상을 보여 주었다. 가장 규모가 큰 정부 관할 창고 네 곳에 데려가 텅 비다시피 한 창고 안도 보여 주었다. 그러나 그의 노력도 들끓는 분개의 물결을 막지 못했다.

1912년과 1950년에도 그러했듯 또다시 신랄한 정치적 전사가 앞으로 나서서 가격 조작에 대한 주장을 선도했다. 이번에는 농무위원회Committee on Agriculture의 국내 홍보·소비자 관계·영양 섭취Domestic Marketing, Consumer Relations, and Nutrition 위원장인 뉴욕주 출신의 프레드 리치먼드Fred Richmond였다. 리치먼드는 브라질과 콜롬비아가 가격이 상승하는 틈을 타서 재차 수출 관세를 높여 왔다며 분개했다.

1977년 2월, 합동 청문회의 공동 의장을 맡게 된 리치먼드는 격앙된 어조로 이렇게 말하기도 했다. "미국을 비롯한 여러 커피 소비국은, 현대인이 기억하는 한 가장 마키아벨리적인 시장 조작에 농락당하고 있습니다." 또한 브라질이 "커피 가격을 기록적 수준으로 부풀려 인위적으로 부양하기 위해 계획적이고 파급력이 큰 작전"을 벌이고 있다며 비난하기도 했다.

뉴욕시의 소비자위원회 위원이던 엘리너 구겐하이머Elinor Guggenheimer는 청문회에 나와, 소비자들에게 받은 3천여 통의 편지 가운데 몇 개를 읽어 주기도 했는데 그중 한 주부는 "뭔가를 항의하기 위해 편지를 써 보기는 이번이 처음"이라며 "탐욕스러운 커피 재배업자, 커피 회사, 거래상들"에 대해 비난했다. 또 어떤 참전 용사는 "제2차 세계대전 중에 커피 한 잔으로 비참함과 즐거움 사이를 오갔던" 시절이 있어서 커피를 끊을 수가 없었지만, 이제는 절대로 마시지 않겠다고 다짐했다.

시카고의 소비자위원회 위원인 (그리고 장차 시장직에 오르게 되는) 제인 번Jane Byrne은 아탈라의 농장에서 만났던 브라질 노동자들의 곤궁한 처지를 안타까워했다. "그들은 온종일 일하고 겨우 2달러를 받습니다. 그나마 텃밭에 옥수수를 조금 심어 먹을 수는 있지만, 그 외의 것들은 이 일당 2달러로 해결해야 해서 받은 일당이 도로 회사의 매장으로 흘러들어가거나 집세로 나가고 맙니다." 또 다른 증인이었던 공익과학센터Center for Science in the Public Interest의 소장, 마이클 제이콥슨 Michael Jacobson은 커피가 건강에 해로울 수 있다는 신념을 내세우며 **영구적 불매** 운동을 하거나, 최소한 소비량을 대폭 줄여야 한다는 입장에 섰다.

국무부의 줄리어스 카츠Julius Katz는 비난자들의 대열을 따르며 다음과 같은 요지의 주장을 폈다. '브라질과 콜롬비아의 수출 관세는 커피의 소비자 가격에 아무런 영향을 미치지 않는다. 그보다는 농장주들이 받아 가는 돈이 줄어드는 것이다. 가격이 오르면 정부로서는 새로 나무를 심는 비용이나 비료와 살충제 구입 비용을 조달하기 위해 정부가 떼 가는 몫을 늘리는 것이 당연하다. 그런데 그렇게 떼 가도 브라질 농장주들에게 돌아가는 돈은 세 배로 불었다.' 그러나 카츠는 노동자들의 곤궁한 처지에 대해서는 모른 체했다. 그들이 여전히 아주 적은 임금을 받고 있었기 때문이다. 결국 카츠는 커피

중간 상인들과 로스팅업자들이 배를 불리는 동안 정작 대다수 캄페시노들은 굶어 죽으라는 것이나 다름없는 임금에 허덕였고, 1970년대에 들어서면서 양심의 가책을 받은 자유주의자들이 이런 캄페시노들의 딱한 상황에 차츰 마음을 쓰기 시작했다. 이 삽화도 1976년에 그려진 것이다.

의 물량이 부족한 것이 아니라 "기대 심리에 따라 시장이 작동하는" 것임을 인정했다. 그러나 브라질의 잉여 재고량이 점점 고갈되어 가는 상황이어서, 또 한 번 혹한이나 예기치 않은 재난이 닥친다면 정말로 물량 부족 사태가 일어날 가능성이 농후했다.

가격이 높아지긴 했지만, 가정에서 우려 마시면 잔당 커피 가격은 6센트 정도로, 1976년에 커피를 밀어내고 미국에서 가장 많이 소비되는 음료 자리를 꿰찬 청량음료의 가격이 이보다 훨씬 비쌌다. 그런데 미국 시민들은 커피 가격이 오르기만 하면 왜 그렇게 어김없이 흥분했을까? 그런 소동 뒤에는 라틴아메리카인과 아프리카인들에 대한 외국인 혐오가 깔린 불신이 숨겨져 있던 건 아닐까 하는 의문을 지울 수가 없다. 청문회는 커피 가격을 내리지도 못하고, 그 어떤 성과도 내지 못한 채 끝이 났다. 커피 가격은 계속 올라 1977년 5월 무렵엔 1파운드당 4달러를 넘어섰다.

상승장에 편승해 수백만 달러를 벌다

투기꾼들이 가격 상승과 상관이 없었을 수도 있겠지만, 그들 가운데 이익을 얻은 이들이 분명 있긴 있었을 것이다. 끝까지 자신을 마이크라는 익명으로 불러 주길 원했던 한 참전 용사는 커피 시장이 막 현실적인 수준을 되찾던 1973년에 장사에 뛰어들었다고 한다. "현지인"이었던 그는 어떤 중개 회사든 닥치는 대로 의뢰를 받아 거래했으나, 혼자 힘으로 선물을 사고 팔기도 했다. "난 커피에 대해서는 쥐뿔도 몰라요. 내가 아는 거라곤 커피를 거래하는 요령뿐이죠. 나한테는 상추를 거래하든 뭘 거래하든 그건 중요하지 않아요. 나는 목소리의 울림과

톤을 들으면 딱 감이 오거든요." 그가 털어놓은 말이다.

1975년에 마이크는 혹한 사태를 틈타, 그 후로 몇 년 동안 가격 상승과 물량 부족에 편승하며 이익을 챙겼다. 다시 말해 시장에서 민첩하게 치고 빠지기로 돈을 벌어들였는데, 종종 그 시간 차가 몇 분, 혹은 심지어 몇 초 간격일 때도 있었다. "나는 그저 흐름을 감지하려 애썼어요." 마이크는 1970년대 말에 연 1백만 달러를 넘게 벌었다.

"날마다 개장 벨이 울리기 전이면 마음이 조마조마했어요. 그러다 일단 개장이 되면 몸이 자동으로 움직였죠. 그때 내 옆에 어머니가 서 계셨더라면 나는 주문을 넣으러 가느라 정신이 없어서 어머니 발이라도 밟았을 거예요." 그것은 극심한 경쟁, 입찰이나 매도의 손짓, 여기저기서 들리는 고함 등을 감당해야 하는 피곤한 일이었다. "그 일은 젊은 사람들이 아니면 못해요. 생각이 많은 사람이 할 만한 일도 아니죠. 파이베타카파 클럽* 회원 같은 사람들은 너무 열심히 공부하느라 제 타이밍을 잡지도 못할걸요." 말하자면 세상 물정에 밝고 스트레스 속에서도 냉정함을 유지할 줄 아는 젊은 사람이 해야 잘한다는 얘기였다.

"나는 객장에서 주문을 잘 넣으려고, 그 그리스 친구**처럼 입안에 자갈을 물고 소리 지르는 훈련도 했어요." 거래 시간인 오전 10시에서 오후 3시까지는 단 한 사람도 객장을 나가지 않았다. 심지어 화장실에도 안 갔다. 떼거지의 남자들이 (그리고 드물게 섞여 있던 여자들까지) 서로 다닥다닥 붙어서 고래고래 소리 지르고 땀을 흘리다 보니, 병균이 득실거리기도 했다.

---

* 성적이 우수한 미국 대학생·졸업생으로 조직된 클럽
** 고대 그리스에서 가장 뛰어난 웅변가였던 데모스테네스를 말함

밤이면 마이크는 구매자, 중개상들과 술을 마시곤 했다. "우리는 밤새 커피 얘기를 떠들어 댔어요." 그는 3개월마다 집회들을 찾아다니기도 했다. 플로리다주의 보카러톤Boca Raton에서 열린 전국커피협회의 집회, 버뮤다제도에서의 그린커피협회Green Coffee Association 집회, 캘리포니아주 페블비치Pebble Beach에서의 태평양연안커피협회Pacific Coast Coffee Association 집회, 런던에서의 유럽커피협회European Coffee Association 집회 등 별별 곳에 다 다녀 봤다고 한다. "사람들이 다들 아주 점잖았어요. 상류 사회 분위기가 풍겼죠."

(훔친) 커피와 (끔찍한) 고효율형 상품

1977년에 커피 가격이 급상승하자 전 세계 커피 도둑들의 눈에 커피콩이 황금으로 보이게 되었다. 샌프란시스코에서는 5만 달러에 상당하는 커피콩이 실린 트럭이 감쪽같이 사라졌는가 하면, 마이애미에서는 17톤의 커피콩을 훔친 4인조 도둑들이 체포되었다. 또한 뉴욕시 거리에서는 커피 강탈 사건이 빈발해 그 현금 가치로 따지면 총 1백만 달러가 훌쩍 넘어설 정도였다.

브라질에서는 커피 수출 소득이 40억 달러에 달했다. 이는 막대한 석유 수입 대금에 필적할 만한 금액이었으나, 가격 상승은 브라질에도 골칫거리를 낳았다. 탐욕스러운 농장주들은 중개상들과의 고정 가격 계약을 깼다. 또한 높은 수출 관세나 낮은 정부 통제 가격으로 인해 밀수출되는 양이 크게 늘어났는데, 특히 콜롬비아와 브라질의 경우는 다른 곳보다 더했다. 어느 커피 전문가의 논평처럼 "밀수출은 거의 어디서나 일어난다. (…) 세관원이 뇌물에 넘어오지 않으면 밀수출업자

들은 그 세관원을 구타하거나 협박하거나 죽이는 등 가만 놔
두지 않는다."

사기 사건도 빈발했다. 그 한 사례로, 네 명의 사기단이
화물선을 도중에 가라앉힐 작정으로 870만 달러 상당의 있지
도 않은 도미니카공화국 생두를 쿠바에 판 사건이 있었다. 이
사건은 선원들이 화물선을 가라앉히는 데 실패하여 배가 텅
텅 빈 채로 쿠바에 도착하면서 발각되고 말았다. 또 뉴욕의
시티뱅크는 콜롬비아의 커피 중개상에게 2천8백만 달러를
대출해 주었다가 떼였는데, 알고 봤더니 시티뱅크의 농자금
대출 직원과 짜고 벌인 일이었다.

대다수 국가에서 커피 가격 상승의 혜택은 (몇 뙈기밖에 안
되는 커피 밭을 일구던) 소자작농들에게까지는 미치지 못했는데,
그것은 대단지 농장이 크게 줄어들고 있던 브라질의 경우도
예외는 아니었다. 높은 가격으로 이익을 보던 이들도 그런 시
절이 계속 지속되지 않으리라는 것을 잘 알았다. "커피는 재킷
을 주고 셔츠를 빼앗아 간다"는 브라질의 오랜 격언처럼.

한편 멕시코의 치아파스에서는 일부 원주민들이 잠시나
마 밥과 콩에 고기를 곁들여 먹을 수 있었다. 파푸아뉴기니
고지대에서는 대다수의 백인 농장주들이 농장을 버리면서 원
주민들이 작으나마 자기 밭을 갖게 되었고, 그 덕에 평균 5백
그루의 나무를 키우며 그들의 관점에서 엄청난 소득을 벌었
다. 하지만 콜롬비아의 소자작농들은 그다지 행복하지 못했
다. 높은 수출 관세 탓에 국제 가격의 3분의 1 이하 수준의 돈
밖에 못 받았기 때문이다. 몇몇 재배업자는 항의의 표시로 자
신들의 커피를 태워 버리고는 마리화나를 대신 재배하겠다고
협박하기까지 했다.

미국 커피 산업은 예전에도 커피 가격이 높아질 때마다

그러했듯, 이번에도 대용품과 내용물 뻥튀기 방식으로 대응했다. 우선 네슬레는 "치커리로 부드러움을 더한" 인스턴트 커피, 선라이즈Sunrise를 내놓았다. 하지만 말이 신상품이지 이미 오래전부터 46퍼센트의 치커리 혼합이 하나의 표준으로 자리 잡았던 유럽의 공장에서 수입해서 판 것이었다. 제너럴푸즈는 커피와 곡물을 섞어서 만든 멜로로스트Mellow Roast를 출시했다. 사실 제너럴푸즈로서는 자사의 레귤러 로스트에 포스텀만 섞어 넣으면 그만이었기 때문에 생산하기가 아주 쉬운 상품이었다. 프록터&갬블은 폴거스 플레이크드 커피Folgers Flaked Coffee를 개발했는데, 이것은 압연기로 원두에 특별히 세로의 긴 홈을 파 줌으로써 자동 드립 커피메이커에서 과잉 추출이 가능하도록 가공 처리한 상품이었다. 프록터&갬블은 이 상품을 13온스(약 368그램)밖에 안 담기는 보통 사이즈 캔에 담아 팔면서, 실질적으로 레귤러커피의 1파운드 용량(16온스)에 맞먹는 제품이라고 선전해 댔다. 한편 이제는 브라질의 관리하에 있던 힐스브라더스는, '제트 존jet zone'이라는 로스팅 공정을 개발했다. 이 공정은 말하자면 강한 열기를 가해 세포 구조를 팽창시킴으로써 원두를 공기로 빵빵하게 부풀리는 것이었는데, 이런 공정 덕분에 힐스브라더스는 자사의 원두 13온스를 하이일드High Yield라는 신상품의 1파운드들이 캔에 담아 팔 수 있었다. 제너럴푸즈 역시 마스터블렌드Master Blend라는 이름으로 이와 유사한 고효율형 상품을 출시했다.

커피 가격은 1977년 여름에 들어서며 마침내 안정 국면에 접어들었다가, 브라질에서 큰 혹한 피해 없이 수확을 잘 마친 이후인 8월부터 급격히 떨어졌다. 브라질은 커피 가격을 끌어올리기 위해 1파운드당 3달러 20센트 아래로는 팔지 않겠다고 나왔다. 세계적으로 가격이 2달러 아래로 곤두박질

친 그 상황에서 말이다. 브라질은 커피 판매를 중단하다시피
하는 한편, 가격을 부양하기 위한 노력의 일환으로 마다가스
카르처럼 멀리 떨어진 곳의 생두를 사들였다. 콜롬비아는 브
라질의 이런 태도를 '자살' 행위라고 간주하며, 커피 가격이
떨어지지 않으면 북미 사람들이 커피에 대한 기호를 영영 잃
어버리기라도 할까 봐 두려운 마음에 무제한으로 팔았다. 한
편 콜롬비아는 너무 많은 달러가 유입됨에 따라 인플레이션이
극심해져서 골머리를 앓기도 했는데, 이런 달러의 유입에는
커피만이 아니라 코카인, 마리화나, 에메랄드, 소 등의 밀매매
도 한몫 거들고 있었다. 11월에 이르자 브라질은 결국 두 손 들
고 판매를 재개했다. 그것도 체면을 구기지 않기 위해 3달러
20센트라는 '공식' 가격에서 45퍼센트 인하된 가격으로 판매
했으나, 맥스웰하우스나 폴거스 측과 그보다 더 인하된 가격
으로 별도의 특별 거래를 맺기도 했다.

가격은 점점 내려갔지만 소매가는 1파운드당 3달러 아래
로는 떨어지지 않았다. 제너럴푸즈는 수요가 줄어들고 3분기
수익이 37퍼센트 감소한 데다 너무 비싸게 사들였던 커피 재
고분에 대해 1750만 달러 상당의 평가절하를 떠안게 되자 이
를 감당 못하고 네 곳의 로스팅 공장에서 근로자들을 해고했
다. 이제 전반적인 커피 가격은 불매 운동 이전 수준에서 20퍼
센트 떨어졌다.

스페셜티 커피, 미국의 심장부까지 파고들다

1975년의 '검은 서리'와 그 여파가 몰고 온 의외의 결과를 한
가지 꼽는다면, 바로 스페셜티 커피의 붐이었다. 당시에는 가
격이 상승함에 따라 저급 커피와 고급 커피의 격차 폭이 줄어

들고 말았다. 이런 상황에서 전국 곳곳의 소비자들이 돈을 조금만 더 쓰면 정말로 맛 좋은 커피를 살 수 있다는 사실에 눈뜨기 시작했다. 게다가 깔끔하고 향기 그윽한 스페셜티 매장에서의 커피 쇼핑은 **즐겁기까지** 했다. 어디 그뿐인가? 매장을 직접 운영하는 박식하고 열정적인 로스터와 이야기도 나눌 수 있어 좋았다. 로스터들은 흔쾌히 명칭별, 원산지별, 로스팅별 차이를 설명해 주기도 하고 다양한 블렌딩을 권해 주기도 했다. 그런데다 이런 매장에 가면 프랑스의 멜리오르Melior 포트, 도기형 멜리타, 독일과 이탈리아산 그라인더 등 별별 신기한 기구들도 구경할 수 있었다.

1980년 무렵 스페셜티 커피는 미국의 동부와 서부 연안 대도시들로 확산되는가 싶더니 교외와 시골 지역까지 파고들었다. 버몬트주 웨이츠필드Waitsfield에서는 덕과 제이미 밸네Doug and Jamie Balne가 그린마운틴커피숍Green Mountain Coffee Shop을 차려 커피를 직접 로스팅했다. 오리건주에서는 게리 탈보이Gary Talboy가 커피빈Coffee Bean을 열었다. 오리건주의 또 다른 지역에서는 마이클 시베츠Michael Sivetz가 코밸리스Corvallis의 낡은 교회를 사서 로스터기를 가져다 놓고 소매 매장을 열었다. 화학공학 기술자였던 시베츠는 커다란 팝콘 기계처럼 뜨거운 공기를 원두로 쏘아 주는 방식의 '유동층fluid bed' 로스터기를 고안했을 뿐만 아니라 커피의 품질 회복을 누구보다 큰 소리로 부르짖기도 했다.

플로리다주 올랜도Orlando에서는 필 존스Phil Jones가 (자신의 본명을 따서 이름 지은) 바니스Barnie's를 열고 뉴욕의 조엘 샤피라에게서 로스팅 원두를 주문하여 썼다. 시카고 교외인 롱그로브Long Grove에서는 도급업자이던 에드 크베코Ed Kvetko가 작은 커피숍을 인수했다가, 몇 년이 안 되어 가게를 몇 개

더 열면서 상호를 (새 아내의 이름을 딴) 글로리아진스커피빈스Gloria Jean's Coffee Beans로 바꾸었다. 또한 줄리어스와 조앤 쇼Julius and JoAnne Shaw가 미시건주의 플러싱Flushing에 커피비너리Coffee Beanery를 열었는가 하면, 뉴올리언스에서는 필리스 조던Phyllis Jordan이 피티스커피&티PT's Coffee & Tea를 개점했다. 조던과 쇼는 에르나 크누첸이 앞서서 개척한 길에 뒤이어, 새로운 여성 커피 사업가의 대표 주자로 떠올랐다.[2]

그 당시 거대 로스팅업체들이 장악하고 있던 전국커피협회는 통원두를 자루나 배럴에서 덜어 파는 조무래기 가게의 신입 회원들을 무시했다. 결국 참다못한 이 열혈 신참자들은 전국스페셜티푸드트레이드협회National Association for the Specialty Food Trade의 주관으로 1년에 두 번씩 내셔널팬시푸드&컨펙션쇼National Fancy Food & Confection Show*를 개최하기 시작했다. 참가자 수가 해마다 불어났고, 대서양에서부터 태평양 연안 지역에 이르기까지 곳곳에서 모여든 고메이커피 로스터들이 서로서로 친분을 쌓기 시작했다. 아마도 뉴욕에서 온 참가자들보다 더 다크하게 로스팅했던 캘리포니아 참가자들이 박람회에서 인기는 더 많았을 테지만, 품질에 대한 열정만큼은 서로에게 뒤지지 않았다.

어느 순간부터 전국 곳곳의 고급 대형 마트들에는 통원두커피가 진열되기 시작했다. 스타벅스도 워싱턴주 전역에 블루앵커Blue Anchor 브랜드를 대형 마트용 벌크통에 담아 출

---

2 1974년 무렵 창립 22째이던 주얼티컴퍼니의 방문 판매 영업은 여성들이 맡아 하고 있었으나, 이제 가정에서 살림만 하는 주부들이 예전만큼 많지 않은 탓에 이 방문 판매 사업체는 1970년대 내내 쇠퇴의 길을 걷다가 결국 몇 년 후에 매각되었다.

* 여기서 'fancy food & confection'은 '고품격 음식과 디저트'를 뜻함

시했다. 한편 캐나다의 식료품 공급 업체, 굿호스트Goodhost는 투명한 플라스틱 소재의 그래비티피드 빈gravity-feed bin*에 통원두를 담아 파는 분야를 개척하기도 했다.

A&P가 피츠버그, 클리블랜드, 밀워키의 매장들을 폐점한 이후인 1979년, 어느 날부터 A&P의 컴퍼스푸즈Compass Foods에서는 폴 갤런트Paul Gallant의 전화통이 쉴 새 없이 울려대기 시작하더니 대형 마트 체인점들의 문의가 빗발쳤다. "에이트어클락 커피를 구하려면 어디에 주문해야 하죠? 고객들이 물건을 찾고 있어요." 갤런트는 회사의 인가하에 에이트어클락과 보카르를 고급 대형 마트에 한해서만 판매했다. 그는 당시를 이렇게 회상했다. "정말 잠깐 사이에 이런 대형 마트들이 A&P보다 커피 판매에 더 열심이었다. 에이트어클락 커피는 고메이커피 운동이 발전하도록 기폭제 역할을 한 상품이었다. 이 상품은 원산지가 거의 브라질이지만 백 퍼센트 아라비카여서, 확실히 시중에 나온 대다수의 캔용기 커피들보다 뛰어났다."

하나의 거대한 도살장

1970년대 말에 아프리카는 극심한 부패, 압제 정권, 높은 커피 가격이 한데 맞물리면서 정부의 금고와 기존 독재 집권층의 배만 더욱 불러 갔다. 특히 우간다에서는 이디 아민이 커피 수익을 혼자 독식하다시피 했다. 반문맹이지만 약삭빨랐던 아민은 밀턴 오보테Milton Obote의 타도에 일조한 후 1971년에 권력을 잡았다. 그러나 그는 아시아의 사업체를 쫓아내는

---

* 일종의 디스펜서로서 요즘 캔디 매장 등에서 초콜릿이나 캔디를 담아 파는 그런 용기류를 가리킴

COFFEE
The Backbone of Uganda's Economy

"EMMWANYI ZANGE NNUNGI NNYO!!"

These may be strange words to you but in Uganda it is our way of saying, "Mine is an excellent crop of coffee." Uganda is situated at the base of the mighty river Nile and offers ideal climatical conditions for growing coffee. It is the largest coffee producer in the Commonwealth with a production of almost 180,000 tons of carefully nurtured coffee, mainly robusta, every year. Estimated production for the current year is 188,000 tons.

further details from:

The Secretary,
COFFEE MARKETING BOARD
P. O. Box 2853,
KAMPALA (Uganda)

우간다의 커피는 말 그대로 이 나라의 경제적 버팀목이었다. 다만 불행한 점이라면, 독재자 이디 아민이 자신의 대량 학살 정권의 유지 자금을 이 커피에서 나오는 수입에 의존했다는 것이다.

등 계속해서 경제를 망쳐 갔다. 무슬림이던 아민은 어느 순간엔 다수파인 기독교도들에게 관심을 돌리더니, 무려 30만 명을 죽이기까지 했다. 결국 1977년에 이르자 구리와 면 산업이 사실상 파탄에 이르러, 이제 우간다에는 주된 수출원이 커피 하나만 남게 되었다. 그나마도 아민의 치하에서 커피 수확량이 35퍼센트 감소했으나, 혹한 이후의 가격 급등이 이 독재자의 사치스러운 라이프스타일을 떠받쳐 주고 군 졸개들의 보수를 대 주었다.

1977년 3월, 「뉴욕 타임스」는 우간다인의 80퍼센트가 텃밭에서 기른 작물로 근근이 연명하는 실정인데, 미국이 우간다의 커피에 연 2억 달러를 지불하며 우간다의 부패 정권을 지원하고 있다는 기사를 실었다. 그해 말에는 미국 사회운동가들까지 목소리를 높이며 나섰다. 오하이오주의 초선 의원, 도널드 피즈Donald Pease는 급기야 우간다 커피의 불매 운동을 강제하기 위해 하원에 법안을 제출했다. 당시 우간다의 커피는 미국 수입량 기준으로는 6퍼센트가량이었으나 우간다의 수출량 기준으로는 3분의 1이나 되는 양이었다. 제너럴푸즈, 프록터&갬블, 네슬레를 비롯한 주요 로스팅업체들은 전국커피협회의 이름으로 공동 성명서를 발표하여, 우간다의 대학살 사건을 "혐오스럽고 도덕적으로 용납할 수 없는" 행위라고 비난하긴 했으나 또 한편으론 방침에 "일관성이 있는 국가 정책"을 요청했다. 바꿔 말하자면 미국 정부가 강제하기 전까지는 불매 운동을 실시하지 않겠다는 얘기였다. 사실 당시에는 앙골라의 생산량이 감소하는 바람에, 로부스타가 주요 수출 품종인 우간다가 그저 그런 등급의 블렌딩 상품을 팔던 대기업 로스팅업체들에게 아주 중요한 존재가 되어 있었다.

1978년 2월에 의회의 한 분과위원회가 우간다의 상황을 조사하기 위해 청문회를 열었다. 고국을 떠나온 우간다인 이주자 몇 명이 증인으로 나와 위원들 앞에서 그곳의 끔찍한 상황을 생생히 전했다. 그중 커피 농장주의 아들이던 레미기우스 킨투Remigius Kintu는 아민 암살단의 공식적 임무가 "우간다인의 탄압, 살인, 강간, 강탈, 고문"이라고 말했다. 그뿐만 아니라 간수들의 소변을 강제로 마시는 포로들, 손과 발에 수갑이 채워진 채 깨진 유리를 기어가야 하는 사람들, 우간다 강제 수용소의 점점 높아져 가는 울부짖음과 신음 등에 대해서도 얘기했다. 그러면서 킨투는 아민이 우간다를 "하나의 거대한 도살장"으로 만들고 있다고 했다.

그 뒤에 증인으로 나온 국무부의 줄리어스 카츠는 "통상 금지(엠바고)는 비상시의 상황에서만 발동되어야 한다"며 미적지근한 태도를 취했다. 그러자 스티븐 솔러즈Stephen Solarz 의원은 그에게 동료들과 함께 『6백만 명이 목숨을 잃는 동안While Six Million Died』이라는 책을 읽어 보라고 권했다. 유대인 대학살 당시 아무것도 하지 않았던 미국의 모습이 상세히 기록된 책이었다.

한 우간다인 망명자는 이렇게 증언했다. "저에게는, 이디 아민과 계속 사업을 하고 싶어 하는 미국의 사업가들이 죽음을 거래하는 상인 같고, 인간의 비극보다 자신들의 은행 잔고에 더 관심이 많은 사람들 같습니다." 또한 도널드 피즈는 이렇게 물었다. "미국의 커피 회사들은 가격만 맞으면 아민이나 히틀러 같은 학살자와도 기꺼이 거래를 하는 그런 곳입니까?"

확실히, 그 답은 '그렇다'였다. 특히 클로드 삭스 같은 수입업자들에게는 더더욱 그랬다. 그는 당시를 이렇게 회고했다. "우리 회사가 우간다에서 수입해 오는 양은 정말 엄청났는데, 이런 사실 때문에 「워싱턴 포스트」의 한 칼럼니스트로 부터 비난을 샀다. 이디 아민의 무자비한 파시스트 정권을 지원해 주고 있다는 혹평까지 받았다." 다른 신문들도 이런 비난에 가세했을 뿐만 아니라, 얼마 후에는 뉴욕 대교구, 개신교 교회, 인권 단체는 물론 시민들까지 삭스에게 편지를 보내왔다. 삭스는 변호사를 찾아가 이렇게 '유명세를 타게 된 문제'에 대해 상담을 받았고, 변호사는 항의 편지와 기사들에 대응하지 말고 "폭풍이 지나가길 가만히 기다리라"는 조언을 해 주었다.[3]

5월 15일 월요일, 프록터&갬블은 아민을 비난하고 지미 카터 대통령에게 통상 금지 실행을 촉구하는 결의안이 하원에서 통과되기 직전에 있음을 알게 되었다. 다음 날 프록터&갬블은 폴거스에서 더 이상 우간다 커피를 구매하지 않겠다고 거창하게 발표하고 나섰다. 네슬레도 재빨리 성명서를 발표해 이미 지난달에 우간다산 생두 구입을 중단했다고 밝혔으며, 제너럴푸즈 역시 12월부터 우간다커피위원회Ugandan Coffee Board와의 직접 거래를 중단했노라고 밝혔다. 하지만 제너럴푸즈는 중개상을 통해 여전히 우간다산 생두를 구매했다.

1978년 7월 말에 의회는 마침내 우간다 커피에 대한 통상 금지 발동을 가결했으나, 다른 국가들은 이 보이콧에 동참하지 않았다. 그러나 아민의 지탱 기반은 약해졌고, 결국 1979년 4월에 탄자니아의 줄리어스 니에레레Julius Nyerere가 우간다에 군대를 보내 아민을 축출했다. 그 후 우간다는 몇 명

---

3 클로드 삭스는 심각한 심장발작을 겪은 후에 커피 사업에서 손을 뗐고, 그 후에는 뉴에이지 영적 세계에 눈을 뜨더니 다음과 같은 글을 썼다. "눈앞에 온화하고 따뜻하며 여러분에 대한 무조건적 사랑으로 가득한, 황금빛 빛이 비치고 있다고 상상해 보세요." 삭스가 강제 수용소의 우간다인들에게 이런 말을 해 줄 수 있었더라면 좋았을 텐데……

의 임시 통치자를 거친 끝에 밀턴 오보테가 다시 권좌에 앉게 되었고, 5월에는 통상 금지가 해제되면서 사업이 다시 정상적으로 이루어졌다. 우간다로서는 불운하게도, 오보테는 부패하고 무자비한 면에서 아민에 버금갈 정도여서 우간다에는 수년간 공포 조장과 살인이 이어졌고, 이에 국제적 항의가 쏟아지는 일은 없었다.

중앙아메리카의 압제와 혁명

니카라과에서는 일명 산디니스타Sandinista라는 마르크스주의 지식인들의 소수 단체가 아나스타시오 소모사 주니어Anastasio Somoza Jr. 대통령의 장기 집권에 반발해 투쟁을 주도했고, 전 국민이 이 독재자를 몰아내고픈 열망에 이들을 지지하며 결집했다.[4] 결국 1979년 7월에 소모사는 몸을 피해 달아났고 산디니스타들이 정권을 인계하며 커피 재배업자들과 노동자들을 비롯한 모든 국민이 더 나은 삶을 살게 해 주겠노라고 약속했다. 그러나 산디니스타 정권 앞에는 험난한 임무가 놓여 있었다. 당시 니카라과는 내전의 유산으로 4만 명이 죽고 1백만 명이 집을 잃었으며 경제가 파탄 난 상황이었기 때문이다.

혁명 발발 3개월 후, 새 정부는 니카라과 커피의 독점적 매매 기관으로서 ENCAFE Empresa Nicaraghense del Café를 설립했다. 또한 소모사 일가의 막대한 보유 토지를 몰수하는 한편

4　1934년에 아나스타시오 '타초(Tacho)' 소모사 가르시아 장군이 니카라과를 자신의 왕국으로 만들었고 1967년에는 그의 아들 아나스타시오 주니어 '타치토(Tachito)'가 권력을 장악해 독재를 이어 갔다. 그러나 그의 정권에 대한 민중의 반대 여론이 높아져 갔고, 이런 여론은 특히 1978년에 유력 일간지 「라프렌사(La Prensa)」의 편집장 페드로 호아킨 차모로(Pedro Joaquín Chamorro)가 살해된 이후에 더욱 거세졌다.

(이 중 15퍼센트가 커피 농장이었다), 가장 진보적인 농경법의 적용이라는 기치 아래 선정된 농장들의 '혁신'에도 힘썼다. 이에 대해 니카라과의 커피 노동자와 농장주들은 초반엔 열정적 반응을 보였으나, 몇 년이 흐르는 사이에 이 도시 출신의 마르크스주의자들이 커피에 대해 그다지 잘 모른다는 사실만 점점 분명해졌다.

엘살바도르에서는 인민혁명조People's Revolutionary Army가 카를로스 움베르토 로메로Carlos Humberto Romero 장군의 압제적 정권에 맞서 일어났다. 결국 1979년 10월에 임시정부가 정권을 인계하면서 온건파인 호세 나폴레온 두아르테José Napoleón Duarte가 마침내 국가 원수의 자리에 올랐다. 그러던 1980년, 좌파 반군이 합세하여 파라분도마르티민족해방전선Frente Farabundo Martí para la Liberación Nacional, FMLN을 조직하면서, 테러로 정부를 타도하려 했다. 그와 동시에 우파 암살단까지 전국 구석구석을 돌아다녔다. 그 바람에 엘살바도르는 대학살장으로 변하면서 그 후 몇 년 동안 양쪽 진영에 의해 목숨을 잃은 사람이 5만 명이 넘었다. 커피 재배업계의 독과점 실력자들은 반군을 혐오하는 것 같긴 했으나, 정치적으로 의견이 갈려서 어떤 이들은 암살단을 지지하고 또 다른 이들은 온건한 개혁을 시도하려 했다. 이런 폭력 충돌의 와중에 커피 수확량도 감소했다. 수많은 노동자가 죽거나 반군에 가담한 탓이었다. 엘살바도르인들은 다른 나라로 도망을 가기도 했는데, 고국에 남아 있는 이들을 돕기 위해 미국에서 돈을 보내오는 이들도 있었다.

과테말라에서는 1954년에 CIA의 후원하에 아르벤스가 타도된 이후, 부패하고 압제적인 군사 정권들이 잇따라 들어서면서 점점 활동이 왕성해지는 게릴라 부대와 전투를 벌였다. 그러던 1978년에는 페르난도 로메오 루카스 가르시아Fernando Romeo Lucas García 장군의 부정 선거가 터지면서, 암 살단의 활동이 극렬해지는 동시에 시골 지방에서 저항 운동 이 일어났다.

1970년대 말까지 과테말라의 대다수 원주민은 알티플 라노 (고원) 지대에서 몇 뙈기 안 되는 밭에서 기른 작물로 겨 우 목숨을 이어 가며 영양실조의 굴레에서 벗어나지 못했다. 또한 수확기 동안의 생활상은, 사회운동가 필립 베리먼Phillip Berryman이 1977년에 쓴 다음의 글과 같았다. "남녀 어른들과 아이들이 인부 도급업자의 낡아빠진 트럭에 짐짝처럼 한데 실려 농장으로 향하는데, 농장에 가게 되면 이들은 사방이 휑 하니 뚫린 채 달랑 지붕만 얹어진 오두막에서 거주한다. 어디 가 아파도 치료를 받는 건 어림없는 일이다. 게다가 일당도 토르티야*나 생두로 받는 것 같다(커피조차 주지 않는다)."[5]

1977년 무렵 리고베르타 멘추Rigoberta Menchú의 아버지, 비센테Vicente는 혁명 세력에 가담했다. 당시 십 대이던 리고 베르타도 얼마 후 이 투쟁에 가담했다. 그 후, 1979년에 그녀 의 열여섯 살이던 남동생이 군인들에게 살해당했다. "동생은 16일이 넘도록 고문당했다. 그자들은 동생의 손톱을 뽑고 손 가락을 자르고 피부까지 도려냈다." 그다음 해에는, 군인들이 과테말라시티의 스페인 대사관에 불을 지르면서 그곳에 점

---

* 얇게 구운 옥수수빵

5 1970년대에 커피 농장 노동자들은 살충제에 위험한 수준으로 노출되기 도 했다. 1978년에 미국의 금지 품목 수출 건에 대한 청문회가 열렸는데, 이때 미국식품의약국은 DDT, DDE, BHC, 클로르데인, 앨드린, 딜드린, 엔드린, 헵타클로르 같은 금지 살충제가 라틴아메리카의 커피 재배에 사용 되었다고 밝혔다. 커피콩은 열매에 싸여 보호되기 때문에 생두에서는 극소 량의 화학 물질만 발견되며, 그나마도 로스팅 과정에서 연소되어 사라졌다. 따라서 살충제는 소비자에게는 건강상의 위험이 전혀 없었다. 하지만 보호 받지 못하고 그대로 노출되는 캄페시노들의 경우에는 그렇지 않았다.

거하고 있던 아버지와 다른 많은 이들이 목숨을 잃었다. 뒤이어 그녀의 어머니까지 납치되어 강간당한 후 살해되었다. 리고베르타는 결국 멕시코로 피신했으나 과테말라로 다시 돌아와 반군을 조직하기 위한 노력을 멈추지 않았다. 그녀는 이렇게 주장했다. "우리는 현재만 죽임을 당하고 있는 것이 아니다. 그들은 우리를 어릴 때부터 죽여 오고 있었다. 영양 부족과 굶주림과 가난을 통해서 말이다."[6]

엘 고르도와 보고타 그룹

리카르도 파야 카세레스Ricardo Falla Caceres는 자신의 조국 엘 살바도르가 피바다로 변해 가는 동안에도 국제 커피 자금의 흐름 속에서 막대한 돈을 굴리고 있었다. 일명 '엘 고르도 El Gordo('뚱돼지'라는 뜻)로 불리던 파야는 당시에 "영리한 전략가"라거나 "커피 시장에서 존경과 두려움의 대상인 무시무시한 경영자" 등의 무수한 수식어가 따라붙곤 했다. 1977년 말과 1978년 초에는 무역 회사 콤파니아살바도레나데카페 SACompania Salvadorena de Cafe SA의 수장으로 활동하며 뉴욕 커피·설탕 거래소에서 가격을 끌어올리는 능력을 발휘해 보임으로써 커피 생산업자들을 감탄시키기도 했다. 이때 감시 역할을 하던 선물거래위원회Commodity Futures Trading Commission는

---

6 1992년에 리고베르타 멘추는 그간의 공로를 인정받아 노벨평화상을 수상했다. 하지만 그녀의 이야기 중에는 과장된 부분들도 없지 않다. 인류학자 데이비드 스톨(David Stoll)이 리고베르타의 어린 시절 이웃들과 인터뷰를 하다가 알게 된 바에 따르면, 그녀는 그녀의 주장처럼 어린 시절의 대부분을 커피를 따며 보낸 것이 아니라 가톨릭계 기숙 학교에서 떨어져 지냈다고 한다. 스톨은 이렇게 논평했다. "그녀의 농장 생활 이야기는 공상적인 사실일진 몰라도 그녀 자신이 직접 겪은 일은 아니다."

당시의 상황에 너무 놀란 나머지 1977년 11월 23일에 비상 명령을 발동하여 12월의 커피 계약 거래(커피 계약의 대다수가 파야에 의해 통제되고 있었다)를 중단시키면서 '반대 매매'*와 기존 계약의 이행만 허용했다. 그러다 브라질에 가벼운 혹한이 닥친 직후인 1978년 8월, 브라질, 콜롬비아, 코스타리카, 엘살바도르, 과테말라, 온두라스, 멕시코, 베네수엘라 등 라틴아메리카 8개국의 커피 부문 대표단이 보고타의 비공개 회의에서 파야를 만나 전략을 세웠다.

국제커피협정에서 정한 1파운드당 77센트라는 협정 발동 기준 가격은 혹한 피해 후의 인플레이션 상황에서는 비참할 만큼 부적절했고, 그래서 생산국들은 커피 가격을 부양하기 위한 방법을 모색했다. 과거의 경험상, 소비국의 동참 없는 쿼터제는 늘 누군가가 규정을 어기게 되어서 성공한 사례가 없었다. 그러다 생두 가격이 1파운드당 1달러 아래로 떨어지자 생산국들은 1억 5천만 달러의 기금을 모은 후 파야에게 선물 시장을 주무르도록 했다. 첫 회동 장소의 이름을 딴, 그 유명한 '보고타 그룹'은 이렇게 해서 탄생했다. 아무튼 당시는 수요와 공급이 대략 균형이 잡혀 있던 터라 시장 조작의 성공 가망이 꽤 높았다. 거짓 품귀 정보나 품귀 우려에 대해 사람들이 더 쉽게 반응할 터였으니까. 사실 커피 시장은 소심한 이들에게는 어울리는 세계가 아니었다. 당시의 어느 금융 분석가가 지적했다시피, 커피는 다른 상품에 비해 소량으로 거래되는 만큼 유동성이 낮아서 위험성이 컸다. "커피를 거래하는 이들은 어떤 사람들일까? 피도 눈물도 없는 이기적인 몇몇 큰손 투기

---

* 매매 계약한 상품을 다시 사거나 파는 일. 상품거래소에서 행한 선물 거래, 또는 증권거래소에서 행한 신용 거래를 결제하기 위하여 공매도한 경우에는 환매하고, 공매수한 경우에는 전매하여 전과 반대로 매매하는 것

꾼, 생산국의 현지인과 업계 사람들 소수다. 또한 종종 로스팅 업체들도 끼어들곤 한다." 이 금융 분석가의 말이다.

1979년 9월 무렵 보고타 그룹의 활동이 미국 언론의 비난의 표적이 되었다. 일례로 칼럼니스트 잭 앤더슨Jack Anderson은 "커피 담합의 가격 사기"라는 제목으로 기사를 냈다. 파야의 활동은 미 국무부의 경각심을 불러일으키기도 했다. 국무부의 줄리어스 카츠는 의회에 나와 증언하는 자리에서, 보고타 그룹이 "가격을 부양하기 위해 공모하여 일방적인 행동을 벌이고 있다"며 비난했다. 또한 보고타 그룹에 국무부의 "심각한 우려"를 전하기도 했으나, 파야는 냉랭한 반응을 보이며 이렇게 말했다. "경기장은 당신들 것일지 몰라도 공은 우리 것이다." 다시 말해 자신들의 커피가 없으면 선물 시장의 거래 자체가 없을 것이라는 얘기였다. 1파운드당 1달러 85센트였던 당시의 커피 가격은 사실상 불합리한 수준도 아니었다. 그럼에도 (이제 커피, 설탕, 코코아를 취급하고 있던) 뉴욕 거래소에서는 보고타 그룹이 너무 많은 선물 계약을 사들이는 식으로 가격을 끌어올려 "시장을 쥐어짜는" 행위를 못하도록 막기 위해, 1979년 12월에 다시 한번 '반대 매매 외'의 거래 중지를 발동시켰다.

1980년 봄에 파야는 보고타 그룹을 설득해 자신의 무역 회사 판카페프로두크토레스데카페SAPancafe Productores de Cafe SA(이후 '판카페'로 표기함)를 세웠다. 이 무역 회사는 코스타리카 소재의 파나마 회사로 설립되었고 투자금만 무려 5억 달러였는데 이 돈은 그가 이전의 무역을 통해 벌었던 돈과 기부국들로부터 새로 받은 돈을 합친 자금이었다. 이 투기 세력이 회사를 이렇게 파나마의 회사로 만든 것은, 선물거래위원회의 시도를 피할 수 있으리라는 기대에 따른 것이다. 한편 미 의회는 이 판카페에 대한 불만을 드러내는 수단으로, 협정 발동 기준 가격을 보다 합리적인 수준인 1파운드당 1달러 68센트로 재협상했던 국제커피협정의 시행법을 지연시켰다.

내부 정보통에 따르면, 그 후 미국 세관원들이 런던으로 향하던 파야를 뉴욕 공항에서 붙잡아 어느 작은 방으로 데려갔다고 한다. 그리고 그곳에서 세관원들은 그에게 판카페의 해체를 약속하기 전까지는 미국에서 한 발자국도 못 나갈 줄 알라고 으름장을 놓았다. 또한 해체에 동의한다면 미국의 국제커피협정 전면 동참을 위해 힘써 주겠다고도 했다. 결국 파야는 압박에 굴복하여 판카페를 해체했고 의회는 즉각 시행법을 통과시켰다. 커피 가격은 공급 과잉에 대한 기대에 따라 떨어졌다. 메릴린치Merrill Lynch*의 한 논평가는 어찌 되었든 판카페가 가격을 끌어올릴 수나 있었을지에 대해 회의를 드러내며 이렇게 말했다. "이 이야기의 교훈은 이것이다. 커피가 아무리 검은 액체라 해도 석유는 아니라는 것."

미국이 국제커피협정의 부활에 합의하게 된 속내에는 다른 이유도 있었다. 즉 또다시 냉전 시대의 두려움에 발목이 잡혔던 것이기도 하다. 당시에는 니카라과에서의 산디니스타 혁명과 더불어 엘살바도르와 과테말라에서의 좌파 게릴라 운동이 전개되던 터였다. 그런 탓에 라틴아메리카의 커피 생산국들이 궁지에 몰릴 경우 공산주의가 승리하게 될지도 모른다는 두려움이 고조되었다. 브라질의 생산량이 회복세로 돌아오고 세계 소비량이 정체된 상황이라, 또다시 커피의 공급 과잉 조짐이 보이고 있었다. 이런 상황에서 쿼터제가 시행

---

* 미국에 본사를 둔 세계적인 금융 회사였으며, 현재는 뱅크오브아메리카에 인수되었다.

되지 않는다면 가격은 다시 참담한 수준으로 떨어질지 몰랐다. 결국 가격이 1파운드당 1달러 20센트 수준까지 떨어졌던 1980년 말, 소비국과 생산국들이 다음 해의 세계 수출 할당량을 5410만 자루로 합의하면서 국제커피협정 체제가 개시되었다. 브라질은 운 좋게도 세계 할당량 중 25퍼센트를 차지하게 되었다. 이는 1962년의 40퍼센트보다는 낮은 수준이었지만, 1979년 기준의 실질적 시장 점유율인 18퍼센트에 비교하면 유리한 것이었다.

험난했던 10년

가격이 떨어지고 있던 1978년, 프록터&갬블은 마침내 뉴욕시를 비롯한 동해안 지역으로 폴거스를 진출시키면서 전국적인 판로 확장을 완료했다. 그해 말에 폴거스는 레귤러커피 부문에서 전국 시장 점유율 26.5퍼센트를 기록하며 22.3퍼센트의 맥스웰하우스를 앞질렀다. 그래도 제너럴푸즈로선 맥스웰하우스 외에 다른 레귤러커피 브랜드(상카, 유반, 맥스팩스, 브림, 멜로로스트)들을 거느린 덕분에 로스팅 분쇄 커피 시장 전체에서는 여전히 31.6퍼센트의 점유율로 프록터&갬블을 근소한 차로 앞섰고, 인스턴트커피의 점유율도 무려 48.3퍼센트였다. 하지만 인스턴트커피 부문에서도 네슬레의 테이스터스초이스가 제너럴푸즈의 냉동 건조 커피인 맥심을 압도적인 차로 이기고 있었다. 한편 1978년에는 폴거스가 최고 자리 쟁탈을 위한 공격적 마케팅을 점화하면서 광고비 지출이 크게 뛰어 상위 10대 커피 회사들의 광고비가 총 8580만 달러에 이르렀고, 그중 프록터&갬블이 쓴 광고비는 2천5백만 달러였다.

제너럴푸즈는 코라 아줌마 마케팅을 버리고 광고 방식을

바꾸었다. 이번에는 (젊은 층을 포함한) 미국인들의 대표적 표상을 내세워 온종일 맥스웰하우스를 마시는 짤막한 장면들을 보여 주는 방식이었다. 그뿐만 아니라 흠집 잡기 차원을 벗어나 모든 커피가 활력을 불어넣어 준다는 식의 선전을 했다. 제너럴푸즈는 테이스터스초이스에 대한 반격으로 신제품 맥스웰하우스 프리즈드라이드 커피Maxwell House Freeze-dried Coffee를 내놓으며 2천만 달러의 광고 예산을 지원했으나, 맥심을 철수할 계획은 없다고 밝혔다.

이제는 더 이상 뉴스에서 높은 커피 가격에 대해 떠들어대지 않게 되자 하이일드, 마스터블렌드, 폴거스 플레이크드 같은 알뜰형 신제품의 판매가 주춤해졌다. 이런 상품들의 맛이 레귤러커피 브랜드보다 훨씬 떨어졌으니 그럴 만도 했다. 제너럴푸즈로선 실질적으로 낙관적 전망을 기대할 상품이라곤 이제 상카뿐이었다. 그나마 상카는 오랜 시간에 걸쳐 미국의 디카페인 커피 부문을 지배해 왔던 상품이었고, 그 지배력이 얼마나 대단했던지 수많은 레스토랑이 메뉴판에 '디카페인 커피'라는 명칭 대신 '상카'를 썼을 정도다. 폴거스에서 1980년에 디카페인 커피, 하이포인트High Point를 출시하긴 했지만 시장에 거의 영향을 미치지 못했다. 제너럴푸즈는 독일의 루트비히 로젤리우스 주니어로부터 카페하크를 인수했는데, 독일에서 장기간 디카페인 커피의 선두 주자였던 (또한 똑같이 아버지 로젤리우스가 고안한 방식의 상품인 상카의 자매 브랜드가 된) 이 카페하크는 당시에 독일에서 동일 품목 부문 점유율이 25퍼센트로 추락해 디카페인 시장의 40퍼센트를 차지한 치보의 사나Sana 브랜드에 밀리고 있었다. 이를 두고 독일의 한 경쟁업자는 두 업체의 합병을 비웃으며 제너럴푸즈와 카페하크가 "술에 취한 둘이서 서로를 부축해 주고 있는 꼴"이라고 비아냥거렸다.

　　그러나 제너럴푸즈가 술에 취한 상태였다면, 힐스브라더스와 체이스&샌본은 아예 알코올 중독으로 의식이 혼탁한 상태라고 할 만큼 더 심각했다. 이 이류 브랜드들은 가격 전쟁에서 폴거스와 맥스웰하우스 사이에 끼어 집중 공격을 당하면서 자신들의 시장 점유율이 점점 줄어드는 것을 지켜봐야 했다. 체이스&샌본의 점유율은 0.6퍼센트까지 떨어졌고, 그래도 둘 중엔 힐스브라더스가 6.3퍼센트의 점유율로 성적이 더 좋았으나, 알뜰형 상품인 하이일드에 6백만 달러의 광고 예산을 쏟아붓고도 이 점유율 역시 하락 추세에 있었다. 힐스브라더스의 브라질 소유주들도 별 도움이 되어 주지 못했다. 가격 상승기 동안 조르지 워우네이 아탈라가 힐스브라더스에 자신의 브라질산 생두를 대량 비축해 놓으라고 지시하는 바람에, 고가로 사들인 재고로 인해 회사에 4천만 달러의 손실을 떠안겼으니 말이다. 그러다 아탈라가 (힐스브라더스를 소유한 회사인) 코페르수카르에 자신의 주식을 팔면서, 이제 브라질인들은 뒤로 물러나고 미국의 경영자들에게 독자적 경영권이 넘어왔다.

　　지역 기반 로스팅업체 초크풀오너츠는 텃밭인 뉴욕시에서 비교적 잘 지탱하고 있었다. 초크풀오너츠 역시 경쟁을 위해 블렌딩에 로부스타를 섞어 넣기도 했다. 한편 이제 70대에 접어든 창립자 윌리엄 블랙은 편집병에 걸려 은둔 생활을 했다. 1962년에는 두 번째 아내와 이혼하고 가수 페이지 모튼 Page Morton과 결혼하여 몇 년 후에 그녀를 TV 광고에 출연시켜 '천상의 커피' CM송을 부르게 하기도 했다. 그런데 어느 주주 회의에서 누군가가 "그 못생긴 여자를 좀 빼는 게" 어떻겠느냐고 건의한 일이 있었는데, 그 뒤로 블랙은 주주 회의에 절대로 나오지 않았다. 그런가 하면 회사 밖으로 나가는 모든 내용은 자신의 승인을 받으라고 우기며 메모를 통해 그 내용을 전하게 했다.[7] 그리 놀라운 얘기도 아니겠지만, 블랙은 자신의 성에 차는 인물이 없어서 사장을 잇달아 갈아치우기도 했다.

1970년대가 다 저물고 새로운 10년이 시작될 때, 전통적 로스팅업체들은 여전히 값싸고 질 낮은 상품으로 시장 점유율을 높이려는 근시안적인 전략에서 탈피하지 못하고 있었다. 스페셜티 커피가 앞으로 커피의 희망이 되리라는 사실은 전혀 감도 못 잡은 채로. 1980년 1월 1일의 회의에서, 전국커피협회의 회장 조지 뵈클린Georgie Boecklin은 암울했던 1970년대를 '혹한, 기록적으로 높이 치솟은 가격, 의회 청문회, 내전, 지진, 보이콧, 건강 공포증, 치열한 경쟁'으로 요약하며 이렇게 물었다. "혹시 제가 빠뜨린 게 있습니까?"

당연히 있다. 바로 통원두를 판매하던 조무래기 업자들.

---

7 "만약에 하나라도 오자가 있었다간 큰일이 났다." 초크풀오너츠에서 오랜 기간 일했던 피터 베어(Peter Baer)의 회고담이다. 베어는 어느 날 블랙의 집무실 문에 뚫린 편지 구멍에 메모를 반쯤 집어넣다가 틀린 글자를 보게 되었다. 그래서 얼른 다시 빼내려는데 반대편에서 못 빼게 붙잡고 있는 게 느껴졌다. "내가 그 메모를 홱 잡아당기자 반대편에서 고함이 들렸다. 잡아 빼는 도중에 찢긴 조각을 블랙 씨가 본 것이었다. 나는 손으로 그 구멍을 가리고 몸을 숙이고는 잽싸게 모퉁이로 돌아갔다."

제17장
스페셜티 커피 혁명

우리 산업에는 하락 추세를 저지할 기회가 있다. 바로 '스페셜티' 혹은 '고메이' 원두커피라고 지칭되어 온 산업 현상에 주목하여, 통원두를 고객이 보는 앞에서 직접 블렌딩, 그라인딩하여 포장·판매하는 것이다. 즉 커피 사업을 그 근본으로 되돌리려는 노력이다.

- 도널드 숀홀트, 1981년

　　스페셜티 커피는 여피족*이 대세로 떠올랐던 호경기 시절인 1980년대에 딱 어울리는 음료였다. 이른바 도시의 젊은 전문직 종사자들이던 여피족은 화려한 삶을 위해서라면 거침없이 돈을 쓰던 세대였으니 말이다. 1982년 말에 『머니 매거진Money Magazine』 같은 잡지는 당시의 세태를 간파하여, "당신이 찾는 커피: 그 풍부함이 와인을 닮은, 1파운드당 5~10달러의 귀한 원두"류의 타이틀에 스페셜티 커피 개척자들의 말을 인용한 기사로 독자들을 끌었다. 스위스 초콜릿 아몬드 커피 같은 플레이버드 커피flavored coffee**가 고메이 원두의 초짜들에게 소개되기도 했다. 물론 스페셜티 커피 순수주의자들은 여기에 경악했으나, 또 다른 한편에서는 그런 고객들이 순수 품종 원두로 "점차 발전"하게 될 것이라고 주장하기도 했다.

---

* 미국에서 전후 베이비붐 후반에 태어난 세대로, 대도시 또는 그 인근을 기반으로 생활하는 화이트칼라의 젊은 엘리트층

** 인공 향을 첨가한 커피

1981년 당시의 도널드 쇤홀트. 그와 같은 젊은 커피 이상주의자가 스페셜티 커피 혁명을 주도했다. 그는 이렇게 권고하기도 했다. "일어나세요, 내 멋진 친구들이여. 일어나서 당신의 뜻을 펼치세요."

원웨이 밸브를 단 커피 봉투. 대부분 겉으로는 작은 구멍만 보인다.

아무튼 플레이버드 커피는 팔렸고, 너무 이상주의에 치우쳐 돈을 벌 수 있는데도 벌지 않는 커피업자들은 별로 없었다.

당연한 일이었겠지만 스페셜티 커피 로스터들은 자신들만의 단체를 조직하고 싶어 했다. 그러던 중 캘리포니아의 테드 링글Ted Lingle과 뉴욕의 도널드 쇤홀트가 누구보다 열심히 애쓴 끝에, 1982년 10월에 동해안과 서해안의 양쪽 커피 이상주의자들이 샌프란시스코에서 만나 작은 루이자 호텔Hotel Louisa의 응접실 바닥에 책상다리를 하고 앉아 고심 고심하며 전국헌장을 만들었다. 그리고 42명의 회원이 서명하면서 드디어 미국스페셜티커피협회Specialty Coffee Association of America, SCAA가 탄생하게 되었다.

1983년 1월에 쇤홀트는 이제 막 출범한 스페셜티커피협회의 가입을 권유하는 초대장을 썼다. "나의 영웅들, 여러분 모두를 초대합니다! 일어나세요, 내 멋진 친구들이여. 일어나서 당신의 뜻을 펼치세요." 그는 스페셜티커피협회의 임무가 스니커즈를 신고 에베레스트산에 오르는 것과 같다고 비유했으나 다음과 같이 촉구하기도 했다. "우리는 단합하여 이 임무에 뛰어들어야 합니다. 안 그러면 우리를 산 채로 짓밟아 뭉개려는 코끼리 같은 거대 기업 무리 앞에 내팽개쳐질 것입니다."

그러던 1983년 말에 진부한 성향의 『차와 커피 트레이드 저널』마저 스페셜티 커피에 주목하게 되었다. 일례로 발행인, 제임스 퀸James Quinn은 이렇게 썼다. "작년만 해도 스페셜티 커피는 미국 시장의 커피 부문 점유율에서 1퍼센트 이하 수준에 불과하다는 것이 전반적인 견해였다. 그런데 현재는 확실한 근거에 따라, 스페셜티 커피의 시장이 전체 시장의 3퍼센트를 점유하는 것으로 추산되고 있다." 그다음 해에는 매달 서너 명의 스페셜티 커피 로스터들이 업계에 새로 들어섰다. 한 전문가의 추산에 따르면 1985년 무렵엔 스페셜티 커피가 미국의 전체 커피 소매 판매에서 5퍼센트를 차지했고 새로 가게를 내는 로스터들이 매주 한 명꼴로 등장했다. 또한 미국과 캐나다의 도매업자 수도 125명에 달했고, 이 숫자가 연간 25퍼센트씩 늘고 있었다.

스페셜티 커피 로스터들은 통신 판매를 통해 고급품 시장에 진출하기 위해, 『뉴요커*New Yorker*』, 『고메이*Gourmet*』, 「월스트리트저널」에 광고를 실었다. 게다가 이제는 자신들의 원두를 전국으로 포장·운송할 수 있게 되었다. 1900년의 힐스브라더스의 진공캔 이후 가장 혁신적인 포장 혁명인, 원웨이 밸브 덕분이었다. 공기가 통하지 않는 적층비닐* 봉투에 이밸브를 달아 놓으면 갓 볶은 원두에서 '가스를 제거'하고 이산화탄소를 배출하되, 산소가 다시 봉투 안으로 유입되지 **못하**게 한다. 1970년에 이탈리아의 루이지 골리오Luigi Goglio가 발명한 이 원웨이 밸브는, 미국에서는 1982년에야 스페셜티 커피 산업이 성장하면서 그 유용성이 발견되었지만 유럽에서는 이미 10년 전부터 이용되고 있었다.

마지막 한 방울을 마시고 죽을 때까지 맛있는

공익과학센터CSPI의 마이클 제이콥슨은 '안전성 인정등급 Generally Recognized as Safe, GRAS' 약물 목록에서 카페인을 삭제하기 위해 1970년대 말 내내 미국식품의약국FDA을 집요하게 괴롭혔다. 미국식품의약국은 커피, 차, 콜라 산업에 미칠 경제적 타격을 우려해 그런 조치를 취하는 것을 망설였다.

---

* 종이, 천 등을 포개어 합성수지로 굳힌 것

1979년 11월, 제이콥슨은 미국식품의약국에 탄원서를 제출해 커피와 차 포장지에 다음과 같은 내용의 경고 라벨 부착을 요청했다. "카페인은 기형아 출산의 원인이 될 수 있습니다." 그는 이런 탄원서 제출로 그치지 않고, 언론 기관에 보도 자료를 내보내는가 하면, 산과 의사와 조산사 1만 4천 명에게 편지를 써 보내기도 했다.

이에 비상 회의를 소집한 전국커피협회는 25만 달러의 기금을 투입하여 공익과학센터에 반박하기 위한 프로그램에 착수하는 한편, 카페인이 안전성 인정등급 목록에서 삭제되는 것을 막기 위해 미국식품의약국에 로비도 벌였다. 또한 전국커피협회는 실험용 쥐들에게 한꺼번에 커피 35잔을 마시는 것에 상당하는 양을 섭취시키고 있다는 점을 지적하고 나섰다. 1978년에 청량음료업계의 투자금으로 설립된 국제생활과학협회International Life Sciences Institute, ILSI도 전국커피협회에 합세해, 카페인에 대한 역학 조사를 실시했다. 이 와중에 정치적 격랑에 빠져 버린 미국식품의약국은 애매한 말로 얼버무렸다. "우리는 카페인이 안전하지 않다고 말하는 것이 아닙니다. 단지 안전하다고 말하지 않는 것뿐입니다." 미국식품의약국은 임산부들의 카페인 섭취에 대해 경고하면서도, 경고 라벨 부착은 요구하지 않았다.

그다음 해에 한 역학 조사에서 커피가 췌장암과 연관이 있을지 모른다는 결과가 발표되며 언론의 대대적 관심이 촉발되자, 커피에 대한 냉소적 우스갯소리가 나돌았다. "마지막 한 방울을 마시고 죽을 때까지 맛있다"는. 뒤이어 또 다른 연구에서 유방 양성 종양의 형성과 카페인의 연관성이 주장되기도 했다. 설상가상으로 커피가 심장부정맥을 유발한다는 주장까지 제기되었는가 하면, 노르웨이의 한 조사에서는 커

THE FAR SIDE   By GARY LARSON

© Chronicle Features, 1980

That settles it, Carl! . . . From now on, you're getting only decaffeinated coffee!

1980년대 초에 카페인을 둘러싼 건강염려증이 절정에 치달았을 때, 게리 라슨(Gary Larson)이 '극단'이라는 제목의 이 삽화로 그런 건강염려증을 풍자했다.

† 하단 대사: "이제 됐어요, 칼! 이젠 사람들이
당신에게 디카페인 커피만 줄 거예요!"

피 과다 섭취자에게서 콜레스테롤 수치가 더 높게 나타났다는 결과를 발표했다.

미국정신의학협회American Psychiatric Association가 발간하는 정신의학의 경전『정신질환 진단 및 통계 편람*Diagnostic and Statistical Manual of Mental Disorders*』1980년판에서는, '카페인 중독 caffeinism'을 진단명으로 수록하며 과도한 커피 섭취를 진짜 정신질환으로 규정해 놓았다.

전국커피협회는 커피 섭취에 대한 비방에 반박하기 위해 적극적인 활동을 펼치며, 더 많은 연구 활동에 자금을 지원하고 의학 및 과학 문헌들을 뒤져 수천 건의 글을 수집했다. 전국커피협회의 활동 외에도 다수의 독립적 과학자와 의사들이 커피에 반대하는 연구 결과에서 결함을 지적해 냈고, 1982년에 1만 2천 명의 임산부를 대상으로 실시한 연구에서도 커피 섭취로 인한 뚜렷한 부작용은 발견되지 않았다. 그럼에도 불구하고 커피업계는 타격을 피하지 못했다. 1980년대 내내 커피가 1백 개 이상의 질환과 장애와 연관 지어졌고, 이미 주입된 경계심 탓에 후속 연구에서 이런 부정적 연구 결과에 대한 의문점이 제기되었음에도 점점 많은 소비자가 디카페인 커피로 갈아타거나 커피를 완전히 끊어 버렸다. 1977년 기준 58퍼센트이던 미국인들의 커피 섭취 비율은 1988년 들어 50퍼센트로 떨어졌다.

디카페인 커피의 열풍

1979년에 스위스의 대기업 제조 회사, 코펙스Coffex는 물만을 이용한 카페인 제거법을 개발해 냈다. 염화메틸렌을 활용해도 로스팅 원두에는 화학 물질이 거의 남지 않았지만, 이 새로운 '스위스 워터 프로세스Swiss Water Process'가 건강을 의식하는 소비자들의 흥미를 끌면서 수많은 스페셜티 커피 로스터들이 이런 공정을 거친 생두를 들여놓기 시작했다. 디카페인 생두는 풍미에 결정적인 지방이 카페인과 함께 제거되기 때문에 레귤러커피만큼 맛이 좋으려 해도 좋을 수가 없었으나, 그래도 1980년대의 디카페인 커피는 예전에 비해 풍미가 훨씬 좋았다. 가공법이 개선된 데다, 무엇보다 스페셜티 커피 로스터들이 높은 등급의 생두를 썼던 덕분이다. 게다가 이들은 이 변성 생두에 향미료를 더해 플레이버드 디카페인 커피를 팔기도 했다.

1980년대 중반에 이르자 미국에서 섭취되는 커피 가운데 디카페인 커피가 차지하는 비율은 4분의 1에 육박했고, 몇몇 전문가는 10년 내에 이 비율이 50퍼센트까지 늘어날 것으로 내다보았다. 1980년대 초에는 여러 기업이 앞다투어 디카페인 열풍에 편승했다. 제너럴푸즈는 브림과 상카 외에 맥스웰하우스와 유반의 디카페인 버전까지 출시했다. 네슬레도 테이스터스초이스 디카페인 외에 네스카페 디카페인 라인을 신상품으로 내놓았다. 프록터&갬블 역시 기존의 하이포인트 디카페인 상품과 별도로 폴거스 디카페인 인스턴트커피를 선전했다.

디카페인 커피의 광고 예산도 늘어났다. 1982년에 제너럴푸즈는 상카의 광고 모델을 로버트 영 대신 '진짜배기 사람들', 즉 야생 사진작가, 벌목꾼, 급류 카약 강사, 예인선 선장, 산악등반가 등의 현직 종사자들로 바꿨다. 그 전형적인 스폿 광고의 예를 들자면 한 건장한 수중용접공이 이렇게 말하는 식이었다. "카페인을 너무 많이 섭취하면 신경이 곤두서게 돼요. 그래서 이렇게 물 아래로 내려갈 때는 마실 수가 없어요."

상카는 카페인 제거법으로 염화메틸렌의 사용을 중지하고 이산화탄소 추출법을 택한 이후에, "순수한 산악 생수"의 사용에 대해서도 크게 선전해 댔다. 제너럴푸즈는 브림의 판매를 촉진하기 위한 광고에서, 젊은 커플이 벽난로가에서 커피를 마시는 모습과 함께 다음의 카피를 실었다. "천둥소리가 요동치고 음악이 잔잔하게 흐를 때 우리는 브림을 마셨다." 네슬레와 프록터&갬블도 감성적 라이프스타일에 호소하는 광고로 방향을 바꿔서 다음과 같은 카피를 기획했다. "이런 순간이야말로 테이스터스초이스가 어울리는 순간입니다."

커피 낙제생들

디카페인 커피와 스페셜티 커피 부문을 빼면, 1980년대 초 내내 전반적인 커피 소비는 하락 추세를 이어 가 20년 전 수준보다 39퍼센트 줄어들었다. 1982년에 음료 부문 분석가 존 맥스웰John Maxwell은 커피의 온도와 그 불편함을 단점으로 지적하며 이렇게 평했다. "요즘 사람들은 바쁘게들 산다. 그래서 한숨에 후딱 마시고 일을 계속하고 싶어 하고, 특히 젊은 사람일수록 더하다."

맥스웰하우스에서는 메리 세거먼Mary Seggerman 같은 젊은 마케팅 담당자들이 커피의 이미지를 바꾸기 위해 애썼다. 세거먼은 블루스 가수 레이 찰스Ray Charles가 CM송을 부르는 라이프스타일형 광고를 밀었다. 가슴 벅찬 음악, 감동적인 가족의 모습, "마지막 한 방울까지 맛있는 느낌"에 대한 광고 문구로 감정을 자극하며, 취향보다는 감성에 호소하는 광고 시리즈였다. 이 광고의 콘셉트는 명백히 청량음료의 낙관적 광고를 흉내 낸 것이긴 했으나, 세거먼은 "제너럴푸즈에서는 코카콜라와 펩시가 맥스웰하우스의 경쟁자인 사실을 제대로 이해하지 못한다"고 불만스러워했다. 그녀는 두 명의 십 대가 해변 산책로에서 운동을 하다가 커피 한 잔 마시며 만나게 되는 1983년의 광고를 방송에 내기 위해 그야말로 고군분투해야 했다.

그해에, 세거먼과 몇 명의 동료는 작은 클럽에 갔다가 그 당시로선 비교적 알려지지 않았던 원맨쇼 코미디를 발견하고는 혁신적이고 세련된 맥스웰하우스 광고를 기획했다. 흔히 하는 원맨쇼 만담을 늘어놓다가 마지막에 맥스웰하우스를 언급하는, 다음과 같은 식의 광고였다. "이 접시는 어디에 쓰는 걸까요?" 코미디언 제리 사인펠트Jerry Seinfeld가 혼자 묻고 답한다. "우리 어머니가 그러시는데, 컵을 올려놓는 거랍니다. 저는 컵은 탁자에 올려놓으면 되는 줄 알았는데 말이죠. 누가 커피 아래의 탁자를 잡아 빼도 그냥 '잘했어, 친구'라고 말하기 위한 용도인가 봅니다." 말을 마친 후 그는 무대 뒤로 들어가 커피 한 잔을 마신다. 이 광고는 단 한 번밖에 방송되지 못했다. 맥스웰하우스의 보수적인 경영자들이 광고를 중단했던 것이다. 세거먼은 하는 수 없이 매력적인 프리랜서 사진작가가 자신의 개를 데리고 미국 여기저기를 돌아다니며 정열적인 표정으로 커피를 마시는 광고에 만족해야 했다.

1983년에 전국커피협회는 일명 '커피 어치버즈Coffee Achievers'라는 캠페인에 착수했다. 적은 광고 예산 탓에 "새로운 커피 세대"를 대표하는 모델로는, 아쉬운 대로 삼류 연예인들을 섭외하여 이런 말을 깔았다. "커피는 마음을 진정시켜 주고 꿈을 꾸게 해 줍니다. 그리고 또 일할 준비가 되게도 해 주죠. 커피 같은 이런 음료는 어디에도 없습니다." 그러자 커피가 어떻게 마음을 진정시켜 주는 동시에 활력을 줄 수 있느냐며, 말이 안 된다는 비난이 이어졌다. 『네이션*The Nation*』지는 이런 평을 내놓았다. "영양학적 가치라곤 전혀 없고 가장 중요한 성분이 사람을 초조하고 신경질적으로 만드는 경향의 중독성 마약뿐인 상품치고는, 나쁜 과대광고는 아니다." 전국 커피협회는 문구를 살짝 수정했다. "커피는 마음을 가라앉히는 시간"이라고. 어쨌든 이 광고는 단명에 그친 채로 커피 소비 증진에 아무 힘도 쓰지 못했다.

아무리 광고를 내보내도 대기업 로스팅업체들이 내놓는 질 떨어지는 상품은 잘 팔릴 수가 없었다. 이 업체들은 '벽돌 팩brick pack', 즉 적층비닐에 압착 진공 포장한 분쇄 커피를 출시했다. 이런 상품은 애초에 신선도가 떨어질 수밖에 없었다. 그렇지 않으려면 '가스 제거', 다시 말해 갓 볶은 커피에서 이산화탄소를 배출해야 하는데 그러면 벽돌 모양이 망가지기 때문이었다. 벽돌 팩은 캔용기 상품보다 더 쌌을 뿐만 아니라 진열 선반에 더 촘촘히 쌓아 올릴 수도 있었다. 시설 납품용의 경우엔 '프랙팩frac-pak', 즉 한 번 브루잉할 분량만 담은 분할 포장이 인기를 끌었다. 그러나 이런 포장 상품은 점점 커피양이 줄었고, 종종 가스 제거를 위해 작은 구멍을 뚫으면서 산소가 유입돼 신선도를 떨어뜨리기도 했다.

맥스웰하우스는 해마다 자사의 커피 로스팅 빛깔을 더 흐리게 했다. 더 라이트한 로스팅일수록 무게 축소가 덜한 데다 생두를 가열하는 연료도 절약되었기 때문이다. 다만 안타깝게도, 너무 약하게 로스팅된 커피는 맛이 쓰다는 단점이 있다. 맥스웰하우스는 값싼 브라질산과 로부스타만 써서 생두의 질을 떨어뜨리기도 했다. 또한 '프레시 록Fresh Lock'을 도입하기도 했는데, 이것은 무게를 늘려 주는 수분이 더 많이 유입되는 방식이라 분쇄된 커피가 서로 엉겨 붙었다.

작은 거인들의 투쟁

영세의 전통적 로스팅업체들은 생존을 위해 발버둥 치다가 상당수가 투자자들의 손아귀에 노획물로 들어가 셔틀콕처럼 이리저리 휘둘렸다. 일례로 1982년에 차茶 회사 테틀리Tetley는 쇤브룬을 인수하며 사바랭, 브라운골드Brown Gold, 메다글리아도로 브랜드를 가져왔을 뿐만 아니라 코카콜라로부터 인스턴트커피 제조 업체인 텐코도 사들였다. 당시에 이미 테틀리는 다크 로스팅 부문 시장에서 경쟁 주자이던 마틴슨과 두 개의 라틴아메리카계 블렌드인 부스텔로Bustelo와 오쿠엔도Oquendo도 소유하고 있었다. 그런데 테틀리는 한때 탁월함을 과시하던 마틴슨과 사바랭 블렌드의 품질을 떨어뜨리며, 맥스웰하우스나 폴거스보다 더 나을 것이 없는 수준으로 전락시켜 버렸다. 그뿐만 아니라 미국 유일의 에스프레소 블렌드이던 메다글리아도로를 싸구려로 만들어 버렸다.

초크풀오너츠는 연로한 윌리엄 블랙이 권한 양도를 거부하면서 사세가 기울어 갔다. 1983년에 블랙이 사망한 후에는 그의 주치의이던 레온 포디Leon Pordy가 회사를 인계받았다. 초크풀오너츠는 뉴욕의 커피 시장에서 여전히 1위를 차지하긴 했지만, 그것은 평균 가격보다 20퍼센트 값을 깎아서 겨우 지킨 자리였다.

네슬레는 북미에서의 커피 사업을 신통치 않은 인스턴트 브랜드 이외에 다양한 부문으로 다각화하기로 방침을 정했다. 그 후 1984년에 네슬레는 캐나다의 대기업 로스팅업체 굿호스트를 인수하는 한편 힐스브라더스에 대한 인수 옵션을 행사하겠다고 발표했다. 코페르수카르의 브라질 소유자들이 4개월 전에 힐스브라더스를 다섯 명의 투자단에 팔았고, 이 투자단이 다시 네슬레에 매각한 것이었다. 네슬레는 그 직후

에 체이스&샌본과 MJB까지 인수했다.[1]

통원두와 매력적인 여인들

대기업들이 다른 회사들을 집어삼키는 사이에 혁신적인 스페셜티 커피업체들은 식료품점을 파고들고 있었다. 버니 비닥 Bernie Biedak은 미국 세관 경매에서 온갖 물건을 사들인 후 오리건주 애슐랜드Ashland에 있는 자신의 매장에 가져다 팔고 있었다. 그러던 1978년, 그는 압수된 과테말라산 생두 두 자루를 구매했다가 로스팅해서 팔며 엄청난 이익을 남기게 되었다. 이후에 그는 커피빈인터내셔널의 게리 탈보이에게 원두를 더 구입해 오리건주 대형 마트들의 농산물 통로에 투명 플라스틱 소재의 그래비티피드 빈을 설치해 놓았다. 그리고 멋진 직업 모델을 고용해 커피 배달과 분쇄기 관리를 맡겼다. 원두 판매 가격을 1파운드당 3달러 99센트로 책정하며, 매장 지배인들에게 캔용기 커피보다 훨씬 많은 이익을 남기게도 해 주었다. 게다가 매장 지배인들로서는 매장 내에 모델 출신의 미녀 배달 여성들이 상주하는 것 역시 손해 보는 일이 아니었다. 1933년 무렵 비닥은 샌프란시스코까지 사업망을 넓히게 된다.

스타벅스의 제리 볼드윈은 자신의 블루앵커 브랜드로 벌

---

1 스탠더드브랜즈는 1982년에 실적 부진의 체이스&샌본을 제너럴커피코퍼레이션(General Coffee Corporation)에 미련 없이 넘겨주었다. 제너럴커피코퍼레이션은 마이애미 소재의 업체로, 대표인 알베르토 두케 로드리게스(Alberto Duque Rodriguez)는 콜롬비아의 부유한 커피 재배업자의 젊고 사치스러운 아들이었다. 두케는 순전히 부당 대출을 기반으로 삼아 (광대한 소유지와 요트까지 완비한) 자신의 제국을 세웠으나 이 제국은 1983년에 와르르 붕괴하고 말았다. 그다음 해에 네슬레가 나서서 명성이 추락해 버린 체이스&샌본을 덥석 낚아챘다. 1985년에는 재앙의 조짐을 보이고 있던 MJB 역시 네슬레에 매각되었다.

크 원두를 도매 판매했다. 그러나 순수주의자였던 볼드윈은 대형 마트 판매 같은 것은 내키지 않아 했다. 품질을 완전히 통제할 수 없다는 이유 때문이었다. 그러다 네슬레에 인수당할 당시 굿호스트를 나온 필 존슨Phil Johnson이 블루앵커를 인수하면서 사명을 밀스톤Millstone으로 변경한 후, 대형 마트 통원두 판매 부문의 최대 주자로 키워 냈다. 한편 캘리포니아 남부에서는 매장에서 삭스고메이커피Sark's Gourmet Coffee가 인기리에 팔렸다. 또한 캘리포니아주 포트브래그Fort Bragg에서는 폴 카체프가 땡스기빙커피를 벌크통으로 출시했는가 하면, 캘리포니아 북부에서는 스티브 슐먼Steve Schulman이 자신의 힐사이드Hillside 고메이 원두로 같은 방식의 판매를 했다.

시골 지역인 뉴햄프셔주의 전역에서는 마티 엘킨Marty Elkin과 마이크 설리번Mike Sullivan이 카페뒤주르Cafe Du Jour라는 브랜드의 상품을 그래비티피드 빈, 원웨이 밸브 봉투뿐만 아니라 혁신적인 2온스(0.125파운드, 약 56그램)들이 미니 벽돌팩으로도 내놓았다. 그린마운틴커피로스터스Green Mountain Coffee Roasters 또한 사업망을 넓혀 갔다. 한편 마리화나 흡연자용의 종이, 이즈와이더EZ Wider를 만들고 팔아서 이미 백만장자 대열에 올라 있던 밥 스틸러Bob Stiller가 1981년 어느 날 버몬트주의 스키 타운인 웨이츠필드의 피닉스 레스토랑Phoenix Restaurant에서 고메이커피를 마시고 감동받은 후, 참신한 영세 로스팅업체들을 사들여 사업을 크게 확장하기도 했다.

그런데 이런 거대 로스팅업체들은 자신들이 뭔가를 놓치고 있음을 지각했다. 도널드 쇤홀트는 당시를 이렇게 회고했다. "언젠가부터 팬시푸드 박람회에 거물들이 나타나 슬금슬금 우리 영역을 침범하기 시작했다. 우리는 속이 부글부글 끓으면서도 또 한편으론 어이가 없을 정도로 웃긴다는 생각도

들었다. 그 사람들이 바로 눈앞에 아이디어가 있는데도 감을 못 잡고들 있는 것 같아서였다."

쿼터제와 궁지

새로운 국제커피협정의 쿼터제에도 불구하고 1980년대 초까지는 가격 변동이 심했다. 협정 시행 첫해인 1981년, 가격이 1파운드당 1달러 15센트 아래로 떨어지면서 4분기 연속으로 할당량이 축소되었다. 그런데도 가격은 일시적으로 1파운드당 1달러 아래까지 떨어졌다. 가격이 이 정도까지 내려간 것은 5년 만에 처음이었다. 그러다 그다음 해에 1달러 25센트 수준으로 오르더니 장기간 그 가격대를 크게 벗어나지 않으면서 1989년까지 유효한 국제커피협정이 새롭게 확보되었다. 자유무역을 강조하던 레이건 행정부 아래의 미국도 이 1983년의 국제커피협정을 마지못해 비준해 주었다.

이제는 '투어리스트 커피'가 비회원국들에게 50퍼센트 이상 할인된 가격에 팔리면서 대다수 소비국이 불만스러워했으나, 서독과 프랑스는 함부르크와 르아브르의 면세항으로 드나드는 투어리스트 커피로 막대한 돈을 벌어들였다. 밀수와 위조 원산지 증명서가 판을 쳤다. 1983년에 미국 세관에서 압수한 불법 원두가 2천6백만 달러 상당에 달할 정도였다.

1980년대가 흘러가는 동안 고급 생두를 구하던 로스팅 업체들에게 국제커피협정 규정은 낭패감을 안겨 주기도 했다. 규정상 "기타 마일드 커피" 생산국들(케냐, 에티오피아, 중앙아메리카, 페루)은 상급의 생두를 할당량보다 더 많이 수출할 수 없었기 때문이다.

1985년, 연례 할당량 재교섭의 자리에 미국 대표로 참가한

롤린드 프레이저Rollinde Prager는 이중 가격제에 대해서, 또 브라질이 의도적으로 할당량보다 낮게 선적하는 것에 대해서 격렬히 반대하고 나섰다. 협상은 말 그대로 마지막 순간에 맺어졌고, 미국만이 유일하게 반대표를 던졌다. "이 협상이 결국엔 국제커피협정의 미래와, 우리 미국의 동참에 좋지 않은 징조가 될지 모릅니다." 프레이저는 이렇게 불길한 말을 던졌다.[2]

게릴라전, 커피업자들의 불행

앙골라에서는 내전 탓에 커피 수출이 급감하면서 1974년에 520만 자루였던 수출량이 1984년에 들어서자 30만 자루에도 못 미쳤다. "인접 마을에서 들려오는 소문에 따르면 버려진 커피 밭에 코끼리부들*이 빠르게 확산되고 있다고 한다." 당시의 상황을 짐작하게 해 주는 보도 글이다. 한편 소수의 커피 독과점 실력자와 빈곤에 찌든 캄페시노의 유산을 가진 중앙아메리카의 세 국가는 오랜 내전에 휩싸여 있었다. 1980년에 과테말라의 한 농민지에서는 다음과 같이 선언했다. "우리는 맨발이지만 수가 많다. 지주와 권력자들이 희희낙락 세고 써 대는 그 부는 우리가 만들어 주는 것이다. 따라서 우리가 일을 멈춘다면 그자들도 더는 풍요로움을 누리지 못한다. 우리가 없으면 그자들은 아무것도 아니다." 맞는 말일지 모르겠으나, 군과 과두제 집단이 여전히 실질적인 권력을 쥐고 있었다. 철권통치를 휘두르던 과테말라의 페르난도 로메오 루카스 가르시아 장군이 게릴라군 퇴치 작전을 강하게 밀어붙

---

2 다른 소비국이 한 곳이라도 반대표를 던졌다면 미국은 거부권을 행사했을 것이다.

* 동물 사료나 종이 재료로 쓰이는 아프리카산 풀

이면서 1981년에는 대량 학살이나 다름없는 사태가 전개되었다. "군인들이 칼로 임신한 여자들의 배를 가르더니 태어나지도 않은 아기를 끄집어내 불더미 속으로 집어 던졌다." 당시 열네 살이던 어느 목격자의 회고담이다. 잔학한 짓을 벌이기로는 게릴라군도 다를 바가 없었으나, 그래도 군대가 자행하던 짓에 비하면 새 발의 피에 불과했다. 많은 원주민이 게릴라군에 가담한 것이 사실이긴 했으나, 군인들은 원주민이 눈에 띄었다 하면 가담 여부에 상관없이 누구든 가리지 않고 마구잡이로 죽였다.

그러던 1982년에 군사 쿠데타가 일어나 루카스 가르시아가 축출되면서, 기독교도로 거듭난 에프라인 리오스 몬트Efraín Ríos Montt가 그 자리를 대신 차지했다. 리오스 몬트는 처음엔 사면을 선언했으나 오래지 않아 피비린내 나는 학살전이 재개되었다. 1983년에 미주인권위원회Inter-American Human Rights Commission는 과테말라의 군대를 "온 마을을 부수고 불 지르고 약탈하는 등 극악무도한 인권의 유린자들"이라고 비난했다.

대다수 커피 재배업자들은 어느 쪽 편도 들지 않으려 애쓰며 자신들의 농장에 별 피해가 없기만을 빌었다. 라파스의 소유주인 발터 한슈타인도 바로 그런 처지에 놓여 있었다. 군대에서 한슈타인에게 트럭을 요청할 때마다 그는 트럭이 고장 났다고 둘러댔다. 게릴라군도 그에게 집요하게 얘기를 걸어왔다. "어머니가 그러시더군요. 그 사람들이 정중한 태도로 얘기를 걸어왔다면 얼마나 좋았겠느냐고요. 그랬다면 커피와 빵을 먹으며 얘기를 나눌 수도 있었을 거라고요." 베티 한슈타인 아담스의 회고담이다. 상황이 그랬는데도 군대는 게릴라군과의 이 일에 대해 듣고는 한슈타인이 게릴라군에게 너무 친절히 대했다며 농장에 3백 명의 군인을 야영시켰다. 군대가 떠나고 나자 이번엔 게릴라군이 한슈타인이 군대를 너무 친절히 대했다며 농장에 불을 질러 버렸다.

1983년에 쿠데타가 일어나 리오스 몬트의 자리를 또 다른 군 독재자가 차지했으나 암살단이 여기저기 돌아다니는 상황은 여전했다. "어디를 가든 무장한 사람들이 무뚝뚝한 얼굴로 돌아다니는군." 과테말라를 방문한 누군가가 말했다. 그러자 옆에서 이 말을 우연히 엿듣게 된 사람이 껄껄 웃었다. "이 정도로 놀라시다니, 엘살바도르에 못 가 보셔서 그런 거예요."

실제로 인접국인 엘살바도르의 폭력과 압제는 아무리 줄잡아 말해도, 과테말라만큼 끔찍했다. 면적이 뉴저지주와 대략 비슷한 엘살바도르는 인구가 4백만 명이 넘어 서반구 최고의 인구 과밀 국가였고, 캄페시노의 삶은 점점 견딜 수 없는 지경으로 치달았다. "서서히 굶어 죽느니 차라리 싸워서 빨리 끝장을 보는 편이 낫다." 어느 게릴라 전사가 했던 말이다. 당시에 라틴아메리카 전역, 특히 엘살바도르에서는 자유주의 가톨릭교 성직자들이 제도화된 폭력에 반대하며 목소리를 높이기도 했는데, 그로 인해 수많은 성직자가 암살되었다.

미국은 살인 행위에 반대하는 확고한 도의적 입장을 취하지 않았다. 중앙아메리카 전체가 (니카라과처럼) 공산주의의 영향권에 들어가게 될까 봐 두려운 나머지, 엘살바도르나 과테말라의 압제 정권을 헬기와 반군 진압 훈련으로 지원하면서 온건한 개혁을 하도록 슬쩍슬쩍 설득했을 뿐이다. 미 국무부의 국제개발처Agency for International Development, AID는 사회 개량 프로그램에 돈을 무책임하게 덥석 던져 주었고 의회는 군사 지원에 수백만 달러를 승인해 주었다.

1980년에 엘살바도르에서 카터 행정부의 압박에 못 이겨 토지개혁법이 요란하게 떠벌려지며 통과되긴 했으나 이 법은 커피업계 독과점 실력자들은 건드리지도 않았다. 그뿐만 아니라 이 법을 은폐물 삼아 군을 토지 분할 시행을 위한다는 명목으로 파견하면서 실제로는 더 가혹한 압제를 가하기도 했다. 보다 못한 오스카르 로메로Oscar Romero 대주교는 1980년 3월 23일에 강력한 어조로 설교했다. "수많은 피로 물든 개혁은 아무런 가치가 없습니다. 우리는 정부가 그 사실을 진지하게 받아들이길 바랄 따름입니다. 신의 이름으로, 그리고 그 탄식의 울부짖음이 하늘까지 닿을 만큼 너무나 큰 고통에 시달려 온 우리 국민의 이름으로 간청합니다. 빌고 또 명령합니다. 부디 신의 이름으로 이르노니, **이제 그만 압제를 멈추십시오.**" 그다음 날, 로메로는 추모 미사를 올리던 중 총에 맞아 사망했다.

로메로의 사망은 더 야만적인 폭행의 시발점이 되었다. 1984년에 『폭력적인 이웃Violent Neighbors』이라는 책에서 톰 버클리Tom Buckley는 다음과 같이 썼다. "암살단에게는 죽음만으로는 충분한 응징이 아니어서, 시신마다 고문의 흔적이 남아 있기 일쑤였다. 해머로 내리쳐 으깨진 손가락과 관절, 불에 지져진 피부, 칼로 크게 도려내어진 살갗 등 시신의 몰골은 정말 말이 아니었다."

1982년에는 암살단과 결부되어 있으며 보수적인 국민공화동맹Alianza Republicana Nacionalista, ARENA당의 창설자라는 소문이 파다했던 우파 로베르토 다우비손Roberto D'Aubuisson 소령이 연합당을 주도하면서, 이 연합당이 제헌 의회를 장악했다. 엄밀히 말하면 두아르테의 기독교도 민주주의자들이 통치하고 있었으나 실질적 권력은 압제적인 우파가 휘두르고 있다는 것은 의심의 여지가 없었다. 수년간의 유혈 사태가 예고된 셈이었다.

억압적 질서를 유지하기 위해 수년 전에 군사 정권 통치를 인정했던 커피업계 실력자들은 제대로 통제도 안 되는 괴물을 만들어 내고 말았다는 깨우침에 이르렀다. 그들 대다수는 평화 협상, 제한된 민주주의, 자유 시장을 지지했다. 그러나 커피 재배업자들 가운데는 질서 회복을 위해 또 한 차례의 마탄사(대학살)를 일으키려 로비 활동에 가담하는 이들이 적지 않았는데, 오를란도 데 솔라Orlando de Sola가 이런 로비 세력의 주도자였다. 그는 1980년 초에 테러군과 암살단에게 목숨을 잃은 7만 5천 명을, 죽어 마땅한 "공산주의 앞잡이들"이었다고 깎아내리기까지 했다.

국민공화동맹은 이런 커피업계의 양쪽 파벌 모두와 긴밀한 관계였다. 다우비손과 함께 국민공화동맹의 공동 창당자인 리카르도 '리크' 발디비에소Ricardo 'Rick' Valdivieso도 엘살바도르의 오랜 전통의 명문가 출신 커피 재배업자였다. 1985년에는 엘살바도르 최대 커피 재배업자로 꼽히는 알프레도 '프레디' 크리스티아니Alfredo 'Fredi' Cristiani가 다우비손을 밀어내고 국민공화동맹의 수장 자리에 앉기도 했다. 그러나 이렇게 커피업자가 집권층에 자리 잡고 있던 상황에서도, 엘살바도르 정부는 국립커피국Instituto Nacional del Café, INCAFE을 통해 계속 이득을 취하고 있었다. 즉 국영 커피 독점 기업인 국립커피국에서 엘살바도르의 생두를 달러 국제가로 판매하면서 생산자들에게는 실제 가치의 절반에도 못 미치는 현지 화폐로 지급하는 식이었다. 커피 재배업자들은 낮은 국내 가격 때문에 운영난에 쩔쩔매며 비료 사용을 중단하는가 하면, 아예 농장을 그만둔 이들도 있었다.

과테말라에서와 마찬가지로 농장주들은 게릴라군과 암살단 사이에 끼어 난감한 처지였고, 특히 대규모 농장주들이 더 위험에 몰렸다. 한 다큐멘터리 영화 제작자는 게릴라군을 따라 레갈라도 두에냐스Regalado Dueñas의 농장에 들어갔다가 한 반군에게 이런 얘기를 들었다. "이자들은 갑부들이오. 그래서 우리가 일꾼들을 혹사시키는 이들의 토지를 불태울 생각이오." 1985년 무렵 반군인 파라분도마르티민족해방전선이 커피 재배 지역의 4분의 1을 장악하자, 엘살바도르의 농장주들 상당수가 일꾼들의 품삯을 올려 주고 반군에 돈을 대 주기로 비밀리에 게릴라군과 타협을 맺기도 했다.

인접국인 니카라과에서는 대다수 커피 재배업자들이, 지긋지긋한 소모사 정권을 타도했던 1979년의 산디니스타 혁명을 지지했었다. 그런데 새 정권은 ENCAFE라는 정부 기관을 창설해 커피 수출을 국영화시켰고, ENCAFE에서 생산자들에게 지불하는 가격은 국제시장 가격의 10퍼센트에 불과했다. 산디니스타 정권은 이렇게 수익을 몽땅 가로채 놓고는 수월한 조건으로 대출을 해 주었으나, 이는 오히려 농장주들을 빚더미의 수렁으로 더 몰아넣었을 뿐이다.

혁명 초기에 산디니스타들은 소모사가 보유했던 광대한 커피 재배지를 취하여 국영 기업으로 운영했다. 그러나 애석하게도 도시의 지식층이던 산디니스타들은 커피 재배에는 문외한이었다. 일례로 그들은 잎 녹병인 로야roya를 박멸하려는 시도랍시고, 그늘나무를 모조리 베어 내 목재로 팔아 버렸다. 비료를 주거나 가지를 치는 일도 제대로 못했다. 그뿐만 아니라 CONARCA라는 프로그램을 시행해 자기들 딴에는 "혁신"을 시켜 농장주들에게 되돌려 주겠다고 떠벌리며 농장들을 인수했으나, 결과적으로 그 혁신이란 것은 황폐화, 목재 수확, 방치가 되어 버렸다. 농장을 다시 돌려준 경우도 드물었다.

누구든 산디니스타 정부의 정치나 정책에 의문을 제기했

다간 자본주의 기생충이라는 딱지가 따라붙었다. 1980년대의 거의 내내, 충분한 생산량을 못 낸 농장이나 농장주가 너무 반항적으로 떠들어 대는 농장은 여지없이 몰수당하고 말았다. 그런가 하면 누구보다 열렬히 산디니스타를 지지했던 로헤르 카스테욘 오루에Roger Castellon Orué는 1982년 5월에 마이애미 사립고등학교에 다니던 아들의 졸업식에 참석하러 갔다가 한 친구에게서 기가 막힌 전화를 받았다. "여기로 돌아올 생각 말게. 그들이 자네 농장을 몰수하고 자네를 인민의 적으로 선언했어." 카스테욘이 마이애미로 떠나올 당시 니카라과에는 1백만 달러어치가 넘는 가공 커피가 남겨져 있었는데, 이제 그 모든 것과 더불어 집, 커피 가공 처리 공장, 개인 재산을 한순간에 잃고 만 것이었다. 그는 케이마트Kmart*의 시설관리부에 일자리를 구했다. 이것은 그에게만 일어난 일이 아니었다. 또 다른 농장주도 치료를 받으러 니카라과를 떠났다가 땅을 몰수당했으니 말이다.

급기야 불만을 품은 국외 추방자들이 반정부 운동을 결성하기에 이르렀고, 그 후 미국 정부의 지원을 받아 온두라스와의 국경 바로 맞은편 기지를 통해 침입 공격을 개시했다. 산디니스타 정부는 문맹 퇴치 프로그램과 의료 서비스를 실시해 도시 빈민의 삶은 개선시켜 주었으나 캄페시노들의 삶은 더욱 곤궁해졌다. 커피 재배업자들은 일꾼들에게 온당한 임금을 지불해 줄 여건이 못 되었다. 일꾼들에게 뭐라도 키워 먹게 텃밭이라도 내어 준 이들은 '효율적' 운용을 못하고 있다는 이유로 농장을 몰수당할까 봐 전전긍긍했다. 그로 인해 수많은 캄페시노들이 범죄에 손을 대거나 반정부 운동에 가담

---

* 미국의 대형 마트 체인

했다. 어느 농장주는 이렇게 의문을 제기하기도 했다. "누가 진짜 빈민의 착취자들인가? 그들은 [정부는] 일꾼들에게 하루에 쌀 4온스(약 113그램)만을 주도록 허용하고 있다. 나는 더 주고 싶은데, 그렇다면 과연 누가 일꾼들의 착취자인가?"

산디니스타 정부는 도시의 고등학교나 대학교 학생들과 함께, 미국과 유럽의 자유주의 자원봉사자들을 커피 수확에 동원했다. 하지만 이들은 일손이 느리고 서툴렀다. 한편 반정부 운동원들은 공세의 강도를 높여 가면서 커피 수확에도 지장을 끼치며, 산디니스타 일원만이 아니라 하층민 수확 일꾼들까지 여자와 아이들을 가리지 않고 닥치는 대로 죽였다.[3]

그러나 니카라과에는 암살단은 없었다. 어느 커피 재배업자는 반정부군을 도운 혐의로 체포되어 발가벗겨져 몇 시간 동안 심문을 받았으나 신체적인 가해는 당하지 않았다. 산디니스타군은 어쩔 수 없이 '통제 구역'으로 이동해야 할 입장에 몰리자 20만 명의 농민을 그들의 터전에서 강제로 쫓아냈다. 수많은 이들이 반정부군의 보호를 받기 위해 온두라스 국경을 넘어 도망치면서, (총인구의 7분의 1에 해당하는) 50만 명의 니카라과인들이 망명자 신세가 되었다.

산디니스타 정부는 이런 망명 사태에 대응해 캄페시노들에게 땅을 나누어 주기 시작했다. 니카라과의 육군참모총장이던 호아킨 쿠아드라 라카요Joaquin Cuadra Lacayo 장군은 당시를 이렇게 회고했다. "우리는 그들에게 땅과 총을 주며 말

---

3 온두라스의 접경 지역에서도 커피 재배업자들이 이 반정부군 기지로 인해 곤경을 치렀다. "그들 때문에 우리와 별 상관도 없을 뿐 아니라 우리의 목숨을 앗아갈 그런 전쟁에 억지로 엮이고 말았다." 한 재배업자가 한탄했던 말이다. 온두라스의 농장주들은 산디니스타 정부의 대포 포격과 도로의 지뢰 설치에 대해 원망스러워했으나, 반정부군에 대해서도 "피도 눈물도 없는 살인마"라며 푸념했다.

했다. '여기는 당신들 땅이니 이제 당신들이 지키도록 하라.' 우리는 그것을 '농지 개혁'이라고 불렀으나 엄밀히 말하면 군의 논리에 따른 것이었다. 다시 말해 그들이 반정부군에 가담하지 못하게 막으려는 방안이었다." 그러나 캄페시노들은 농장을 운영해 본 경험도 없는 데다 의욕을 자극할 만큼 수익이 거의 없자 커피나무가 썩어 가도록 방치했다.

1986년 무렵 대단지 커피 재배업자들은 대다수가 그저 무기력증에 매달려 버렸다. "우리에겐 선택의 여지가 없다. 커피나무에 들인 막대한 투자금에 매여서 이대로 버리고 떠나지도 못한다." 실제로 한 재배업자가 했던 말이다. 그들은 손해를 보면서 은행 대출로 겨우겨우 농장을 운영해 나갈 수 있었다. 많은 농장주가 몰수를 피하기 위해 최소한의 유지 보수와 수확을 하면서 버텨 냈다. 어느 농장주는 체념 조로 이렇게 말했다. "어느 날 이웃에서 초상이 나면 그다음은 내 차례일 것이다. 니카라과의 개인 재배업자들에게는 미래가 없다. 우리는 그저 하루하루 연명하고 있을 뿐이다."

공정 무역 커피

1985년 4월에 폴 카체프는 친산디니스타정부 커피 단체인 UNAG의 초대로 비행기에 몸을 싣고 니카라과로 날아갔다. 이 방문은 캘리포니아주 포트브래그 소재 땡스기빙커피의 소유주 카체프에게 "삶을 변화시킨 사건"이 되어 그에게 사회사업가로서의 뿌리를 되찾게 해 주었다. "나는 반정부군과의 교전지인 산악 지대에서 산디니스타군과 많은 시간을 보냈다. 그러는 동안 산디니스타 혁명군의 지휘관 세 명도 만났고, 커피와 혁명의 상관관계에 대해 배우기도 했다." 다시 캘리포니아로 돌아온 그는 회사의 슬로건을 "딱 한 잔이 아닌 꼭 한 잔"으로 바꿨을 뿐만 아니라, 니카라과산의 로스팅 원두 포장 상품을 "평화를 위한 커피"로 출시하여 산디니스타 정부에 1파운드당 50센트를 기부했다.

한 달 후, 레이건 행정부가 니카라과의 모든 물품에 대한 수입을 금지했다. 카체프는 대담하게 로널드 레이건을 고소하는 한편, 캐나다를 통해 니카라과산 생두의 수송과 로스팅을 하는 우회적 방법을 시도했다. 카체프는 그해에 미국스페셜티커피협회의 공동 회장을 맡고 있었는데, 또 한 명의 공동 회장인 그린마운틴커피의 댄 콕스Dan Cox와 상의 한마디 없이 산디니스타 일원 한 명과 다른 두 명의 사회운동가를 커피 및 인권에 대한 위원단에 초빙했다. 콕스는 탐탁지 않아 했다. "나는 폴에게 이렇게 말했다. '나는 이 나라를 좋아하네. 정부의 방침을 거스르고 싶지 않단 말일세.'"

그동안 스페셜티 커피업자들은 '완벽한 커피'를 만드는 일에만 관심을 집중해 왔다. 그런데 이제는 커피의 재배, 가공, 수출 시스템에 내재된 불평등에 주목하게 되었다. 다시 말해 자신들이 만드는 커피는 고가에 팔리고 있는데, 정작 그 생두를 수확하는 캄페시노들은 가난에 시달리고 있다는 현실에 관심을 갖게 된 것이었다. 그 한 예로서 1986년에, 식품 협동조합에서 일한 적이 있던 매사추세츠 출신의 이상주의자 세 명이 이퀄익스체인지Equal Exchange를 창설했다. 공동 창설자 조너선 로젠탈Jonathan Rosenthal은 1986년에 글을 통해 이렇게 밝혔다. "우리의 목표는 사람들이, 먹거리를 재배하는 이들이나 그 먹거리가 유래되는 생태 환경과 다시 소통할 수 있도록 그 방법을 만들어 내는 것이다."

이퀄익스체인지는 투자자들의 도움에 힘입어 순조롭게

출발하여, 니카라과산 커피를 '공정 무역fair trade' 카페니카 Cafe Nica라는 이름으로 주로 식품협동조합에 공급했다. 이들의 목표는 최저 보장 가격의 지불, 민주적으로 운영되는 소자작농 조합을 통한 직접 구매, 대출 지원, 친환경 농업의 장려 등이었다. 한편 캐나다에서도 1984년에 설립된 브리지헤드 Bridgehead가 산디니스타 커피를 팔았다.

그런가 하면 이 무렵에, 라틴아메리카에서 일하던 두 명의 네덜란드인이 공정 무역 커피를 위해서는 시장 메커니즘의 개선이 필요하다는 독자적 결론을 내리기도 했다. 1987년에는 UCIRI(멕시코 오악사카Oaxaca의 커피협동조합)에서 일하던 프란츠 판 데르 호프Franz van der Hoff 신부神父가 네덜란드의 단체인 솔리다리다드Solidaridad에 연락해 마케팅 지원을 부탁했다. 그리고 온두라스와 니카라과에서 일하던 베르트 베이크만Bert Beekman은 절망감을 안은 채 네덜란드로 돌아와 이런 결론을 내렸다. "결국 개발비 절반 이상은 그냥 내버린 돈이었다. 농민들이 그렇게 열심히 일해서 생산해 봤자 그것을 받쳐줄 성장 가능한 시장이 없었으니 말이다."

베이크만은 솔리다리다드, 네덜란드의 교회, 언론의 지원을 받아 1978년 이후 미국의 식품회사 새러리Sara Lee의 소유가 된 네덜란드의 유력 로스팅업체 다우어에흐버르츠와 공개 토론회를 가졌다. 베이크만은 당시를 이렇게 회고했다. "그들은 토론에 관한 한 아주 관대했다. 하지만 결정과 합의의 문제에 이르자 미루고 또 미루기만 했다." 결국 이들 공정 무역 옹호자들은 자체적으로 공동 브랜드를 만들기로 결정했다. 여론 조사를 실시해 봤더니 네덜란드인의 15퍼센트가 공정 무역 커피 마크를 지지하겠다고 밝히기도 했다. 베이크만은 이렇게 논평했다. "네덜란드에서는 커피가 사회생활의 중심이다. 그렇기 때문에 커피는 공정 무역에 딱 들어맞는 상품이었다."

이 공정 무역 그룹이 4백만 달러를 모금하여 자체 브랜드의 런칭을 준비하고 있을 때 (다우어에흐버르츠의 경쟁자들인) 영세 로스팅업체들의 모임에서 베이크만에게 연락을 해왔다. "이렇게 하기로 우리와 협상하면 어떻겠습니까? 당신들은 인증 라벨을 제작하고 우리가 당신들의 커피를 런칭하는 겁니다." 베이크만이 여기에 동의하면서 드디어 1988년 11월에 막스 하벨라르Max Havelaar 품질 마크의 커피가 출시되었다('막스 하벨라르'는 1860년에 출간된 네덜란드의 소설 제목을 딴 이름으로, 이 소설은 자바의 커피 재배농들에 대한 비인간적인 대우를 문제 삼고 있다). 공정 무역 커피는 엄청난 주목을 끌면서 출시 첫해에 1.6퍼센트의 시장 점유율을 기록한 후, 그 뒤로 꾸준히 2.5퍼센트 수준의 점유율을 이어 갔다. 막스 하벨라르 인증표는 몇 년이 채 지나지 않아 스위스, 벨기에, 덴마크, 프랑스에서도 볼 수 있게 되었다. 그리고 이 네덜란드어 명칭이 별 감응을 불러일으키지 않았던 독일과 오스트리아에서는 트랜스페어Transfair 커피로 이름이 변경되었다가, 결국엔 'Fair Trade(공정 무역)'가 인증 트레이드마크의 공식 명칭이 되었다.

공정 무역 로고는, 그 커피콩이 민주적으로 운영되는 영세 농장 협동조합에서 재배되었으며 이들 영세 농장들이 자신들의 커피콩에 대해 제 가격을 받고 있음을 소비자에게 인증해 주는 마크다. 농장주에게 힘이 되어 주는 인증이나 방법들에는 이 외에도 여러 가지가 있다.

엘살바도르의 커피에 깃든 피?

1989년 말 미국에서는 커피와 인권에 대한 관심의 초점이 엘살바도르로 옮겨졌다. 당시 엘살바도르에서는 로비 갬블 Robbie Gamble(프록터&갬블 창립자의 증손자)이 2년째 살고 있었다. 그는 그곳에서 벌어지는 폭력의 참상에 크게 괴로워했을 뿐만 아니라, 폴거스가 엘살바도르에서 커피 생두를 구매하고 있었던 만큼 개인적으로도 관련이 있다고 여겼다. 그는 폭력에 항의하는 의미에서 자신의 상속 재산을 기부하기도 했다. 그러던 1989년 11월, 엘살바도르에서 여섯 명의 예수회 사제와 두 명의 여성 노동자가 암살단에 살해되는 사건이 터졌다. 그 직후 샌프란시스코 소재의 사회운동가 단체인 '이웃과 이웃Neighbor to Neighbor'에서는 오래전부터 계획했던 불매 운동을 개시했다. 네슬레는, 그렇지 않아도 개발도상국에서의 분유 판매로 물의를 일으키는 바람에 장기간 불매 운동을 당했던 터라 발 빠르게 조치에 나서며, 이 문제의 중앙아메리카 국가와 거래를 잠정 중단하겠다고 발표했다. 로비 갬블의 동생인 제이미Jamie까지 불매 운동에 대한 지지 의사를 밝히자, 이웃과 이웃은 관심의 초점을 프록터&갬블로 집중시켰다.

그러나 프록터&갬블의 CEO 에드 아츠Ed Artzt는 활동가들과 만나려 하지 않았고, 이에 이웃과 이웃 사회운동가들은 선동적인 TV 스폿 광고를 제작했다. 1990년 5월에 방송을 탄 이 광고에서 배우 에드 애스너Ed Asner는 시청자들에게 이렇게 말했다. "폴거스 커피를 사지 마세요. 폴거스를 마시면 고통과 죽음을 우려 마시는 겁니다." 그리고 그가 이런 말을 할 때 화면에서는 뒤집어진 커피 잔 아래쪽에서 피가 줄줄 흘러나왔다. 보스턴의 한 방송국이 이 광고를 내보내자 프록터&갬블은 이 방송국에서 연간 1백만 달러 상당에 이르던 광고를 빼 버렸다. 결국 방송국은 이웃과 이웃 측에 "근거 없는 주장"
이라 다시는 광고를 내보내지 못하겠다는 거절 의사를 통보
했고, 프록터&갬블은 그제야 다시 광고를 주기로 했다.

이 무렵 미국의 스페셜티커피협회는 꽤 지명도를 얻고
있었다. 당시에 테드 링글은 캘리포니아주 롱비치Long Beach에
서 이사장을 맡게 되었고, 스페셜티커피협회는 오클랜드의
클레어몬트 호텔Claremont Hotel에서 두 번째 독자적 집회를 개
최했다. 그런데 스페셜티 커피 로스터들 중에는 보통 등급의
품질인 엘살바도르 커피를 구매하는 이들이 거의 없었는데
도, 이웃과 이웃이 이 집회에서 항의 시위를 벌였다. 시위대
는 폴 카체프의 선도로 북을 치며 집회장으로 들어오더니 양
동이에 담아온 불긋불긋한 물을 계단에 쏟아 버렸다.

이웃과 이웃이 국제항만창고노동조합International Long
Shoremen's and Warehousemen's Union, ILWU과 동맹하면서, 이 조합
소속 항만 노동자들이 샌프란시스코 부두에 들어온 화물선에
서의 엘살바도르 커피 하역을 거부했고, 이 화물선이 밴쿠버,
시애틀, 롱비치에 닿았을 때도 똑같은 상황이 연출되었다. 이
웃과 이웃은 항만 노동자들의 귀띔에 따라 "암살단 커피"라
는 강렬한 내용의 피켓을 준비하기도 했다. 화물선은 결국 엘
살바도르로 회항하고 말았다. 뉴욕시 최대의 대형 마트 체인
인 레드애플Red Apple은 심한 압박에 못 이겨 폴거스와의 거래
를 중단하고 이웃과 이웃 광고 전단을 매장에 붙이기로 잠정
동의했다. 레스토랑 피제리아 우노Pizzeria Uno도 폴거스 상품
의 사용을 중단했다. 복음주의 루터교회와 개혁파유대교의
사회적행동위원회Commission on Social Action for Reform Judaism 또한
이 불매 운동을 지지하고 나섰다.

이 불매 운동은 자금도 넉넉하지 못한 민간단체가 벌인

것이었지만, 언론에 대대적으로 보도되었다. 그 자신도 커피 재배업을 하고 있던 엘살바도르의 알프레도 크리스티아니Alfredo Cristiani 대통령은 이웃과 이웃을 공산주의 단체라고 못 박아 버렸다. 프록터&갬블, 네슬레, (1985년에 제너럴푸즈를 인수한) 필립모리스Philip Morris 등 대기업 커피 로스팅업체의 CEO들은 미 국무부 관리들을 만나 부시 행정부가 뒤엎었던 엘살바도르의 평화 협상을 촉진시켜 달라고 사정했다. 미국 커피 기업들은 엘살바도르의 신문에 평화 협상의 타결을 지지한다고 광고하기도 했다. 결국 1991년 9월에 뉴욕에서 평화 합의를 위한 협상이 시작되었다. 그로부터 얼마 뒤인 1992년 초, 8만 명의 목숨을 앗아 가고 1백만 명 이상의 망명자를 양산했던 12년간의 내전이 드디어 끝이 났다. 이 평화 협상에서는 엘살바도르의 커피 재배지 가운데 20퍼센트가량을, 이미 게릴라군에게 장악당했던 지역의 캄페시노들에게 내어 주기로 합의함으로써, 최소한 어느 정도나마 희망과 개혁의 기반을 마련하기도 했다.

중앙아메리카는 폭력, 사회 불평등, 토지 분배 문제 해결을 위해 앞으로도 갈 길이 멀었으나, 적어도 당분간이나마 극악무도한 잔학 행위는 멈춰졌다. 커피 재배업자들은 이제 상급의 생두 생산과 이 생두에 대해 제값을 받는 문제같이 평범한 일들만 걱정하며 지낼 수 있게 되었다.

우위를 차지하기 위한 거인들의 노력

1984년에 제너럴푸즈는 독창적인 직접 우편 배송 판매를 통해 스웨덴의 통원두 예발리아 카페Gevalia Kaffee를 미국에 출시했다. 제너럴푸즈는 예발리아의 생산사이자 여전히 스웨덴 커피 시장의 지배자로 군림하던 빅토르테오도르엥발&컴퍼니를 1970년에 인수했다. 제너럴푸즈의 임원 아트 트로트먼Art Trotman은 직접 우편 배송 판매 부문의 권위자 레스터 원더맨Lester Wunderman의 지원하에, 회원에 가입하면 솔깃한 경품을 준 후 정기적으로 새로운 상품을 자동 발송해 주는 음반 클럽을 모델 삼아 마케팅 활동을 벌였다. "말하자면 사람들의 기본적 타성에 기댄 기획이다." 트로트먼은 이렇게 평했다. 처음 시작할 당시의 예발리아의 회원 가입 경품은 커피 보관통이었다. 그러다 1987년에는 신규 가입 회원에게 전자식 자동 드립 커피메이커를 주었다. 트로트먼의 회고에 따르면, 당시는 "2년 후에 매출이 두 배로 뛰었을 때"였다.

예발리아는 『보그Vogue』나 『본 아페티Bon Appetit』 같은 잡지에 광고를 실어 고소득층을 공략하며, 예발리아의 스웨덴 전통, "왕족들이 즐겨 마시는 커피를 생산하기까지의 숭고한 집념", 마스터 로스터의 손에서 탄생한 로스팅 등을 부각시켰다. 소비자들은 자신들이 제너럴푸즈 상품을 구매하고 있다는 것은 알지도 못했다. 그 사실이 알려지지 않도록 주도면밀하게 관리되었기 때문이다. 사실 예발리아는 백 퍼센트 아라비카 블렌딩을 스웨덴에서 로스팅해 손으로 직접 원웨이 밸브 봉투에 포장한 후 미국의 고객주문처리 센터로 운송해 우편으로 배송하는 상품이었다. 말하자면 제너럴푸즈는 전 과정에 손가락 하나 대지 않고, 짭짤한 수익만 챙긴 셈이었다.

1985년에 제너럴푸즈는 미국의 대형 마트들에 고메이 통원두 상품을 출시하기로 정했다. 메리 세거먼은 다섯 명으로 구성된 '기업가적 전략팀'을 조직해, 케냐 AA, 콜롬비언Colombian, 브렉퍼스트블렌드Breakfast Blend, 프렌치로스트French Roast 등 7종의 통원두 및 분쇄 커피 라인을 개발하도록 했다.

이 팀은 공항에 매점을 차려 에스프레소와 카푸치노를 팔고 싶어 했으나 이 계획은 무산되었고, 대신에 고급 대형 마트들에 한해 원웨이 밸브 포장의 고메이 원두를 판매하려던 계획으로 만족해야 했다.

이들은 1985~1986년에 인디애나주 에번스턴Evanston을 테스트 시장 삼아, 맥스웰하우스 마스터컬렉션Maxwell House Master Collection이라는 이름으로 이 상품을 선보이며 TV 광고를 같이 내보냈다. 클래식 음악을 배경에 깔고 바흐의 「커피 칸타타」를 언급하며 "바흐에게 영감을 주었던 커피보다 훨씬 더 뛰어난 커피"라고 선전한 광고였다. 그런데 포커스 그룹*을 통한 조사 결과 소비자들은 이 커피를 값싼 고효율형 커피인 맥스웰하우스 마스터블렌드와 혼동했다. 결국 상품 명칭을 맥스웰하우스 프라이빗컬렉션Maxwell House Private Collection으로 바꾸어 미국 곳곳의 고소득층 거주 지역에서 런칭했다.

세거먼은 스페셜티 식품 배급업자들에게 이 상품의 배달과 관리를 맡길 계획이었다. 그런데 런칭 직전에 제너럴푸즈가 영입했던 외부 컨설턴트가 '직접 배급' 방식을 취해야 한다는 의견을 냈다. 다시 말해 포장된 원두를 대형 마트 체인의 창고로 운송해 그곳에서 다른 상품과 똑같이 취급되도록 해야 한다는 얘기였다.

"그것은 큰 실수였다." 세거먼은 나중에 그 결정을 이렇게 후회했다. 프렌치로스트와 콜롬비언 원두는 케냐 AA 원두보다 더 잘 팔렸다. 즉 케냐 AA는 상품 진열대에 제대로 오르지도 못했다. 상품 진열대의 공간이 전혀 관리되지 않아 미관상 어수선해 보이기도 했다. 설상가상으로 현지 스페셜티 로

---

* 상품 시장이나 선거 동향의 조사를 위해 뽑힌 소수의 샘플 그룹

스팅업체들이 자신들의 상품을 직접 배급, 배치하면서 맥스웰하우스 프라이빗컬렉션 바로 옆의 비어 있는 선반에 진열시켜 놓기까지 했다.

그럼에도 이 런칭 상품은 그런대로 성공을 거두어 출시 1년이 된 1986년에 총 4천5백만 달러의 이익을 올렸다. 그러나 세거먼의 말마따나, "제너럴푸즈로선 성에 차지 않는 수준이었다. 제너럴푸즈에서는 신상품을 출시하고 3년 이내에 최소한 연 2억 달러의 이익을 올리지 못하면 신경 쓸 가치도 없는 상품으로 여겼다." 3년 후, 제너럴푸즈는 프라이빗컬렉션 라인을 사장시켰다. 세거먼은 1989년에 커피 사업 부문에서 다른 부문으로 옮겼다가 그다음 해에 퇴사했다. "회사에서 그때 나에게 재량권만 제대로 주었다면, 그 맥스웰하우스 상품이 사장되지 않도록 내가 구할 수 있었을지 모른다." 그녀는 이렇게 말했지만, 배급 시스템이 아니라 명칭이 죽음의 키스였다고 여기는 의견들도 있었다. 말하자면 앞에 "맥스웰하우스"가 따라붙는 상품명으로는 소비자들에게 고메이커피로서의 이미지를 부각시키기 힘들었을 것이라는 얘기였다.

A&P는 에이트어클락 로얄 고메이 빈 커피Eight O'Clock Royale Gourmet Bean Coffee를 원웨이 밸브 봉투에 포장해 출시하면서, 비교적 성공을 거두었다. A&P의 자회사인 컴퍼스푸즈의 대표이던 폴 갤런트는 런던에 머물던 중에 영국의 왕실 커피 납품업체인 H.R.히깅스사H. R. Higgins Ltd에 잠깐 들른 적이 있었다. 그때 갤런트는 그 스놉어필에 마음을 빼앗긴 나머지, 히깅스사의 우아한 필기체를 그대로 베끼고 뢰벤브로이 맥주Loewenbrau Beer사의 사자 로고를 표절해서 황금색 원웨이 밸브 봉투로 포장된 매혹적인 상품을 내놓았다. "나는 최고의 것을 훔쳤을 뿐이다." 갤런트가 늘어놓은 변이었다. 아무튼 A&P의

스페셜티 상품은 인기리에 팔려 나갔다.

네슬레는 인수를 통한 사업 확장 전략에 따라 1987년에 캘리포니아 소재의 삭스고메이커피를 사들여 이 브랜드의 통원두 대형 마트 배급 판매를 서서히 늘려 나갔다.

프록터&갬블은 고급 시장을 무시한 채 다른 변화를 모색해, 라이프스타일 이미지 광고전 중에서도 가장 성공적이었던 광고에 착수했다. 바로 "잠을 깨우는 최고의 비법, 폴거스 커피"라는 엔딩 카피의 광고로, 남녀 모두를 공략하며 방송 시간대를 오전 5시부터 정오까지로 편성했다.[4]

스페셜티 커피 시장이 팽창하던 시기에, 폴거스는 품질의 양극단에 두루두루 걸치는 양다리 전략을 썼다. 프록터&갬블은 통원두 부문에 진출하는 대신, 폴거스 콜롬비언 슈프림Folgers Colombian Supreme을 내놓았다가 나중에 상품명을 폴거스 고메이 슈프림Folgers Gourmet Supreme으로 바꾸었다. 그러면서 동시에 새로운 고효율형 상품, 폴거스 스페셜 로스트 플레이크드 커피Folgers Special Roast Flaked Coffee를 출시하기도 하여, 예전 상품보다 훨씬 줄어든 용량의 11.5온스(약 326그램)들이 캔에 담아 팔며 레귤러커피 1파운드와 맞먹는 커피를 추출해 마실 수 있다고 선전했다. 또 봉투에 담긴 '동결 농축freeze concentrated' 커피, 폴거스 싱글스Folgers Singles를 출시하기도 했다. 1분간 전자레인지에 돌리거나 끓는 물에 넣고 데우면 바로 커피가 우려지는 제품이었지만, 마케팅 담당자들은 그것이 인스턴트커피는 아니라고 부득부득 우겼다.

---

4 폴거스 광고는 성인을 공략층으로 내세우긴 했으나, 아이들이 함께 커피를 마시는 모습의 스폿 광고 몇 편도 시험 삼아 내보낸 후 성난 소비자들로부터 항의 전화를 받기도 했다. "어떻게 애들이 커피를 마시는 장면을 방송에 내보낼 수 있어요?"

커피와 담배

1985년 가을, 다국적 담배 제조 회사인 필립모리스가 제너럴 푸즈를 인수했다. 그 무렵 확실해졌다시피, 미국의 담배 사업은 이익이 막대하긴 했으나 가망이 불확실했다. 이 담배 회사의 임원들도 담배가 폐암의 한 원인임을 의식하고 있었던 것이다. 필립모리스는 제너럴푸즈를 58억 달러에 사들임으로써 사업 다각화가 가능해졌을 뿐만 아니라, 미국 최대의 소비재 회사로 입지를 다지게 되었다. 그러나 실리에 밝은 이 담배 회사의 임원들은 오래지 않아 제너럴푸즈에 환멸을 느끼고 말았다. 특히 제너럴푸즈 매출의 3분의 1을 차지하는 맥스웰하우스 부문에 대한 환멸이 컸는데, 필립모리스의 한 관계자는 제너럴푸즈 경영진을 두고 "있어 봐야 도움도 안 되는 위인들"이라며 "거만한 데다, 나태하긴 더 심하다"고 불만을 터뜨렸다.

필립모리스 CEO 해미시 맥스웰Hamish Maxwell은 뉴욕주 화이트플레인스White Plains에 있는 제너럴푸즈의 맥스웰하우스 사업부를 방문하자마자 커피 한 잔을 부탁했다. 왜 안 그랬겠는가? 그렇다면 예발리아나 유반을 원했을까? 아니, 그가 원했던 것은 맥스웰하우스였다. 그런데 아무도 맥스웰하우스를 마시는 사람이 없어서 추출해 놓은 커피가 없었다. 누군가 캔 따개를 찾아서 커피를 만들기까지 시간이 좀 지체되었다. "그가 회사에 문제가 있다는 것을 처음으로 눈치챈 게 바로 그때였다." 세거먼의 회고담이다.

필립모리스는 맥스웰하우스의 1986년 실적에 불만족스러워했다. 당해의 맥스웰하우스 실적은 제너럴푸즈 총매출의 40퍼센트를 차지했으나 이익은 20퍼센트에 그쳤다. 게다가 폴거스가 "잠을 깨우는" 비법이라는 광고전으로 맥스웰하우스의 시장 점유율을 갉아먹는 상황에서, 맥스웰하우스가 연간 쏟아붓는 커피 광고 예산 7천만 달러는 헛돈을 쓰는 격이 아니었을까? 실제로 1987년 4월에 제너럴푸즈는 광고 예산을 25퍼센트 삭감한다고 발표하며 예산에서 1750만 달러를 깎더니, 그해 말에는 여기서 더 삭감시켰다. 커피 및 식품 부문의 상무로 임명된 밥 실러트Bob Seelert는 맥스웰하우스라는 브랜드명에 초점을 맞추며 모든 커피를 브랜드 확장* 전략으로 마케팅했다. 또한 통원두 상품인 프라이빗컬렉션에는 미래성이 없다고 판단했다.5

맥스웰하우스의 광고 예산 감축은 미국 경제가 전반적으로 스태그플레이션**에 시달리던 그 당시의 사업 부진을 보여 주는 확실한 징후나 다름없었고, 아니나 다를까 미국 경제는 얼마 후에 불경기에 처하며 실업이 확산되었다. 맥스웰하우스는 1988년에 광고 예산을 원래 수준으로 되돌렸으나 여전히 그해에 4억 4천만 달러의 손실을 내자 어쩔 수 없이 소매가를 인하했다. 폴거스는 이에 대응하여 1파운드 용량의 레귤러 상품을 13온스 용량의 '패스트 로스트fast roast' 상품으로 전량 대체하며, 이 상품이 고효율형 커피가 아니라고 우겼다. 한 언론인은 이렇게 지적하기도 했다. "1파운드 용량의 커피는 이제 한물간 상품이 되어 가고 있다." 1989년 무렵 프록터&갬블은 레귤러 분쇄 커피 부문에서 제너럴푸즈를 추월

---

* 신제품에 기존 브랜드를 연결시켜 소비자가 쉽게 접근할 수 있도록 하는 브랜드 관리 전략

5 맥스웰하우스의 사장 스티븐 모리스(Stephen Morris)는 1987년에 사임하며 밥 실러트와의 "철학적 견해차"에 대해 언급했는가 하면, 훗날 이렇게 회고하기도 했다. "그는 판촉 전략을 통해 아주 값비싼 잔디를 조금이라도 손에 넣으려는 사람 같았다."

** 경기 침체하의 인플레이션

하며 1위 자리에 올라섰다.[6]

1988년에 필립모리스는 탄탄한 실적을 기록 중인 일리노이주 소재의 식품 재벌 크래프트사Kraft Inc.에 131억 달러의 자금을 출자한 후, 인수한 두 식품 회사를 크래프트제너럴푸즈로 통합시키면서 크래프트의 임원 마이클 마일스Michael Miles를 총책임자의 자리에 임명했다.

1980년대가 저물어 가던 시기에, 맥스웰하우스는 방향을 못 잡고 흔들리는 모습이 역력했다. 광고 대행사 오길비&매더는 필사적인 노력의 일환으로, TV 뉴스 앵커 출신의 린다 엘러비Linda Ellerbee와 TV 기상예보 아나운서 윌러드 스콧Willard Scott을 맥스웰하우스의 광고 모델로 기용해 다음과 같은 광고를 제작했다. "전국적으로 실시된 테스트 결과, 사람들이 폴거스 커피보다 맥스웰하우스를 더 좋아하는 것으로 나타났습니다." 엘러비가 뉴스 데스크에 앉아 앵커 특유의 진지한 톤으로 말한 후 취재 현장의 스콧에게 마이크를 넘기면, 이제 화면에는 한 소방대원이 나와 "깊은 맛"이 느껴지는 맥스웰하우스가 더 좋다고 말한다. 언론인 밥 가필드Bob Garfield는 이 광고를 신랄하게 혹평하며, 시도 때도 없이 쾌활한 윌러드 스콧을 "인간 부토니에르"* 라고 비하하고 엘러비에 대해서도 광고를 진짜 뉴스처럼 위장시켜 놓았다고 폄하했다. "그것은 오도다. 저속하고 잘못된 광고다."

광고는 방영 시기상으로도 운이 따르지 않았다. 하필이

---

6 브랜드 입지 면에서 따지자면, 레귤러커피 부문에서는 폴거스가 이미 10년 전에 맥스웰하우스를 앞질렀다. 그러다 이 무렵엔 프록터&갬블의 커피 브랜드들이 유반, 상카 등의 제너럴푸즈 커피 브랜드 전체를 압도하기에 이르렀다.

* 신랑의 왼쪽 예복 가슴에 꽂는 코사지

면 낙태를 합법화한 법원 판결을 드라마화하여 논쟁을 일으켰던 NBC의 드라마, <금지된 자유Roe vs. Wade>의 후원 광고로 방송을 타는 바람에, 반낙태론자들이 맥스웰하우스에 대한 불매 운동을 벌이겠다고 들고일어났다. 결국 며칠 후, 맥스웰하우스는 오길비&매더를 차 버리고, 대공황기에 라디오 프로그램 <맥스웰하우스 쇼보트>를 제작해 대박을 터뜨렸던 광고사의 후예인 다시마시우스벤턴&볼스D'Arcy Masius Benton & Bowles를 선택했다.

국제커피협정의 결렬

1985년 가을, 브라질의 가뭄 소식이 흘러들자 1986년도 수확분에 대한 우려가 번지면서 가격이 대폭 치솟았다. 상품의 선물과 옵션을 거래하는 헤지펀드*가 성장하면서 가격 변동성을 더욱 부채질했다. 경영자들이 수천 건의 계약을 사거나 팔면서 가격에 큰 영향을 끼치기도 했다. 생두 가격이 1파운드당 2달러 30센트에 이르자, 브라질에서는 강도범들이 은행을 터는 대신 커피 트럭 강탈에 더 열을 올리기 시작했다.

개장일 45일간 평균 가격이 1달러 50센트를 상회하자, 급기야 1986년 2월에는 국제커피협정 쿼터제가 자동으로 정지했다. 커피 선물가는, 생산자들이 잉여 재고를 세계 시장에 쏟아 낼 것이라는 기대에 따라 급락세를 탔다가 브라질이 수출을 제한하자 안정세로 돌아섰다. 브라질은 아프리카산 로부스타 생두를 **수입하겠다**고 발표했다. 겉으로는 국내 소비 시장에 공급하여 상급의 생두를 수출 시장에 풀어 놓겠다는

---

* 단기 이익을 목적으로 국제 시장에 투자하는 개인 모집 투자 신탁

주장을 내세웠으나, 실제 속셈은 가격을 높은 수준으로 유지하려는 시도였다. 1986년 말에 시장의 공급 과잉 물량이 4천 5백만 자루에 이를 것으로 예측되는 데다 세계 소비가 부진해지자, 가격은 1파운드당 1달러 40센트 아래로 떨어졌다가 1987년 2월 무렵엔 1달러 20센트까지 내려갔다.

엄밀히 말해 1달러 35센트 아래로 내려간 가격은 다시 쿼터제가 발동되어야 할 기준이었으나, 합의 도출 과정에서 난관이 발생했다. 미국은 라틴아메리카 생산국들이 수출량을 제한하기 위해 국제커피협정과는 별도로 미니 담합(카르텔)을 구축한 것에 분개하고 있었다. 게다가 미국으로선 상급의 아라비카 생두에 유리한 방향으로의 할당량 재조정을 원했다. 결국 3월의 런던에서의 협상이 성과 없이 끝나 버리자, 가격은 1파운드당 1달러대로 추락했다.

미국은 1987년 10월에 새로운 국제커피협정에 동의했는데, 또다시 정치적 이유에 따른 것이었다. 즉 중앙아메리카와 아프리카의 커피 재배국들에서 여전히 내전이 맹위를 떨치고 있었던 만큼, 낮은 커피 가격으로 경제가 파탄에 이르면 궁핍한 사정이 가중되어 내전이 격화될까 봐 의식하지 않을 수가 없었다.

새로운 국제커피협정은 해묵은 쟁점들을 하나도 해결하지 못했다. 가령 브라질의 할당량은 기존의 할당량에서 극소량만 감축되어 30.55퍼센트에서 30.48퍼센트로 조정되었다. 가격이 오르면서 국제커피협정의 기준 목표 가격인 1달러 20센트 언저리에 머물긴 했으나, 이중 가격제 시장에서 투어리스트 커피가 다시 고개를 들었고, 이에 전국커피협회는 1988년 2월에 국제커피협정에 대한 지지를 철회하며 "커피의 무제한적인 자유 무역"을 요구하고 나섰다. 4월에는, 국제

커피협정의 미국 측 대표단 단장이 국제커피협정이 소멸되는 1989년 9월에 미국이 회원국 지위를 갱신할지의 여부에 대해 아직 결정을 못 내렸다며 미국 정부의 입장을 발표했다.

그 이후 1988년과 1989년 초까지, 국제커피협정의 소멸 가능성에 대한 소문이 나돌았다가 뒤이어 새로운 협정 타결이 임박했다는 희망 섞인 보도가 흘러나오면서, 커피 가격은 오르락내리락 요동쳤고 브라질과 미국이 투어리스트 커피와 선별 원칙에 대한 공세를 취하고 나서야 점진적으로 하락했다. 구소련에서 개혁가 미하일 고르바초프Mikhail Gorbachev가 대통령으로 추대되고 니카라과에서도 그 근래에 산디니스타들이 선거에서 패배하면서, 미국으로선 더 이상 냉전 공포 때문에 어쩔 수 없이 협정을 지지해야 할 이유가 없게 되었다. 이제 브라질 경제는 콩, 오렌지, 무기, 마호가니, 볼펜의 수출에 대한 의존도가 더 높아졌다. 교착 상태에 빠진 협상은 너무 격렬한 상황까지 치닫게 되었고, 결국 국제커피협정은 소멸 시기인 9월 이전에 이미 수명이 다하고 말았다. 어떠한 연합도 분기별 할당량 갱신을 위해 필요한 득표를 이끌어 내지 못하자 1989년 7월 4일에 국제커피기구가 모든 수출 제한을 중지시켰던 것이다.

7월 말쯤, 가격이 1파운드당 85센트로 떨어졌다. 그러다 가격이 더 큰 폭으로 떨어지자 당황한 생산국들은 가격이 더 떨어지기 전에 팔려고 부랴부랴 생두를 시장에 내놓았다. 10월에는 국제커피기구의 회원국들이 쿼터제 없이 기금을 최소한의 수준으로 유지하기로 표결했다. 이 소식이 알려지자 가격이 1파운드당 70센트로 떨어졌다. 이 일로 맥스웰하우스, 폴거스, 네슬레, 그리고 선물 거래 객장에서 목이 터져라 소리를 지르던 이들만 경사를 맞았다. 거대 로스팅업체들은 더디게 소매가를 낮추며 지루하도록 길었던 가격 전쟁으로부터 잠깐 숨을 돌리는 동시에, 값싼 생두를 그득그득 쟁여 놓았다.

코카-커피 관련성과 수확 거부

코카인 가공 및 밀매에 대해 미국의 부시 행정부가 압박을 가해 오자, 콜롬비아의 비르힐리오 바르코 바르가스Virgilio Barco Vargas 대통령은 커피 가격의 하락으로 인해 마약 퇴치 싸움이 위기에 몰렸다며 앓는 소리를 냈다. 1988년에 콜롬비아는 커피 수출로 17억 달러를 벌어들였는데, 이는 불법 코카인 판매를 통해 거둬들였을 것으로 추산되는 15억 달러와 비교하여 근소한 차이밖에 되지 않았다. 그런 와중에 커피 가격 하락으로 인해 콜롬비아가 약 5억 달러의 손실을 입게 되자, 커피로 생계를 잇던 국민 3백만 명 가운데 다수가 코카coca의 재배로 작물을 갈아탈지 모를 상황에 이르렀다.[7]

　1월에 조지프 바이든Joseph Biden이 의장을 맡은 미국 상원 분과위원회에 콜롬비아의 대사가 증인으로 출석해, 안데스산맥 인접국들이 국제커피협정의 결렬 때문에 거의 7억 5천만 달러에 이르는 수입 손실을 입었다고 밝히며 이렇게 물었다. "남아메리카 농민들에게 어떻게 코카 잎 대신 커피를 키우라고 하겠습니까? 커피를 키워서 받는 가격이 지난해 사이에 반토막이 난 이 마당에 말입니까?"

　그러나 미국이 한 번 더 검토해 볼 의향이 있었음에도, 생산국들조차 또다시 국제커피협정을 발동하는 것에 대해 애매한 입장이었다. 결함을 지닌 채로 1962년부터 1989년까지 27년

---

　7 사실 콜롬비아의 마약계 거물들은 이미 콜롬비아의 커피 작물 가운데 10퍼센트가량을 소유하거나 통제하는 위치에 있었다.

동안 비틀비틀 불안정했던 협정의 시스템에 모든 국가가 불만족스러워하고 있었다. 한편 1990년대에 새롭게 조성된 자유 시장의 분위기 속에서 정부의 통제위원회들 또한 해체되거나 크게 힘을 잃으면서, 일부 농민들은 시가보다 더 높은 이익을 얻을 수 있게 되었다. 직원 수 3천5백 명에 연 예산이 1천5백만 달러이던 브라질커피협회^{IBC}도 1990년에 즉각적으로 폐지되었다.[8] 아프리카에서도, 가격안정기금위원회들이 중도에 폐지되었다. 1993년 말엽에 국제커피협정을 되살리기 위한 노력이 수포로 돌아가고 미국이 힘을 잃은 국제커피기구에서 공식적으로 탈퇴하자, 좌절감에 빠진 재배국들은 다시 가격을 끌어올리기 위한 출시 보류책을 개시하기 위해 커피생산국협회Association of Coffee Producing Countries, ACPC를 창설했다.

커피 재배국은 4년에 걸쳐 낮은 가격에 허덕였다. 효율적으로 운영되는 농장들조차 가격이 생산비를 밑돌았다.[9] 이전의 버스트 사이클 때와 마찬가지로, 상당수 농장주가 가지치기와 비료 주기를 포기했다. 커피나무를 베어 내고 다른 작물을 심는 이들도 있었다. 세계의 연평균 커피 수출은 1980년대 말보다 840만 자루가 더 늘었지만, 수익은 107억 달러에서 66억 달러로 오히려 **떨어졌다**. 다시 말해 자그마치 연 40억 달러의 손실을 입고 있었다. 이러한 가격 폭락은 전 세계의 영세 재

---

8 브라질커피협회가 소멸됨으로써 이제 브라질 생두는 판매를 위해 한데 모아질 필요가 없게 되었다. 또한 그로써 더 높은 품질의 커피 생산자들이 브라질스페셜티커피협회(Brazil Specialty Coffee Association)를 결성할 수 있게 되기도 했다. 그러나 이들은 브라질 커피에 대한 저급한 이미지를 바꾸기 위해 힘겨운 싸움을 벌여 나가야 했다.

9 1991년에 한 커피 전문가가 추산한 바에 따르면, 아라비카의 경우엔 손익 분기점이 1파운드당 80센트~1달러대였고 로부스타의 경우는 1파운드당 60센트가 조금 넘는 가격대였다.

배업자들을 비탄에 빠뜨리고 말았다.

가령 파푸아뉴기니의 고지에서 조 레이히Joe Leahy와 공동 소유로 새로 세운 커피 농장에 부족의 미래를 걸고 있던 가니가Ganiga 부족의 경우가 그러했다. <블랙 하비스트 Black Harvest>라는 다큐멘터리 영화에서 레이히는 족장 포피나Popina에게 이렇게 말했다. "가격만 괜찮으면 목까지 파묻힐 만큼 돈이 굴러 들어올 거예요." 그러나 가격은 완전히 폭락해 버렸고, 혼란에 빠진 포피나는 이렇게 말했다. "내 살찐 돼지를 팔아서, 이런 가격 결정이 어디에서 이루어지는지 찾아다녀 보고 싶다. 우리 모두에게 영향을 미치는 그런 결정이 어떻게 이루어지는지 모르겠다. 우리는 이제 백만장자가 되긴 글렀다." 가니가족이 낮은 임금을 받고는 수확을 못하겠다고 버티면서 커피 열매는 나무에 매달린 채 시커멓게 썩어 갔다. 영화 막바지쯤에 이르자, 가니가족은 다시 절망 속에서 부족 간 전쟁에 휘말리게 되었고 레이히는 오스트레일리아로 옮겨 가야겠다는 생각을 하고 있었다.

빅 커피: 아이스 콜드

소비국들에서는 재배국의 곤경에 크게 신경 쓰는 로스팅업체들이 거의 없었다. 커피업계에서 합병의 광풍이 계속 이어지고 있는 와중에도 값싼 생두를 비축해 놓았을 뿐이다. 1990년에 필립모리스는 유럽 최대의 커피·초콜릿 부문 재벌 제이콥스 슈샤드Jacobs Suchard를 38억 달러에 인수했다. 한편 맥스웰하우스는 판매 하락을 이유로 호보컨 로스팅 공장의 폐업을 발표하며 모든 로스팅 공정을 플로리다주 잭슨빌 공장으로 이전하기로 했다. 맥스웰하우스는 광고 대행사를 오길비&매더로 다시 교체하기도 했다. 1991년에는 크래프트제너럴푸즈가 로스팅 분쇄 커피 부문에서 33퍼센트의 시장 점유율을 기록하며, 32.7퍼센트이던 프록터&갬블을 근소한 차로 누르고 간신히 선두 자리를 탈환했다. 하지만 브랜드 가치에서는 폴거스가 여전히 맥스웰하우스를 압도했다.

1990년대 초반 몇 년은 대기업 로스팅업체들 간의 경쟁에서 크게 인상적인 활약은 나오지 않았다. 다만 예외라면 테이스터스초이스의 획기적인 광고전이 있긴 했다. 이마저도 네슬레의 영국 판매용 냉동 건조 커피 브랜드 골드블렌드Gold Blend의 광고를 표절한 것이었지만.[10] 아무튼 이 테이스터스초이스 광고는, 정열적인 미혼남 토니와 사랑스러운 영국인 이웃 샤론을 주인공으로 내세운 미니 멜로드라마 형식으로, 여자가 "세련된 맛"의 테이스터스초이스를 빌리려고 남자의 집 문을 두드리는 장면으로 이야기가 시작되었다. 그 뒤로 몇 년에 걸쳐 성적 암시, 관능적 분위기, 호기심 유발 장치로 도배된 이 시리즈물 광고에서 토니와 샤론은 이 냉동 건조 커피를 마시며 서로를 유혹하게 된다. 이 광고에 힘입어 테이스터스초이스 인스턴트커피의 시장 점유율은 그야말로 급등세를 타더니 1993년 무렵엔 1위에 등극했다. 그것도 토니와 샤론이 마침내 키스하는 장면이 방송을 타던 그 무렵이었다. 영국에서는 이 커플을 주인공으로 한 로맨스소설이 베스트셀러가 되기도 했다.

맥스웰하우스는 냉장 유통의 농축 액상 커피를 출시했다가, 뒤이어 슬로우 로스팅의 원조 방식의 상품이라는 주장과 함께 맥스웰하우스 1892를 내놓았다. 하지만 둘 다 대실패로

---

10 골드블렌드의 광고는 1987년 영국에서 방송을 처음 탔고, 방송 개시 18개월 만에 골드블렌드의 판매는 20퍼센트가 뛰었다.

몇 달이 지나고 또 몇 년이 지나도록 이어진 테이스터스초이스의 이 시리즈물 광고에서, 여주인공 샤론은 성적 암시, 관능적 분위기, 호기심 유발 요소가 잔뜩 연출된 가운데 이 냉동 건조 커피로 이웃집 남자 토니를 유혹했다.

그쳤다. 그 후엔 카피오^{Cappio}를 런칭했는데, 카피오는 카페인 음료의 새로운 물결을 예고한 수많은 아이스커피 음료의 하나였으나 이 제품 역시 큰 호응을 얻지 못했다. 코카콜라와 네슬레는 아이스커피 음료의 판촉을 위해 세계적 규모의 합작 사업에 들어간다고 발표했다(이 사업에서 일본은 제외되었다. 일본에서는 이미 코카콜라가 조지아 커피로 시장을 장악하고 있었기 때문이다). 네슬레는 네스카페 모카쿨러^{Nescafe Mocha Cooler}를 출시했고, 그 뒤에 초크풀오너츠가 초크오시노^{Chock O'Cinno}를 내놓았으며, 비교적 영세한 업체들도 다수의 스페셜티 커피 제품을 내놓았다. 그러나 아이스커피 중에는 스내플^{Snapple}*을 위시한 '뉴에이지' 음료들만큼 인기를 얻은 제품이 하나도 나오지 못했다.

1990년대 중엽에는 업계 관측자들이 확실하게 알아보았듯, 대기업 로스팅업체들은 길을 잃었고 소규모의 고메이커피가 붐을 일으키고 있었다. 1995년에 『포브스^{Forbes}』에서는 대기업 커피 상인들의 운명을 "늦잠에 빠지다"라는 한마디의 헤드라인으로 요약하기도 했다. 이 잡지에서 맥스웰하우스, 폴거스, 네슬레에 전하려던 메시지는 이것이었다. "눈을 떠서 갓 분쇄한 커피의 향을 맡아 보라."

---

* 미국의 대표적 차 음료 브랜드

제18장
스타벅스 경험

전설에 따르면 멀린*은 미래에서 태어나 과거로 옮겨 가 시간을 거슬러 살았다고 한다. 그렇다면 그는 인습에 얽매이지 않은 관념들로 충만해서 종종 동시대 사람들과 생각이 맞지 않았을 것이다. 내가 무슨 현자는 아니지만 그래도 가끔은 그가 어떤 기분이었을지 알 것도 같다. 미래에 대한 내 비전이나, 스타벅스가 어떤 회사가 되어야 할지에 대한 내 포부가 잘못 이해될 때가 너무 빈번하기에 하는 말이다.

– 하워드 슐츠 Howard Schultz, **1997년**

1995년 무렵, 한 스페셜티 커피 로스팅업체가 역동적이고 세분화된 시장에서 독보적 선두 주자로 떠올랐다. 즉 1971년에 제리 볼드윈, 제브 시글, 고든 바우커가 출범시킨 시애틀 소재의 선도적 회사, 스타벅스가 놀랍도록 짧은 시간 안에 전국적 돌풍의 주인공으로 떠올라 있었다. 스타벅스는 홍보에 돈한 푼 들이지 않고도 이제 고급 커피, 히피 집합소, 고급스러운 이미지의 동의어가 되어 있었다.

1980년에 제브 시글은 다른 방면에 관심을 갖게 돼 자신의 지분을 매각했다. 그 무렵, 스타벅스는 워싱턴주 최대의 로스팅업체였다. 또한 레스토랑, 다른 소매점, 대형 마트에도 원두를 파는 동시에 에스프레소 머신, 그라인더, 브루어도 판

---

* 아서 왕 이야기에 나오는 예언자·마법사

매 중이었다. 제리 볼드윈은 자신의 매장 판매에 주력하기 위해 블루앵커 대형 마트 부문을 팔았다. 그는 장비 부문도 포기했으나, 1982년에는 스타벅스에 드립 브루잉 텀블러를 납품했던 뉴욕주의 세일즈맨 하워드 슐츠를 새로운 마케팅부문장으로 고용했다. "진짜 보물을 갖고 계시는군요. 스타벅스는 지금보다 훨씬 더 크게 키울 수 있는 회사예요." 슐츠가 볼드윈에게 했던 말이다.

1983년에 볼드윈은 1979년에 피츠를 인수했던 샐 보나비타Sal Bonavita의 전화를 받았다. 피츠를 팔고 싶다는 전화였다. "너무 흥분돼서 가만히 앉아 있기가 힘들었다." 볼드윈은 당시를 이렇게 회상했다. 그 모든 것을 시작하게 된 계기였던 매장을 소유할 기회가 찾아왔는데, 왜 안 그랬겠는가. "나는 피츠와 스타벅스가 함께하는 걸 보고 싶었다." 1984년에 스타벅스는 피츠를 인수하며 큰 부채를 떠안게 되었다. 볼드윈은 두 회사의 문화 사이에서 균형을 잡으려 애쓰며 시애틀과 샌프란시스코를 오갔다.

한편 하워드 슐츠는 스타벅스가 새로운 방향을 취해야 한다고 강력히 주장하고 있었다. 1983년 봄에 스타벅스에서는 슐츠를 이탈리아 밀라노의 국제 가정용품 박람회에 출장 보내 주었다. 60년 전에 앨리스 푸트 맥두걸이 그랬듯, 그 역시 그곳에서 활기 넘치는 커피 문화를 접하게 되었다. 면적이 필라델피아만 한 도시, 밀라노에는 1천5백 개의 에스프레소 바가 번성해 있었고 이탈리아 전체로 따지면 그 매장 수가 20만 개에 이르렀다. "부온 조르노Buon giorno!(안녕하세요!)" 어느 날 아침, 한 바리스타(바텐더)가 슐츠를 맞으며 작은 데미타스 잔에 담긴 에스프레소를 한 손님에게 건네더니, 이어서 능숙한 솜씨로 완벽한 카푸치노를 만들어 냈다. 슐츠는 그때의 순간을 이렇게 회상했다. "그 바리스타는 동작이 어찌나 유연하던지 동시에 원두를 분쇄하고 에스프레소 샷을 뽑고 스팀 우유를 만드는 것처럼 보였고, 그러는 내내 손님들과 즐겁게 이야기를 나누기까지 했다. 정말로 대단한 장면이었다." 슐츠는 베로나에 갔을 때는 에스프레소에 스팀 우유를 넣은 카페라테를 처음으로 맛보았다.

그는 퍼뜩 영감을 받았다. 스타벅스의 훌륭한 원두로 그런 커피를 추출하지 못할 이유가 없지 않은가? 이탈리아와 같은 그런 분위기의 만남의 공간을 만들지 못할 이유가 없지 않은가? 그러나 시애틀로 돌아온 슐츠는 냉정한 반응에 맞닥뜨렸다. 제리 볼드윈은 자신의 사명으로 삼고 있던 통원두 판매의 비중이 줄어드는 것을 원치 않았다.

1984년 4월에 스타벅스가 여섯 번째 매장을 열었을 때, 볼드윈은 슐츠에게 작은 에스프레소 바를 테스트 삼아 열어보게 해 주었다. 그 결과 이 에스프레소 바는 히트를 쳤으나, 볼드윈은 스타벅스가 빠르게 커피 한 잔 마시기 위해 들르는 그런 곳으로 인식되길 원치 않았다. 슐츠는 독자적으로 지점을 내기로 결심하고 일지오날레Il Giornale라는 커피하우스를 열었다. '매일매일'이라는 뜻의 이탈리아 최대 일간지명을 따서 붙인 이름이었다.

브루클린의 저소득층 공영 주택에서 자랐던 슐츠는 성공의 의지가 강했다. 볼드윈은 선의와 신뢰의 표시로 스타벅스의 자금 15만 달러를 일지오날레에 투자해 주었고, 슐츠는 시애틀의 다른 사업가들을 설득해 자본금을 얻었다. 그는 테스트 삼아 열었던 최초의 에스프레소 바 운영자 돈 피노드Dawn Pinaud를 채용해 직원 교육과 매장 관리의 일을 맡겼다. 그 후 데이브 올슨Dave Olsen이 합류하게 되었는데, 올슨은 1975년에 시애틀의 대학가에 펑키한 카페알레그로Café Allegro를 열고 스타벅스의 생두를 에스프레소용으로 다크 로스팅했던 인물이었다. "1985년까지 내 가게를 10년째 운영하던 중에 뭔가에 더 도전해 봐야 한다는 생각이 들었다. 그런데 마침 하워드의 꿈과 내 꿈이 잘 맞았다."

일지오날레 1호점은 1986년 4월에 문을 열었다. 개점 후 여섯 달이 채 지나지 않아, 하루에 천여 명의 손님이 방문해 에스프레소 음료를 사 마셨다. 소수의 몇몇 손님은 그 진한 음료를 이탈리아인들처럼 스트레이트로 쭉 들이켰지만 대다수는 (스팀 우유보다 에스프레소의 양이 더 많은) 카푸치노와 (우유가 더 많은) 라테를 주문했다. 이탈리아인들은 이렇게 우유로 희석된 커피는 아침에만 마셨지만 슐츠는 미국인의 선호 취향에 맞추어 구분 없이 판매했다. 또한 이탈리아에서는 대다수 손님이 서서 후딱 마시고 가는 편이었다면, 미국인들은 시간을 좀 끌다가 가고 싶어 했다. 그런 점을 감안해 슐츠는 매장에 의자를 더 들여놓았다. 손님들이 계속 오페라만 틀어주는 것을 불만스러워하자 재즈로 음악을 바꾸기도 했다.

그러나 근본적인 요소들은 변경 없이도 잘 통했다. 돈 피노드와 그녀의 부하 직원들은 그들만의 용어를 만들었다. 사실 일지오날레가 기본적으론 패스트푸드 매장이었지만 이곳의 서비스 종사자들은 탄산음료 판매원이나 허드렛일꾼과는 달랐다. 그들은 무대에서처럼 스포트라이트를 받는 자신들을 바리스타라고 불렀다. 음료의 주문 사이즈도 스몰, 미디엄, 라지가 아니라, 쇼트, 톨, 그란데라고 했다. 더블 에스프레소에 우유를 살짝 탄 음료는 도피오 마키아토doppio macchiato라는 이름을 붙였다. 피노드는 나중에 이렇게 말했다. "이런 용어들이 일용어가 되었다니, 정말 신기하다. 우리 몇 사람이 회의실에 앉아 정한 용어들인데 말이다." 마침내 스타벅스가 고객의 요구에 굴복해 스킴 밀크(탈지우유)와 향미료를 제공한 이후부터, 주문은 일종의 시적 예술이 되었다. 가령 우유가 잔뜩 들어가고 우유 거품을 얹지 않은 디카페인 에스프레소를 큰 잔으로 마시고 싶다면 '언레디드 그란데 라테 위드아웃unleaded grande latte without'으로 주문하는 식이었다. 또 레귤러 샷과 디카페인 샷에 스킴 밀크를 섞고 풍부한 거품을 얹은 아이스 헤이즐넛 커피를 작은 잔에 담아 테이크아웃으로 가져가려면, '아이스드 쇼트 스키조 스키니 헤이즐넛 카푸치노 위드 윙즈iced short schizo skinny hazelnut cappuccino with wings'라고 말하면 되었다.

그러던 1987년 3월, 하워드 슐츠는 스타벅스가 매각 예정임을 알게 되었다. 당시에 고든 바우커는 다른 사업으로 눈을 돌려 마이크로브루어리microbrewery(소형 맥주 양조장)를 시작하기 위한 현금을 모으고 싶어 했다. 또 볼드윈은 도매 부문 자회사인 카라발리Caravali는 매각하고 스타벅스 자체를 따로 분리 독립시키길 기대했다. 그리고 자신은 수석 로스터인 짐 레이놀즈Jim Reynolds와 함께 샌프란시스코로 옮겨 가 피츠에만 주력할 생각이었다. 그로부터 몇 주 지나지 않아, 슐츠는 투자자들을 설득해 380만 달러를 끌어모아 스타벅스의 여섯 개 소매점과 로스팅 공장을 사들였다. 당시 서른네 살이던 슐츠는 앞으로 5년 안에 125개의 매장을 새로 열겠다는 계획도 발표했다. 그는 스타벅스가 더 마음에 들어, 난해한 일지 오날레라는 이름을 버렸다. 로고의 상반신을 드러낸 인어는 긴 웨이브 머리를 늘어뜨린 여신의 형상으로 순화시키는 한편, 회사 팸플릿에 스타벅이 『백경』에 등장하는 "커피를 사랑하는 일등 항해사"라는 주장을 담아 놓기도 했다. 이 책에 나오는 인물 그 누구도 커피를 마시지 않았는데도 말이다.

이탈리아의 여행에서 영감을 받은 하워드 슐츠는 스타벅스 경험을 통해 에스프레소, 카푸치노, 라테를 전파시켰고, 1987년 인수 이후에 회사를 다국적 기업으로 성장시켰다.

슐츠는 커피에 헌신적인 일단의 핵심 멤버를 끌어들였다. '커피 전문가' 케빈 녹스 Kevin Knox도 그중 한 명으로, 그는 로스터기에서 원두가 나오는 순간부터 그 첫 잔을 맛보는 순간까지 전 과정을 감독했다. 1987년 10월에 슐츠는 피노드를 시카고로 보내며 그곳에 스타벅스 매장을 열라고 했다. "나중에 한 컨설턴트가 나에게 말하길, 그것은 보이스카우트 칼 하나 쥐여 주고 적지에 낙하산으로 투입시키며 살아남으라고 명하는 격이었다고 했다." 피노드의 회고담이다. 그 뒤로 2년 동안 그녀는 시카고에 매장 열다섯 개를 열었다. 힐스브라더스와 폴거스에 길들어 있던 시카고 시민들은 강한 다크 로스팅의 스타벅스 블렌딩에 금세 익숙해지지 못했다. 하지만 카푸치노와 라테가 맛이 좋다 보니 점차 충성 고객들이 생겨났다.

1987년에 스타벅스는 33만 달러의 손실을 봤다. 그다음 해에도 76만 4천 달러, 또 1989년에도 120만 달러의 손실이 났다. 바로 이 1989년 무렵 스타벅스는 태평양 북서부 지역과 시카고에 매장이 55개였다. 투자자들이 신뢰를 갖고 계속 벤처 자본을 투입해 주지 않으면 안 될 상황이었다. 그러다 1990년에 스타벅스는 새로운 로스팅 공장을 세우고 적게나마 이익을 내면서 고비를 넘기게 된다. 그 이듬해에 피노드는 스타벅스를 로스앤젤레스에 진출시켰다. 많은 이들이 따뜻한 기후의 지역에서 뜨거운 커피가 얼마나 팔리겠느냐며 우려했으나 금세 대박을 터뜨렸다. 슐츠는 당시를 다음과 같이 떠올렸다. "스타벅스는 거의 하룻밤 사이에 유행이 되었다. 우리는 입소문이 광고보다 파급력이 훨씬 더 크다는 것을 알게 되었다."

슐츠는 경영학 전공자들과 프랜차이즈 체인 사업 운영 경력을 가진 기업 임원들을 채용하기 시작하면서, 복잡한 컴퓨터 시스템을 갖추고 손님들에게 표준화된 제품이 제공되도록 전국의 직원들을 훈련시켰다. 직원의 대다수는 1990년대 초에 패스트푸드 업체들에서 채용한 이들로서, 이들의 채용으로 기존의 커피 이상주의에 더해 전문적 운영 능력이 더해졌으나, 그 두 가지가 늘 기분 좋게 공존했던 것은 아니다. 1991년 말엽에 매장 수가 1백 개를 막 넘어서고 매출이 5천7백만 달러에 이르자, 확장 사업에 가속도를 내기로 한 슐츠는 자금 조달을 위해 주식 공개를 준비했다.

라테 랜드

"잠자는 거인들을 깨우기가 점점 두렵다. 그들이 일찌감치 스페셜티 커피를 팔기 시작했었다면 우리는 완전히 쓸려 나갔을 것이다." 슐츠는 맥스웰하우스, 폴거스, 네슬레를 언급하며 이렇게 인정했다. 그러나 이 거인들은 소규모 소매점 사업에는 진출하지 않았다. 한편 스타벅스 외에 다른 지역의 여러 스페셜티 커피 매장들도 사업을 확장해 나가고 있었다. 특히 에드 크베코 소유의 글로리아진스커피빈은 스타벅스의 주요 경쟁자로 부상했다. 크베코는 1985년에 시카고 지역에 열한 개의 매장을 소유하게 되자 쇼핑몰을 중심으로 프랜차이즈 사업을 시작했다. 스타벅스가 고상한 취향의 이탈리아풍 이미지를 내세웠다면, 글로리아진스커피빈은 철저히 중산층 분위기를 연출하며 여러 가지 플레이버드 원두 등으로 다양한 종류의 커피 음료를 제공했다. 그러더니 1991년, 1백 곳이 넘는 도시의 124개 매장에 크베토의 아내 이름이 내걸리면서 스타벅스를 크게 앞질렀다.[1]

고메이 원두의 판매는 불과 6년 사이에 세 배로 뛰어오르면서, 가정 구매의 20퍼센트를 차지하게 되었다. 어느 언론인이 불평했듯, 이제 소비자들은 "대학 졸업자들도 지도를 보고 척척 짚어 내지 못하는 국가들에서 온 원두"를 접하게 되었다. 소비자들은 그 많은 원산지 국가들 가운데 하나를 결정하고 나면 이번엔 플레이버를 정해야 했다. "초콜릿, 아마레토,* 바닐라, 아이리시 크림,** 삼부카,** 오렌지, 계피, 헤이즐넛, 마카다미아,** 라즈베리, 초콜릿 라즈베리 등등 그 종류도 많다. 그다음에도 고민이 뒤따른다. 로스팅 스타일은 프랑스식, 미국식, 이탈리아식 중 무엇으로 해야 할까? 디

---

1 이 외에도 1991년 무렵 디트로이트 소재의 커피비너리는 48개의 프랜차이즈 매장을 거느리고 있었고, 대부분이 중서부 지역에 밀집되어 있었다. 뉴올리언스에서는 피제이스커피(PJ's Coffee) 매장들이 프랜차이즈 사업을 개시했다. 캘리포니아의 파스쿠아(Pasqua) 체인은 20개의 매장에서 커피와 함께 이탈리아식 샌드위치를 함께 팔았다. 캐나다에서는 티모시스가 점포 수를 40개로 늘렸는가 하면, 세컨드컵과 반 하우트(Van Houte) 모두 매장 수가 1백 개를 넘어섰다. 보스턴에서는 커피커넥션이 매장을 여섯 개로 늘렸다. 플로리다 기반의 바니스는 매장 수가 81개에 이르렀으며, 대다수가 남동부 지역에 몰려 있었다. 그러나 맨해튼에서는 도널드 쉰홀트와 파트너 하이 샤봇이 도매 부문에 집중하고 가족과 더 많은 시간을 갖기 위해 길리스 소매점들을 폐업시켰다.

* 아몬드 맛이 나는 이탈리아산 리큐어(과일, 향신료 등을 위스키나 브랜디 등에 섞어 만든 달콤한 알코올 음료수)

** 아이리시 위스키와 커피, 크림을 섞은 알코올 음료수. 단맛이 강하다.

** 아니스 향이 나는 이탈리아산 리큐어
*

** 오스트레일리아산 상록수의 열매

카페인으로 할까, 아니면 레귤러로 할까? 분쇄는 어떤 식이 좋을까?" 실제로 1991년의 영화 <LA 스토리LA Story>를 보면, 코미디언 스티브 마틴Steve Martin이 "더블 디카페인 반, 카페인 반에 레몬 섞어서" 달라고 주문하는 대목이 나온다.

국민들이 카페인에 최절정으로 취하면서 1980년대의 건강우려증은 거의 떠밀려 버렸다. 커피 애호가 조앤 프랭크 Joan Frank는 "까딱하면 살인이라도 저지를 듯 반쯤 제정신이 아닌 채로 덜덜 떠는 무리"가 샌프란시스코의 피츠에서 줄 서서 기다리곤 했는데 그들의 눈에는 이런 경고가 담겨 있는 듯했다고 언급했다. "우리를 건드리지 않는 게 좋을 거요. 아직 커피도 못 마신 상태니까." 하지만 프랭크는 그게 무슨 대수라는 양, 또 이렇게 썼다. "커피의 방울과 알갱이 하나하나마다 축복을. 커피는 미국인의 핏속에 흐르는 절대적 진수이며, 그 위로 연약한 의지가 흔들리나니." 베이비붐 세대는 유년기에는 코카콜라에, 성년기에는 코카인에 빠져 지내다 빙 돌아서 다시 부모 세대의 음료로 돌아온 셈이었다.

이런 커피 국가에 수도가 있었다면, 그것은 스타벅스를 비롯해 다른 수많은 커피업체의 본고장이던 시애틀이었다. 실제로 1991년에 시애틀을 찾았던 한 관광객은 다음과 같은 소감을 밝혔다. "공구 상가든 시내 쇼핑가든, 어디를 가더라도 인도에서 에스프레소 노점을 마주치거나, 아니면 바 뒤의 번쩍거리는 에스프레소 머신이 인상적인 멋들어진 카페의 문 앞을 지나치게 되었다." 트럭 운전사들도 드라이브스루*에서 주문한 라테를 홀짝이곤 했다. 그런가 하면 시애틀을 무대로 거만한 정신과 의사가 주인공으로 등장했던 TV 시트콤 <프레이

---

* 차에 탄 채로 이용할 수 있는 식당·은행 등

1990년대 초에 들어서면서, 카페인 중독자들은 당당하고 떳떳해졌다.

† 말풍선: "커피는 나에게 최고의 마약이다!"

저>에서는 이 의사가 친구들과 함께 카페 네르보사에서 카푸치노를 마시는 장면이 종종 나오기도 했다.

스타벅스: 크게 주목받던 시절

스타벅스는 1992년 6월 26일에 주당 17달러의 공모가에 기업 공개IPO를 실시하면서 시가총액이 2억 7천3백만 달러에 이르렀다. 불과 5년 전에 하워드 슐츠가 스타벅스 인수에 4백만 달러가 좀 못 되는 비용을 치렀던 것에 비교하면 어마어마한 수준이다. 그 뒤로 3개월이 채 지나지 않아 주가는 33달러로 오르며 스타벅스의 가치는 4억 2천만 달러에 달했다. 슐츠와 데이브 올슨을 비롯해 다른 임원들은 하룻밤 사이에 백만장자 대열에 올라섰다. 당시 슐츠의 개인 소유 주식은 110만 주, 즉 8.5퍼센트였다.[2]

　　스타벅스는 직원들에게 25시간 코스의 교육을 통해 회사 규정을 가르쳤다. 다음이 바로 그런 규정 중 한 사례였다. '더블 에스프레소 샷은 18~23초 사이에 추출하고 추출 후 10초 이내에 서빙하되, 그러지 못할 경우엔 버린다.' 이 교육에서는 일명 커피 기초 상식 입문, 소매의 기술, 완벽한 커피 추출법, 고객 서비스론이라는 과정을 가르쳤으며, 강사들은 젊고 진지하기 이를 데 없고 열정적이었다. "멋져요! 환상적인 거품이에요!" 그들은 수강생들이 라테를 만들 때면 입에 거품

---

[2] 그러나 슐츠가 즐겨 쓰던 말처럼 "스타벅스 경험(Starbucks experience)"을 쌓아 나갔던 사람들은 이런 전리품을 함께 나누지 못했다. 가령 돈 피노드는 다른 방면의 커피 사업에 뛰어들기 위해 기업 공개 이전인 1992년 1월에 퇴사한 상태였고, 겨우 2백 주의 스톡옵션을 갖고 있던 케빈 녹스는 "커피에 대한 열정이라곤 없는 패스트푸드업 사람들에 둘러싸여" 있는 것에 불만스러워하다가 환멸감을 못 이겨 1993년에 퇴사했다.

을 내며 이렇게 말하곤 했다. 한편 히피 스타일의 젊은 X세대 직원들은 코나 입술, 혀에 피어싱한 징이나 링을 빼야 했다. 직원들은 로스팅 아로마에 지장을 줄 수도 있다는 이유로, 향수도 뿌릴 수 없었다.

슐츠는 스타벅스의 프랜차이즈를 통해 사업의 확장 속도를 네 배로 올릴 수도 있었으나, 공항, 서점 등의 개업 인가가 필요한 몇몇 장소만 제외하고 모두 회사 직영 매장으로 열었다. 그는 이런 운영 방식을 통해 품질과 직원 교육을 엄격히 통제할 수 있었다.

체인 매장에서는 최저 임금보다 약간 높은 급여를 주었을 뿐만 아니라, 주당 20시간 이상 일하는 파트타임 직원들까지 대상으로 포함시켜 혁신적인 복지 혜택을 제공했다. 그 결과 스타벅스의 이직률은 연 60퍼센트로서, 업계 평균인 2백 퍼센트 이상의 수준과 비교하여 크게 낮았다. 슐츠는 1991년에는 '빈스톡Bean Stock(원두 주식)' 프로그램을 도입했는데, 이 프로그램에 따라 직원들은 (이제 '파트너'로 칭해지면서) 연 기본급의 12퍼센트에 상당하는 스톡옵션을 제공받고 5년이 지나면 여기에 5분의 1을 더 받게 되었다. 이론적으로, 모든 직원이 회사의 성공에 이해관계를 갖게 된 셈이었다. 그러나 직원들은 평균적으로 1년 반 후면 회사를 떠났기 때문에 대다수의 스톡옵션은 무효로 소멸되었다. 그럼에도 회사에 수년간 근무하는 이들에게 빈스톡은, 주식이 계속 오른다면 적으나마 쏠쏠한 종잣돈이 되어 주었다.

스타벅스는 미국 기업 중 국제원조구호기구CARE에 가장 많은 기부금을 내는 업체로 부상하며 인도네시아, 과테말라, 케냐, 에티오피아 같은 커피 생산국에 그 기부금을 지원한다는 조건하에 1990년대 중반까지 연 50만 달러를 기부하기로 약속했다. '국제원조구호기구 샘플러'라는 커피 선별 패키지 selection package를 판매해 그 수익금의 일부를 기부하기도 했다. 스타벅스는 이러한 자선 활동의 공을 인정받아 국제인도주의상International Humanitarian Award을 수상했다.

슐츠는 정말로 이미지 구축의 달인이었던 것 같다. 그 자신도 말했듯 끈기가 대단하기도 했다. "내 인생사는 재능과 행운의 이야기이기도 하지만, 그에 못지않게 끈기와 추진력의 이야기이기도 하다. 나는 될 때까지 의지를 꺾지 않았다. 죽을 각오로 노력하고 누구에게든 배우려는 자세로 임하고 기회를 최대한 잡으면서, 한 걸음 한 걸음 성공을 일구어 나갔다."

사회학자 레이 올든버그Ray Oldenburg는 1989년에 『정말 좋은 곳The Great, Good Place』이라는 책을 출간했다. 시골 잡화점이나 청량음료점 같은 예전의 만남과 교류의 공간들이 사라진 것에 대한 안타까움을 담아 낸 책이었는데, 따로 커피하우스를 주제로 다룬 장章에서는 다음과 같은 결론을 내렸다. "커피하우스의 생존은 낭만적으로 보이는 과거가 아닌 현대의 요구를 충족시킬 수 있느냐 없느냐의 능력에 달려 있다." 슐츠는 이 책을 너무 재미있게 읽은 나머지 올든버그의 학술적 용어를 차용해, 집이나 직장 다음으로 편안한 "제3의 장소"라는 별칭을 스타벅스에 붙이기도 했다. 말하자면 "집 앞 현관이 연장"된 것처럼 사람들이 격의 없이 모일 수 있는 곳이라는 뜻의 별칭이었다. 사실 스타벅스 같은 현대의 커피하우스들은 친구나 낯선 이들을 만날 수 있도록 긴요한 공간을 제공해 주고 있다. 그것도 이전보다 더 편집증적이고 단편화된 우리의 문화 풍조에서는 그 역할이 특히나 더 중요하게.

기업 공개 이후, 스타벅스는 매장 수가 점점 늘어나 1992년에는 165개, 1993년에는 272개, 1994년에는 425개가 되었다.

1990년대 중반 무렵엔 통신 판매 고객층의 조사 결과를 토대로 적당한 입점지를 정하여, 영업일 하루마다 하나꼴로 매장을 새로 열었다. 슐츠는 매장별 일일 판매량과 수익을 점검하면서 매니저들에게 전화로 치하나 질책의 말을 하기도 했다.

스타벅스는 1993년에 워싱턴 D.C.의 동해안에 사업의 교두보를 세웠다. 당시에 내셔널 퍼블릭 라디오*에서 수전 스탬버그Susan Stamberg는 스타벅스식 콘셉트가 그곳에서도 통할지 모르겠다며 의구심을 표했다. "이 도시에서 30년을 살아온 사람으로서 하는 말이지만, 이곳은 워커홀릭들의 도시예요. 그러니까, 죽치고 앉아서 한가하게 시간을 보내고 싶어 할 사람들이 얼마나 되겠느냐 이 말이죠." 그러나 스탬버그가 틀렸다. 워싱턴시의 시민들은 스타벅스로 우르르 몰려들었다. 슐츠는 미국에서 가장 빠르게 성장한 회사 1백 곳 중 한 곳의 CEO로서 『포춘Fortune』의 커버를 장식하기까지 했다. "하워드 슐츠의 스타벅스는 커피를 갈아 황금으로 만들고 있다." 『포춘』에 실린 글이었다.

스타벅스는 1994년에 미니애폴리스, 보스턴, 뉴욕, 애틀랜타, 댈러스, 휴스턴에 진출할 계획을 발표했다. 보스턴에서는 커피커넥션의 창립자 조지 하웰이 이런 움직임에 초조해하고 있었다. 앞선 1990년에 슐츠는 그에게 매입 제안을 해온 적이 있었고, 그때 그는 거절했었다. 슐츠는 그 뒤로도 몇 년에 걸쳐 매입 제안을 재차 밝혀 왔다. 하웰은 스타벅스의 다크 로스팅을 경멸하며, 원두별로 섬세한 풍미를 내는 자신의 미묘한 로스팅에 자부심을 갖고 있었다. 또한 20년에 걸친 노력이 헛수고가 되지 않도록 하기 위해, 1992년부터 커피커

---

* 전미 네트워크의 비영리·공공 라디오 방송

넥션의 새 매장들을 내기 시작했다. 1994년 무렵 하웰은 매장을 21개로 확장시켜 놓았고 그해에 6개의 매장을 더 열 계획이었다.

급기야 「보스턴 글로브Boston Globe」에 전쟁이 임박했다는 보도가 실렸다. "우리는 커피 전쟁에 휘말리고 싶지 않습니다." 스타벅스의 마케팅 담당 조지 레이놀즈George Reynolds는 「보스턴 글로브」와의 인터뷰에서 이렇게 밝혔으나, 여기에 한 마디 더 덧붙였다. "단지 지배자가 되고 싶을 뿐입니다."라고. 하웰은 이에 질세라 이 경쟁 상대의 로스팅 스타일을 빗대 '차벅스Charbucks'*라고 비아냥거렸다. 그러던 1994년 3월, 하웰은 스페셜티 커피업계를 충격으로 몰아넣었다. 자신의 사업체를 2천3백만 달러에 매각하기로 스타벅스와 합의했던 것이다. 그는 매장을 급속히 확장하다 보면 어느 정도 품질 통제력을 잃게 마련임을 깨닫게 되었다. 그런데다 재정 관리에 골치가 아프자, 사업에 더 이상 재미를 느끼지 못했다. "하워드 슐츠는 커피커넥션의 사업을 계속 끌고 가겠다고 약속했다. 커피커넥션의 콘셉트와 상품을 변경시키지 않기로 말이다." 훗날 하웰은 이렇게 회고하며 후회하게 된다.

2년이 채 지나지 않아, 커피커넥션의 전 매장이 스타벅스로 변경되었고 로스팅 특징도 다크 로스팅으로 바뀌었다. 또한 스타벅스에서는 동해안 지역에 중앙집중적 로스팅 공장이 필요해지자, 펜실베이니아주 요크York에 공장을 세우며 보스턴 커피커넥션 공장을 폐업시켰다.

『비즈니스 위크』의 표현 그대로, 스타벅스는 "초광속"으로 뻗어 나가며 눈 깜짝할 사이에 뉴욕시를 정복했다. 1995년

---

* 원두를 지나치게 태운다는 의미로 숯을 뜻하는 'char'를 앞에 붙인 것

에는 피츠버그, 라스베이거스, 샌안토니오, 필라델피아, 신시내티, 볼티모어, 오스틴에도 매장을 내며 연말 무렵에 매장 수를 총 676개로 늘렸다. 이듬해에는 매장 수를 1천 개까지 불렸는데, 그중 한 곳은 도쿄에 연 매장이었다. 하워드 슐츠는 도쿄를 방문했다가 "스타벅스 경험"을 느끼기 위해 35도의 날씨에도 줄지어 기다리는 일본인들을 자신의 눈으로 직접 보고는, 그만 눈물까지 흘렸다.

한편 스타벅스는 기민한 공동 제휴를 통해 그 명성과 로고를 널리 확산시키며 훨씬 더 많은 돈을 벌어들였다. 그 일례로 펩시와 함께 탄산이 가미된 커피 음료, 마자그란Mazagran을 개발하는 한편, 뒤이어 우유가 들어간 아이스커피 음료 프라푸치노Frappuccino를 자체 개발해 대형 마트에 출시하기도 했다. 또한 레드훅에일브루어리Redhook Ale Brewery와 함께 커피맛 맥주 더블블랙스타우트Double Black Stout를 내놓기도 했다. 그런가 하면 드레이어스Dreyer's는 스타벅스 커피 아이스크림을 상품화했는데, 출시하자마자 커피맛 아이스크림 부문에서 베스트셀러 브랜드로 떠올랐다. 스타벅스는 자체적 음반을 발행하기도 했다. 커피를 홀짝이며 듣기에 편안한 재즈곡 모음 CD『Blue Note Blend』와 여성 가수들의 곡을 모아 놓은『Songs of the Siren』이 그런 사례였다. 미국의 초대형 서점 체인 반스&노블Barnes & Noble과 캐나다의 서점 체인 챕터스Chapters에서는 고객들이 매장 안의 편안한 카페에서 스타벅스 커피를 마시며 책을 읽을 수 있었다.

스타벅스는 싱가포르, 하와이, 필리핀, 대만, 한국에도 매장을 열었다. 또한 유나이티드항공United Airlines과 캐나다항공Canadian Airlines과의 제휴를 통한 기내 서비스 제공, 오프라 윈프리Opra Winfrey와 공동으로 문맹 퇴치 활동 전개, 호텔 체인 및 크루즈 회사들과의 거래 체결, 한 베이글 체인의 공동 소유권 획득, 시험 삼아 개시한 대형 마트 판매 등 다각도의 사업을 펼쳤다. 이제 스타벅스는 사람들 사이에서 흔히 오가는 일상어로 등극했고, 이는 전국적인 광고전을 벌이지 않고 거둔 성과였다. 실제로 스타벅스가 창립 후 25년간 광고에 들인 비용은 1천만 달러도 안 되었다. 『애드버타이징 에이지*Advertising Age*』의 어느 기자의 말마따나 그야말로 "입소문의 기적"이었다. 어디 그뿐인가? 로고가 박힌 머그잔, 텀블러, 보관 용기를 팔아, 돈을 버는 동시에 광고 효과까지 톡톡히 누렸다. 1994년에 데이브 올슨은 커피 입문서로서 조리법까지 함께 실린 『커피를 향한 스타벅스의 열정*Starbucks Passion for Coffee*』을 선셋북스 Sunset Books에서 펴낸 데 이어, 그 이듬해에도 『스타벅스와 함께하는 여름의 즐거움*Starbucks Pleasures of Summer*』을 써냈다.

2년 후에는, 하워드 슐츠가 (『비즈니스 위크』의 한 기자와 공저로) 자신의 인생사를 담은 『스타벅스, 커피 한 잔에 담긴 성공신화*Pour Your Heart Into It: How Starbucks Built a Company One Cup at a Time*』를 펴낸 후, 그 수익금을 신설된 스타벅스재단Starbucks Foundation에 기부했다. 1996년 4월 1일에 내셔널 퍼블릭 라디오의 프로그램, <생각해 봅시다All Things Considered>에서는 다음과 같은 보도를 내보냈다. "스타벅스가 조만간 파이프라인 건설에 착수할 것이라고 밝혔습니다. 10억 달러가 넘는 비용을 들여, 시애틀에서부터 동해안까지 수천 킬로미터에 달하는 거리에 보스턴, 뉴욕, 워싱턴에 지선을 까는 파이프라인망을 건설함으로써, 이 망을 통해 갓 로스팅한 커피 원두를 운송할 계획이라고 합니다." 이 보도는 어딜 가든 없는 곳이 없는 스타벅스의 존재감을 여실히 증명해 준 사례였다. 이 만우절 장난을 대다수 사람이 처음엔 진짜 뉴스인 줄 알고 깜빡 속았으니 말이다.

비난을 비껴가다

으레 그렇듯, 스타벅스는 공격적인 전략을 통해 대성공을 거두면서 비난을 샀다. 일례로 스페셜티 커피 경쟁자들은 스타벅스가 상습적으로 자신들의 매장 바로 맞은편에 매장을 열고 있다며 약탈적 소매 전략을 구사한다는 불만을 제기했다. "스타벅스는 누군가를 망하게 할 의도로 매장을 연 적이 단한 번도 없으며 새 입점 장소를 얻을 때도 부동산의 표준 관행을 지키고 있습니다." 홍보부 대변인은 이렇게 밝히며, 스타벅스로선 최적의 입점 장소를 찾고 있을 뿐이라고 해명했다. 게다가 "인근의 경쟁자들이 가만히 앉아 덕을 보도록, 커피의 전반적 인식을 높여 주고" 있다고도 했다.

이런 불만에도 불구하고, 스타벅스는 확실히 잘하고 있는 것 같았다. 스타벅스의 고객들은 평균적으로 한 달에 열여덟 번 스타벅스를 방문했고, 하루에 두 번씩 찾는 고객들도 10퍼센트나 되었다. 하워드 슐츠는 이렇게 말하기도 했다. "어디든 스타벅스 매장에 들어가면 소소하면서도 흐뭇한 모습들과 마주하게 된다. 가령 회의 중인 사업가들이라든가, 유모차에 태운 아이와 함께 있는 어머니, 그리고 그곳에서 정말로 인연을 만나게 되는 싱글 남녀들까지." 틀린 말은 아니었다. 물론 공동체 안에서의 고독을 누리려 스타벅스를 찾는 이들이 훨씬 더 많았고, 빈Wien의 재담꾼 알프레트 포거Alfred Poger의 말마따나, "커피하우스는 혼자 있고 싶으면서도 고독의 동지가 필요한 사람들에게 이상적인 곳"이었지만.

스타벅스는 어딜 가나 있는 그 편재성 탓에 부당할 만큼 많은 비난을 받았다. 1997년에 슐츠는 이렇게 말하기도 했다. "아무리 생각해도 이해가 안 된다. 왠지 모르겠지만, 미국에서는 약자들의 성공을 열렬히 응원하다가도 약자들이 어느

모두가 스타벅스를 좋아했던 건 아니다. 1996년의 이 삽화 속 비난처럼, 스타벅스 체인이 공격적이고 약탈적 전략으로 영세 커피하우스들을 파산으로 내몰고 있다며 혹평하는 이들도 있었다.

정도의 성공에 이르면, 바로 그렇게 응원하던 이들 중에서 몇몇 사람이 어떻게든 그 성공을 헐뜯으려 든다." 스페셜티 커피업계의 베테랑 댄 콕스는 "스타벅스 때리기"를 그만두어야 한다고 공개적으로 표명하고 나서며 뛰어난 경영, 일관적인 품질, 훌륭한 직원 대우, 사회 환원 활동, 커피업계 내의 혁신 주도 같은 스타벅스의 긍정적인 면을 지적했다.

그로부터 몇 년 지나지 않아, 슐츠는 연 10억 달러 규모의 사업체를 키워 냈다. 그의 사업 앞에 놓인 한계는 이제 지구의 경계선뿐이었다. "스타벅스는 글로벌 브랜드로 성장할 것이다." 슐츠는 이렇게 예언했다. 코미디언 제이 레노Jay Leno는 한 쇼에서 스타벅스가 그보다 더 멀리 성장할지도 모른다며 화성의 위성사진을 보여 주었다. 그것도 이미 스타벅스가 떡하니 들어앉은 사진을.

포화 상태에 접어든 시장

1990년대 중반에 들어서자 스페셜티 커피 혁명이 정체기에 이르렀음을 암시하는 신호들이 나타났다. 커피하우스들이 여전히 우후죽순 생겨나긴 했으나(피오리아Peoria*의 모카조스 Mocha Joe's도 이때 생겼다), 시애틀의 에스프레소 노점이 하나둘 감소하고 있었고 분석가들은 "포화 상태"라는 단어를 입 밖에 꺼내 놓기 시작했다. 그에 대한 반박으로, 미국스페셜티커피협회는 1995년 기준으로 4천 개가 조금 넘는 스페셜티 커피 매장 수가 21세기 전환기에는 1만 개로 늘 것이라는 추산을 내놓았다.

---

* 미국 일리노이주 중부의 도시

1985년에 1백 명에 못 미치던 스페셜티커피협회의 회원 수는 그로부터 10년 후인 당시에 수천 명으로 불어 있었다. 이제 스페셜티커피협회의 연례 집회는 로스터기, 브루어, 플레이버, 커피 관련 메시지가 박힌 티셔츠, 머그잔, 도서를 비롯해 희박하게나마 커피와 연관성을 가진 온갖 고안품의 공급 업체들에게 있어 마케팅을 펼칠 어마어마한 기회의 장이 되었다. 또한 회원들은 커피 전문가들만이 아닌 언변 좋은 동기 부여 강연자들의 연설도 들었다. 베테랑 회원들은 초심자들의 눈을 보면 커피 원두가 아닌 돈 계산이 읽힌다고 투덜거렸지만, 커피바를 열기 위해 대략 25만 달러가 들었으니 그러는 것도 이해할 만한 일이 아니었을까?

서점에는 커피 박사를 꿈꾸는 이들을 위한 커피 전문서들이 앞다투어 쏟아져 나왔다. 『커피 저널*Coffee Journal*』, 『컵스 *Cups*』, 『카페 올레*Café Olé*』, 『커피 컬처*Coffee Culture*』, 『프레시 컵 *Fresh Cup*』, 『리터럴 라테*Literal Latte*』 같은 커피 전문 잡지들도 1990년대에 등장했다. 이 중 대다수가 모닝커피 한 잔처럼 금세 사라졌지만 몇몇 소수의 잡지는 충성 독자층을 확보하며 살아남았다.

던킨도너츠는 스타벅스 같은 고급스러운 스타일이나 특수한 용어의 커피 이름을 내세우진 않았으나, 오픈케틀이라는 이름으로 1948년에 개업한 이후 한결같이 훌륭한 커피를 제공해 왔다. 또한 1983년부터는 통원두를 판매하기 시작했고 1995년 무렵엔 프랜차이즈 매장이 총 3천 개가 넘어섰으며, 한 커피 전문가의 표현처럼 "도넛 회사로 가장한 커피 회사"나 다름없었다. 이는 던킨도너츠와 비슷한 캐나다의 체인, 팀호튼스Tim Hartons의 경우도 마찬가지였다.

저성장기에 접어들었음을 보여 주는 또 하나의 증거는,

대형 마트의 통원두 판매 경쟁전이었다. 1980년대만 해도 식료잡화점들은 이름도 생소한 스페셜티 통원두를 아주 흔쾌히 들여놓았다. 그만큼 캔용기 커피보다 마진율이 훨씬 더 컸기 때문이다. 그러나 경쟁이 격화되면서 이제 대형 마트들은 입점비, 판촉료 등의 명목으로 할인을 요구하기 시작했다(이 모두는 커피 로스팅업체들이 단지 상품 선반에 자신들의 원두를 진열시키기 위해 치르던 거래 관행들이기도 했다).

한편 1990년대 중반에는 기업의 경영 컨설턴트들이 스페셜티 커피 트렌드에 주목하고 있었다. 프록터&갬블은 1995년 11월에 매입 금액을 공개하지 않은 채 밀스톤을 인수했다.[3] 그 무렵 창립자 필 존슨은 밀스톤을 반半전국구 브랜드로 키워 놓은 상태로, 밀스톤은 워싱턴과 켄터키에 로스팅 공장을 두고 자체적인 트럭 운송팀까지 거느리고 있었을 뿐만 아니라 월 매출량 68만 킬로그램에 연간 총이익이 4천만 달러 이상이었다.

흘러가는 분위기로 미루어 또 한 차례의 경기 변동이 시작될 듯했다. 예전에 전통적 커피 산업이 분화와 합병을 겪었던 것과 똑같이, 저성장기에 이른 스페셜티 커피 운동도 통합 정리될 듯했다. 그렇다면 그 과정에서 그 혼도 잃게 되지 않았을까?

---

[3] 비즈니스 전문 기자들은 프록터&갬블의 밀스톤 인수가를 2천만에서 1억 달러 사이쯤으로 추정했다.

제19장
마지막 이야기

점차 드러나고 있다시피 커피는 아주 중대한 문제다. 그 재배, 마케팅, 소비의 방식은 세계 환경의 건강과 밀접히 연관되어 왔다.

– 러셀 그린버그Russell Greenberg, 스미소니언철새센터Smithsonian Migratory Bird Center 소장, 1996년

"이 사람들은 먹을 것을 사기 위해 커피 열매를 따는 커피 피플Coffee People이다. 그런 그들은 말한다. 커피 가격이 나쁘다고. 가격이 너무 낮아서 먹을 것도 못 살 지경이라 마을이 망하게 생겼다고."

– 존 세일즈John Sayles 감독의 영화, 〈맨 위드 건스Men With Guns〉(1997)

대다수의 고급 커피콩이 그렇듯, 내가 마신 코피루왁Kopi Luwak은 습식법으로 가공되었다. 다만 차이점이라면 과육, 점액, 내과피의 제거 가공이 파라독수루스 헤르마프로디투스 paradoxurus hermaphroditus (즉 인도네시아어로는 'luwak'인) 사향고양이의 소화 기관으로 열매가 통과하는 과정을 통해 이루어진다는 점뿐이다. 아무튼 당시에 그 코피루왁이 1파운드당 3백 달러였으니, 커피 한 잔의 가격으로 따지자면 7달러 정도 될 듯싶었다. 맛이 어떤지 보려고 커피를 내리는데, 기대를 돋우는 달콤한 향이 코를 사로잡았다. 그러다 한 모금 홀짝이는 순간, 풀바디에 뭐랄까…… 흙내 같기도 하고 알싸한 것 같기도 하고 강렬한 것 같기도 한 독특한 맛이 마지막 한 모금을 마신 후로도 한참 동안 입안에서 감돌았다. 하지만 1파운드당 3백

달러를 지불하면서까지 마시고 싶다는 생각은 들지 않았다.

커피 관련 조사 중에 위의 일로 깨달은 바지만, 이렇듯 같은 것이라도 사람에 따라 독이 될 수도, 달콤한 꿀이 될 수도 있는 법이다. 거칠고 발효 맛이 나는 브라질산의 리오이 생두의 경우만 해도, 대다수 감정가에게 멸시받지만 그리스인들에겐 귀하게 떠받들어지니까. 프랑스인들이 치커리로 섞음질된 커피를 아주 좋아하는 것도 같은 경우다. 그런데 이런 취향에는 심리적인 요인도 작용해서, 그 생두가 귀할수록 가격이나 선망도도 더 높아진다. 고가에 팔리는 하와이의 코나나 자메이카의 블루마운틴을 예로 들어 보자. 대다수 커피 전문가들이 이 생두를 과테말라의 안티구아나 케냐 AA와 비

말레이사향고양이

교해 풍미가 약하다고 여기고 있는데도, 어째서 가격은 더 높은 걸까? 풍년일 때의 하와이와 자메이카의 커피 생두는 커피 애호가라면 누구라도 끌릴 만큼, 균형 잡히고 향기로운 커피 맛을 낸다. 그러나 무엇보다

도, 이 생두는 그 양이 희소한 데다, 그렇지 않아도 적은 생산량을 일본 상인들이 대부분 쓸어가다시피 매입하는 통에 그동안 줄곧 희소성이 더 높아져 왔다.

대다수의 스페셜티 커피 로스팅업체들은 고급의 단일 에스테이트 커피*를 제공하면서, 그것을 와인에 비유하고 있다. 실제로 특정 에스테이트에서 재배된 커피의 맛은 나무, 토양, 주변 환경의 조건, 가공법에 따라 다양하다. 커피 전문가 팀

---

* 커피 산지에서 규모가 크고 전통 있는 커피 농장들을 흔히 에스테이트라 하며, 에스테이트 커피는 조합으로 넘겨 버리는 산지 커피와는 달리 자신의 농장 이름을 내거는 커피로서, 최상급 커피에 듦

캐슬Tim Castle은 이렇게 말하기도 했다. "어떤 커피들은 그 재배지 인근 숲의 냄새, 나무뿌리를 적셨던 물의 맛, 인근에서 자라던 과일의 풍미를 함께 품고 있다."

라 미니타: 커피의 도시 국가

코스타리카의 이름난 농장, 라 미니타La Minita에서 커피를 재배하는 빌 매컬핀Bill McAlpin은 190센티미터에 가까운 장신에 엄청난 배 둘레로 더 위엄을 풍기는 인물이다. 상급 커피의 생산자로서 신망을 쌓아 온 매컬핀은 미국 시민이지만 라틴아메리카에서 자랐고 1974년부터 코스타리카에서 커피를 재배하기 시작했다.

매컬핀은 서른여섯 살이던 1987년에 최고 중에서도 최고의 생두 2백 자루를 추려 버지니아주까지 배로 실어 나른 후, 렌트카업체 유홀U-Haul의 트럭을 빌려 도로로 끌고 나갔다. 그는 그렇게 아내 캐롤 커츠Carole Kurtz와 함께 미국 동부의 스페셜티 커피 로스팅업체를 돌며 자신의 최상급 생두를 보여 주었다. 이때 새롭게 거래를 트게 된 고객들 중에 가장 소중한 인연은 바로 조지 하웰이었다. 보스턴의 커피커넥션을 찾았다가 만난 조지 하웰은 그에게는 그야말로 소울메이트였다. 그 이듬해에 하웰은 매컬핀을 설득해, 과테말라와 콜롬비아에서도 특별한 커피를 찾아내고 더 개선시켜서 팔아 보라고 했다.

매컬핀의 농장에서 생산된 라 미니타 타라주La Minita Tarrazu*는 꾸준히 1파운드당 3달러 99센트대의 고가를 받고 있다. 라 미니타 농장에서 재배된 생두 중 약 15퍼센트만이 품질

---

* 타라주는 코스타리카의 고지대 지역으로, 타라주 지역의 커피는 코스타리카 커피 중 제일 유명하다.

검사를 통과한다. 그 나머지는 시세대로 감정받는데, 그래도 보통 시세보다 훨씬 높게 받는다. 라 미니타는 농장 탐방도 가능한데, 라 미니타에 초대받은 고객들은 실제로 시범 농장을 둘러보고 그곳의 커피와 함께 훌륭한 음식도 맛보고 길이가 60미터에 이르는 폭포수에 감탄도 해 보고 농장의 진료소도 들어가 보고 한눈에도 만족스러워 보이는 노동자들도 만나보게 된다. 그뿐만 아니라 직접 수확 일을 체험할 수도 있다.

나의 라 미니타 체험은 초반부만 해도 마음이 편치 못했다. 내가 도중에 다른 나라들에서 커피 생두 몇 알을 집어 왔었는데, 그것을 매컬핀이 알아채고는 나에게 알몸 수색을 해야 한다느니, 내 짐을 다 꺼내 보여 달라느니 우기는 통에 어찌나 혼쭐이 났던지. 하긴, 당시엔 커피콩을 먹는 작고 시커먼 벌레, 브로카가 아직 코스타리카까지 침범하지 않은 상태여서 그렇게 민감했을 테지만. 그러나 타라주 지역의 천국 같은 산악 지대에 자리 잡은 농장에 도착하고 나자 불편했던 마음은 씻은 듯이 사라져 버렸고, 나는 그 지역의 해발 5천 피트(1,524미터)에 위치한 게스트하우스에서 묵게 되었다.

나는 일하러 가는 일꾼들의 웃음소리에 오전 6시에 눈을 떴다. 자리에서 일어나 보니 떠오르는 태양이 계곡 건너편 9천 5백 피트(약 2,896미터) 높이의 산을 비춰 주고 있었다. 아침을 먹고 난 후에 다른 탐방객들과 함께 농장의 경계를 이루는 강가로 하이킹을 나섰는데, 지나는 길에 빽빽이 심어진 커피나무와 그 사이로 드문드문 심어진 오렌지 나무가 눈길을 끌었다. 오렌지 나무는 일꾼들의 간식용으로 심어진 것이었다. 우리 탐방객들은 하이킹 후엔 가파른 계단식 비탈에서 직접 수확 체험도 해 봤다. 그렇게 한 시간쯤 일하면서 내가 수확한 양은 매점에서 땅콩 두 봉지를 살 만큼의 양이었다.

우리는 그 후에, 오후 2시면 일이 끝나는 **진짜배기** 수확 일꾼과 어울렸다. 나는 젊은 청년 앙헬 마르틴 그라나도스 Angel Martin Granados와 이야기를 나누었는데, 그는 그날 122카후엘라스cajuelas(약 250리터)를 따서 15달러 정도를 벌었다고 했다. 3년 동안 라 미니타에서 일하면서 집을 사고 작게나마 자신의 커피 밭을 일굴 만큼의 돈을 모았다고도 했다.

빌 매컬핀은 인자한 독재자로서 자신의 영토를 통솔하며, 품질과 세세함에 강박적일 만큼의 주의를 요구했다. 일꾼들을 모아 놓은 자리에서 라 미니타를 "단 하나뿐인 생명체"라고 표현하며, 그곳에서 자신은 "안정된 일자리와 사회적 거주처"를 제공하려 애쓰고 있다고 말하기도 했다. 즉 라 미니타 농장은 먹을 것과 쉴 곳, 건강, 안전, 자유, 영적 활동을 약속해 주는 곳이라고.

매컬핀의 이상주의는 자신의 커피에도 이어져 있었다. 가령 제초제를 쓰는 대신에 일꾼들에게 마체테로 일일이 잡초를 베어 내게 했다. 장장 8백 에이커 (약 3.2제곱킬로미터) 면적의 커피 재배지를 말이다. 특별한 상황이 아닌 한, 살충제 사용도 피했다. 그 대신에 붕소, 아연, 구리로 만든 '커피 강장제'를 나무에 정기적으로 뿌려 주었다. 또한 1년에 두 번씩 토양 테스트를 실시했다. 질소와 낙엽이 쌓여 부엽토가 되도록 그늘나무도 유익하게 활용했다.

매컬핀은 사회적·환경적 문제에 이처럼 지대한 관심을 쏟으면서도, 자신은 그저 실용성을 취하는 것뿐이라고 겸손한 모습을 보였다. 즉 일꾼들을 잘 대우하는 것도, 그것이 사업에 유익하기 때문이라는 얘기였다. 그는 공정 무역 커피를 경멸했다. 그의 생각에 따르면, 공정 무역 커피는 사람들에게 죄책감으로 커피를 사라고 다그치는 격이었다. "나는 누군가

공정 무역 커피 단체들은 소비자들에게 재배 노동자들이 충분한 임금을 받으며 생산한 커피를 사도록 권장하면서, 곧잘 이 이퀄익스체인지 광고 같은 죄책감 유도 전략을 펼친다.

† 뚜껑 부분의 글: 경고, 이 안의 내용물을 개봉하면 대기업에게 착취당하는 영세 커피 농민들의 처우에 대해 생각하게 될 수 있으니 주의 바람

가 우리의 커피 재배 형편 때문에 라 미니타를 사는 건 싫어요. 뛰어난 커피이기 때문에 사는 거면 좋겠어요." 그는 공정무역 커피를 파는 선의의 사람들을 "문화 제국주의"라고 비난하며, 자신들이 파는 원두에 "괴로움, 고통, 굴욕"을 섞어 넣어 "부유하지만 죄의식에 차 있고, 버켄스탁Birkenstock 샌들을 신고 다니고, 성이나 인종에 대한 편견이 없고, 근시안적이도록 순진한 '허피족huppie'"들에게 팔고 있다고 꼬집었다. 허피족은 그가 히피족과 여피족을 조합해서 만들어 낸 말이다.

매컬핀은 디스턴트랜즈트레이딩컴퍼니Distant Lands Trading Company라는 이름하에 수직 통합된 커피 제국을 건설했다. 그는 코스타리카에 커피 농장 열세 개와 가공 공장 세 개를 소유했고, 콜롬비아에도 가공 공장 하나를 더 거느리고 있었다. 또한 합작 투자를 통해 수마트라, 과테말라, 브라질, 온두라스, 에티오피아에 품질 관리 직원들을 상주시키는 한편, 타일러Tyler,* 텍사스, 시애틀에 로스팅 공장도 운영했다.

2009년에 매컬핀은 나에게 이렇게 말했다. "사업이 충분히 확장되고 고급 커피의 이용이 증가하면서, 이제는 소규모 회사가 아니라 주류 기업에 보다 가까워졌어요. 우리는 변함없이 품질에 집중하면서 도전을 잘 헤쳐 왔어요. 이제는 더 이상 구멍가게 수준의 회사가 아니에요. 미국에 2백 명의 직원을 두고 있고, 커피 산지에는 직원 수가 그보다 더 많으니까요."

빌 매컬핀은 바라고 있다. 모든 커피 재배업자가 라 미니타와 같은 높은 가격을 받을 수 있기를. 그로써 제도적으로 내재된 사회 불평등이 저절로 해소될 수 있기를. 그러나 안타깝게도 시장의 현실 탓에 대다수 재배업자에게 이는 불가능

---

* 텍사스주 중부의 도시

에 가까운 바람이다. 과테말라 서부의 오리플라마 농장으로 베티 한슈타인 아담스를 방문했을 때, 나는 그녀와 사회적 문제를 놓고 장시간에 걸쳐 의견을 주고받았다.

사실 그녀는 일꾼들에게 약 5달러의 일당을 주고 있었다. 다른 커피 농장주들보다 훨씬 더 많이 일당을 챙겨 주고 싶어도 생두에 터무니없이 비싼 가격을 매기지 않는 한 불가능했다. 이윤폭이 낮은 데다 가격도 변덕스럽기 때문에 계획을 세우기도 어려웠다. 그녀는 이렇게 말했다. "커피를 팔아 봐야 남는 게 얼마 없어서, 지금보다 1센트라도 더 일당을 올려 준다거나, 비료를 1온스라도 더 주거나, 낡은 차를 한 대라도 바꾼다거나, 농장주의 월급을 챙기는 일은 어림도 없어요. 게다가 품질 인증자들과 로스팅업자들은 해마다 요구 사항이 늘어나요. 토양 보존에 더 신경을 써라, 잡초를 마체테로 정리해라, 제초제 사용을 줄여라 등등 이런저런 요구를 해 댄다고요."

아담스의 말마따나, 농장주들이 일꾼들에게 당시의 미국 최저 임금이던 시급 7달러 25센트를 줄 수 있으려면 1파운드당 약 8달러 이상 더 받고 커피를 팔아야만 했다. 이 정도면 터무니없는 수준도 아니었다. 스페셜티 커피의 로스팅 원두가 1파운드당 20달러에 책정되더라도 소비자들은 50센트 정도면 제대로 브루잉된 커피 한 잔을 마실 수 있을 테고, 이는 청량음료의 가격과 비교하면 그다지 높은 가격이 아니니 말이다.

그러나 가능성은 희박했다. 지나온 역사를 되짚어 보면, 대체로 미국의 시민과 정치인들은 저렴한 커피를 무슨 타고난 권리처럼 여겨 왔다. 소수의 착한 사마리아인들은 가끔 공정 거래 원두에 돈을 더 쓰거나, 최상급 커피에 훨씬 더 많은 돈을 지불하는 것은 개의치 않지만, 그런 그들도 모든 커피가 수확자들의 온당한 생계 수준을 받쳐 줄 만한 가격대가 된다

면 불만을 이야기해 댈 것이다.[1]

커피 위기

그동안 별로 부각되지 않던 베트남이 1990년대에 들어서면서부터 저렴한 로부스타 생두의 주요 생산국으로 떠올랐다. 재배지가 대부분 중부 고지에 몰리면서, 이곳에 살던 원주민 부족들은 토지를 빼앗겼다. 몽타냐르족Montagnard(라데족Rhadé, 자라이족Jarai, 바나르족Bahnar, 스티엥족Stieng, 코호족Koho, 므농족 Mnong 등 그곳에 살던 부족들을 일컫던 프랑스어 명칭)은 정부 소유이거나 돈을 벌기 위해 이 산악 지대로 옮겨 온 베트남인들의 소유인 커피 농장에서 형편없는 임금을 받으며 일했다. 이렇게 농장에서 일하지 않는 몽타냐르족은 재배지로는 부적당한 땅에서 작물을 일구며 근근이 연명했다. 1990년대 말에 베트남은 콜롬비아를 따돌리고, 브라질 다음으로 세계 최대의 커피 생산국이 되었다. 그리고 세계에 값싼 커피가 범람했다.

1999년에 커피 가격이 급락하며 생두 1파운드당 가격이 1달러 아래로 떨어지더니, 2001년이 되자 1파운드당 50센트까지 곤두박질쳤다. 이는 생산비에도 한참 못 미치는 가격이었다. 커피 재배업계 전역에서, 절망감에 빠진 채 커피 재배를 중단하고 다른 일거리로 눈을 돌리는 농장주들이 속출했다. 곧 기아 사태가 벌어질 듯 상황이 심각해졌다. 길가에 플라스틱 판잣집을 지어 놓고 사는 가족들이 즐비했다. 가족을 먹여 살리려 딸들이 몸을 팔기까지 했다. 커피 농장에서 일하

---

[1] 공정 거래 커피의 가격조차 충분한 수준은 아니다. 2008년에 라틴아메리카의 공정 거래 커피 재배농들을 대상으로 조사를 실시해 봤더니, 그중 절반 이상은 여전히 1년 중 수개월을 굶주림 속에 살아가는 것으로 나타났다.

다 일자리를 찾아 미국으로 밀입국하려다 트럭 안에서 질식사한 이들의 이야기가 뉴스로 보도되기도 했다.

한편 로스팅 커피의 소매가는 비교적 안정세를 이어 갔고, 그에 따라 부유한 로스팅업체와 소매업체들은 커피 농장주들에 대한 원조의 압박에 놓이게 되었다. 폴거스를 소유한 프록터&갬블은 커피 재배 지역 원조의 일환으로 비영리 단체인 테크노서브TechnoServe에 150만 달러를 기부했다. 스타벅스는 커피 농장주들이 품질을 향상하고 적정 이율로 대출받을 수 있도록 돕기 위해 캘버트사회투자재단Calvert Social Investment Foundations에 1백만 달러를 내놓았다. 그 후 2004년에, 스타벅스는 자체적인 인증 프로그램인 C.A.F.E. 프랙티스Coffee and Farmer Equity Practice를 개시하면서, 환경적·사회적·품질적 기준에 충족하는 생두를 생산하는 농장에 높은 가격을 지불해 주었다.

당시 생두 1파운드당 1달러 26센트이던 공정 무역 가격은, 커피의 붐-버스트 사이클에서 그때껏 최악의 버스트이던 그 시기에 구세주 역할을 해 주었다. 하지만 당연히, 공정 무역 커피는 민주적으로 운영되는 협동조합에 가입하고 인증 수수료를 내는 소자작농들만 보호해 주는 제도다. 대단지 농장의 노동자들에게는 도움이 되지 않는다. 그래서 트랜스페어USA TransFair USA의 회장 폴 라이스Paul Rice가 공정 무역 인증의 범위를 에스테이트 커피까지 확대시키자는 아이디어를 내놓았으나, 그렇지 않아도 시장이 너무 작다고 여기고 있던 협동조합들의 맹렬한 반발에 부딪치고 말았다. 사실 이들도 공정 무역 가격을 받고 파는 생두는 평균적으로 총생산량의 25퍼센트밖에 되지 않았다.

당시의 커피 위기로 폴 라이스 회장의 시도 외에도 여러 가지 훌륭한 시도가 이루어졌다. 2001년에 산타크루스Santa Cruz

의 캘리포니아대학교 환경연구학 교수 스티브 글리스먼Steve Gliessman과 그의 아내인 환경 교육가 로비 재피Robbie Jaffe가 커피 협동조합, 연구자, 소비자들의 연대를 위해 농업생태학커뮤니티네트워크Community Agroecology Network, CAN를 창설했다. 그러나 두 사람의 활동 중 무엇보다 값진 시도라면, 코스타리카 남부 지역의 협동조합인 아과부에나Agua Buena의 커피 직판 방식을 활성화시켜 농장주들이 공정 무역 가격보다 더 높은 가격을 받게 한 것이다.

스페셜티 커피의 선구자, 조지 하웰은 소위 '커피의 오스카상'이라 불리는 컵오브엑셀런스Cup of Excellence를 창설했다. 하웰은 2000년에 (이 프로그램을 계속 맡아 운영하게 되는) 수지 스핀들러Susie Spindler와 함께, 국제적으로 인정받는 감별사들을 초청하여 브라질에서 커핑 대회를 개최함으로써 브라질의 뛰어난 생두가 주목받도록 했다. 이 대회에서는 커핑과 감별 후에 해당 생두를 인터넷에 경매로 올렸는데, 대개는 감별사가 소속된 회사들에 팔렸다.

그 뒤로 10년 사이에 컵오브엑셀런스 프로그램의 개최지는 라틴아메리카 전역으로 확장되는가 싶더니 아프리카까지 퍼졌다. 컵오브엑셀런스에서는 종종 놀랄 만한 경매가는 물론, 파나마의 라 에스메랄다 게이샤La Esmerelda geisha 생두 같은 놀랄 만한 발견이 이루어지기도 했다. 참고로 게이샤는 에티오피아의 게샤Gesha 지역이 원산지라는 나무에서 재배된 생두를 가리킨다.*

스핀들러는 이렇게 말했다. "사실 이 프로그램은 우승한 농장주들에게 혜택을 주는 것에서 그치지 않아서, 몇 년 사이에 전 커피 생산국이 경제적 발전을 이루었다. 또한 품질과

---

* 게이샤는 재배 도시인 게샤가 게이샤로 잘못 표기되면서 붙은 이름임

투명성에 집중함으로써, 열심히 노력한 개개인 농장주들에게 그 보상을 주므로, 이제는 커피업계 조직 전체가 프리미엄 커피를 지지하고 있다. 그리고 무엇보다도, 커피 전문가들이 농장주들과 더욱더 친밀한 관계를 맺게 되었다."

이탈리아 트리에스테^{Trieste} 소재의 명품 에스프레소 회사, 일리카페는 1991년의 브라질 대회를 시작으로 이미 공급업자들을 참가 대상으로 하는 지역 규모의 커핑 대회를 진행하고 있었다. 일리카페는 우승자에게 최대 3만 달러의 상금을 주는 한편, 회사 소속의 농경학자들이 농장주들에게 생산 생두의 품질과 가공법 개선을 위해 도움을 주기도 했다. 일례로 브라질의 습한 조나 다 마타^{Zona da Mata}의 경우엔, 농장주들에게 생두의 과잉 발효 예방을 막기 위해 다른 식의 가공법을 권해 주었다. 그 결과 농장주들은 전통적인 습식법이나 건식법 대신, 기계적으로 과피와 대부분의 과육을 제거한 후 그 상태로 건조시키면서 남은 과육이 떨어져 나가게 하면 뛰어난 커피 맛을 낼 수 있음을 터득하게 되었다. 이런 가공법을 반습식법 또는 세레자 데스카스카두^{cereja descascado, CD}라고 한다.

21세기 초반 몇 년간 이어진 커피 위기도 마침내 해소되었다. 가지치기가 되지 않거나 버려진 농장들로 인해 생산량이 줄어들면서 가격이 올랐던 것이다. 베트남의 농장주들조차 생산량을 줄였고, 수요가 점차 공급량을 따라잡았다. 2004년 말엽에 C마켓^{C market}(보통 아라비카 생두의 선물 가격)에서의 생두 가격이 마침내 1파운드당 1달러를 넘어섰다. 하지만 (시행될 가망도 없는) 국제커피협정 같은 쿼터제가 또다시 시행되지 않는 한, 이러한 혹독한 가격 하락이 재발하는 것은 불가피하다.

공정 무역과 스타벅스

그나마 다행스럽게도, 커피 위기로 인해 제기된 문제점들은 여러 가지 방법을 통해 처리되고 있다. 공정 무역 커피 판매와 그에 대한 인식도 괄목할 만큼 높아지면서, 1천6백만 킬로그램이던 2001년의 세계 판매량은 2009년에는 9천만 킬로그램까지 늘어났다. 이러한 성장세는 특히 미국에서 두드러졌는데, 여기에는 트랜스페어USA의 공로가 컸다. 트랜스페어USA의 회장이자 CEO인 폴 라이스는 집요한 추진력과 달변의 능력을 발휘하며, 대기업들을 비롯해 어느 누구하고든 적이 되지 않고 협력 관계를 맺기 위해 엄청난 노력을 기울였다. 한편 글로벌익스체인지Global Exchange는 불매 운동과 협박을 통해 공정 무역 커피의 촉진을 위해 거북한 역할을 맡아 나갔다. 즉 당근과 채찍의 수법을 구사하며, 대기업 로스팅업체들에 압박을 가하도록 소비자들을 장려했던 셈이다.

1999년, WTO가 시애틀에서 회합을 가졌을 때 시위자들이 스타벅스를 비롯한 대기업들을 비난의 표적으로 삼았다. 스타벅스는 공정 무역 인증 커피를 팔지 않는 악덕 기업으로 내몰렸다. 매장이 도처에 깔려 있는 데다 그 인어 로고를 누구나 쉽게 알아볼 정도로 인지도가 높은 기업이었던 만큼 스타벅스는 표적으로서 이상적인 조건을 갖추고 있었다.

1999년 말에 미국 전역의 TV를 통해, 시위자들이 시애틀의 스타벅스 매장 유리에 돌을 집어 던지고 에스프레소 머신을 마구 부수는 장면이 방송되었다. 그로부터 몇 달 후 스타벅스는 트랜스페어USA와 공정 무역 커피 판매에 대한 합의를 체결했으나, 사회운동가들은 스타벅스의 그런 행동이 비난을 면하기 위한 허울뿐인 시도라고 일축했다.

틀린 생각이 아니었을지도 모른다. 스타벅스는 이미 자사에서 최상급으로 인정된 생두에 대해 후한 값을 쳐 주고 있었다는 점에서나, 자사가 생두를 구매한 농장주들이 대체로 어지간한 수준의 생활을 해 나가며 일꾼들에 대한 대우도 비교적 잘해 주는 편이라는 점에서 자부심을 갖고 있었다. 2001년에는 국제보존협회Conservation International와 공동으로 개발한 커피 원료 수급 가이드라인을 도입하기도 했다. 이런 사실로 미루어 볼 때, 스타벅스가 굳이 공정 무역 커피를 거래하여 그 인증받은 생두에 대해 1파운드당 10센트를 더 치를 이유가 있었을까? 그것도 당시에 공정 무역 커피의 생두가 스타벅스의 품질 기준에 못 미치는 경우가 빈번했던 상황에서 말이다.

그로부터 10년 후 스타벅스는 태도를 바꾸었다. 2009년에는 공정 무역 커피 생두의 구매를 1천8백만 킬로그램으로 두 배나 늘리면서 세계 최대의 공정 무역 커피 구매 업체로 올라섰다. 또한 트랜스페어USA, 공정무역상표인증기구Fair Trade Labeling Organization와 공동으로 3년간의 시범 사업 개시에 대해 발표하며, 2015년까지 영세 농장주들에 대한 대출 프로그램의 규모를 최소한 2천만 달러로 확대할 계획이라고 밝혔다.

이 세 기관은 스타벅스 C.A.F.E. 프랙티스의 인증뿐만 아니라 공정 무역 커피의 자격 취득 농장들을 함께 검증하기 위해 검사 제도의 일원화에 대해서도 검토하기로 했다. 폴 라이스에 따르면 "C.A.F.E. 프랙티스는 신중하고 정당한 지속 가능성의 표준이다." 그러나 사회적 문제에 대해 의식하는 커피 음용자들 중에 폴 라이스처럼 생각하는 이들은 별로 없었다. 오히려 민간의 인증 체계는 무조건 그린워싱greenwashing, 즉 진정성 없이 허울만 좋은 시도라는 것이 대체적인 생각이었다.

아무튼 (둘 다 대략 4백 개의 기준 항목이 규정된) C.A.F.E. 프랙티스와 공정 무역 커피의 기준 간에는 서로 중복되는 부분이 많다. 두 인증 자격을 얻은 영세 농장주들이 공통적으로 제기하는 불만도 그로 인한 것 중 하나였는데, 바로 매년 두 번씩 시행하는 검사로 인한 시간과 돈의 낭비였다. 그런데 이제 두 인증 기준이 다소 절차가 길어지긴 하더라도 아무튼 하나로 통합된다면 농장주들로선 시간과 돈을 30퍼센트쯤 절감시킬 수 있었다.

그것은 농장주들의 입장부터 시작해 전체적으로 따져 볼 때 윈윈 상황이었던 것 같다. 스타벅스로서도 독자적인 공정 무역 커피 인증표를 얻어, 생두 백 퍼센트가 윤리적으로 재배되고 거래되는 브랜드로서의 신뢰성을 대중에게 폭넓게 인정받았다. 또한 트랜스페어USA로선 잠재적인 거대 시장이 열린 셈이었다.

스타벅스는 2009년에 납품받는 원료를 검토해 봤는데, 그 결과 생두 납품 농장주의 85퍼센트가 12헥타르 (12만 제곱미터) 미만 면적의 가족 농장 운영자였다. 나는 공정 무역 커피가 커피 재배지 면적 5헥타르 (5만 제곱미터) 미만인 소자작농들로 그 대상이 제한되어 있는 줄로 생각해 왔었는데, 라이스에게 들어 보니 어느 정도는 유연성 있게 적용된다고 했다. "공정 무역 커피의 기준은 토지 점유에 대해 아주 엄중한 한도를 부과하지 않습니다. 우리의 적용 방식에서는 빈곤 문제나 일꾼 채용 관련 문제에 더 중점을 두고 있어요. 만약 다섯 명의 아들과 함께 가족끼리 12헥타르의 농장을 운영하는 경우라도 상관없다는 얘깁니다."

스타벅스에 생두를 파는 일단의 영세 농장주들이 민주적으로 운영되는 협동조합에 가입해 있지 않을 경우, 스타벅스가 조합의 설립을 지원해 줄 수 있지 않을까? 사실 그것은 공정 무역업자들에게 아주 매력적인 기회, 즉 조직화되지 못한 소자작농들 수백만 명에게 자신들의 공정 무역 운동을 확장할 기회일 테니 말이다.

스타벅스는 농경제학 지원책인 영세농의 지속 가능성을 위한 계획Small Farmer Sustainability Initiative의 착수에 합의하며, 공정 무역 커피 협동조합들의 운영 자본, 기술 지원, 교육 이용 기회를 향상하기도 했다. 특히 기술 지원 부문은 2004년에 코스타리카 산호세에 스타벅스 농장주 지원센터Starbucks Farmer Support Centers를 여는 것으로만 그치지 않았다. 농장주들에게 자신들의 생두를 로스팅하여 커핑해 보면서 더 좋은 품질의 커피 생산을 위해 재배 방식이나 가공 방식을 어떻게 개선해야 할지 생각해 보도록 가르치기도 했다.

그러나 스타벅스는 공정 무역에 대한 진정성을 전하는 여정에서 여전히 갈 길이 멀었다. 2009년 무렵 스타벅스의 미국 매장에서 취급하는 공정 거래 커피 블렌딩은 카페 에스티마 Café Estima 하나뿐이었다. 그러던 2009년 가을, 영국의 스타벅스 매장들이 전체 에스프레소 음료를 공정 거래 커피 생두로 바꾸면서 2010년 3월까지 그와 같은 조치를 유럽 대륙으로 확대하겠다고 약속했다(영국은 공정 무역 라벨에 대한 소비자 인식률이 90퍼센트 이상이었던 반면, 미국의 경우는 35퍼센트에 불과했다).

공정 무역 커피의 인증 기관과 라벨들은 열대우림동맹 Rainforest Alliance, 오가닉Organic, 우츠카페굿인사이드Utz Kapeh Good Insid,* 버드프렌들리셰이드그로운Bird-Friendly Shade-Grown 등등 너무 많아서 혼란스러웠고, 인증 기관별로 목표와 기준도 제각각이었다. 가령 열대우림동맹은 자신들의 생두 함유량이 30퍼센트만 돼도 그 포장지에 로고 사용을 허용해 주었다. 우츠카페굿인사이드는 대규모 농장들과만 거래하며 환경적·

---

* 'Utz Kapeh'는 마야인의 말로 '좋은 커피'란 뜻

품질적·사회적 개선과 더불어 투명성을 요구했으나, 그만큼 생두의 가격을 크게 높여 주겠다는 약속은 없었다. 일각에서는 처음부터 네덜란드의 커피 대기업 아홀트Ahold의 후원을 받아 설립된 우츠카페굿인사이드를 놓고, 허울뿐인 기업의 생색내기용이라고 치부하며 비난했다. 그러나 사실상 우츠카페굿인사이드는 그때껏 공정 무역 커피 인증기관으로부터 보호받은 적 없던 커피 노동자들의 삶에 변화를 가져다주었다.

하워드, 구제에 나서다?

하워드 슐츠는 2001년에 스타벅스의 CEO 자리에서 물러났으나 그 후에도 여전히 사업을 면밀히 살폈다. 새로운 수장인 오린 스미스Orin Smith의 지휘하에 스타벅스는 꾸준히 사업을 확장시켜 나갔다. 스타벅스는 2003년에 시애틀의 베스트커피Best Coffee와 토레파치오네이탈리아Torrefazione Italia를 인수했다. 2005년에는 새로운 CEO, 짐 도널드Jim Donald가 사업 확장을 이어 가며 오리건주의 커피피플Coffee People을 비롯해 디트리히커피Diedrich Coffee의 직영 매장 대다수를 인수했다. 한편 주가가 56달러를 기록했던 2005년 10월에 스타벅스는 1주당 2주씩의 주식 분할을 시행했다. 28달러이던 주가는 2006년에 40달러까지 올라섰다. 그리고 연말쯤, 스타벅스는 미국 내의 매장 8,836개를 포함하여 세계적으로 1만 2천4백개의 매장을 거느리게 되었다.

그러나 2007년에 북미의 매출세가 둔화하면서 주가가 하락하기 시작했다. 그해 2월에 슐츠는 짐 도널드를 위시한 임원들에게 메모를 보냈는데, 어쩌다가 밖으로 알려지게 된 이 메모에서 슐츠는 이렇게 썼다. "우리는 지난 10년 동안 1천 개에도 못 미치던 매장을 1만 3천 개 이상으로 늘리면서 회사의 규모를 키우고 성장시키려 일련의 결정들을 내려 왔습니다. 그런데 돌이켜 생각해 보면 그 결정들이 스타벅스의 경험을 희석시키는 결과를 낳고 말았습니다." 슐츠는 자동식 에스프레소 머신이 "낭만과 극적 효과를 크게" 훼손시켜 놓았다고 불만을 표하기도 했다. 매장의 최신식 디자인 탓에 "과거의 생동감이 더 이상 살아나지 못해, 푸근한 느낌의 이웃 매장이 아닌 체인 매장 분위기를 풍기고 있다"고.

2008년 1월에 주가가 17달러가 되자 슐츠는 회장과 CEO의 자리에 복귀해 다시 지휘권을 잡았다. 2008년 2월 23일, 스타벅스는 네 시간이 넘는 시간 동안 모든 매장을 닫고 바리스타들의 재교육에 들어가, 새로운 반자동 기계를 이용해 바람직한 (그리고 더 극적인) 에스프레소, 라테, 카푸치노를 제조하는 요령을 훈련시켰다.

3월에 열린 주주 회의에서, 슐츠는 매장에 커피 향을 되살리기 위해 다시 매장 내에서 원두를 분쇄해 판매할 계획이라고 발표했다. 스타벅스는 한 대당 1만 1천 달러인 클로버 Clover의 제작사를 인수하기도 했다(클로버는 아무튼 주장대로라면 뛰어나고 독특한 커피, 즉 에스프레소 기계로 뽑은 커피에 뒤지지 않는 수준의 레귤러커피를 추출해 주는 기계였다). 또 그다음 달에는, 원두를 너무 태우는 것 같다고 불만스러워하는 고객들의 입맛을 끌기 위해 더 라이트한 로스팅의 파이크플레이스Pike Place 블렌딩을 선보였다. 그런가 하면 5월에는 멤버십카드 고객에 대한 무료 리필 서비스와 와이파이 서비스를 실시했다.

아무튼 미국에 대공황 이후 최악의 금융 위기가 닥친 와중에 1월에 주가가 13달러 선까지 떨어지자, 스타벅스는 미국 내 매장 6백 개를 닫고 비소매직 일자리 1천 개를 감축하겠다고 발표했다. 그와 동시에 호주의 매장 대부분을 폐업하기도 했다.

2008년 10월에는 스타벅스의 직원 1만 명이 뉴올리언스로 모여 허리케인 카트리나의 생존자들을 위해 청소 자원봉사를 벌였다. 하지만 자산 손실은 멈출 줄을 몰랐고 주가는 2008년 12월에 8달러 아래로 추락했다. 2009년 1월에 슐츠는 매장 3백 개의 추가 폐업, 일자리 7천 개 감축과 더불어 자신의 급여를 자진 삭감하겠다고 발표했다. 주식이 서서히 오름세로 돌아서며 2010년 4월에 24달러대가 되었다.

2009년에 스타벅스는 스타벅스 비아VIA를 내놓았다. 스타벅스 측의 주장에 따르면, 자사의 레귤러커피의 맛과 거의 비슷하다는 독특한 방식의 인스턴트커피였다. 슐츠가 확실히 영국과 일본의 거대 인스턴트커피 시장뿐만 아니라 케이컵, 네스프레소Nespresso, 타시모Tassimo, 아이퍼에스프레소iperEspresso 같은 싱글컵 커피머신업체 경쟁자들을 주목했던 것 같다. 그는 스타벅스가 정말로 곤란한 지경에 이르렀음을 인정하는 듯한 조치를 취하기도 하며, 15번가커피앤드티15th Avenue Coffee and Tea같이 매장의 도로명을 딴 매장 세 개를 시애틀에 열었다. 그것도 와인과 맥주를 팔고 라이브 음악을 제공하면서 매장의 디자인도 그 지역 커피하우스처럼 보이도록 연출하면서 말이다.

여러 문제점에도 불구하고 스타벅스는 여전히 세계적인 사업 확장의 여지가 충분한 글로벌 공룡 기업이었다. 실제로 미국에서 매장 수를 줄이고 있던 그 당시에 해외에서는 새 매장을 7백 개나 열었고, 매장 진출 국가는 50개나 되었다. 아무튼 그 친숙한 인어 로고가 파도 속으로 들어가 사라져 버릴 염려는 없어 보였다.

2등은 누구?

스페셜티 커피업체 가운데 감히 스타벅스에 대적할 만한 상대는 없어 보였다. 미국의 2위 주자인 카리부나 캐나다의 2위 주자인 세컨드컵도 엄청난 격차가 벌어져 있었으니 말이다. 그러나 세계적으로 3만 1천 개가 넘는 프랜차이즈를 거느린 준비된 경쟁 업체가 한 곳 있었으니, 바로 맥도날드였다. 패스트푸드 햄버거 체인 업체 맥도날드는 2003년에 호주에 맥카페McCafé 1호점을 연 이후, 2009년부터 미국에서 에스프레소 음료 사업에 진출하여 1만 4천 개 이상의 매장을 열며 스타벅스에 도전장을 내밀었다. 매장의 판매 음료는 빌 매컬핀의 라 미니타/디스턴트랜즈 팀으로부터 생두를 공급받은, 백퍼센트 아라비카의 스페셜티 커피 블렌딩이었다. 바로 그해에, 자사의 커피에 늘 자부심을 가져 왔던 던킨도너츠가 블라인드 시음의 진행 결과 소비자들이 스타벅스보다 자사의 커피를 더 선호하는 것으로 나타났다고 주장했다. 당시에 던킨도너츠는 6천 개 이상의 매장을 거느리고 있었으며, 대부분이 북동부 지역에 밀집해 있었다.

스타벅스의 대변인들은 여기에 별로 신경 쓰지 않는다고 주장했다. 중산층 및 블루칼라가 주 고객층인 맥도날드나 던킨도너츠와 고급 커피하우스 체인인 자사는 서로의 공략층이 다르다는 것이 그들의 논리였다. 말하자면 스타벅스의 매출이 떨어지고 있다면 그 주된 요인은 사람들이 불경기 동안 사치를 줄이고 있기 때문이라는 얘기였다.

스타벅스와는 달리, 버몬트주 소재의 그린마운틴커피로스터스GMCR는 새로운 CEO 래리 블랜퍼드Larry Blanford의 지휘하에 호황을 누리고 있었다. 그린마운틴커피로스터스는 뉴잉글랜드의 맥도날드 매장에서 공동 브랜드인 뉴먼스오운

오가닉Newman's Own Organic 커피를 판매했는데, 생두를 제인 구달Jane Goodall의 곰베리저브Gombe Reserve*로부터 공급받아 쓰면서 아프리카의 침팬지 보호에도 일조했다. 또한 그 로스팅 원두를 엑슨모빌ExxonMobil의 편의점에 납품하기도 했다. 무엇보다 그린마운틴커피로스터스의 가장 결정적 한 수는, 2006년에 큐리그Keurig Inc.(케이컵 캡슐과 함께 사용하는 싱글컵 커피머신의 제조사)를 인수한 일이었다. 그린마운틴커피로스터스는 2009년에는 시애틀 소재 툴리스커피Tully's Coffee의 브랜드와 도매 판매 사업을 인수하여 서해안 지역에서의 입지를 다지더니, 뒤이어 캐나다 소재 티모시스커피의 도매 및 로스팅 사업 부문까지 인수했다.

2009년에 들어 그린마운틴커피로스터스의 주가는 크게 치솟았다. 1백 달러 미만 가격대의 모델까지 있는 가정용 싱글컵 커피머신의 판매가 늘어난 덕분이었다. 케이컵 질소 충전 캡슐도 여러 원산지와 플레이버를 갖춘 커피, 차, 코코아를 즐길 수 있도록 다양하게 출시되었다.

제3의 물결

스페셜티 커피 회사의 구매 담당자들은 생두를 구하기 위해 전 세계를 돌아다닌다. 그런데 이들은 대체로 커피의 맛 평가에 대한 집념과 모험 정신만 지닌 것이 아니라 이타주의도 상당한 편이다. 합당한 구매가가 자신들이 만나는 사람들의 생계에 지극히 중대한 문제임을 알기 때문이다. 그린마운틴커

---

* 영국의 침팬지 연구자이자 환경 운동가인 제인 구달이, 커피 경작지를 유지하여 침팬지를 보호하고 커피를 경작하는 농민들에게도 직접적인 혜택이 돌아갈 수 있는 방안을 찾던 중에 탄생시킨 브랜드

피로스터스의 린지 볼저Lindsey Bolger와 피츠의 시린 모아야드 Shirin Moayyad가 그런 구매 담당자들의 전형적인 사례였다. 볼저는 나에게 이렇게 말했다. "생두를 구하러 다녀 보면 언어와 문화가 각양각색이에요. 하지만 커피의 언어를 알게 되면 깊이 있는 소통이 가능해지죠."

모아야드는 10년이 넘도록 파푸아뉴기니에 살았다. 그런 그녀가 2005년에 피츠에 들어갔을 때 처음 했던 일은, 회사에서 뉴기니 커피 재배 구역의 초등학교 설립 기부금을 내도록 주선한 것이었다. 그 이후로 그녀는 커피의 생두를 구하러 중앙아메리카, 브라질, 동아프리카, 예멘, 수마트라로 돌아다녔다.

모아야드는 이렇게 말했다. "과테말라나 니카라과 같은 커피 원산지에 가 본 사람들은 그곳의 생활이 너무 원시적이어서 놀라죠. 그래도 그곳은 파푸아뉴기니에 비하면 아무것도 아니에요. 파푸아뉴기니에선 사람들이 풀을 엮어 만든 오두막에서 전기도 없이 살아가죠. 짐승들이 어슬렁거리면서 집 안을 함부로 들락거리기도 해요. 이런 외진 농장 지대에는 공립 학교도 없어서 부족민 노동자들의 자녀들은 이 학교가 생기기 전까지는 교육을 받은 적이 없었어요."

그 이후, 작가 마이클 와이즈먼Michaele Weissman이 그녀의 저서 『신의 커피God in a Cup』에서 칭한 "제3의 물결" 커피쟁이들이 등장했다.[2] 그녀는 시카고 인텔리겐치아Intelligentsia의 제프 와츠Geoff Watts, 오리건주 포틀랜드 소재 스텀프타운Stumptown의 두에인 소렌슨Duane Sorenson, 노스캐롤라이나주 더럼Durham 소재 카운터컬처Counter Culture의 피터 줄리아노Peter

---

[2] 제1의 물결은 형편없는 커피를 만들었던 이들을, 제2의 물결은 스페셜티 커피를 개척했던 이들을, 제3의 물결은 젊은 스페셜티 커피 집착광들을 지칭한다.

Giuliano 같은 젊은 첨단 세대의 커피 구매 담당자들을 그런 커피쟁이들의 사례로 소개했다.

이들은 모두 로스터스길드Roasters Guild의 회원이었다. 1995년의 스페셜티커피협회 회의에서 도널드 쇤홀트가 조직한 '로스팅 장인들의 선실船室'에서 유래된 로스터스길드는, 2000년에 쇤홀트를 회장으로 내세워 공식 출범했으며 중세의 장인 길드를 모델로 삼고 있었다. 또한 자영 로스터들의 중요한 조직으로 발전하였고, 이들 로스터들은 매년 로스터스리트리트Roasters Retreat를 열어 그야말로 비경쟁적인 분위기에서 최상급 생두로 소량 로스팅small-batch roasting을 진행하며 함께 열정을 공유했다.

제3의 물결 커피쟁이들은 커피 재배업자들과 직접적인 관계를 맺으며 품질 향상을 지원하는 한편 그들이 재배한 생두에 최고 수준의 가격을 지불하고 있다. 그러나 대개는 중간 상인을 완전히 배제하지는 않는다. 오리건주 포틀랜드의 서스테이너블하비스트Sustainable Harvest, 캘리포니아주 샌디에이고의 엘런오거닉Elan Organic, 캘리포니아주 오클랜드의 로열커피Royal Coffee의 경우도 주로 중간 상인을 배제하지 않고 생두를 수입한다. 한편 서스테이너블하비스트는 창립자이고 회장인 데이비드 그리스월드David Griswold의 지휘하에, 영업이익의 3분의 2를 커피의 품질 향상을 위해 농장주들을 돕는 데 투자하고 있다. 또한 투명성과 소통의 촉진을 위해 2003년부터는 로스터, 재배업자, 수출업자, 수입업자들은 물론 바리스타들까지 한데 커피 생산국으로 불러 모아 렛츠토크커피Let's Talk Coffee라는 연례행사를 열어 왔다.

말이 나왔으니 말이지만 커피에 관한 한, 조지 하웰만큼 열정적이고 광적인 사람도 없을 것이다. 나이로 보면 제3의 물결 커피쟁이들의 아버지쯤 되는 그는, 자신이 직접 운영하는 매사추세츠주 액턴Acton 소재의 테루아르커피Terroir Coffee에서 로스팅에 열중하는 한편, 최고의 품질을 얻기 위해 끊임없이 혁신을 추구하고 있다. 예를 들어 그는 농장주들이 생두 선적 시에 전통적인 삼베 자루 대신 플라스틱 밀폐 용기를 사용하길 권하고 있다. 삼베 자루에 담으면 생두에서 맛과 냄새가 빠져나가기 때문이다. 그는 또한 신선도를 지키기 위해 생두를 급속 냉동시키기도 한다.

원산지에서의 커핑

1996년에 땡스기빙커피의 폴 카체프는 일단의 니카라과 농장주들에게 이렇게 물었다. "혹시 여러분의 커피를 시음해 보는 분이 계십니까?" 아무도 손을 들지 않았다. 그는 그 후에 미 국무부의 국제개발처USAID에 지원 사업 신청서를 보내 원산지의 커핑연구소를 위한 자금 지원을 이끌어 냈다. 이 연구소들은 커피 재배업자들의 재배 상식 이해에 큰 변화를 가져왔다. 즉 선별 수확하기, 세심한 주의를 기울여 가공하기, 좋은 나무와 재배 환경 구분하기 등이 왜 중요한지 그 이유를 터득하게 해 주었다. 한편 스타벅스와 일리카페도 재배업자들이 커피의 품질을 향상시키고 시음 요령을 배울 수 있도록 지원하기 위해 농경학자들을 파견시켰다.

국제개발처로부터 일부 자금을 지원받으며 활동하던 커핑연구소들과 다수의 전문가들은, 르완다가 뛰어난 품질의 생두로 명성을 쌓도록 돕기도 했다. 1994년에 후투족이 이웃인 투치족을 몰살하려 했었던 이 나라에서는 이제 두 부족의 사람들이 커피를 함께 키우고 팔며 서로 사이좋게 지내고 있다.

로스터와 재배업자들의 협력이 낳은 놀라운 결과를 소개하자면, 그 외에도 많은 사례가 있다. 폴 카체프는 기독교도, 무슬림, 유대교도들로 구성된 우간다의 협동조합에서 재배된 커피, 딜리셔스피스Delicious Peace를 팔고 있다. 또한 루이지애나주 배턴루지Baton Rouge의 커뮤니티커피Community Coffee의 설득에 힘입어 앙숙 관계이던 콜롬비아의 두 도시, 톨레도Toledo와 라바테카Labateca 주민들이 서로 힘을 합쳐 안데스산맥 고지에서 뛰어난 커피를 생산하고 있다.

미국스페셜티커피협회 산하 기관인 커피품질연구소CQI는 2003년에 국제개발처와 공동으로 커피봉사단Coffee Corps 같은 프로그램에 자금을 지원했다. 부연하자면 커피봉사단은 자원봉사 커피 전문가들을 원산지에 조언자로 파견하는 프로그램으로서, 일종의 전문적이고 파견 기간이 짧은 평화봉사단Peace Corps*인 셈이었다. 커피품질연구소는 특정 생두가 높은 품질 기준을 충족시키는지 인증해 줄 수 있는 'Q 커퍼Q cupper'를 양성하기도 했다.

록스타Rock-Star 바리스타

21세기가 동트자, 2000년의 몬테카를로Monte Carlo에서의 대회를 시작으로 세계적 규모의 바리스타 콘테스트들이 생겨났다. 또 3년 후에는 바리스타길드Barista Guild가 조직되어 지식과 기술을 공유하게 되었다. 내가 2009년에 애틀랜타에서 열린 월드바리스타챔피언십World Barista Championship에 참관할 무렵, 이 대회는 많은 관객을 동원하는 이벤트로 발돋움해 있었다. 심판들이 모든 움직임 하나하나를 주시하는 가운데 긴장

---

* 미국 정부가 개발도상국에 파견하는 청년 봉사 기구

감이 피부에 와 닿았고, 재깍재깍, 타이머의 초 읽는 소리가 그 긴장감을 더했다.

수백 명의 관객이 자리에 앉거나 서서 대형 화면에 비치는 대회 모습을 지켜볼 수 있었다. 폴란드의 이사벨라 포피올레크Isabela Popiolek가 현란한 손놀림으로 과제 하나를 성공리에 마쳤다. 그녀 외에도, 저 멀리 니카라과, 핀란드, 중국, 남아프리카, 뉴질랜드 등지의 먼 나라에서 온 대회 참가자들이 50명이나 되었다.

"이사벨라의 카푸치노에 박수를 보내 주십시오!" 진행자가 분위기를 띄웠다. 심판들은 그 카푸치노에 떠 있는 로제타 문양 장식에 감탄을 보내더니, 곧이어 냄새를 맡고 맛을 본 후에 가지고 있던 종이철에 기록했다.

15분 후, 이번 순서는 각자가 선택한 커피 원두를 분쇄한 후, 포타필터portafilter*에 능숙하게 탬핑tamping**하여 에스프레소 네 잔, 카푸치노 네 잔, '시그너처 드링크signature drink' 네 잔을 추출할 차례였다. 시그너처 드링크란 에스프레소를 베이스base로 활용하여 각자가 창의적으로 개발하는 자신만의 음료로서, 그해의 대회에서는 초콜릿에서부터 해초에 이르기까지 다양한 추가 재료가 응용되었다.

솔직히 처음엔 커피 음료를 만드는 것을 두고 뭘 그렇게 법석을 떨고 흥분하나 싶어, 좀 우습게 여겼다. 하지만 지켜보면 볼수록, 뛰어난 바리스타들은 그야말로 능숙한 예술가 같다는 생각이 들었다. 그들은 30초 안에 커피의 정수를 뽑아내

---

* 에스프레소 기계에 달린, 원두를 넣는 곳으로 둥근 필터에 손잡이가 달려 있음

** 에스프레소 추출 시 커피 가루를 포타필터 내의 필터바스켓에 고르게 다져 넣는 작업

야 할 뿐만 아니라 원두의 종류를 선
택해서 분쇄하고 정확한 질감과 온
도로 스팀 우유를 만든 후, 그 스팀
우유를 적당한 높이에서 부으며 정
확한 손놀림으로 라테 아트latte art
를 만들어 내야 한다. 그냥 에스프레
소를 뽑는 것도 단순한 작업이 아니
다. 양쪽 스파우트Spout(기계에서 에스
프레소가 나오는 부분)에서 에스프레

포타필터

소가 고르게 흘러나오는지, 맨 위에 크레마가 풍부하게 형성
되는지 등에 신경 써야 하니까. 시그너처 드링크는 또 어떤가?
창의성은 있는지, 맛있어 보이는지, 독특한지에 마음 써야 하
는 것은 물론이요, 기본 재료인 에스프레소를 덮어 버리지 않
고 더욱 살려 주어야 한다.

대회 참가자들은 대부분이 남녀 모두 20대였다. 그들은
고국에서 잇따른 경쟁을 치른 후에 이 대회에 진출한 이들
이었다. 그 최종 진출자 중 한 명인 영국의 그윌림 데이비스
Gwilym Davies는 확신에 찬 손놀림으로 대회를 치르고 있었다.
그런데 카푸치노를 만들기 위해 에스프레소를 뽑으려고 탬핑
을 하다가, 갑자기 포타필터를 비워 버리곤 원두를 다시 분쇄
하여 다시 채우며 귀한 몇 초를 잃고 말았다. 얼마 후, 시그너
처 드링크를 만들 때는 그만 에스프레소의 추출이 너무 빨리
되었다. 그는 또 한 번 포타필터를 비우고 다시 뽑았다. 결국
그는 17초의 시간을 초과하고 말았다.

어쨌든 데이비스는 시그너처 드링크에서 큰 점수를 받아 최
종 우승자가 되었다. 심판들은 감미로움(사탕수수 설탕, 꿀, 캐러멜,
당밀), 플레이버(구운 아몬드, 헤이즐넛, 우유, 다크 초콜릿), 질감/식

감(우유, 싱글 크림, 더블 크림, 버터), 과일 맛 (오렌지나 라임 조각, 딸기, 체리) 같은 여러 부문을 고루고루 살피며 점수를 매겼다.

2008년에 과학적인 에스프레소 전문 기술의 원로이던 에르네스토 일리가 사망하자, 세계에서 가장 열정적인 이 에스프레소 엔지니어의 계승자 자리가 논란의 여지 속에서 데이비드 슈머David Schomer에게 넘겨졌다. 데이비드 슈머는 독학으로 커피를 배워 시애틀의 에스프레소비바체Espresso Vivace를 소유하고 있던 인물이었다. 개인적으로 2009년에 그를 만났을 때 들었던 얘기인데, 슈머는 에스프레소 추출을 위해 물 온도를 안정되게 유지시켜 주는 기계를 찾는 일에 집착적으로 매달려 왔다. 그러다 지방의 제조업자 마크 바넷Mark Barnett과 힘을 합쳐 노력한 끝에 바넷의 시네소Synesso Inc.에서 개발해 낸 기계가 바로 싱크라Cyncra였다.

"네 살 때 커피 냄새를 맡고 완전히 반했어요. 그런데 그때의 향을 느낄 수가 없어서 너무 화가 나더군요." 그래서 그때의 향이 나는 에스프레소를 만드는 것이 그의 목표가 되었단다. 그는 『에스프레소 – 전문가를 위한 테크닉Espresso Coffee Professional Techniques: How to Identify and Control Each Factor to Perfect Espresso Coffee』을 써서 다른 사람들에게도 그와 같이 에스프레소를 뽑는 요령을 아주 상세히 전해 주기도 했다.

스페셜티커피협회의 강탈

2009년에 스페셜티커피협회는 창립 멤버인 도널드 쇤홀트의 말마따나 일명 "스페셜티커피협회의 강탈" 사건 이후로 여전히 충격에서 벗어나지 못하고 있었다. 지난 2005년 무렵 스페셜티커피협회는 거대한 관료 조직으로 성장하여 이사장 테드 링글의 장기 집무 체제하에 있었는데, 9월 19일에 팀 캐슬이 쉰홀트에게 전화를 걸어 와 놀라운 소식을 전했다. 링글이 최근 사임한 스페셜티커피협회의 재무 담당 최고 책임자 스콧 웰커Scott Welker의 횡령 사실을 밝혀냈으며 그 금액이 최소 25만 달러에 이른다는 얘기였다.[3]

캐슬과 쉰홀트는 서둘러 기부금을 모금했다. 1백 달러의 소액 기부금을 내는 이들도 있었던 반면, 일본에서는 타츠시 우에시마Tatsushi Ueshima가 3만 달러나 보내왔다. 그 외의 기부금 액수는 대체로 2천5백 달러 이하였다. 10월 5일쯤 되자, 개인과 기관의 기부 총 93건을 통해 필요한 액수가 모금되었다. 그 강도를 믿고 계좌를 제대로 감시하지 않았던 테드 링글은, 안 그래도 퇴임을 계획하고 있던 차에 2006년에 그 자리에서 물러나며 커피품질연구소의 소장으로 갔다. 그 뒤에 릭 라인하트Ric Rhinehart가 스페셜티커피협회의 이사장이 되었다.

커피의 혼을 지키기 위한 투쟁

제18장의 말미에서도 제기했던 물음이지만, 스페셜티 커피 산업은 성장과 이윤 취득과 합병 열풍의 과정 중에 그 혼을 잃을 소지가 있지 않았을까? 확실히 스페셜티커피협회의 횡령 사건은, 작은 규모의 이상적인 신흥 조직으로 시작했던 스페셜티커피협회의 혼이 위기에 처했음을 보여 주는 신호로 여겨졌을 것이다.

21세기에 들어오면서 첫 10년 동안 커피 브랜드들의 인수가 연이었다. 가령 2004년에 새러리코퍼레이션Sara Lee Corporation

---

[3] 2009년 10월에 웰커는 스페셜티커피협회에서 46만 5천 달러를 횡령한 혐의로 33개월 형을 선고받았다.

은 수익 둔화에 쩔쩔매다 초크풀오너츠, 힐스브라더스, 체이스&샌본, MJB를 이탈리아의 커피 회사 세가프레도자네티그룹Segafredo Zanetti Group에 8250만 달러를 받고 매각했다. 1990년에 갓 결혼한 알래스카인들이 시작했던 카리부커피는 1998년에 애틀랜타의 투자 회사에 팔렸다가, 나중에 바레인의 퍼스트이슬라믹인베스트먼트뱅크First Islamic Investment Bank로부터 막대한 출자금을 받게 되었다. 카리부커피는 그 후 2005년에 기업 공개를 완료하며 상장 기업으로 발돋움했다.

2006년에 인도의 타타커피리미티드Tata Coffee Limited는 A&P의 유서 깊은 브랜드 에이트어클락 커피를 그리폰인베스터스Gryphon Investors로부터 2억 2천만 달러에 인수했다. 디트리히커피는 1999년에 글로리아진스, 커피피플, 커피플랜테이션Coffee Plantation의 미국 내 매장들을 사들였으나, 이런 야심 찬 사업 확장의 실적이 신통치 않게 나오면서 2006년에 직영 매장 대부분을 폐업시키며 스타벅스에 매각하게 되었다. 그린마운틴커피로스터스는 2006년에 큐리그를 인수한 데 이어, 2009년에는 툴리스와 티모시스도 사들였고, 이 책의 편집이 마감되던 무렵엔 디트리히커피를 놓고 피츠와 입찰 경쟁을 벌였다. 당시에 디트리히커피는 그린마운틴커피로스터스의 큐리그 커피머신용인 케이컵 캡슐 판매가 주요 수입원이었다. 2008년에 프록터&갬블은 30억 달러에 주식 전체를 매각하는 형태로, 잼 제조사 J.M.스머커컴퍼니J. M. Smucker Company에 폴거스를 분할 매각했다.

스페셜티 커피 산업이 이렇게 통합되어 감에 따라 이상만큼이나 돈을 좇게 되던 그 당시에도, 뉴욕의 길리스커피 같은 전통적 로스팅업체들 다수는 대대적인 성장 전략을 따르지 않거나, 성장을 추구하더라도 서서히 확장해 나가는 전략을 따랐다. 또한 영세 자영 로스팅업체들은 여전히 열정을 활활 불태우고 있었다(실제로 로스터스길드의 회보명도 『플레임 키퍼*The Flame Keeper*』였다). 특히 시카고 소재의 인텔리겐치아, 포틀랜드 소재의 스텀프타운커피, 노스캐롤라이나의 카운터컬처커피는 최고 품질의 커피로 뜨거운 명성을 얻고 있던 영세 로스팅업체들의 대표적 본보기였다. 그러나 이들의 성공은, 부득이한 사업 확장으로 이어질 가능성도 안고 있었다. 다시 말해 또 한 차례의 인수 합병의 열풍이 일어날지 모른다는 얘기였다.

그러나 전 세계적으로 새로운 영세 자영 로스팅업체들과 소매 커피하우스들이 속속 생겨나고 있었다. 미국스페셜티커피협회에서 추산한 바에 따르면, 2010년 기준으로 미국의 스페셜티 커피 판매점 수는 (매장, 노점 또는 최소한 절반의 수입을 커피로 올리는 간이매점을 통틀어) 약 2만 4천 개였다. 커피하우스는 대개 초보자들이 문을 열었는데 그중 대다수가 몇 년 내에 장사를 접었다.[4] 하지만 시애틀의 스토리빌Storyville이나 털사Tulsa*의 더블샷DoubleShot 같은 신설 로스팅업체들 대부분은 틈새시장을 찾고 인터넷을 활용하고 커피의 혼을 지피기 위한 열정을 불태우며 사업을 번창시켰고, 합병의 열풍 속에서도 여전히 건재했다.

테크노 커피

스페셜티 커피 로스팅업체들 상당수는 컴퓨터에 '로스팅 프

---

[4] 마이클 아이도브(Michael Idov)는 뉴욕의 남동부 지역에서 커피하우스를 냈다가 쫄딱 망한 자전적 이야기를 소재로 『그라운드업(*Ground up*)』(2009)을 내기도 했다.

* 미국 오클라호마주 아칸소강 연안의 석유 도시

로파일' 프로그램을 설치하여 버너, 기류, 드럼 회전 속도를 조종함으로써, 대형의 (그리고 일부 소형의) 자동화 로스팅업체들이 누리는 기분을 소규모로나마 재현시켰다. 번오매틱 Bunn-O-Matic이나 펫코FETCO 같은 이런 자체 브루잉사에서는 디지털 기술과 쉽게 이해되는 LED 디스플레이를 통해, 조작자들이 펄스브루잉pulse brewing이나 프리인퓨전pre-infusion 옵션으로 물과 브루잉 시간을 조종할 수 있도록 해 주고 있다. 2009년에 조지하웰커피컴퍼니는 익스트랙트모조ExtractMoJo를 선보였는데, 익스트랙트모조는 소프트웨어 어플리케이션과 디지털 측정기가 장착된 손바닥 크기의 기구로, 브루잉 기기를 필터 커피나 에스프레소 커피의 기준에 맞게 조종하기 위해 필요한 자료를 산출해 주는 장치다.

한편 전자동 에스프레소 머신도 개발되어 있어, 로스팅 커피 원두와 우유를 기계에 넣기만 하면 누구든 꽤 괜찮은 음료를 추출할 수도 있다. 즉 버튼을 누르면 기계가 알아서 원두를 갈고 그 가루를 탬핑한 후에 뜨거운 물을 곱게 갈린 원두 가루에 통과시키고, 스팀 우유를 만드는 등 전부 다 해 준다. 스타벅스는 이런 전자동 자동화 방침을 철회했으나 던킨도너츠와 맥도날드는 그대로 채택하고 있다.

커피 세계의 평평화

경제학자 토머스 프리드먼Thomas Friedman은, 인터넷과 휴대전화로 인해 세계의 경쟁의 장이 "평평해지면서" 사람들이 제3세계 국가들에서도 커뮤니케이션과 사업을 하는 일이 가능해졌다는 흥미로운 글을 썼다. 커피의 세계도 점차 평평해지고 있다. 2008년 말에 스타벅스의 농경학자 피터 토레비아르테Peter Torrebiarte는 나에게 서반구 최악의 빈국인 아이티의 커피협동조합을 방문했던 얘기를 들려준 적이 있다. "차를 몰고 형편없는 도로를 지나고 강을 가로질러 마침내 교육할 장소인 협동조합 창고에 도착해 보니 위성 연결된 다섯 대의 평면 스크린과 컴퓨터가 있지 뭡니까. 정말 감동적이었어요. 한 젊은 재주꾼이 설치해 놓은 것이라고 하더군요."

그 컴퓨터들은 자선 단체에서 기증받은 것이었고 커피 재배국에서 여전히 보기 드문 물건이었지만, 시골 농장주들이 커핑뿐만 아니라 인터넷이나 휴대전화를 이용해 가격 및 시장 관련 정보를 찾는 일에도 점점 눈을 뜨고 있다는 사실에는 의문의 여지가 없다. 그리고 농장주들이 뉴욕 시장이나 특정 로스팅업체에서 거래되는 자신들의 생두 가격대를 아는 경우라면, 코요테Coyote(턱없이 낮은 가격에 커피 생두를 사는 기회주의자들을 지칭하는 경멸적 호칭)들도 계획대로 자기 잇속을 챙기기가 어려워지기 마련이다.[5]

지구 온난화의 위협

커피의 세계가 한편으로는 평평해지고 있다지만, 또 다른 편에서는 더 높은 곳으로의 이동이 이루어지고 있다. 기후 변화 탓에 중앙아메리카의 일부 농장주들이 하나둘씩 산악 지대 경사지의 더 위쪽으로 재배지를 옮기고 있으니 말이다. 결과적으로 따지자면 이는 원뿔형의 산악 지대 지형상, 재배 면적이 그만큼 줄어든다는 얘기다. 그런데 코스타리카 코페도타

---

5 수출업자, 수입업자, 중개상들은 대체로 재배업자와 로스팅업자들 사이에서 꼭 필요한 중간 유통업자들로서, 절망적인 농장주들에게 과도할 만큼 낮은 가격을 제시하는 코요테들과는 다르다.

커피협동조합Coopedota Coffee Cooperative의 농경학자 다니엘 우레나Daniel Urena는 2008년에 한 기자와의 인터뷰에서 자신은 그러한 추세가 오히려 기쁘다며 이렇게 말했다. "이제는 해발 2천 미터 지대에서도 커피나무 재배가 가능해졌으니까요." 정상적인 기후에서는, 묘목이 해발 1천8백 미터 이상에서는 생존하지 못했단다. 게다가 고도가 높을수록 커피콩이 단단해져 품질도 더 높아진다.

그러나 페루의 농장주들은 그다지 행복하지 못했다. 전국 재배업자 단체의 회장인 세사르 리바스Cesar Rivas는 이렇게 말했다. "계절의 변화가 무서울 지경이에요. 이제는 11월, 12월, 어쩌면 3월도 겨울로 보기가 힘들어졌어요. 가끔은 엉뚱한 달에 겨울 날씨가 닥치기도 해요. 사정이 이렇다 보니 커피 생산에 차질이 이만저만이 아니라니까요." 보통 페루에서는 커피 수확이 4월부터 시작되었다. 즉 다른 대다수 지역에서는 반년 전에 수확이 끝난 시기에 수확이 시작되어 계절적으로 유리함을 안고 있었다. 페루의 재배업자들은 그해에 비가 거의 오지 않았던 것도 지구 온난화 탓이라고 원망스러워했다.

커피키즈와 그 외의 지원

커피 소매업자 빌 피시베인Bill Fishbein은 1988년에 과테말라의 영세 커피 농장주들을 찾아가게 되었다. 이때 그는 그곳의 딱한 생활 형편을 보고 충격을 받았으나 다른 일면도 발견했다. "그들은 빈곤 속에서도 삶에 활기가 있었다. 우리의 삶에서는 느낄 수 없는 그런 유대감과 기운이 있었다." 피시베인은 미국으로 돌아와 커피 농가들을 돕기로 결심한 이후, 그런 지역들이 빈곤에 허덕이는 주요 원인 중 한 가지 문제, 즉 커피에 대한 과잉 의존 문제를 다루기 위해 커피키즈Coffee Kids를 창설했다.

매년 수백만 농가가 경제적 생존을 커피 수확에 의존했으나, 대다수가 빠듯한 형편이었다. 커피키즈는 이런 농가의 삶의 질을 개선하려는 목적에 따라 경제적 선택권, 건강 보건 및 교육의 이용 기회, 식량 안보 등이 확대된 지역 사회를 만들기 위해 자금을 지원하고 있다. 농가들은 지역 경제에 활력을 불어넣음으로써, 수입원을 다양화하는 동시에 커피에 전적으로 의존하지 않으면서 커피 재배를 계속할 수 있다.

피시베인은 2008년에 커피키즈에서 물러났으나 캐럴린 페어먼Carolyn Fairman 이사장이 조직을 계속 이끌어 나갔다. 커피키즈는 2009년에는 멕시코, 과테말라, 니카라과, 코스타리카, 페루에서 열여섯 개의 단체와 협력하여 소액 대출, 저축, 친환경 재배, 소규모의 가축 생산, 교육센터 개발, 장학금 제도, 보건 의식 향상 프로그램 등의 프로젝트를 펼쳤다.

한편 버몬트주 소재의 그라운즈포헬스Grounds for Health도, 외진 지역 여성들 사이에서 많이 발병하는 자궁경부암 검사와 치료를 위해 중앙아메리카의 커피 재배 지역에 진료소를 여러 개 세웠다. 이 비영리 단체는 커피 로스팅업체와 소비자들로부터 후원을 받아 운영되고 있다. 주로 공중 보건 문제에 관심을 갖고 있던 게이츠재단Gates Foundation에서는 허약한 건강과 빈곤이 커피와 밀접히 결부된 문제임을 깨달은 이후, 동아프리카의 커피 농장주들이 생두 품질을 향상시킬 수 있도록 돕고자 4천7백만 달러를 내놓았다.

카페페메니노재단Café Femenino Foundation은 2004년부터 페루의 여성들과 함께 재단명을 내건 자체적 커피 블렌딩을 만들기 시작했다. 이 재단은 페루 외의 커피 재배 지역들에서도 여성들의 지위 향상을 지원하면서 경제적 상황, 보건, 교육의 기회 개선을 위해 힘쓰고 있을 뿐만 아니라 위기 시기에 원조를 제공하기도 한다. 일례로 도미니카공화국의 로스 카카오스Los Cacaos에서는 여성들이 자신들의 영세 농장에 패션프루트*를 작물로 추가시켜 생산 작물을 다양화시킬 수 있도록 도왔다.

원산지에서나 도착지 (소비지) 모두에서 커피 문화에 대한 여성들의 역할이 중요하다는 인식에 따라 정보망 구축, 조언 제공, 교육 등을 촉진하기 위해 2003년에 세계커피여성연합 International Women's Coffee Alliance, IWCA이 창설되었다. 세계커피여성연합은 미국 외에도 엘살바도르, 과테말라, 코스타리카에 지부를 두고 활발히 활동하고 있으며, 2016년까지 커피업에 종사하는 1백만 명의 여성들의 삶을 변화시키는 것을 목표로 삼고 있다.

커피 소매업자 빌 피시베인은 1988년에 빈곤에 허덕이는 과테말라 농장들을 처음 방문했다가 그 일을 계기로 커피키즈를 창설하여, 이 커피 재배 지역에 대체 소득원 마련의 활성화를 위해 소액 대출을 제공하고 있다.

2003년에 창설된 컵포에듀케이션Cup for Education은 중앙아메리카와 라틴아메리카의 외진 커피 재배 지역에 학교를 세우는 일에 주력하고 있다. 또한 교사들에게 자금을 지원하는 한편 교재, 책가방, 노트, 연필 등의 제공에도 힘쓰고 있다. 컵포에듀케이션의 웹사이트에서는 이렇게 묻고 있

---

* 레몬보다 작고 동그란 모양의 열대 과일

다. "농경 관련 글을 읽지도, 쓰지도 못한다면, 또 기후에 대해서나 커피 무역의 기본에 대해 제대로 모른다면, 어떻게 그들이 커피의 품질을 향상시킬 수 있을까요?"

개인적인 차원에서의 지원 사례들도 있다. 가령 평화봉사단의 자원봉사자로 활동한 바 있던 워싱턴주 브레머턴Bremerton의 에릭 해리슨Eric Harrison은 온두라스의 식수 개선 프로그램에 자금을 지원하기 위해 일명 에코카페Eco Cafe라는 명칭의 온두라스 생두를 수입하고 있다. 또한 항공사 조종사인 트레버 슬래빅Trevor Slavick은 리틀피트커피컴퍼니Little Feet Coffee Company를 세워 핀카의 아이들에게 축구 용품을 지원해 주고 있다.

유기농으로 심장병을 고치다

커피빈인터내셔널의 게리 탈보이는 1980년대 중반에 유기농 커피의 인증과 마케팅 부문을 개척하며, 유기농산물인증협회 Organic Crop Improvement Association, OCIA의 톰 하딩Tom Harding과 함께 멕시코와 과테말라 협동조합 커피의 인증에 힘썼다.

현재 유기농 커피는 스페셜티 커피 시장에서 5퍼센트를 차지할 만큼 성장했다. 그러나 초반에만 해도 대다수 유기농 커피는 품질이 썩 좋지 못했다. 사실 가난에 찌든 소자작농들의 커피는 기본적으로 유기농이었다. 비료나 살충제를 살 형편이 못 되었기 때문이다. 게다가 그들은 적절한 가지치기나 가공에도 신경을 쓰지 못했다. 그러나 수년이 지나는 사이에, 유기농 커피는 극적으로 개선되었고, 여기에는 샌디에이고의 사업가 카렌 세브레로스Karen Cebreros 같은 이들의 노력이 큰 역할을 했다.

1989년에 세브레로스는 희귀한 심장 질환 진단을 받으며 이식을 받아야 할 것 같다는 얘기를 듣게 되었다. 그녀는 인생을 최대한 의미 있게 살아 보기로 마음먹고 비행기에 몸을 싣고 남아메리카로 날아가, 페루의 탐보라파Tamborapa라는 외진 마을로 형부를 찾아갔다. "그곳에는 수도도, 전기도 없었지만 사람들이 너무 사랑스럽고 행복해 보였으며 인정이 많았다." 세브레로스는 이렇게 회고했는데, 당시에 그곳 사람들은 커피를 재배하며 1파운드당 8센트를 받고 있었다.

세브레로스는 페루인들을 도와 커피의 품질을 향상시키는 한편 유기농으로 인증받도록 지원했다. 현재는 유기농 커피가 프리미엄 제품으로 팔리는 덕분에 탐보라파는 전기, 수도, 전화, 다리, 도로, 학교는 물론 커피 품질 연구를 위한 연구실까지 갖추고 있다. "하지만 그럼에도 여전히 그곳 사람들은 사랑스럽고 행복해 보이며 인정이 많다." 세브레로스의 말이다. 그리고 기적적이게도 그녀의 심장병이 저절로 치유되기도 했다.

그녀의 회사, 엘런오거닉은 현지 재배농들과 협력하여 품질 향상을 지원하는 것은 물론이요, 인증 절차를 위한 산더미 같은 서류 작업도 돕고 있다. 2008년에 엘런오거닉은 독일의 노이만카페그룹페Neumann Kaffe Gruppe에 인수되었다. "처음 시작할 때는 원주민 언어는 말할 것도 없고 스페인어로도 설문조사를 할 수가 없었다." 세브레로스는 이렇게 회고했다. 실제로 당시에는 재배농들 대다수가 문맹이었을뿐더러, 유기농산물인증협회를 비롯한 인증 기관에서 요구하는 지형 측량도조차 없었다. 고액의 신청료를 낼 형편도 못 돼서 처음엔 엘런오거닉이 대신 냈다. 또한 인증을 받기 위해서는 3년에 걸쳐 커피를 검사받아 화학 비료를 사용하지 않는다는 것을 확인받아야 했는데, 그동안 소요되는 비용이 5천~3만 달러였다.

하지만 라틴아메리카, 인도네시아, 아프리카의 여러 협동조합이 그 노력에 대한 대가를 받으면서, 현재는 유기농 인증 커피가 수백 개에 이른다. 생각해 보면 아이러니한 일이다. (대부분의 에티오피아 및 인도네시아 생두 같은) 진짜 유기농 커피의 대다수가 인증을 받지 못했다는 이유로 유기농 커피로 팔리지 못하고 있으니 말이다.

살충제는 소비자에게 전혀 위협이 되지 않는다. 살충제는 열매에 뿌려지는 것이고, 씨는 그 안에서 안전하게 보호되기 때문이다. 잔류 화학물이 조금 남아 있다 하더라도, 로스팅 시의 뜨거운 열기로 인해 다 제거된다. 그러나 커피는 지구상에서 살충제를 가장 많이 뿌리는 작물로 꼽히며, 그렇게 뿌려지는 살충제의 대다수는 의도한 목표물을 제대로 맞추지도 못한다. 따라서 유기농 커피는 환경과 캄페시노 노동자들의 건강을 우려하는 이들에게 합당한 해결책이자, 재배농들에게도 온당한 가격을 보장해 주는 생산 작물이다.

그러나 인증받은 유기농 커피조차 심각한 수질 오염을 유발할 소지가 있다. 실제로 수년에 걸쳐 습식 가공 중에 발효된 과육이 강 하류로 떠내려가는 바람에, 그 분해되는 과정에서 수중의 산소를 앗아가 물고기를 비롯한 야생 생물을 폐사시키고 지독한 냄새까지 유발했다. 엄격한 국법으로 가공 처리 공장인 베네피시오의 관행에 변화를 유도하기 전인 몇 년 전까지만 해도, 코스타리카 센트럴밸리Central Valley 강물 오염 원인의 3분의 2는 커피 폐기물이 차지했다.

다행히 실행 가능한 대안들이 있는데, 나는 그 몇 가지 대안을 중앙아메리카 여행 중에 직접 보기도 했다. 가령 과테말라의 오리플라마 농장에서는 물을 사용하지 않고 커피 열매의 과육을 제거했다. 과육을 껍질째 커다란 구덩이 안에 쌓아 놓고 라임을 뿌리는 방식이었는데, 그랬더니 과육을 물에 담가 놓았을 때 풍기는 악취도 없이 서서히 분해되었다. 적정 시간 동안 발효시키고 난 다음엔 물로 점액질을 벗겨 내는데, 이 물도 걸쭉한 수프처럼 될 때까지 재사용하다가 구덩이에 쏟아부어 훌륭한 비료로 만든다. 심지어 내과피도 재사용해서 건조기의 연료로 태웠다.

그 후에 온두라스의 어느 커피 연구 시설에 갔을 때는 과육 처리에 캘리포니아 레드웜California red worm(지렁이의 한 종)을 활용하는 것을 봤는데, 그렇게 3개월이 지나면 과육이 비옥한 분변토로 변한다고 했다. 한편 아프리카의 작은 기생말벌을 커피 열매 천공충인 브로카의 생물적 방제*로 이용하는 것도 봤다.

커피 에코투어리즘(생태 관광)

나도 다녀와 봤지만, 니카라과 마타갈파Matagalpa에는 에디와 마우시 퀼Eddy and Mausi Kühl이 운영하는 생태학적 커피 휴양지가 있다. 독일계인 퀼이 블랙포레스트Black Forest **의 명칭을 따서 셀바 네그라Selva Negra라고 이름 붙인 이 농장은 면적이 2천 에이커(약 8제곱킬로미터)에 이르며 이 중 상당 면적이 미개간 운무림**이다. 이곳에 가면 관광객들은 중앙에 자리 잡은 스위스풍 농가에서 식사를 하고 햇볕에 건조시켜 만든 커피를 마실 수 있다. 커피 과육은 소와 돼지 퇴비와 함께 지하

---

* 해충의 천적이나 미생물과 같은 생물을 이용하여 작물의 병해충을 막는 것
** 독일 남부의 휴양지로, 이곳에 처음으로 이름을 붙인 이들이 로마인들인데 그때의 명칭이 '셀바 네그라'였다.
** 구름이나 안개가 늘 끼어 있는 삼림

탱크에서 혐기분해*를 시키는데, 이 과정에서 음식을 조리하기에 충분한 메탄가스를 만들어 낸다. 커피 그라인더를 돌리는 전기는 펠턴 수력터빈으로 생산된다. 농장의 실험실에서는 여러 가지 '차'를 활용해 커피의 녹병 예방법도 연구하고 있다. 직원들이 관광용으로 틸라피아**를 기르고 있으나 이 물고기의 폐기물 또한 과육을 분해해 비료로 만들어 주는 벌레들의 먹이로 활용된다. 이러한 생태학적 노력들 덕분에 이곳의 생물 다양성은 정말로 놀라울 정도여서, 350종 이상의 나비와 280종 이상의 새가 서식하고 있다.

커피 수확기가 북반구의 추운 겨울철과 일치하는 라틴아메리카 전역에서는 이런 커피 생태 관광이 점점 늘어나는 추세다. 이런 곳에 관광을 가면 현지 사람들과 같이 어울려 익은 열매를 따 볼 수도 있다. 또 집으로 돌아갈 때는, 노동과 애정의 관점에서 커피 한 잔에 담긴 의미를 되새기며 더욱 감사하는 마음을 품게 마련이다. 때로는 관광객 현지의 커피하우스나 로스팅업체와 생두의 직접 거래가 성사되는 경우도 있다. 생태 관광을 즐기고 싶다면 라틴아메리카, 아프리카, 인도의 커피 농장을 찾아보면 된다.[6]

사회운동 조직 글로벌익스체인지에서는 몇몇 커피 재배지에 '리얼리티투어스Reality Tours'라는 프로그램을 후원하고 있다. 위스콘신주 매디슨Madison의 저스트커피코오퍼러티브 Just Coffee Cooperative, 미시간주 트래버스시티Traverse City의 하이

---

* 산소가 없는 조건에서 이루어지는 미생물에 의한 유기물의 불완전분해

** 아프리카산 온대 담수어

6 나는 지역 로스팅업체나 소매업체가 소비자들의 커피 농장 생태 관광을 후원하는, 하비스트포휴머니티(Harvest for Humanity)라는 프로그램을 제안한 바 있다.

어그라운즈트레이딩컴퍼니Higher Grounds Trading Company, 시애틀의 푸라비다커피Pura Vida Coffee 등 일부 커피 로스팅업체와 소매업체들도 원산지 관광 프로그램을 운영하고 있다.

거리가 먼 커피 재배지에 다녀올 수 없는 이들에게는, 암벽등반가이자 작가이자 커피 박사인 마이카 버하트Majka Burhardt가 쓴 『커피: 진정한 에티오피아Coffee: Authentic Ethiopia』 (2010)를 권하고 싶다. 삽화까지 풍부하게 곁들여진, 커피 발원지에 대한 문화 안내서다. "커피 생산지의 문화에 대한 이해를 도움으로써 사람들이 커피에 대해 더 깊은 감동을 느끼도록 해 주고 싶다." 책 속에서 버하트가 밝힌 마음이다. 그녀는 앞으로도 이러한 책들을 계속 펴낼 생각이라고 한다.

새들과 친구가 되다

셀바 네그라를 거닐다 보면 긴꼬리케찰Resplendent Quetzal, 큰부리새 등 279종의 새들을 볼 수 있다. 내 경우엔 잠깐의 하이킹 동안 긴꼬리케찰은 못 봤지만 내내 새들의 합창 소리를 들으며 이따금 원숭이 울음소리도 들었다. 나와 마찬가지로, 열대우림 관광객들은 대부분 그곳에서 야생 생물을 눈으로는 거의 구경 못하지만 귀로 그 합창 소리를 즐길 수 있다. 현재 이런 새들이 커피 재배 기술에 대한 다음과 같은 논쟁의 중심에 놓여 있다. '과연 커피는 아치형으로 그늘을 드리워 주는 그늘나무 밑에서 재배해야 하는 걸까?'

그늘 재배 커피는 철새와 텃새들에게 중요한 서식지를 제공해 준다. 1928년에 과테말라를 찾았던 한 관광객은 다음과 같이 썼다. "수천 마리 새들의 노랫소리가 허공을 가득 메워 준다. 까불대는 초록색 앵무새부터, 몸집 큰 회색 홍내지

빠귀, 영리한 블루버드, 귀여운 노란색 카나리아까지 새들의 종류도 어찌나 다양한지. 초록색 커피 열매가 풍성하게 열린 나무들로 쭉 이어진 길을 말을 타고 지나는 것보다 즐거운 일이 또 있을까?" 셀바 네그라 같은 농장에서는 여전히 이런 풍경을 느낄 수 있다. 물론 새들의 수가 그보다는 적어서 아쉽지만 말이다. 그런데 커피의 그늘 재배, 혹은 스미소니언철새센터에서 즐겨 쓰는 표현대로 '버드 프렌들리Bird Friendly(새 친화적)' 재배가 또 하나의 부가가치적 생두 판매 방식이 된 것은, 불과 몇 년 전에 불과하다.

녹병균이 라틴아메리카로 침투했을 당시, 즉 1970년에 녹병균이 브라질에 들어와 6년 후에 중앙아메리카까지 퍼졌을 때, 연구가들은 커피 재배농들에게 농장의 '기술 혁신'을 촉구하며 그동안 그늘 재배를 해 왔던 부르봉이나 티피카 같은 전통적 아라비카 품종 대신, 토양에 비료를 주고 농약으로 잡초와 해충을 제거만 해 주면 햇빛에 그대로 노출시킨 상태에서도 재배가 가능한 카투라, 카투아이, 카티모르catimor 같은 '현대적' 아라비카 품종으로 바꾸게 했다. 중앙아메리카에서는, 미 국무부 국제개발처에서 기술 혁신적 햇빛 노출 재배 커피로의 품종 변경을 위해 자금 지원까지 해 주었다.

그 결과 1990년 무렵에 이르자 콜롬비아와 코스타리카의 커피나무는 각각 69퍼센트와 40퍼센트가 햇빛에 노출된 채 빽빽한 간격으로 재배되고 있었다. 실제로 내가 햇빛 노출형 농장을 방문했을 당시에도, 나무들이 어찌나 빽빽하던지 그 사이로 지나가는 것조차 힘들 지경이었다. 주변 풍경이라고 해 봐야 새들이라곤 코빼기도 구경할 수 없었고, 햇빛을 잘 받으려 땅딸막한 나무들을 타고 기어오르는 나팔꽃 덩굴만 보였다.

햇빛 노출 재배 커피의 혁명은 기대에 못 미친 채 실패로 끝나고 말았다. 사실 기대에 미치기는커녕 생태학적 퇴보와 중요한 서식지의 감소에 기여했을 뿐이다. 신열대구 철새, 즉 번식지인 미국과 캐나다에서 지내다 해마다 겨울을 나기 위해 아메리카대륙 열대 지대로 날아오는 서반구 지대의 조류는 제비, 칼새, 딱새, 때까치, 꾀꼬리, 맹금, 개똥지빠귀, 벌새 등 그 종이 다양하다. 그에 따라 최대 1백억 마리의 새들이 5월부터 9월까지 북미의 온대성 숲에 서식하다가, 겨울을 나기 위해 남쪽의 라틴아메리카로 날아온다. 그런데 미국 어류·야생동식물보호국U.S. Fish and Wildlife Services에서 내놓은 조류부화조사서 Breeding Bird Survey에 따르면 1978~1987년의 10년 사이에 신열대구 철새들이 매년 1~3퍼센트의 비율로 감소했다. 여기에는 다른 요인들이 관련되어 있을 가능성도 없지 않으나, 그 감소 시기가 그늘 재배 커피나무의 감소 시기와 정확히 일치한다는 점에서 경각심을 가질 만하다.

"라틴아메리카 겨울 철새 도래지 곳곳의 자연 경관에 경악스러울 만큼의 속도로 큰 변화가 닥치고 있다." 스미소니언철새센터의 러셀 그린버그Russell Greenberg가 1991년에 쓴 글이다. 세계의 열대 우림 지대는 한때 50억 에이커(약 2천만 제곱킬로미터)에 이르며 지구 대지의 14퍼센트를 차지했다. 그런데 몇몇 추산 자료에 따르면, 지금까지 이 중 절반 이상이 인류의 손에 파괴되었고, 현재도 1분당 80에이커(약 0.32제곱킬로미터)의 비율로 파괴가 계속되고 있다. 생물의 종도 시간당 3종의 비율로 사라지고 있다. 1830년대에 찰스 다윈은 다음과 같은 견해를 밝힌 바 있다. "대지는 자연이 만들어 낸 어수선하고 풍요로운, 하나의 거대한 야생 온실이다." 그랬던 육지의 상당 부분이 현재는 소, 콩, 또는 그 외의 용도를 위해 벌채되어 버렸다.

에티오피아의 나무(관목)인 커피는 토종 식물을 쫓아내

1990년대에 들어와 환경보호론자들과 야생 조류 관찰자들이 활약하면서, 철새를 비롯한 열대 우림 동물들에게 중요한 서식지가 되어 주는 그늘 재배 농장에서 재배되는 '버드 프렌들리 커피'의 수요가 창출되었다.

고 동식물의 서식지에 엄청난 변화를 가져왔다. 그러나 '전통적인' 그늘 재배 커피는 적어도, 비교적 자비로운 서식지를 제공해 주며 다수의 다른 농작물에 비해 생물 다양성을 촉진시켜 준다. 여기에서 굳이 '전통적'이라는 말을 붙인 이유는, 18세기와 19세기에 걸쳐 대부분의 커피가 햇빛에 노출되어 재배되다가 농장주들이 커피의 자연스러운 그늘 서식지를 흉내 내어 개발한 인공적 그늘 재배와 구별하기 위해서다. 한편 그늘 조성의 적정 수준에 대한 문제는, 햇빛 노출 재배 방식의 이점에 대한 논의 못지않은 오랜 논란거리다.

20세기의 전환기에 들어서자, 대다수의 농경학자가 그늘 재배를 지지하게 되었다. 1901년에 미 농무부는 『커피 문화의 그늘Shade in Coffee Culture』을 펴냈는데, 여기서 O. F. 쿡O. F. Cook은 질소 고정 작용을 해 주는 콩과 그늘나무의 이점을 여러 가지 짚어 놓았다. "[이 그늘나무들은] 토양을 단단하게 다져줄 뿐만 아니라 이식移植이나 그 밖의 손길이 거의 필요치 않다. 또한 이 나무들이 만들어 주는 그늘은 잡초가 잘 자라지 못하게 하고 경작 비용을 줄이며 가뭄의 피해를 낮춘다." 게다가 그늘나무는 강풍으로부터 커피를 보호하고 낙엽을 떨어뜨려 토양의 표면을 덮는 멀칭 역할을 해 준다.

쿡의 언급에 따르면, 라틴아메리카의 자생 농작물인 카카오와 코카 역시 유럽의 침략 이전엔 그늘 재배가 되었다. 또한 이런 그늘 재배식 생산지는 '산림 농업' 체계로 운영하기에 적격이기도 하다. 참고로 산림 농업이란 농경과 산림식 재배를 결합한 혼농임업(임업을 겸한 농업)으로서, 그 생태학적·사회경제적 이점으로 인해 최근 몇 년 사이에 연구가들로부터 큰 주목을 끌고 있다.

현대의 기술 혁신적 커피 농장들은 그늘나무를 제거함으

로써 더 많은 생두를 생산해 내고 있으나, 광합성 촉진을 위해 석유를 원료로 하는 비료를 잔뜩 주어야 한다. 한편 어쩌면 높은 고도와 뚜렷한 건기 때문일지도 모르겠지만, 이런 기술 혁신적 농장의 경우엔 그늘 재배 농장들을 두려움에 떨게 하던 녹병균 피해를 모면해 왔다. 실제로 단종 재배의 햇빛 노출 커피나무에서는 커피 최악의 해충으로 꼽히는 커피 열매 천공충이 기승을 부려 오긴 했으나, 그 외의 다른 야생 생물은 생존하지 못한다.

엘살바도르 같은 나라에서는 그늘 재배 커피 농장이, 남아 있는 '산림'의 60퍼센트에 해당한다. 반면 수십억 마리의 철새들이 날아드는 멕시코 남부와 중앙아메리카의 좁은 깔때기 모양의 지대는, 커피의 그늘막 감소로 인해 재앙의 가능성을 안고 있다.

바람직한 커피를 둘러싼 논쟁

1996년 9월에 나는 스미소니언철새센터에서 주최한 지속가능성커피위원회First Sustainable Coffee Congress에 참석했다. 여러 학자, 자연보호운동가, 개발 전문가들이 커피 재배업자, 수입업자, 수출업자, 로스팅업자, 소매업자들과 한자리에 모여 사흘 동안 커피의 지속 가능성에 대해 토론과 논쟁을 펼쳤다.

회의에 참석한 생물학 연구가들은 그늘 재배 커피의 생물 다양화 측면을 지지하며 설득력 있는 주장을 내놓았다. 특히 이베테 퍼펙토Ivette Perfecto 교수는 다음과 같이 밝혔다. "그늘 재배 커피에서 발견되는 놀라운 점은, 전통적 농장에서의 단종 재배 나무들의 그늘막에서 발견되는 곤충의 종이 아주 다양하다는 사실입니다." 또한 러셀 그린버그는 지적하길, 멕시코 현지 조사 결과 그늘 재배 커피 농장에서 180종의 새가 발견되었는데, 이는 교란되지 않은 열대 우림에 이어 두 번째로 많은 종이 발견된 사례라고 했다.

그린버그는 이어서 버드 프렌들리 커피의 상업적 잠재성에 대해서도 역설했다. 그의 주장에 따르면, 야생 조류 관찰 애호가라고 자처하는 5천4백만 명의 미국인들 가운데 2천4백만 명이 1991년에 새 친구들을 관찰하려고 여행을 다니며 쓴 돈이 25억 달러에 달했다. 그뿐만 아니라 진지한 야생조류 관찰 애호가들은 교육 수준이 높고 부유하며 자연 보존에 관심이 있는 편으로, 스페셜티 커피 애호 고객층들의 특징과 아주 흡사했다.

열대우림동맹의 크리스 윌리Chris Wille는 이렇게 말했다. "사람들에게 더 많은 커피와 더 질 좋은 커피를 마시라고 말하려면 우선 환경친화적 커피에 대한 인증이 확실히 마련되어야

철새 서식지 보존에 관심이 있다면 그늘 재배 커피를 사길 권하고 싶다. 왼쪽 하단의 라벨은 골든밸리팜즈(Golden Valley Farms)가 스미소니언 철새센터로부터 '버드 프렌들리(Bird-Friendly)'로 인증받았음을 보여 주는 라벨이다.

합니다. 새들도, 벌들도, 이 자리의 우리 모두도 윈윈할 수 있도록 말입니다." 그러나 그런 환경친화적 커피에 대한 라벨과 마케팅 문제를 둘러싸고 밥그릇 싸움이 불거졌다. 유기농 소매상들은 공정 무역업자들과 서로 의견이 갈렸다. 열대우림동맹은 환경친화적 커피에 자신들의 인증 도장이 찍히길 바랐으나, 국제보존협회 대표단은 그와는 조금 다른 기준

을 구상하고 있었다. 폴 카체프는 의견이 일치할 때까지 기다릴 생각도 없이, 땡스기빙커피의 그늘 재배 커피 브랜드에 대해 자기식의 인증 제도를 취하겠다고 밝히고 나섰다.

그늘 재배 커피에 대한 인증 마크에 의견 일치를 본다고 해도 그것으로 끝이 아니었다. 그늘 재배의 적정 수준을 정하는 것도 문제였다. 게다가 그늘 재배 커피와 관련한 관심은 온통 라틴아메리카에 쏠려 아프리카와 아시아는 배제되었을 뿐만 아니라, 구름의 양과 기후로 인해 그늘 재배가 필요 없는 지역에 대한 논의도 제기되지 않았다.

네덜란드의 막스 하벨라르 창설자인 베르트 베이크만은 새를 사랑하는 커피 애호가들에게 가장 실리적인 조언을 던지며, 다음과 같은 일련의 의견을 내놓았다. '일관성과 인지도가 있으면서 품질 높은 상품의 생산, 대기업 로스팅업체들과의 합작 사업 구성을 통해 합리적 수준의 경쟁력 있는 가격으로 대형 마트에 상품 출시, 기 싸움과 밥그릇 싸움은 물론 자기 본위적 행동의 자제, 단순하고 명확한 메시지 전달 및 교회 단체와 언론을 통한 무료 홍보의 적극 활용, 한 지역을 테스트 시장으로 선정해 캠페인을 벌이기 시작한 후 점차 확대시키기.'

그러나 아무도 베이크만의 취지에 귀를 기울이지 않았다. 기껏해야 스페셜티커피협회에서 협회의 사회적 사명 목록에 지속 가능성을 추가하고, 지속 가능성 커피 기준 그룹 Sustainable Coffee Criteria Group이 농약 사용 최소화, 동식물 서식지 파괴 행위의 중단, 생물 다양성 보호 등을 촉구하는 문서를 작성한 정도였다. 그나마도 구체적 계획도 없었다. 하지만 그럼에도 현재 환경친화적 커피는 스페셜티 커피 시장의 1퍼센트를 점유하고 있다.

신음하는 세계

스미소니언철새센터 회의 중에 어느 재배업자가 이렇게 물었다. "우리로선 정말 충격적이고 어이가 없습니다. 우리는 1파운드당 1달러가 조금 넘는 돈밖에 못 받는데 스페셜티 커피 로스팅업자들은 8달러나 10달러를 받고 판다니, 대체 어째서 이렇게 불공평한 건가요?" 미국의 참석자들은 웅성웅성 연민을 표했으나 그 누구도 여기에 대답을 하지 못했다.

그로부터 얼마 뒤에, 나는 한 스페셜티 커피 전문가로부터 그 답을 얻을 수 있었다. 재배업자가 콜롬비아 수프레모 Colombian Supremo 생두를 1파운드당 2달러를 받는다고 치자(이 가격이 수시로 변한다는 점도 염두에 두기 바란다). 이제 이 2달러에, 운송과 보관 및 그에 수반되는 인건비 11센트가 붙고, 또 로스팅 중 18퍼센트의 무게 감소로 인한 손실비 46센트, 로스팅 비용 1파운드당 19센트, 도매 배송을 위한 5파운드 용량 봉투에 수작업으로 포장하는 비용 35센트, 운송 비용 40센트가 계속 붙는다. 여기까지의 총비용이 3달러 51센트다. 그러면 이번엔 로스팅업체 및 배급업체의 일반 경비(담보 대출과 기계 구입 대출에서부터 판매 수수료, 수선비, 쓰레기 처리비 등) 충당과 이윤을 위해 2달러 5센트가 더해지면서 로스팅 커피는 5달러 56센트의 가격에 스페셜티 커피 소매상에게 배달된다. 소매상은 규모, 임대료 등의 일반 경비 비용에 따라 적정 이윤을 남기기 위해 1파운드당 9달러 50센트나 11달러 50센터 사이에서 가격을 책정한다.

로스팅 원두가 커피하우스 매장으로 가게 될 경우, 1파운드당 5달러 56센트로 들여온 이 원두는 커피하우스 점주에게 12온스(340그램) 기준 레귤러커피 한 잔당 1달러 75센트, 또는 카푸치노나 라테 한 잔당 2달러 50센트의 원두 비용이 드는 셈이다. 또한 점주가 이 1파운드 원두로 스물네 잔의 커피를 만들어 판다고 치면, 레귤러 필터 커피로 따지면 1파운드당 제조 원가가 70달러이고, 라테로 따지면 1파운드당 서른세 잔이 나와 제조 원가가 82달러 50센트가 된다. 그것도 우유, 빨대, 감미료, 산패된 커피 폐기 비용은 포함되지도 않은 원가다. 그뿐만이 아니다. 커피하우스 점주는 엄청난 임대료와 1만 8천 달러에 이르는 최신식 에스프레소 머신 가격도 뽑아야 하고, 고객들이 커피 한 잔을 마시며 철학적 이야기를 장황하게 나누거나 혼자 책을 읽으며 한참을 죽치고 있는 것까지 감수해야 한다.[7]

이쯤 되면 최종 가격이 높을 만도 하다고 여겨질 것이다. 적어도 미국 경제와 라이프스타일의 관점에서 본다면 말이다. 그럼에도 불구하고 미국의 풍요로움과 커피 재배 지역의 빈곤 사이의 극심한 불균형은 여전히 문제이며, 스미소니언 회의에서도 드러났듯 일부에게는 철새들에 대한 이야기가 그저 피상적인 문제로 그치고 있다.

멕시코의 한 연설자는 다음과 같이 불만을 드러냈다. "커피업계에서는 사회 정책의 혜택도 못 받고 빈곤에 허덕이는

---

7 커피업계의 사람들은 다들 서로를 부러워하는 것 같다. 재배업자들은 자기들이 고생해 생산한 생두를 편하게 전화 통화만으로 수출업자에게 팔고 수수료를 챙겨 간다며, 중개상들을 시기한다. 또 중개상들은 수출업자들이 갑이라고 여기는데, 정작 수출업자들은 부유한 미국인들에게 생두를 파는 수입업자들에게 꼼짝 못한다. 수입업자들도 그들대로 앓는 소리를 한다. 자신들은 심한 가격 변동에 휘둘리느라 이윤이라 봐야 얼마 남지도 않고, 오히려 떼돈을 버는 건 로스팅업자들이라면서. 로스팅업자들도 나름대로 할 말이 있다. 소매상들이 자신들에게 사 간 로스팅 원두에 가격을 두 배로 매겨서 팔고, 커피하우스에서는 그 원두로 음료를 만들어 비싼 값에 판다고 생각하니 말이다. 그러나 커피하우스 점주들은 하루에 열다섯 시간씩 주 6일을 일하고 있다.

국가를 제물로 부를 끌어내고 있습니다. (…) 지금 커피 재배 지역들은 언제 터질지 모르는 화약통입니다." 그는 멕시코를 두고 한 얘기였으나, 이것은 다른 수많은 커피 생산국들의 사정이기도 하다.

나는 이메일로 「커피토크의 일일뉴스Coffee Talk's Daily Dose of News」를 받아 보고 있다. 이 소식지의 마지막 부분에는 '원산지 소식News from Origin'이라는 꼭지가 실리는데, 가난에 찌든 커피 생산국들의 뉴스는 대개가 암울하다. 다음은 2009년 8월 19일~20일자의 헤드라인을 무작위로 몇 가지만 추려 본 것이지만, 사실 이런 뉴스가 매일같이 실리고 있다.

> 라틴아메리카 좌파 정권들, 온두라스 쿠데타의 도미노 효과에 떨다
> 콜롬비아, 전 안보부장 체포
> 상공회의소, 에티오피아의 기업 환경이 악화되고 있다고 발표
> 멕시코, 총기 무장 괴한들이 신문사 건물 난입
> 유엔 관리, 짐바브웨의 고통이 "심각한 수준에 치달았다"고 밝히다
> 케냐, 가뭄으로 기아 위기가 심화되다
> 예멘 반군, 적신월사Red Crescent*의 구호 요원 15명 납치
> 인도네시아 과격 단체, 오바마 공격 모의
> 인도 카슈미르에서 무연고자 무덤들이 더 발견되다
> 인도네시아 수마트라, 지진 강타

커피 재배 지역들은 억울하다 싶을 만큼 자연재해에 시달리는 듯하다. 허리케인이 툭하면 카리브해 제도와 중앙아메리카를 할퀴고 지나가고, 지진이 커피 재배 지역을 흔들어

---

* 회교 국가들에서 적십자와 같은 일을 하는 단체

놓는 일이 빈번해서 하는 말이다. 한 예로, 1998년에 허리케인 미치Mitch가 덮쳤을 때는 1만 1천 명으로 추산되는 사람들이 목숨을 잃었고 온두라스와 니카라과에서는 커피 생산량이 절반 가까이 감소했다.

커피 – 유기적 조직의 일부

커피는 불평등의 역사와 떼려야 뗄 수 없이 얽혀 있다. 실제로 중앙아메리카를 여행하던 중에 나는 커피, 권력, 폭력 사이의 밀접한 관계를 거듭거듭 뼈저리게 느꼈다. 니카라과에 갔을 때 만났던 알바로 페랄타 헤데아Alvaro Peralta Gedea는 1980년 초에 산디니스타 정권에 몰수당했던 가문의 핀카를 되찾았던 사람이다. 그런데 그는 그동안 방치되어 있던 나무에서 가지를 치기 전에 자신의 땅에 묻혀 있던 지뢰부터 제거해야 했다고 한다. 다행히 그는 미 해군으로부터 지뢰 제거 훈련을 받았던 덕분에 캄페시노들에게 그대로 가르쳐 주었다. 그러나 삼촌의 농장에서는 부주의한 일꾼 한 명이 지뢰를 밟아 목숨을 잃었다.

온두라스, 니카라과, 엘살바도르를 둘러보러 갔던 중에는 미국스페셜티커피협회에서 구성한 여행 코스에 참여했다가 그 당시 니카라과의 육군 수장이던 호아킨 쿠아드라 라카요 장군을 만났다. 그의 아름다운 커피 농장, 에스페란사Esperanza에서 열린 칵테일파티에서였다. 그는 지난날 자신이 산디니스타 정부의 장군 시절에 농부들에게 땅과 총을 나눠주며 그 땅을 지키라고 말했고 그때 정부에서는 다른 커피 농장들을 몰수했었다고 말해 주었다. 그런데 그의 설명에 따르면, 자신의 농장은 몰수하기에 적합하지 않았단다.

우리가 그다음 날, 엘살바도르로 건너갔을 때는 민간 경찰이 무장 에스코트를 해 주었다. 우리의 가이드는 우익 정당 국민공화동맹의 공동 창설자인 리카르도 '리크' 발디비에소였다. 미국에서 자랐던 그는 버스 앞쪽에서 "재미있으세요?"라고 큰 소리로 물어보며 선량한 캠프 리더 같은 모습을 보였다. 그래서 정말 믿기가 힘들었다. 그가 다우비손처럼 암살단과 연관되어 있었을지도 모른다는 사실이. 내가 그 의혹에 대해 직접 물어보자 그는 아니라고 부인했다. 오히려 자신은 1982년 선거 직전에 엘살바도르에서 총에 맞아서 거의 죽을 뻔했던 사람이라며, 그때 하루 동안 병원에 입원했다가 암살을 피해 '안전 가옥'으로 옮겨졌다고.

커피 경제 자체는 사회의 불안과 억압에 직접적 책임이 없다. 원인과 상관관계를 혼동해선 안 된다. 물론 경제 제도에 내재된 불평등이 갈등을 격화시키고 있기는 하다. 하지만 선진국에서 저렴하게 소비되는 다른 상품들과 비교하면, 그나마 커피는 양호한 편이다. 바나나 농장이나 설탕 농장, 또는 면 농장에서 일하거나, 금광, 다이아몬드광, 정유 공장에서 땀을 뻘뻘 흘리며 힘들게 일하는 이들의 여건은 훨씬 가혹하다. 커피의 재배 농부들이 대부분 작은 땅에서 커피나무와 그 나무가 맺는 열매를 애정 어린 손길로 돌보고 있는 것에 비한다면.

커피는 역사학, 인류학, 사회학, 심리학, 의학, 경제 부문 사이의 상호 연결성이 대단해서, 세계 경제를 형성해 온 상호작용을 이해하는 데 좋은 수단이 되어 준다. 이 책의 역사는 전적으로 커피를 중심으로 서술된 것이지만, 다른 상품에 대해서도 유사한 이야기가 펼쳐졌을 것이다. 사실 과거에 유럽 국가들은 아시아, 아프리카, 아메리카로부터 모피, 은, 금, 다이아몬드, 노예, 향신료, 설탕, 차, 커피, 코코아, 담배, 아편,

고무, 야자유, 석유를 착취했고, 유럽의 백인들에게 점령되었던 북미 역시 산업적으로 발전하면서 특히 라틴아메리카를 그 대상으로 삼아 이 정복 대열에 합류했으니 말이다.

카페인, 최고의 마약

카페인은 지구상에서 가장 많이 섭취되는 향정신성 마약이며, 커피는 카페인의 첫째가는 전달 식품이다. "오늘날 세계 인구의 대다수가 (…) 날마다 카페인을 섭취하고 있다." 카페인을 주제로 두 권의 저서를 펴낸 잭 제임스Jack James의 글이다. 그에 따르면 카페인 함유 음료의 세계 소비량을 환산하면 전 세계적으로 매일 1인당 한 잔씩 마시는 꼴이라고 한다. 미국에서는 그 섭취 형태를 막론할 경우, 습관적으로 카페인을 섭취하는 비율이 전 인구의 90퍼센트가량에 이른다.

인류는 사실상 모든 문화권에서 마시거나 씹거나 연기를 피우는 등 이런저런 식의 자극적 마약을 갈망하고 있다. 그 섭취 형태도 알코올, 코카 잎, 카바,* 마리화나, 양귀비, 버섯, 카트, 빈랑나무 열매, 담배, 커피, 콜라나무 열매, 요코나무 껍질yoco bark, 과율 잎, 감탕나무 잎(카시나 음료), 마테, 과라나 열매, 카카오(초콜릿), 차 등 다양한데, 그중에서도 확실히 마지막 아홉 개가 가장 보편적인 카페인 섭취원이다. 사실 카페인을 만들어 내는 식물은 60종이 넘지만, 세계인의 각성 수단으로서 커피콩이 차지하는 비중은 54퍼센트에 육박하며, 그 뒤를 차와 청량음료가 잇고 있다. 만화가 로버트 테리엔Robert Therrien의 말마따나, "커피는 최고의 마약이다!"

---

* 폴리네시아산 후춧과의 관목, 또는 그 뿌리로 만든 마취성 음료

카페인 분자 구조

카페인은 알칼로이드의 일종, 즉 질소 원자를 가진 고리 모양의 (탄소 함유) 유기 화합물이다. 알칼로이드는 약리학적으로 활성 화학 물질로서, 여러 종의 열대 식물에서 만들어진다. 열대 식물들은 포식자들로부터 구제받을 겨울을 누리지 못하는 까닭에 스스로를 보호하기 위한 정교한 자구책을 발전시켰다. 다시 말해 카페인이 바로 천연 살충제라는 얘기다. 실제로 식물이 카페인을 함유하게 된 이유는, 대다수 잠재적 포식자들의 신경계에 영향을 미쳐 못 먹게 만들려고 유도하기 위한 것이었을 가능성이 높다. 물론 인간이라는 동물에게는 그 카페인이 매력 요인이지만.

커피 생두에서 카페인, 즉 $C_8H_{10}N_4O_2$가 처음으로 발견된 것은 1820년이었다. 카페인은 (식물과 동물 공통의 구성물인) 크산틴xanthine 분자에 접착된, 세 개의 메틸기基(H_3C)*로 구성되어 있다. 이 메틸기로 인해 울퉁불퉁한 분자가 된 (일종의 트리메틸크산틴인) 카페인은 혈류를 타고 흐르며 여기저기 부딪치지만, 위장기관 같은 생체막生體膜은 거뜬히 통과한다. 한편 인간의 간은 카페인을 독으로 간주해서 분해시키려 시도하며 메틸기를 떼어 낸다. 그래도 전부 다 처리하기엔 역부족이어서 상당수의 카페인 분자가 그대로 간을 통과해 결국엔 정박지인 뇌로 찾아간다.

카페인 분자는 신경전달 물질인 아데노신을 흉내 내는데, 이 아데노신은 뇌의 전기적 활동을 감소시키고 다른 신경

---

* 메테인에서 수소 원자 하나를 제거한 일가(一價)의 원자단

전달 물질의 방출을 억제하는 작용을 한다. 즉 아데노신은 활동을 저하시키는 물질로서, 우리를 쉬게 해 주며 우리가 하루에 한 번씩 잠을 자도록 수면을 촉진시킨다. 그런데 카페인이 아데노신 대신 아데노신 수용체에 결합하여, 아데노신의 작용을 방해한다. 말하자면 카페인은 잠이 안 오도록 적극적인 작용을 해 주는 것이 아니라 정신 브레이크의 자연스러운 작동을 방해하는 것뿐이다.

카페인의 영향을 받는 곳은 뇌뿐만이 아니다. 인체에는 곳곳에 수용체가 있으며, 아데노신은 우리 몸에서 여러 가지 기능을 수행하고 있다. 따라서 카페인은 혈관을 수축시키기도 한다. 섭취량이 적을 때는 심장 박동을 느려지게 하는 것 같지만, 많은 양은 심장 박동 속도를 증가시키기도 한다. 또한 카페인은 특정 근육의 수축을 촉진시킨다. 그런가 하면 폐의 기도를 이완시켜 또 다른 유형의 혈관을 열어 주기도 한다. 카페인은 이뇨 작용을 하며, 미량의 칼슘이 소변으로 빠져나가게 하여 뼈 손실의 가능성에 대한 우려를 낳기도 한다. 다만 최근의 연구에서 밝혀진 바에 따르면 이는 칼슘 섭취가 낮은 고령의 여성에게만 국한된 잠재적 우려다.

커피와 카페인은 다수의 질병에 결부되어 왔으나 그런 부정적 연구 결과 대다수는 후속 연구에서 확증을 얻지 못했다. 스티븐 브라운Stephen Braun이 그의 저서 『한 잔의 유혹 Buzz』에서 결론지었다시피, "유방암, 뼈 손실, 췌장암, 결장암, 심장질환, 간질환, 신장질환, 정신장애 등에 미치는 카페인의 영향에 대한 조사가 진행되어 왔으나 (…) 지금까지 적당량의 카페인 섭취가 (…) 이런 질환 및 그 밖의 건강 장애와 관련되어 있다는 확실한 증거는 한 건도 나오지 않았다."

잭 제임스Jack James는 『카페인의 이해Understanding Caffeine』

를 통해 명확한 연관성이 없다는 점에는 동의했으나, 카페인이 심장질환의 원인일 가능성이 있다는 견해를 밝히기도 했다. 게다가 보일드 커피나 비여과 커피가 혈청 콜레스테롤 수치 증가와 연관성이 있다고 지적하며, "한 잔의 양에 상당하는 커피조차 혈압을 경미하게 상승시키며 그 효과가 두세 시간 동안 지속된다"고 주장했다. "평생에 걸쳐 매일매일 이런 혈압 상승을 겪게 되면 심장혈관 질환의 원인으로 작용할 수 있다"고도 했다. 그러면서 카페인 섭취에 안전한 기준량은 없으므로 이 마약을 철저히 피해야 한다고 결론지었다.

의사들이 그 정도까지 권하는 경우는 드물지만, 의학 권위자들이 하나같이 동의하는 점도 있다. 혈압이 높은 사람뿐만 아니라 불면증과 불안장애를 가진 사람들도 카페인 섭취를 의사와 상의해야 한다는 것이다. 또한 다른 약물을 섭취하는 환자들에게도 그 약물과 카페인의 상호 작용 가능성에 대해 담당 의사와 상의하도록 권고하기도 한다. 한편 카페인은 위산 분비를 촉진시킨다. 즉 사람에 따라 음식물의 소화를 촉진시켜 주거나 위산 과다를 일으킨다. 그러나 카페인은 진통제에 상승효과를 일으켜, 고통 완화에 유용한 일면도 있다.

섭취량과 관련해서, 대다수 권위자들은 '적당량의 섭취'를 권고하고 있다. 다수의 일화적 및 임상적 보고들에 의거하면 카페인의 과다 섭취는 문제를 유발할 수 있다. 인간의 치사량은 대략 10그램이지만 단시간 내에 커피를 통해 그만큼의 양을 섭취하기란 사실상 불가능할 듯하다. 1백 잔 이상을 마셔야 하니 말이다. 중독의 초기 증상은 구토, 복부 경련, 심장 두근거림 등이다. 『정신질환 진단 및 통계 편람』에는 카페인 중독이 정식 질환으로 등재되어 있기도 하다.

그러나 적당량의 카페인 섭취는 좋은 효과도 낳는다. 해리 홀링워스가 1911년에 이중맹검법 연구에서 밝혀냈듯, 카페인은 운동 기능과 반응 시간을 경미하게 향상시키는 한편 수면 패턴에는 비교적 영향을 미치지 않는다. 커피는 운동선수의 운동 능력을 상승시키며(아드레날린 분비의 촉진을 통한 효과로 추정된다), 그래서 한때 국제올림픽위원회International Olympic Committee, IOC에서는 카페인을 '도핑 물질'로 규정하곤 했다. 카페인은 기관지 천식 환자에게 도움이 될 수도 있으며, 신생아 호흡장애(자발호흡 중지)에 빠진 영아에게 투여되기도 한다. 또한 알레르기 질환을 가진 성인 가운데 일부의 경우 카페인을 통해 증상 완화 효과를 얻는다. 카페인은 편두통을 완화시켜 주기도 한다(다만 카페인 섭취를 중지할 경우 다른 두통이 유발된다). 이뇨제나 하제下劑가 필요한 사람들에게도 커피가 도움이 된다. 심지어 몇몇 연구에서는 자살을 예방하기 위한 우울증 치료제로서 커피를 마시라고 권하기도 한다.

카페인은 정자의 운동성을 증가시켜 주는 것으로 증명되어 왔고, 따라서 인공 수정 프로그램에 유용할지 모른다(하지만 일각에서는 카페인이 정자의 속도를 증가시키긴 하지만 정자에 해가 될 수도 있다는 우려를 표하기도 한다). 또한 카페인은 아스피린 같은 진통제와 같이 섭취할 경우 고통의 완화를 촉진시켜 주는 것으로 추정된다. 커피는 영양분이 하나도 없다는 비난을 받고 있지만 실제로는 극소량의 칼륨, 마그네슘, 망간을 공급해 준다. 레드와인과 마찬가지로 커피에는 산화 방지제가 풍부하게 함유되어 있다. 사실 스크랜턴대학교에서 2005년에 실시한 한 조사에 따르면 커피가 평균적 미국인에게 바로 그 중요한 화합물인 산화 방지제의 최대 공급원인 것으로 나타났다. 한편 커피는 신진대사율을 높여 주는 만큼 다이어트에 유용할 수 있으나, 그 효과는 미미하다.

카페인은 주의력이 부족하고 산만한 과민 아동에게는 역설적 효과를 나타내, 커피가 그런 아동을 진정시켜 주는 것으로 여겨진다. 커피 섭취는 확실히 파킨슨병, 알츠하이머, 간암, 결장암, 제2형 당뇨병, 담석의 예방에 도움이 되기도 한다.

나는 한편으론 이런 연구 결과들에 대해 다소 의혹이 든다. 10년 전에 암을 유발한다고 했는데 이제는 암을 치료한다는 이야기나, 혹은 그 반대 경우의 이야기를 너무 빈번히 듣게 되어서 하는 소리다. 하지만 최근의 커피 연구들은 대다수가 수년에 걸쳐 수많은 사람을 추적 조사하고 잠재적 교란 요소들을 신중히 제거하는 만큼 그 역학적 근거가 확실하다. 가령 『내과학회지*Archives of Internal Medicine*』에 게재된 2006년도의 한 간질환 관련 연구에서는 12만 5,580명을 추적 조사하여 "커피에 간경변 예방 성분이 함유되어 있다"는 결론을 내렸다. 그 이전 해에 『미국의학협회지*Journal of the American Medical Association*』에 게재된 또 다른 연구에서는 19만 3,473명을 추적 조사하여, 커피가 제2형 당뇨병을 예방할 뿐만 아니라 커피를 많이 마실수록 당뇨병의 위험이 낮아진다는 것도 밝혀냈다.

의외의 얘기로 들리겠지만, 카페인이 아동에게 해롭다는 증거는 거의 없다. 그러나 성인과 마찬가지로 아동 역시 금단 증상을 보이기 쉬우며, 그런 금단 증상은 커피보다는 청량음료 섭취의 부족이 원인일 때가 더 많다. 많은 의사가 임신부나 모유 수유 산모의 커피 섭취에 대해 우려를 표한다. 카페인은 태반관문을 쉽게 통과해 태아에게까지 침투하며, 모유를 일종의 천연 라테로 변하게 한다는 이유 때문이다. 또한 조산아는 카페인을 분해해 줄 간 효소가 부족하기 때문에 체내에 카페인이 훨씬 더 오랜 시간 머물게 된다. 아이들은 대부분 생후 6개월쯤 지나면 성인과 똑같은 수준의 카페인 분해 능력이 생겨서, 혈류에서의 반감기半減期가 다섯 시간가량 된다.

연구를 통해서도 카페인이 태아나 모유 수유 영아에게 해롭다는 증거를 밝혀내지 못했으나, 몇몇 조사에서는 카페인이 저체중 출생아의 위험과 관련성이 있을 수 있다고 나타났다. 잭 제임스는 임신부들에게 카페인 음료를 삼가도록 권해 왔다. 반면에 (확실히 이 문제에 이해관계가 얽혀 있는) 전국커피협회에서는 "현재 대다수 의사와 연구가들이 임신부들이 카페인을 섭취해도 전적으로 안전하다는 것에 동의한다"는 주장을 펴 왔다. 전국커피협회는 조심해서 나쁠 것 없다고 생각하는 이들에게는 하루에 한두 잔만 마시라는 권고도 잊지 않고 있다.

사실 전문가들은 커피와 카페인 섭취의 문제에 관한 한 그다지 의견이 일치하지 않는 편인데, 그 한 이유는 사람에 따라 커피와 카페인에 대한 반응이 현저히 다르게 나타나기 때문이다. 어떤 사람들은 조금만 마셔도 신경이 곤두서는가 하면, 또 어떤 사람들은 더블 에스프레소를 마시고도 바로 깊은 잠에 빠져들기도 한다. 따라서 커피 애호가들은 누구든 자신에게 잘 맞는 적정 섭취량을 미리 판단해 놓아야 하며, 가급적 하루에 두세 잔 정도만 마시는 것이 좋다.[8]

혹시 당신도 중독자?

하루에 열 잔 넘게 커피를 마셔도 흥분한다거나 안절부절못

---

8 최대 석 잔이라는 것은 6온스 (170그램) 컵 한 잔당 평균 1백 밀리그램의 카페인 함유량을 기준으로 삼은 것으로서, 이 권고량은 컵의 크기, 브루잉 강도, 블렌딩에 따라 바뀐다. 가령 로부스타 블렌딩은 아라비카 백 퍼센트보다 카페인 함량이 상당히 높게 마련이다. 한편 담배를 끊게 되면 평상시와 같이 커피를 섭취해도 갑자기 그 효과가 더 강하게 느껴질 수 있는데, 그것은 흡연이 카페인의 효과를 감소시키기 때문이다.

하는 일 없이 아무렇지 않은 사람들도 간혹 있는데, 이는 카페인 내성이 생겨서 그런 것이다. 이런 사람들은 갑자기 카페인을 끊으면 말할 수 없는 고통을 겪게 될 수도 있다. 캐시 로시터Cathy Rossiter가 바로 그런 경우였다. 1993년에 존스홉킨스대학교에서 실시한 카페인 금단 증상에 대한 연구의 참가자였던 로시터는, 당시에 카페인 함량이 높은 레몬-라임 맛 청량음료인 마운틴듀Mountain Dew를 온종일 입에 달고 살다시피 했다. 심지어 둘째의 출산 진통이 오는 와중에도 자신도 모르게 대형 마트에 가서 마운틴듀를 들고 계산대 앞에 줄을 서 있더란다.

로시터는 연구를 위해 이틀 동안 카페인을 끊기로 했다. "눈 바로 뒤쪽에 편두통이 와서, 누가 칼로 쿡쿡 쑤시는 것처럼 욱신거렸다." 카페인 금단 증상으로는 두통, 졸음, 피로감, 수행 능력 저하 등이 나타나며, 심한 경우엔 구역질과 구토까지 동반된다. 로시터는 이틀간 잘 참고 버티긴 했으나 완전히 끊을 자신은 없다고 했다.

카페인 연구가 존 휴스John Hughes에 따르면, "하루에 1백 밀리그램(커피 한 잔)밖에 섭취하지 않는 사람들에게도 금단 증상은 나타난다." 휴스는 커피, 차, 콜라의 제품 용기에 카페인 함량 표기가 의무화되어 있지 않은 현재의 상황에 어처구니없어 하며, 다음과 같은 경고 라벨을 붙여야 한다고 주장하기도 했다. "카페인을 갑자기 끊으면 두통, 졸음, 피로감이 유발될 수 있습니다."

고통스럽긴 하지만 금단 증상은 일주일 정도면 끝이 난다. 또한 카페인 중독은 비교적 무해하다. 카페인 연구가 피터 듀스Peter Dews도 다음과 같이 말했다. "지금껏 중독이란 말의 확실한 과학적 정의란 것이 나왔다 하더라도, 그 모두는 무의미해졌다. 이제는 대부분의 사람이 카페인 함유 음료에 중독되어 있다. 이는 대부분의 사람이 샤워와 매끼의 식사에 중독되어 있는 것과 다르지 않다. 카페인 중독은 나쁜 것이 아니다. 건강에 악영향을 주지 않으면서도 평생 탐닉할 수 있는 습관일 뿐이다."[9]

맞는 말일지도 모른다. 우리가 이 습관에 너무 강하게 지배당하고 있어서, 현재 인터넷상에는 커피만을 위한 웹사이트, 대화방, 블로그, 뉴스그룹이 셀 수 없을 지경이니까. 물론 카페인 때문만은 아닐 수도 있다. 로스팅 원두는 카페인 외에도 기름, 캐러멜, 탄수화물, 단백질, 인산염, 미네랄, 휘발성 산, 비휘발성 산, 재, 트리고넬린, 페놀계 물질, 휘발성 카르보닐, 황화물 등 2천 가지나 되는 화학물질을 함유하고 있어서, 가장 복잡한 식료품 가운데 하나다. 하지만 개인적 의견을 밝히자면, 나는 우리 대다수가 커피를 끊지 못하는 이유가 카페인 때문이라고 생각한다.

코스타리카의 커피 투어

역사적으로 살펴보면 최상급 생두는 으레 수출용으로 내보내졌다. 그러나 국내 시장의 수준이 높아지고 관광객들이 커피나무 무성한 열대의 낙원으로 몰려드는 추세에 따라, 이제 생산국들에서도 더 좋은 품질을 찾는 수요가 늘어날 것이다. 현재 전

---

9 하버드대학교 명예교수인 피터 듀스는 일명 "카페인 로비(caffeine lobby)"로부터 연구 자금을 지원받았다. 부연하자면 카페인 로비는 국제생활과학협회(ILSI), 국제식품정보위원회(International Food Information Council, IFIC), 전국커피협회같이 카페인을 "기분 좋고 무해하며, 심지어 이롭기까지 한 성분"으로 표현해 왔던 단체를 지칭해 잭 테임스(Jack Tames)가 붙인 말이다.

커피 중독을 심각하게 여기는 사람들도 있지만, 커피가 없으면 무기력에 시달려 견디지
못하는 커피 중독자들이 넘쳐나고 있다.

　† 말풍선 대사: "위대한 생기의 창조자이시여, 저는 당신의 미천한 종이오니
　　　분부대로 따르겠습니다." "그 향기로운 음료를 부어 주심에 황송하여 당신 앞에
　　　머리를 조아립니다. 저는 당신의 은총으로 인해 침대에서 몸을 일으키고 하루를
　　　시작할 의욕을 얻으면서, 수년 동안 고문같이 지루한 하루하루를 버텨 나가고 있습니다."

세계 커피 가운데 재배국에서 소비되는 양은 대략 26퍼센트다. 특히 에티오피아와 브라질 사람들은 커피에 푹 빠져 있어서 생산량의 절반 이상이 자국에서 소비되고 있을 정도다.

코스타리카에서는 스티브 애론슨Steve Aronson이 카페브리트Café Britt를 팔고 있는데, 카페브리트는 그의 자체적인 브랜드로서 "아주 단단한 생두", 즉 고지에서 재배된 고품질 생두의 스페셜티 커피다. 뉴욕시 브롱크스Bronx 카운티 토박이이던 애론슨은 평생을 커피 무역 및 로스팅과 함께해 오다, 1990년 초에 코스타리카에 관광 붐이 일자 그 기회를 놓치지 않고 그곳에서 사업을 시작했다. 한편 코스타리카에서는 수년 전부터 모든 커피 수출업자들에게 생두의 10퍼센트를 내수용으로 정부 경매에 내놓도록 법으로 의무화시켰다. 그런데 경매 가격이 낮아도 너무 낮아서, 검게 변한 결점두를 해외에 내다 팔아도 그보다는 더 받을 수 있는 수준이었다. 그렇다 보니 수출업자들 가운데 많은 이들이 2퍼센트씩 내놓았다가 다시 되사서 재판매하는 식으로 10퍼센트를 채우려고 잔꾀를 부리곤 했지만, 그렇다고 계획처럼 되는 건 아니었다.

이에 대한 대책에 나선 코스타리카 정부는 재판매를 막는답시고 경매된 생두를 파란색 염료가 든 큰 통에 던져 넣어, 생두의 맛을 더 떨어뜨렸다. 법적으로는 최상품 생두를 코스타리카에서 파는 것도 **불법**이었다. 이러한 상황에서 애론슨이 성공적인 로비를 벌여, 이 법이 바뀌는 동시에 파란색 염색의 실책도 폐지되었다. 그 후에 그는 자신의 카페브리트 생두를 코스타리카의 고급 대형 마트, 호텔, 레스토랑, 사무실에 판매했다. 그에 따라 이제는 코스타리카에서 꽤 괜찮은, 아니 뛰어난 커피를 마시기가 훨씬 쉬워졌다. 경험해 본 사람으로서 하는 말이지만, 그냥 레귤러커피는 끔찍하다. 어느 날

아침에 코스타리카의 커피 산업 중심지라는 센트럴밸리에서 마셨던 커피는, 정말로 내 평생 마셔 본 최악의 커피였을 것이다. 약하고 쓴 데다 암모니아 맛까지 살짝 났으니 말이다.

애론슨은 원웨이 밸브를 활용해 또 다른 개혁도 이끌었다. 즉 자신의 생두를 로스팅하고 포장하여 800번 서비스*와 항공택배 서비스를 통해 전 세계에 팔며, 중간 유통업자를 완전히 배제시켰다. 미국 소비자들의 경우엔 (배송비를 포함하여) 특급 배송으로 1파운드당 11달러 정도로 원두를 받고 있다. 한편 이런 사람들 대부분은 에레디아Heredia에 있는 그의 로스팅 공장에서 진행되는 커피 투어Coffee Tour 프로그램을 통해 고객이 되었다.

커피 투어에서는 20달러를 내면, 매력적이고 열정적인 젊은 배우들이 영어와 스페인어로 커피의 격랑 많은 역사를 소개해 주는 공연도 즐길 수 있다. 또 관광을 마치면서 카페 브리트를 사는 것도 좋은 기념이 될 것이다. 커피 투어는 연 4만여 명의 관광객이 모여들면서 코스타리카의 인기 관광지 순위에서 3위를 차지하고 있으며, 이곳을 찾은 관광객 가운데 10퍼센트는 귀국 후에 카페브리트의 고정 고객이 되고 있다.

애론슨 외에 다른 기업가들도 커피 생산국에 진출해 커피를 로스팅하고 판매함에 따라, 앞으로는 커피 수익이 다소라도 더 공평하게 분배될 것으로 예상된다. 카페 문화 자체도 글로벌화되는 추세가 뚜렷이 나타나면서, 전통적으로 차 문화가 지배적이던 환태평양 국가들 곳곳에 스페셜티 커피하우스들이 속속 문을 열고 있다.

---

* 800이 붙은 수신자 부담 무료 전화

에티오피아 여성이 전통적인 방식으로 커피를 준비하는 모습

날개를 달고 후대를 향해 비상하다

하지만 커피와 관련해서 확실한 것은 다음의 하나뿐이다. 즉 커피가 재배되고 팔리고 추출되고 소비되는 곳에서는, 그곳이 어디든 활기찬 논쟁, 강한 소신, 기분 좋은 대화가 펼쳐지리라는 사실뿐이다. 1902년에 어느 현자는 이렇게 썼다. "최고의 이야기가 나오는 순간은 커피를 마시는 순간이다. 커피의 아로마가 영혼의 문을 여는 그 순간, 오랫동안 감추어져 있던 최고의 이야기가 흘러나오면, 이제 그 이야기는 날개를 달고 후대를 향해 비상한다."

부록
완벽한 커피 추출을 위한 팁

　그 비결이 알쏭달쏭해 보이긴 해도, 사실 맛 좋은 커피 한 잔을 내리는 요령은 다음과 같이 비교적 간단하다. 먼저 아라비카 블렌딩의 갓 볶은 통원두를 분쇄한다. 차고 깨끗한 물을 준비해 끓어오르기 직전까지 끓인다. 너무 뜨겁지 않은 그 물을 분쇄된 커피 가루에 적당한 비율로, 즉 물 6온스(170그램)당 커피 가루 2큰술을 붓고 4, 5분 정도 우린 후 여과기에 걸러 잔에 따른다. 각자 입맛에 맞게 설탕이나 크림을 섞는다. 이제 바로 잔을 들고 마시면서 만족스러운 탄식을 터뜨리면 된다.

　정말로 이렇게만 하면 된다. 물론 앞에서도 언급했다시피, 다음과 같은 세세한 부분에 대해서는 진정한 커피 애호가들 사이에서도 논쟁이 끊이질 않는다. 브루잉 방법별 최상의 그라인딩은 무엇일까? 최고의 브루잉 기기는 어떤 것인가? 커피콩 로스팅의 최적 강도는 어느 정도가 적당한가? 로스팅 커피는 냉동 보관과 냉장 보관 중 어느 쪽이 바람직할까? 식후용 커피에 가장 잘 맞는 원두는 무엇일까? 종이 필터의 사용이 과연 적절할까? 이 밖에도 에스프레소에 대한 조언과 관련해서도, 그 추출 속도에 관한 한 레오나르도 다빈치가 환생해 푼다면 모를까 정말 풀기 어려운 신비로운 기술로 여겨지고 있기도 하다.

이 책을 쓰기 시작했을 때만 해도 나는 커피에 관해서라면 나름 일가견이 있다고 자만했다. 그런데 이제는 커핑 시간을 따로 마련해 커피를 후루룩 마시고 입안에서 굴렸다가 뱉어 내며 안티구아에서부터 짐바브웨까지 여러 커피콩을 시음해 보고 있으며, 여러 가지 브루잉 도구도 갖추어 놓았다. 종종 우리 집 주방에서 오븐 온도를 232도에 맞추어 놓고 팔라니플랜테이션Palani Plantation의 로스팅팬으로 직접 로스팅도 해 본다. 참고로 이 로스팅팬은 알루미늄 재질의 파이 접시 모양에 바닥에는 일정 간격으로 구멍이 뚫려 있는 팬으로서, 생두까지 동봉된 가격으로 20달러가량 주고 샀다. 우리 집의 경우엔 오븐에 넣고 7분쯤 지나면 톡톡 터지는 소리가 나면서 생두가 벌어지고 팽창하기 시작한다. 미디엄 로스팅 기준으로 로스팅할 경우엔, 그렇게 오븐에 넣고 11분 후에 팬째로 꺼낸 후, 물 빼는 볼에 옮겨 담아 바깥에 내놓고 식힌다. 그런 다음엔 입으로 후후 불어 갈색 조각들(로스팅 중에 떨어져 나온 은피)을 제거한다. 그야말로 마법 같다. 땅콩 비슷해 보이던 딱딱한 생두가 오븐에서 나오면 크기가 거의 갑절로 부풀어서 로스팅 원두처럼 변해 있는 그 모습이라니.

그렇다고 겉모습만 그럴듯한 로스팅 원두인 것은 아니다. 실제로 열기로 인해 생두 안에 화학적 연금술이 일어나 당분과 탄수화물이 캐러멜화되면서 클로로겐산과 휘발성의 아로마 오일이 생성되어 있다. 나는 이렇게 갓 로스팅한 원두를 버burr 그라인더*에 간다. 그런 다음엔 예열시켜 둔 프레스포트 안에 적정량의 원두 가루를 넣는다. 그리고 미리 스토브에 올려 두었던 찻주전자에서 물이 끓어오르면 불에서 찻주

---

* 맷돌처럼 으깨는 방식의 분쇄기

과테말라의 오리플라마 농장에서 저자 마크 펜더그라스트(왼쪽)가 반쯤 찬 카나스타(바구니)를 내려다보고 있다. 같은 시간을 일한 카포랄 (감독) 허먼 가브리엘 카멜(오른쪽)이 바구니를 가득 채운 것과 비교된다.

전자를 내려 몇 초 정도 식혔다가 그 물을 프레스포트에 붓는다. 이때는 갓 로스팅한 원두에 아직도 다량의 이산화탄소가 남아 있어서 보글보글 거품이 올라오게 마련이다. 나는 그 거품을 저어서 가라앉힌 후에 프레스포트가 가득 찰 때까지 물을 더 부어 준 다음, 피스톤 뚜껑을 덮어 놓고 5분간 신문을 읽는다. 그런 후 플런저(프레스)를 바닥까지 천천히 눌러 내린 후에 잔에 커피를 따르면 된다.

내가 프레스포트를 좋아하는 이유는 아주 기본적인 방식이라, 커피와 뜨거운 물만으로 커피를 제대로 우려내 주기 때문이다. 단점이라면 세척하기가 성가시고 커피가 너무 빨리 식어 버린다는 점이지만. 이쯤에서 한마디 당부하자면, 어떤 식으로 추출하든 간에 커피는 일단 만들고 나면 보온병을 이용해 보온시켜야 한다. 한편 종이 필터 방식의 브루어(추출기)는 세척이 비교적 간편하다는 장점이 있다. 인상적이고 극적인 추출을 원한다면 진공 방식을 권한다. 스페셜티 커피 매장에 가 보면 구할 수 있을지도 모른다. 아니면 전기식 자동 브루어를 이용해도 되지만, 단 유의할 점이 있다. (90도가 되어야 하는) 온도와 브루잉 시간이 제대로 맞추어져 출시된 제품은 소수 모델밖에 없다는 것. 또 한 가지 당부하자면, 핫플레이트에 커피를 올려놓지 말기 바란다. 금세 쓴맛으로 변해 버리기 때문이다. 시간, 온도, 분쇄의 정도를 꼼꼼히 맞춰만 주면 펌핑식 퍼컬레이터로도 제대로 된 맛의 커피를 추출할 수 있지만, 별로 권하고 싶지는 않다.

주방에 커피 연기가 풍기는 것(즉 연기 탐지기가 작동되는 것)이 싫다면, 또 전문가가 로스팅한 커피를 원한다면, 가까운 곳의 스페셜티 커피 로스터를 찾아보길 권한다. 궁금한 점을 물어보면 여러 종류의 블렌딩과 로스팅 스타일에 대해 알

려 줄 것이다. 잠을 확 깨워 줄 만한 커피를 원한다면 고지에
서 재배된 과테말라산 안티구아를 권한다. 식후용 커피의 경
우엔 풍부한 풀바디의 수마트라가 어떨까 싶다. 다크 로스팅
원두의 구매에 대해서는 취향의 문제인 만큼, 사라거나 사지
말라는 견해를 제시하진 않겠다. 개인적으론 숯빛이 될 정도
의 다크 로스팅은 별로 좋아하지 않지만 이런 다크 로스팅의
애호가들이 많은 편이다. 중요한 점은, 로스팅 스타일과 원산
지 취향에 상관없이, 갓 로스팅한 커피를 일주일치 정도의 분
량씩만 자주자주 구매하는 것이다. 안 그러면 아무리 훌륭한
커피를 구매했다고 하더라도 금방 산패되어 버릴 테니까.

가까운 곳에 스페셜티 커피 로스터가 없다면 통신 주문
을 하면 된다. 이 자리에서 특정 업체를 추천해 주는 것은 곤
란하지만, 찾아보면 많이 있다. 아니면 가까운 곳의 대형 마트
에 가 보는 방법도 있다. 요즘엔 예전보다 구비된 제품의 질이
좋아졌다. 대신, 통원두 벌크 제품을 구매하려면 새로운 원두
로 교체되는 주기를 관리인에게 확인해 보는 게 좋다. 2주일
이 지나 산패되어 가는 원두를 사고 싶지 않다면 말이다. 또
포장되어 나온 원두를 사려면 백 퍼센트 아라비카종에 원웨
이 밸브 포장 방식으로 나온 제품이 좋다.

원두를 쌓아 놓아야 하는 경우라면 (공기가 최대한 들어가
지 않도록 해서) 밀폐 용기에 담아 냉동 보관하기 바란다. 냉동
실에서 보관해도 바로 꺼내서 분쇄·추출하는 것이 가능하다.
그라인더는 품질 좋은 버 그라인더를 사는 것이 가장 좋지만
커팅 방식의 롤 그라인더도 괜찮다. 그라인더는 오래 갈면 갈
수록 입자가 고와진다. 대체로 적절한 분쇄의 기준은, 원두
와 뜨거운 물의 접촉 시간에 따라 결정된다. 가령 드립 방식
의 경우엔 미디엄 그라인드로 분쇄하여 5분 안에 우리는 것

이 풍미를 잘 살려 주며 더 오래 우리면 오히려 쓴맛이 추출된다. 개인적으로 프레스포트를 사용하는 나의 경우엔 살짝 거칠다 싶을 만큼 분쇄하여 쓰는데, 커피를 우리는 시간 내내 물과 원두 가루가 완전히 접촉되어 있는 상태이기 때문이다. 에스프레소 머신이나 진공 브루어는 물과 원두의 접촉 시간이 아주 짧은 만큼 고운 분말형 가루가 좋다.

에스프레소를 즐기는 이들로서는 아쉬운 일이지만, 에스프레소 머신은 종류가 많긴 해도 상당히 고가다. 그러니 정말로 뛰어난 에스프레소를 맛보고 싶다면 즐겨 찾는 커피하우스에 가서 사 마시기 바란다. 아니면 큐리그, 네스프레소, 일리카페 등에서 나온 싱글컵 커피머신을 사는 것도 한 방법이다.

플레이버드 커피를 만들어 마시고 싶다면 가장 먼저 구하기 쉬운 천연 첨가제부터 시도해 보길 권한다. 실제로 과거에 에티오피아인들과 아랍인들은 계피, 소두구, 육두구, 감귤류 껍질, 견과 가루를 플레이버로 이용했으며, 코코아나 바닐라 같은 것은 알지도 못했다. 여러 종류의 술을 섞어 보는 것이나 휘핑크림을 이용하는 것도 괜찮다. 정 원한다면 커피를 추출한 후에 플레이버 시럽을 타거나 처음부터 플레이버 원두를 사는 방법도 있다. 마지막으로 이 점을 명심해 주기 바란다. 무엇이든 당신의 입맛에 맞으면 그것이 바로 정답이라는 것을.

감사의 말

『매혹과 잔혹의 커피사』의 초판이 나오기까지 3년에 걸쳐 조사와 집필을 이어 가면서 여러 곳을 다니고 기록물을 조사했는데, 돌이켜 보면 그 여정 중에 도움을 받았던 수많은 사람에 대해 더 꼼꼼하게 기록해 두지 못한 점이 아쉽다. 혹시 이 자리에서 미처 감사 인사를 전하지 못했더라도 그것은 의도된 바가 아니라 모두 저자의 기억력 탓이니, 양해해 주길 바란다.

가장 먼저 부단한 인내심을 보여 준 출판 대리인 리자 뱅코프에게 감사의 마음을 전한다. 초판의 편집을 맡아 준 베이직 북스Basic Books의 편집자 팀 바틀렛과 보조 편집자 캐롤린 스패로우에게도 감사드린다. 또한 프리랜서 편집자 레지나 허시의 도움이 없었다면 초고 원고에서 쓸데없는 내용을 3분의 1 넘게 정리한 지금의 깔끔한 원고가 나오지 못했을 것이다. 교정을 맡아 준 마이클 와일드도 원고의 내용에 대해 건설적인 조언을 해 주었다. 또한 이번 개정판에서는 팀 설리번이 보조인 아담 카티브와 함께 편집을 맡아 주었다.

원고를 부분 부분 읽어 봐 주며 여러 가지 유익한 제안을 해 준 다음의 분들께도 감사함을 전한다. 베티 한슈타인 아담스, 릭 아담스, 마네 알베스, 이레네 안젤리코, 마이크 암스, 이안 베르스텐, 돈 콕스, 케네스 데이비즈, 마거릿 에드워즈, 맥스 프리드먼, 데이비드 갤런드, 로널드 그리피스, 마릴렌 그리가스, 존 휴스, 잭 제임스, 웨이드 키트, 러스 크레이머, 리즈 레이서, 테드 링글, 제인 맥케이브, 크리스 밀러와 페니 밀러, 빌 미첼, 베티 몰라르, 알프레드 피트, 브리트 펜더그라스트와 낸 펜더그라스트, 존 펜더그라스트와 도시에 펜더그라스트, 스콧 펜더그라스트, 마리노 페트라코, 조앤 라네이, 래리 리벡크, 도널드 쉰홀트, 스티브 술먼, 톰 스티븐스, 데이비드 스톨, 스티브 스트리터, 스티븐 토픽, 블레어 비커리, K. K. 와일더. 물론 책의 내용과 관련해서는 전적으로 본 저자의 책임임을 밝혀 둔다.

베티 아담스와 릭 아담스에게는 따로 인사를 덧붙이고 싶다. 베티는 이 책의 특히 마지막 부분에서 직접 실명으로 등장해 주었을 뿐만 아니라 원고를 세심히 읽어 주기도 했다. 릭 아담스는 책 뒷부분의 참고 문헌 목록에서는 인류학자 리처드 N. 아담스로 소개되어 있다. 과테말라에서 그는 따로 시간을 내서 가이드 겸 운전사 역할까지 맡아 줬는가 하면, 원고 초고에서 지나치게 단순화된 몇몇 내용을 지적해 주며 공정한 시각을 견지하도록 도와주기도 했다. 내가 과테말라의 오리플라마 농장을 찾았을 때 친절하게 맞아 준 점에 대해서도 두 사람 모두에게 감사히 여기고 있다.

자료 조사를 보조해 준 윌리엄 버거, 브래디 크레인, 잰드지레이, 에리카 데 보스, 크리스 다지, 새드 에머슨, 세레세 필즈, 멕 갠디, 데니스 가이예트, 마거릿 저비스, 존 컬식, 리즈 레이서, 담마 메리온의 도움이 없었다면 이 책은 세상에 나오지 못했을 것이다. 크리스 다지, 피터 프레이드, 헨리 릴리엔하임, 그리고 나의 부모님을 비롯해 '커피 관련 기사 스크랩'을 맡아 주었던 모든 이에게 정말 감사드린다.

헬레나 파스쿼렐라는 오래된 간행물들에서 사진을 찍어 이 책에 삽화로 수록되도록 도와주었고, 그렉 아버클, 브래드 베커, 제리 볼드윈도 삽화 수록에 도움을 주었다. 데이비드 오지어는 그의 영화와 함께 음악과 동영상의 기록물을 참고할 수 있도록 해 주었다. 『차와 커피 트레이드 저널』의 당시 편집장 제인 맥케이브도 삽화를 발췌 사용할 수 있도록 너그러이 허용해 주었다.

듀크대학교의 하트먼 센터Hartman Center, (뉴욕주 태리타운의) 록펠러 기록보관소Rockefeller Archives, (버몬트주 에식스정크션의) 브라우넬 도서관Brownell Library, 버몬트대학교의 베일리하우 도서관Bailey-Howe Library, 국립 기록관리원, 국회도서관, 뉴욕 공립도서관, 사우스 스트리트 시포트 박물관South Street Seaport Museum, (스미소니언협회의) 국립 미국사박물관, (과테말라 안티구아의) CIRMA, 시러큐스대학교 특별열람실, 스탠퍼드대학교 특별열람실, 런던의 국제커피기구의 사서, 기록물 담당자, 큐레이터들의 도움에 대해서도 감사할 따름이며, 특히 앤 도넌, 엘렌 가르텔, 빌 길, 스티븐 자페, 탭 루이스, 지니 파워스, 탐 로젠바움, 앨리슨 라일리, 마틴 와탬의 도움이 큰 힘이 되었다.

여러 곳을 다니며 직접 만나 본 커피업계 사람들은 대체로 자신들의 상품에 대한 열정이 넘쳤고 이 책의 집필을 적극적으로 도와주었다. 시간과 기억을 나누어 준 수많은 면담자에 대해서는 따로 참고 문헌 목록에 실어 놓았지만, 특히 몇 사람에 대해서는 이 자리에서 따로 감사의 마음을 표하고 싶다. 도널드 쇤홀트는 커피의 역사에 대한 방대한 지식을 아낌없이 공유해 주었을 뿐만 아니라 원고를 꼼꼼히 검토해 주기까지 했다. 1924년에 힐스브라더스에 들어간 T. 캐롤 윌슨은 커피와 함께한 80년의 인생사를 나에게 풀어놓아 주었다. 댄 콕스는 몇 시간씩이나 할애하며 전문 지식을 들려주었다. 러스 크레이머는 그 인상 깊던 커피 관련 개인 서고를 이용하게 해 주었다. 커피 수출업자로서 유니콤Unicom을 경영하는 클라우스 몬케뮐러는 내가 과테말라를 처음 찾았을 때 환대를 베풀어 주었다. 빌 매컬핀은 라 미니타에서 나에게 의욕을 북돋워 주며 자신의 굳은 신념을 나누어 주었다. 카페어웨이^{Café} Away를 운영하는 여행 대리업자 더그 미첼은 미국스페셜티커피협회 주관에 따라 3주 코스로 진행된 온두라스, 엘살바도르, 니카라과 탐방에서 잘 짜인 일정으로 만족감을 안겨 주었다. 테드 링글은 개인적 지식을 나눠 줌과 더불어 미국스페셜티커피협회의 자료를 참고하게 해 주었다. 로버트 넬슨 역시 전국커피협회 자료들을 살펴볼 수 있도록 허용해 주는 것은 물론, 그 외에도 여러 가지 도움을 주었다. 스타벅스 측에서는 임원인 데이브 올슨이 장시간에 걸친 인터뷰에 응해 주었고, 개정판 작업 중에는 CEO 하워드 슐츠와 다른 임원들도 인터뷰 시간을 내 주었다. 스타벅스의 산자 구드에게도 그 적극적인 도움과 격려에 대해 감사의 말을 전한다.

그 외에도 사심 없이 기꺼이 도움을 주었던 커피 전문가들을 얘기하자면 메인 알베스, 제리 볼드윈, 이안 베르스텐, 케네스 데이비즈, 조지 하웰, 프레드 후크, 케빈 녹스, 에르나 크누첸, 셰리 밀러, 알프레드 피트, 릭 페이서, 게리 탈보이도 빼놓을 수 없다. 버몬트주 워터베리의 자사 커피대학에 일일 수강생으로 참여하게 해 주었던 그린마운틴커피로스터스 측이나, 트리에스테의 자사 커피대학^{Universita del Caffe}에 초청해 준 일리카페 측에게도 감사드린다.

대다수 작가들도 마찬가지겠지만 자료 조사를 위해 여러 곳을 다니다 보니 숙박처가 일정치 못하다는 애로 사항이 있었다. 그런 상황에서 운 좋게도 유쾌하게 초대해 주며 묵을 곳을 내어 준 이들을 여러 명 만나게 되었는데, 버지니아주 페어팩스의 수 테일러, 뉴욕시의 댄 맥크래켄, 로즈 스타, 그레이스 브래디, 과테말라시티의 에스페란사 '시세' 카콘과 그의 딸 안드레아, 과테말라 파나하첼의 오리플라마 농장의 베티 아담스, 코스타리카 라 미니타의 매컬핀, 런던의 필립 크리스티와 제시카 크리스티, 채플힐의 셰일라 플래너리, 오클랜드의 재니 코언, 애틀랜타의 (나의 부모님) 브리트 펜더그라스트와 낸 펜더그라스트에게 그런 호의에 대한 감사를 전한다.

초판 출간 당시의 3대 커피 회사, 즉 필립모리스(크래프트-맥스웰하우스), 프록터&갬블(폴거스-밀스톤), 네슬레(힐스 브라더스-MJB-체이스&샌본-네스카페-테이스터스초이스-삭스)는 이 책의 프로젝트에 가능한 한 참여를 절제하려는 방침을 취했던 터라, 어쩔 수 없이 이전 직원들과의 면담에 크게 의존해야 했다. 그러나 크래프트 기록물 보관소의 베키 투세이는 맥스웰하우스에 대한 배경 자료를 제공해 주었고, 스위스 브베의 네슬레 본사에서는 회사의 역사가 잘 정리된 자료를 보내 주기도 했다. 프록터&갬블에서 제공해 준 폴거스, 오길비&매더(맥스웰하우스), 매칸에릭슨(테이스터스초이스)의 1962년도 인사기록부도 도움이 되었다.

마지막으로 이번 개정판을 준비하는 동안 도움과 격려를 보내 준 다음의 이들에게 다시 한번 각별한 감사를 전한다. 길리스커피의 도널드 쇤홀트, 실비아 카보니, 팀 캐슬, 카렌 세브레로스, 댄 콕스, 오웬 두건, 프랭크 엘레비치, 모레노 페이나, 브라이언 프랭클린, 카일 프로이드, 산자 구드, 조지 하웰, 러스 크레이머, 마우시 퀼, 테드 링글, 빌 매컬핀, 그레이엄 미첼, 로라 피터슨, 마리노 페트라코, 릭 페이서, 릭 라인하트, 폴 라이스, 로버트 라이스, 롤프 사우어비어, 수지 스핀들러, 예세니아 빌로타, 제프 와츠, 샌드 윈, 샌디 유센.

참고 문헌

지면을 절약하기 위해 상세한 권말 후주를 넣지 않고, 다음과 같은 짤막한 참고 문헌 목록으로 대신하려 한다. 더 자세한 정보를 알고 싶다면 초판(원서)을 참조하거나, 본 저자의 웹사이트 www.markpendergrast.com을 방문하기 바란다.

— 마크 펜더그라스트

General books on coffee history and cultivation: Among the first were Francis Thurber's *Coffee: From Plantation to Cup* (1881); Robert Hewitt Jr.'s *Coffee: Its History, Cultivation and Uses* (1872) and Edwin Lester Arnold's *Coffee: Its Cultivation and Profit* (1886). Wiliam H. Ukers's *All About Coffee* (2nd ed., 1935) is the classic text. Heinrich Eduard Jacob, a German journalist, offered *The Saga of Coffee* (1935), and Colombian Andrés C. Uribe wrote *Brown Gold* (1954). Frederick L. Wellman wrote the monumental, if technical, *Coffee: Botany, Cultivation and Utilization* (1961), followed by *Modern Coffee Production* (2nd ed., 1962), by A. E. Haarer. British expert Edward Bramah offered *Tea & Coffee* (1972) and *Coffee Makers* (1989). Ulla Heise contributed *Coffee and Coffeehouses* (1987), while Gordon Wrigley wrote *Coffee* (1988), a technical treatise. Two members of the Illy family, famed for Italian espresso, wrote the lavishly illustrated *The Book of Coffee* (1989). Philippe Jobin assembled the reference work *The Coffees Produced Throughout the World* (1992). Australian Ian Bersten has written the fine *Coffee Floats, Tea Sinks* (1993), and Alain Stella contributed the coffee-table *The Book of Coffee* (1997). Stewart Lee Allen penned the quirky and entertaining book *The Devil's Cup* (1999). Daniel and Linda Lorenzetti's *The Birth of Coffee* features photos of global coffee cultivation. Bennett Alan Weinberg and Bonnie K. Bealer's *The World of Caffeine* (2001) offers a well-researched. detailed history of coffee, tea, and chocolate, along with caffeine's cultural, physiological, and psychological effects. Antony Wild's *Coffee: A Dark History* (2004) is an intriguing but undocumented and sketchy history. Michaele Weissman's *God in a Cup* (2008) features three young world-roaming specialty coffee men. Also see James Hoffmann's *The World Atlas of Coffee* (2018); Majka Burhardt and Travis Horn's *Coffee Story: Ethiopia* (2018); Mark Pendergrast's *Beyond Fair Trade* (2015).

Film documentaries include *Santiago's Story* (1999), from TransFair USA; *Grounds for Hope* (2000), from Lutheran World Relief; *Grounds for Action* (2004), directed by Marco Tavanti from Jubilee Economics Ministries; *Coffee Crisis* (2003), from the Canadian Centre for International Studies and Cooperation; *Black Coffee* (2005), directed by Irene Angelico; *Coffee with the Taste of the Moon* (2005), produced by Michael Persinger; *Black Gold* (2006), directed by Nick and Marc Francis; *Birdsong & Coffee* (2006), directed by Anne Macsoud and John Ankele; *Buyer Be Fair* (2006), produced/written by John de Graaf; *From the Ground Up* (2009), directed by Su Friedrich.

There are numerous books about the **characteristics of coffee** from different origins, along with roasting and brewing information. Among the earliest and best was *The Story* *of Coffee and Tea* (2nd ed., 1996), by Joel, David, and Karl Schapira, along with Kenneth Davids's many excellent books, such as *Coffee: A Guide to Buying, Brewing & Enjoying* (in many editions), Timothy Castle's *The Perfect Cup* (1991), Claudia Roden's *Coffee* (1994), Corby Kummer's *The Joy of Coffee* (1995), Jon Thorn's *The Coffee Companion* (1995), *Coffee Basics*, by Kevin Knox and Julie Sheldon Huffaker (1996), and *Aroma of Coffee* (2nd ed., 2003), by Luis Norberto Pascoal. For tasters, there is Ted Lingle's *The Coffee Cuppers' Handbook* (3rd ed., 2001) and Paul Katzeff's English/Spanish *The Coffee Cuppers' Manifesto* (2001). Espresso lovers can consult David Schomer's *Espresso Coffee: Professional Techniques* (revised 2004) and Rinantonio Viani and Andrea Ily's *Espresso Coffee: The Science of Quality* (2nd ed., 2005).

I relied primarily on three books for information on **caffeine's health effects**: *Buz: The Science and Lore of Alcohol and Caffeine* (1996), by Stephen Braun; the more comprehensive *Understanding Caffeine* (1997), by Jack James; and *The World of Caffeine* (2001), by Weinberg and Bealer. Professional articles on caffeine by Roland Griffiths and John Hughes were also invaluable. *Kicking the Coffee Habit* (1981), by Charles F. Wetherall, and *Caffeine Blues* (1998), by Stephen Cherniske, are typical of the anti-caffeine books.

Three **coffee organizations** have extensive resources and publications: the Specialty Coffee Association of America (SCAA) in Long Beach, California, the National Coffee Association (NCA) in New York City, and the International Coffee Organization (ICO) in London.

The first **coffee trade journal** was the *Spice Mill* (now defunct), but the *Tea & Coffee Trade Journal*, long edited by the renowned William Ukers, eventually superseded it and remains the standard in the field. There are many other fine coffee periodicals, notably *Barista, Coffee & Cocoa International, Coffee Talk, Fresh Cup, Roast, and Specialty Coffee Retailer*. The now-defunct *World Coffee & Tea* also offered good coverage. Three Internet-only magazines are available: *Comunicaffe International and Comunicaffe* (www. comunicaffe.com); *Virtual Coffee* (www.virtualcoffee.com) and *Café Culture Magazine* (www. cafeculturemagazine.co.uk). Coffee blogs and other sites: *Coffee Review* (www.coffeereview. com), by Kenneth Davids; *Coffee Geek* (www.coffeegeek.com), by Mark Prince; *Coffee Sage* (www.coffeesage.com), by Joe Sweeney; *Coffee Connaisseur* (www.coffeeconnaisseur.com), by Steve Gorth; *Coffeed.com* (www.coffeed.com), "for professionals and fanatics"; *Coffee Research* (www.coffeeresearch.org), by Coffee Research Institute; *Coffee Origins' Encyclopedia* (www. supremo.be), by Belgian importer Supremo Coffee.

Useful **histories/books on individual companies: A & P**: *A & P: A Study in Price-Cost Behavior and Public Policy* (1966), by M. A. Adelman; *That Wonderful A & P!* (1969), by Edwin P. Hoyt; *The Rise and Decline of the Great Atlantic & Pacific Tea Company* (1986), by William I. Walsh; **Alice Foote MacDougall**: *The Autobiography of a Business Woman* (1928), by Alice Foote MacDougall; **Arbuckles**: *Arbuckles: The Coffee That Won the West* (1994), by Francis L. Fugate; **CFS Continental**: *More Than a Coffee Company: The Story of CFS Continental* (1986), by Jim Bowman; **Claude Saks**: *Strong Brew* (1996), by Claude Saks; **Coca-Cola**: *For God, Country and Coca-Cola* (2d ed., 2000), by Mark Pendergrast; **Columbian Coffee**: *Juan Valdez: The Strategy Behind the Brand* (2008), by Mauricio Reina et al; **Douwe Egberts**: *Van Winkelnering Tot Weredlmerk: Douwe Egberts* (1987), by P. R. Van der Zee; **Folgers**: *The Folger Way* (1962), by Ruth Waldo Newhall; **Jacobs**: *100 Years of Jacobs Cafe* (1995), by Kraft Jacobs Suchard; **Jewel Tea**: *Sharing a Business* (Jewel Tea, 1951), by Franklin J. Lunding; *The Jewel Tea Company* (1994), by C. L. Miller; **La Minita**: *Hacienda La Minita* (1997), by William J. McAlpin; **Lavazza**: *Lavazza: 100 Years of Lavazza History* (1995), by Notizie Lavazza; **Maxwell House**: *Maxwell House Coffee: A Chronological History* (1996), by Kraft Foods; **MJB**: *Coffee, Martinis, and San Francisco* (MJB, 1978), by Ruth Bransten McDougall; **Nestle**: *Nestle: 125 Years* (1991), by Jean Heer; **Probat**: *The Heavenly Inferno* (1968), by Helmut Rotthauwe; **Procter & Gamble**: *Eyes on Tomorrow: The Evolution of Procter & Gamble* (1981), by Oscar Schisgall; *Soap Opera: The Inside Story of Procter*

& *Gamble* (1993), by Alecia Swasy; **Starbucks**: *It's Not About the Coffee: Leadership Principles for a Life at Starbucks* (2007), by Howard Behar: *Grande Expectations: A Year in the Life of Starbucks' Stock* (2008), by Karen Blumenthal; *Starbucked: A Double Tall Tale of Caffeine, Commerce, and Culture* (2007), by Taylor Clark; *Wrestling with Starbucks: Conscience, Capital, Cappuccino* (2008), by Kim Fellner; *How Starbucks Save My Life* (2007), by Michael Gates Gill; *Trade-Off* (2009), by Kevin Maney and Jim Collins; *The Starbucks Experience* (2006), by Joseph A. Michelli; *Tribal Knowledge: Business Wisdom Brewed from the Grounds of Starbucks Corporate Culture* (2006), by John Moore; *Pour Your Heart Into It* (Starbucks history, 1997), by Howard Schultz and Dori Jones Yang; *My Sister's a Barista* (2005), by John Simmons; *Everything But the Coffee: Learning About America from Starbucks* (2009), by Bryant Simon; *The Gospel According to Starbucks* (2007), by Leonard Sweet; **W. R. Grace**: *Grace: W. R. Grace & Company* (1985), by Lawrence A. Clayton.

Books on **coffee prices and international commodity schemes** include: *Open Economy Politics* (1997), by Robert H. Bates; *The Corner in Coffee* (fiction, 1904), by Cyrus Townsend Brady; *The Coffee Paradox* (2005), by Benoit Daviron and Stefano Ponte; *An Oligopoly: The World Coffee Economy and Stabilization* (1971), by Thomas Geer; *Trading Down* (2005), by Peter Gibbon and Stefano Ponte; *The Brazilian Coffee Valorization of 1906* (1975), by Thomas H. Holloway; *The International Political Economy of Coffee* (1988), by Richard L. Lucier; *Rise and Demise of Commodity Agreements* (1995), by Marcelo Raffaelli; *The Inter-American Coffee Agreement of 1940* (1981), by Mary Rohr; *Studies in the Artificial Control of Raw Material Supplies* (1932), by J. W. F. Rowe; *Grounds for Agreement* (2004), by John Talbot; *Coffee to 1995* (1990), by Michael Wheeler; *The World Coffee Economy* (1943), by V. D. Wickizer.

Books about **Fair Trade and the coffee crisis of 1999-2004**: Gregory Dicum and Nina Luttinger wrote *The Coffee Book* (1999, 2006), concentrating primarily on social and environmental issues. *Mugged: Poverty in Your Coffee Cup* (2002), by Charis Gresser and Sophia Tickell, is an Oxfam overview. John Talbot's *Grounds for Agreement* (2004) argues for a new quota system via an International Coffee Agreement. Daniel Jaffe's *Brewing Justice* (2007) is about the impact of Fair Trade on cooperatives in Oaxaca, Mexico. *Confronting the Coffee Crisis* (2008), edited by Christopher M. Bacon et al, is a collection of academic essays on Fair Trade in Central America and Mexico. Other books: *Fair Trade* (2005), by Charlotte Opal and Alex Nichols; *Organic Coffee* (2006), by Maria Elena Martinez-Torres; *Branded!* (2007), by Michael E. Conroy; *Fair Trade* (2007), edited by Laura T. Raynolds et al.; *Fair Trade Coffee* (2007), by Gavin Fridell; *50 Reasons to Buy Fair Trade Coffee* (2007), by Miles Litvinoff and John Madeley; *Fair Trade for All* (revised ed., 2007), Joseph E. Stiglitz; *The Handbook of Organic and Fair Trade Food Marketing* (2007), by Simon Wright and Diane McCrea.

Coffee history involves a great deal of Latin American, African, and Asian history and politics, and I consulted numerous volumes. Among the more useful were:

For **Latin America**: *Crucifixion by Power* (1970), by Richard N. Adams; *La Matanza* (1971) and *The War of the Dispossessed* (1981), by Thomas P. Anderson; *El Salvador: The Face of Revolution* (1982), by Robert Armstrong and Janet Shenk; *The Brazilian Economy* (1989), by Werner Baer; *Roots of Rebellion* (1987), by Tom Barry; *Bitter Grounds* (fiction, 1997), by Sandra Benitez; *The Colombian Coffee Industry* (1947), by Robert Carlyle Beyer; *Getulio Vargas of Brazil* (1974), by Richard Bourne; *Land, Power, and Poverty* (1991), by Charles D. Brockett; *Violent Neighbors* (1984), by Tom Buckley; *The Political Economy of Central America Since 1920* (1987), by Victor Bulwer-Thomas; three fine books by E. Bradford Burns: *Eadweard Muybridge in Guatemala* (1986), *A History of Brazil* (2nd ed., 1980), and *Latin America: A Concise Interpretive History* (1994); *Coffee and Peasants* (1985), by J. C. Cambranes; *Coffee, Society and Power in Latin America* (1995), edited by William Roseberry et al.; *They Will Be Done* (1995), by Gerald Colby and Charlotte Dennett; *With Broadax and Firebrand* (1995), by Warren Dean; *Vargas of Brazil* (1967), by John W. F. Dulles; *The Wine Is Bitter*

(1963), by Milton S. Eisenhower; *Erwin Paul Dieseldorff* (1970), by Guillermo Nañez Falcón; *Massacres in the Jungle* (1994), by Ricardo Falla; *Coffee, Contention and Change in Modern Brazil* (1990), by Mauricio A. Font; *The Masters and the Slaves* (1933), by Gilberto Freyre; *Open Veins of Latin America* (1973), by Eduardo Galeano; *Gift of the Devil: A History of Guatemala* (1984) and *Revolution in the Countryside* (1994), by Jim Handy; *Early Twentieth-Century Life in Western Guatemala* (1995), by Walter B. Hannstein; *Written in Blood: The Story of the Haitian People* (1978), by Robert Deb Heinl Jr. and Nancy Gordon Heinl; *The CIA in Guatemala* (1982), by Richard H. Immerman; *Coban and the Verapaz* (1974), by Arden R. King; *Undue Process: The Untold Story of America's German Alien Internees* (1997), by Arnold Krammer; *Inevitable Revolutions: The United States in Central America* (1983), by Walter LaFeber; *Latin America in the 1940s* (1994), edited by David Rock; *Rural Guatemala* (1994), by David McCreery; *Bitter Grounds: Roots of Revolt in El Salvador* (1985), by Lisa North; *Coffee and Power: Revolution and the Rise of Democracy in Central America* (1997), by Jeffrey M. Paige; *Coffee in Colombia* (1980), by Marco Palacios; *A Brief History of Central America* (1989), by Hector Perez-Brignoli; *Generations of Settlers* (1990), by Mario Samper; *A Winter in Central America and Mexico* (1885), by Helen J. Sanborn; *Bitter Fruit* (1983), by Stephen Schlesinger and Stephen Kinzer; *The Second Conquest of Latin America* (1998), edited by Steven C. Topik and Allen Wells; *Peasants of Costa Rica and the Development of Agrarian Capitalism* (1980), by Mitchell A. Seligson; *Coffee Planters, Workers and Wives* (1988), by Verena Stolcke; *I, Rigoberta Menchú* (1983), by Rigoberta Menchú; *Rigoberta Menchú and the Story of All Poor Guatemalans* (1999), by David Stoll; *Managing the Counterrevolution* (1994), by Stephen M. Streeter; *The Slave Trade* (1997), by Hugh Thomas; *Political Economy of the Brazilian State, 1889-1930* (1987), by Steven Topik; *Barbarous Mexico* (1910), by John Kenneth Turner; *El Salvador* (1973), by Alastair White; *Silence on the Mountain: Stories of Terror, Betrayal, and Forgetting in Guatemala* (2004), by Daniel Wilkinson; *States and Social Evolution* (1994), by Robert G. Williams; *Coffee and Democracy in Modern Costa Rica* (1989), by Anthony Winson; *Central America: A Nation Divided* (2nd ed., 1985), by Ralph Lee Woodward Jr.

For **Africa and Asia**: *The Decolonization of Africa* (1995), by David Birmingham; *The African Colonial State in Comparative Perspective* (1994), by Crawford Young; *Black Harvest* (film about Papua New Guinea coffee, 1992), by Bob Connolly and Robin Anderson; *Max Havelaar* (1860), by "Multatuli," Eduard Douwes Dekker; *Decolonization and African Independence* (1988), edited by Prosser Gifford; *Out of Africa* (1938), by Isak Dinesen; *Coffee and Coffeehouses: The Origins of a Social Beverage in the Medieval Near East* (1985), by Ralph S. Hattox; *Coffee, Co-operatives and Culture* (1992), by Hans Hedlund; *The Flame Trees of Thika* (1982), by Elspeth Huxley; *Coffee: The Political Economy of an Export Industry in Papua New Guinea* (1992), by Randal G. Stewart; *The Pioneers 1825-1900: The Early British Tea and Coffee Planters* (1986), by John Weatherstone; *In Bad Taste?* (2007), by Massimo Francesco Marcone, has a chapter on Kopi Luwak coffee; *Coffee: Authentic Ethiopia* (2010), by Majka Burhardt. **About the suppression of the Montagnards in Vietnam**, see Gerald Hickey's *Sons of the Mountains* (1982), *Free in the Forest* (1982), and *Window on a War* (2002), as well as Human Rights Watch's *Repression of Montagnards* (2002) and *No Sanctuary* (2006). Also see *Christianity and the State in Asia* (2009), ed. by Julius Bautista and Francis Khek Gee Kim.

In the consuming countries, books on **advertising, marketing, and general business** were useful, such as *The Golden Web* (1968) and *A Tower in Babel* (1966) by Erik Barnouw; *Personality Not Included: Why Companies Lose Their Authenticity* (2008), by Rohit Bhargava; *The Age of Television* (3rd ed., 1972), by Leo Bogart: *The Golden Years of Broadcasting* (1976), by Robert Campbell; *Your Money's Worth* (1927), by Stuart Chase and F. J. Schlink; *Made in the USA* (1987), by Thomas V. DiBacco; *Captains of Consciousness* (1976), by Stuart Ewen; *The Mirror Makers* (1984), by Stephen Fox; *The Lives of William Benton* (1969), by Sidney Hyman; *International Directory of Company Histories* (1990), edited by Lisa Mirabile; *Chain Stores in America* (1963), by Godfrey M. Lebhar; *Madison Avenue* (1958), by Martin Mayer;

Trail Blazers in Advertising (1926), by Chalmers Lowell Pancoast; *Scientific Marketing of Coffee* (1960), by James P. Quinn; *Our Master's Voice* (1934), by James Rorty; *22 Immutable Laws of Branding* (1998), by Al Ries and Laura Ries; *Victorian America* (1991), by Thomas J. Schlereth; *The Psychology of Advertising* (1913), by Walter Dill Scott; *The Manipulators* (1976), by Robert Sobel; *A Nation of Salesmen* (1994), by Earl Shorris; *Value Migration* (1996), by Adrian J. Slywotzky; *New and Improved* (1990), by Richard S. Tedlow; *Adcult* (1996), by James B. Twitchell; *Being Direct: Making Advertising Pay* (1996), by Lester Wunderman; *Adventures in Advertising* (1948), by John Orr Young.

General **books** on food included: *Food and Drink in History*, vol. 5 (1979), edited by Robert Forster; *The Taste of America* (1977), by John L. and Karen Hess; *Seeds of Change: Five Plants That Transformed Mankind* (1986), by Henry Hobhouse; *Food of the Gods* (1992), by Terence McKenna; *Sweetness and Power* (1985), by Sidney Mintz; *Pharmacotheon* (1993), by Jonathan Ott; *Tastes of Paradise* (1992), by Wolfgang Schivelbusch; *Food in History* (1973), by Reay Tannahill; *Much Depends On Dinner* (1986), by Margaret Visser.

On **C. W. Post**: *Cerealizing America* (1995), by Scott Bruce and Bill Crawford; *Cornflake Crusade* (1957), by Gerald Carson; *The New Nuts Among the Berries* (1977), by Ronald M. Deutsch; *Charles William Post* (1993), by Peyton Paxson.

On psychologist **John Watson**: *Mechanical Man* (1989), by Kerry W. Buckley.

Relevant **history books** of North America and the world included: *The Big Change* (1952) and *Only Yesterday* (1931), by Frederick Lewis Allen; *The Long Thirst: Prohibition in America* (1976), by Thomas M. Coffey; *The Americans: A Social History* (1969), by J. C. Furnas; Modern Times (1983), by Paul Johnson; *American Policies Abroad* (1929), by Chester Lloyd Jones et al.; *Manias, Panics and Crashes* (1989), by Charles P. Kindleberger; *The Boston Tea Party* (1964), by Benjamin Woods Labaree; *The Fifties* (1977), by Douglas T. Miller and Marion Nowak; *The New Winter Soldiers* (1996), by Richard R. Moser; *The Sugar Trust* (1964), by Jack Simpson Mullins; *Fighting Liberal* (1945), by George W. Norris; *The Great Good Place* (1989), by Ray Oldenburg; *The Early English Coffee House* (1893), by Edward Robinson; *We Say No to Your War* (1994), by Jeff Richard Schutts; *Hard Times* (1970), by Studs Terkel; *History and Reminiscences of Lower Wall Street and Vicinity* (1914), by Abram Wakeman; *The Life of Billy Yank* (1952), by Bell Irvin Wiley.

On **shade-grown coffee and migratory birds**: *Birds Over Troubled Waters* (1991), by Russell Greenbeg and Susan Lumpkin; *Proceedings, Memorias: 1st Sustainable Coffee Congress* (1997), edited by Robert A. Rice et al.; *Coffee, Conservation and Commerce in the Western Hemisphere* (1996), by Robert A. Rice and Justin R. Ward; *Silence of the Songbirds, by Bridget Stutchbury* (2007).

이 책의 집필을 위해 여러 곳의 특별열람실과 기록보관소를 이용하기도 했는데 이 부분에 대해서는 '감사의 말'을 참고해 주기 바란다. 그 외에 연방 의회 의사록을 비롯한 여러 건의 커피 청문회록, 연방통상위원회(FTC) 보고서, 국무부의 국가 분석 자료 등 수많은 소송 관련 기록과 정부 기록도 참고했다. 경제지와 대중 잡지의 기사 및 여러 웹사이트 또한 자료 조사에 만전을 기하는 데 도움이 되었다.

* 저자가 인터뷰한 3백 명의 명단은 따로 싣지 않았습니다.

이미지 출처

p.6 Frontispiece: Ukers, *All About Coffee*.

p.46 Kaldi and his goats (p. 1): Ukers, *All About Coffee*.

p.54(위) Arab sipping coffee: Ukers, *All About Coffee*.

p.59 (cc) Tropenmuseum of the Royal Tropical Institute (KIT)

p.72 Womens Petition Against Coffee: Ukers, *All About Coffee*.

p.77 Lt. Gabriel Mathieu: Ukers, *All About Coffee*.

p.79 "Coffee An Aid to Factory Efficiency" poster: *Tea & Coffee Trade Fournal*, February 1921, 205.

p.95 Cross-section of a coffee cherry: Knox and Huffaker, *Coffee Basics*, illustration by Steve Katagin.

p.105 Mayan workers: Stanford University Special Collections.

p.112 Families harvesting in Guatemala: CIRMA organization, Antigua, Guatemala.

p.135 Factory workers: Ukers, *All About Coffee*.

p.144 John Arbuckle: *Spice Mill*, September 1910, cover.

p.160 Ariosa poster: Fugate, *Arbuckles*.

p.173 *The Corner in Coffee* illustration: Brady, *The Corner in Coffee*.

p.180 Lion Coffee package: Arbuckles' Coffee Museum, Cedar Rapids, Iowa.

  Arbuckles' Ariosa Coffee package: Arbuckles' Coffee Museum, Cedar Rapids, Ilowa.

p.202 Hermann Sielcken: *Tea & Coffee Trade Journal*, October 1921, 20a.

p.206 George Norris cartoon: *Tea & Coffee Trade Journal*, June 1911, 446.

p.215 C. W. Post drawing: *Tea & Coffee Trade Journal*, April 1911, 277.

p.222 Postum ad: Brad Becker Collection.

p.230 "Roastem" cartoon: *Tea & Coffee Trade Journal*, July 1910, 45.

P.233 Melinda P. Kyle: *Spice Mill*, November 1912, 949.

P.246 Arbuckle Brothers ad (p. 107): *Simmons Spice Mill*, June 1916, 597.

p.255(위) Jewel Tea cartoon: *Tea & Coffee Trade Journal*, October 1933, 316.

p.255(아래) "Wagon men": Miller, Jewel Tea Company.

p.263 1909 "cuppers": *Spice Mill*, April 1909, 231.

p.276 Joel Cheek: *Tea & Coffee Trade Journal*, January 1905, 19.

p.279 Maxwell House ad: *Tea & Coffee Trade Journal*, May 1921, 611.

p.289 Women working in the United States: *Spice Mill*, December 1913, 1244.

  Women working in Central America: *Spice Mill*, December 1913, 1244.

p.292 Alice Foote MacDougall: MacDougall, *Autobiography*.

p.303 G. Washington cartoon: *Tea & Coffee Trade Journal*, February 1920, 266.

p.310 (cc) FCRebelo at Wikimedia.org

p.321 1920s Italian coffeehouse: MacDougall, *Autobiography*.

p.325 "Good Coffee" car: *Tea & Coffee Trade Journal*, July 1905, 35.

p.366 Kenya coffee poster: *Tea & Coffee Trade Journal*, June 1937, 349.

p.378(아래) "Golly, Mis' Maria": Hartman Center, Duke University.

p.386 Mae West and Charlie McCarthy: The Harvard Theatre Collection, The Houghton Library.

p.392 1934 cartoon ad: 1934 advertisement, author's collection.

p.394(위) "Mr. Coffee Nerves": *Tea & Coffee Trade Journal*, May 1936, 390.

p.411 Jitterbug poster: 1939 World's Fair ad, author's collection.

p.415 1930s fight attendant: 1931 advertisement, author's collection.

p.423 Eleanor Roosevelt: *Tea & Coffee Trade Journal*, September 1941, 16.

p.429(위) WWII soldiers cartoon: Bill Mauldin, *Up Front*.

p.429(아래) WWII GIs: *Coffee*, 1948.

p.439 Frank Sinatra: *Coffee* 5, no. 1 (January 1947): 2.

p.442 Postwar diner (p. 213): *Holiday*, September 1949, 65.

p.450 "Amazing Coffee Discovery!": Hartman Collection, Duke University.

p.454(위) "The Coffee Break" cartoon: *Wall Street Journal*.

p.467 U.S. housewives in Paraná: *Time*, March 1, 1954, 33.

p.488(위) Chock full o'Nuts ad: Quinn, *Scientific Marketing of Coffee*.

p.488(아래) Wontkins Muppet: Quinn, *Scientific Marketing of Coffee*.

p.512 Baby Boom hippies: *Tea & Coffee Trade Journal*, January 1970, 27.

p.514 Folger's Mrs. Olson: *Tea & Coffee Trade Journal*, January 1979, 23.

p.522(위) Hills Bros. ad: *Tea & Coffee Trade Journal*, January 1966, 38.

p.522(아래) Juan Valdez: *Tea & Coffee Trade Journal*, January 1960, 24.

p.526 *Frasier* photo: *Tea & Coffee Trade Journal*, August 1998.

p.530 Alfred Peet: Jim Reynolds.

p.545 Robert Young: *Madison Avenue*, May 1984, 83.

p.554(위) Baldwin, Bowker, and Siegl: Jerry Baldwin's collection. Photo by Frank Denman.

p.554(아래) Starbucks mermaid logo: Original mermaid, Jerry Baldwin, drawn by Terry Heckler.

p.558 Erna Knutsen: *Tea & Coffee Trade Journal*, November 1974, 18.

p.569 Folgers/Maxwell House boxing cartoon: *Fortune*, July 17, 1978, 68, cartoon by Jack Davis.

p.574 "Don't Drink Coffee" pin: *Time*, January 17, 1977, 46-47.

p.576 Campesino cartoon: Jonas and Tobis, eds., Guatemala.

p.586 Ugandan coffee poster: *Tea & Coffee Trade Journal*, August 1965, 28.

p.602(위) Don Schoenholt: Donald Schoenholt collection.

p.606 Far Side cartoon: The Far Side by Gary Larson.

p.627 Fair Trade logo: TransFair USA.

p.645 Taster's Choice commercial: McCann-Erickson.

p.652 Howard Schultz: Rosanne Olson.

p.656 Screaming Man cartoon: Robert Therrien, "Screaming Man on Caffeine," 1991.

p.665 *In These Times* cover: *In These Times*, November 11, 1996. cover.

p.674 Equal Exchange ad: Equal Exchange.

p.704 Bill Fishbein: Coffee Kids.

p.713 Shaded plantation: Russ Kramer.

p.716 Bird label: Gold Valley Farms, West Chester, Pennsylvania.

p.732 Too Much Coffee Man: Shannon Wheeler. Adhesive Comics.

p.735 (CC) Soerfm at Wikimedia.org

p.739 Author with Herman Gabriel Camel: Photo by Betty Hannstein Adams.

옮긴이의 말

　대한민국은 현재 커피 공화국이라고 일컬어질 만큼 커피 사랑이 뜨겁다. 하루를 열며 한 잔, 점심 식사 후에 또 한 잔, 졸음을 쫓기 위해 또 한 잔. 이렇게 한 잔 두 잔 마시는 양이 국민 1인당 연 484잔에 달할 만큼, 이제 커피 없는 일상은 상상이 안 된다. 이러한 커피 수요의 증가에 따라 거리마다 브랜드 커피 전문점들이 넘쳐 나고, 동네 골목골목마다 작고 아기자기한 커피 전문점이 자리 잡고 있을 정도다.

　그런데 이토록 사랑받고 있는 커피에 대해 정작 우리는 얼마나 알고 있을까? 생두에서 커피 한 잔이 만들어지기까지 어떠한 손길들을 거치는지, 인류와 1200년을 함께해 온 '커피'에 어떠한 문화와 역사가 얽혀 있는지에 대해 얼마나 알고 있을까? 지금의 커피 열풍 트렌드에서 한 번쯤 들 법한 이런 의문을, 바로 이 책이 흥미롭고 풍성한 이야기들로 풀어내 주고 있다.

　그 광범위한 이야기를 생각하면 주제넘는 일이지만 그래도 내용을 간략히 소개하자면, 이 책은 우선 커피를 다룬 책답게 커피의 기원과 명칭의 유래에서부터, 커피의 전파 경로, 커피콩의 구조, 재배·수확·가공법, 스페셜티 커피 등 커피 그 자체의 이야기들이 충실히 담겨 있다.

　여기에 더해 커피에 얽힌 흥미로운 문화들도 엿보게 해주어, 커피 한 잔 가격이면 누구나 대학 교육 수준의 지식 습득과 교류가 가능하다고 해서 '페니 대학'으로도 불렸던 커피하우스 이야기, 술독에 빠진 유럽을 구제해 준 커피의 공헌, 계몽사상의 자양분이 되어 준 카페 문화, 커피 가격이 고가를 치닫자 다이아몬드 대신 커피콩을 브로치처럼 차고 다닌 이야기, 커피에 얽힌 성차별과 인종 차별 사례들, 베토벤, 발자크 같은 위인들의 커피에 얽힌 소소한 에피소드 등으로 그득하다.

그리고 뉴욕 빈민가 태생으로서 스타벅스의 성공 신화를 일궈 낸 하워드 슐츠 등, 커피업계를 주름잡은 인물들의 미니 위인전까지 덤으로 만나볼 수 있다. 커피와 관련된 재치 있고 기발한 광고 이야기는, 마케팅과 광고에 흥미 있는 독자에게 또 다른 재미가 되어 줄 것이다.

이 책에는 커피를 중심으로 짚어 본 역사의 희로애락 또한 펼쳐져 있다. 저자는 미국 독립전쟁에 결정적인 도화선이 된 보스턴 차 사건, 노예제 폐지를 지연시킨 커피콩의 영향, 과테말라의 쿠데타에 관여했던 CIA, 커피·권력·폭력 사이의 밀접한 관계 등을 다각도의 시각과 예리함으로 풀어내며, 역사의 교훈을 함께 제시해 주고 있다. 또한 커피 가공 중의 폐기물 처리, 철새 서식지 파괴 등의 환경 문제에 대해서나, 요즘 착한 소비의 트렌드에 따라 점차 관심이 높아지고 있는 공정 무역의 문제에 대해서도 소홀히 넘어가지 않았다.

물론 이런 넓은 시각과 예리함, 꼼꼼함의 바탕에는 막대한 자료 조사를 벌이며 부지런히 현장을 찾아다닌 저자의 열정이 배어 있다. 번역을 하는 내내 저자의 그런 열정이 곳곳에 배인 글을 읽어 나가며, 가벼운 인스턴트커피가 아닌 공들여 고른 원두로 정성스레 뽑아낸 커피를 접하는 기분이었다. 독자들에게도 이 책이 일회성 호기심을 채워 주는 데 그치지 않고 긴 여운을 남겨 주는 그윽한 경험이 되길 바란다.

찾아보기